| 文史哲研究系列 |

地方督抚与清末新政

晚清权力格局再研究

LOCAL GOVERNORS AND NEW POLICY REFORMS: FURTHER STUDY ON THE POWER STRUCTURE IN LATE QING

（增订版）

李细珠　著

社会科学文献出版社
SOCIAL SCIENCES ACADEMIC PRESS (CHINA)

出版说明

社会科学文献出版社成立于1985年。三十年来，特别是1998年二次创业以来，秉持“创社科经典，出传世文献”的出版理念和“权威、前沿、原创”的产品定位，社科文献人以专业的精神、用心的态度，在学术出版领域辛勤耕耘，将一个员工不过二十、年最高出书百余种的小社，发展为员工超过三百人、年出书近两千种、广受业界和学界关注，并有一定国际知名度的专业学术出版机构。

“旧书不厌百回读，熟读深思子自知。”经典是人类文化思想精粹的积淀，是文化思想传承的重要载体。作为出版者，也许最大的安慰和骄傲，就是经典能出自自己之手。早在2010年社会科学文献出版社成立二十五周年之际，我们就开始筹划出版社科文献学术文库，全面梳理已出版的学术著作，希望从中选出精品力作，纳入文库，以此回望我们走过的路，作为对自己成长历程的一种纪念。然工作启动后我们方知这实在不是一件容易的事。对于文库入选图书的具体范围、入选标准以及文库的最终目标等，大家多有分歧，多次讨论也难以一致。慎重起见，我们放缓工作节奏，多方征求学界意见，走访业内同仁，围绕上述文库入选标准等反复研讨，终于达成以下共识：

一、社科文献学术文库是学术精品的传播平台。入选文库的图书必须是出版五年以上、对学科发展有重要影响、得到学界广泛认可的精品力作。

二、社科文献学术文库是一个开放的平台。主要呈现社科文献出版社创立以来长期的学术出版积淀，是对我们以往学术出版发展历程与重要学术成果的集中展示。同时，文库也收录外社出版的学术精品。

三、社科文献学术文库遵从学界认识与判断。在遵循一般学术图书基本要求的前提下，文库将严格以学术价值为取舍，以学界专家意见为准绳，入选文库的书目最终都须通过该学术领域权威学者的审核。

四、社科文献学术文库遵循严格的学术规范。学术规范是学术研究、学术交流和学术传播的基础，只有遵守共同的学术规范才能真正实现学术的交流与传播，学者也才能在此基础上切磋琢磨、砥砺学问，共同推动学术的进步。因而文库要在学术规范上从严要求。

根据以上共识，我们制定了文库操作方案，对入选范围、标准、程序、学术规范等一一做了规定。社科文献学术文库收录当代中国学者的哲学社会科学优秀原创理论著作，分为文史哲、社会政法、经济、国际问题、马克思主义五个系列。文库以基础理论研究为主，包括专著和主题明确的文集，应用对策研究暂不列入。

多年来，海内外学界为社科文献出版社的成长提供了丰富营养，给予了鼎力支持。社科文献也在努力为学者、学界、学术贡献着力量。在此，学术出版者、学人、学界，已经成为一个学术共同体。我们恳切希望学界同仁和我们一道做好文库出版工作，让经典名篇“传之其人，通邑大都”，启迪后学，薪火不灭。

社会科学文献出版社
2015 年 8 月

作者简介

李细珠 1967年生，湖南安仁人，历史学博士，现为中国社会科学院近代史研究所研究员、研究生院教授、博士生导师，中国社会科学院台湾史研究中心秘书长，学术集刊《台湾历史研究》执行主编；研究领域为中国近代政治史、台湾史。出版专著《晚清保守思想的原型——倭仁研究》《张之洞与清末新政研究》《地方督抚与清末新政——晚清权力格局再研究》《变局与抉择：晚清人物研究》《新政、立宪与革命：清末民初政治转型研究》，合著《中国近代通史》《当代中国台湾史研究》等，发表论文80余篇。曾获中国社会科学院优秀科研成果奖、郭沫若中国历史学奖、中国出版政府奖（集体）、国务院颁发政府特殊津贴，入选“新世纪百千万人才工程”国家级人选。

内容提要

督抚制度起源于明，形成于清。作为省级行政长官，地方督抚是介于清朝廷与府厅州县基层政权的中间环节，具有承上启下的运作功能。该书从督抚群体研究、分省区域研究、督抚个案研究的视角，具体研究了十三个专题，从逻辑与历史相统一的角度反映了清末新政的发展进程与晚清权力格局的演变态势。主要内容有三。一是系统探讨督抚制度在晚清演变的基本态势，以及清末新政时期督抚群体结构与人事变迁的基本特征及其与新政的关系，认为由儒家传统培育出的督抚群体特性负面因素较多，相应地制约了新政发展，而且其群体内部个体差异性非常明显，从而导致了各省新政发展的不平衡性。二是具体探讨地方督抚在清末新政过程中的思想与活动，指出地方督抚既可在一定程度上参与和影响清廷中央新政决策，也是在各省推动新政具体实施的主政者，揭示了督抚在新政过程中至关重要的作用。三是深入探讨在清末新政过程中地方督抚权力的演变及其与清廷中央集权的关系，力破既往学界“督抚专政”与“内轻外重”陈说，提出“内外皆轻”的权力格局说，认为在辛亥鼎革之际中央与地方权威一并流失，中央无法控制地方，地方无力效忠中央，清廷中央与地方均不能有效地应对革命，使清王朝走向覆亡之路，并导致军人势力崛起与军阀政治，直接影响民初政治走向，为北洋军阀起源的研究提供了全新的思考路径。该书是清末新政史和晚清政治史研究一项重要的实证性科研成果，为观察晚清中央与地方的微妙关系和权力格局演变态势，以及晚清政治改革所体现的中国政治近代化问题提供了新的视角。

Abstract

The *dufu*, or governorship system originated in Ming Dynasty and was fully established in Qing dynasty. As chief executive officers of a province, the governors and governor-generals were the nexus linking the Qing court and lower levels of administrative units such as prefectures, cantons, sub-prefectures, and counties. Their function is best described as an intermediary. In this book the author takes a close look at governors and governor-generals from three angles: as a group, by region and at the level of the individual. The thirteen topics covered in the book provide an empirically well-informed and analytically rigorous account of how the New Deal unfolded and the power structure in late Qing. The study has three major components. First, it offers a systematic overview of the development of the governorship system, examines the group structure and basic features of personnel appointment changes, and their relationship with the New Deal. The author argues that as the product of traditional Confucian teaching, most people who held these positions showed traits that hampered their ability to implement the New Deal effectively. Moreover, substantial heterogeneity within the group meant that the effectiveness of the implementation of the New Deal varied significantly from region to region. Second, the book looks closely at both what the governors and governor-generals did during this period but also how their thinking changed over time. The author contends that not only did these officials participate in and exert some influence on policy-making in the Qing court in relation to the New Deal, but they were also the ones responsible for executing and implementing the resultant policies within their respective jurisdiction. The findings shed new light on the important role governors and governor-generals played in the process of the New Deal. Third, the author engages in an in-depth discussion of the evolution of the power structure of the Qing political system, especially the relationship between the provinces and the Qing court. According to the author, the commonly-held view that attributes dictatorial powers to the governors and governor-generals and sees local governments as stronger than the central government is unjustified. Instead, the author argues, after the Xinhai revolution Qing governments at both the central and the local levels were hemorrhaging power. The central government had effectively lost control over local governments, and the latter were not any longer capable of acting toward the former with uncompromised loyalty and obedience. The thorough dysfunction of the government at all levels was a key factor in the precipitous national decline during this period, and created the historical conditions conducive to the rise of warlords and militia groups in the early Republican era. The analysis contributes significantly to new ways of understanding the origins of the Beiyang Warlords. Empirically rich and scientifically well-informed, this work constitutes a significant addition to the existent body of research on the history of the New Deal and politics in general in late Qing. Among other things, it has identified a new vantage point from which future research on the subtle relationship between the central and local authorities in the late Qing dynasty, the evolution of power structure, and more broadly, the modernization of politics in China can be fruitfully done.

目　录

Contents

前　言

一　问题意识发轫

中国史学传统历来重视政府与上层社会的研究，但是，自20世纪初年梁启超先生提倡"史学革命"以来，史学研究的方向发生较大的转变，研究的重点逐渐关注民间和下层社会。与20世纪上半叶中国革命潮流奔涌勃发的基本历史情景相呼应，革命史的研究取向自然成为此一时代学术的主流。

关于清末最后十余年（1901～1912）历史的研究，在相当长的一段时期内，学术界的研究主要是以辛亥革命为主线。在这种革命史的框架中，革命派的思想与活动得以充分地彰显，但清政府及其他政治势力如立宪派的踪迹，则被有意或无意地淹没难稽，至多只是作为革命的背景来叙述，甚至当作革命的对立面来批判。这样，历史的全息图像就难以清晰地呈现出来，总使人难免有某种缺失之憾。1950年代末，大陆学者胡绳武、金冲及二位先生合著《论清末的立宪运动》，对立宪运动做了开创性的研究，但他们认为："弄清楚这次运动的性质、社会基础、发展过程和影响，对理解中国近代在戊戌变法以后一系列的改良主义政治运动和思想思潮的反动本质及其复杂性，对理解辛亥革命时期的阶级斗争，都有着十分重要的意义。"① 显然，这个研究思路有着非常明显的时代印记。1960 年代末，台湾学者张朋园先生出版《立宪派与辛亥革命》，也是从辛亥革命史的角度研究立宪派，总体上未脱革命史的窠臼，但其对立宪派在辛亥革命中贡献的正面叙述，则被称为"扩充了历史研究的范畴"。② 大陆学界对于立宪运动和清末新政的理性实证研究，则晚至 1980 年代才真正起步，至今方兴未艾，并逐渐与辛亥革命的研究鼎足而三，甚至有后来居上而超迈之势。

诚然，从历史进程的角度考察，将清末最后十余年政权更替的历史纳入革命史的框架本亦无可厚非，辛亥革命作为一次致力于民族独立和国家富强的民主革命运动，无疑是当时历史的一根最基本的主线；但是，从政治结构变动的角度来看，这个时期还是一个中国政治由传统向近代的转型时期，政治近代化在革命的过程中发生，使历史更具复杂性。因此，对于清末新政与立宪运动的研究，不能只是为辛亥革命史的叙述做铺垫。事实上，正是新政、立宪与革命三方面之间的互动关系，对于清末乃至民初中国政治的新走向有着决定性的影响。应该说，在进一步揭示辛亥革命历史意义的同时，加强对清末新政与立宪运动的充分研究，将更加有助于认识清末最后十余年那段复杂多样的历史。

清末新政是指 20 世纪初年清政府在其统治的最后十余年所进行的各项改革的总称。这次改革大致可以分为两个阶段：第一阶段涉及

① 胡绳武、金冲及：《论清末的立宪运动》，前言，上海人民出版社，1959。

② 张朋园：《立宪派与辛亥革命》，韦慕庭先生序，台北，中国学术著作奖助委员会，1969。

政治、经济、军事，以及文化教育与社会生活等领域的变革，这些变革基本都是在体制内进行的；第二阶段即预备立宪，是政治体制本身的变革，这是前一阶段各项体制内变革发展的必然趋势。新政的主体是清政府，根本目的是维护清王朝的统治。起初，清政府曾试图将改革限制在传统体制之内，但是，当改革的发展将要突破体制的时候，清政府也就不得不考虑进行体制本身的改革，从而开始实行预备立宪。

在清末新政过程中，地方督抚群体是一股非常重要的政治力量。清代督抚制度的起源可以追溯到明朝。总督与巡抚在明朝只是朝廷临时差遣的官员，因事设裁，辖区不定。清承明制，历经康雍乾时期，督抚制度逐渐完成其制度化的过程而基本定型，成为一种重要的地方行政制度。① 从制度上看，总督与巡抚品秩稍有高低，职权也不尽相

① 近代意义的“中央”与“地方”概念是清末从日本传入的西方观念。在清末新政尤其是官制改革过程中，时人试图用“中央”与“地方”概念比附清朝固有的内外官制，但并非完全对称而多有不相适应之处，特别是关于省是不是“地方”及督抚是不是“地方官”的问题，使人深感纠结，百般困扰。对此，关晓红教授做了非常详细而精彩的论述（《清季外官改制的“地方”困扰》，《近代史研究》2010 年第 5 期）。西方观念与中国制度及文化不相适应，是近代中国向西方学习过程中遭遇的普遍困境。正因如此，向西方学习便既要对西方观念进行移植和改造，又要对中国制度及文化予以扬弃和调适。可以说，这个学习的过程就是从不相适应到逐渐适应的过程。值得注意的是，虽然“中央”与“地方”的概念与清朝固有的内外官制不相适应，但时人讨论官制改革时实际上已在“中央”与“地方”的框架之下进行。如第二次出洋考察宪政大臣李家驹所谓：“中央官制，即我国之京师官制。至于直省官制，则所谓地方官制是也。”［《考察宪政大臣李家驹奏考察日本官制情形请速厘定内外官制折》（宣统元年五月初七日），故宫博物院明清档案部编《清末筹备立宪档案史料》上册，中华书局，1979，第 528 页］又如两江总督张人骏在参议外省官制时奏称：“查地方官制，东西列国各不相同，其大别有二，一曰中央集权，一曰地方分权。”［《两江总督张人骏奏厘定外省官制宜以旧制为本量加损益折》（宣统三年七月二十五日），《清末筹备立宪档案史料》上册，第 591 页］清末官制改革，实际上也在努力朝着改内外官制为中央与地方官制的方向迈进。正如关晓红教授上文所说：“清季政体改革，无论集权还是自治，主导取向均是将既有内外官改为中央与地方官制。”因此，今人研究清末官制改革也可以在“中央”与“地方”的框架里进行。

其实，清末官制改革过程中所谓“地方”问题的发生，只是因为当时各种不同利益阶层或群体存在有关权力与利益分割不清的纠结。督抚的位置是相对的，相对于清廷中央是地方官，相对于府厅州县及谘议局所代表的绅权又可以是代表皇权的中央官，就像州县官相对于督抚是地方官，但相对于当地绅民则也可谓皇权代表。在权力与利益纠葛中，（转下页注）

同，但实际运作则并无多大差别，尤其是在清末，裁撤同城巡抚之后，督抚几乎各辖一省，职权基本相当，均可谓综理各省军政、民政、吏治、司法、文教等各项事业的最高行政长官。地方督抚作为省级行政长官，是介于清朝廷与府厅州县基层政权的中间环节，具有承上启下的运作功能。在清末新政中，地方督抚既可以在一定程度上参与和影响清廷中央的新政决策，也是在各省推动新政具体实施的实际主持者，可见其在新政从决策到实施的全过程中起到至关重要的作用。究竟在此过程中地方督抚的制度结构与人事关系如何变化，地方督抚的新政思想与活动如何，其群体特性与个性差异如何表现，又将如何参与和影响清廷中央的新政决策，地方督抚如何处理与立宪派等新兴社会势力及地方绅民之间的关系，以及如何应对新政过程中出现的一些突发性事件，等等，这些均是需要进一步深入研究的问题。

（接上页注①）站在何种角度发言，便可能有截然不同的说法，是故看起来很是纠结不清，但后世研究者应该跳出他们的纠结，而不能跟着他们陷于纠结之中。本书从督抚与新政的角度，研究晚清中央与地方的权力格局，督抚的位置自在地方之列。

关于督抚是不是“地方官”的问题，虽然在清末官制改革过程中争论不休，但事实上，早在官制改革之前，清朝官方文献中就已有督抚是“地方大吏”或“地方官”的例证。例如，光绪二十七年（1901）六月，清廷改总理衙门为外务部，取消各省督抚的总理衙门大臣兼衔，上谕称：“前因各直省办理交涉，事务殷繁，特令各将军督抚均兼总理各国事务衙门大臣之衔。现在该衙门已改，各将军督抚著毋庸兼衔。惟交涉一切，关系繁重，皆地方大吏分内应办之事，该将军督抚等仍当加意讲求，持平商办，用副委任。”（朱寿朋编《光绪朝东华录》第4册，中华书局，1984，总第4686页。按：下画线为引者所加，下同）又如，光绪二十九年（1903）十一月，练兵处王大臣庆亲王奕劻等上奏《练兵处办事简要章程》，其中第二条有谓：“各省练兵，其自筹饷造械，以及招募卒伍、购运粮食、安扎营垒、操演行军等事，均与各地方官时有关涉。设遇战时征调，尤当地方官协力襄助。倘地方督抚以下各文员，遇事掣肘，迁延贻误，或别存意见，有意阻挠，均足败坏戎政，即由臣处据实奏参。其有不分畛域，顾全大局，实心任事，竭力维持者，亦当随时奏请奖励。”（《设立练兵处分三司十四科》，沈桐生辑《光绪政要》第3册，江苏广陵古籍刻印社，1991，第1889页）显然，从清廷中央看，各省督抚无疑是“地方大吏”或“地方官”。尤可注意者，奕劻等人（包括直隶总督袁世凯）已明确地把“地方”与“督抚”并列相连，为本书使用“地方督抚”一词提供了历史实例。增订版按：近来阅读前清文献，也有“地方”与“督抚”相连的例证，如雍正五年（1727）十月十四日起居注载上谕：“各省总兵官朕令不必进献土物，屡颁谕旨甚明。今总兵官中尚有进献者，伊等身任镇守，非若各地方督抚有所产方物可以贡献者比。”（中国第一历史档案馆、海峡两岸出版交流中心编《明清宫藏台湾档案汇编》第10册，九州出版社，2009，第167～168页）可见“地方督抚”一词用于清代，并无不可。

与此同时，在新政时期，随着清廷日趋加强中央集权，地方督抚的权力及其对清廷中央决策的影响力也在逐渐演变，从而使晚清权力格局发生明显的变化。究竟在这个时期地方督抚的实际权力有何消长，其对中央政府的影响力如何，清政府对地方督抚的控制力如何，其所谓中央集权又有多大的实际效力，中央与地方的权力格局有何新的变化，又如何影响清末民初中国政治的新走向，等等，这些也是值得进一步深入探讨的问题。

本书以地方督抚与清末新政的关系为研究对象，具体探讨地方督抚在清末新政过程中的思想与活动，尤其是地方督抚对清政府新政决策的参与及其影响，以及在此过程中地方督抚权力的演变及其与清廷中央集权的关系，以期为清末新政史和晚清政治史的研究提供一项实证性科研成果，为观察晚清中央与地方的微妙关系和权力格局的演变态势，以及晚清政治改革所体现的中国政治近代化问题提供一个视角，并为后世现代化建设提供历史镜鉴。

二　相关研究史略述

历史研究是一门累积推进的实在学问，后人的研究必须建立在前人研究的基础之上，因此在进行本研究之前，系统清理先行研究就显得很有必要。本书研究涉及地方督抚与清末新政两个方面。这里拟先做一鸟瞰式的概观，主要涉及有关研究的著作，间及少数未刊博士学位论文，一些重要的研究论文将在以后的具体论述中介绍。

关于地方督抚的研究：有关督抚群体研究的著作不多，台湾学者傅宗懋的《清代督抚制度》[①] 与朱沛莲《清代之总督与巡抚》[②]，以及

① 傅宗懋：《清代督抚制度》（《台湾政治大学政治研究丛刊》第四种），台北，政治大学研究所，1963。

② 朱沛莲：《清代之总督与巡抚》，台湾文行出版社，1979。

大陆学者李霞的博士学位论文《清前期督抚制度研究》①，是对清代督抚制度的系统研究，主要论述督抚制度的起源、督抚群体结构及其职权等问题，并未涉及督抚与清末新政问题。刘伟的《晚清督抚政治——中央与地方关系研究》②，着重探讨督抚制度在晚清的演变以及中央与地方权力关系的变化，有不少内容涉及督抚与清末新政。贾小叶的《晚清大变局中督抚的历史角色——以中东部若干督抚为中心的研究》③，主要研究督抚的文化观念，其中有专章探讨督抚与清末新政。李振武的博士学位论文《督抚与清末预备立宪研究》④，则系统叙述了督抚的立宪思想，以及督抚与清廷预备立宪决策、官制改革、谘议局、国会请愿的关系。晚清督抚个案研究主要集中在刘坤一、张之洞、袁世凯、端方、锡良等著名的督抚上，而且一般性的生平传记著作较多，专门深入研究督抚与新政方面的著作较少。⑤

关于清末新政的研究，大致可以分为两个阶段：第一阶段，20 世纪 90 年代中期及以前，清末新政研究长期深受革命史研究的影响，其真相与价值多被遮蔽，研究论著数量少，成就有限，后期方开始艰

① 李霞：《清前期督抚制度研究》，博士学位论文，中央民族大学历史系，2006。

② 刘伟：《晚清督抚政治——中央与地方关系研究》，湖北教育出版社，2003。

③ 贾小叶：《晚清大变局中督抚的历史角色——以中东部若干督抚为中心的研究》，上海书店出版社，2008。

④ 李振武：《督抚与清末预备立宪研究》，博士学位论文，中山大学历史系，2007。

⑤ 其中较重要的著作有：美国学者戴福士（Roger V. Des Forges）的《锡良与中国民族革命》（*Hsi-Liang and the Chinese National Revolution*，New Haven：Yale University Press，1973），裴士丹（D. H. Bays）的《进入 20 世纪的中国：张之洞与一个新时代的问题，1895～1909》（*China Enters the Twentieth Century*：*Chang Chih-tung and the Issues of A New Age*，1895－1909，Ann Arbor：University of Michigan Press，1978），麦金农（S. R. MacKinnon）的《中华帝国晚期的权力与政治：袁世凯在北京和天津，1901～1908》（*Power and Politics in Late Imperial China*：*Yuan Shi-kai in Beijing and Tianjin*，1901－1908，Berkeley：University of California Press，1980），崔运武的《中国早期现代化中的地方督抚——刘坤一个案研究》（中国社会科学出版社，1998），张华腾、苏全有的《袁世凯与中国近代化》（青海人民出版社，1999），以及张华腾的《北洋集团崛起研究（1895～1911）》（中华书局，2009）和马平安的《北洋集团与晚清政局》（辽海出版社，2011）。专门研究督抚与新政的重要著作有：李细珠的《张之洞与清末新政研究》（上海书店出版社，2003）和张海林的《端方与清末新政》（南京大学出版社，2007）。

难地走出革命史的框架，逐渐摆脱作为辛亥革命史的背景叙述的尴尬，并呈现理性实证研究的势头。长期以来，学术界对清末新政的研究主要被淹没在辛亥革命史的洪流之中，尤其大陆学者，直到1990年代，尚在为清末新政史的研究拨乱反正。这个时期的清末新政研究，多为宏观的通论性的著作，且主要关注清政府中央层级的决策方面，对各省区层级的具体实施过程研究不够。[①] 值得注意的是，台湾学者李国祁、张朋园主持的在20世纪七八十年代所做的“中国现代化的区域研究（1860～1916）”课题是重要的成果，已经完成湖南、湖北、山东、江苏、闽浙台、安徽等省区的研究，[②] 对于这些省区新政的进一步研究有重要的参考价值。另外，同样是受辛亥革命史研究的影响，这个时期对预备立宪与立宪运动的研究著作较多，不仅初步建立了清末宪政运动的基本框架，而且相关研究已有相当的深度。[③]

第二阶段，21世纪以来，在辛亥革命史研究陷入难以突破瓶颈之际，学界对于清末新政的具体实证研究取得了较大的贡献，发表了大量相关研究成果，在不少专题研究领域获得了新的进展。这个时期，

---

① 较为重要的著作有：美国学者卡梅伦（M. E. Cameron）的《1898～1912年中国的改革运动》（*The Reform Movement in China, 1898－1912*, Stanford University Press, 1931），赵军的《折断了的杠杆——清末新政与明治维新比较研究》（湖南出版社，1992），张连起的《清末新政史》（黑龙江人民出版社，1994），王晓秋、尚小明主编的《戊戌维新与清末新政——晚清改革史研究》（北京大学出版社，1998），吴春梅的《一次失控的近代化改革——关于清末新政的理性思考》（安徽大学出版社，1998），萧功秦的《危机中的变革——清末现代化进程中的激进与保守》（上海三联书店，1999）。美国学者任达（D. R. Reynolds）的《新政革命与日本——中国，1898—1912》，（李仲贤译，江苏人民出版社，1998），主要是从日本对中国影响的角度研究清末新政。

② 具体作者与书名见本书主要参考文献目录。

③ 主要有：台湾学者张朋园的《立宪派与辛亥革命》（台北，中国学术著作奖助委员会，1969）和张玉法的《清季的立宪团体》［台北，中研院近代史研究所专刊（28），1971］，瑞士学者梅恩伯格（R. Meienberger）的《中国立宪政府的出现（1905～1908）：慈禧太后认可的概念》（*The Emergence of Constitutional Government in China, 1905－1908: The Concept Sanctioned by the Empress Dowager Tz'u-hsi*, Bern: Peter Lang, 1980），侯宜杰的《二十世纪初中国的政治改革风潮——清末立宪运动史》（人民出版社，1993），韦庆远、高放、刘文源的《清末宪政史》（中国人民大学出版社，1993），迟云飞的博士学位论文《清末预备立宪研究》（中国人民大学清史研究所，1999）。

没有关于清末新政研究的宏观著作，但在一些关于新政的专题研究中，涉及清政府开展新政的决策及其在全国具体实施的全过程。尚小明的《留日学生与清末新政》[①]，具体考察留日学生群体在清末筹备立宪、教育改革、新军编练、法制变革等方面的种种活动。刘增合的《鸦片税收与清末新政》[②] 着力探讨了晚清鸦片税收的变动趋势及其对新政的重大影响，深入分析了鸦片禁政与清末新政之间密切而复杂的关系，为清末新政研究提供了一个崭新的视角。白文刚的《应变与困境：清末新政时期的意识形态控制》[③] 和张小莉的《清末“新政”时期文化政策》[④]，系统论述了清末新政时期的思想控制与文化政策，弥补了相关研究的薄弱环节。

有关清政府预备立宪的研究，是这个时期新政研究的重点。高旺的《晚清中国的政治转型——以清末宪政改革为中心》[⑤]，是关于宪政改革的总体研究。陈丹的《清末考察政治大臣出洋研究》[⑥] 和柴松霞的《出洋考察与清末立宪》[⑦]，是对清末五大臣出洋考察政治及其与清廷预备立宪关系问题的专题研究。彭剑的《清季宪政编查馆研究》[⑧]，则专门研究了号称清末“宪政枢纽”的机构宪政编查馆。这些著作提供了清廷预备立宪决策及其运作的一般情形。

清末新政时期中央机构改革过程中设立的新部门，是值得深入研究的课题。关晓红对于学部的研究具有开拓性意义，其《晚清学部研究》[⑨] 一书对于学部的渊源流变、机构设置、职能权限、人事关系、

---

① 尚小明：《留日学生与清末新政》，江西教育出版社，2002。

② 刘增合：《鸦片税收与清末新政》，三联书店，2005。

③ 白文刚：《应变与困境：清末新政时期的意识形态控制》，中国传媒大学出版社，2008。

④ 张小莉：《清末“新政”时期文化政策》，人民出版社，2010。

⑤ 高旺：《晚清中国的政治转型——以清末宪政改革为中心》，中国社会科学出版社，2003。

⑥ 陈丹：《清末考察政治大臣出洋研究》，社会科学文献出版社，2011。

⑦ 柴松霞：《出洋考察与清末立宪》，法律出版社，2011。

⑧ 彭剑：《清季宪政编查馆研究》，北京大学出版社，2011。

⑨ 关晓红：《晚清学部研究》，广东教育出版社，2000。

经费筹措与管理制度等方面进行了全面系统的研究。苏全有的《清末邮传部研究》[①] 与王奎的《清末商部研究》[②] 则具体研究了邮传部与商部及农工商部。

关于法制改革，法史学界的研究成果值得关注，有一系列专题研究论著，具体研究了晚清法律移植、法律新词语、立宪思潮、刑事诉讼制度、检察制度、大清刑律草案、修订法律馆、法部与大理院之争、各级审判厅等问题。[③]

关于地方新政研究，董丛林等的《清末直隶新政研究》[④] 与《清季北洋势力崛起与直隶社会变动》[⑤]，以及徐建平的《清末直隶宪政改革研究》[⑥]，具体研究了首善之区直隶的新政与宪政。沈晓敏的《处常与求变：清末民初的浙江谘议局和省议会》[⑦]，是浙江谘议局的个案研究。韩国学者金衡鍾的《清末新政时期研究——江苏省的新政与绅士层》[⑧] 与刁振娇的《清末地方议会制度研究——以江苏谘议局为视角的考察》[⑨]，则具体研究了江苏的新政与宪政。赵云田的《清

① 苏全有：《清末邮传部研究》，中华书局，2005。

② 王奎：《清末商部研究》，人民出版社，2008。

③ 参见张德美的《探索与抉择——晚清法律移植研究》（清华大学出版社，2003），王健的《沟通两个世界的法律意义——晚清西方法的输入与法律新词初探》（中国政法大学出版社，2001），卞修全的《立宪思潮与清末法制改革》（中国社会科学出版社，2003），尤志安的《清末刑事司法改革研究——以中国刑事诉讼制度近代化为视角》（中国人民公安大学出版社，2004），李启成的《晚清各级审判厅研究》（北京大学出版社，2004），张从容的《部院之争：晚清司法改革的交叉路口》（北京大学出版社，2007），高汉成的《签注视野下的大清刑律草案研究》（中国社会科学出版社，2007），谢如程的《清末检察制度及其实践》（上海人民出版社，2008），陈煜的《清末新政中的修订法律馆——中国法律近代化的一段往事》（中国政法大学出版社，2009）。

④ 董丛林等：《清末直隶新政研究》，河北人民出版社，2002。

⑤ 董丛林等：《清季北洋势力崛起与直隶社会变动》，科学出版社，2011。

⑥ 徐建平：《清末直隶宪政改革研究》，中国社会科学出版社，2008。

⑦ 沈晓敏：《处常与求变：清末民初的浙江谘议局和省议会》，三联书店，2005。

⑧ 〔韩〕金衡鍾：《清末新政时期研究——江苏省的新政与绅士层》，首尔大学出版部，2002。

⑨ 刁振娇：《清末地方议会制度研究——以江苏谘议局为视角的考察》，上海人民出版社，2008。

末新政研究——20世纪初的中国边疆》[①]，对于东北、蒙古、新疆、西藏等边疆地区在清末新政时期关于政治、经济、军事、文化教育等方面的改革举措及其经验教训，进行了较为全面系统的探讨。

与辛亥革命史的研究相比，清末新政史研究起步相对较晚，但发展势头迅猛。尤其是21世纪以来，随着研究时段的下移，当近代史研究不少领域的研究者纷纷转向民国史的研究时，清末新政史研究却成了晚清史研究的一个热点。关于清末新政各个领域的具体研究，一个明显的特点是不平衡性：个别问题探讨较为深入，大多数问题的研究显得相当薄弱。清末新政研究的领域非常广阔，研究的广度和深度都可以进一步拓展，新政的价值与意义需要更多深入具体的实证性研究来阐释和证明。

总之，国内外学术界以往的研究成果为本书提供了重要的学术史基础；同时，以往学界研究的不足之处也为本研究的开展提供了较为广阔的空间。本书研究正是在既有相关学术成果的基础上展开的，力图在一定程度上弥补相关研究的薄弱环节，并为学术界的进一步研究奠定一个实在的基础。

三　研究思路与基本内容

史无定法。一般而言，不同的学科当有不同的研究方法。按照现行学科体制，本书的研究领域很容易被划归政治史范畴。然而，政治史研究的方法也是多种多样，既因人而异，也因题而不同。据笔者的粗浅体会，大概可从以下两方面打开思路。

一是政治史研究内部的典章制度与人事关系相结合。就时下学科观念而言，这是一个典型的政治史研究课题。政治本身是非常复杂的，可谓奥妙无穷，但并非不可捉摸。简单地说，政治是各种势力集

① 赵云田：《清末新政研究——20世纪初的中国边疆》，黑龙江教育出版社，2004。

团根据各种制度规则分配权力与利益的人事活动。政治争夺的核心是权力，权力的背后是利益，权力与利益分配的原则有各种制度与规则，具体则涉及复杂的人事关系。因此，政治史研究的核心内容有二：一是典章制度，二是人事关系。典章制度是政治运作的基本框架，一旦制定颁布就是一些死的条文，但在酝酿、制定、颁布与运用的过程中，都离不开人的因素，在某种意义上可以说，人事关系可能影响甚至左右各种制度与规则。人是活的，人事关系不但与各种明文制度有关，而且还有各种隐秘难测的潜规则，政治的复杂与奥妙就在于此。把握这个奥妙，政治史研究或可登堂入室。

二是超越政治史之上的整体史研究，尤其是政治史与思想史、社会史等诸学科相结合。历史本身是一个整体，学科可以有分支，历史则不能分割。学界所谓政治史、经济史、社会史、思想史、文化史云云，本是相互关联的，绝不可画地为牢。或许可以说，各种专题史既是相对独立的研究领域，又是较为独特的研究视角，但就历史整体而言，横看成岭侧成峰，只是各得一面而已。如果离开政治史，单纯地做经济史、社会史或什么史，只能流于某种现象描述，定是了无生趣；同样，如果把政治史做成一堆制度条文的罗列，也必然是味同嚼蜡，只有与社会史、思想史等诸学科相结合，方显鲜活而丰富多彩的历史面相。充分关注思想源流、制度结构、人际关系、社会变迁等诸方面，从多维的视角构建整体的历史，当可使所谓政治史研究云云更进一境。

具体而言，本书试图从地方督抚在新政中的思想与活动的角度，具体考察地方督抚对清政府新政决策的参与及其影响，以及地方督抚与新政过程中社会变迁的互动关系，以期观察清末中央与地方权力格局的演变态势。关于地方督抚与清末新政研究的具体方法，大致可以有三个研究视角：一是督抚群体研究，研究整个督抚群体与清末新政的关系；二是分省区域研究，以若干省区新政为专题研究，可能有些省区涉及多个督抚；三是督抚个案研究，以若干督抚与清末新政的关系为专题研究，可能有些督抚涉及多个省区。本书力图将群体研究、区域研究与个案研究相结合，具体所采用的方法，不是教科书式的系统论述，而是选点专题研究，不求面面俱到，但求在某些专题研究方面有所深入。

有鉴于拙著《张之洞与清末新政研究》已对清末新政时期的经济、军事、法制与文化教育等多项制度变革有所研究，本书尽可能地不再重复既有研究成果，而是力图开拓新的研究领域。本书具体研究了十三个专题，基本内容如下。

第一章，考察清末地方督抚辖区变革与改制。具体探讨了清末新政时期裁撤漕运总督与苏淮分省始末，关于察哈尔、热河、绥远、西康建省的动议，督抚同城的云南、湖北、广东巡抚的裁撤，以及东三省改制及其督抚建制等有关督抚制度与政区变革问题。政区变革是清末新政的一部分，政区变革的得失是清末新政成败的一面镜子。通过具体考察各种改制与建省动议及其运作的前因后果，为观察清末新政时期相关政治变革与权力关系问题提供了一个视角。

第二章，对清末新政时期地方督抚的群体结构与人事变迁进行专题研究，为观察督抚制度在清末的最后演变态势以及地方督抚与新政的关系提供了一些新的认识。通过对于地方督抚群体结构与人事变迁多方面的统计分析，可知其群体特性的负面因素较多，这些大都不利于清末新政的顺利推行。当然，对于督抚群体特性的负面影响不能做绝对化的理解。事实上，其群体内部的个体差异性是非常明显的。同是在旧官僚群体中，由于趋新与守旧程度的差别，相对而言便可能对新政有不同程度的影响；而任职时间的长短、在职年龄的高低、任职频率变动的大小，情形不一，其对于新政的影响也自然有所不同。可以说，正是这些内在差异导致了各省新政发展的不平衡性。

第三章，探讨地方督抚在清末新政启动过程中担当了何种角色。

清廷在庚子事变中发布新政上谕，有来自内外环境的压力，其中地方督抚的促动是一个不可忽视的重要因素。地方督抚在受命复奏过程中的复杂表现，更可见督抚对于新政的思想与心态的多样。起初督抚们商议联衔会奏，以求共同承担责任；随后又因故单衔上奏，各自表态，但也力求表达大致相同的意见。两江总督刘坤一、湖广总督张之洞则是在广泛征求多方面的意见并充分商议的基础上，联衔会奏三折一片，对历时长达八个多月的关于如何变法的问题做了一个总结性的发言。清廷最后采纳江楚会奏，以之作为新政的纲领，从而开始正式推行新政。在此过程中，地方督抚确实充当了颇为关键的角色。

第四章，以裁革胥役、陋规与捐纳制度为例，探讨地方督抚与吏治改革的关系。清末新政时期，清政府采取了一系列整顿吏治的措施。其中，裁汰胥吏与差役，酌改陋规为公费，改革捐纳制度，是三项重要的举措。整顿吏治，旨在清除吏治腐败的根源。在此过程中，地方督抚建言、践行，发挥了相当重要的作用。应该说，这些措施确实有利于惩治官场腐败，改善行政作风，提高行政效率，保证行政体制的正常运作。然而，清末吏治的腐败已是积重难返，由于传统官僚政治的惰性与惯性，以及现实中人事关系与经济利益等问题的困扰，其间的内在矛盾难以调适，使得吏治改革举步维艰，并在一定程度上直接影响了清末新政的进程。

第五章，探讨地方督抚与清廷预备立宪决策之间的关系。清末新政是一项整体性的结构变革。也许在新政启动之初，清廷试图将改革限制在传统体制之内，随着新政的逐步展开，势必要突破体制，这时候当然要考虑进行体制本身的改革。预备立宪就是体制变革的尝试，是清末新政进一步发展的必然结果。日俄战争前后，立宪思潮高涨，地方督抚是主张立宪的一股重要力量。清廷派五大臣出洋考察政治，地方督抚不但是重要的动议者，而且是实际的支持者，包括选派随员，筹措经费。清廷派遣五大臣出洋考察政治，目的就是为是否实行立宪及如何立宪的问题提供决策依据。张之洞、袁世凯等地方督抚与五大臣多有联系，并最终促成清廷宣布预备立宪。

第六章，以直隶总督袁世凯与湖广总督张之洞为中心，考察地方督抚与丙午官制改革的关系。预备立宪从官制改革入手，丙午官制改革包括中央官制改革和地方官制改革两个阶段。关于中央官制改革，直隶总督袁世凯是一个要角。通过系统考察丙午官制改革过程中，袁世凯与清廷内部各派政治势力，围绕责任内阁制问题的明争暗斗，力图揭示预备立宪进程之艰难曲折的诸多面相。关于地方官制改革，湖广总督张之洞至关重要。清廷地方官制改革有着明显的中央集权的目的，以张之洞为代表的督抚大臣一般都持反对的态度，这是对清廷中央集权的对抗，反映了朝廷与地方督抚的紧张关系，直接制约了改革的进程甚至清王朝的前途与命运。

第七章，以浙江巡抚张曾敭与秋瑾案为例，考察预备立宪时期民间舆论与官府作为的互动关系。清廷预备立宪明确标榜“庶政公诸舆论”，为民间舆论的发扬提供了现实的制度基础。在清廷预备立宪的形势下，浙江巡抚张曾敭将尚未举事的革命党人秋瑾“就地正法”，引起了江浙民间舆论的一片哗然。民间舆论坚持以宪政精神作思想武器，大胆攻击浙江官府处理秋瑾案的种种作为，使其穷于应付，狼狈不堪。此举在一定程度上推动了清政府加快宪政改革的步伐，表明预备立宪时期渐趋发达的民间舆论已是一股不可忽视的政治力量。从秋瑾案体现的民间舆论与官府作为之互动关系的情形来看，预备立宪之初，立宪派与清政府之间便已时显貌合神离之相。因此，立宪派在武昌起义爆发后能够迅速转向与革命派合流，可谓渊源有自。

第八章，以湖南巡抚岑春蓂与长沙抢米风潮为例，考察清末新政时期地方督抚应对灾荒与民变的举措，并从官绅矛盾的角度，探讨清政府社会控制的效能。在通常的情况下，清政府社会控制机制的正常运转需要依靠绅士的辅佐，绅士充当了地方官府与民众之间调停人的角色。然而，当绅士本身的利益得不到满足甚至受到损害时，绅士阶层就可能与官府发生直接冲突和对抗。长沙抢米风潮中的官绅矛盾是一个典型的例证。在长沙抢米风潮中，由于错综复杂的利益纠葛，官绅矛盾激化，绅士不但不能辅助官府，而且利用饥民情绪与官府对抗，致使以巡抚岑春蓂为代表的官府应对乖方，无法控制事态发展。清政府强行抑制绅权，严惩肇事的旧绅士代表，使其逐渐疏离官府，而新绅士也因预备立宪进程缓慢对清政府失望。由于官绅矛盾的激化，官绅关系发生裂痕，传统社会控制机制运转失灵，从根本上动摇了清王朝统治的基础，使其迅速走向覆亡之路。

第九章，以两江总督张人骏与江苏谘议局为例，考察地方督抚与立宪派在谘议局的政争。清末新政时期，张人骏一直出任地方督抚大臣。张人骏对于新政的态度颇为复杂，虽然内心并不赞成，但因职责所在实际上又不得不推行。尽管如此，张人骏在各处所办新政也并不纯属表面文章。事实上，无论是办学堂、派留学、练新军，还是筹办宪政，张人骏在各省督抚任上均按部就班进行。山东、河南、山西、广东与江苏宁属地区的新政，实际上并未因张人骏担任督抚而受阻。至于张人骏与江苏谘议局的矛盾冲突，则另有更深刻复杂的原因。张人骏常被论者指斥为对宪政无知的顽固鄙陋之徒，实际上与事实并不相符。其实关键是权力之争，地方督抚与立宪派的矛盾，与其说是思想观念之争，毋宁说是预备立宪时期行政权限与议政权限尚未分割清晰时的必然冲突。

第十章，考察地方督抚、立宪派与清廷内部各派政治势力，围绕国会请愿与责任内阁制问题的权力博弈。丙午官制改革后，在光宣之际的政局变动中，国会与责任内阁制虽不时地被人提及，但仅仅限于建言方面，于制度建设并没有实质性的进展。国会与责任内阁制最终被纳入清廷预备立宪的议事日程，还得归功于由立宪派倡导而地方督抚积极参与的国会请愿运动。通过系统考察国会请愿运动过程中地方督抚、立宪派与清廷内部各派政治势力，围绕国会与责任内阁制问题的明争暗斗，力图揭示预备立宪时期西方宪政制度移植到近代中国之所以举步维艰的原因，其深受各种政治势力之间权力与利益关系的制约，是一个关键的因素。

第十一章，以光绪三十三年（1907）之满汉问题奏议为中心，探讨地方督抚平满汉畛域思想与清政府满汉政策的新变化。在清末预备立宪时期实行平满汉畛域举措的过程中，光绪三十三年慈禧太后发布化除满汉畛域懿旨与官绅群起奏议，是一个关键性的事件。通过具体探讨光绪三十三年慈禧太后化除满汉畛域懿旨出台的原因，官绅奏议讨论的问题及其应对之策，以及清政府满汉政策的新变化，为观察清末满汉关系演变与清王朝覆灭问题提供了新的视角。在清末预备立宪时期，清廷试图化除满汉畛域，而对满汉政策做出了新的调整，但因种种因素制约而并没有切实施行，也没有收到预期效果，致使清王朝最终难逃覆亡的命运。

第十二章，从清末新政时期地方督抚权力的演变，探讨晚清权力格局的变化。关于晚清中央与地方关系的权力格局，学界长期以来多信奉“外重内轻”说。笔者通过对清末新政时期地方督抚权力变化的研究认为，辛亥鼎革之际，中央与地方权力关系实际上已演变为“内外皆轻”的权力格局。在清末庚子至辛亥期间，随着新政尤其是预备立宪的开展，清政府不断加强中央集权措施，地方督抚的权力被收束而日益变小，其干政的影响力也有一个逐渐减弱的趋势。但与此同时，清政府中央集权的实际效力却并不显著，反而随着统治集团内部矛盾的激化而有削弱之势。这样，便形成“内外皆轻”的权力格局。一方面，清廷并没有建立强有力的中央政府，也未能真正控制全国的军权与财权，中央集权有名无实；另一方面，各省督抚也不能有效地控制地方军权与财权，在地方已没有强势督抚，更没有形成强大的地方势力。武昌起义前夕，正是地方督抚权力明显削弱，而清廷中央集权尚未强固之时，在此权力转换临界的关键时刻，革命爆发，无疑是对清王朝的致命一击。

第十三章，具体探讨辛亥鼎革之际地方督抚之出处及其与清末民初政局变动的关系问题。从群体结构情形来看，武昌起义时在职的地方督抚仍然是一个在旧制度下主要由儒家传统孕育出来的旧式官僚群体；武昌起义以后新任的地方督抚群体则注入了新的因素，同时也暗伏了新的变数。各省督抚在武昌起义之后的反应，可谓情形不一，多种多样。那种认为督抚大都奔逃自保而少有效忠清廷者的说法，未免有简单片面化之嫌。其实，真正转向革命阵营或死命对抗革命的督抚只是极少数。大多数督抚还是有效忠清廷之心的，虽然他们因无法控制新军及当地绅商不肯合作，而不能有效地镇压革命，但他们还是采取了不同程度的防范应对措施，他们并不愿看到清王朝的覆灭。这与其切身利益有关，也与其思想观念状况有关。辛亥鼎革之际，中央与地方权力关系表面上演变为“内重外轻”之格局，实际上是一种“内外皆轻”的权力格局。其总体表征是中央与地方权威一并流失，中央无法控制地方，地方无力效忠中央。“内外皆轻”权力格局的形成，其直接后果是清廷中央与地方均无法有效地应对革命，致使清王朝走向覆亡之路；其另一个严重的后果是掌握军队尤其是新军的军人势力的崛起，出现军人干政，导致民国初年的军阀政治。

以上十三个专题研究，具体探讨了有关地方督抚与清末新政的一些重要问题。需要说明以下两点。其一，这些问题不是孤立的，而是有其内在关联性。这十三个专题大致可以分为四个板块：（1）第一、二章是关于晚清督抚制度与督抚群体的一般研究，具体探讨了清末新政时期有关督抚制度与政区变革问题，以及地方督抚群体结构与人事变迁多方面因素与新政的关系；（2）第三、四、五、六、九、十、十一章，是关于地方督抚对清政府新政决策的参与和影响的研究，具体研究了地方督抚与新政的启动、吏治改革、清廷预备立宪的决策、官制改革、谘议局、国会请愿及平满汉畛域问题的关系；（3）第七、八章是关于督抚应对新政过程中突发事件的研究，具体以秋瑾案与长沙抢米风潮为例，考察地方督抚应对革命与民变的情形；（4）第十二、十三章是关于地方督抚与晚清权力格局变动的研究，具体考察了“内外皆轻”权力格局的形成及其对清末民初政局的影响。这四个板块基本按时序排列，从逻辑与历史相统一的角度反映了清末新政的发展进程与晚清权力格局的演变态势。其二，这些问题只是本课题研究的一部分，而不是全部。就督抚群体研究而言，诸如督抚与地方自治、司法独立、财政税收、民众生活等问题，均值得深入研究。就分省区域研究与督抚个案研究来说，则有更多的专题有待于进一步探讨。甚至可以说，每一个省区，每一个督抚，都是一个有价值的研究专题。当然，这绝不是本书所能完成的，毋宁说，这是开拓清末新政研究的新领域，以及进一步深入研究的新方向。

第一章

清末地方督抚辖区变革与改制

督抚制度起源于明，形成于清。明代总督与巡抚建置，起先只是由朝廷临时差遣，因事设裁，辖区不定，明中叶以后方逐渐向地方化和制度化转变，但终明之世未能完成。清沿明制，督抚制度在康熙初年略具雏形，总督与巡抚由朝廷临时差遣官成为正式的地方最高军政长官，督抚辖区与省的界线大致相合而由“准政区”成为正式的地方最高一级行政区划，其后再经调整变化，至乾隆中叶最终完成其制度化的过程而基本定型，成为一种重要的地方行政制度。[①] 嘉、道以后，除了东北、蒙古、西藏等边疆地区以外，全国十八行省计八大总督、十五巡抚的格局渐趋稳定。[②] 虽然咸、同时期督

① 关于明清督抚制度的一般研究，参见靳润成《明朝总督巡抚辖区研究》，天津古籍出版社，1996；傅宗懋：《清代督抚制度》（《台湾政治大学政治研究丛刊》第四种），台北，政治大学研究所，1963。按：傅宗懋书承台北中研院近代史研究所潘光哲先生影赠，特此致谢。

② 八大总督指直隶总督、两江总督、湖广总督、闽浙总督、两广总督、云贵总督、陕甘总督、四川总督（不计漕运总督与河道总督），十五巡抚为山东巡抚、河南巡抚、江苏巡抚、安徽巡抚、浙江巡抚、江西巡抚、湖北巡抚、湖南巡抚、福建巡抚、广东巡抚、广西巡抚、贵州巡抚、云南巡抚、山西巡抚、陕西巡抚。

抚的职权大有变化，[①]但其辖区格局并无改变。光绪十年（1884）、十一年（1885），新疆、台湾相继建立行省，分别设置甘肃新疆巡抚和改福建巡抚为台湾巡抚，是督抚制度在晚清的重要变化。光绪后期至宣统时期，在新政逐渐开展的过程中，政区变革也被不时地提上议事日程，使督抚制度进一步发生了一些较大的变化。

第一节　裁撤漕运总督与苏淮分省始末

清代江苏的地方行政制度颇为特别，境内有两督一抚三个中心：省级行政长官有两江总督驻江宁，江苏巡抚驻苏州，漕运总督驻江北淮安之清江。虽漕督自有专职，但因其兼有巡抚事宜，而与地方吏治密切相关。在清末，正是由于漕运的衰落，在裁废漕运总督的过程中而出现了苏淮分省问题。

苏淮分省起因于张謇的徐州建省动议。光绪三十年（1904），张謇拟就《徐州应建行省议》，系统地提出一个徐州建省计划。首先，他说明了徐州建省的重要性。一方面，徐州古往今来具有重要的地理位置，“控淮海之襟喉，兼战守之形便，殖原陆之物产，富士马之资材，其地为古今主客所必争者，莫如徐州”。徐州地处山东、河南、安徽、江苏四省交界地带，历来为兵家必争之地，“但能经营徐州，蔚为雄藩，皆可以左提而右挈之矣”。另一方面，也是更重要的，在当时特殊的历史条件下，徐州建省具有抗衡英、德侵逼之“外患”与消弭会党起事之“内乱”的战略意义。“今天下大势：英之兵舰梭织于长江，德之铁路午贯于山东。谋蔽长江，则势力必扩而北；谋障山东，则势力必扩而南。南北之际，徐为中权。平原荡荡，广

① 咸、同时期督抚职权的变化主要是军权与财权的扩大，另外就是兼衔，如直隶总督兼北洋大臣、两江总督兼南洋大臣，以及各省督抚均兼总理衙门大臣衔，等等。

袤千里。俗俭而僿；民强而无教。犯法、杀人、盗劫、亡命、枭桀之徒，前骈死而后踵起者，大都以徐为称首。近数十年，复有会匪之勾结，教士之浸权。设不早计，祸发一隅，牵动全局。将欲因时制宜，变散地为要害，莫如建徐州为行省”。徐州处四省交界之地，各省政治势力鞭长难及，本为“内乱”之渊薮；如今又夹在英、德势力范围之间，如果没有强大的政治军事力量，则很难抵挡英国势力的北犯和德国势力的南侵。“其在今日，非建行省设巡抚，则断乎不可”。

其次，他规划了徐州建省的具体办法。他建议以徐州为中心，从苏、鲁、豫、皖四省各分出一些州县，划归徐州行省。计有江苏徐州府属之铜山、肖、砀山、丰、沛、邳、宿迁、睢宁，海州之沭阳、赣榆，淮安之安东、桃源；安徽凤阳之宿、灵璧，颍州之蒙城、涡阳、亳州，泗州之五河、盱眙、天长；山东沂州之兰山、郯城、费、莒、沂水、蒙阴、日照，兖州之滕、峄，济宁之鱼台、金乡，曹州之曹、单、城武；河南归德之商丘、虞城、宁陵、鹿邑、夏邑、永城、睢、考城、柘城；等等，共45州县。

再次，他分析了徐州建省的有利及不利条件。他认为，徐州建省的有利条件有“二便”“四要”。所谓“二便”：一是“增官不必添员”，裁漕运总督以徐州巡抚兼之，升徐州道为布政使，以淮海道兼按察使；二是徐、海、淮、泗、沂、济、凤、颍各州民气皆“朴啬劲悍”，可就地练兵。所谓“四要”，是指徐州建省有利于训农、勤工、通商、兴学四大要政。至于不利条件，他提出“三难”，即得巡抚难、巡抚得人难、筹款难，指的是人才与经济条件。但他认为：“若鉴于二便、四要而以为不得不建也，有人有财，虽有三难，直可旦夕举之。”

最后，他进一步强调了徐州建省的重要意义。他说：“吾惧徐州不日龙争而虎斗，迭进迭退；芒砀大泽，我之伏莽枭徒又乘机窃发，或不免举足左右，以为敌用，为东三省之续也。”① 在此，他仍然是从消弭“内忧外患”的角度立论。客观地说，张謇这个徐州建省计划既有抵制英、德列强侵略的积极意义，也有加强清王朝统治的用心，如他自己所说“盖为中原腹地治安计也”。②

张謇的徐州建省计划经由署两江总督端方代为上奏，引起了清廷的注意。政区的设置，不仅关涉行政区划问题，而且涉及一整套的地方行政制度，尤其是行政官员配置问题。在江苏，本有两督一抚三个中心，徐州建省势必与漕督势力冲突。恰在此时，漕运总督的裁撤问题已被提上议事日程。

漕运在清前期本是与盐、河、兵并列的四大政之一，故特设漕运总督一职，体制极崇。道光以后，漕政弊端丛生，清廷开始改制，或折收银两，或改行海运。咸丰、同治时期，由于受到太平天国运动的冲击，湖北、湖南、江西、安徽及河南五省事实上已停止漕运，迄清亡而未恢复。光绪二十七年（1901），江苏、浙江、山东三省正式停止征漕，至此，八省漕运全部停止。③ 在这种情况下，刘坤一、张之洞在《江楚会奏变法三折》中认为漕运已是“有名无实”，主张将因漕运而设的屯田与卫所全部裁撤。④ 次年，清廷正式谕令将屯饷改为丁粮，撤销屯田、运军名目，裁撤卫守备、千总等官。⑤ 光绪三十年（1904），御史周树模奏请裁撤漕运总督，他认为：“各省卫官已撤，屯户并改丁粮，归州县经征，南漕半改折色，半由海运，各省粮道亦次第裁减，漕督无官可辖，而体制极崇，殊非综核名实之道。”⑥

---

① 《徐州应建行省议》（光绪三十年），张謇研究中心、南通市图书馆编《张謇全集》第1卷，江苏古籍出版社，1994，第80~83页。

② 《啬翁自订年谱》，《张謇全集》第6卷，第866页。

③ 参见李文治、江太新《清代漕运》，中华书局，1995，第468~470页。

④ 《遵旨筹议变法谨拟整顿中法十二条折》（光绪二十七年六月初四日），苑书义等主编《张之洞全集》第2册，河北人民出版社，1998，第1422~1423页。

⑤ 《谕裁汰屯卫各员》（光绪二十八年正月），沈桐生辑《光绪政要》第3册，第1732页。

⑥ 朱寿朋编《光绪朝东华录》第5册，中华书局，1984，总第5282页。

清廷把端方代奏张謇的徐州建省条陈与周树模的裁撤漕运总督奏片一并交给政务处议奏。同年十二月二十二日，政务处将会议的结果上奏，其要点有二。一方面，基本否定了张謇提出的徐州建省计划。“徐州在江苏，地居最北，若于平地创建军府，既多繁费；所请分割江苏、安徽、山东、河南四十余州县，亦涉纷更”，即不宜分割四省地盘建立徐州行省。另一方面，变通提出了一个苏淮分省的新方案。同意裁撤漕运总督，将其缺改为江淮巡抚，“与江苏巡抚分治，仍归两江总督兼辖”。据此，原江苏省一分为二，苏、淮划江而治。本来，江苏省的现状早已是两分，分别以驻江宁的两江总督和驻苏州的江苏巡抚为中心，各领有江北与江南之属地，“久若划疆而治”。江北设立江淮巡抚，即将江宁布政使及所辖之江、淮、扬、徐四府及通、海两直隶州全归管理，巡抚驻清江，即为省会，并以淮扬海道兼按察使衔；江南仍归江苏巡抚，以苏州为省会。此议得到清廷上谕的批准。次日，清廷调恩寿为江淮巡抚，以陆元鼎为江苏巡抚，[①] 苏淮分省始成。

苏淮分省消息一出，舆论哗然。上海的《时报》发表评论文章认为，从地理、历史、民风等方面来看，建省当在“徐州一带”，所谓“徐州一带”，不仅包括江苏之江北各府县，而且包括安徽之凤阳、泗州，山东之曹州、济宁，河南之归德。“故徐州今日不设巡抚则已，

---

① 朱寿朋编《光绪朝东华录》第 5 册，总第 5282 ~ 5283 页。按：据周馥自订年谱记载，当端方将张謇条陈上奏后，政务处“议久不决，嗣某枢乃请割江北淮、扬、徐、海，设巡抚，划江为界”。（周馥：《周悫慎公全集·年谱》卷下，秋浦周氏校刻本，1922，第 9 页）不知“某枢”为谁？待考。又据恽毓鼎日记，当端方上奏张謇条陈交政务处讨论时，“政地诸公惮于更张，又不欲重违端张之意，乃建画江之策：以苏、松、常、镇、太为江苏省；江、杨（扬）、淮、徐、通、海为江淮省；裁漕督，设巡抚，仍治清江浦，以恩寿为之。恩寿者，首辅庆亲王之儿女亲家，历任封疆，无治行，由苏抚移漕督，锐志欲复巡抚任，以窥两江一席。政府此举，实为恩地也”。（史晓风整理《恽毓鼎澄斋日记》第 1 册，浙江古籍出版社，2004，第 266 页）据此可见，江淮“划江而治”可能与军机首辅庆亲王奕劻直接有关。另，所谓苏淮“划江而治”，其实也是大致而言，并不是绝对的，如属江苏之靖江实在江北，而划归江淮之江宁府又在江南。

若设巡抚，宜合以上各府另组织一行政区域，不宜合长江下流之扬州、通州等同一区域，更不宜合江南之江宁府同一区域”。如果仅以江苏之江北各属与江宁一府为江淮省，则不能有效地控驭苏、鲁、豫、皖边境，“但有新设抚军之名，而无新设抚军之利也”。①

江苏官绅更是群起反对。苏淮分省的结果与张謇的徐州建省设想大相径庭，张謇颇感失望。他对所谓“江淮省”的建置大为不满：“闻建设江淮省，此大谬，痴人前难说梦，信也。”“苏抚端方懵然入奏，部懵然因其说而易名为江淮，以漕督为巡抚，非驴非马矣”。他立即致书湖广总督张之洞和两江总督周馥，“请争江淮省事”。②

与此同时，江苏籍京官相继联名上奏表示反对。光绪三十一年（1905）正月二十日，都察院左都御史陆润庠领衔会同陆宝忠、顾肇新、陈名侃、吴郁生等人上奏，提出以下四点意见。一是官制问题。江淮、江苏本是一省而有一督一抚两个中心，若再设巡抚，则是一省两抚，不仅未有先例，而且督抚同城的湖北、云南刚刚议裁巡抚，“江南一省，忽然添缺，未免政令纷歧”。二是政区边界问题。苏淮分为两省，划江而治，则江苏仅有四府一州，“地势平衍，形胜全失，几不能自成一省”。江淮设省清江，“舍临江扼要之名城，就滨河一隅之小邑，似亦未甚得势”。三是政区幅员问题。清制按户口与幅员将省分为大、中、小三等，如苏淮分省，江淮仅及中省，江苏只能由大省改为小省，“则一切经制，俱需更改，而筹饷摊款，尤多窒碍”。四是行政问题。江淮三府二州之地方要政，向来由江宁布政使禀承两江总督办理，“历久相沿，未闻有所丛脞，今之改设，似出无名”。若江宁布政使仍在江宁办事，“则江淮巡抚，孤悬虚寄，徒多文移禀报之烦，无裨吏事军政之要”。总之，他们认为：“朝廷本无分省之意，江

① 《恭读本月二十二日上谕谨注》，《时报》光绪三十年十二月二十四日。

② 分见《日记》《啬翁自订年谱》，均出自《张謇全集》第6卷，第546、866页。

督亦无废事之虞，顾以裁漕督而添巡抚，因设巡抚而议添行省，办法既疑乎倒置，定章必归于迁就。”江苏跨江立省之定制不宜轻改，江淮分省必须慎重，希望朝廷谕令廷臣与沿江督抚会议复奏，但“奏入不报”。[①]

随后，江苏籍京官又公推翰林院侍读学士恽毓鼎领衔再次上奏，又提出以下四点意见。一是苏、淮单独立省，则彼此削弱，不利于江、海军事防御。“江苏跨江为省，论富庶则以苏、松为首，规形势则以淮、徐为先。一旦画江而治，则江淮无江苏，势必易富而为贫；江苏无江淮，亦必转强而为弱。况江苏为海疆要地，长江为舆图中心，江、海各军，全赖号令画一；分省而后，万一督抚拘于畛域，意见分歧，必致贻误事机，动摇全局”。二是苏、淮分为两省，摊派之款相应增加，人民不堪重负。“江淮瘠苦之区，固不堪此；即以江苏而论，向来筹款之法以淮盐为大宗，今既以盐务归于江淮，挹注之源立穷，摊派之累愈重，筹饷无计，养兵无资，竭泽而渔，揭竿可虑”。三是苏、淮划江分省，不利于防范长江“盗匪”。“诚以两省交界之区，往往为盗贼渊薮；事权归一，防范易周。今长江上下游枭匪出没无定，若苏、淮划分两省，水陆诸营各分界限，互相推诿，此拿彼窜，盗匪转得藉以藏身”。四是江淮新设一省，将引起外国列强争夺利权，增添中外交涉的麻烦。“多设一省，各国多生一窥伺之端。……设领事、增商埠、增教堂之举，势必纷至而沓来。徐、海民气悍强，少见多怪，交涉棘手事件将因之而日生”。[②] 二月初九日，清廷将恽毓鼎等此奏连同陆润庠等前折一并发交政务处议奏，并谕令两江总督周馥会同商部顾问官张謇察看情形速议电奏。[③]

① 朱寿朋编《光绪朝东华录》第5册，总第5288～5289页。

② 《恽毓鼎奏江淮分省事宜折》，《时报》光绪三十一年二月二十三日。

③ 中国第一历史档案馆编《光绪宣统两朝上谕档》第31册，广西师范大学出版社，1996，第19页；另见《时报》光绪三十一年二月二十三日。

周馥一面与张謇“酌议”，[①] 一面会商湖广总督张之洞，希望他“设法挽回大局”。[②] 随后，周馥上奏清廷，主要的反对理由有以下三个。一是就军事方面而言，苏淮分省将原江苏省割去江北四府二州为江淮省，使新江苏省仅有江南苏、松、常、镇、太四府一州，“壤地偏狭，形势全失，何以图治?”且划江而治，不便长江设防，“属在一省，则设防较易；今剖分两省，则气势涣散，设防转难”。二是就政治方面而言，新设江淮巡抚将分割两江总督的权力，导致督抚矛盾，“今特设江淮一省，原为战守形便而起。不以兵权归之，则巡抚无所措施；以兵事责之，则气力以分而愈薄，号令以分而多歧”。三是就经济方面而言，“特设一行省，事体加繁。举凡练兵、兴学诸事，新政所当行者，无一不须别开生面，即无一不须筹集巨款。……当此民穷财绌，各省分筹赔款恒苦不给，添建一省，用款增而地不加多，责成重而权力反薄，似觉未宜”。总之，他认为“分设江淮行省非万年金汤之全策”。他建议将淮扬镇改为江淮提督，“文武并用，节制徐州镇及江北各营”。[③]

张之洞积极支持周馥，他电奏清廷，“详陈江淮分省之有害无利，仍以不分省为宜”。[④]

苏淮分省本已获上谕批准为既成事实，但“为众论所不韪”，使政务处在议奏过程中颇感为难。“若仍改为漕督，则朝令夕改，又无此政体”。于是，诸王大臣拟仍按张謇原条陈所请，分割江苏、安徽、河南、山东四省边境地区，另设徐州行省。但此议又遭到山东、河南、安徽三省巡抚的反对，他们“均以分割各该省边境州县

① 《各省内务汇志·江苏》，《东方杂志》第2年第4期，光绪三十一年四月二十五日。

② 《周制台来电》（光绪三十一年二月初七日寅刻到），苑书义等主编《张之洞全集》第11册，第9290页。

③ 周馥：《苏淮分省利弊折》（光绪三十一年二月初十日），《周悫慎公全集·奏稿》卷3，第4～5页。

④ 《鄂督电奏江淮不宜分省》，《时报》光绪三十一年三月初十日。

隶于徐州为省，诸多窒碍”。结果，他们只好选择放弃，而决定“仍请收回江淮设省成命，裁撤漕督，于徐州地方添设提督一缺，以资重镇”。①

三月十七日，政务处将会议结果上奏。据各衙门咨送来的说帖，主张苏淮不必分省另设大员者 42 件，主张专裁淮抚者 32 件，主张苏淮仍议分省及复设漕督者 7 件。因各衙门说帖大都认为不便改设巡抚，而“拟改设提督驻扎者居多”，周馥所奏“亦以分设行省，不如改设提督驻扎为合宜”，所以，政务处建议改淮扬镇总兵为江淮提督，裁撤江淮巡抚。当日上谕：“江淮巡抚即行裁撤，所有淮扬镇总兵著改为江北提督。”② 虽漕督废而不复，但苏淮分省终弃。

综观苏淮分省历史的全过程，似乎只不过是一出闹剧而已，但在一定程度上反映了各相关利益集团的矛盾冲突。这大致可从以下两方面来看。一方面，是朝廷的中央集权与江苏以及山东、安徽、河南四省地方势力分权的矛盾。增设政区与政区划小是削弱地方势力和加强中央集权的重要手段，但苏、淮分省与在苏、鲁、豫、皖边境增设徐州行省的举措都因地方势力的反对而作罢，由此事例可知，清末地方势力已在一定程度上对朝廷权威构成挑战，而使朝廷不可小视。另一方面，是江苏省内新、旧既得利益集团的矛盾。政治改革是权力与利益的再分配，其分配原则便是依据各个利益集团的实际力量来决定。事实上，在对于苏淮分省一片强烈的反对声浪中，尚有一丝微弱的不和谐音。新设江淮省省会清江的官场对于江苏籍京官反对苏淮分省之举不以为然；他们认为：“清江北连徐、海，南控淮、扬，民风强悍，盗贼纵横，盐枭会匪，出没于淮安各属者，不一而足；加以教堂林

---

① 《添设江淮巡抚问题》《江淮设省问题》，分见《时报》光绪三十一年二月二十日、三月十五日。

② 朱寿朋编《光绪朝东华录》第 5 册，总第 5323 ~ 5324 页。

立，教民众多，海州、盐城两处，又皆有海口可以通行船舶，一旦骤然去一大员，设枭匪从而生心，为患不堪设想。且甫经改设行省，忽又收回成命，亦复无此政体。”① 显然，这是一部分新的既得利益者的声音。然而，他们并没有改变最终的结局，因为他们的力量明显地与旧的既得利益集团不成比例。

第二节　开发蒙疆与察哈尔、热河及绥远建省之议

清初，清政府在蒙古地区采取“因俗而治”的办法，实行盟旗制度，盟、旗首领札萨克由理藩院奏请简派各旗内最有威望的蒙古王公担任。清朝中央政府虽然在蒙古地区派驻将军、都统、办事大臣，但其主要还是通过蒙古王公札萨克对蒙古进行统治。与此同时，清政府对蒙古实行民族隔离政策，禁止蒙汉通婚与自由交易，禁止蒙人学用汉文汉语，尤其禁止汉人出边到蒙地垦种。后来，随着俄国侵略势力的不断向南渗透，迫于形势的压力，清政府为了加强对北部边疆的统治，而不得不逐渐改变治蒙政策。光绪二十三年（1897），山西巡抚胡聘之首倡蒙地放垦。二十七年（1901），刘坤一、张之洞会奏变法，主张开放蒙古王公牧地而招纳内地人民殖边垦荒。在此背景下，新政时期，清政府放弃禁垦政策，采取移民殖边办法，鼓励开发北部蒙疆。

光绪二十七年（1901）十一月二十六日，清政府批准山西巡抚岑春煊所奏筹议开垦蒙地请特派八旗大员督办折，委派兵部左侍郎贻谷为督办蒙旗垦务大臣，“驰赴晋地，督办垦务”，全面负责开垦乌兰察

① 《清江官场对于京官奏争江淮设省之意见》，《时报》光绪三十一年三月初七日。

布盟、伊克昭盟及察哈尔蒙地事宜。[①] 贻谷到山西后，先在绥远城设立督办蒙旗垦务总局，然后在各地设立垦务局、垦荒局、垦务公司，开展放垦工作。以此为契机，蒙地得以空前、大规模地放垦。据统计，清末新政时期的十年里，清政府在内蒙古西部新放垦土地共约8.7万顷，东部放垦360余万垧另1.6万余顷，大片地区成为农耕区。[②] 在蒙地开垦的过程中，清政府仿照内地行政建置在垦区陆续设立府、厅、州、县，试图将原来近似于封建制的札萨克统治制度变为郡县制的统治制度。时人以为："游牧者，宜于封建而非可以大一统之治治之者也；耕种者，宜于郡县而可集权于中央以治之者也。"[③] 随着蒙地的不断开垦，蒙古社会渐由游牧进于农耕，蒙疆建行省的呼声于是渐起。

光绪二十九年（1903）三月，清政府中有人主张在内外蒙古设立行省。乌里雅苏台将军连顺等人上疏反对，他们以外蒙古为例，从无民可治、筑城糜帑、生计不便、耗增俸饷、自坏藩篱等方面提出"蒙古部落，碍难改设行省"。清政府同意所奏。[④] 但蒙疆建行省的讨论并没有因此而停息。光绪三十年（1904），都中议论再起，"有改革蒙古部落制度，建设行省，而置巡抚于库伦之说"。[⑤] 次年二月，政务处会议讨论此事，庆亲王奕劻与军机大臣王文韶均表示反对，他们认为："蒙古地方非不可立为行省，设巡统治，然蒙古各旗贫困殊甚，一切经营何能自办？当此国帑支绌之际，政府亦断无可移之款。故此事当

① 贻谷：《酌带司员折》，《蒙垦奏议》，京华印书局刷印本，中国第一历史档案馆编《光绪宣统两朝上谕档》第27册，第243页。

② 参见汪炳明《清末新政与北部边疆开发》，马汝珩、马大正主编《清代边疆开发研究》，中国社会科学出版社，1990。

③ 姚锡光：《续呈实边条议以固北圉说帖》，《筹蒙刍议》卷上，京师寓斋，光绪三十四年（1908）刊本，第25页。

④ 参见赵云田《清末边疆地区新政举要》，《中国边疆史地研究》1996年第4期。

⑤ 《论蒙古改设行省之不可缓》，《时报》光绪三十一年二月十六日。

俟他日再议。”[1] 对此，社会舆论不以为然。《时报》发表评论文章认为，蒙疆设省对于开发蒙地和消除受俄国侵略势力威胁的“边患”都大有裨益，所谓“利于国家，利于蒙藩，且利于汉民，所不利者，睨视眈眈之俄耳”。对于政府以财政困难为由缓设行省的举措，该文虽表同情，但更提出了尖锐的批评：“窃谓此时改设行省，诚有绌费之虞。然欲弭巨患，岂因此坐误？蒙边要区，本有将军、都统驻扎，酌量移并，而又豁除蒙藩岁贡之驼马等费，以挹注之。度改革之费，尚不致甚病。且近年宫中、府中无益之销耗款，亦未必遂无矣。何独于此重大急要之举而固斤斤较量乎？”[2]

日俄战争以后，蒙部边疆危机更急。清政府为了加强对蒙疆地区的统治，特派肃亲王善耆到内蒙古东部地区考察，一来抚慰蒙古王公，二来筹划治蒙之策。光绪三十一年（1905）八月，姚锡光在随肃亲王善耆到内蒙古东部各蒙旗实地考察后，著有《实边条议》，提出内外蒙古建五省的建议：内蒙古分为东、西两省，以直隶边外承德、朝阳两府六州县及口北三厅、东四盟蒙古、察哈尔左半部为东省，以山西、陕西、甘肃边外诸部，凡察哈尔右半部、土默特蒙古、西二盟蒙古、新设口外各厅、阿拉善厄鲁特蒙古为西省；外蒙古分为东、西、北三省，车臣、土谢图两部为东省，赛因诺颜、札萨克图两部为西省，科布多、唐努乌梁海为北省。[3] 这是第一个较为系统的蒙疆建省方案。姚锡光的《实边条议》是送呈练兵处王大臣的考察报告的一部分，结果没有下文。[4] 同年十月，给事中左绍佐奏称：“西北空虚，拟请设立行省。”清廷交政务处议奏。随即，政务处奏请饬直隶总督、

① 《反对改蒙古为行省之议》，《时报》光绪三十一年二月初二日。

② 《论蒙古改设行省之不可缓》，《时报》光绪三十一年二月十六日。

③ 姚锡光：《实边条议》，《筹蒙刍议》卷上，第62～63页。

④ 陈澹然于光绪三十四年（1908）在为姚锡光的《筹蒙刍议》所写的序中说：“筑室至今，乃竟寂然。”

山西巡抚及热河、察哈尔都统“体察情形，通盘筹划”，[①] 但仍然没有结果。

光绪三十三年（1907）四月初二日，邮传部尚书岑春煊奏统筹西北全局酌拟变通以兴本利而固边卫各折片。在折中，岑春煊提出了一系列经营与开发西北边疆的措施。其中，关于官制变通方面，他主张将热河、察哈尔都统，绥远城、乌里雅苏台将军，库伦、科布多、阿尔泰、西宁、西藏大臣，均改名巡抚，加兼陆军部侍郎衔，巡抚下设左右参赞及旗务、民政司使，地方各官概用府、州、县，不设道员，以便径隶于民政司；关于疆域区划方面，他主张先从近边热河、察哈尔、绥远城办起，以承德、朝阳二府合卓索图、昭乌达两盟各旗为热河省，以直隶张家口、独石口、多伦诺尔三厅，山西丰镇、宁远、兴和、陶林四厅，原管察哈尔左右旗地段及附近寺庙、马牛羊牧厂、王公各厂并锡勒郭林一盟地为开平省，以山西归绥道之归化、萨拉齐、托克托城、和林格尔、清水河五厅，新设武川、五原、东胜三厅，合乌兰察布、伊克昭二盟及阿拉善一旗，并陕晋向理蒙务各边州县为绥远省，统称北三省，另在川边地区设川西省，在西藏设西藏省，只是库伦、乌里雅苏台、科布多、阿尔泰、西宁各大臣辖区暂不更改。在片中，他进一步强调了对于治边政策整饬变通的重要性，认为此乃“万不可缓之举”，如果正折中所言变通官制一时难办，可先在巡抚署中暂设参赞而不设司使，蒙旗与土司地区可酌设民官，先多设厅道，后改州县。[②] 折上不久，岑春煊调任两广总督。二十八日，清廷将岑春煊奏折发

① 《德宗景皇帝实录》（8），卷550，《清实录》第59册，中华书局，1987年影印本，第299～300页。

② 《附一：两广总督岑春煊统筹西北全局酌拟变通办法折》《附二：岑春煊变通官制拟设民官片》（光绪三十三年四月初二日），四川省民族研究所编《清末川滇边务档案史料》下册，中华书局，1989，第921～927页。按：其时岑春煊应该是邮传部尚书，而不是两广总督。

下，谕令东三省总督徐世昌、直隶总督袁世凯、陕甘总督升允、四川总督赵尔巽、云贵总督锡良、奉天巡抚唐绍仪、署吉林巡抚朱家宝、署黑龙江巡抚程德全、山西巡抚恩寿、陕西巡抚曹鸿勋、甘肃新疆巡抚联魁、绥远城将军贻谷、热河都统廷杰、察哈尔都统诚勋、伊犁将军长庚、乌里雅苏台将军马亮、库伦办事大臣延祉、科布多参赞大臣连魁和办事大臣锡恒、塔尔巴哈台参赞大臣穆特春、西宁办事大臣庆恕、驻藏办事大臣联豫等有关边疆各大臣，“体察情形，各抒所见，妥议具奏”。[①] 五月初二日，清廷又发下岑春煊奏片，交徐世昌等人与原奏折及左绍佐所上奏折“一并妥议具奏”。[②]

遗憾的是，岑春煊不久即因所谓“丁未政潮”而在政坛失势，因而各方上奏并不踊跃。从目前所能见到的有关资料来看，廷杰、诚勋、贻谷对于热河、察哈尔、绥远改建行省的问题基本都做了肯定的答复，尽管由于各自职责不同而各有偏重。

六月初一日，热河都统廷杰首先上奏，认为蒙疆地区“今若划分三省，恐形逼窄”，主张先设热河、绥远两省。“以承德、朝阳二府两盟之地，再隶以张、多、独三厅，围场一厅，及察哈尔迤东各旗地，为热河省，以为畿辅左臂。以丰镇右翼四旗，并归绥道属之归化、萨拉齐、托克托城、和林格尔、清水河五厅，武川、五原、东胜三厅，而隶以乌、伊二盟，阿归善一旗，为绥远省，以为畿辅右臂。”待热河、绥远“整理就绪”，再将乌里雅苏台、科布多各城，“一律改设”。清廷交考察政治馆知之。[③]

七月二十七日，察哈尔都统诚勋上奏，认为“筹边当以近边为入手，近边尤当以近畿为入手”，察哈尔“内连畿辅，外接俄疆”，“论

① 中国第一历史档案馆编《光绪宣统两朝上谕档》第33册，第68页。
② 中国第一历史档案馆编《光绪宣统两朝上谕档》第33册，第70页。
③ 《德宗景皇帝实录》(8)，卷575，《清实录》第59册，第602页。

地势，则察哈尔视东三省为尤重；而论改制，则察哈尔视绥、热为尤急”。他主张将察哈尔与绥远、热河皆列为行省，统称为北三省，另以直隶之宣化、山西之大同二府择要拨归察哈尔管辖，或改名为北直隶，仿东三省例设总督一员管辖三省，或即名宣化省，仍由直隶总督兼辖，设巡抚一员兼都统，先驻张家口，将来改驻兴和故城。① 八月初二日，清廷交会议政务处议。②

八月十四日，绥远城将军贻谷上奏，从管辖、政令、防守、开垦四方面立论，认为绥远城“均宜及时改建”行省，并列举十六条具体办法。清廷交会议政务处议。③

至于其他有关大臣，有的表示同意岑春煊原奏意见。如署黑龙江巡抚程德全在九月初六日上奏，认为“规画近边固宜藉行省为变通之计，经营边塞尤当主交通为根本之图”。关于变通官制与行省建置问题，他基本赞同岑春煊原奏，主张将绥远、热河、察哈尔各将军、都统改设巡抚，“其原奏分画各处区域并川西及西藏等省析疆为治，皆应悉如原奏办理”。④ 有的只论自己的辖区，而不及其他。如陕甘总督升允、科布多办事大臣锡恒于是年十一月才上奏。升允奏请在青海先行试垦，而缓建行省；锡恒也奏请先在阿尔泰地区“竭力经营”开垦、练兵、兴学、化俗、招商、惠工、振蒙、辑哈诸大端，以为建省做准备。⑤ 川滇边务大臣赵尔丰直到宣统三年（1911）三月才复奏，也只谈了川边与西藏建省问题（详见下节）。限于所见资料，另外一些大臣是否复奏不得而知。

---

① 《察哈尔都统诚勋奏为遵旨筹议边防改建行省折》（光绪三十三年七月二十七日），中国第一历史档案馆编《光绪朝朱批奏折》第33辑，中华书局，1995，第76～79页。

② 《德宗景皇帝实录》(8)，卷577，《清实录》第59册，第639页。

③ 《德宗景皇帝实录》(8)，卷577，《清实录》第59册，第646页。

④ 《署黑龙江巡抚程德全奏为遵旨并案议复折》（光绪三十三年九月初六日），中国第一历史档案馆编《光绪朝朱批奏折》第33辑，第101～104页。

⑤ 《陕甘总督升允奏青海缓改建省先行试垦折》《科布多办事大臣锡恒奏遵旨复陈阿尔泰情形及筹拟办法折》，均见《政治官报》第93号，光绪三十三年十二月二十三日。

对于各位大臣的奏折，清廷都发交会议政务处议奏。虽然政务处会议的具体情况不详，但结果是非常清楚的，那就是蒙疆地区的热河、察哈尔、绥远改建行省并未在清末成为现实。

蒙疆建行省是清政府企图加强对蒙疆地区统治的重要举措，最终未能实现，原因固然很多，如蒙古王公的抵制与反对是一个重要的方面，但主要还是因为清政府新政时期财政困难，实在无力经营。如前所述，蒙古改行省动议提出之初，庆亲王奕劻与军机大臣王文韶就曾以政府财政支绌为由表示只能从缓计议。财政问题的确是清政府在新政时期无法解决的难题。有人在分析边地建设行省的困难时特别说明了这一点："自军国多故，度支奇绌，各省率皆自保不暇，沿边协饷大抵积欠频年，区区边地岁入之额，供寻常岁出，犹虞不给，而欲有非常之举动，则一切官吏之俸饷，衙署之建造，事事需财，何所仰给？"[①] 宣统元年（1909）六月，署归化城副都统三多奏请"整顿蒙旗"，拟将蒙地分为四部，分别设治于洮南、绥远、库伦、乌里雅苏台，各设蒙部大臣一员，其下分设总务、调查、警政、垦地、劝业、财政、编练、文化、裁判、交通、交涉、谘议十二局，预计筹蒙经费在开办之初每部拨 120 万两，然后每年递减 20 万两，五年减尽，认为这样可以"以蒙财治蒙地，当可安中夏而御强邻"。结果被会议政务处否决，理由是："费巨事繁，难以猝举"。[②] 此可为上述说明之一例证。蒙疆建省无成，对于清政府而言，实在是无可奈何之事。时人评论说："光绪三十三年辽疆建省之后，前粤督西林岑公随有统筹西北全局各边拟设民官以固边卫之请，朝廷颇韪其议，顾以绌于行政费之故，谦让未遑也。然西北五省、西北六

① 影蓉：《沿边改建行省私议上》，《东方杂志》第 5 年第 1 期，光绪三十四年正月二十五日。

② 《宣统政纪》卷 16，《清实录》第 60 册，第 310 ~ 311 页。

省之说，实昌于是时。”① 诚然，蒙疆建省的规划仍然有其重要的历史意义。

第三节　川边改土归流与西康建省之议

川边地区即所谓西康，乃古康、藏、卫三区之一，介于四川、云南与西藏之间，地理位置十分重要。“譬之藏为川滇之毛，康为川滇之皮；藏为川滇之唇，康为川滇之齿，且为川滇之咽喉也。岂第藏为藩篱而康为门户已哉?”② 可见川、滇与康、藏为唇齿相依的关系，而西康又是连接四川、云南与西藏的交通枢纽。

清沿明制，在川边实行土司制度。长期以来，川边地区处于土司封建割据状态，交通闭塞，生产落后。清末，随着英国势力武装入侵西藏，直接威胁到四川与云南的安全，西南边境危机四伏。鉴于川边地区与川、藏之间特殊的关系，清政府为了加强对西南边疆的统治，挽救西藏危局，不得不积极经营川边地区。经营之策即改土归流，裁撤土司，改设流官，废除封建割据状态的土司统治制度，仿照内地行政制度设置府、厅、州、县机构，推行与中央集权制相配套的郡县制。

光绪三十年（1904），建昌道赵尔丰向四川总督锡良上“平康三策”。第一策是整顿治理西康与川滇腹地边境野番地区。“将腹地三边之倮夷，收入版图，设官治理，……三边既定，则越嶲、宁远亦可次第设治，一道同风”。第二策是将西康改土归流，建为行省。“力主改康地为行省，改土归流，设置郡县，以丹达为界，扩充疆宇，以保西陲”。第三策是开发西康，联川、康、藏为一体，建西三省。“改造康

① 张超宗：《蒙边新制或问》，“自叙”，弇山堂辛亥类稿，宣统三年（1911）。

② 傅嵩炑：《西康疆域记·按语》，《西康建省记》，成都公记印刷公司，1912，第1页。

地，广兴教化，开发实业，内固蜀省，外拊西藏，迨势达拉萨，藏卫尽入掌握，然后移川督于巴塘，而于四川、拉萨，各设巡抚，仿东三省之例，设置西三省总督，藉以杜英人之觊觎，兼制达赖之外附”。据称：“锡良嘉其议，据以入奏，廷旨报可。”① 这是一个较为系统的经营西康的计划，其核心内容是改土归流，西康建省，卫川保藏御英。

光绪三十一年（1905）初，川边地区发生“巴塘之乱”，巴塘土司与丁林寺喇嘛聚众焚烧法国天主教堂，杀死两名法国传教士，并打死清政府驻藏帮办大臣凤全及其随员百余人。事发后，四川总督锡良、成都将军绰哈布奏派四川提督马维骐、建昌道赵尔丰会同“剿办”。六月，马、赵率军击败巴塘、里塘土司军队，打死里塘土司和桑披寺喇嘛，并将巴塘正、副土司正法，平定巴塘、里塘。随后，马维骐回川，赵尔丰留任炉边善后督办，处理巴塘、里塘改土归流事宜，并继续征战乡城等地。光绪三十二年（1906）六月，锡良、绰哈布奏请“乘此改土归流，照宁夏、青海之例，先置川滇边务大臣，驻扎巴塘练兵，以为西藏声援，整理地方为后盾。川、滇、边、藏声气相通，联为一致，一劳永逸，此西南之计也”。清政府任命赵尔丰为川滇边务大臣。② 川滇边务大臣的设立，揭开了川边地区改土归流的新篇章。

赵尔丰首先在巴塘实行改土归流。他拟定《巴塘善后章程》（即《改土归流章程》）43 条，明确规定：巴塘全境皆大皇上地土，无论汉人、蛮人皆为大皇上百姓，从此永远革除土司之职，改设汉官管理地方汉、蛮百姓及钱粮词讼一切事件。该章程还对于行政官制、财政

---

① 《赵尔丰传》，吴丰培编《赵尔丰川边奏牍》，四川民族出版社，1984，第 1 ~ 2 页。

② 《锡良、绰哈布奏设川滇边务大臣折》《军机处遵旨交部议复锡良等奏设川滇边务大臣请以赵尔丰充任》（光绪三十二年六月），四川省民族研究所编《清末川滇边务档案史料》上册，第 90 ~ 91 页。

赋税、司法诉讼、僧俗礼仪、文教卫生等方面的改革做了详细的规定，是一个全面系统的改土归流章程。[①] 随后，赵尔丰依靠强大的军事力量，东征西讨，不断地在攻占的土司统治地区推行改流政策。计自光绪三十一年至宣统三年（1905～1911）间，赵尔丰在川边地区先后奏设康安、边北两道，康定、巴安、邓科三府，德化、甘孜、白玉三州，三坝、里化两厅，盐井、定乡、稻成、河口、石渠、同普六县，乍丫、察木多两理事官，得荣、江卡、贡觉、桑昂、杂瑜、三岩、甘孜、章谷、道坞、瞻对、泸定桥十一地设治委员及边务收支局、学务总局等。“汉官之仪，已遍康区。官制既定，政令通行，原有分崩离析、自相残杀之局势，亦为之一变；而土司改流，民命昭苏；喇嘛归政，社会安息；藏官既被驱逐，残暴不加于地方；野番复经投诚，盗匪亦绝于道路。远近归附，四方宁谧，俨有行省之规模焉”。[②] 赵尔丰在川边地区七年的苦心经营，已经初步奠定了设省的规模。

早在光绪三十一年（1905），内阁中书尹克昌有鉴于西藏危机、川滇大局可危的形势，奏请在川边地区划出四川雅州府、宁远府、打箭炉厅，云南丽江府、永北厅、永宁土府，以及巴塘、里塘、明正、瞻对各土司，添设建昌行省。[③] 光绪三十二年（1906），又有人提出将西藏改建行省的设想，认为：“中国若欲保西藏，为两川之屏蔽，使人之势力不能由印度以直达西藏，长驱而入，贯通于扬子江诸行省；则保藏即所以保两川，保两川即所以保湘、鄂、皖、豫、宁、苏六省之腹地。西藏改为行省一策，万不能坐失事机，再缓须臾。”[④] 但

---

① 《锡良咨请赵尔丰查收转发〈巴塘善后章程〉汉文本》（光绪三十二十二月二十二日），四川省民族研究所编《清末川滇边务档案史料》上册，第95～103页；又见《改土归流章程》，吴丰培编《赵尔丰川边奏牍》，第190～197页。

② 杨仲华：《西康纪要》下册，上海商务印书馆，1937，第343页。

③ 《内阁中书尹克昌奏请添设建昌行省折》，《东方杂志》第2年第8期，光绪三十一年八月二十五日。

④ 《拟改设西藏行省策》，《东方杂志》第3年第2期，光绪三十二年二月二十五日。

都没有结果。如前所述，光绪三十三年（1907）四月，岑春煊奏请统筹西北全局时再次提出应在川边与西藏设置川西省和西藏省。当时，赵尔丰尚没有把握完成川边地区改土归流的工作，“以其时番人顽梗，未识兵力能否荡平”，故不敢“操切议复”。[①] 直到宣统三年（1911）三月，赵尔丰才对此做出积极的回应，他认为川边建省为时势所迫，已是刻不容缓。他说：“康藏以前之横散，实因无人经营。如令建省，连贯一致，共筹边圉，俾便国防负责有人，随时预防，以备不虞。依其俗而导其政，练兵、兴学、采矿、开垦悉为蕴富之源，数年之后，当有可观，此边、藏时不容缓之事，亦势也。”[②] 就在此时，清廷调任赵尔丰署理四川总督，并调四川布政使王人文任川滇边务大臣。赵尔丰以边务未定、交接需时为由，奏请以多年追随自己而“于边务了如指掌”的傅嵩炑代理川滇边务大臣，以王人文暂时护理四川总督。[③] 得到清廷的批准。

傅嵩炑代理川滇边务大臣以后，继续征战，陆续将鱼科、明正、罗科等土司改流，康区基本平定。宣统三年（1911）闰六月十六日，傅嵩炑统筹川边全局，奏请建设西康行省。傅氏奏折主要有以下两方面的内容。一方面，他较为详细地叙述了赵尔丰及自己经营川边、改土归流的情形，认为川边建省的时机已经成熟。他说：“总计地面，已奏定府、厅、州、县者十余缺，已奏设官而未定府、厅、州、县者十余处，近日改流及从前应行添设郡县之处犹多，已成建省规模。而星使非常设之官，形同寄处，亟应及时规画，改设行省，俾便扩充政治，底定边陲。……建省之计，惟此时为然。”另一方面，他具体列

---

① 《代理川滇边务大臣傅嵩炑奏请建设西康省折》，傅嵩炑《西康建省记》，第 25 页。

② 《议复岑春煊统筹西北全局奏请川边建省折》（宣统三年三月），四川省民族研究所编《清末川滇边务档案史料》下册，第 921 页。

③ 《赵尔丰电复赵尔巽请以王人文护理川督傅嵩炑代理边务》（宣统三年三月二十九日）、《赵尔丰致电军机处请以傅嵩炑代理边务大臣》（宣统三年四月初六日），均见四川省民族研究所编《清末川滇边务档案史料》下册，第 919、931 页。

举了应在川边建省的五条理由。一是政治意义，川边建省可以划定康、藏疆界，“俾定名义，而占领地土”，即建省之后可以对川边地区实行名正言顺的直接管理。二是战略意义，川边建省有利于稳固川、康、藏地区的统治，“将边地改设行省，编练重兵，建威即可销萌，守康境，卫四川，援西藏，一举而三善备”。三是政区幅员广阔，川边地区东西三千余里，南北四千余里，应设州县八、九十缺，四川总督不能遥制，必须有“一定行政总机关”。四是政区层级设置合理，川边地区所设府、厅、州、县各级行政机构，“皆地足以养民，民足以养官，所征粮税，可敷各属员司廉俸办公之用”。五是行政官制建置合宜，将原有官制更改名目即可，无须增加廉俸公费，“事举而款不费”，具体办法是：边务大臣改为西康巡抚；边务收支局改为度支局；关外学务局改为提学司；康安道改为提法司；边北道改为民政司。至于省名，此折认为：“边境乃古康地，其地在西，拟名曰西康省。”① 这是傅嵩炑奏请在川边地区建设西康行省的基本情形。

关于此折上奏的情形，据傅嵩炑自记：“此折系宣统三年闰六月十六日由边务大臣行辕驿递成都，请川督专差送京，已得川督回电，于七月十二日收到。未知何日专差前送？后因文报不通，未奉朱批。”② 可见，傅嵩炑此折是否上达清廷还是一个疑问。就当时的国内形势而言，武昌起义不久即爆发，清王朝很快被辛亥革命推翻。因而，西康建省在清末并未变成现实，只为后人留下一纸蓝图。

第四节 裁撤云南、湖北、广东巡抚

督抚同城是清代督抚制度特有的现象。按清制，总督治兵事，巡

① 《代理川滇边务大臣傅嵩炑奏请建设西康省折》，傅嵩炑《西康建省记》，第 24 ~ 26 页。
② 傅嵩炑：《西康建省记》，第 27 页。

抚理民事，巡抚例归总督节制。督抚同城，本以互相牵制，然权力交叉重叠，权责难分，矛盾在所不免。同治五年（1866），广东巡抚郭嵩焘曾痛陈其弊，称："督抚同城，巡抚无敢自专者，于是一切大政悉听总督主持；又各开幕府行文书，不能如六部尚书侍郎同治一事也，而参差杌陧之意常多。"或是巡抚形同虚设，或是督抚之间相互倾轧。"同为君子而意见各持，同为小人而诪张倍出。……则贤者永不得有为，中材亦因以自废"。薛福成进而认为："一城之中主大政者二人，志不齐，权不一，其势不得不出于争。若督抚二人皆不肖，则互相容隐以便私图，仍难收牵制之益，如乾隆间伍拉纳、浦霖之事可睹矣；若一贤一不肖，则以小人惎君子力常有余，以君子抗小人势常不足，即久而是非自明，赏罚不爽，而国计民生之受病已深，如康熙间噶礼、张伯行之事可睹矣；又有君子与小人共事不免稍事瞻循者，如乾隆间孙嘉淦、许容之事可睹矣；若督抚皆贤，则本无所用其牵制，然或意见不同，性情不同，因而不能相安者，虽贤者不免，曾文正公与沈文肃公葆桢本不同城，且有推荐之谊，尚难始终浃洽，其他可知矣。"① 可见，督抚同城流弊甚大，改革势在必行。

清代督抚同城情形有四：福建有闽浙总督与福建巡抚同住福州府，湖北有湖广总督与湖北巡抚同住武昌府，广东有两广总督与广东巡抚同住广州府，云南有云贵总督与云南巡抚同住云南府。在福建，因光绪十一年（1885）台湾建行省而改福建巡抚为台湾巡抚，其督抚同城问题相应解决。至于湖北、广东、云南三省，督抚同城之制的改革动议于戊戌变法时期，一度反复，裁而复置。

光绪二十四年（1898）七月十四日，在百日维新的高潮中，光绪皇帝发布裁汰京内外冗官与闲职衙门的上谕，以湖北、广东、云南三

① 刘锦藻：《清朝续文献通考》卷132，职官18，考8915～8916，《十通》第十种，上海商务印书馆，1937。

省督抚同城，与直隶、甘肃、四川等省以总督兼管巡抚事，体制不一，而裁撤湖北、广东、云南三省巡抚，该三省均以总督兼管巡抚事宜。[①] 戊戌政变以后，朝廷规复旧制。八月二十六日，慈禧太后发布懿旨，要求军机大臣会同吏部讨论湖北、广东、云南三省巡抚究竟是否可裁的问题。[②] 九月十八日，军机大臣与吏部会奏认为，湖北、广东、云南三省巡抚不可轻易议裁：其一，督抚为国家重臣，各有职守，总督重在典兵，巡抚重在吏治，督抚制度经过长期演变，渐趋成熟，“实已斟酌尽善，无可置议”；其二，湖北、广东、云南三省“以江海奥区、岩疆重地，非督抚并立，不足镇摄非常”，裁并巡抚，总督难以兼顾，“窒碍颇多，不可不熟思审处”；其三，同城督抚各有专职，可互相牵制，以不至事权过重而坐大，且危难时期“但使有一人得力，即于大局裨益良多；若督抚俱得其人，其收效当更宏远。……是督抚同城不但两不相妨，并可相助为理。现在时事日艰，实未可轻议裁并”。据此，慈禧太后发布懿旨，恢复湖北、广东、云南三省巡抚旧制，以曾鉌补授湖北巡抚，鹿传霖补授广东巡抚，丁振铎补授云南巡抚。[③] 一切回复如初。

新政时期，改革督抚同城之议再起。光绪三十年（1904）九月二十九日，云南巡抚林绍年奏请裁撤云南巡抚一缺，认为直隶、四川两省幅员广阔，政务殷繁，尚且可以总督兼管巡抚事，云南当无督抚并设之理，裁撤巡抚一缺，总督完全可以兼顾，事实上云贵总督也曾多次兼署云南巡抚，而并无贻误，“可见两缺原无须两员，若并而为一，以总督兼管巡抚，责成愈专，事权归一，必于一切公事尤为裨益”。清廷将此折交政务处与吏部议奏。十一月初六日，政务处与吏部会

① 中国第一历史档案馆编《光绪宣统两朝上谕档》第24册，第331页。

② 中国第一历史档案馆编《光绪宣统两朝上谕档》第24册，第455页。

③ 中国第一历史档案馆编《光绪宣统两朝上谕档》第24册，第482～483页。按：一般以为清廷在戊戌政变后复置湖北、广东、云南三省巡抚是在十月，误。

奏，痛陈督抚同城弊害，认为："督抚同城，往往或因意见参差，公事转多牵掣。现在时艰日亟，督抚尤宜专其责成，自不如即为裁并，以一事权而免推诿。"因而建议裁撤云南巡抚与湖北巡抚两缺，分别由云贵总督与湖广总督兼管各该省巡抚事；至广东巡抚缺，因署理两广总督岑春煊尚在广西督办军务，应在其回省后再行请旨办理。清廷依其议。[①] 云南巡抚与湖北巡抚即行裁撤。光绪三十一年（1905）六月十七日，清廷调最后一任广东巡抚张人骏署山西巡抚；二十一日，即裁撤广东巡抚缺，以两广总督兼管巡抚事务。[②] 至此，清代督抚同城问题基本得以解决。

第五节　东三省改制及其督抚建置

奉天、吉林、黑龙江三省所在的东北地区是满族的发祥地。清王朝建立后，即以东三省为行政特区，其行政体制与内地行省制度迥异。为了防止汉人染指其"龙兴之地"，清政府在东北实行封禁政策，禁止汉人出关移民垦殖，以关外为皇家禁地，自成体系。东三省的行政体制是以八旗驻防为主、州县民政为辅的旗民并治二元结构体制：一方面是八旗驻防系统，以盛京为陪都，设盛京将军为最高军政长官，置户、礼、兵、刑、工五部，各设侍郎主持，并在吉林、黑龙江设驻防将军，三省大部分地区设置各级驻防；另一方面是州县民政系统，设奉天府尹，管辖八旗驻防以外的州县民官，这些州县民官设置于三省部分移民垦殖地区。在清初，州县民政系统从属于八旗驻防系统；到清末，随着清政府封禁政策的松弛，流民陆续出关垦殖，移垦社会得以发展扩张，清政府不断地在移垦地区添设州县民官，使东三

① 朱寿朋编《光绪朝东华录》第5册，总第5256～5257页。

② 《德宗景皇帝实录》（8），卷546，《清实录》第59册，第254、255页。

省原有的旗民并治体制逐渐趋向内地行省官僚行政体制。社会经济的发展，为东三省改建行省制度奠定了基础。这是一个重要因素；另一个重要的动因，是险恶的国际环境的压力。历经甲午战争、庚子事变尤其是日俄战争，东三省业已成为列强特别是日本与俄国争夺的重地，面临着被瓜分沦亡的严重危机，“名为中国领土，实则几无我国容足之地”。[①] 为了挽救危亡，不使东三省沦为日俄的殖民地，清政府不得不加强该地区的统治，其重要举措便是将东三省在行政体制上与内地行省统一，使其成为中国不可分割的一部分。这样，新政时期，在官制改革的过程中，东三省改制便成顺理成章之事。[②]

光绪三十二年（1906）九月初二日，清廷谕令贝子载振、尚书徐世昌前往奉天查办事件。[③] 历时近三个月，载振、徐世昌对日俄战争以后的东三省情形进行了详细的考查。十一月二十二日，载振、徐世昌将考查情形密奏清廷，痛切地指出东三省在日俄侵略下渐趋沦亡的危急形势及其政治窳败难以挽救的黑暗现实，认为其根本症结就在于东三省旗汉并治的双重行政体制运转不灵。“现在三省办法虽有图新循旧之殊，行政用人亦复互有得失，而其不足以为起衰之剂与救亡之策则一也。何者？国家统治领土之法，莫要于行政机关有指臂相使之效。而我三省官制则以军署为之长官，以州县为之僚佐，夫以治兵之职而辖理民之官，所务不同，利害亦异，隔阂既甚，牵制斯多，其终乃无一利之能兴，无一弊之不出，所以数百年来有最良之殖民地，而曾不能一收殖民之效”。因而主张彻底改革旧的官僚行政体制，以为补救之法：“必须大加改革，于用人行政诸大端，破除成例，以全国

① 徐世昌：《密陈考查东三省情形折》，《退耕堂政书》卷5，1914年刻本，第2页。

② 关于清末东三省改制及其新政的一般研究，参见赵中孚《清末东三省改制的背景》，《中央研究院近代史研究所集刊》第5期，台北，1976；张守真《清季东三省的改制及其建设》，《中国近代现代史论集》第16编，台湾商务印书馆，1986；赵云田《清末新政期间东北边疆的政治改革》，《中国边疆史地研究》2002年第3期。

③ 中国第一历史档案馆编《光绪宣统两朝上谕档》第32册，第167页。

之人力财力注重东陲，乃可望补救挽回于万一。”[①] 随后，清廷又多次召见载振、徐世昌，征询东三省改制的具体办法。载振、徐世昌再次密奏，提出“化散为整，挈领提纲，得人而理”，即将东三省统一治理的策略，认为：“目下三省情形，铁路贯注，商埠同开，举凡内政外交，均有利害相因之势，若各分疆域，各为风气，无论势涣力薄，于控驭之方多所未便，且彼此政策不能一致，尤恐失外交之平衡，卒之散漫支离，同归于尽。故必联合三省属诸一人，乃可收统一之效。”他们主张特设东三省总督一员，“予以全权，举三省全部应办之事悉以委之，除外交事件关系重要者，仍令与外务部咨商办理外，其财政兵政及一切内治之事，均令通筹总揽，无所牵制”。另在总督之下设奉天、吉林、黑龙江巡抚各一员，“专理三省民事吏事，仍受督臣节制，其权限应略视内地各省巡抚为轻，不得与督臣并行，凡有奏件均须由督臣领衔方许入告。所有三省用人行政，悉听总督主持”；并建议在日俄驻军尚未尽撤之前，当先期切实预备，以便“克日施行”。[②]

光绪三十三年（1907）三月初八日，清廷以“东三省吏治因循，民生困苦，亟应认真整顿，以除积弊而专责成”为由，谕令改盛京将军为东三省总督，兼管三省将军事务，随时分驻三省行台，增设奉天、吉林、黑龙江三省巡抚，并以徐世昌补授东三省总督，唐绍仪补授奉天巡抚，朱家宝署理吉林巡抚，段芝贵署理黑龙江巡抚。[③] 东三省正式改为行省制度。

东三省改为行省制度后，其实与内地各省在体制上并不尽相同，最重要的一点就是总督职权异常专一与庞大。据新定东三省官制规定，奉天、吉林、黑龙江三省各设行省公署，以总督为长官，巡抚为次官，“凡奏咨批札稿件，厅司皆以次呈督抚核定。总督在他省时，

---

① 徐世昌：《密陈考查东三省情形折》，《退耕堂政书》卷5，第8~9、10页。

② 徐世昌：《密陈通筹东三省全局折》，《退耕堂政书》卷7，第13~15页。

③ 中国第一历史档案馆编《光绪宣统两朝上谕档》第33册，第31页。

日行公事皆呈抚核，重要事件先呈抚核，电商总督定夺。督抚如京部尚书侍郎，三省公事皆由督抚联衔具奏。至例行之事与迫不及待者，如总督出省，仿内地兼辖省份之例，列总督前衔，由该巡抚一面办奏，一面电商总督，以期迅速而免贻误。贺谢各折仍循例专奏。三省皆仿京部规制，铸行省公署堂印，文曰奉天省印、吉林省印、黑龙江省印。……凡三省公署堂印，应由总督佩带。总督在他省时，则本省印信由巡抚佩带，回省则仍交之总督”①。东三省总督是高于三省巡抚之上的总揽行政、军事、财政等各项大权的最高长官。正如后人评价说：“盖除封建时代割据一方之诸侯，殖民地镇压异族之总督外，权任未有若此者。”②

值得注意的是，东三省总督原则上应在奉天、吉林、黑龙江三省的行省公署办公，但事实上则是常驻奉天，这样便与奉天巡抚同城，发生新的督抚同城问题。光绪三十四年（1908）十一月十六日，翰林院侍读荣光奏请核议奉天官制，以督抚不能同城为由，建议裁撤奉天巡抚，认为“向来外省官制，督抚不宜同城。今奉天为三省总督驻节，足资控驭，又有左右参赞，筹办一切事宜，已绰有余裕。此巡抚一缺，几同虚设”，理应裁撤。清廷谕令东三省总督徐世昌体察情形，酌议办理。徐世昌上奏表示反对。他认为，东三省总督与奉天巡抚的关系，与内地督抚同城情形不同，因为内地督抚属平行关系，职权交叉重叠，难免矛盾冲突，而东三省督抚则是从属关系，巡抚是总督的属官，督抚各有职权，总督统管三省军政外交，巡抚专管本省内政，总督驻奉天只是暂时的，并非经制，所谓“总督应驻三省之中权，以扼军政外交之枢纽，而专为筹边治蒙之计画，其省内一切政令，皆任

① 徐世昌：《拟定东三省职司官制及督抚办事要纲折并单》，《退耕堂政书》卷8，第22、25～26、29页。

② 沈乃正：《清末之督抚集权、中央集权与同署办公》，（清华大学）《社会科学》第2卷第2期，1937年1月。

之以巡抚，是巡抚不应裁，非仅为总督之入觐阙廷、出巡边塞也”。如果裁撤奉天巡抚，则东三省总督将囿于奉天一隅，仅办奉天巡抚之事，与吉林、黑龙江两省隔膜，不能统管三省全局，“三省开创重要之政，必至延搁不办；又显然以东清南满铁路界限划境而治，此中机括，关系甚大，万难裁撤”。[①] 宣统元年（1909）三月初四日，御史齐忠甲又奏请改定东三省官制，认为：“现今内省督抚同城者，均巡抚裁缺，奉天似宜仿照归并，以专责成。”清廷谕令新任东三省总督锡良体察情形，妥筹办理。锡良上奏表示赞同。他认为，东三省总督驻署奉天，同时在吉林、黑龙江各有行署，本为统管三省外交内政要务，并有移驻长春以便控驭三省之议，驻扎奉天原非久制；但事实上，东三省总督巡历吉林、黑龙江为时甚少，移驻长春也不太可能，主要还是驻在奉天。因此，他建议：“遵照外省官制通则，总督所驻省份不另置巡抚，即以总督兼管巡抚事宜，将奉天巡抚一缺裁去，以专责成。惟该抚臣程德全现甫奉旨补授，应否裁撤之处，恭候圣裁。”奉朱批：“奉天巡抚事宜另候谕旨。”[②] 宣统二年（1910）三月十七日，清廷调奉天巡抚程德全为江苏巡抚；三月十九日，即裁撤奉天巡抚，以东三省总督锡良管奉天巡抚事。[③]

总之，清代督抚制度经过260多年的演变，至清王朝覆亡前夕，除了蒙古、西藏等边疆地区以外，最终形成全国二十二行省计有九总督、十四巡抚的新格局[④]：总督计有直隶总督、两江总督、闽浙总督、

① 《翰林院侍读荣光奏请核议奉天官制折》《东三省总督徐世昌奏酌核奉天官制详陈办理情形折》，均见《政治官报》第504号，宣统元年闰二月初五日。

② 《御史齐忠甲奏东三省冗员太多用款太巨亟宜改定官制折》《东三省总督锡良奏遵旨考查东三省情形裁并差缺撙节经费折》，均见《政治官报》第641号，宣统元年六月二十五日。

③ 中国第一历史档案馆编《光绪宣统两朝上谕档》第36册，第74、75～76页。

④ 与清中叶全国十八行省八大总督、十五巡抚的情形相比，增加了新疆、奉天、吉林、黑龙江四行省，增设了东三省总督和新疆、吉林、黑龙江三巡抚，裁撤了云南、湖北、广东三巡抚，福建巡抚改台湾巡抚后因台湾割让给日本而未再设置，奉天巡抚设而复裁，另外有两江总督与江苏巡抚分驻江苏之江宁与苏州。

湖广总督、两广总督、云贵总督、陕甘总督、四川总督和东三省总督；巡抚计有江苏巡抚、浙江巡抚、安徽巡抚、河南巡抚、山东巡抚、江西巡抚、湖南巡抚、广西巡抚、贵州巡抚、山西巡抚、陕西巡抚、新疆巡抚、吉林巡抚和黑龙江巡抚。在这二十二行省中，江苏有两个行政中心——两江总督驻南京、江苏巡抚驻苏州，其余省份均各驻一总督或巡抚，完全避免了督抚同城的局面。

第二章

清末地方督抚群体结构与人事变迁

关于晚清地方督抚的群体研究，以往学术界已经有了一些重要成果。[①] 这些论著，多就嘉、道、咸、同、光、宣整个晚清时期做较长时段的综论，对于认识督抚制度在晚清的演变及其相关问题提供了良好的学术基础。这里拟在此基础上，试图对清末新政时期地方督抚的群体结构与人事变迁进行专题研究，[②] 以期为观察督抚制度在清末的最后演变态势以及地方督抚与新政的关系提供一些新的认识。

第一节　地方督抚群体结构的统计分析

本节通过对清末新政时期地方督抚群体构成的几项基本因素进行

---

① 有代表性的论著是：魏秀梅《从量的观察探讨清季督抚的人事嬗递》，《中央研究院近代史研究所集刊》第四期上册，台北，1973；刘伟《晚清督抚政治——中央与地方关系研究》，湖北教育出版社，2003。

② 清末新政时期指从 1901 年 1 月 29 日新政上谕的发布，到 1912 年 2 月 12 日清帝宣布退位的 11 年时间。

数字统计，包括各省督抚的总体人数及其出身背景、旗汉比例与籍贯分布等方面，以期分析该时期地方督抚群体结构的一般情形。

（一）总体人数

清末新政时期地方督抚到底有多少人呢？清代督抚任职方式大致有实授、署理与护理三种情形。实授是指正式的实缺官；署理一般也是实缺官，但名义上只是代理；护理则不是实缺官，一般只是在原任出缺而继任未到之前的临时性代理，而本任另外有人。尽管三种情形性质不一，但事实上都是实际主政者，故本书将一并统计。由于有同一人任同省督抚两次以上及多次出任不同省份督抚的情形，故很难做分省统计。通过去除各种交叉情形，具体统计如表2－1。

表2－1　清末新政时期地方督抚总体人数统计

类别	姓名	人数（人）
总督	李鸿章、刘坤一、那桐、崔永安、张镇芳、李有棻、魏光焘、樊增祥、张勋、崧蕃、李廷箫、何福堃、长庚、毛庆蕃、许应骙、增祺、崇善、松寿、李岷琛、赵尔巽、赵尔丰、王乃征、王士珍、段祺瑞、陶模、胡湘林、王人文	27
督/抚	张之洞、袁世凯、周馥、吴重熹、杨士骧、端方、陈夔龙、李兴锐、张人骏、丁振铎、瑞澂、德寿、段芝贵、岑春煊、袁树勋、张鸣岐、升允、奎俊、陈璚、林绍年、杨文鼎、李经羲、沈秉堃、锡良、徐世昌	25
巡抚	聂缉椝、恩寿、效曾、陆元鼎、濮子潼、张曾敭、陈启泰、宝棻、陆钟琦、程德全、王之春、饶应祺、诚勋、联魁、恩铭、冯煦、朱家宝、继昌、沈曾植、张怀芝、齐耀琳、胡廷幹、尚其亨、吴廷斌、袁大化、孙宝琦、胡建枢、张广建、俞廉三、丁宝铨、陈宝琛、王庆平、吴禄贞、张锡銮、李盛铎、于荫霖、任道镕、瑞良、李绍芬、夏旹、曹鸿勋、余诚格、钱能训、潘效苏、吴引孙、何彦昇、余联沅、翁曾桂、瑞兴、冯汝骙、信勒、柯逢时、增韫、周浩、沈瑜庆、景星、张绍华、庞鸿书、岑春蓂、朱益濬、黄槐森、丁体常、邓华熙、唐绍仪、陈昭常、周树模、宋小濂	67
合计		119

说明：本表资料来源见附表一《清末新政时期地方督抚履历》，以下各表相同，不再一一说明。

表2－1显示，清末新政时期地方督抚共计119人，其中仅任总督者27人，既任总督又任巡抚者25人，仅任巡抚者67人。

（二）出身背景

清代仕宦论出身。清制规定：“分出身之途以正仕籍。凡官之出身有八：一曰进士，二曰举人，三曰贡生，四曰荫生，五曰监生，六曰生员，七曰官学生，八曰吏。无出身者，满洲、蒙古、汉军曰闲散，汉曰俊秀。各辨其正杂以分职。”[①] 仕宦出身一般又有正途与异途之分。“凡满、汉入仕，有科甲、贡生、监生、荫生、议叙、杂流、捐纳、官学生、俊秀。定制由科甲及恩、拔、副、岁、优贡生、荫生出身者为正途，余为异途。异途经保举，亦同正途，但不得考选科、道。非科甲正途，不为翰、詹及吏、礼二部官。惟旗员不拘此例。……其由异途出身者，汉人非经保举、汉军非经考试，不授京官及正印官，所以别流品、严登进也”。[②] 正途是通过科举考试取得进士、举人、贡生等高级学衔或由世袭特权获得荫生的功名而入仕的途径；异途是通过捐纳获得监生的功名或因军功而入仕的途径，如具有生员等低级学衔及未能进学的文童（即俊秀）和行伍出身者，也可以通过捐纳或军功获得官职，这些当然都在异途之列。[③] 清末新政时期地方督抚出身背景统计如表2－2。

表2－2显示，清末新政时期督抚119人中，进士、举人、贡生、荫生等正途出身者有89人，占总数的74.8%。据有人统计，此前40年

① 崑冈等编《钦定大清会典》卷7，商务印书馆，宣统元年（1909）再版，第2页。按：引文中小字注释均省略。

② 赵尔巽等：《清史稿》卷110，志85，选举5，第1册，中华书局，1998年缩印版，第864页。按：由贡生、荫生、生员入监的贡监生、例监生也是正途，“凡入贡入监非以俊秀者，曰正途。恩、拔、副、岁、优贡生，恩、荫、优监生，由廪、增、附生援例所得之贡监生，皆为正途”。参见崑冈等编《钦定大清会典》卷76，第2页。

③ 参见张仲礼《中国绅士——关于其在19世纪中国社会中作用的研究》，上海社会科学院出版社，1991，第1～3、10～12、26～29页。按：生员、俊秀捐纳入官必先捐监生，所谓“凡捐纳入官必由之，或在监肄业，或在籍，均为监生”。参见赵尔巽等《清史稿》卷106，志81，选举1，第1册，第839页。又：生员等异途出身者必须经过保举，方可升任京官及正印官。“生员、例监生、吏员出身等官，经堂官及督抚保举者，方升京官及正印。……无保举者，亦不准升京官及正印官”，参见崑冈等编《钦定大清会典事例》卷71，商务印书馆，宣统元年（1909）再版，第1页。

表 2-2　清末新政时期地方督抚出身背景统计

项目＼类别	进士	举人	贡生	荫生	监生	生员	文童	行伍	新式学生	不明	合计
人数(人)	54	16	12	7	10	7	3	3	6	1	119
比例(%)	45.4	13.4	10.1	5.9	8.4	5.9	2.5	2.5	5.0	0.8	

说明：新式学生含留美幼童、留日学生和北洋武备学堂学生。

即1860～1900年，总督正途出身者占78.3%，巡抚为77.1%。[①] 显然，新政时期督抚出身正途者已有所减少，但这仍然是异途出身者无法比拟的。值得注意的一点是，清末新政时期已有6位新式学生出身者跻身于督抚行列。他们是出身留美幼童的唐绍仪、出身留日学生的吴禄贞和从北洋武备学堂毕业的段芝贵、王士珍、段祺瑞、张怀芝。具体情况如下。（1）光绪三十三年三月初八日（1907年4月20日），清廷任命唐绍仪出任奉天巡抚、段芝贵署理黑龙江巡抚，段未到任便于三月二十五日（5月7日）被劾解职，唐于光绪三十四年六月二十二日（1908年7月20）以专使身份赴美，一年后开缺，实任一年零三个月。（2）宣统三年九月十二日（1911年11月2日），清廷任命王士珍署理湖广总督，王未到任即于二十四日（14日）因病解职；是日清廷谕令段芝贵暂护湖广总督；二十七日（17日）又命段祺瑞署理湖广总督。（3）宣统三年九月十四日（1911年11月4日），清廷任命吴禄贞署理山西巡抚，十七日（7日）吴便被袁世凯派人暗杀。（4）宣统三年十二月十二日（1912年1月30日），清廷任命张怀芝出任安徽巡抚，此时离清帝退位仅十余天了。除唐绍仪外，其他几位都是在武昌起义以后被清政府任命为业已光复省份的督抚，多有名无实，且时间极为短暂，于新政

① 参见刘广京《晚清督抚权力问题商榷》，中华文化复兴运动推行委员会主编《中国近代现代史论集》第6编，台湾商务印书馆，1985，第351～352页。

实在已是毫无意义。虽然这些人尤其是北洋系的王士珍等人的任命，对于清政府来说多少有点不由自主的意味，但这种由新式学生出身者出任督抚的现象，却在无形之中透露出新的信息：在新政废除科举制度之后，新式学生向传统科举正途之士挑战的端倪初现。这在某种意义上可以说预示着清政府用人行政的新方向。如果假以时日，也许会有新的气象，但清政府很快就走向覆亡，显然已是无法验证了。

（三）旗汉比例

清代督抚旗汉比例有一个变化过程，大致是清初多用旗人，包括满洲、蒙古和汉军各旗，尤其在冲要地区如山陕总督则专用满员，至雍正年间始参用汉人；从道光朝开始，督抚中汉人比例开始超过旗人，直至清末。[①] 新政时期督抚旗汉比例统计如表2－3。

表2－3　清末新政时期地方督抚旗汉比例统计

<table>
<tr><td rowspan="2">类别
项目</td><td rowspan="2">汉人</td><td colspan="3">旗人</td><td rowspan="2">合计</td></tr>
<tr><td>满洲</td><td>蒙古</td><td>汉军</td></tr>
<tr><td rowspan="2">人数(人)</td><td rowspan="2">91</td><td>17</td><td>5</td><td>6</td><td rowspan="2">119</td></tr>
<tr><td colspan="3">28</td></tr>
<tr><td>比例(%)</td><td>76.5</td><td colspan="3">23.5</td><td></td></tr>
</table>

表2－3显示，清末新政时期督抚119人中，汉人91人，占总数的76.5%；旗人有满洲17人，蒙古5人，汉军6人，共计28人，占总数的23.5%。从数字统计看，显然是汉人占绝对的优势。

（四）籍贯分布

清代督抚籍贯的地域分布，与文化、政治等因素息息相关。平常

① 参见魏秀梅《从量的观察探讨清季督抚的人事嬗递》，《中央研究院近代史研究所集刊》第四期上册，第265～266页；刘伟：《晚清督抚政治——中央与地方关系研究》，第51～53页。

时代，督抚多由科举正途出身者担任，则文化发达的江苏、浙江等省所出督抚为多；非常时期，由军功等异途跻身督抚者不少，如咸丰、同治以后随着湘、淮军兴起的湖南、安徽等省督抚渐多。清末新政时期地方督抚籍贯分布统计如表2－4。

表2－4　清末新政时期地方督抚籍贯分布统计

单位：人

省别	旗籍	安徽	湖南	江苏	浙江	湖北	直隶	江西	河南
人数	28	12	10	9	8	8	6	6	5
省别	广东	山东	福建	四川	吉林	广西	云南	贵州	山西
人数	5	4	3	3	3	3	3	2	1

说明：旗籍分满洲、蒙古、汉军三种。

表2－4显示，清末新政时期地方督抚除旗籍外，分布全国17个省份，尤以安徽、湖南、江苏、浙江、湖北省为多，偏远省份如山西、贵州、云南、广西、吉林、四川省为少数，新疆、甘肃、陕西、奉天、黑龙江则全无。

总之，从群体结构情形来看，清末新政时期的地方督抚仍然是一个在旧制度下主要由儒家传统孕育出来的旧式官僚群体。

第二节　地方督抚人事变迁的统计分析

本节通过对清末新政时期各省督抚任职的基本状况进行数字统计，包括任职人次、任职背景、在职年龄、任期时间、任职频率与离职原因等方面，以期分析该时期地方督抚人事变迁的一般情形。

（一）任职人次

清末新政时期各省有多少任督抚呢？因为有同一人任同省督抚两次以上及多次出任不同省份督抚的情形，故督抚总体人数与其任职总人次数并不相同，前者应该小于后者。通过对各省督抚任职人次的数字统计，可以反映出全国范围内各省督抚任职的总体情形。详情见表2－5。

表2－5　清末新政时期各省督抚任职人次统计

单位：人次

总督	直隶	两江	陕甘	闽浙	湖广	两广	四川	云贵	东三省	合计
	10	11	6	15	13	11	13	7	3	89
巡抚	江苏	安徽	山东	山西	河南	陕西	新疆	浙江	江西	广西
	17	12	14	18	13	11	6	11	10	12
	湖南	贵州	湖北	云南	广东	江淮	奉天	吉林	黑龙江	合计
	11	8	7	3	4	1	4	2	4	168

说明：本表中各省督抚含实任、署理与护理等各种情形，有同一人在同一省份先署理后实任者一般以一次计算。

表2－5显示，清末新政时期各省总督任职共计89人次，巡抚168人次。除了新设的东三省总督与奉天、吉林、黑龙江巡抚，以及裁撤的云南、湖北、广东巡抚和设而又裁的江淮巡抚，其余各省督抚任职大都在10人次及以上，最高者如山西巡抚竟达18人次之多。各省督抚大都平均每年有一次及以上的更动，可见新政时期督抚调动的频繁（以下还将做进一步的任职频率统计）。

（二）任职背景

督抚任职背景指其出任督抚之前的官职，也即铨选督抚的各类官职来源问题。清代任官之法，初因明制，内而大学士至京堂，外而督、抚、藩、臬，由廷臣会推，后停止会推，改为由吏部开列具题请旨。[①] 一般情况下，督抚出缺，除由特旨补授以外，各省总督，由都察院左都御史开列，各部侍郎、各省巡抚升任；各省巡抚，由内阁

① 赵尔巽等：《清史稿》卷110，志85，选举5，第1册，第864页。

学士、都察院左副都御史、顺天府府尹、奉天府府尹、各省布政使升任。[①] 另外，总督多由总督互调，也有由布政使超擢者；巡抚多由巡抚互调，也有由按察使超擢者。有人研究认为，清代督抚之甄补实以自布政使直接升任最为理想，因为布政使一般由按察使升任，因而最具在地方临民治事的经验。据统计，清代督抚自布政使直升者约占总数的一半，同光时期更是高达80%；布政使以外的其他官职则依次为侍郎、内阁学士、提督、都御史、将军、按察使、尚书、道员、府尹与寺卿、都统等。[②] 清末新政时期督抚任职背景统计如表2－6。

表2－6　清末新政时期地方督抚任职背景统计

	类别	总督	巡抚	布政使	将军	都统	尚书	军机大臣	提督	提法使	其他	合计
总督	人数(人)	31	18	16	8	3	3	2	2	1	5	89
	比列	34.8	20.2	18.0	9.0	3.4	3.4	2.2	2.2	1.1	5.6	
巡抚	类别	布政使	巡抚	漕督河督	总督	侍郎	将军	按察使提法使	道员	内阁学士	其他	合计
	人数(人)	72	58	9	6	6	2	4	1	1	9	168
	比例	42.9	34.5	5.4	3.6	3.6	1.2	2.4	0.6	0.6	5.4	

说明：总督任职背景的其他类包括直隶候补道、督办川滇边务大臣、督办川粤汉铁路大臣和清军第二军总统；巡抚任职背景的其他类包括督办边防大臣、督办统税大臣、帮办津浦铁路大臣、仓场侍郎、邮传部右丞、奉天左参赞、奉天民政使、黑龙江民政使和陆军第六镇统制。

表2－6显示，清末新政时期督抚的任职背景与上述一般情形略有不同。除督抚自身的平行互调以外，布政使确实是升任督抚的重要

① 《钦定吏部铨选则例・汉官》卷1，中国社会科学院近代史研究所图书馆藏刻本，第8页；《钦定吏部铨选则例・汉官品级考》卷1，第3、4页。另参阅崑冈等编《钦定大清会典事例》卷18，第1页。

② 参见傅宗懋《清代督抚甄补实象之分析》，《清制论文集》下册，台湾商务印书馆，1977，第243～295页。

官职，但侍郎、内阁学士、提督、都御史等官职则似乎并没有那么重要。出任总督者巡抚多于布政使，将军也有一定的数量；出任巡抚者漕督与河督为数不少。至于有军机大臣任总督的情形两例：宣统元年（1909）那桐署直隶总督，宣统三年（1911）袁世凯以开缺军机大臣任湖广总督；还有总督任巡抚的情形6例：光绪二十七年（1901）、三十年（1904）湖广总督张之洞兼署湖北巡抚，光绪三十年（1904）暂署两江总督的端方回任江苏巡抚，光绪三十四年（1908）、宣统元年（1909）东三省总督徐世昌、锡良兼署奉天巡抚，宣统三年（1911）前陕甘总督升允署陕西巡抚。这些都是特例。另外，这个时期有督办川粤汉铁路大臣、帮办津浦铁路大臣、陆军第六镇统制和清军第二军总统等新式官员出任督抚的情形，也是一个不容忽视的新现象。

（三）在职年龄

官员在职年龄往往与其政治作为相关。通过逐年统计各省督抚在职时的实际年龄，可以从一个侧面观察各省政治运作的一些情形。清末新政时期地方督抚在职年龄统计如表2－7。

表2－7　清末新政时期地方督抚在职年龄统计

单位：岁

类别	省别	1901年	1902年	1903年	1904年	1905年	1906年	1907年	1908年	1909年	1910年	1911年	1912年	平均
总督	直隶	78	43	44	45	46	47	48	48	49	55	56	57	51.3
	两江	71	72	66	67	68	69	46	47	48	64	65	66	62.4
	陕甘	65	66	67	68	47	48	49	50	51	68	69		58.9
	闽浙	72	73	76	77	73	45	65	60	61	62	63		66.1
	湖广	64	65	42	67	68	69	70	53	54	46	47		58.6
	两广	66	67	42	43	44	45	70	62	63	63	36		54.6
	四川	63	64	51	52	53	54	52	64	65	66	66		59.1
	云贵	64	65	62	63	64	65	55	56	49	50	51		58.5
	东三省							52	53	57	58	67		57.4

续表

类别	省别	1901年	1902年	1903年	1904年	1905年	1906年	1907年	1908年	1909年	1910年	1911年	1912年	平均
巡抚	江苏	46	53	54	55	66	51	52	66	67	50	51		55.5
	安徽	59	47	55	56	57	60	61	65	49	50	51	52	55.2
	山东	42	65	66	67	45	46	47	61	62	43	44	50	53.2
	山西	40	41	60	61	62	60	64	52	53	41	42	69	53.8
	河南	63	56	48	49	50	60	61	59	71	72	58		58.8
	陕西	43	44	45	46	57	58	59	59	60	61	62		54.0
	新疆	64	65	64	65	66	58	59	60	61	62	60		62.2
	浙江	77	78	48	49	50	63	64	63	48	49	50		58.1
	江西	74	75	58	67	64	68	44	46	47	48	49		58.2
	湖南	59	60	59	60	44	58	39	40	41	42	55		50.6
	广西	59	60	61	44	45	57	32	33	34	35	48		46.2
	贵州	73	74	43	59	56	48	59	60	61	62	53		58.9
	湖北	40	41	42	67									47.5
	广东	64	65	57	58	59								60.6
	云南	41	53	54	55									50.8
	江淮					56								56.0
	奉天							47	48	49	50			48.5
	吉林							47	48	41	42	43		44.2
	黑龙江							47	48	49	50	51	52	49.5

说明：①同一省份一年有二人及以上任督抚者，按任职时间长者计。②各省督抚平均在职年龄为其各年年龄的平均数。

表2－7显示，清末新政时期9个总督中平均在职年龄在55岁以下的有直隶、两广2个；55～60岁的有湖广、四川、云贵、陕甘、东三省5个；60岁以上的有两江、闽浙2个，其中最高者为闽浙总督66.1岁，最低者为直隶总督51.3岁。19个巡抚中平均在职年龄在50岁以下的有广西、湖北、奉天、吉林、黑龙江5个，50～55岁的有湖南、山东、山西、陕西、云南5个，55～60岁的有江苏、安徽、浙江、江西、贵州、河南、江淮7个，60岁以上的有新疆、广东2个；其中最高者为新疆巡抚62.2岁，最低者为吉林巡抚44.2岁。合计总督平均在职年龄为58.5岁，巡抚为53.8岁。

（四）任期时间

清代官员任期无定制，督抚也不例外。督抚为省级行政长官，其任期时间长短，与各省行政运作密切相关。通过对各省督抚任期时间的统计，可以从一个侧面反映各省行政运作的一些情形。清末新政时期地方督抚任期时间统计如表2－8。

表2－8显示，清末新政时期89任总督中，任期半年以下者37人次，占总数的41.6%，任职1～2年者17人次，占19.1%，未到任者12人次，占13.5%，任职半年至1年者8人次，占9.0%，合计任期2年以下者74人次，占总数的83.2%，任期最长达5年以上者仅2人，即直隶总督袁世凯与湖广总督张之洞；168任巡抚中没有任职5年以上者，其中任职半年以下者66人次，占总数的39.3%，任职1～2年者34人次，占20.2%，任职半年至1年者24人次，占14.3%，未到任者17人次，占10.1%，合计任期2年以下者141人次，占总数的83.9%。有人统计此前四十年（1860～1900）的各省督抚任职时间，发现总督任职1～3年者占51.1%，任职3年以上者占48.9%，最长任期有达12年以上者2人，其中1人长达25年；巡抚任职1～3年者占72.2%，任职3年以上者占27.8%，最长任期有达9～12年者4人。[①] 另据有人统计从嘉庆朝到光绪朝（1796～1908年）的各省督抚任职时间，认为总督平均任职为2～3年，巡抚为1～2年。[②] 显然，清末新政时期均有明显降低的趋势。

（五）任职频率

任职频率指各省督抚每年平均任职人次数。通过任职频率的统计，可以观察各省督抚更动次数多少的情形。清末新政时期地方督抚任职频率统计如表2－9。

---

① 参见刘广京《晚清督抚权力问题商榷》，《中国近代现代史论集》第6编，第353～360页。

② 参见魏秀梅《从量的观察探讨清季督抚的人事嬗递》，《中央研究院近代史研究所集刊》第4期上册，第274页。

表2-8　清末新政时期地方督抚任期时间统计

单位：年，%

类别	省别	5年以上	4～5年	3～4年	2～3年	1～2年	0.5～1年	0.5年以下	未到任	合计
总督	直隶	1				2	1	6		10
	两江				2	3		6		11
	陕甘		2		1			3		6
	闽浙		1		1	1	1	7	4	15
	湖广	1				3	1	5	3	13
	两广			1		4	2	3	1	11
	四川			2		1	3	3	4	13
	云贵			1	1	2		3		7
	东三省				1	1		1		3
	合计	2	3	4	6	17	8	37	12	89
	百分比	2.2	3.4	4.5	6.7	19.1	9.0	41.6	13.5	
巡抚	江苏				1	4	1	9	2	17
	安徽			2		2	2	5	1	12
	山东				3	1	3	7		14
	山西				2	3	1	8	4	18
	河南				1	4	3	5		13
	陕西			2	1			6	2	11
	新疆		1		1	1	1	1	1	6
	浙江			2		2	1	5	1	11
	江西			1		4	2	2	1	10
	湖南			1		5	1	4		11
	广西			1		5	1	2	3	12
	贵州		1		1	1	3	2		8
	湖北			1				5	1	7
	广东				1	1	1		1	4
	云南				1		1	1		3
	江淮							1		1
	奉天				1		2	1		4
	吉林			1		1				2
	黑龙江			1			1	2		4
	合计	0	2	12	13	34	24	66	17	168
	比例	0	1.2	7.1	7.7	20.2	14.3	39.3	10.1	

说明：①本表为各省督抚每次任职时间统计，同一督抚任职多次者按其任职次数分别统计；②新政前已任督抚者，其任职时间一律从新政开始的1901年1月29日起开始计算。

表 2-9　清末新政时期地方督抚任职频率统计

	省别	直隶	两江	陕甘	闽浙	湖广	两广	四川	云贵	东三省	
总督	人次	10	11	6	15	13	11	13	7	3	
	频率	0.9	1.0	0.5	1.4	1.2	1.0	1.2	0.6	0.6	
巡抚	省别	江苏	安徽	山东	山西	河南	陕西	新疆	浙江	江西	广西
	人次	17	12	14	18	13	11	6	11	10	12
	频率	1.5	1.1	1.3	1.6	1.2	1.0	0.5	1.0	0.9	1.1
	省别	湖南	贵州	湖北	云南	广东	江淮	奉天	吉林	黑龙江	
	人次	11	8	7	3	4	1	4	2	4	
	频率	1.0	0.7	1.8	0.8	1.0	4.0	1.3	0.4	0.8	

说明：清末新政时期一律按 11 年整计算，不足 11 年的按实际年数计算：东三省总督、吉林与黑龙江巡抚各 5 年，湖北、云南、广东巡抚各 4 年，奉天巡抚 3 年，江淮巡抚 3 个月。

表 2-9 显示，清末新政时期 9 个总督中，每年更动 1 次及以上者有两江、闽浙、湖广、两广、四川 5 个，其中最高者闽浙达 1.4 次；19 省巡抚中每年更动 1 次及以上者有江苏、安徽、山东、山西、河南、陕西、浙江、广西、湖南、湖北、广东、江淮、奉天 13 省，除江淮巡抚因仅设 3 个月即裁废外，江苏、山西、湖北 3 省均高达 1.5 次及以上。由此可见清末新政时期地方督抚更动的频率之快。

（六）离职原因

督抚任职情形大致有章可循，但离职原因则颇为复杂。兹将清末新政时期地方督抚离职原因分为升、调、革、病、卒、开缺、回任、裁缺与其他 9 类。（1）升：总督可升任内阁大学士、军机大臣；巡抚可升任总督、河督与漕督、尚书、将军。（2）调：总督可互调，或调尚书、将军、河督与漕督；巡抚可互调，或调侍郎、都统。（3）革：为缘事革职或解职。（4）病：因病开缺或解职。（5）卒：因去世出缺。（6）开缺：缘事开缺或开缺另候简用。（7）回任：暂署或暂护者回本任。（8）裁缺：裁废职缺。（9）其他：死于就任途中，武昌起义后自动去职或被捕、被杀、自杀，光复后任都督，清帝退位后自动解职。详情如表 2-10。

表 2－10　清末新政时期地方督抚离职原因统计

单位：人，%

类别	项目	升	调	革	病	卒	开缺	回任	裁缺	其他	合计
总督	人数	3	26	3	7	6	6	26	0	12	89
	比例	3.4	29.2	3.4	7.9	6.7	6.7	29.2	0	13.5	
巡抚	人数	19	53	10	14	3	16	29	2	22	168
	比例	11.3	31.5	6.0	8.3	1.8	9.5	17.3	1.2	13.1	

清末新政时期督抚离职原因有一种特殊情况，就是因辛亥革命打乱了原有的正常政治秩序，革命前后各省督抚情态各异，清政府基本处于失控状态。除此而外，表 2－10 显示，首先该时期督抚离职原因仍以调任为最多，总督占 29.2%，巡抚占 31.5%，其中尤以各自互调为多；其次便是暂署或暂护者的回任，总督占 29.2%，巡抚占 17.3%。这两种情况正是该时期内督抚调动频繁的又一佐证。另外便是因病去职与卒于任两种原因，总督合计占 14.6%，巡抚则占 10.1%，也是不小的比例，这与督抚在职年龄偏高密切相关。

总之，从人事变迁情形来看，清末新政时期的地方督抚群体有三个显著的特性：一是任职人次数较多，任期时间过短；二是在职年龄偏高，健康状况堪忧；三是任职频率太高，更动过于频繁。这些都对新政有着直接的影响。

第三节　地方督抚的群体特性及其对新政的影响

在清王朝的权力结构中，督抚是处于上承朝廷旨意而下负临民治事之责的中间环节。清政府在庚子事变后开始推行新政，自然以督抚为其中坚力量。“立国之道，兵食为先，而财政兵政皆散在各省，如何筹措，如何练兵，如何开制度局，如何开军械局，如何开银行，如何铸钱币，一皆听各省督抚之各自为谋”。[①] 可见，地方督抚的所作所为对于新政的进程乃至成败得失有着至关重要的影响。

通过上述对于地方督抚群体结构与人事变迁多方面的统计分析，可知其群体特性的负面因素较多，这些大都不利于清末新政的顺利推行。

其一，清末新政时期的地方督抚仍然是一个在旧制度下主要由儒家传统孕育出来的旧式官僚群体。这个群体从整体上是较少革新精神，而易于安于现状的，显然不利于新政的推行。正如康有为所批评说：“中国虽有百司千官，实不过军机数人、督抚二十余人而已。……而其为军机、督抚二十余人，久历大位，而不暇问学，不知中国之旧学，更不识欧、美之新法，加以累资乃至，耄老而荒，而以丛杂之大政，乘疲弊之精神，故望案牍而心惊，见陈书而生畏，望才士而先谢，闻立事而先疑，安于丛脞，而畏于率作，实不得已也。而国家又以兼差任之，以一七八十老人而柄国家大政之数职，内政外交，理财整兵，皆归其手，日不暇给，神不及经，即使忠贤，亦惟有糊涂误败覆悚而已。”[②] 康氏的批评或有夸张之处，然大致针砭了督抚群体保守有余而创新不足的病症。

其二，任职人次数较多，任期时间过短。清末新政时期 11 年中，总计有 119 个督抚，总督任职 89 人次，巡抚任职 168 人次，80% 以上任职在 2 年以下，其中总督任职在半年以下或未到任者占 55.1%，巡抚占 49.4%。显然，这些督抚实在是难以有所作为的。所有督抚中任期最长达 5 年以上者仅 2 人，即直隶总督袁世凯与湖

① 康有为：《官制议》，汤志钧编《康有为政论集》上册，中华书局，1998，第552页。
② 康有为：《官制议》，汤志钧编《康有为政论集》上册，第552页。

广总督张之洞，[①] 他们的事迹恰恰从反面印证了督抚任期过短不利于新政的论断。袁世凯在直隶的新政举措，成为各省效仿的典范，所谓“中国各省新政之布，必资模范于北洋”。[②] 张之洞在湖北的情形也是如此，“各省推行新政，皆取法于湖北”。他长期任职湖北，“一生精力，几尽用之于鄂，而事业之展布，亦于鄂为最著。不能不谓为久任之效”。[③] 然而，像张之洞这样的久任者实在是凤毛麟角。

其三，在职年龄偏高，健康状况堪忧。清末新政时期总督平均在职年龄为58.5岁，巡抚为53.8岁。据人口史研究成果表明，自汉至清两千多年中，中国一般以60岁及以上为老年；[④] 中国近代（1949年以前）人口的平均预期寿命约为35岁。[⑤] 可见，新政时期督抚的在职年龄显然偏高。不仅有10%以上的督抚或因病去职，或死于任上，而且有不少督抚老年在任，也不利于新政进行。例如张曾敭，光绪二十九年（1903）60岁时才就任山西巡抚。三十一年（1905）调任浙江巡抚后便因年迈而体弱多病，一年之内两次奏请开缺。三十三年（1907）因秋瑾案而黯然隐退，此前他致书友人吐露出无奈的心声：“兄本非疆寄之材，待罪五年，时刻思退，吾弟之所知也。今秋病作，到此始服药廿余剂，怔忡、喘汗、头眩、腿软等症，均未稍减。医云‘须防暴仆’（西医亦曾言之）。十步之外需人扶助，衰病若此，更何

---

① 袁世凯光绪二十七年九月二十七日（1901年11月7日）由山东巡抚署理直隶总督，二十八年五月初四日（1902年6月9日）实授，三十三年七月二十七日（1907年9月4日）调外务部尚书，后进京为军机大臣，共计任直隶总督约5年零10个月；张之洞光绪十五年十一月二十六日（1889年12月18日）由两广总督调任湖广总督，三十三年七月初二日（1907年8月10日）晋京陛见，后留京任大学士、军机大臣，总计任湖广总督长约18年之久，其中新政时期，除光绪二十八年九月初六日（1902年10月7日）至三十年二月十四日（1904年3月30日）调署两江总督并进京陛见约1年半以外，计实任湖广总督约5年零3个月。

② 《学员李廷玉臧守义陈宝泉刘宝和陈清震等筹议义务教育办法十四条禀并批》，甘厚慈辑《北洋公牍类纂》卷11，益森印刷有限公司，光绪三十三年（1907），第2~3页。

③ 张继煦：《张文襄公治鄂记》，湖北通志馆，1947，第57、3页。

④ 参见姜涛《人口与历史——中国传统人口结构研究》，人民出版社，1998，第248页。

⑤ 参见侯杨方《中国人口史》第6卷，复旦大学出版社，2001，第416页。

能为国效力？”① 张氏虽以称病为下台之借口，然如此老迈病态，确实是难堪其任的。

其四，任职频率太高，更动过于频繁。清末新政时期督抚任职更动大都在一年一次以上，可见其更动频率之快。频繁调动，使督抚疲于奔命。光绪二十九年（1903）年三月，任职河南巡抚尚不到一年的张人骏奉旨调补广东巡抚，禁不住感慨万端，甚至萌生退意。他在日记中写道：“两年之内迁移四省，犬马齿衰，其力已竭，实不宜久妨贤路，辜负国恩，进退当自为权度也。”② 张人骏刚到广州上任，“张弼士京卿振勋来见，与商开矿事，意颇愿任其事，而虑督抚时有更动，未必人人能为助力，半途而废必致不可收拾。其言如此，可见朝廷用人不能久任之弊矣。”③ 显然，督抚更调频繁，极其不利于政策的稳定，有碍于新政事业的开展。不仅如此，而且还会劳民伤财，使本已困难重重的清末财政更形拮据。时人批评说：“中国官制不善，其弊虽不止一端，而明于治理者咸以任官不专、数数更调为一大原因，然此犹以前事也。至今新政行而更调更速，前以五年十年为一任两任者，今且数月数十日矣。试观江苏于此三年中，督已四易，抚已三易；而十一月初七日，又有江苏、湖南两抚对调之上谕。……方今当此各省举行新政之时，而为此忽三忽四之政令，致使各大吏所定之政策无一不有始而无终，以空费此可宝之时日、可贵之金银，其可忧一也。方今各省库款支绌，各官责任繁多，而又以此无谓之举动，敝民而伤财，其可忧二也。”④ 当时，地方督抚大臣中最有影响的有湖广总督张之洞、直隶总督袁世凯、两广总督岑春煊和两江总督端方。所谓

① 《张曾敭致李符曾函》，《张曾敭档案》第1函第3册，中国社会科学院近代史研究所图书馆藏档案（以下简称“所藏档”）甲192。

② 张守中编《张人骏家书日记》，中国文史出版社，1993，第160页。

③ 张守中编《张人骏家书日记》，第188～189页。

④ 《更调督抚问题》，《东方杂志》第2年第1期，光绪三十一年正月二十五日。

“京外总督三个半，宫保（张）与袁、岑居三数，端得半数”。[①] 张与袁任职较长，收效较为显著；岑与端则恰恰相反。清末新政时期，岑春煊任督抚9次，端方11次。[②] 虽然岑与端当时也可谓难得的干才，但因过于频繁调动而难有作为，其他平庸之辈更可想而知。

当然，对于督抚群体特性的负面影响不能做绝对化的理解。事实上，其群体内部的个体差异性是非常明显的。在旧官僚群体中，由于趋新与守旧程度的差别，相对而言便可能对新政有不同程度的影响；而任职时间的长短、在职年龄的高低、任职频率变动的快慢，情形不一，其对于新政的影响也自然有所不同。可以说，正是这些内在差异导致了各省新政发展的不平衡。

总之，庚子事变后，清政府虽然被迫开始在全国范围内实施新政，但各省进展不一，成效并不理想，其中原因固然颇为复杂，而作为新政中坚力量的地方督抚的群体性格特征的内在限制不能不说是一个不容忽视的重要因素。

---

① 《丁未五月十一日京陈丞来电》，《张之洞存各处来电稿》第2函，所藏档甲182－445。

② 岑春煊光绪二十六年闰八月初三日（1900年9月26日）由甘肃布政使升任陕西巡抚，二十七年正月二十三日（1901年3月13日）调山西巡抚，二十八年五月二十八日（1902年7月3日）调广东巡抚，七月初二日（8月5日）调四川总督，二十九年三月二十一日（1903年4月18日）调署两广总督，三十二年七月二十三日（1906年9月11日）调云贵总督，三十三年正月十九日（1907年3月3日）调四川总督，三月二十一日（5月3日）调邮传部尚书，四月十七日（5月28日）调两广总督，七月初四日（8月12日）因病开缺，宣统三年八月二十三日（1911年10月14日）调任四川总督，未到任；端方光绪二十七年正月二十三日（1901年3月13日）由湖北布政使护陕西巡抚，三月十五日（5月3日）调任湖北巡抚，二十八年九月初六日（1902年10月7日）至三十年二月十四日（1904年3月30日）兼署湖广总督，三十年四月十一日（1904年5月25日）调署江苏巡抚，九月二十三日（10月31日）暂署两江总督，十月二十九日（12月5日）回任江苏巡抚，十一月初七日（12月13日）调湖南巡抚，三十一年十二月十一日（1906年1月5日）升任闽浙总督，三十二年七月十四日（1906年9月2日）调两江总督，宣统元年五月十一日（1909年6月28日）调直隶总督，十月初八日（11月20日）革职，三年九月十六日（1911年11月6日）暂署四川总督，十一月初七日（11月27日）入川途中被杀。

第三章

地方督抚与清末新政的启动

清廷在庚子事变之中宣布实行新政，并不是偶然的。19 世纪、20 世纪之交的庚子年（光绪二十六年，1900），是清末政局转变的关键一年。义和团运动的兴起与八国联军的入侵，使清王朝的政治统治处于风雨飘摇之中。险恶的国内外政治形势，使清政府面临着一个生死存亡的难以收拾的局面。如何救亡图存？这样一个关系国家和民族前途与出路问题的时代中心课题，又一次严峻地摆到国人的面前。当刚刚深受重创的维新党人与正在茁壮成长的革命派人士努力向西方寻找救国真理的时候，清朝统治阶级内部的有识之士也在大声疾呼："欲救中国残局，惟有变西法一策。"[①] 在血与火的历史教训下，颇具讽刺意味的是，曾经残酷镇压戊戌变法的慈禧太后这位清王朝的绝对主宰者在陷于绝境之时，也不得不呼唤"变法"的亡灵且亲手祭起"变法"大旗。历史的嘲讽是无情的，反对派似乎要成为改革者的遗

① 《致西安鹿尚书》（光绪二十七年二月初五日辰刻发），苑书义等主编《张之洞全集》第 10 册，第 8527 页。

嘱继承人。事物都有正反两面。如果说庚子事变给日趋没落的清王朝的政治生存带来了严重的危机与压力，那么，伴随着这危机与压力而来的还有生机与动力。清末新政正是清政府试图变压力为动力而在危机中求生机的应变举措。关于清末新政的起源，以往学界研究不多。在此过程中，地方督抚究竟担当了何种角色，这是值得深入探讨的问题。

第一节　清廷新政上谕探源

庚子政局颇为复杂。作为民众性的反帝爱国运动的义和团运动的兴起，可谓长期以来人民反“洋教”运动的大爆发，其主要原因无疑是西方列强的侵略。但是，运动的进一步发展，则有着更为复杂的历史背景，甚至与清政府的最高层政治运作有关，从朝中政局转变的角度来看，可见其直接导源于戊戌政变。时人认为：义和团能够声势浩大地进军京津，“非拳匪之力果神于他邪教之为也，则以二三权贵目为义民故。此二三权贵非真以拳匪为义民也，亦非谓拳匪之力真足以扶清而灭洋也，则以戊戌政变得罪皇上故”。[①] 顽固派载漪、刚毅之流在戊戌政变中得罪了光绪皇帝，因而有“己亥建储”之举；此举虽然纯属内政，却受到西方列强的严重干预。恰值义和团运动标榜“扶清灭洋”，朝中顽固派势力乘机操纵利用，使义和团运动得以在京津地区迅猛发展，为西方列强进行直接的武力干涉提供了口实，从而导致了八国联军的入侵。本来，以慈禧太后为首的顽固派势力希望借义和团之力对付八国联军；于是，他们招抚义和团，悍然对外宣战。然而，义和团的血肉之躯并不能抵挡八国联军的洋枪洋炮。结果，在八国联军攻陷京城的炮火声中，慈禧太后不得不偕光绪皇帝仓皇“西狩”。

---

① 《宝丰谨呈说帖》，《张之洞存提要清折》第 17 函，第 4 件，所藏档甲 182 - 299。

正是在此“西狩”过程中，慈禧太后一面授命李鸿章为全权大臣与庆亲王奕劻办理同西方列强议和之事；一面下令痛剿义和团，认为“此案初起，义和团实为肇祸之由，今欲拔本塞源，非痛加剿除不可”，命署直隶总督廷雍“严行查办，务绝根株”。[①]与此同时，慈禧太后还以光绪皇帝的名义多次下诏罪己，一方面表示愿意为庚子事变承担责任，“自顾藐躬，负罪实甚”，“知人不明，皆朕一人之罪”，“是知祸患之伏于隐微，为朕所不及觉察者多矣”。号召各级政府官员直言进谏，“凡有奏事之责者，于朕躬之过误，政事之阙失，民生之休戚，务当随时献替，直陈无隐”，希望他们群策群力，“各矢忠忱，共支危局”。另一方面，表示要振作图强的决心，要求全国大小臣工“卧薪尝胆，勿托空言，于一切用人、行政、筹饷、练兵，在在出以精心，视国事如家事，毋怙非而贻误公家，毋专己而轻排群议，涤虑洗心，匡予不逮。朕虽不德，庶几不远而复，天心之悔祸可期矣”。[②] 以慈禧太后为首的清政府在危难之中，除了改弦更张已是别无出路。

光绪二十六年十二月初十日（1901 年 1 月 29 日），慈禧太后以光绪皇帝的名义发布了一道新政上谕，标志着清末新政的开始。有谓：

> 世有万古不易之常经，无一成不变之治法。穷变通久见于大易，损益可知著于论语。盖不易者三纲五常，昭然如日星之照世；而可变者令甲令乙，不妨如琴瑟之改弦。伊古以来，代有兴革；即我朝列祖列宗因时立制，屡有异同。入关以后，已殊沈阳之时；嘉庆道光以来，岂尽雍正乾隆之旧。大抵法积则敝，法敝则更，要归于强国利民而已。自播迁以来，皇太后宵旰焦劳，朕

---

① 《饬署直隶总督廷雍剿办拳匪》（光绪二十六年八月），沈桐生辑《光绪政要》第 3 册，第 1542 页。

② 详见中国第一历史档案馆编《光绪宣统两朝上谕档》第 26 册，第 271、274 ~ 275 页。

尤痛自刻责，深念近数十年积习相仍，因循粉饰，以致成此大衅。现正议和，一切政事，尤须切实整顿，以期渐图富强。懿训以为：取外国之长，乃可补中国之短；惩前事之失，乃可作后事之师。自丁戊以还，伪辩纵横，妄分新旧。康逆之祸，殆更甚于红拳，迄今海外逋逃，尚以富有、贵为等票诱人谋逆，更藉保皇、保种之妖言为离间宫廷之计。殊不知康逆之谈新法，乃乱法也，非变法也。该逆等乘朕躬不豫，潜谋不轨。朕吁恳皇太后训政，乃拯朕于濒危，而锄奸于一旦，实则剪除乱逆。皇太后何尝不许更新，损益科条；朕何尝概行除旧，执中以御，择善而从。母子一心，臣民共见。今者恭承慈命，一意振兴，严禁新旧之名，浑融中外之迹。我中国之弱，在于习气太深，文法太密，庸俗之吏多，豪杰之士少。文法者，庸人藉为藏身之固，而胥吏倚为牟利之符。公事以文牍相往来而毫无实际，人才以资格相限制而日见消磨。误国家者在一私字，困天下者在一例字。至近之学西法者，语言文字制造器械而已，此西艺之皮毛，而非西政之本源也。居上宽，临下简。言必信，行必果。我往圣之遗训，即西人富强之始基。中国不此之务，徒学其一言一话一技一能，而佐以瞻徇情面、自利身家之积习。舍其本源而不学，学其皮毛而又不精，天下安得富强耶。总之，法令不更，锢习不破，欲求振作，当议更张。著军机大臣、大学士、六部、九卿、出使各国大臣、各省督抚，各就现在情形，参酌中西政要，举凡朝章国故，吏治民生，学校科举，军政财政，当因当革，当省当并，或取诸人，或求诸己，如何而国势始兴，如何而人才始出，如何而度支始裕，如何而武备始修，各举所知，各抒所见，通限两个月，详悉条议以闻。再由朕上禀慈谟，斟酌尽善，切实施行。自西幸太原，下诏求言，封章屡见。而今之言者率有两途，一则袭报馆之文章，一则拘书生之成见，更相笑亦更相非，两囿于偏私不化，

> 睹其利未睹其害，一归于窒碍难行。新进讲富强，往往自迷本始；迂儒谈正学，又往往不达事情。尔中外臣工，当鉴斯二者，酌中发论，通变达权，务极精详，以备甄择。惟是有治法，尤贵有治人。苟得其人，敝法无难于补救；苟失其人，徒法不能以自行。流俗之人，已有百短，遂不愿人有一长，以拘牵文义为认真，以奉行故事为合例，举宜兴宜革之事，皆坐废于无形之中；而旅进旅退之员，遂酿成此不治之病。欲去此弊，其本在于公尔忘私，其究归于实事求是。又改弦更张以后，所当简任贤能上下交儆者也。朕与皇太后久蓄于中，事穷则变，安危强弱，全系于斯。傥再蹈因循敷衍之故辙，空言塞责，省事偷安，宪典具存，朕不能宥。①

这是以慈禧太后为首的清政府对庚子政局回应的结果。具体来说，可以从两方面来看：一方面，就外因而言，是为了改变清政府顽固守旧的形象，缓解各方面的压力。自戊戌政变以后，顽固派把持着中央政权，清政府的顽固守旧行为引起了各种政治势力的不满和反对。康梁维新派是政变的直接受害者，他们在政变之后流亡海外，成立保皇会，继续拥戴光绪皇帝；庚子年间唐才常自立军的"勤王"活动失败以后，不少人在失望中走上武装反清的革命道路。与此同时，以孙中山为首的革命势力也在潜滋暗长，革命运动逐渐成为一股势不可当的潮流。清末新政有其对抗革命的一面，已为以往的辛亥革命史的研究成果所充分证明。

这里需要说明的一点是，新政的举措也是为了缓解西方列强的压力。此时，清政府正与列强进行议和。列强提出了两个重要的议和前提条件：一是"惩凶"，主要是惩办把持中央政权的顽固派势

① 中国第一历史档案馆编《光绪宣统两朝上谕档》第26册，第460～462页。

力；二是“两宫回銮”，也是为了使慈禧太后脱离顽固派的控制。列强甚至还有另组“新政府”的说法：“中国须将旧政府大臣更换，另选大臣，立一新政府，各国方能议和。”[①]此所谓另立“新政府”，就是改组军机处，清除军机处中的顽固守旧大臣。可见，列强对清政府顽固守旧极端不满。议和局面的获得，正是以慈禧太后牺牲自己身边的一群顽固派王公大臣为代价的。有鉴于此，时人也希望借各国的压力而大加改革。盛宣怀致函王文韶等中枢大佬有谓：

> 闻各国皆虑中国守旧，将来再起风波，故于防后患甚严切。管见若照徐、崇、李、毓之所为，将来仍必滋衅。朝廷悔祸之心如确，必须将新旧一切议论，尽行撇开，另起炉灶，方能著实办事。如演大戏，先齐脚色，再排戏目，庶几登场，即令众人喝采。若再支支节节而为之，或用非所及，是非倒置，缓急杂投，诚不知何以善其后矣！此成败利钝之关键，全在和约定后数日之内，若一再延宕，暮气必从而乘之。甲午、甲申，皆以数纸诏奏，空文粉饰而已，一误再误，谁之咎欤?！敢乞师与仲相、滋公切实密筹，可否于回銮之前，即令疆吏各官，条陈善后之策。两宫到京，目睹黍离，卧薪尝（胆），正君臣交儆之时，或有转移之望，过此则又阻挠多矣！[②]

清廷新政上谕的发布，在此意义上可以说是向西方列强表示一个政府开明而不顽固守旧的姿态；该上谕特别点出：“懿训以为，取外国之

---

① 《庚子六月二十八日东京李钦差来电》，《张之洞存各处来电》第37函，所藏档甲182-139。按：此处所谓的“政府”是特指军机处，一般所说的“清政府”是指清廷、清朝中央政权或清王朝。

② 《盛宣怀致王文韶函》（光绪二十六年十一月二十四日），陈旭麓、顾廷龙、汪熙主编《义和团运动——盛宣怀档案资料选辑之七》，上海人民出版社，2001，第497~498页。

长，乃可补中国之短”，皇上要“恭承慈命，一意振兴，严禁新旧之名，浑融中外之迹”。

不仅如此，西方列强还直接或间接敦劝清政府实行“新政”。在李鸿章、张之洞、盛宣怀等人往来函电中，时见“各国有劝我行新政之意”与“英、日劝行新政”之说。[①] 在清政府与列强议和的过程中，中国海关英籍总税务司赫德以其特殊的身份，自由地游走各方之间，穿针引线，扮演了一个重要的角色。赫德深感清朝统治的危机，无论是从英国还是从自身的利益出发，他都希望清政府实行改革，以尽力摆脱危局。当逃亡西安的清廷面临回銮还是迁都的抉择时，赫德致函金登干称：“当然我的劝告是‘立即回来，认真着手变法’！”赫德完成《中国的变法和列强》一文写作时，正好从《邸抄》上看到慈禧太后以光绪皇帝的名义发布的《母子一心——变法诏书》，他颇有感触地评论道：“‘老佛爷’已经看到她走的路错了，现在她和皇帝同心协力，我确信中国将照正确的方式前进。”[②] 赫德所谓“正确的方式”当然就是西方的道路。正如时人的认知：“各国与中国交涉，多不按各国通例，……如能变法，则可渐望外人以通例待我矣。”[③]

① 《附盛京堂转鄂督张来电》（光绪二十六年九月初四日到）、《寄盛京堂》（光绪二十六年九月初五日辰刻），分见顾廷龙、戴逸主编《李鸿章全集》第27册，安徽教育出版社，2008，第362、366页；《致上海盛京堂转李中堂》（光绪二十六年九月初八日辰刻发）、《盛京堂来电》（光绪二十六年九月初七日寅刻到），分见苑书义等主编《张之洞全集》第10册，第8370、8371页。

② 《赫德致金登干函》（1901年2月6日），陈霞飞主编《中国海关密档——赫德、金登干函电汇编》第7卷，中华书局，1995，第151～153页。约半年之后，赫德还说：“形势将迫使这个政府在各方面采取行动，最终一切将走向正轨，但是我确信一点：中国将强大起来，到那时，国际关系将完全改观。当然我们除了期望中国除一切之弊、兴一切之利以外，还能期望什么呢，一旦中国具有履行国际礼让的资格，欧洲极乐意接受中国加入真正的国际礼让之邦。未来是很有意思的，我但愿能看看五十年或一百年之后会出现什么情景。”［《赫德致金登干函》（1901年9月1日），陈霞飞主编《中国海关密档——赫德、金登干函电汇编》第7卷，第230页］在这里，除了殖民者的傲慢与偏见以外，证之五十年或一百年后中国巨变的历史，不能不说此显示了赫德无与伦比的预言才能。

③ 《致江宁刘制台、济南袁抚台、上海盛大臣》（光绪二十六年十一月二十四日午刻发），苑书义等主编《张之洞全集》第10册，第8491页。

"力行新政，尤各国所属望。尽可将应行各条，向各国访求规制，参酌中西，锐意兴举，一可塞时报诽议之口，一可立中国自强之基。"[①]列强期望的"变法"就是要中国适应各国的"通例"和"规制"。如盛宣怀致函德国驻上海总领事克纳贝所谓："本国朝廷自当力求变法，庶政一新，以付欧美两洲各大国期望。"[②]甚至清廷给俄、法、英、德、意、美、日各国的国书也说："敝国现议力行实政，正期图报各大国之惠于后日。望贵国始终玉成，商同各大国允将赔款酌减数目，宽定年限，另筹妥法摊偿，免使多借息款，借得稍苏喘息，整顿内政。将来中外必能益加修睦，与各大国永享无穷之利益。"[③]其实，张之洞与刘坤一等督抚大臣在商讨复奏时也特别注意"新政"是在努力求得西方列强的同情理解，"使各国见中华有奋发为雄之志，则鄙我侮我之念渐消"。[④]美国著名政治学家亨廷顿在分析传统君主制国家进行现代化变革的动因时指出："十九世纪的君主实行现代化是为了阻挡帝国主义，二十世纪的君主实行现代化是为了阻挡革命。"[⑤]事实上，在19世纪、20世纪之交的中国内忧外患的特殊历史背景下，晚清政府进行新政时则有着对抗革命与缓解西方列强压力的双重动因。正如时论所云："及乎拳祸猝起，两宫蒙尘，既内恐舆情之反侧，又外惧强邻之责言，乃取戊、己两年初举之而复废之政，陆续施行，以表明国家实有维新之意。"[⑥]

---

① 《甘大璋札》，杜春和、耿来金、张秀清编《荣禄存札》，齐鲁书社，1986，第19页。

② 《盛宣怀致克纳贝函》（光绪二十六年闰八月二十四日），陈旭麓、顾廷龙、汪熙主编《义和团运动——盛宣怀档案资料选辑之七》，第325页。

③ 《附盛宗丞转行在致各国国书》（光绪二十六年十二月二十八日到），顾廷龙、戴逸主编《李鸿章全集》第27册，第577页。

④ 《遵旨筹议变法谨拟采用西法十一条折》（光绪二十七年六月初五日），苑书义等主编《张之洞全集》第2册，第1450页。

⑤ 〔美〕塞缪尔·P. 亨廷顿：《变动社会的政治秩序》，张岱云等译，上海译文出版社，1989，第170页。

⑥ 《论中国必革政始能维新》，《东方杂志》第1年第1期，光绪三十年正月二十五日。

另一方面，从内因来看，表明清政府自身也有振作图强的意愿。无论是对抗革命，还是缓解列强的压力，都只是外部因素。新政有否内在的动力呢？回答是肯定的。据赫德观察，庚子事变后清廷实行新政，虽然有来自外部的压力，但更主要的还是出自中国内部的需要。他说："感觉到需要便会进行变革，而变革以及随之而来的种种结果和发展，虽然是外部形势所迫的产物，但必将受到欢迎，并会健康地成长，因为这是出自内在的需要，出自中国的意愿，而不是外国的强制。"[①] 事实上，慈禧太后虽然发动了戊戌政变，但她似乎不愿意自己背着顽固派的名声，她在以光绪皇帝的名义发布的一道关于戊戌政变的总结性上谕中，主要是宣布康有为结党"逆谋"的罪行，并没有反对变法自强的意图，反而说："所有一切自强新政，胥关国计民生，不特已行者亟应实力举行，即尚未兴办者亦当次第推广。"[②] 这次新政上谕又特别痛斥了"康逆之祸"，并申明"康逆之谈新法，乃乱法也，非变法也"。当然，就慈禧太后而言，很难说她有什么"变法"的政见，她所拥有的只是稳固自己统治的权术。也就是说，她在戊戌时期镇压"变法"和庚子年间提倡"新政"，都只不过是为了保住自己的权势与地位而已。但是，与当年略施权术即可成功地发动戊戌政变的情形大不相同，要想应付庚子政局却不那么容易。慈禧太后在带着光绪皇帝仓皇逃亡的途中不得不痛苦地反省，虽然她可以指责刚毅、赵舒翘等"误国"的王公大臣们"实在死有余辜"，但这是无济于事的，最终的责任与后果还得由自己承担。她说："我总是当家负责的人，现在闹到如此，总是我的错头；上对不起祖宗，下对不起人民，满腔心事，更向何处诉说呢？"[③] 庚子事变给慈禧太后留下了难以弥合

① 〔英〕赫德：《这些从秦国来——中国问题论集》，叶凤美译，天津古籍出版社，2005，第116～117页。

② 中国第一历史档案馆编《光绪宣统两朝上谕档》第24册，第430～431页。

③ 吴永口述、刘治襄记《庚子西狩丛谈》，岳麓书社，1985，第89页。

的心灵创伤，从而也强烈地刺激她动了改弦更张的念头。据曾经随扈的岑春煊回忆说："太后虽在蒙尘，困苦中尚刻意以兴复为念。一日诸人于召对之际，太后忽顾问：此耻如何可雪。众未有应者，余独进曰：欲雪此耻，要在自强。自强之道，首须培植人材。学校者，人材所由出也，故必自广兴教育始。……朝廷于避狄不遑之时，独孳孳以兴学育材为先务，诚属规模远大，而两宫卧薪尝胆亟求自强雪耻之志，此时亦为最切矣。"可以说，"自强雪耻"是清末新政的一个根本的内在动因。"朝廷自经庚子（1900 年）之变，知内忧外患，相迫日急，非仅涂饰耳目，所能支此危局。故于西狩途中，首以雪耻自强为询，余曾力陈兴教育、明赏罚诸大端。辛丑（1901 年）回銮以后，即陆续举办各项新政。"①

在慈禧太后企求"自强雪耻"的同时，还有多种势力在促动朝廷的新政变法，如驻外使臣；驻日公使李盛铎致电张之洞称："内政外交相表里，如能请降懿旨，采用西政西律；诏求通达中外人材，以待破格录用；酌改学校教育章程，人心内靖，则强敌外屈，为益尤大。"② 又如地方绅民，沈曾植曾告知张謇，"有拟东南士民与政府书，意行新政"。③ 尤其是地方督抚大臣，时论寄予深切厚望，有谓：

> 说者谓有甲午之役，而后中国新政始有萌芽；有庚子之变，而后中国新政乃再翻复。然则内外臣工，其所以迟疑审慎于往时者，正以备剀切指陈于此日。方今朝权之悍锢不如从前，而疆臣之力量远过畴曩。各督抚纵不能西北进兵以清君

---

① 岑春煊：《乐斋漫笔》（1930 年），《岑春煊文集》，何平、李露点注，广西人民出版社，1998，第 497、498、506 页。

② 《李盛铎电稿·致张之洞电》，《近代史资料》总 50 号，中国社会科学出版社，1982，第 57 页。

③ 《日记》，《张謇全集》第 6 卷，第 445 页。

> 侧，而一任连军之深入，长等坐观，又不能东南承制，藉伸国权，而一就他人之指挥，竟忘大辱。必不得已，再思其次，亦宜及此日连奏朝廷，力请变法，以定国是，务使举国朝野议论一变，不至指维新为乱法，目学堂为汉奸。幸而事机尚顺，和议可成，翻然改计，徐图内转，则一切尚可有为。闻出使日本大臣李盛铎已有一奏，所陈皆和议成后力行新政事宜。虽条目未详，然于此意则近之矣。李既首创议，一人之力究微。窃愿东南督抚起而和之，将来中国治乱存亡系此一举，机不可失，责无旁贷，惟当事实亟图之。[①]

对于促成清廷颁布新政上谕，地方督抚是一股颇为活跃而关键的力量。从两广总督调任直隶总督的李鸿章是督抚中的大佬，尽管担负议和重任，但也颇为关注清廷新政。时人甚至认为："去岁变法之诏，实因合肥于十一月间有疏陈请革政，故两宫遂定大计。"[②] 从甘肃布政使升迁陕西巡抚的岑春煊，也是清末显赫一时的督抚，他在随扈途次曾多次向慈禧太后奏陈"亟谋改良政治，发愤自强"。[③] 当然，最值得注意的是两江总督刘坤一、湖广总督张之洞和山东巡抚袁世凯，他们与时任大理寺少卿兼中国电报局总办而掌管各方电信交汇总枢纽的盛宣怀时常函电往商，力图促成变法。

刘坤一有鉴于时局艰危而上奏清廷，有谓："嗣后非坚苦一心，不足以自立；非忍辱努力，不足以图存。""拟恳明降谕旨，饬令京外臣工，凡有言事之责者，择其有关治乱，如用人行政诸大端，各陈说

---

① 《论疆臣宜及时请行新政》，《知新报》第132册，光绪二十六年十一月十五日，第3页。

② 孙宝瑄：《忘山庐日记》上册，上海古籍出版社，1983，第301页。按：惜乎从新版顾廷龙、戴逸主编《李鸿章全集》及国家清史编委会网上工程——中华文史网（http://www.qinghistory.cn）检索中国第一历史档案馆之录副奏折、朱批奏折、电报档、军机处随手登记档，均未见此所谓李鸿章"陈请革政"之奏疏，待考。

③ 岑春煊：《乐斋漫笔》（1930年），《岑春煊文集》，何平、李露点注，第497页。

论，毋有隐讳，于以扶定倾危，赞成郅治。”[①] 张之洞亦力主“行新政求自强”，有谓：“惟必须朝廷下诏罪己，引咎不讳，痛哭流涕，布告万方。如陆宣公奉天诏书，从此力行节俭，听受直言，屏除邪佞，方能感动民心，尽化畛域，实图自强，民自无怨。尤必须尽扫沽名误国之私见、偷安苟活之心思、竹头木屑之算计、索诈卖放之积弊、偏徇乡绅之劣习，则此举可成矣。至此外应办要政，如学校、游历、练兵、制械、铁路、工商等事，仍须实力举行，锐意振作，不可为此次赔款所牵累。总之，国事虽蹇，断无坐以待亡之理。此次巨祸固由弃和挑战，此后惟有行新政，修武备，以保和局，三义并用，乃可图存。”盛宣怀深表赞同，并对刘、张、袁三督抚寄予厚望。他说：“款议定后，中国能否复振，当见端于数月之间，连合诸帅赞定訏谟，旋乾转坤，非三公孰望。”[②] 袁世凯曾致书西安“行在”说：“和议将成，赔款甚巨，此后愈贫愈弱，势难自立。如蹈常习故，直无办法，宜请旨饬内外臣工各陈富强之策，以备采施。”他还建议由盛宣怀出面建言请枢相、疆臣合力补救，有谓：“惟承乏疆寄未便畅言，拟请杏兄酌电枢相谓：‘和未定，弱可忧；和既定，贫可忧。运筹在枢臣，奉行在疆臣，枢疆合谋始可补救。应请旨饬下诸疆臣各陈所见，毋拘成见，毋存顾忌，毋涉空谈’云云。倘得此诏，便可进言。”张之洞颇赞同袁世凯的意见，认为：“慰帅致书当道，请枢疆合力补救，扼要得法，此入手一定步骤。如杏翁电枢，置身题外，尤可畅所欲言。如蒙谕旨饬各抒所见，杏翁自必在列。”其时，四川总督奎俊也说“今日补救必须变法”，并希望张之洞出头“与诸公合力上陈”。张之洞对此持较为谨慎的态度，有谓：

---

① 《时局艰危谨陈愚虑折》（光绪二十六年十月二十六日），中国科学院历史研究所第三所主编《刘坤一遗集》第3册，中华书局，1959，第1256、1257~1258页。

② 《致江宁刘制台、安庆王抚台、济南袁抚台、福州善将军、上海盛京堂》（光绪二十六年十一月初十日丑刻发）、《盛京堂来电并致刘制台、袁抚台》（光绪二十六年十一月三十日到），苑书义等主编《张之洞全集》第10册，第8472~8473页。

> 鄙意此时不必言新政，但言须化新旧之见而已。昨周玉山方伯过鄂，述奎帅言今日补救必须变法，嘱鄙人与诸公合力上陈，奎愿列名等语，大要首在学校、科举，过宁当谒岘帅面陈，今日东下，众情如此，或有振作之机。总之，不化新旧之见，顽固如故，虚骄如故，老团未出之说如故，和局断不能保；贪昏如故，废弛如故，蒙蔽如故，康党断不能绝；官派如故，兵派如故，秀才派如故，书吏派如故，穷益加穷，弱亦加弱，饷竭营裁则兵愈少，债重征苛则民愈怨，游勇、叛民、会匪、康党合而为一，中国断不能支矣。枢纽只在“化新旧之见”五字。[①]

其实，这里所说的“化新旧之见”，虽无“新政”之名，而有变法之实，只不过是一个变相的说法而已。袁世凯复电就表示非常赞成张之洞“化新旧之见”的见解，并请他以此意撰稿，“约诸达人列衔，相机上陈”。[②] 稍后，张之洞与刘坤一、盛宣怀联衔会奏表达了要求变法的愿望：“于和局大定之后，即行宣示整顿内政切实办法，使各国咸知我有发愤自强之望，力除积弊之心。”[③]

地方督抚还试图策动枢臣。其时，因首席军机大臣礼亲王世铎留京，西安行在军机处仅有荣禄、王文韶、鹿传霖三位军机大臣，荣禄实为领班。据时人观察：“荣相以随扈万安为己功，往往自夸。入直时荣相独对，傅［传］告王、鹿两公办事。两公多不开口。王相甚健，而两耳愈聋。鹿公卞急乖张，耳亦重听。荣相近来似不以

① 《袁抚台来电并致刘制台、盛大臣》（光绪二十六年十一月二十三日亥刻到）、《致江宁刘制台、济南袁抚台、上海盛大臣》（光绪二十六年十一月二十四日午刻发），苑书义等主编《张之洞全集》第10册，第8490～8491页。

② 《庚子十一月二十五日济南袁抚台来电》，《张之洞存各处来电》第43函，所藏档甲182－145。

③ 《致西安行在军机处》（光绪二十六年十一月二十八日卯刻发），苑书义等主编《张之洞全集》第3册，第2184页。

王相为然，鹿亦不与王相协，故王相益退让。”① “军机处仍是荣中堂问事，王中堂则可否因人，鹿尚书则附和荣中堂。……人谓每召见，总是荣中堂一人说话，王中堂本重听，鹿尚书近来亦甚重听，全恃荣中堂在军机处宣示，而又多请教于荣幕樊云门，否则莫知底蕴也。”② 荣禄又深得慈禧太后宠信，是枢府中颇为关键的角色。鹿传霖与荣禄关系亲近，他曾任陕西巡抚时，荣禄为西安将军，两人“一见如故，颇为款洽”，③ 可谓故交。鹿传霖是慈禧太后的新宠，又是张之洞的姐夫，在枢府中“有‘湖北坐探’之诮”。④ 因荣禄所统武卫军曾围攻外国使馆，列强或以其为顽固守旧大臣，甚至将其列为惩凶对象。张之洞便通过鹿传霖向荣禄传递信息，表明各督抚力图为荣禄辩解的心迹。有谓：“英提督与保定委员言，询及荣相，与刚、董并称，欲加惩责，盖以攻使馆有武卫中军之故。鄙人已与刘岘帅电邸相，力言荣相力请剿拳匪、不愿开衅种种证据，请邸相向各使力为剖白。晤荣相时望转达。”⑤ 他们还力劝荣禄办新政，以划清自己与顽固守旧大臣的界线。张之洞致电刘坤一、袁世凯、盛宣怀称：“荣相或有自危之意。欲安荣相，惟有劝其奏请懿旨，痛斥顽固，速行新政，当可解矣。能加罪己语尤善，再能加入化畛域语更善，但此层不易说耳。新政不能猝办，只能先举大纲。岘帅、慰帅能以此意婉达荣相否？请酌。”⑥ 结果如其所愿，最终促

① 《□□□致盛宣怀函（摘要）》（光绪二十六年十二月），陈旭麓、顾廷龙、汪熙主编《义和团运动——盛宣怀档案资料选辑之七》，第 535 页。

② 佚名：《西巡回銮始末记》，中国历史研究社编《庚子国变记》，上海书店，1982，第 187 页。

③ 《荣禄致李鸿藻函》，《李鸿藻存札》第 3 函第 5 册，第 12 ~ 13 页，所藏档甲 70 - 2。

④ 《丁未五月二十四日京高道来电》，《张之洞存各处来电稿》第 2 函，所藏档甲 182 - 445。

⑤ 《庚子九月初五日致西安军机大臣鹿尚书电》，《张之洞庚子年发电摘抄》第 1 函，所藏档甲 182 - 32。

⑥ 《致江宁刘制台、济南袁抚台、上海盛大臣》（光绪二十六年十一月十七日巳刻发），苑书义等主编《张之洞全集》第 10 册，第 8485 ~ 8486 页。

成新政上谕颁布的正是荣禄和鹿传霖的“建议”和“赞成”，谕旨的文稿即出自荣禄的幕僚樊增祥的手笔。①

清廷新政上谕的颁布有着重要的意义，它不仅正式宣布了新政的开始，而且为新政做了大致的方向性规定。首先，关于变革的根本宗旨，主张作为中国传统文化核心的纲常伦理是不可变更的，而作为制度层面的“治法”是可变的，即可以因时制宜地调整统治政策。其次，关于变革的大致范围，希望突破洋务运动的藩篱，进一步向西方学习，由“西艺之皮毛”进到“西政之本源”。在批评洋务运动不足之处的同时，进而提出更加全面的变革。最后，关于变革的基本方式，坚持走一条稳健的变法道路。可见，从文本的内容来看，这道上谕可谓清末新政的一个纲领性文件。

第二节　督抚商议联衔复奏中辍

地方督抚期待着用新政化解清廷面临的内忧外患危机。他们始终在密切地关注着整个政局的变化，尤其是朝中的政治动向。对于清廷新政上谕的颁布，地方督抚早有心理准备。在接到新政上谕之前，端方与袁世凯即电告张之洞：“不日将有上谕，举行新政。”②

---

① 《易道来电》（光绪二十六年十二月二十二日酉刻到），苑书义等主编《张之洞全集》第10册，第8497页；《庚子十二月十七日西安谭道来电》，《张之洞电稿》，所藏档甲182－209。按：鹿传霖自称：“变法一诏，菘（鹿）与略（荣）建议，上亦谓然。”（《辛丑正月初十日西安鹿尚书来电》，《张之洞电稿》，所藏档甲182－209）张之洞复荣禄函谓：“明诏更张，天下咸知，公造膝敷陈之力，旋乾转坤，非至诚格天，曷克臻此？”［《复荣仲华中堂》（光绪二十七年七月初七日），苑书义等主编《张之洞全集》第12册，第10264页］又致函樊增祥谓：“变法诏书知出鸿笔，海内喁喁，始有昭苏之望。”［《致樊云门》（光绪二十七年六月初八日），苑书义等主编《张之洞全集》第12册，第10275页］樊增祥是张之洞门人，又是荣禄幕僚，并与鹿传霖关系暧昧。“樊增祥初为陕西知县，谄事鹿传霖，后又入荣禄幕，辛丑西安谕旨多其所拟，自是日益腾达，不一二年由县官躐升藩司。”胡思敬：《樊增祥罢官》，《国闻备乘》，上海书店出版社，1997，第61页。

② 劳祖德整理《郑孝胥日记》第2册，中华书局，1993，第782页。

袁世凯致电盛宣怀、刘坤一、张之洞及漕运总督张人骏称："顷秦电，本日有改弦更张明谕，有取西国之所长补中土之不及等语，令中外大员各抒所见，必期施行。并有禀承慈训，母子一心之句。千余言，明日始发抄。荣相面奏，拟仿议院，设公所，督催赶办。两宫甚和，大局当有转机。"① 闻此消息，张之洞的第一反应就是希望弄清其来路。他连电时在西安的门人易顺鼎询问："闻初十日有明发一道，系云门（樊增祥——引者注）手笔，今尚未见，祈撮要电示。"② "初十明谕何人陈请？何人赞成？祈速示。"③ 随即他便从多种渠道获悉此谕出自"圣意"，由荣禄和鹿传霖"赞成"，甚至了解到是由荣禄的幕僚也即他自己的门生樊增祥起草的。这些信息足以使他确认朝廷是真的要变法了。与此同时，各省督抚已着手函电往商复奏问题。

究竟应如何复奏，确实使各省督抚颇费思量。新政上谕颁布不久，袁世凯又致电盛宣怀、刘坤一、张之洞说："初十明降，想已恭读。三公当各有建白，可否见示？此项文章，自未便联衔，然以大意合符为贵，尊意云何?"④ 因新政上谕有"各举所知，各抒所见"之语，袁世凯认为不便"联衔"，但他建议应大意相同。刘坤一致电盛宣怀、张之洞、袁世凯深表赞同，有谓："我辈建言，应以可行为主。济电须大意相同，极是。近日焦思，苦无良法。尊处议定后，乞将大

① 《袁中丞来电并致岘帅、香帅、漕督张安帅》（光绪二十六年十二月十四日），盛宣怀《愚斋存稿》卷50，第12页，沈云龙主编《近代中国史料丛刊续编》第13辑（123），台北，文海出版社。

② 《庚子十二月十四日致西安三锡店易实甫观察》，《张之洞电稿丙编》第19函，所藏档甲182－98。

③ 《致西安易道台顺鼎》（光绪二十六年十二月十六日午刻发），苑书义等主编《张之洞全集》第10册，第8497页。

④ 《袁慰帅来电兼致岘帅、香帅》（光绪二十六年十二月十九日），盛宣怀《愚斋存稿》卷50，第17～18页。

纲见示。”[①] 袁世凯与刘坤一接连致电张之洞，希望他“先拟大纲”，以便各省参照。袁电称：“连得行在书，两宫极和，锐意维新，甚盼疆臣条奏采施。宁电以可行为主，语极扼要。请香帅先拟大纲见示，俾有遵循。愚见变法，须有层次，由浅入深，乃克有济。”刘电谓：“变法须有次第，是一成不易办法，由浅入深，方可推行尽利。香帅胸罗全局，能先拟大纲，俾各省则效，建议相同，庶易采择。”[②] 他们的意思是各省督抚复奏时应尽可能地表现出意见统一。盛宣怀致函刘坤一也表达了自己的意见：“此次陈奏，鄙见不在匆遽，而在不托空言，不发异议，总宜先举大纲，圣意符合，再议节目。至于大纲，或宜兴，或宜废，或介乎兴废之间而宜整顿，必须就中国现在时势而损益之。不能全变，亦不能急变也。慰帅谓不厌雷同，臆见直以为能合五、六人公折，方足破主司之惑，特恐鄂帅仍欲立异耳。”[③] 显然，盛宣怀基本同意刘坤一、袁世凯的意见，并进而提出“合五、六人公折”即“联衔”之意，只是担心张之洞“立异”。其实，张之洞虽较谨慎，但也有此意。他致电安徽巡抚王之春说：“日来仆甚病，稍愈有管见再电商。总之，复奏万不可急，东南数大省必须大致商妥。”[④] 在他看来，一方面，不急于复奏，是想进一步观察事态的变化；另一方面，东南各省互通声气，则希望有更多的人来一起承担责任。

值得指出的是，督抚中的大佬李鸿章似乎并不怎么积极。当他得知清廷颁布新政上谕后，便致电盛宣怀：“明降准行新政，望全钞

① 《刘岘帅来电兼致香帅、慰帅》（光绪二十六年十二月二十日），盛宣怀《愚斋存稿》卷 50，第 19 页。

② 《庚子十二月二十日济南袁抚台来电》《庚子十二月二十一日江宁刘制台来电》，《张之洞存各处来电》第 43 函，所藏档甲 182－145。

③ 《盛宣怀致刘坤一函》（光绪二十六年十二月二十八日），陈旭麓、顾廷龙、汪熙主编《义和团运动——盛宣怀档案资料选辑之七》，第 532 页。

④ 《致安庆王抚台》（光绪二十六年十二月二十四日午刻发），苑书义等主编《张之洞全集》第 10 册，第 8497 页。

[抄] 示。"盛宣怀很快便摘抄新政谕旨电告李鸿章。[①] 稍后，贵州巡抚邓华熙向李鸿章询问联衔问题，有电云："自夏秋京津之变，国势几不能振，幸我公力持大局，保定东南。目下和议幸成，非力图富强无以立国。近奉电谕，亟亟以变政为务，宸衷独断，多难兴邦，诚重振国基之一大枢纽。天祚圣清，中兴有象。华备位封疆，思竭忠悃，窃念我公熟谙中外情形，心计目前，硕画荩筹，必有成竹，拟附骥尾以定宏模。能否掣衔，即乞酌示。如仍各抒己见，亦须大意相同，共赞新猷，免烦圣虑。"李鸿章复电表示："朝旨以穷极思通，饬陈善策。但有治法贵有治人，方今人才难得，空言恐亦无济。敝处正办和约，一时尚难定局，拟俟事竣，查酌情形，如有应言之事，随时具奏，似难拘定两月之期。执事久绾疆符，阅历已深，允宜自献忠说，以应明诏各举所知，各抒所见之谕也。"[②] 显然，李鸿章以办理和约之故，并不急于考虑复奏问题，同时也不以邓华熙所谓"大意相同"之说为然。尽管如此，李鸿章的意见并没有影响邓华熙及其他督抚会商联衔复奏的行动。

关于复奏的内容尤其是新政的方向性问题，有一个小插曲。王之春致电张之洞说："顷行在军机章京密报：'……奏复变法，毋偏重西'云，想见两宫宗旨，奈何？然就复我古法立论，或不干怒。"这使张之洞颇感疑惑："变法不重西，所变何事？"[③] 这到底是怎么回事呢？朝廷既已宣布新政，而又有"毋偏重西"的传闻，使新政一开始就蒙上一层神秘的面纱。为了探明朝廷新政的真实意图，解开心中的

① 《寄盛宗丞》（光绪二十六年十二月十九日辰刻）、《附盛宗丞转西安来电》（光绪二十六年十二月二十一日到），分见顾廷龙、戴逸主编《李鸿章全集》第27册，第555、558～559页。

② 《附黔抚邓除夕电》（光绪二十七年正月初一日）、《复贵州邓中丞》（光绪二十七年正月初三日巳刻），分见顾廷龙、戴逸主编《李鸿章全集》第28册，第6、13页。

③ 《王抚台来电》（光绪二十六年十二月二十四日巳刻到）、《致安庆王抚台》（光绪二十六年十二月二十四日午刻发），苑书义等主编《张之洞全集》第10册，第8497～8498页。

谜团，张之洞特地致电鹿传霖询问：

> 闻有小枢致他省督抚电云："初十谕旨，令条议变法整顿一件，切嘱各省复奏万勿多言西法。"云云，殊堪骇异。窃思采用西法，见诸上谕明文。鄙意此后一线生机，或思自强，或图相安，非多改旧章、多仿西法不可。若不言西法，仍是旧日整顿故套空文，有何益处？不惟贫弱，各国看我中国，乃别是一种顽固自大之人，将不以平等与国待我，日日受制受辱，不成为国矣。究竟此事慈意若何？略园（荣禄——引者注）能透澈否？各省能否切实复奏？哪几种事可望更张？鄙意第一条欲力扫六部吏例痼习痼弊，枢廷诸公肯否？①

鹿传霖回电如下：

> 小枢何人？妄骋臆谈。变法一诏，菘（鹿传霖——引者注）与略（荣禄——引者注）建议，上亦谓然。至应如何变通，总期实事求是，决无成见。来教谓第一力扫六部吏例，深合鄙衷。及今曹署焚荡之余，尤为机可乘而制易改。然腐儒固执，宵小不利，阻挠必多。将来想有助略相极力主持，惟当切实行之，逐渐变之，总期除弊兴利，似不必拘定西学名目，授人攻击之柄。此大举动大转关，尤要一篇大文字，方能开锢蔽而利施行，非公孰能为之？极盼尽言。②

鹿传霖的回电虽然否定了来自"小枢"的有关传闻，认为朝廷的新政

---

① 《致西安鹿尚书》（光绪二十七年正月初九日午刻发），苑书义等主编《张之洞全集》第10册，第8506～8507页。

② 《辛丑正月初十日鹿尚书来电》，《张之洞电稿》，所藏档甲182－209。

是“决无成见”；但对张之洞“多仿西法”的主张却委婉地提出了善意的忠告：“不必拘定西学名目，授人攻击之柄。”这与张之洞的“变法”理念颇有差距。其时，张百熙在武汉拜见张之洞，问询“自强宗旨”，张之洞答以“效西法”，并说：“皮毛亦可救亡，不可轻也。”[①]随后，张之洞复电鹿传霖，仍然主张“大变西法”，有谓：

> 去腊变法谕旨，海内欢欣鼓舞，咸谓中国从此有不亡之望矣。人心所以鼓舞者，以谕旨中有“采西法补中法”及“浑化中外之见”二语也，并非因“整顿除弊”、“居上宽，临下简”、“必信必果”等语也。嗣闻人言，内意不愿多言西法，尊电亦言“勿袭西法皮毛，免贻口实”等语。不觉废然长叹：若果如此，变法二字尚未对题，仍是无用，中国终归澌灭矣！盖变法二字，为环球各国所愿助、天下志士所愿闻者，皆指变中国旧法从西法也，非泛泛改章整顿之谓也。若仅整顿常谈，安能数年即有成效，安能即望自强，且与外国何涉？……大抵今日环球各国大势，孤则亡，同则存。故欲救中国残局，惟有变西法一策。精华谈何容易，正当先从皮毛学起，一切迂谈陈话全行扫除。盖必变西法，然后可令中国无仇视西人之心；必变西法，然后可令各国无仇视华人之心；必变西法，然后可令各国无仇视朝廷之心。且必政事改用西法，教案乃能消弭，商约乃不受亏，使命条约乃能平恕，内地洋人乃不致逞强生事。必改用西法，中国吏治、财政积弊乃能扫除，学校乃有人才，练兵乃有实际，孔孟之教乃能久存，三皇五帝神明之胄乃能久延。且康党、国会之逆党乱民始能绝其煽惑之说，化其思乱之心。至于此等大计，圣上主之，疆臣议之，政府定之，迂谬之说不理可也。……若不趁早大变西法，

① 劳祖德整理《郑孝胥日记》第2册，第786页。

> 恐回銮后事变离奇，或有不及料者。[1]

也许是鹿传霖的忠告提醒了张之洞，此后，虽然他在思想上始终主张多变西法，但在行动上则一直保持较为谨慎的态度。

在各省督抚会商复奏的过程中，刘坤一首先正式提出了联衔会奏的主张。他致电张之洞、袁世凯说："定议后可否会合东南各帅联衔入告？此等文字，正不嫌同。"[2] 袁世凯致张、刘电认为"此文以同为贵，可见公论"，但他提出了联衔与旨意不相符合的疑问："原旨有各举所知、各抒所见等语，未知宜联奏否？"[3] 张之洞回电刘坤一并致东南、西南各省督抚大臣电，坚决主张联衔："变法复奏，必宜督抚联衔，方可有益，人多尤善。请公主稿，鄙人当附名。"在此电中，张之洞提出了自以为"稍觉骇俗"的"以仿西法为主"的变革主张：

> 惟鄙意以仿西法为主，抱定旨中"采西法补中法"、"浑化中西之见"二语作主意。大抵各国谓中国人懒滑无用而又顽固自大，其无用可欺，其自大尤可恶，于是视中国为一种讨人嫌之异物，不以同类相待，必欲蹂践之，制缚之，使不能自立而后已。此时非变西法，不能化中国仇视各国之见；非变西法，不能化各国仇视中国之见；非变西法，不能化各国仇视朝廷之见。必变西法，人才乃能出，武备乃能修，教案乃能止息，商约乃能公平，矿务乃能开辟，内地洋人乃不横行，乱党乃能消散，圣教乃能久

---

① 《致西安鹿尚书》（光绪二十七年二月初五日辰刻发），苑书义等主编《张之洞全集》第10册，第8526～8527页。

② 《辛丑正月二十九日江宁刘制台来电》，《张之洞存各处来电》第44函，所藏档甲182－146。

③ 《辛丑正月二十九日济南袁抚台来电》，《张之洞存各处来电》第44函，所藏档甲182－146。

> 存。应变者多，宜有次第。管见宜先办者有九事：一、亲贵游历；二、游学各国；三、科举改章；四、多设学校；五、西法练兵；六、专官久任；七、仿设巡捕；八、推广邮政；九、专用银元。此九条最要而不甚难，已足令天下人精神一振，陋习一变，各国稍加青眼。其余若多设行都、设矿务总公司、行印花税、酌改律例、设课农专官、各省推广制造局、鼓励工匠各条，相机量力，从容举办。其专论整顿中法者，如另制官禄、尽革部吏、更定选法、停止题本、省减浮文、扫除漕弊等事，须另拟数条，另为一折。若西法折不能允，则希冀旧法之稍加变通耳。窃谓当此危如累卵之国势、千载一时之事机，似宜先以第一义陈之上前。如不采纳，再及第二义，聊尽臣子之心而已。总之，今日国土日蹙，国权日夺，群强日逼，同则存，孤则亡，决定不移，更无他说。若仅整顿中法，以屡败之国威，积弱之人才，岂能除二千余年养成之积弊？以此而望自强久存，必无之事也。[①]

此电发出之后，各省督抚纷纷回电，表示愿意响应联衔会奏的行动。

两江总督刘坤一对张之洞的变法主张极力赞成，他说："中国积习太深，欲求变通，必须从容易处下手，循序渐进，坚定不摇，乃有实济，不至中辍。尊拟各条，极为精当，曷胜钦佩。第一义果能内外同心，结实做去，尚可办到。多联数省，较易动听。"他建议张之洞"主稿挈奏"，并认为张"经济文章一时无两，幸勿多让"。[②]

闽浙总督许应骙来电表示："崇论闳议，钦佩实深。已电岘帅挈

① 《致江宁刘制台发后转成都奎制台、广州陶制台、福州许制台、云南丁署制台、济南袁抚台、安庆王抚台、武［南］昌李抚台、苏州聂抚台、杭州余抚台、长沙俞抚台、贵阳邓抚台、清江张漕台、上海盛大臣》（光绪二十七年二月十二日辰刻发），苑书义等主编《张之洞全集》第10册，第8533~8534页。按：原编者将南昌误作武昌，今改正。

② 《刘制台来电》（光绪二十七年二月十四日子刻到），苑书义等主编《张之洞全集》第10册，第8535页。

贱衔会奏，疏稿倘由尊拟，仍希见示为望。”①

两广总督陶模、广东巡抚德寿来电说：“承示变法各条，甚好。将来具奏，请挈贱衔，并恳转达岘帅处。”②

安徽巡抚王之春来电认为：“变通中西政要，国家之盛衰利弊因之，关系极重极巨。必联衔复奏，乃能有益；必老成主持，方归至当。春久持此，欲恳我公暨岘帅主稿。……定稿后得附骥尾，实所感幸。”③

山东巡抚袁世凯认为张之洞电报中“变法一议，节节中肯”，自己所拟疏稿“多与鄂议同”，已寄给两江总督刘坤一，希望他们“采择汇奏”，他愿“附衔名”。④

四川总督奎俊来电说：“元电精思伟论。所论外国鄙薄中国，蹂躏中国，必变法，使外国化其成见，中国之能久存，真深窥隐奥之言。元箸超超，佩服之至。变法九条，及其余各事，与整顿中法各端，鄙见亦多相同。中法西法，各为一折，督抚联奏。必如此，乃可以上动天心，下孚众志；必如此，乃可以新天下之耳目，免外人之觊觎；必如此，乃可以振作有为，扫除痼习，使顽固者不能逞其谬谈，自相率而从大公至正之论。……我辈议论，总以采有用之新法，留无弊之成法，二言资之。一切请与岘帅熟商主稿，仍望公参酌尽善。俊愿附名，不另奏。”⑤

江西巡抚李兴锐来电说：“崇论闳议，佩甚。此事兴锐亦拟定一、

---

① 《辛丑二月十四日福州许制台来电》，《张之洞存各处来电》第 45 函，所藏档甲 182 - 147。

② 《辛丑二月十五日广州陶制台、德抚台来电》，《张之洞存各处来电》第 45 函，所藏档甲 182 - 147。

③ 《辛丑二月十五日安庆王抚台来电》，《张之洞存各处来电》第 45 函，所藏档甲 182 - 147。

④ 《辛丑二月十五日济南袁抚台来电》，《张之洞存各处来电》第 45 函，所藏档甲 182 - 147。

⑤ 《辛丑二月十六日四川奎制台来电》，《张之洞存各处来电》第 45 函，所藏档甲 182 - 147。

二十款，大纲不出求贤、任官、理财、经武四端，内多暗合尊见者。无论尊处或岘帅主稿，均请附名为荷。”①

贵州巡抚邓华熙来电说：“钧议先办九事，正揆时度势、言之可行之至论。必如此，先使精神振而锢蔽开，其余应变各事，自有不速而成、不期而至之机。……愚见以为，仅将中法整顿，固于事无济；效西法而尚拘泥中法，仍恐于事无济。尊论‘同则存，孤则亡’六字，诚可发人猛省。倘如此而上下一心，当悔变法之不早，不嫌变法之太过也。岘帅来电，亦深佩大公祖议论精当，请主稿会奏云。华熙佩服之至，尤愿附骥。此议若行，中国转弱为强，庶几可望。”②

浙江巡抚余联沅来电称：“旋乾转坤之大政，断推宪台主稿。咸电管见四条，是否可以采择附奏？现在拟列衔者共有几省？已定见否？”③

湖南巡抚俞廉三来电说：“接岘帅复电，变法事仍请吾师主稿，务求挈列贱名为祷。”④

署理云贵总督丁振铎来电说：“前阅电钞［抄］变法自强上谕，私心窃拟数十条，刻始奉文，尚未复奏。读来电，愚见所及，尊议已赅；愚见所未及，尊议尤恢之弥广，钦佩莫名。今日世局，中国不亟思变法，将无以自存，强于何有？日本变法而自强，暹罗变法以图存，此近事之可征者。采西法补中法，浑化中西之见，九条实为要著。其余各节，可渐推行。大抵中法所无，可竟用西法；中法所有，

① 《辛丑二月十七日南昌李抚台来电》，《张之洞存各处来电》第 45 函，所藏档甲 182－147。

② 《辛丑二月十八日贵阳邓抚台来电》，《张之洞存各处来电》第 45 函，所藏档甲 182－147。

③ 《辛丑二月十八日杭州余抚台来电》，《张之洞存各处来电》第 45 函，所藏档甲 182－147。

④ 《辛丑二月十八日长沙俞抚台来电》，《张之洞存各处来电》第 45 函，所藏档甲 182－147。

如军政、矿务、工艺制造等事，可全仿西法；学校、科举、律例、农桑等事，可会通中西。至若整顿中法，无论西法行否，自应如此。……伏祈荩裁酌定，与岘帅会奏，铎无可赘陈，愿附衔名。”①

江苏巡抚聂缉槼来电说：“此折关系甚巨，请两公会商主稿，乞勿彼此谦让。法取其可行而止，弊去其太甚而止。……各省会商，与单衔复奏不同，应否先请展限两月，并祈酌夺。”②

漕运总督张人骏来电表示：“崇论闳议，洵足振聩发聋。敝处复奏，因见闻陋隘，参酌无人，属草未定。公允附衔，甚幸。”并就张之洞所议九条一一陈述了自己的意见。③

不仅东南、西南各省督抚大臣同意联衔会奏，张之洞与刘坤一还联络了山西巡抚岑春煊和护理陕西巡抚端方等人。张之洞致电端方说：“去腊变法谕旨，刘岘帅来商，拟各省多约数人，联衔复奏，敝处已允附名。尊意若何，祈示。尊意有欲陈说改定者何事，并请详示。”④ 又致电岑春煊说：“变法现方筹议，岘帅意拟东南各省联奏，三江、两湖、闽、浙、川、广、云、贵各省皆已复允。鄙人推两江主稿。事体重大，须各省商酌妥善，乃能出奏入告，当在一月后矣。卓见如何，愿闻其略。”⑤ 端方复电未见。岑春煊致电张之洞表示赞同：“变法折，岘帅电云推公主稿，此事为中兴关键，煊亦以非公莫属，乞挈贱衔。”⑥

---

① 《辛丑二月十八日云南丁署制台来电》，《张之洞存各处来电》第45函，所藏档甲182－147。

② 《辛丑二月十八日苏州聂抚台来电》，《张之洞存各处来电》第45函，所藏档甲182－147。

③ 《辛丑二月十八日清江浦张漕台来电》，《张之洞存各处来电》第45函，所藏档甲182－147。

④ 《辛丑二月十三日致西安端抚台》，《张之洞电稿乙编》第14函，所藏档甲182－75。

⑤ 《致侯马岑抚台》（光绪二十七年二月二十日寅刻发），苑书义等主编《张之洞全集》第10册，第8544页。

⑥ 《辛丑二月二十四日赵城岑抚台来电》，《张之洞存各处来电》第46函，所藏档甲182－148。

联衔会奏得到各省督抚大臣原则上的同意，但究竟由谁主稿则一时尚难确定。从上述各督抚的回电可知，一般都希望张之洞与刘坤一主稿，两人确是众望所归，但他们互相推让。张之洞一再表示："此奏鄂断不敢主稿。鄙人主意多鲁莽，思虑多疏漏，文笔亦艰涩，仍请岘帅主持。鄙人有见必吐，有疑必争，有善必从，有误必改，附于参赞之列可也。"① 刘坤一则极力推举张之洞："此次变法为中国治乱兴衰一大转机，关系极巨。香帅博通今古，惯澈始终，经济文章海内推为巨擘，非由香帅主稿，断难折衷至当，万望勿再客气，主持办理。坤如有所见，亦当知无不言，以备采择。"②

就在张、刘两人互相推让、联衔会奏的主稿尚未确定之时，情况又有了新的变化。光绪二十七年（1901）三月初三日，朝廷谕令设立督办政务处，作为办理新政的"统汇之区"，有谓：

> 上年十二月初十日，因变通政治，力图自强，通饬京外各大臣，各抒所见，剀切敷陈，以待甄择。近来陆续条奏，已复不少，惟各疆臣使臣多未奏到。此举事体重大，条件繁多，奏牍纷烦，务在体察时势，抉择精当，分别可行不可行，并考察其行之力不力，非有统汇之区，不足以专责成而挈纲领。著设立督办政务处，派庆亲王奕劻、大学士李鸿章、崑冈、荣禄、王文韶、户部尚书鹿传霖为督办政务大臣，刘坤一、张之洞亦著遥为参预。各该王大臣等，于一切因革事宜，务当和衷商榷，悉心详议，次第奏闻。俟朕上禀慈谟，随时更定，俟回銮后切实颁行，示天下以必信必果、无党无偏之意。其政务处提调各官，该王大臣等，务择心术

---

① 《致江宁刘制台、广州陶制台德抚台、济南袁抚台、安庆王抚台、苏州聂抚台、杭州余抚台、上海盛大臣》（光绪二十七年二月十六日午刻发），苑书义等主编《张之洞全集》第10册，第8540页。

② 《刘制台来电并致袁抚台等》（光绪二十七年二月十七日到），苑书义等主编《张之洞全集》第10册，第8541页。

> 纯正、通达时务之员，奏请简派，勿稍率忽。此事予限两月，现已过期，其未经陈奏者，著迅速条议具奏，勿再延逾观望。①

接此谕旨后，袁世凯致电张之洞和刘坤一主张单衔上奏，理由有二：一是从陕西“行在”友人来电得知，上面的意思不愿意各省督抚联衔会奏，“请仍各举所知，勿联衔上”；二是因为张、刘“两帅现列参政，又与他省分际不同”，似不便联衔。张之洞回电袁世凯一方面赞同其单衔上奏，“陕电以各抒所见为然，各省自不便联衔，尊处请即单衔具奏”；另一方面他主张江、鄂、济三处应保持大致相同的意见，“窃谓他处可听其参差歧异，惟江、鄂、济三处要紧数条，似须大致相同，方能有益”。② 刘坤一接到袁世凯来电后即致电张之洞表示：“谕旨外省仅派两人，自未便再联各省。袁拟单奏，亦可。然江、鄂必须联衔。”张之洞复电赞同江、鄂联衔会奏。③ 对此，盛宣怀亦颇赞同，有谓：“前读鄂电九款大纲已定，又闻岘帅已将所拟各件寄请香帅主稿，无任欣佩。疆臣同志，朝廷易于决断，一妙也。疆臣有权，能说即能行，二妙也。慰帅微电以两帅现列参政与他省分际不同，拟改为分奏，如分奏而大意相同亦妙。”④

与此同时，张之洞又一一致电原来联络过的各省督抚大臣，说明各省不便联衔，希望各处单衔具奏。⑤ 这样，各省督抚联衔会奏的计

---

① 中国第一历史档案馆编《光绪宣统两朝上谕档》第 27 册，第 49～50 页。

② 《袁抚台来电并致刘制台》（光绪二十七年三月初五日酉刻到）、《致济南袁抚台》（光绪二十七年三月初七日子刻发），苑书义等主编《张之洞全集》第 10 册，第 8553 页。

③ 《刘制台来电》（光绪二十七年三月初六日酉刻到）、《致江宁刘制台》（光绪二十七年三月初七日子刻发），苑书义等主编《张之洞全集》第 10 册，第 8554 页。

④ 《盛大臣来电并致江宁刘制台、济南袁抚台》（光绪二十七年三月初七到），苑书义等主编《张之洞全集》第 10 册，第 8561 页。

⑤ 辛丑三月初七日至十三日致福州许制台、苏州聂抚台、杭州余抚台、南昌李抚台、成都奎制台、广州陶制台、安庆王抚台、太原岑抚台、清江张漕台、云南丁制台、贵阳邓抚台、长沙俞抚台各电，见《张之洞电稿乙编》第 14 函，所藏档甲182－75。

划便随之中辍。此后，各省督抚多单衔上奏，张之洞便与刘坤一则商议江、鄂会奏。

第三节　督抚纷起单衔上奏

关于各省督抚复奏情形，《清实录》《光绪朝朱批奏折》《庚子事变清宫档案汇编》等资料均少有记载，《光绪朝东华录》亦仅录刘坤一、张之洞会奏变法三折，甚至从国家清史编委会网上工程——中华文史网（http：//www. qinghistory. cn）检索中国第一历史档案馆之录副奏折、朱批奏折，也收获无几。刘、张会奏拟在下节探讨，本节主要从一些督抚文集及当时有关变法奏议汇编与经世文编等资料中，搜集若干督抚相关奏折，略加分析。

自清廷颁布新政上谕以后，在所限两个月内，各省督抚少有复奏。[①] 据所见资料，较早复奏的是两广总督陶模和广东巡抚德寿会奏的《请变通科举折》，时在光绪二十七年正月。[②] 该折涉及兴学校与变科举两个互相关联的方面。有谓："为政之要，首在得人；取人之方，不外学校科举。"一方面主张兴学校，以培养各种专门人才。各乡设蒙学，各州县设小学，各州府设中学，省会设大学，京师设国学，小学以上皆由官设，并以书院改建。专重政治一科，分内政、外政两门。内政学为理事亲民之官，外政学为交涉专对之官。各级学校发给相应执照，非有此种执照不得授以实官。"则所取皆实学，所学

---

① 拙稿《张之洞与〈江楚会奏变法三折〉》有谓："上年十二月初十日的变法上谕所限定的两个月内复奏的期限已过，而各省督抚大臣尚未上奏。"（《历史研究》2002 年第 2 期，第 45 页）此说未免绝对。其实，光绪二十七年三月初三日清廷催促复奏的上谕亦谓："惟各疆臣使臣多未奏到。"其说颇有余地。关晓红教授指出，两广总督陶模和广东巡抚德寿已在限期内（光绪二十七年正月）联衔会奏《请变通科举折》（《陶模与清末新政》，《历史研究》2003 年第 6 期，第 75 页注④）。至于其他督抚有无复奏，待考。

② 王钟翰点校《清史列传》卷 61，陶模，第 16 册，中华书局，1987，第 4847 页。

皆实用，学校既兴，人才自出，举凡吏治、民生、军政、财政，渐可得人而理”。至于商学、农学、工学、化学、医学，皆听民间自立，并于京师国学附列专科，“学成各就所学用之”。另一方面主张变革科举为权宜之计。如果学校一时未兴，可先将本年乡试、明年会试变通，照光绪二十四年六月谕旨分三场试以中、外政治史事与四书五经义，逐场递减人数，三场皆优，如额取中。“俟学校齐备，课有成才，即将科举停止，俾天下向学之士归于一途，庶几真才蔚起，百度具兴，扶危定倾之始基，实在于是”。[①] 孙宝瑄当年二月十四日日记称：“日报载粤督陶复奏变法疏，颇中要。”二十三日又说：“疆臣中以言新政为众望所归者，两广制军陶公。”[②] 应该是就此折而言的。二月二十八日，陶模再次上奏《请遣散内监折》，痛陈宦官干政之弊，主张裁汰内监。有谓：“今者乘舆西幸，扈从内监其数尚多。臣愚以为宜及此时大加裁汰，酌留忠谨者二三十人，余悉遣散。回銮之后，请旨饬下王公大臣公同筹议，定宫府一体之制，永不再选充内监。则是数千年相沿之弊政，至我皇太后、皇上而始除，非惟一时之盛事，实亦千古之美谈。”[③] 对此两折，张之洞评价颇高：“近读变科举疏稿，具征卓识坚定。至请汰阉宦一疏，尤为大臣格心要义，言人之所不能言，钦佩无已。”[④] 陶模这两折，都是在清廷三月初三日催促督抚速奏

---

① 《粤督抚拟请变通科举折》，毛佩之辑《变法自强奏议汇编》卷19，上海书局，光绪二十七年（1901），第21～22页。又见《陶模奏请变通科举折》，舒新城编《近代中国教育史料》第1册，《民国丛书》第二编（46），上海书店，1990，第99～101页。按：舒新城选录此折特加按语：“此折继前疏而发，为废科举之先声。”此所谓“前疏”即《陶模复奏培养人才疏》。舒氏所言有误，其所选录之《陶模复奏培养人才疏》即《培养人才勉图补救折》，乃陶模任新疆巡抚时期于甲午战后光绪二十一年五月十一日上奏（详见《陶勤肃公奏议遗稿》卷3，1924年刊本，第29～44页），并非庚子事变后两广总督陶模之复奏。陶模此折多被庚子事变后有关变法奏议汇编及经世文编所选录，混入当时督抚对于清廷新政上谕复奏之中，大误也。

② 孙宝瑄：《忘山庐日记》上册，第321、324页。

③ 陶模：《请遣散内监折》（光绪二十七年二月二十八日），《陶勤肃公奏议遗稿》卷11，第22～23页。

④ 《与陶子方》（光绪二十七年三月二十七日），苑书义等主编《张之洞全集》第12册，第10273页。

谕旨发布之前所奏。其时，各省督抚正商议联衔会奏。如上所述，陶模也参与其中。但事实上，陶模已着先鞭。他曾致电刘坤一、张之洞说："变法复折，已否定稿？愚意不废科举，断不能兴学堂；不停捐纳，断不能清吏治。乞酌。"[①] 可见陶模对变法复奏很有定见。当张之洞电告各省督抚不便联衔会奏时，陶模回电称："敝处已两折，一兴学校，一汰内监，卑无高论，暂不再渎。观政府意，未必真欲变革，再迟恐无进言之机。督抚复奏，原可各陈己见，似不必联衔。"[②] 由此可见陶模的心态：之前参与商议联衔会奏，随大流而已，似非出自本意；已上两折，未有下文，遂不免犹疑观望。

清廷催奏谕旨发布后，较早上奏的是山东巡抚袁世凯。其实，袁世凯早就准备单衔上奏。在与各省督抚商议联衔时，他曾一再提出旨意"各抒所见"是否有碍联衔的疑问。只因资望较浅，他不得不探询刘坤一、张之洞的底细。正月底二月初，袁世凯已拟好折稿，并寄请刘坤一、张之洞阅正。袁致电刘、张称："行在诸人来书，谓内盼复奏。因勉拟十条，皆浅近易行，亦谆谆以慎始固终为请。昨日始成初稿，尚须修饰，俟定稿，寄请诲政。"[③] 又电说："敝处前拟疏稿，于初六日排递金陵，计已登览。……并祈宫保饬录拙稿，转寄鄂。"[④] 清廷三月初三日发布催促督抚上奏的谕旨，袁世凯初五日便迫不及待地表示要单衔上奏。他致电刘、张称："香帅稿已成否？倘尚须时日，敝处拟即照原稿酌改，首款单奏。"张之洞初七日回电支持袁世凯单衔具奏，并对其折稿提出意见，有谓："大稿已读，极好，与鄙见多

---

① 《辛丑三月初十日广东陶制台来电》，《张之洞存各处来电》第 46 函，所藏档 182－148。

② 《辛丑三月十二日广东陶制台来电》，《张之洞存各处来电》第 46 函，所藏档 182－148。

③ 《辛丑正月二十九日济南袁抚台来电》，《张之洞存各处来电》第 44 函，所藏档甲 182－146。

④ 《辛丑二月十五日济南袁抚台来电》，《张之洞存各处来电》第 45 函，所藏档甲 182－147。

同。惟科举旧额每科减一成，减至五成为止，似多牵挂。科减一成已觉太久，留此五成，顽固不绝于天壤矣。科举虽改章，并非尽废中学。惟教士、取士之法，必以中学为本，则可仍照旧式，考八股则不可，请详酌。”① 就在三月初七日，袁世凯奏陈十条。一是慎号令。国家发号施令，期于慎重可行，赏罚分明，奖勤惩惰，人知劝惩，百废俱举。二是教官吏。京师设课吏院，各省设课吏馆，遍教京外官吏，俾知讲求实在经济，设法造就，皆成有用之才。三是崇实学。认真整顿京师大学堂，竭力扩充，并饬令各省多设学堂，多译各国书，延师讲授中外有裨实用之各项书籍及各国“著有成效之各种学术”，才彦不难蔚兴。四是增实科。将各省岁科乡会各试取中定额，先行核减二成，另增实学一科，以旧科所减之额为实科取中之数，各试以经济时务为重，亦不废四书大义及宋儒义理，三科之后，将旧科概行废止，尽按实科办理。五是开民智。通饬各省一律开设官报局，报端恭录谕旨，中间记载京外各省政要，后附各国新政近事及农工商矿各种学术，选派公正明通委员董司其事，由省局分发外邑村镇，俾各处士民均得购览，抵制各种不经之说，开发民智。六是重游历。请简派王公分赴外洋各国，慎选留心时务之京朝官随从游历，考究各国政治、学术、风土、人情，以悉外洋情形。京师各衙门人员，有情愿出洋者，亦可由总理衙门考核，选派出洋游学。七是定使例。宜精选使才，先令在总理衙门当差历练，再因缺派往各国，其随带各项要差人员，均由总署于实科登进各司员内考取派充，自使臣以下，均以久任为主，任久职专，情形透彻，遇有各国事案，自可算无遗策。八是辨名实。宜将京外各官廉俸，从优厘定，计足以资事畜，又量差缺之优绌烦简，酌定经费以资办公，裁并散职冗员，节其薪俸以供挹注，优待经

---

① 《袁抚台来电并致刘制台》（光绪二十七年三月初五日酉刻到）、《致济南袁抚台》（光绪二十七年三月初七日子刻发），苑书义等主编《张之洞全集》第10册，第8553页。

手理财人员，以杜侵蚀。九是裕度支。宜亟兴商务，以保利权而厚民生。各省设立商务局，并在各商萃聚之处设立商会，官商一体，以与洋商角逐。通饬各省购机设局，赶造银圆，并辅以纸币，设官商合办银行以流通之。访查各国税章，择其裕国而不病民者推行。十是修武备。宜通饬各省，多设武备学堂，广储将才，凡中外兵法、战法、天算、舆地、测绘、器械以及技艺、工程各学，均须切实讲习。仿照文场实科取士办法，逐渐废除武试旧科。简派知兵大员，详定营制操法及选将募兵各条规，划一各省军政。分调各省军营弁目定期轮训，加紧制造军火器械。自强之要，不外于是。奏上，奉旨留中。①

闽浙总督许应骙奏陈八条。一是兴矿务以收地利。以华商为主，辅以洋股，适当利用外国资本与技术，可收事半功倍之效，所出矿产，先尽中国购买，再运外国行销，层层钤束，有利无害。二是保商富以阜民财。查商本较巨者，列为等差，示以优异：一千万以上为一等，与三四品京堂同；五百万以上为二等，与翰詹科道同；一百万以上为三等，与各部司员同；五十万以上为四等，与小京官同。仪制隆，体恤至，商务可期丕变，由是而助非时之兴作，挽外溢之利权。三是铸铜洋以救圜法。宜置机器多铸当五、当十铜洋，以抵制私销与私钱，并仿制银圆，以抵制洋元。用银钱可济度支之急，铸金钱可防折磅之亏，当由国家设一总银行，次第兴办。四是颁印花以广税源。中国宜专用粘贴之活印花，其法令民间各项买卖凭单及合同契据等类，皆须量其钱数，随款项之多少，粘以印花，款愈巨则值愈重。倘各项单契未将印花粘贴，则售主可重索价，而买主不得讼诸官，至其余票据合同，苟无印花，都同废纸。五是设专署以重筹防。请于户、兵两部外，别建一署，名曰总理边防，特简大臣一二员，畀以专任，

---

① 《遵旨敬抒管见上备甄择折》（光绪二十七年三月初七日），廖一中、罗真容整理《袁世凯奏议》上册，天津古籍出版社，1987，第268～277页。

管理除正饷之外一切财政及除额兵之外一切戎政，下列四曹：制用司，典出入勾稽；诘戎司，典战守征调；开源司，典矿路商务；修备司，典器械工程。六是练偏师以资游击。饬各省督抚酌于本省守兵外另置一军，专备征调，其饷章与防营一律，大省练一万人，中省练八千人，小省练五千人，令各州县稽户口之数以出丁，即计田亩之数以出饷，绅任其事，官督其成。七是勤考艺以选将才。宜就各营将弁使咸习西操，即多译外洋战阵新书，俾资参究，凡枪炮之表，舆图之学，与乎守台结垒之宜，务必逐一讲求，斯窥全豹，不得以稍谙号令，略娴步伐，遂谓已得真传。八是广设厂以充军实。饬各省督抚筹款制造，但筹得数万金，即置一机；筹得十数万金，即开一局，同时并举，或制枪炮，或造子药。可于京师附近设一巨厂，不在津沽，当酌移山西，该处据山川之阻、拥煤铁之饶，为建厂善地；其余上海、江宁、湖北、福建、广东等处已开之厂，宜精益求精，为各省之先导。①

安徽巡抚王之春连上三折一片。其第一折有谓："求才宜变通制科，裕国宜讲求财政，经武宜整顿军制，自强宜谙习外交，而吏治之盛衰，民生之休戚，国势之强弱，即无不隐系于其间。"参酌中西政要，列举大纲四条如下。（1）科举、学校当逐渐变通，不宜骤行偏废。学堂尚未大兴之时，科举不宜骤废，可采学校、科举并行之制，各省督抚饬各州县学官，就生员中择其才质聪敏、志趣高远、年在18～25岁者，申送省城学堂学习，相应参加乡试、会试，取得功名，不另立经济特科之名，而可收经济特科之效，学堂愈益推广，科举不期其变而自无不变。（2）财政宜速加筹划，以资补苴而储国用。免厘加税未及议行，可另筹数端藉资挹注：试行印花税，仿铸金圆，广兴矿利，迅筹铁路，整顿工商。（3）军制宜亟加整饬，期改旧观而资备

① 《闽督许复奏条陈变法折》，毛佩之辑《变法自强奏议汇编》卷19，第1～3页。

御。整顿之法，先以出洋学习业成回国之人为教习，将来变通科举，则营哨各官可取才于各学堂内中式之举人、进士，并以久经战阵之宿将与从前得力员弁相辅为用。所用枪炮应取西洋新出之精利者，饬令各省所设枪炮厂广为制造，使官兵勤加操演。精简防勇，优给口粮。督抚提镇勤加简阅，汰其衰庸，奖其精锐，公其赏罚，绝其夤缘。（4）外交宜加讲求，俾中外辑睦，借弭衅端。改总署为外部，尚侍四员，司员数员，应为专官，不兼他职。雇用洋员，以备随时顾问，且资联络。民人交涉案件，以后宜与各国约明，概照西律办理，以期公允。饬地方官平日以礼宾接教士，“遇事剀切相商”，“不得逞气忿争”，亦不得躲闪退让。第二折专请广设算学专门学堂，有谓：“欲讲西学，非人人学算不可。欲人人学算，非专设学堂并天下书院兼习不可。”请通饬各省设算学专门学堂，以及所有书院一律兼习算学；并请在科举中额中专分算学一门，择优取中，庶人心思奋，尽力研求。第三折奏陈洋务八条。一是设洋务馆。各省设洋务馆，教养地方官员之洋务才能，大省约教府厅州县百人，以次递推，限两年毕业，再挑别班上学，学成之后，分别等第任使。二是设储才馆。各省设储才馆，专教本省举贡监生洋务交涉诸事，使其未仕以前，心地瞭亮，事理明通，当官以后，自不至妄言谬论，贻误国家。三是多派干练人员亲往游历。请旨饬下大学士、部院堂官、督抚、将军、学政、出使大臣，迅即保奏游历之员，内外三品官以下，以至举贡生员，皆可派往，归时以日记为凭，明白事理者奖之，能明专门之学者加奖，在外生事贻笑外人者，唯原保官是问，游历经费先行酌定，取彼之长补我之短，似宜从此入手。四是多选聪颖生徒出洋游学。于本省书院慎选年少安谨士子，核其中国文理清顺有志远游者，先期派送路近费少之东洋，俟经费稍足，乃往西洋，所学以武备为先，其他各种学问皆可学，学成归国，可当师范，为用无尽。五是精选使才出使绝域。彼此相接，尤以通言语为要义，既可联两国之情，并可探彼国之事，交涉机宜，莫要于此。使臣宜自选随员，奏明某通言语，某娴西律，某知交涉之事，某明专门之学，带一人得一人之用，朝廷于此随员留心体察，随时拔擢，以备他日出使之用。六是慎选章京。总理衙门章京原由内阁中书、六部司员考取，另请于出使大臣随员、各省洋务馆、储才馆学成人员中，由使臣、疆臣挑选保奏充补，不必试以小楷，但须以公事试之，看其文理之优劣、事理之明暗以为去取。七是设译报馆。请旨设一译洋报处，派翰林部员数人，率同翻译数人，专司其事，凡所得东西洋报有关中国政事者，译呈御览，并发京外臣工同观，其言本国政事，亦一律译呈，是可知己知彼。八是广译群书。请旨于京师设一译书处，派翰林部员数人，率同翻译官专司其事，搜求翻译东西有用之书，尤以武备为要，其他有关士农工商各学，一体译刻，将获益无穷。三折之后有一附片，密陈请设行宫。有谓："查各国君主并皆广有离宫，每遇战争辄先迁徙。即如甲午之役，日主之移居广岛，盖以东京露处，惧我海军击之，故先备豫不虞，免致临时震骇。今当群寇在庭之时，宜为未雨绸缪之计，拟请于陕西行宫照热河之例，专员敬谨看守，并于河南省城及山西五台一带，酌建数处。巡狩省方，亦盛时所有之事。从前圣祖、高宗屡幸江南，万邦瞻仰。设与各国或有龃龉，即于兵端甫兆，车驾先行，免致震惊而受挟制。盖必万乘有泰山之安，臣下乃无却顾之虑，庶和与战皆较有把握。"①

署理浙江巡抚余联沅上奏四条：一是改律例，二是变科举，三是设巡捕，四是行印税。"改律例，则用人行政耳目自可一新；变科举，

---

① 王之春：《复陈政要大纲四条折》《广设算学专门学堂折》《条陈洋务事宜折》《请设行宫片》（光绪二十七年四月初八日），赵春晨、曾主陶、岑生平校点《王之春集》第1册，岳麓书社，2010，第87～103页。又见《皖抚王复奏条陈变法第一折》《皖抚王奏请广设算学专门学堂折》《皖抚王复奏条陈洋务第二折》，均见毛佩之辑《变法自强奏议汇编》卷19，第8～15页。按：《申报》以条陈洋务折为王之春复奏变法第三折（参见《安徽抚宪王芍棠中丞复奏条陈第三折》，《申报》光绪二十七年六月初三、四日，第2版），那么，其所奏请广设算学专门学堂折当为第二折。

则设学专科人才自能日出；设巡捕，则既可多裁防营以裕饷；行印税，则更可筹集巨款以练兵。四者之中，尤以改律例为最先最急之务。”拟请饬督办政务处于各省开设律法馆，遴选中西精于律法之员，广取各国现行之律择要翻译，与中国各省现行之律参互考订，厘定妥章，请旨颁行为律。其余所请变科举、设巡捕、行印税三端，亦请饬督办政务处核议施行。有趣的是，余联沅还特别说明：“浙江省于正月二十日奉文，三月十四日复奏，扣算在两个月限内。”①

江西巡抚李兴锐奏陈十条。一是举行特科。请旨饬下在京三品以上大臣暨各省将军都统督抚藩臬，各举平日所知精通中西政学之士，俟回銮之日期考试，京官自五品京堂以及翰詹科道，外官自道府以下逮于布衣，均听给咨赴部试后分别按阶迁除，并各就其所长，派以军机处、总理衙门章京及出使参赞，外官则归特用班补用。此后遇应开恩科之期，一律改行特科。特科行，而人才不可胜用矣。二是整顿学校。令各省书院皆改课经济之学，凡中国大经大政及西人电光汽化算术诸门及体操、武备之事，均立为等级，仿之宋明三舍积分法，以分数之多少而定其廪给而奖励之。所需经费有不敷者，酌加拨款。慎选并优待教官，使教者得人又得法。三是考课官吏。首先设立课吏馆，考取若干员入馆肄业，有经猷宏远者，据实保荐；其次则立予差缺。课吏馆课程分三类即中国吏治、武备军械、泰西政学。四是广设银行。于各省通都大镇广设银行，酌举关税库储与为转输，而以布政司、关道提其纲，久之上下通为一气，远近信徒，一切商务公司，无不可由银行集股承办，即铸金镑、行钞币诸事，亦可借银行为流通。五是行用银纸。由银行仿照西式制造纸币，通行各省，无论完纳丁漕、厘税，发给俸薪、兵饷，以及一切解款，悉能以银纸往来，而不为之限制。此省之银纸，携之他省，亦照常支用，而不准有所阻难。

① 《署浙抚余复奏条陈变法折》，毛佩之辑《变法自强奏议汇编》卷19，第16～17页。

如此则有一金可抵二金之用，每省可骤赢百万巨款，未始非济变救急之一法。六是维持圜法。欲收回外溢之利，非广铸金镑不可，唯有先抬银价一法。欲抬银价，宜令各省广铸铜钱，减轻钱质，并铸当十钱，铜钱日多，则钱价渐贱，而银价自增。一面设法广开金矿，各省皆开铸，更定钱法，金一磅易银若干枚，银一枚易钱若干枚，略仿西制，立为定规，如此则三品相权，轻重有准，不至尽授人以柄。七是仿行保险。宜令各行省会垣及通衢码头，商务人民繁盛之市镇，均设立保险官局，先由官给成本，一面招集商股，选举公正绅商董其事，而由藩司、关道督其成，商货而外，人寿、房屋、货物无不可保。八是修举农政。各省同知、通判、佐杂皆闲曹无事，可一概改为劝农专官，令与各乡士人各考其地之物产，土宜耕田而外，兼讲求各项植物如茶、桑、松、竹、桐、漆等类，次及麻、棉、蔗、靛及一切果实、药草，所地所宜，听民自择领种，给以印照，薄取租息，并劝民购置泰西新式农器，如此行之十年，民生皆裕。九是讲求武备。今欲讲求武备，宜以教训将卒为首务。可令各省仿照江南、湖北设立武备学堂，调江、鄂学成之士为师资，先就省会挑选年力精壮、性情灵敏者千人，立为一军，日日操练，酌裁各路防营，以其口粮养此军，俟其练成，又以分教他营，次第推行，五年之后，各省皆有新式军队二三千人。十是遍设巡捕。先就各省所有制兵防勇改为巡捕，择省垣及一二繁盛之区倡办，令分街道日夜梭巡，然后推行于各府州县，俟办有成效，遂酌量收取房捐、车捐及招牌捐，则民无不乐从，而公家之兵饷、勇粮均可节省，巡捕亦可充各衙门差役，于是可一举而数便。①

在各省督抚纷起上奏时，两广总督陶模也不甘寂寞。四月初五

① 《江西巡抚李中丞议复新政事宜折》，毛佩之辑《变法自强奏议汇编》卷20，第14～19页。

日，陶模又上奏《变通政治宜务本原折》，主张从本原上变革政治，“本原何在？窃谓在于朝廷也。必朝廷能爱国爱民，乃能以爱国爱民责百官；必朝廷先无自私自利，乃能以不自私自利望天下”。转移之道有三。一是除壅蔽。通上下之情，使皇上亲大臣，大臣亲小臣，小臣亲百姓；定分职任事之法，使职有专官，官有专责，文牍不烦，事无牵制；官员职业化，使胥吏无所弄权，吏治常肃，民生愈安。值得注意的是，在除弊的同时，陶模在此还提出“仿行议院”之说。有谓：“议院之制，中国诚未易举行。然议院议政，而行政之权仍在政府，交相为用，两不相侵，而政府得由议员以周知民间之好恶，最为除壅蔽良法。或谓中国民智未开，骤难创立。窃考泰西选举议员，本有限制，民智未开，限可从严；民智渐开，限亦渐宽，自无众论“纷淆”之弊。谕旨所谓取外国之长补中国之短者，议院亦其一端也。”二是去畛域。去部臣与疆臣内外之畛域；去满汉民族之畛域；去士与农工商贵贱之畛域；去文武两途之畛域。“此数者之畛域去，则事事之畛域无不因之而俱化，天下如一家，中国如一人，治平之效可操券致也”。三是务远大。行政当务远大，永停捐纳，使官吏清廉，藏富于民；理财宜务远大，取民之财，治民之事，仿照各国将每年进出款项列为详表，颁示天下，裁去厘金，变通课税；治兵宜务远大，先储备水陆将才，选王公大臣子弟及民间聪壮少年，分年赴各国学堂学习兵法，停止武科，令各省广设水师武备学堂，地方治安用警察，裁撤绿营，大减勇营，各营将弁悉用武备学堂毕业生及曾在外学习者，将才渐成，物力渐充，遂可整军讲武。“凡若此者，务持大计，不贪近功，究其所成，必有出寻常万万者。如其沾沾目前，欲图小效，愈求富强，愈成贫弱，一利未见，百害俱生矣”。[①] 陶模还上奏《图存四

① 陶模：《变通政治宜务本原折》（光绪二十七年四月初五日），《陶勤肃公奏议遗稿》卷11，第25～35页。

策疏》，提出救亡图存四策。一是废科目以兴学校。“变法必自设学堂始，设学堂必自废科目始”。立罢科举考试，各州县设小学堂，府治设中学堂，省会设大学堂。兼采英美日学制，厘定课程。小学中学大学以次递升，毕业时经考试给予相应执照，视其所专精之学，授以相称之职事，使士无无用之学，官无不习之事。二是改官制以一事权。参酌中外，变通旧制。内官设十部：内部、外部、户部、学部、兵部、海部、刑部、农商部、工部、藩部，部设大臣一人，次官二人，司员十数人或数十人不等。外官每县设刑官一人，主讼狱；农商务官一人，主户口财赋，训农、通商、惠工。每省设巡抚一人，如明代巡按体制，但有稽察举劾之责，而无升降黜陟之权。此外还有出使大臣、参赞、随员、领事，盐场与海关监督、税务司。通国之官，只有此数。仿欧美之制，酌增廉俸，足养家室，使人人无内顾之忧，而得专心致志于职事。三是行印税以抵厘金。“厘金不撤，土货之绌，华商之困，日甚一日。洋货仅完半税，转得畅行无阻，复有机器改造之权利。生计日蹙，太阿倒持，不待瓜分，亦将自毙”。请饬各省督抚限一年内裁撤所属厘卡，并宣示各国自某年某月始，无论洋货土货，概免内地厘金，酌增进口税。三四年后，出口正税必能骤增一倍；七八年后，必能骤增数倍。印税之行，远甚厘金。四是用民兵以代勇营。立撤绿营，酌给数月乾饷，即时遣散；防营缓撤，缺额不补，汰弱留强，五至七年内裁净。仿欧西成法，男子21～45岁咸入兵籍，每人岁缴兵费洋一元，以一万万人计之，岁可得兵费一万万元。每二百人中挑选身智强健者一人实补兵额，充常备兵八年，退为预备兵八年，又退为候补兵八年。常备兵月俸十元，预备兵五元，候补兵自谋生计。朝廷不费一钱，而得一百五十万兵之用。行此四策，“三年以后，纲举目张；五年以后，国势丕振矣”。另外，又请豁除满汉界限，“其入学堂，授官职，补兵额，办理不宜歧视。万目一视，万耳一听，同族之谊，沦浃肤肌，于全局实有关系”。[①]

以上两广总督陶模、广东巡抚德寿、山东巡抚袁世凯、闽浙总督许骙、安徽巡抚王之春、署浙江巡抚余联沅、江西巡抚李兴锐，均是东南各省的督抚。其他督抚如何？限于资料，难得其详，以下仅就所见，略为叙说。

护理陕西巡抚端方于是年三月议复变通政治，有固本之事二。一曰分藩以支危局。分封亲王于川滇、荆襄、闽粤、兖豫，建四藩以固疆圉。“无事则练习边事，考察民情，可祛锢蔽之习；有事则首尾策应，互为声援，以固磐石之宗”。一曰游学以扩见闻。派王公、贝子、贝勒出洋三年，责以略识西文西例，编作日记，以资考究。“懿亲濡染西事，则识解既通，转移自易，归国后上可裨助机务，次亦经营部旗，使有师法可循，自收观摩之益”。有因时之事二。一曰分旗移屯。京旗、驻防旗人生计困顿，值此兵事之后，因势利导之法莫如移屯。“移屯之利有四：教以稼穑，可复满洲朴厚之风；劳以力作，可收务农讲武之效；衣食出于自谋则不苦；帑藏归于核实则不费。且民旗杂居，耕作与共，婚嫁相联，可融满汉畛域之见，尤利之利也”。一曰并官加俸。鉴于各衙门官冗而无专责，事杂而无专例，“拟请并省职事，专任士人，每署酌设二三十员，略如国初之制，优予俸薪。其余作为额外行走，概不给俸。裁省之俸钱，即以加额缺之廪禄。务令官能其事，禄称其官，官外无身家之谋，事外无求备之义，则奔竞息而职业举矣”。有去弊之事四。一曰改学校。改变旧式书院学塾之八股

① 陶模：《粤督图存四策疏》（光绪二十七年），于宝轩辑《皇朝蓄艾文编》卷8，上海官书局，光绪二十九年（1903年），第51～54页。按：陶模此折具体时间不详。考其内容，除了裁太监这个敏感的话题以外，似为前三折核心内容的具体化与深化。查其《变通政治宜务本原折》结尾有言：“至于条款节目，头绪繁多，非兼通中西源流毕贯者，不能条分缕析，微臣愚陋，不敢轻议。”就像曾经上奏两折之后虽表示“暂不再渎”但随后又奏第三折一样，陶模终究还是忍不住将自己的变法主张郑重地“条分缕析”一番。可见，陶模此折当在前三折之后，应该是对前三折的总结与提升。

考课方法及其科目之学，新式学校“其课程之法，当用鹿洞旧规，并采用各国新法。大约县学习四子书，通中国地理、史略、算数、图绘、格致之粗浅者，学成给文凭，升之郡学；郡学习五经、通鉴、政治之学，习外国语言文字、算学、格致稍深者，学成给文凭，以升之国学；国学又兼肄数事而加精，分门隶事，以待各衙门之取求。如此则考课之事积分数而可用，学校之士积公论而不伪，然后无用非所习、习非所用之叹”。一曰变科举。“变之之法，莫妙于以学校本师为考官，以学校功课层级为官阶层级。如一时难得师范之才，无以慰生徒应举之望，则莫如师欧阳修随场去取之法。……其武科改演枪炮，宜归并各省武备学堂。各省不能同时并举，则先就沿海各省学堂演之”。一曰删则例。“宜令各衙门举旧有之则例与新行之事宜汇总，呈送政务处拣择，仿修订会典之例，博征通达大体之儒与明习律令之士为编纂官，必须贯通本末，归于简要”。一曰裁胥吏。胥吏与科举、则例相伴生，不变科举，不删则例，则事繁而杂，官冗而昏，是变科举、删则例尤为裁胥吏之根。“裁之之法，有显弃其身，有隐消其黠两事。如六部胥吏何止数千，讹索把持，是其惯技。今当大乱之后，簿籍皆空，另立册档，一委士人，永远不再招致此辈，是谓显弃其身。或仿照方略馆、总理衙门，供事仅司书写，不准拟稿，不立科房，公事随到随办，永无积压，是谓隐消其黠”。有兴利之事四。一曰裁兵节饷。“今拟一切裁去十成之五，需以数年，齿日加长，再挑选裁汰递减，以至于尽。岁可省银五千万，以开武备学堂，以开矿山、铁路，以与民休息。十年之后，则成莫富之国，莫强之兵，又何惧而不为耶？”一曰包厘并卡。“每省立一总局，凡分卡比较岁入之数，责之殷实坐贾认捐，总其成于省局。一切分卡之扰累，巡役之婪索，委员之中饱，悉可裁汰。每岁总计所入于司农者，数必见盈，而客旅少一稽禁之累”。一曰兴稼劝农。官府组织屯田，鼓励富民开荒，讲求农学，兴修水利，参用西法而举化学之浅近者，以开民智而策农功。一曰兴矿劝工。中国矿藏丰富，请饬矿务局大臣集股招商，募兵开采，先立矿学，兼用矿屯，其取税章程可仿漠河办理，十年之后，收利必丰。总之，“论制度，则不分古今，不分中西，归于求是焉而已；论学术，则不问新旧，不问异同，归于务实焉而已”。[①]

兼署云贵总督云南巡抚丁振铎于四月十五日奏陈十条。一是变科举以励人才。改文科，乡会试首场以中国文学政治命题，二场以中西算学时务命题，各试策论五道，三场“四书五经”命题；各省岁科试“四书”文或策论；朝殿考试或经史辞章，或中西时务。士子不废“四书五经”，又能周知时务。至于武科，可立停罢，各省设武备学堂。二是更营制以蒐军实。裁汰绿营，以其饷项招募防营，仿照西人预备兵之法，轮班操练，几于通国皆兵，先招募一批入营操练，或一年，或二三年，仍遣归农，再招新班入营，陆续更替，久则人尽知兵，军实或可渐精。三是删繁例以求核实。饬各部堂司将各司应办事例条列成编，在司人员时常披览核对，自易明晓，可不受胥吏欺蒙。应严饬书吏将向来各案例得援引者检出，编入号簿，或一事数歧，折中定议，存留一二成案，“余悉销除”，非簿中挂号者，不准妄引，则书吏不能以稿案为私藏，即弊端亦当少减。其他窒碍难行之则例，一并删除。四是清仕途以饬吏治。自捐例久开，各省候补人员繁多，流品太杂，请饬各省除资深明干酌留差委若干员，余悉饬令回籍，俟署补到班，再行来省，不必株守衙参。各该员即可任便谋生，仕途亦可稍形清肃。五是减漕运以收折色。漕运弊端丛生，船户花户多有侵蚀，仓庾本无所存，何必浪掷巨款，不如征收折色，酌加海运，查提浮费，裨益公家，“当非浅鲜”。六是铸银圆以维钱法。因铜价日昂，制钱缺乏，宜适当参用银圆。请明定章程，沿江沿海各省由湖北或广

① 端方：《筹议变通政治折》（光绪二十七年三月），《端忠敏公奏稿》卷1，1918年刊本，第39～47页。

东两省银圆局铸造银圆，如地丁、关税、盐课、厘金收款，每一百两准搭收银圆几成，各项放款如兵饷、廉俸一切开支，每一百两搭放几成，自可流通无滞。边远省份许招商设局铸造，官中入款出款亦均按成搭用，行之日久，自无须多铸制钱。七是枪炮宜自制造。从前中国枪炮多购自外洋，往往落后，现在各国禁阻军火，非设厂自制不可。一面饬湖北原设枪炮厂再加推扩，添聘良匠，广造器械，已备各省采购，并奖励智敏之士研发新械，一面饬物力富厚之南北洋及广东各省筹款设厂制造，择目前最精之枪炮子弹五六种照式制造，以备储存。八是商矿宜设公司。请饬商务大臣、各省督抚各就本省商情，凡与洋商交易各货物，择其大宗如绿茶、山货等类，招集股份，各立公司，一切章程悉仿外洋。各省矿产，择可办之厂，无论五金，各就本省妥集公股。各省能一律举办，或冀补救于万一。九是旗人生计当为推广。旗人困顿，似不如稍宽例禁，俾得自谋生计。田业、贸易，即流寓各省，均听其便，如不回旗，即编入地方户籍。十是边远藩服宜加体恤。蒙回各部王公年班进京，向有定例，因路途遥远，所费不赀。请将该王公年班酌展年限，俾免拮据，以示体恤；并请饬理藩院严禁书吏毋得任意勒索，违者重惩，庶益坚藩封爱戴之忱。①

贵州巡抚邓华熙于四月二十八日拜发《遵旨详议变法事宜折》，所陈八事："一广兴学校以育人材，一在变通科举以一士心，一在亲贵游历以悉外情也，一设立军籍以储劲旅，一广兴矿务以开利源，一广兴日报以一见闻，一在行钞法以裕度支，一在官宜专任以期长治。"② 奏上，五月二十日奉旨留中。

直隶总督李鸿章因忙于议和，未及复奏。其时，李鸿章之侄李经

① 《兼署云贵总督云南巡抚丁振铎奏为遵旨复奏敬陈管见十条事》（光绪二十七年四月十五日），中国第一历史档案馆藏（以下简称"一档藏"），录副奏折，档号：03－5740－020，缩微号：431－2972。据国家清史编委会网上工程：中华文史网（http：//www. qinghistory. cn）。

② 邓华熙：《邓和简公日记》，光绪二十七年辛丑日记，广东省立中山图书馆、中山大学图书馆编《清代稿钞本》第2册，广东人民出版社，2007，第519～520页。

羲新任云南巡抚，曾致电商议变法事宜："滇现只办一支撑，若不变新法，破积锢，造真才，断难振兴。"李鸿章回复："变法尚未定，滇当因地制宜，直抒所见。疆臣论事，必期切实可行，勿蹈浮夸、迂谬之习。"[①] 在此，李鸿章只是表明了一个疆臣对待变法的态度，可惜其未有复奏。李鸿章在议和之后旋即去世，其"遗折"仍不忘新政。有谓："现值京师初复，銮辂未归，和议新成，东事尚棘，根本至计，处处可虞。窃念多难兴邦，殷忧启圣。伏读迭次谕旨，举行新政，力图自强。庆亲王等皆臣久经共事之人，此次复同共患难，定能一心协力，翼赞訏谟。臣在九原，庶无遗憾。"[②]

限于所见资料，以上略叙十余位督抚复奏情形，综而言之，涉及政治、经济、军事、文化教育等各个方面，但各奏数条，颇显随意，且多有交叉重复之处，明显缺乏通盘计划。其他尚有多位督抚复奏未见，不得其详。[③] 两江总督刘坤一与湖广总督张之洞的会奏最使人期待，且在下节分解。

第四节　姗姗来迟的江楚会奏

在商议各省督抚联衔会奏的计划中辍以后，两江总督刘坤一坚持要与湖广总督张之洞联衔上奏，得到张之洞的同意。原先，刘、张两人因主稿问题互相推让，致使各省联衔长期没有结果；这时，张之洞建议各

---

① 《附滇抚李巧电》《寄滇抚李经羲》（光绪二十七年四月二十一日），分见顾廷龙、戴逸主编《李鸿章全集》第28册，第259、258页。

② 《李鸿章奏病势危笃自知不起口占遗疏仰求圣鉴折》，《西巡大事记》卷11，第11页，王彦威纂辑、王亮编《清季外交史料》附刊之一，书目文献出版社，1987。

③ 据稍后梁鼎芬从西安向张之洞密报："变法，李、崧、魏、锡、松、李无折。又，江鄂外各督抚皆有可采。又，疆臣胜于廷臣。"（《辛丑八月二十八日西安梁守来电》，《张之洞存各处来电稿》，所藏档甲182－435）按：二"李"当指直隶总督李鸿章与云南巡抚李经羲，因另一"李"江西巡抚李兴锐有折；"崧"指陕甘总督崧蕃；"魏"指云贵总督魏光焘；"锡"指山西巡抚锡良；"松"指由江苏巡抚调任河南巡抚的松寿。

自先拟一稿，再互相参照商议。他致电刘坤一称："复奏折，闻内意欲各抒所见。况现奉旨添派江、鄂，自不便与各省会奏。承示江、鄂联衔，请公拟稿见示，敝处亦当遵命拟一稿奉商。如所见有异同，无妨更改，总期切实有益。"[①] 下面首先看为刘、张起草的主要是些什么人。

在新政上谕颁布不久，刘坤一就打算邀请张謇（季直）、何梅生（嗣焜）、汤寿潜（蛰先）、沈曾植（子培）到南京"代拟条陈"。[②] 但后来刘坤一电告张之洞已邀张謇、沈曾植、汤寿潜来宁"共相商酌"，[③] 而没有提到何梅生，因何氏在刘电邀之后突然去世。[④] 这样，为刘坤一拟稿的便主要有张、沈、汤三人。

张之洞得知刘坤一处有张、沈、汤三人参与拟稿后，也通告自己这里有郑孝胥（苏龛）、劳乃宣（玉初）、梁鼎芬（节庵）、黄绍箕（仲韬）四人。[⑤] 当时郑、梁、黄三人正在武汉为张之洞的幕僚，劳乃宣则远在浙江，张之洞一再电召而因故未能成行。[⑥] 所以，为张之

---

① 《致江宁刘制台》（光绪二十七年三月初七日子刻发），苑书义等主编《张之洞全集》第10册，第8554页。

② 《复盛杏荪》（光绪二十七年正月十六日），中国科学院历史研究所第三所主编《刘坤一遗集》第5册，第2281页。

③ 《辛丑正月二十九日江宁刘制台来电》，《张之洞存各处来电》第44函，所藏档甲182－146。

④ 劳祖德整理《郑孝胥日记》第2册，第786页；《日记》，《张謇全集》第6卷，第448页。

⑤ 《致江宁刘制台等》（光绪二十七年二月十二日辰刻发），苑书义等主编《张之洞全集》第10册，第8534页。

⑥ 本来，劳乃宣得张之洞电约后，已允应约；但与此同时，山西巡抚岑春煊奏调其赴晋并得到谕旨的批准，这使他左右为难，"鄂约在先，而晋奉朝旨，事处两难，徘徊不决，连夕不寐，心疾复发，因辞之"［劳乃宣：《韧庵老人自订年谱》，第16页，沈云龙主编《近代中国史料丛刊》第7辑（65）］。张之洞致电劳乃宣，对他"因辞晋调，并辍楚游"表示非常遗憾，仍希望他来鄂"兼旬暂驻"。劳乃宣复电称"宣实病，非托词"，一时难行，"请勿待"。张之洞又致电劳乃宣称，既然人不能来，那就希望他将有关变法的高见"详切电示"（《辛丑三月十三日致苏州八旗会馆张黄楼》《辛丑三月十八日嘉兴劳主事来电》《辛丑三月十九日致嘉兴西门内劳玉初吏部》，《张之洞电稿》，所藏档甲182－465）。劳乃宣回电"仍请勿待"（《杭州劳主事来电》，《张之洞存各处来电》第47函，所藏档甲182－149）。劳乃宣实际上并没有到武汉参与拟稿，也没有提供什么参考建议。

洞拟稿的实际上主要是郑、梁、黄三人。另外，张之洞还广泛征求了治下司、道两级属吏的意见，他把有关变法的两道上谕都通知了他们，希望他们“按照上次谕旨内指饬事宜，各抒所见，条议具复，以凭汇核酌采”；并要求他们迅速回复，“现在急待复奏，务须于电到五日内开具条陈，由五百里排递来省，一面将所议纲领先行电复”。[①] 据张之洞的幕僚陈衍称，江楚会奏还曾采择了他的《变法権议》。[②] 可见，当时张之洞为复奏事征集了多方面的意见。

关于各自起草的情况，由于缺乏足够的资料，难得其详。大概的情形是，刘坤一那边由张謇、沈曾植、汤寿潜各拟一稿，然后寄给张之洞，由张之洞结合自己这边郑孝胥、梁鼎芬、黄绍箕等人的意见拟出初稿，再互相商议定稿。从这个过程来看，张之洞虽然一再声称不愿主稿，但事实上他做了主稿的工作。就刘坤一与张之洞的个人情况而言，除了资望较老以外，行伍出身的刘坤一无论学识素养还是思想水平都实在无法与张之洞相比。对此，刘坤一还是有点自知之明，他在致王之春的电报中称：“兄年衰多病，近益委顿不堪，一切因应事宜，多系香帅主政。”[③] 因此，江楚会奏变法之事由张之洞主稿也就很自然了。

在起草的过程中，虽早已过期，且朝廷又再次谕旨催促速奏，但张之洞并不急于下笔；他在努力观察各处的动静，并试图把握上面的意图，以便做出恰当的抉择。在与各省督抚约定各自单衔上奏后，张之洞主张：“分奏而大意相同，方见公论。”[④] 他希望各处互通声气，

---

① 《辛丑三月初十日致荆州陈道台、襄阳朱道台》，《张之洞电稿乙编》第 14 函，所藏档甲 182－75。

② 陈衍编辑《石遗室师友诗录》卷 1，集成图书公司印本，缺出版年，第 1 页。

③ 《复王爵棠》（光绪二十七年二月十一日），中国科学院历史研究所第三所主编《刘坤一遗集》第 5 册，第 2283 页。

④ 《致上海盛大臣、江宁刘制台、天津袁制台》（光绪二十七年三月十三日寅刻发），苑书义等主编《张之洞全集》第 10 册，第 8561 页。

保持大体一致的论调。比如，他曾致电湖南巡抚俞廉三，商请他将复奏变法稿“六百里飞寄一阅”，在读完俞稿之后，他提出了自己的修改意见供俞参考。有谓：“变法折稿已读，均极切要。惟书院主讲，似宜选端正而又通达、性情老成而又思力精勤者为之，方有益；若耆儒，恐不免迂疏固执，专讲守旧耳。请裁定缮发。”[①] 除了直接与各省督抚联系以外，张之洞还通过耳目从西安“行在”探听消息。如他致电易顺鼎问：“各省变法奏到者几省？京官奏者几人？望将最警动重大者示知。内意许可者何事？孙宝琦识见议论何如？云门于此事有何定见？此外有何要闻？均速详示。”[②] 易顺鼎回电告知：“闽、浙、粤、滇、齐、豫奏到，浙主丁捐印税，豫主抬枪八股，齐有慎出令，粤有裁内监一条，粤独未交下。京官孙、薛、张、贻、陆、葛皆上，瞿请逐渐变通。”[③] 这些信息对于张之洞起草变法折稿当然有着重要意义。

张之洞虽然是主稿，但他在起草过程中随时与刘坤一商量，如关于科举变法事，张之洞主张“仿戊戌年敝处所奏已奉旨允准办法”，将陶模和袁世凯“两奏大意酌采叙入，以见科举旧法必应变通”，并就此征询刘坤一的意见：“惟科举究应如何更改，敝处前三年原奏应否量加更定，统请尊处裁酌拟稿，电示敝处。当即商酌妥协，仍请尊处掣衔电奏。”[④] 刘回电表示完全赞成：“科举改章，戊戌年尊处所奏办法，甚裨实学，最为扼要。现在奏请改章，应以前奏为主。……即请尊处主稿，掣名电奏，以期允洽。引证陶、袁两奏，以见科举改

① 《辛丑三月二十七日、四月十一日致长沙俞抚台》，《张之洞电稿乙编》第14函，所藏档甲182-75。

② 《辛丑四月十六日致西安易实甫观察》，《张之洞电稿乙编》第14函，所藏档甲182-75。

③ 《辛丑四月二十日西安易实甫来电》，《张之洞存各处来电》第48函，所藏档甲182-150。

④ 《致江宁刘制台》（光绪二十七年四月十三日未刻发），苑书义等主编《张之洞全集》第10册，第8586~8587页。

章，具有同心，尤易动听。”[①] 张之洞还邀请了为刘坤一拟稿的张謇和沈曾植到武汉面谈，“商复新政谕旨，并筹兴学事”。[②] 关于此次会谈，当事人沈曾植说，张之洞“谈兴甚浓”。[③] 张謇记载他们晋见张之洞的那一天，从上午八点一直谈到下午五点，“所谈甚多，惟小学校必可立”。[④] 他们所谈已不仅仅是折稿的起草问题，甚至已涉及新政的开展，此是后话。

正是在吸取多方面的意见和与刘坤一不断地商议的基础上，光绪二十七年五月初，在张之洞的主持下完成了江楚复奏变法初稿的起草工作。有记载说：“公荟萃众说，断以己意，日撰一条，月余始就。”[⑤] 可见张之洞主稿之功不可没。五月中旬，张之洞致电刘坤一通报折稿情形：“变法折稿已拟就，共二十七条，文太长，分为三折：第一折，学堂科举四条；第二折，整顿中法十二条；第三折，采用西法十一条。可分三日递。专弁乘轮寄呈，祈详酌改定。本月初已脱稿，此间因洋人应酬及散勇、堤工事，四月以来，昼夜无暇，近始校定缮录，故致稽迟。”[⑥] 随后张之洞又送去一份清稿，“以备咨政务处之用”，并提出原稿的几处文字修改。[⑦] 刘坤一接到折稿后，只提出了一些细节性的修改意见，如认为洋药加价三成过高，张之洞同意改为

---

① 《辛丑四月十四日江宁刘制台来电》，《张之洞存各处来电》第47函，所藏档甲182-149。

② 《啬翁自订年谱》（光绪二十七年七月），《张謇全集》第6卷，第863页。按：张謇在自订年谱中将此事记在光绪二十七年七月，有误。据其《日记》，张与沈此次武汉之行时在五月二十七日至六月初三日（《张謇全集》第6卷，第454~455页）。

③ 沈曾植：《致盛宣怀》，王尔敏、陈善伟编《近代名人手札真迹——盛宣怀珍藏书牍初编》（6），香港中文大学出版社，1987，第2582页。

④ 《日记》，《张謇全集》第6卷，第455页。

⑤ 许同莘：《张文襄公年谱》卷7，商务印书馆，1947，第147页。

⑥ 《致江宁刘制台》（光绪二十七年五月十七日未刻发），苑书义等主编《张之洞全集》第10册，第8603页。

⑦ 《致江宁刘制台》（光绪二十七年五月二十一日亥刻发），苑书义等主编《张之洞全集》第10册，第8605页；《辛丑五月二十二日致江宁刘制台》，《张之洞电稿乙编》第14函，所藏档甲182-75。

加价二成。[①] 同时，刘坤一致电张之洞大加赞许，有谓：

> 拜读折片各稿，并细绎马电、箇电，仰见明公文章经济，广大精微，凡古今之得失，与中外之异同，互证参稽，折衷至当。竭两月之力，成此一代典章，崇论宏议之中，犹复字斟句酌，贤劳独任，感佩难名！夫变法莫重于学校，科第一折所陈，人人知为先务。第二折整顿中法十二条，首以崇节俭为请，庸耳俗目或谓为老生常谭。不思欲图治功，先修主德，必须清心寡欲，而后可以振作有为。况此次创巨痛深，实与亡国无异，若不刻苦自励，何以上回天意，下协群情。大稿引用卫文布衣帛冠，洵属对症下药，苦心苦口，当能默契圣怀。弟于上年奏陈四事，奉旨留中，其一即此，盖虑回銮之后，大兴土木之工，宫府中人或以柏梁既灾，建章是营，肆其蛊惑，不可不杜其渐。并就“节俭”二字，论及旗人生计，未可徒糜巨款，转令坐困穷城，用意与尊指同，顾未能委曲详尽以动宸听耳。其余十一条及第三折采用西法十一条，莫不中时弊而切时宜。初以去书吏、收洋药两者，不无疑义，及承明白电示，即经逐细照缮，一一更正，俟拜发日电闻。[②]

关于折稿的具体内容，拟在稍后分析。这里先要着重考察的一个问题是，这个时期的张之洞思想较为激进，他不仅主张“大变西法”，甚至还提出了“仿行”西方议院和“公举”各级官员的想法，有谓：

① 《刘制台来电》（光绪二十七年五月二十三日亥刻到）、《致江宁刘制台》（光绪二十七年五月二十三日亥刻发），苑书义等主编《张之洞全集》第10册，第8609页。

② 《复张香涛》（光绪二十七年五月二十七日），中国科学院历史研究所第三所主编《刘坤一遗集》第5册，第2289～2290页。

> 其实变法有一紧要事，实为诸法之根，言之骇人耳。西法最善者，上、下议院互相维持之法也。中国民智未开，外国大局茫然，中国全局、本省政事亦茫然。下议院此时断不可设，若上议院，则可仿行。考宋“磨勘转官”之法，必有荐主十人；明“廷推”之法，则大臣皆与，似可略仿之。督抚由司道府县公举，司道由府县公举，府由州县举，州县由通省绅民公举。但不能指定一缺，举员多者用之。京官除枢垣不敢轻议外，部院堂官由小九卿、翰詹、科道部属公举，科道由翰詹部属公举，司员掌印补缺，由本部候补者公举。每一缺举二三员，候钦定，岂不胜于政府数人之心思耳目乎？推之各局总办，亦可由局员、工匠公举。惟武将不在内，盖今日营哨官并不知兵，不能举也。流弊亦不能无，总是利多害少。贿赂情面、庸劣尸位之弊，必可绝矣。姑妄言之，请诸公略本此意而思一可行之法，则幸甚。[①]

有人称这是张之洞的“中国官僚系统民主化构思”。[②] 但作为主稿者，张之洞并没有把这些思想都写进江楚会奏中，这是什么原因呢？可以从两个方面来看：一方面，是张之洞对朝廷变法的动机与决心尚心存疑虑。如前所述，在新政上谕颁布之后，即有内意“勿多言西法”的传闻，张之洞虽然从鹿传霖处得到朝廷“决无成见”的说法，但鹿传霖一句“不必拘定西学名目，授人攻击之柄”的善意忠告，又使张之洞莫名其妙。此后，虽然他在思想上仍然表现激进，但在行动上他又不得不持一种谨慎的态度。比如，在与各省督抚会商联衔和与刘坤一

---

① 《致江宁刘制台、广州陶制台德抚台、济南袁抚台、安庆王抚台、苏州聂抚台、杭州余抚台、上海盛大臣》（光绪二十七年二月十六日午刻发），苑书义等主编《张之洞全集》第10册，第8540～8541页。

② 苏云峰：《张之洞的中国官僚系统民主化构思——对张之洞的再认识》，（台北）《近代中国史研究通讯》第8期，1989年9月。

商议江楚会奏的过程中，他一再推脱担任主稿，即是一个例证。事实上，朝廷于流亡在外的非常时期宣布变法，而两年前戊戌政变的阴影仍然笼罩在人们的心目之中，这使人不得不费心揣摩朝廷的意旨，以至于在规定的两个月期限内竟少有督抚大臣复奏。向来善于知权达变的张之洞自然难以超脱这个基本的历史情境。与此同时，张之洞还不时地收到怀疑朝廷变法真意的信息，如山西巡抚岑春煊说："煊意时局尚未定，此时不能议兴革，奏入亦置之。"① 两广总督陶模认为："观政府意，未必真欲变革。"② 张之洞曾嘱幕僚邹履和转告时在西安的湖北候补道朱滋泽（惠之）宜慎言"西法"。邹电朱云："奉帅谕，中外陈奏，已有数百条，内有候补道因语涉西法而受伤者，阁下万不可上条陈。前尊拟各条，尤不可上，旧者必骇，新者必笑，无益有损。若见当道，只可谈吏杂民艰，兵疲饷缺，此真实情形，亦阁下平日深知优为者，易见长而无弊。此系好意，嘱转达等，因特奉闻。"③ 张之洞把起草缮清的折稿派专差送达刘坤一时，还特意叮嘱："此折未到行在之前，望饬文案各员慎勿传播，内有关涉洋务事，传播时字句须略加酌改，尚不甚多，止数字耳。至要至要。"④ 可见张之洞对"西法""洋务"之事的谨慎态度。

另一方面，也许更为重要，是由于刘坤一的制约，在某种意义上可以说是刘坤一定了江楚会奏的基调。在与各省督抚商议联衔会奏的过程中，当张之洞向刘坤一、袁世凯等八位督抚大臣提出议院主张时，刘坤一公开地表示了疑虑亦即反对的意见，他说："议院意美法

---

① 《辛丑二月十八日侯马岑抚台来电》，《张之洞存各处来电》第 45 函，所藏档甲 182－147。

② 《辛丑三月十二日广东陶制台来电》，《张之洞存各处来电》第 46 函，所藏档甲 182－148。

③ 《辛丑四月二十五日邹履和致西安电局探交湖北候补道朱惠之观察》，《张之洞电稿乙编》第 14 函，所藏档甲 182－75。

④ 《致江宁刘制台》（光绪二十七年五月二十一日亥刻发），苑书义等主编《张之洞全集》第 10 册，第 8605 页。

良，但恐事多阻格，未能照行。”[①] 在与张之洞商议江楚会奏时，刘坤一在将张謇、沈曾植、汤寿潜所拟的变法稿件寄给张之洞时曾致电说：“鄙见张、汤稿宏深博大，意在一劳永逸。惟积习太深，一时恐难办到。沈稿斟酌损益，补偏救弊，较为切要，其中只科举学堂分途考试、不废八股尚须酌改耳。似可用沈稿为底本，再得我公斧政［正］润色，必卓然可观。公前拟九条，皆救时良策，有沈稿所未及者，仍拟添入。江、鄂联衔入奏，最为得体。”[②] 刘坤一主张以稳健的沈稿为底稿，显然，他给江楚会奏定的基调就是不宜过激。限于条件，笔者没有见到汤寿潜的拟稿，无法评论。而与汤稿同样遭到刘坤一否决的张謇的拟稿即《变法平议》，[③] 分六部四十二篇，是一个较为全面系统的变革方案，其中第一条就是“置议政院”，还有一条是“设府县议会”，这颇像张之洞所说的议院，难怪刘坤一见到《变法平议》之后反应很冷淡，这使张謇非常失望，“意绪为之顿索”。[④] 沈曾植的拟稿今也未见，但从他在当时给张之洞的两封信中可以看出其变法主张较为稳妥。比如，他在第一封信中大谈“保君权”“存国教”。在第二封信中认为：“以礼义诚恪之心行新政，新政仁政也。以愤时嫉俗之心行新政，新政虐政而已矣。”[⑤] 刘坤一是江楚会奏的领衔，他向张之洞特别推荐的又是沈稿，这就制约了张之洞在江楚会奏中只能表述稳健的变法思想。正如在折稿完成之后，张之洞致函鹿传霖所说：“弟识短才疏，岂知大计？昨会岘帅复奏变法三折一片，大率皆

① 《刘制台来电并致袁抚台等》（光绪二十七年二月十七日到），苑书义等主编《张之洞全集》第 10 册，第 8541 页。

② 《刘制台来电》（光绪二十七年三月十五日丑刻到），苑书义等主编《张之洞全集》第 10 册，第 8562 页。

③ 详见《张謇全集》第 1 卷，第 48 ~ 77 页。

④ 《日记》，《张謇全集》第 6 卷，第 450 页。

⑤ 沈曾植：《扬州与南皮制军书》《与南皮制军书》，钱仲联辑注《沈曾植未刊文稿》，载王元化主编《学术集林》卷 3，上海远东出版社，1995，第 106 ~ 111 页；两信节录见王蘧常编著《沈寐叟年谱》，《民国丛书》第二编（76），第 41 ~ 46 页。

书生文章，俗吏经济，作按部就班之事，期铢积寸累之功，了无惊人之谈，亦无难行之事。自知撮壤消流，未必有裨山海。”① 这话既是谦辞，也有几分实情。有趣的是，张之洞原先极力主张以变西法为第一义，“如不采纳，再及第二义（即整顿中法）”；但在江楚会奏的变法三折中，次序恰好颠倒过来，整顿中法为第二折，采用西法为第三折，且后者晚奏一天。

折稿修改定稿之时，离朝廷催促迅速上奏的谕旨发布又过去了近三个月之久，复奏之事已刻不容缓。早在四月中旬，袁世凯即致电刘、张，希望他们迅速复奏，使朝廷能在回銮之前举行新政，以免各国“要挟”；他说：“回銮以前，如不先行新政，有大可虑者二：各国以现之政府守旧顽固，倘回銮后，各国要挟以更换执政，拒之不足，国体安在？可虑一。各国皆盼我变法，倘回銮后各国缕列多款，要挟照行，执政不敌，允则干预，可虑二。……拟请两帅或联名电枢，或会衔电奏，如能将兴学堂、改科举等事，先行数件，则各国耳目一新，保全甚多，其弛张横议之流，亦可稍敛。”② 五月底，江楚会奏折稿修改就绪，张之洞就发折的方式与时间致电刘坤一说：“第一折由驿六百里，第二、第三折双差赍递，均请酌办。能于初一二日拜发尤佳。”③ 随即，江楚会奏三折由刘坤一领衔于五月二十七日与六月初四、五日在南京拜发。

《江楚会奏变法三折》其实包括三折一片：《变通政治人才为先遵旨筹议折》《遵旨筹议变法谨拟整顿中法十二条折》《遵旨筹议变法谨拟采用西法十一条折》及《请专筹巨款举行要政片》。④ 这三折一

① 《辛丑七月七日致军机大臣户部大堂鹿》，《张之洞函稿·京信稿》，所藏档甲 182－215。

② 《辛丑四月十一日济南袁来电》，《张之洞存各处来电》第 47 函，所藏档甲 182－149。

③ 《致江宁刘制台》（光绪二十七年五月二十六日未刻发），苑书义等主编《张之洞全集》第 10 册，第 8611～8612 页。

④ 分别详见苑书义等主编《张之洞全集》第 2 册，第 1393～1406、1407～1428、1429～1450、1450～1452 页。按：以下有关江楚会奏变法三折一片引文均据此，标点略有调整，不一一注明。

片内容密切相关，构成了一套系统的变革方案。下面拟对此略加分析。

第一折关于教育改革，以“兴学育才”为变革政治的先决条件。奏折的开头便点明了人才的重要意义：“窃谓中国不贫于财而贫于人才，不弱于兵而弱于志气。人才之贫，由于见闻不广，学业不实；志气之弱，由于苟安者无履危救亡之远谋，自足者无发愤好学之果力。保邦致治，非人无由。”人才来源于教育，教育改革是整个改革的先导。关于教育改革问题，此折提出四项措施：一是设文武学堂，二是酌改文科，三是停罢武科，四是奖劝游学。具体来说，这四项措施又涉及三方面的内容：（1）建立近代学校教育体制。在学堂体系方面，参照西方各国学校之法，主要是仿照日本的办法，建立一套新学制：州县设小学校及高等小学校，府设中学校，省城设高等学校，京师设大学校。为了吸引学生入学，促进新式学堂的顺利发展，规定各级学校毕业给予相应的科举出身：高等小学毕业为附生，中学毕业为廪生，高等学校毕业为举人，大学毕业为进士。“统计自八岁入小学起，至大学校毕业止，共十七年。计十八岁为附生，二十一岁为廪生，二十五岁为优贡、举人，二十八岁为进士，除去出学入学程途考选日期外，亦不过三十岁内外，较之向来得科第者并不为迟”。在课程设置方面，除了强调经学一门外，则是大量的西学科目，表明新式学堂将转向近代教育。（2）变革科举制度。科举制度是传统士人的进身之途，但是不能与近代教育相适应，更不能培养近代人才，因此，科举“改章”势在必行。此折对文科和武科采取不同的改革方法。一是酌改文科，即通过改变考试的内容和减少中式的名额来逐步废除文科科考。奏折虽然标榜科举“改章”“以讲求有用之学、永远不废经书为宗旨”，但是考试的内容有了重大的改变，在增加了大量的西学知识的同时，原来占主导地位的经书的地位则相应地大大下降。“头场试中国政治、史事，二场试各国政治、地理、武备、农、工、算法之类，三场试四书、五经经义”。不仅科举考试的内容大大改变，而且中式的名额也将逐渐减少，方法是“按科递减科举取士之额为学堂取士之额”，即逐步减少科举取士名额，相应增加学堂出身的名额，其最终目的是用近代学校教育取代科举制度。二是停罢武科。与文科“改章”所用的逐渐变通的方法不同，武科必须立即废除。因为通过武科考试选取的人才，不但不能适应近代军事的需要，“硬弓刀石之拙，固无益于战征；弧矢之利，亦远逊火器”，甚至都是些对国家无益有害的人，“军兴以来，以武科立功者概乎其未有闻。凡武生、武举、武进士之流，不过恃符豪霸，健讼佐斗，抗官扰民，既于国家无益，实于治理有害”。而近代军事人才必须由近代军事学校来培养，武科实在没有再存在的必要了。所以，武科考试应立即废除，“径将武科小考、乡、会试等场一切停罢”。（3）奖劝游学。新式学堂固然是培养近代人才的基本渠道，但要大量开设学堂确实存在实际的困难，不但经费紧张，而且师资缺乏。要解决国内办学的师资问题和尽快培养更多的新式人才，“惟有赴外国游学一法”。因此，要鼓励留学，尤其要鼓励自费留学，对于有真才实学的留学生应给予相应的进士、举人、贡生的出身。“盖游学外国者，但筹给经费而可省无数之心力，得无数之人才，已可谓善策矣；若自备资斧游学者，准按凭照优奖录用，则经费并不必多筹，尤善之善者矣”。总之，关于教育改革这三方面的内容是相互关联的，“盖非育才不能图存，非兴学不能育才，非变通文武两科不能兴学，非游学不能助兴学之所不足”。可见，教育改革的根本目的在于培养新政所需要的近代人才。

第二折和第三折分别阐述“除旧弊”和“行新法”，这是江楚会奏的核心内容。有所谓：“立国之道，大要有三：一曰治，二曰富，三曰强。国既治，则贫弱者可以力求富强；国不治，则富强者亦必转为贫弱。整顿中法者，所以为治之具；采用西法者，所以为富强之谋也”。改革的根本目标是国家的富强，而实现这个目标的基本条件则是国家政治的稳定。

第二折关于政治改革，以整顿中法为“治之具”，主张通过统治政策的调整为改革提供一个稳定的社会环境和制度保证。整顿中法十二条是：一是崇节俭，二是破常格，三是停捐纳，四是课官重禄，五是去胥吏，六是去差役，七是恤刑狱，八是改选法，九是筹八旗生计，十是裁屯卫，十一是裁绿营，十二是简文法。这十二条大致包括五个方面的内容。第一，改善用人行政政策。奏折指出：“此时朝廷一切举动，宜视为草昧缔造之时，视为与民同患之时，将一切承平安乐之繁文缛节量为简省变通，中外大小臣工尤以除官气达下情为主，应行破除常格之事甚多。”清王朝承平日久，用人行政积习太深，当此非常时期，为挽救危亡，必须破除常格。就用人而言，要不计“资格”，重用有真才实学的“英俊”之才。主张变通吏部的选官制度，州县地方官的补选，应先分发到省试用，“令其学习政治，上官亦得以考核其才识之短长”。这样，便可以根据其实际才能补缺，而不再依据资历。“照此办法，则所用皆系熟习地方情形之员，又有鼓励人才之具，于吏治实有裨益”。就行政来说，长期以来行政运作过程中的繁文缛节，使人浮于事，行政效率极为低下。“诚以文法过繁，则日力、精力皆有不给，必致疲劳于虚文，而疏略于实事。吏议过密，则贤者苦于束缚，不能设施，不肖者工为趋避，仍难指摘，以致居官者但有奉法救过之心思，并无忧国爱民之诚意。况方今事变离奇，动关大局，即昼夜精思，破格振作，犹恐无济，若再困之于簿书期会之间，则国家利害安危无暇筹及矣”。为了提高行政效率，必须省虚文、省题本、宽例处，“如此则臣下之于朝廷，僚属之于上官，可以进实言办实事矣”。第二，清除吏治腐败。官吏的贪污腐化，即吏治腐败，是政治黑暗的根源。此折整顿中法的第一条就是“崇节俭”，希望朝廷以身作则，建立一个廉洁的政府，同时要求各级官员廉洁自律。“拟请明降谕旨，力行节俭，始自宫廷，所有不急之务一切停罢，无益之费一切裁减，即不能不兴之工，务从俭省核实，内务府诸臣再有营私糜费者，必重惩之。并请谕饬内外大小臣工，务从节俭，力禁奢华，所有宫室舆服力求朴素，应酬宴会勿得浮糜，上官岁时之供亿一概禁绝”。整顿吏治的具体措施是停捐纳、去胥吏、去差役和课官重禄。捐纳是一种公开的钱权交易，靠捐纳做官者自然以大肆贪污勒索作为补偿，因而捐纳“有害吏治，有妨正途”，必须“即行永远停罢，以作士气而清治源”。胥吏和差役是各衙门具体办事的人，实际上都是些害人的蛀虫。处理的办法是：将胥吏“一律裁汰，改用委员”，以“永除要官朘民之弊”；用警察取代差役，“则差役之害可以永远革除”。与此同时，在京城设仕学院，外省设教吏馆，以培养各级官吏的实际政治才能；并主张“重禄以养其廉”，即用高薪养廉的办法，防止官吏的贪污腐化，“使贤才无北门贫窭之忧，当官有公尔忘私之志”，以维持政治的正常运作。第三，改良司法。参照西方的司法制度，提出九条改革措施：一是禁讼累，二是省文法，三是省刑责，四是重众证，五是修监羁，六是教工艺，七是恤相验，八是改罚锾，九是派专官。前四条关于诉讼程序问题，主张在办案中严禁勒索讼费，为杜绝此弊，必须裁去吏役。认为对于承办命案、盗案过期不能结案者处分不能太严，“非宽减例处，断无禁绝拖延命案、讳饰盗案之法”。反对刑讯逼供。仿照外国的“案以证定”的判案方法，定案凭证人证词及其他证据，不以罪犯口供为唯一依据，这样可以免除严刑逼供，减少冤假错案的发生。后五条关于罪犯管理问题，主张改造监狱，改善罪犯的生活环境；同时，教给罪犯以生计，以达到真正改造罪犯的目的。除盗案等恶性犯罪外，一些情节较轻的犯罪可以交纳罚金赎罪，罚金一般用于修理监狱经费。另外，派专官经常稽察监狱，对所属监狱的管理状况进行检查和监督。可见，在司法改良方面有着明显的与国际接轨的意图，目的在于建立一套近代司法制度。第四，革除弊政。一是裁屯卫。这里所谓屯卫是专指因漕运而设的屯田和卫官，因当时漕运已是“有名无实”，“运漕皆系轮船、民船，运军久无其人，卫官一无所事，而屯田、屯饷弊窦尤多”，即屯卫已成一大弊政，故必须裁汰。二是裁绿营。绿营之无用，在晚清已为有识之士之共识，裁汰势所必然。至于如何裁法，有谓：“裁汰之要义有二：一则宜筹从容消散之方，一则宜筹抵补弹压地方之具。”具体的办法是，每年裁1/20，用20年裁完；并用裁汰绿营省出之饷，养缉勇、设警察，以维持地方治安。第五，调整满汉关系。满汉矛盾问题，是一个极为敏感而又是不容回避的现实问题。清王朝以八旗军定天下，旗人成为一个特殊的军事贵族阶层。但在晚清，一般旗人已经失去先前的优势，甚至生计都难以维持。而此时满汉矛盾日趋激化，“排满”成为革命的口号。此折“筹八旗生计”一条，允许旗人自谋生计，“凡京城及驻防旗人，有愿至各省随宦游幕、投亲访友以及农、工、商各业，悉听其便，侨寓地方愿寄籍应小考、乡试者，亦听其便”。这其实是在试图消除满汉民族界限，化解民族矛盾，以稳固清王朝的政治统治。

第三折关于军事与经济改革，以采用西法为“富强之谋”，主张通过向西方学习以实现改革的根本目标——国家富强。采用西法十一条是：一是广派游历，二是练外国操，三是广军实，四是修农政，五是劝工艺，六是定矿律、路律、商律、交涉刑律，七是用银圆，八是行印花税，九是推行邮政，十是官收洋药，十一是多译东西各国书。这十一条大致包括三方面的内容。第一，军事改革。认为“外国之所最长者，盖莫过于兵”，驳斥“西操不如中操之空言，枪炮不如刀矛之谬论”，主张切实向西方学习，用西法练兵。设武备学堂培养近代军事人才，军官必须为军校毕业，“非学堂出身者不得派充统领、营、哨各官”。并建议设立一个统管全国军队的如日本设置的参谋本部之类的衙门，选择一位“深于外国兵制、操法者”作为管理大臣。同时，为了配合练兵，在外洋军火禁运的情况下，必须自己设法制造新式军械。“和约虽定，战备不可不修。我无战具，则和局不能保矣。经费虽艰，军械不可不制，不制军械则将士永不知今日战阵为何事矣”。显然，军事改革的目的是要建立一支新式的近代军队，以加强国防，维护国家的和平与安全。第二，经济改革。主要在三个方面。其一，改良农业。中国以农立国，农业是中国经济的基础。“今日欲图本富，首在修农政；欲修农政，必先兴农学”。所谓“兴农学”“修农政”，就是要学习西方近代农业技术，以改良中国传统农业。设立农政衙门，由农政大臣专管农业改良事务。如何改良农业呢？一是劝农学，鼓励学生到日本和欧美国家的农务学堂学习，以培养专门的农业人才。二是劝官绅，要求官绅率先讲求农学，试验新的农业生产技术。三是导乡愚，进一步全面推广农业生产技术。四是垦荒缓赋税，鼓励开垦荒地，以发展农业生产。其二，发展工业。认为西方国家的富强实际上不是“以商”而是“以工”，因此中国要想富强，就必须走发展近代工业的道路。如何发展近代工业呢？一是设工艺学堂，使学生学习近代科学技术，以培养新式工业人才。二是设劝工场，即举办工业产品展销会，展示各种新的工业产品，以推动工业生产的发展。三是良工奖以官职，对工师、匠目等优秀的工业技术人才给予奖励官职。另外，还用专利保护的方式鼓励研制新产品，以促进工艺创新和促进工业生产的发展。其三，制订经济法规。经济的发展，经济秩序的建立，必须有相应的经济法规，尤其在外国经济势力侵略渗透的形势下，为了保护国家利权，保护民族经济的发展，制定经济法规有着更加重要的意义。矿律和路律的制定，是为了克服开矿与修路的混乱无序状态，保护国家的矿务和铁路利权，使“国家应享权利有著，地方弹压保护有资，华洋商人一律均沾”。商律和交涉刑律的制定，是为了维护商业经济的正常运作和在中外互市通商的过程中保护华商资本，以及在华洋商人的经济纠纷及其他交涉事件中保护华商的利益。“必中国定有商律，则华商有恃无恐，贩运之大公司可成，制造之大工厂可设，假冒之洋行可杜，华商情形较熟，工价较轻，费用较省，十年以后，华商即可自立，骎骎乎并可与洋商相角矣”。此折建议由中国驻外使臣聘请各国著名律师，参照各国的成例，为中国编纂矿务律、铁路律、商务律、交涉刑律。“四律既定，各省凡有关涉开矿山、修铁路以及公司、工厂、华洋钱债之事及其他交涉杂案，悉按所定新律审断”。这样，将可以使经济的发展按照正常的法制轨道运行。另外，与经济改革密切相关的还有一些措施如用银圆，行印花税，推行邮政和官收洋药等，既涉及金融货币、税制、邮政的改革与创新，又对开辟财源以解决财政困难问题有着重要的意义。第三，学习西方的途径。关于如何向西方学习的问题，第一折所言的建立新式学堂与派遣留学生当然是重要途径；第三折又提出了两条：一是广派游历。游历是指出国考察，与游学即留学不同；本来留学是向西方学习的最好途径，但留学“费繁年久，其数不能过多”，缓难济急，游历可做救急之举。游历应派什么人呢？“惟游历之员，浅学不如通才之有益，庶僚又不如亲贵之更有益。盖浅学徒眩其新奇，通才乃得其深意。亲贵归国所任皆重要之职事，所识皆在朝之达官，故其传述启发，尤为得力”。因此建议派王公大臣以及宗室后进、大员子弟、翰詹科道、部属各项京官，分赴各国游历。并规定以后凡与外国打交道的部门官员如总署堂官与章京、海关道员、出使大臣及随员，必须从曾经出洋之员中遴选；其他一些官员的补缺或升级也要有出洋的经历，“若未经出洋者，不得开坊缺、送御史、升京卿、放道员”。他们希望各级政府官员走出国门，到西方各国尤其是日本进行实地考察，“观其实政，睹其实效，见其新器，求其新书，凡吏治、财政、学制、兵备，一一考询记录，携之回华，以供我之采择而仿行”。这样，将更有利于新政的顺利开展。二是多译东西各国书。译书是学习西方的另一个有效途径，“今日欲采取各国之法，自宜多译外国政术学术之书”。译书的方法有三种：一是令各省由官方组织译书刻书；二是鼓励各省举、贡、生员私人译书，由官方刻印；三是令各出使大臣访求所在国新出最精最要之书，聘请该国通人为正翻译官，由所带随员与学生协助翻译。并特别强调要多译日本书，因为“日本言政言学各书，有自创自纂者，有转译西国书者，有就西书重加删订酌改者，与中国时令、土宜、国势、民风大率相近，且东文东语通晓较易，文理优长者欲学翻译东书，半年即成，凿凿有据，如此则既精而且速矣”。

三折之外，还有一附片，即《请专筹巨款举行要政片》，主张为举办新政“专筹巨款”。新政的开办必然需要大量经费，但是，当时清政府面临着支付西方列强巨额赔款的困难，财政极为紧张。他们预料到此时提出为新政筹款的问题可能会遭到反对，因此特别说明了筹款的重要意义。他们认为，仅仅靠全国人民省吃俭用以还清赔款，并不能解决中国的根本问题；为挽救民族危亡，中国人民必须振作起来，进行新政，走自强之路。“节用之与自强，两义自当并行，不宜偏废。此时应省之事必须省，应办之事必须办，应用之财必须用”。显然，在他们看来，新政是“必须办”之事，为新政所筹之款也是“必须用”之财。其结论是：“既须筹赔偿之款，尤宜筹办事自强之款。赔偿之款，所以纾目前之祸难；自强之款，所以救他日之沦胥。应请敕下政务处大臣、户部及各省督抚，于赔款外务必专筹巨款，以备举行诸要政，庶几各国刮目相待，而中国之生机不至于遽绝矣。”时人张謇评价此片有云：“抱冰复奏附片，尤中当事贵人之病。”[①] 毋宁说，这正是张、刘二督洞见症结而对症下药的高明之处。

《江楚会奏变法三折》涉及政治、经济、军事、文化、教育等方面，除了诸如设议院、裁太监等少数敏感的话题以外，几乎包括前述

① 《謇（张謇）致竹君（赵凤昌）》，国家图书馆善本部编《赵凤昌藏札》第9册，国家图书馆出版社，2009，第203页。

各督抚奏折所有内容，是一个较为全面系统的新政方案。可以说，《江楚会奏变法三折》对历时长达八个多月的关于如何变法的问题做了一个总结性的发言，使讨论终于有了一个实质性的结局。

第五节　各方反应与新政的启动

清廷在庚子事变中发布新政变法上谕，既是被迫无奈之举，也有借机雪耻图强之意。这是今人的后见之明。至于在当时，能否看透朝廷的隐衷，把握其真实意图，则颇不容易。时为张之洞幕僚的郑孝胥，初见新政上谕的感觉是："闲话太多，真意未透。"[①] 大概上谕文本的意蕴本身就难以捉摸。因此，面对清廷要求复奏的谕旨，中外臣工尤其是督抚大臣多迁延观望，以至于清廷不得不再发上谕催促迅速复奏。

其实，督抚大臣中就曾有人怀疑朝廷变法的真意。如前所述，山西巡抚岑春煊与两广总督陶模就曾致电张之洞表示过这样的看法。直到清廷发布催促复奏谕旨一个多月后，张之洞还在斟酌犹豫。他与郑孝胥谈起新政办法，有谓："新政有三等办法。第一等办法五条：一，去徽号，下罪己诏；二，废大阿哥；三，除满汉界限；四，除内监；五，罢科举。其第二等办法，则决断切实。第三等办法，则和平敷衍是也。"[②] 这三种可能的情况，正是对清廷变法真意难以把握的揣测之词。朝廷变法真意捉摸不定，又是地方督抚慎重复奏的根源。

尽管如此，在清廷上谕一再催促之下，中外臣工条奏纷呈，朝野之间竟然显现一派新政气象。如时论所谓："今者朝廷之举行新政如是其汲汲矣，诸臣工之条陈新政亦各宏抒伟议，洋洋数千万言

---

① 劳祖德整理《郑孝胥日记》第2册，第782页。
② 劳祖德整理《郑孝胥日记》第2册，第796页。

矣。……自去冬十二月皇上下求言之诏，今春又以两月议复之期已届，屡降纶音。于是各省方面大员章疏迭上，有谓宜废科举者，有谓宜建学堂者，有谓宜除寺宦者，言之有物，要皆剀切详明。至于汤蛰先、张季直诸人所拟章程，更雄辨高谈，繁征博引。虽圣明采择与否，尚未可知，而其新政之萌芽，则已如雨后春苗，颇觉蓬蓬勃勃矣。”① 庚子事变中，德国公使克林德被杀，清廷派醇亲王载沣赴德道歉，时论以亲贵出洋将有助于推动新政，如《申报》发表文章说：

> 此次醇亲王出使德国，虽朝廷不得已之举，然不但友邦可藉此辑睦，即外洋之事亦可周知，外洋之情亦可洞悉，将来事毕还京，嘉谟入告，必有足动朝廷之听者，新政之转机，当于醇亲王是赖矣。现在虽谕旨迭颁，振兴新政，然揣朝廷之意，似欲行之以渐，未尝望一蹴而几，故各督抚虽奉诏敷陈直言无隐，而至今数阅月，未有折衷。苟得亲贵者反复进言，庶朝廷易于深信。然非亲历其境，即欲言之，亦终不能详尽。故蒙以为醇亲王此次出使，于中国变法大有裨益。盖虽奉命使德，系代达歉忱，并非游历，其于武备、文学、政事、风俗、农工、商务，恐无暇一一推详，且仅至一国，而于各国之武备、文学、政事、风俗、农工、商务，更何从尽悉。不知欧西政事大略相同，举一可以该百。至于逐项推求，固非朝夕之事。然观其气象，考其得失，则盛衰强弱，可一望而知。西法其有成书，华人非无能阅之而能道之者，惟未亲至外洋，所闻终不如所见。若能亲观其大意，再征之于书，逐一推求，方知欧西各国强盛之所由来，即知中国孱弱之所由致。彼此相形，则变法之意可立决，不仅为纸上之空谈；变法之效可渐呈，不致躐等而凌节。现在言变法者多矣，位高者能言

① 《新政刍言》，《申报》光绪二十七年四月初十日，第1版。

而不能行，弊由于得之耳闻，而未经目见；至位卑者虽经目见，而未敢轻言，陨于其分也。以至亲至贵之人，而扩其所闻，征诸所见，则辅朝廷以改弦更张，吾知响应必捷如桴鼓矣。是则中国变法之机，不将于贤王之此行是赖哉！①

这是一般民间舆论的期望。

事实上，清廷已开始着手变革。例如，关于吏治改革。光绪二十七年（1901）四月十一日，清廷发布上谕，饬令整顿部务，裁汰书吏，销毁案卷。十七日，又谕令仿照部制，裁汰各省院司府州县衙门书吏。七月二十九日，又谕令停止捐纳实官。② 再如，关于人才与教育制度改革。同年四月十七日，清廷谕令开经济特科。七月十六日，又谕令废八股，改试策论，停止武科。二十九日，又谕令各省设立武备学堂。八月初二日，又谕令各省书院改学堂，省城改设大学堂，各府及直隶州改设中学堂，各州县改设小学堂，并多设蒙养学堂。初五日，又谕令各省督抚派遣学生出洋留学。③ 关于废八股之谕，时论以为："草茅下士，恭诵之余，欣然于八股之仍废，策论之终行，诚足以振动天下之耳目，激发天下之才智。实学之兴，翘足可待；奇才之出，左券可操。自是以后，将科目无无用之人，而臣僚有济世之具，国家转弱为强之业，不可于此卜之乎？寄语天下学者，尚其各励所学，蔚为大用之才，以无负朝廷求治作人之至意也可。"④ 关于停捐纳之谕，时论认为："历代弊政革于一朝，薄海人士莫不颂皇太后、皇上之圣明，谓将来庶政丛兴，其机皆肇端于此。……停捐实官之说，无论智愚贤不肖，皆知为今日切要之图。然苟非当事者全局统筹，另

① 《论醇亲王出使德国于中国变法大有裨益》，《申报》光绪二十七年六月初一日，第1版。

② 朱寿朋编《光绪朝东华录》第4册，总第4666～4667、4669、4718页。

③ 朱寿朋编《光绪朝东华录》第4册，总第4668～4669、4697～4698、4718、4719、4720页。

④ 《读七月十六日上谕敬注》，《申报》光绪二十七年七月二十六日，第1版。

谋所以相抵之策，深恐不转瞬而枢臣疆吏必有以筹款维艰暂行试办之说尝试者。斯时一经俯允，不特于事非宜，且恐启中外臣民之姗笑。惟冀谋国诸公，采此刍言，亟思维持经久之策，俾将来鲰生有多虑之失，而不致朝廷有反汗之嫌，是则天下臣民之大幸也。”① 诚然，这些改革都不出一般督抚条陈之范围，但难免枝节零碎，全盘改革需要大手笔。

刘坤一与张之洞会奏的变法三折就是改革的大手笔。奏折发出之后，张之洞又开始了解各处的反应，尤其希望得到清廷的采纳。他致电鹿传霖说：“两江必欲与敝处会衔，屡辞不允。因各抒所见，公同商酌，分为三折，已于五月底六月初由金陵陆续拜发，二十日内外可到齐。新政若有急须举办之事，务望稍候，江鄂奏到，俯赐采择。”②同时致电樊增祥说：“江、鄂折二十日内外可到，如蒙政府采择，有决计愿办之事，宜在西安早为举行，不必待回京后，庶早慰海内、海外望治之忱，且免到京后事多掣肘。”③ 这时，张之洞的心腹幕僚梁鼎芬也到了西安，他不仅在慈禧太后召见时为张之洞美言邀功，而且密切关注朝廷内外对江楚会奏的态度，随时为张之洞传递信息。他从鹿传霖处得知将有懿旨“整顿新政，照江鄂折，饬各省切实奉行”；就在第一时间里向张之洞报喜，称“此真吉祥盛事”。④ 果然，当天（八月二十日），慈禧太后发布懿旨：

> 自经播越，一载于兹。幸赖社稷之灵，还京有日。卧薪尝胆，无时可忘。推积弱所由来，叹振兴之不早。近者特设政务处，集思广益，博采群言，逐渐施行。择西法之善者，不难舍己

① 《论永停捐纳事》，《申报》光绪二十七年八月初二日，第1版。

② 《辛丑六月初七日致西安鹿尚书》，《张之洞电稿乙编》第14函，所藏档甲182－75。

③ 《致西安樊云门》（光绪二十七年六月初七日巳刻发），苑书义等主编《张之洞全集》第10册，第8613页。

④ 《辛丑八月二十日西安梁守来电》，《张之洞存各处来电稿》，所藏档甲182－435。

> 从人；救中法之弊者，统归实事求是。数月以来，兴革各事，业已降旨饬行。惟其中或条目繁重，须待考求，或事属创举，须加参酌，回銮以后，尤宜分别缓急，锐意图成。兹据政务处大臣荣禄等面奏，变法一事，关系甚重，请重申诫，谕示天下，以朝廷立意坚定，志在必行，并饬政务处随时督催，务使中外同心合力，期于必成。用是特颁懿旨，严加责成。尔中外臣工，须知国势至此，断非苟且补苴，所能挽回厄运。惟有变法自强，为国家安危之命脉，亦即中国民生之转机。予与皇帝为宗庙计，为臣民计，舍此更无他策。尔诸臣受恩深重，务当将应行变通兴革诸事，力任其难，破除积习，以期补救时艰。昨据刘坤一、张之洞会奏，整顿中法、仿行西法各条，事多可行，即当按照所陈，随时设法，择要举办。各省疆吏，亦应一律通筹，切实举行。大要不外言归于实，用得其人。予与皇帝宵旰焦劳，母子一心，力图兴复。大小臣工，其各实力奉行，以称予意。①

江楚会奏不仅得到朝廷谕旨的批准，而且还得到西方列强的认可，如来自上海的消息说，德国总领事“极佩服，欲译德文”。② 可见，江楚会奏的批准，表明两宫回銮之前在西方列强面前塑造一个维新政府形象的目的已初步达到。从此，清末新政正式开始进入具体实施阶段，正如时人所说：“惟是中朝宗旨，实以江鄂为南针。江鄂之言不必尽行，而江鄂奏入之后，大局未必不从兹而定。”③ 又有谓：“江、鄂条陈，实可逐件施行。”④ 清廷批准江楚三折后，张之洞亦有踌躇满志之感。某天，张之洞与幕僚郑孝胥、黄绍箕同饭，从容言之：“今

---

① 中国第一历史档案馆编《光绪宣统两朝上谕档》第27册，第188~189页。

② 《辛丑九月初二日上海来电》，《张之洞存各处来电稿》，所藏档甲182-435。

③ 沈曾植：《扬州与南皮制军书》，钱仲联辑注《沈曾植未刊文稿》，载王元化主编《学术集林》卷3，第106页。

④ 《甘大璋札》，杜春和、耿来金、张秀清编《荣禄存札》，第19页。

欲行新政，得数人亦可举耳：陈璧、张百熙、李盛铎、钱恂及座间郑、黄二君。用此六人，可成小贞观矣。”[①] 看来，张之洞对新政的前景不无乐观。

其时，日本政界要人近卫笃磨等人亦力劝清廷变法自强，其致函军机首辅荣禄称：“贵国积弊之深，既非朝夕，则苟欲变法以策万全，其宜参酌古今、折哀（衷）东西也，不待言也，是岂轻举鲁莽与因循苟且之所能为哉！洵宜君民同忧，上下一心，奋发惕励，与天下更始也。……今以贵国壤土之大，民众之多，上有皇帝、皇太后之英明懿慈，锐意励精；下有王大臣与督抚之公惠体国，戮力赞襄；加以令行禁止之积势与威信，倘能果断决行乎，其于中与（兴）伟业也，固非于越之兴、赵人之强可比也。”荣禄回信深表赞同：“承示变法以策万全，宜参酌古今、折衷东西，洵为笃论。迩者屡奉明诏，锐意图新，斟酌损益，与时通变，实与尊旨不谋而合。方贵国明治以前，亦尝弛而不张，敝于外患，一旦发奋，遂成维新之始，勃然而兴。敝国蒿目时艰，取鉴不远，惩前毖后，君臣上下，皆欲振厉自强，扫更积习。倘有成效，庶几不负忠告，一雪斯言。”[②] 光绪二十七年十一月二十二日（1902 年元旦），在清廷回銮京师之际，慈禧太后再次发布同心协力举办新政的懿旨，在一番痛责反省之后，有谓：“至于联固邦交，修明内政，举凡利所当兴，弊所当革，我君臣上下务在同心协力，切实讲求，次第举行，认真整饬。庶几交相咨儆，安不忘危，永矢忧勤惕厉之诚，痛除粉饰因循之习，实事求是，同济艰难，无怠无荒。尔内外大小臣工，其与朝廷共勉之。”[③] 清末新政终于在被迫无奈之中艰难启动了。

---

① 劳祖德整理《郑孝胥日记》第 2 册，第 817 页。

② 《近卫笃磨等札》《拟复近卫笃磨札》，分见杜春和、耿来金、张秀清编《荣禄存札》第 389、391 页。

③ 中国第一历史档案馆编《光绪宣统两朝上谕档》第 27 册，第 238 页。

第四章

地方督抚与吏治改革：以裁革胥役、陋规与捐纳制度为例

在中国传统的官僚政治中，官吏是维系国家机器正常运作的要角。清末新政开始之初，对既有官僚机构与行政制度的调整与改革，首先被提上议事日程。清政府旧有的中央权力机构主要是军机处和吏、户、礼、兵、刑、工六部。庚子事变之后，随着政治形势的新变化，在新政开展的过程中，陆续设立了外务部、商部、巡警部、学部以及练兵处、财政处等新机构，并裁撤了詹事府、通政司等旧衙门。与此同时，地方行政机构改革也在相应地进行，如裁撤河东河道总督、漕运总督、云南巡抚、湖北巡抚、广东巡抚、奉天府府尹与府丞、粤海关与淮安关两监督，以及江宁织造，等等。行政机构的革故鼎新，为建立健全的行政制度奠定了一定的基础。当然，要使行政制度得以正常、高效率地运作，还必须有清明的吏治。不幸的是，当时吏治腐败已经到了极点。因此，清政府采取了一系列整顿吏治的措施。其中，裁汰胥吏与差役，酌改陋规为公费，改革捐纳制度，是三项重要的举措。诚然，整顿吏治的目的，在于清除吏治腐败的根源。

在此过程中，地方督抚建言践行，发挥了相当重要的作用。然而，由于传统官僚政治的惰性与惯性，以及现实中人事关系与切身利益等问题的困扰，其间的内在矛盾难以调适，使得吏治改革举步维艰，并在一定程度上直接影响了清末新政的进程。

第一节　裁汰胥吏、差役与行政效率问题

胥役即胥吏（或称书吏）与差役，虽然在体制上不是正式的职官，只是衙门里的具体办事人员，但他们处于连接职官与绅民之间的中介地位，是整个官僚机构中不可或缺的重要环节。在中国传统的官僚政治中，胥役在名义上地位不高，但掌握着实际办事的权力，其所作所为，直接制约了行政制度的效率。清初大儒陆陇其曾慨叹："本朝大弊，只三字，曰例吏利。"[①] 其实就是说胥吏利用律例谋取利益，营私舞弊，几乎无孔不入。如咸同时期名士冯桂芬所谓："谈者谓今天下有大弊三，吏也、例也、利也。任吏挟例以牟利，而天下大乱，于乎尽之矣。"[②] 胥吏既如此，而差役之害更甚于胥吏。如时论所谓："胥吏、差役同为民生之蟊贼，而差役之为害于民较胥吏为尤甚。盖以胥吏虽作奸犯科，舞文弄法，然受其害者多在于官；若差役，则民间琐屑、词讼之事为其所把持，必致倾家荡产而后已。"[③] 晚清时期，随着官僚政治日益腐败，胥吏、差役更是为非作歹，欺上瞒下，病民蠹政，严重地败坏了各级政府机关的行政作风，形成清末一大弊政。裁汰胥役，便成为清末新政的重要举措。

当清廷颁布新政上谕，要求内外臣工建言献策时，因有变法"毋偏重西"的传闻，湖广总督张之洞为把握清廷新政的意图，特地致电

① 徐珂编撰《清稗类钞》第11册，胥役类，中华书局，1986，第5250页。
② 冯桂芬：《省则例议》，《校邠庐抗议》，上海书店出版社，2002，第14页。
③ 《驭差役说》，《申报》光绪二十九年四月十二日，第1版。

西安行在军机大臣鹿传霖探询内意，郑重地提出改革六部吏例弊政的主张。他问："鄙意第一条欲力扫六部吏例痼习痼弊，枢廷诸公肯否?"[①] 鹿传霖迅速给予肯定的答复，有谓："来教谓第一力扫六部吏例，深合鄙衷。及今曹署焚荡之余，尤为机可乘而制易改。然腐儒固执，宵小不利，阻挠必多。将来想有助略相（荣禄——引者注）极力主持，惟当切实行之，逐渐变之，总期除弊兴利，似不必拘定西学名目，授人攻击之柄。"[②] 鹿传霖透露朝廷新政的信息，不要拘泥于"西学名目"，关键要做到"除弊兴利"。张之洞所谓"力扫六部吏例痼习痼弊"，显然就在"除弊"之列，故鹿传霖深表赞同。

其时，御史陈璧奏陈内治之要，宜去积弊，以立纪纲。他认为，国家设六部之制，总理天下大政，法非不尽善，然行之既久，而百弊丛生，关键是"官不亲其事，而吏乃攘臂纵横而出于其间也"。吏之所以能操纵于其间，是因为他们掌握了纷繁复杂的例案，使官不得不倚若左右手。"官非不欲亲其事，而例案太繁。不肖者与吏分肥，任其弄法舞文，无所不至；其稍能自立者，能不假手吏胥，而检查旧档，推究成案，吏亦得以隐持之。然则欲吏杀其权，非官亲其事不可；欲官亲其事，非省例案不可"。他主张乘庚子事变京师迭经兵火，各衙门案卷散失及吏胥亦四散之时，予以大加整顿。"请朝廷发一明诏，特简通知古今公忠识大体之重臣，将京中大小各衙门，所有重复牴牾奥窔不可猝瞭之例，一时权宜可左可右无所折中之案，一切罢去。留其足为典要者，遇事比附；其无可比附者，均恭候钦定遵行，亦以尊朝廷而重制置也"。在清理例案的同时，要求司员亲理案卷，亲手拟稿，以取代吏的职能。"请朝廷发一明诏，自今以始，案卷尽提藏司堂，司员亲手分类记载，续收续记，逐日清理，无令遗漏。初

---

① 《致西安鹿尚书》（光绪二十七年正月初九日午刻发），苑书义等主编《张之洞全集》第10册，第8506～8507页。

② 《辛丑正月初十日鹿尚书来电》，《张之洞电稿》，所藏档甲182－209。

到署之司员，分司后，一面阅看则例，一面学习检案，检案能矣，即令学习拟稿。无一案不出司员之手检，无一稿不出司员之手裁，堂官以是定其贤否，而加之黜陟。如此而人才不奋者，臣不信也”。他还特举军机处与总理衙门分任章京办事，而不使胥吏干政，说明各衙门亦能如此。[①] 对于陈璧所奏，清廷深为嘉许，谕令亟宜切实施行，“著京师行在六部各衙门堂官，按照所陈办法，均责成各司员亲自经理例案，不准再行假手书吏。当此兵燹案件佚失之际，著即妥定章程，遴派司员，将现行各例删繁就简，弃案就例，悉心筹度，详晰核定，奏明办理，以杜积弊。该堂司各官，如再不振刷精神，力除积习，以期实事求是，共济时艰，定即重加惩处不贷”。[②] 可见，清廷亦极欲借此振刷纪纲。

各省督抚复奏新政办法时，有人直接提出了删则例、裁胥吏的主张。护理陕西巡抚端方奏请变通政治，其中关于去弊之事，有以下重要的两条。一曰删则例。“宜令各衙门举旧有之则例与新行之事宜汇总，呈送政务处拣择，仿修订会典之例，博征通达大体之儒与明习律令之士为编纂官，必须贯通本末，归于简要。”一曰裁胥吏。“胥吏者，以则例为舞弊之护符，以成案为把持之利券，官司不能诃，当局无从诘，顾炎武《日知录》所诋为胥吏之天下也。人人知其害而不能去者，何耶？以朝廷任法不任人也。今世变日亟，势不能持咫尺之案以治，纷例案之局破，胥吏自无从窟穴其间，不言裁而自裁，今日之事是也。第以傋瞀科举之士，任素不相习之事，其势仍不能不委之于胥吏，是胥吏实与科举学校相始终，有八股之人才，即不能少今日之胥吏。裁之之法，有显弃其身，有隐消其黠两事。如六部胥吏何止数千，讹索把持，是其惯技。今当大乱之后，簿籍皆空，另立册档，一

① 《巡视中城御史陈璧奏为革除六曹积弊以立纪纲敬陈管见事》（光绪二十七年正月初四日），一档藏，录副奏折，档号03－5399－084，缩微号408－0191。

② 中国第一历史档案馆编《光绪宣统两朝上谕档》第27册，第32页。

委士人，永远不再招致此辈，是谓显弃其身。或仿照方略馆、总理衙门，供事仅司书写，不准拟稿，不立科房，公事随到随办，永无积压，是谓隐消其黠。”在他看来，胥吏与科举、则例相伴生，不变科举，不删则例，则事繁而杂，官冗而昏，是变科举、删则例尤为裁胥吏之根。[①] 两广总督陶模亦奏请删则例，以抑制胥吏弄权。有谓：“胥吏之害，人人知之。究其根株，实在六部成案山积，轻重准驳曾无定比，吏得上下其手以为奸，而外省书吏亦得依附朋比，以便牟利之计。今若变通官制，堂司各官皆用其所习，已不致为所蒙蔽。更请饬令部臣编定则例，凡烦苛细碎之法，悉行删汰，务使简要易行，一切旧案不准援引。任是官者既人人知职分所当为，即非任是官者亦了然于重轻准驳之自有一定，则书吏无从舞文弄法，但供钞［抄］写之役足矣。则例既定，部吏无权，而外省大小衙署之书吏亦因之而无权，吏治常肃，民生愈安。”[②] 兼署云贵总督云南巡抚丁振铎奏陈变法十条，其中第三条是：“删繁例以求核实。饬各部堂司将各司应办事例条列成编，在司人员时常披览核对，自易明晓，可不受胥吏欺蒙。应严饬书吏将向来各案例得援引者检出，编入号簿，或一事数歧，折中定议，存留一二成案，余悉销除，非簿中挂号者，不准妄引，则书吏不能以稿案为私藏，即弊端亦当少减。其他窒碍难行之则例，一并删除。”[③] 端方、陶模与丁振铎均主张删除繁杂的例案，甚至裁撤胥吏，以肃清胥吏弄权的弊政。

光绪二十七年（1901）四月，清廷连下四道谕旨，力图整顿吏治。具体步骤是先从中央六部着手，然后渐及各省与各府州县衙门。十一日，发布第一道上谕，令整顿部务，裁汰书吏，销毁案卷。该谕

① 端方：《筹议变通政治折》（光绪二十七年三月），《端忠敏公奏稿》卷1，第43～44页。

② 陶模：《变通政治宜务本原折》（光绪二十七年四月初五日），《陶勤肃公奏议遗稿》卷11，第27页。

③ 《兼署云贵总督云南巡抚丁振铎奏为遵旨复奏敬陈管见十条事》（光绪二十七年四月十五日），一档藏，录副奏折，档号03－5740－020，缩微号431－2972。

旨认为，六部行政运作本有《六部则例》为依据，但书吏办事往往根据以往成案的案卷，而置既有《六部则例》于不顾，所谓“舍例引案”，以达到其弄权自如的目的。庚子事变后，各部案卷散失过半，正可借机一并销毁。谕旨具体分析了书吏之所以能够肆意弄权的原因：司员不习公事，奉吏如师，甚至与吏勾结，狼狈为奸。解决的办法是，裁汰书吏，要求各部堂官督率司员亲理部务。有谓：

> 京师为天下之根本，六部为天下政事之根本。六部则例本极详明，行之既久，书吏窟穴其中，渔财舞文，往往舍利引案，上下其手。今当变通政治之初，亟应首先整顿部务，为正本清源之道，非尽去蠹吏，扫除案卷，专用司员办公不可。兹值京师兵燹之后，各部署案卷不过十存四五，著即一并销毁，以示廓清弊窦，锐意自强之志。自此次销毁以后，各部堂官务当督饬司员，躬亲部务，各视事之繁简，另募书手若干名，专备钞［抄］缮文牍之用，不准拟办稿件，积压文书，并著堂司各官妥定简明无弊章程，通限两个月，咨送政务处大臣复核具奏，候旨颁行。夫蠹吏盗权，人人所知，亦人人所恨，而积久不去者，其故有二：一则司员不习公事，奉吏如师；一则贪劣之员勾结蠹书，分财舞弊。殊不知例为旧有，案乃新增，彼倚案卷为护符，视书吏如手足者，动以无案可稽为词。试问我朝入关之初，究有何案可援耶？列圣励精图治，亦何尝拘守成案？朕之弃案用例，正以仰法列祖，振兴庶务，磨励人才。各部司员务当勤奋办公，其能事者力任怨劳，新近者专心学习，但患不能，不患不知。朝廷求才若渴，破除成格，务各振刷精神，湔除积习，修明百度，以副朕怀，有厚望焉。

当天，还发布第二道上谕，令给被裁书吏宽予出路：

现在整顿部务，裁汰书吏，原为祛除积弊起见，所有各部裁退之书吏，朝廷格外加恩，予以出路。著吏部按照向来年满书吏应得议叙章程，妥议办法，以示体恤。

四月十五日，又发布第三道上谕，谕令整理各部案卷：

六部各衙门事务积久弊生，蠹吏因缘为奸，屡经降旨整顿。昨因兵燹之后，各部案卷散失不全，复谕扫除销毁。原以歧出之案牍甚多，介在两可之间，书吏得以上下其手，亟应力除此弊。若有关考察，及旧例所无，随时新增成案，应由各部堂官派委司员，逐一查明，分别开单，咨送政务处复核。其应留者一并纂入则例，以归画一而杜两歧，其应去者即一律销除，务使廓清弊窦，损益得中，俾中外昭然共守，不至再蹈从前积习，用副朝廷孜孜求治之意。

四月十七日，又发布第四道上谕，令裁汰地方各省院司及府州县衙门书吏。该谕旨认为，各省及各府州县衙门的书吏也是舞文弄法，朋比为奸，比部吏是有过之无不及，而差役扰民尤为地方之害。因此，要求各省督抚对于病民蠹政的书吏与差役尽行裁革，以改善行政作风和提高行政效率。有谓：

近因整顿部务，特谕各部堂官督饬司员，清厘案卷，躬亲办事，将从前蠹吏尽行裁汰，以除积弊。惟闻各省院司书吏，亦多与部吏勾通，其各府州县衙门书吏，又往往勾通省吏，舞文弄法，朋比为奸，自非大加整顿，不能弊绝风清。至差役索扰，尤为地方之害，其上司之承差，则藉公需索州县，州县之差役，更百般扰害闾阎，甚至一县白役，多至数百名，种种弊端，亟应一

> 律革除。著各督抚通饬所属，将例行文牍一并清厘，妥定章程，仿照部章，删繁就简。嗣后无论大小衙门，事必躬亲，书吏专供缮写，不准假以事权，严禁把持积压、串通牟利诸弊。其各衙门额设书吏均分别裁汰，差役尤当痛加裁革，以期除弊安民，毋得因循徇庇。仍由该督抚将整顿章程，咨明政务处大臣汇核具奏，其认真与敷衍，不难按牍而知也。①

稍后，两江总督刘坤一与湖广总督张之洞在《江楚会奏变法三折》第二折关于整顿中法十二条中，也提出了裁撤胥吏与差役的主张。具体办法是：将胥吏“一律裁汰，改用委员”，各省督抚、司道、知府、直隶州衙门原有额设办稿经承，用本省候补佐贰杂职，称为稿委；缮写清书用本省生员，称为写生；生员不够，可从该衙门清书中挑选谨慎守法者充作书手，称为贴写生。各州县衙门则稿书用生员或监生、童生，称为稿生；清书另雇读书安分之书手，亦称写生。稿委、写生一律改用士人，既可去除“书吏”的污名，又可令候补人员练习公事，并为本省寒士开一生计，可谓一举数善，终将胥吏裁汰，以“永除要官朘民之弊”。至于差役，遵旨裁汰后，各州县之听讼、理刑、催科、缉捕等事，拟令州县自行募勇，以供驱遣。“此勇既由官选募，必自择妥实可信之人，去留在官，自然不能把持，用勇之与用差，利害相去悬绝”。在繁盛城镇，还可采取外国成法，试办巡捕兵或警察，负责查户口、清道路、防火患、别良莠、诘盗贼等事。“警察若设，则差役之害可以永远革除。此尤为吏治之根基，除莠安良之长策矣”。② 随后，张之洞又致电尚在西安行在的门生樊增祥，力言裁吏役问题，敦促其设法推动政府切实施行。有谓：“足下力主裁

---

① 中国第一历史档案馆编《光绪宣统两朝上谕档》第27册，第77～80页。

② 《遵旨筹议变法谨拟整顿中法十二条折》（光绪二十七年六月初四日），苑书义等主编《张之洞全集》第2册，第1412～1415页。

吏、裁役两事，诚为今日第一善政。乃闻京城仍被书吏把持，外省仍多观望无识，京外官多有谬论阻挠，令人愤叹。足下久官州县，仆为疆吏十数年，所到各省，实不知书吏、差役有何难裁之故，岂有督抚、州县皆曰可裁而不能裁者乎？至部吏徒为巨蠹，并无一长。此等寻常中国吏治事尚不能办，安望变法自强乎？望足下一律坚持，力言于政府，趁日内再请一严旨，责成京外期于必裁，限期复奏，自然奉行，此足下挽回世运之真经济、造福苍生之大功德也。”① 据《抱冰堂弟子记》载：张之洞在“变法疏内，力主裁书吏之说。癸卯入对，面陈尤力，并与各部院痛陈其弊，此议遂行。湖北自督抚两院始，已全行裁汰矣”。② 张之洞力主裁书吏之说，应该没有问题，至于真实效果如何，此处不免夸张。

胥吏、差役之害，尽人皆知，但要裁革，则并不容易。一方面涉及被裁胥役群体的生计问题，另一方面则关系到各衙门行政体制问题。光绪三十年（1904）七月，兵部奏陈裁革书吏，仍称：“自光绪二十六年以来，迭奉懿旨，裁革书吏，各部院咸迟迟未发者，一则恐书吏盘踞太久，不易驱除，一则恐司员公事生疏，致多贻误。因瞻顾而成迁就，因迁就而成敷衍，遂致有另募书手之名，无裁革书吏之实，部务仍无起色。”兵部拟裁革书吏办法六条：（1）册稿提归司堂，以免私人把持；（2）宽司员公罪，限三个月让司员熟悉办事程序；（3）招考供事，负责写稿；（4）删去繁文，简化办公程序；（5）厘定简明章程，将选补轮次、保案等第、奏销格式细加删改，务求简明；（6）酌予书吏出路，勤慎无过者咨送吏部铨选，实有劣迹者斥退。③ 应该说，兵部这六条办法充分考虑了裁撤书吏后行政体制的正

---

① 《致西安樊臬台》（光绪二十七年八月二十二日巳刻发），苑书义等主编《张之洞全集》第10册，第8636～8637页。

② 《抱冰堂弟子记》，苑书义等主编《张之洞全集》第12册，第10628页。

③ 《兵部奏遵旨裁革书吏折》，《申报》光绪三十年七月二十七日，第1版。

常运作，以及被裁书吏的出路问题。然而，兵部裁撤书吏并不顺利。据《东方杂志》记载：“近者兵部尚书长大司马（长庚——引者注）整顿部务，不遗余力，而于裁革书吏一事，尤为著意。初本欲于裁革书吏之后，即令司员分办公事，乃书吏既经裁撤，而各司员于部中公事，平时漫不经心，一旦接办，茫无头绪，纷纷扰扰，贻误良多。于是乃有复为调停之说者，谓宜仍旧姑用书吏，使司员从而学习，一俟司员学习既熟，足以自办，再将书吏裁革云云。长大司马颇以为然，拟仍招回书吏二十名，而众书吏联盟要挟，谓用必全用，且须担保以后永不裁革，始能应招云云。该部进退维谷，至今此事迄未决定。”① 吏部裁革书吏引发了内部激烈的矛盾冲突。据《申报》报道：“去年始明降谕旨，令内外各衙门一律将书吏裁撤。吏部各堂聚议，皆以不裁为是。惟张尚书（百熙——引者注）力排众议，决意裁撤，因此与世尚书（世续——引者注）、继侍郎（继禄——引者注）等意见不合，多所阻挠。其主张不裁者，则谓各部书吏由来已久，一旦裁撤，恐多数人失业，因而生事者；有谓司员于例案未熟，办事谬误，恐干严谴，不能无书吏为之臂助者。此不欲裁之出于公心者也。有暗受书吏嘱托，冀为解免，以见好于众人者；有不悦张之所为，故为反对，以掣其肘者。此为不欲裁之出于私意者也。总之，不外畏难苟安，得过且过，此固向来官场之通病，而京曹各官则尤有甚耳。”② 从兵部与吏部的事例来看，各衙门对书吏的依赖综合征，是书吏难以裁革的关键因素。

与兵部、吏部相似，正是因为对书吏的依赖综合征，各衙门裁革书吏大都是走形式，而并没有实质性的结果。“中国书吏之弊，千百年来，至今日而已极。固夫人而能知之，其必当裁革，亦夫人而能言

① 《论书吏必当裁革》，《东方杂志》第1年第9期，光绪三十年九月二十五日。

② 《论吏部裁撤书吏事》，《申报》光绪三十一年三月二十三日，第2版。

之矣。顷者中朝念时事之多艰，痛国势之日非，慨然有志于变法，思有以去其旧染，咸与维新，亦尝念及于此，而图所以祛除之，因特颁明诏，极言书吏之弊，通饬京外各衙门，令即裁革。顾京外各衙门，意存观望，奉行不力，仅择挂名顶卯无关紧要之徒，革撤三数人，以掩饰耳目，敷衍塞责者有之；名为裁革，另行招考书手，而其所招考，仍属书吏者有之；竟藐视朝廷，置明诏于不顾，仍复倚任书吏，并不裁革者亦有之。即京师六部衙门，以谕旨严切，耳目太近，不能不稍有举动，以副上意，亦尝张皇其事，一若真行裁革也者。至推求其实，则或择挂名顶卯无关紧要之徒裁革三数人，以掩饰耳目，敷衍塞责，或名为裁革，另行招考书手，其所招考仍属书吏，一如其他各衙门。自是以来，大猾巨蠹，仍得盘踞当路，肆其舞文弄法、作奸犯科之手段，贪婪无厌。彼以为吾侪本奉旨裁革，而各官吏仍复用之，已自蹈徇私违旨之咎，即有过失，各官吏必为容隐，断不敢公然究办，以自取罪戾。于是其胆愈大，其气愈炽，其心愈狠，其手愈辣，跋扈恣肆，悍然无复丝毫之顾忌，而其中尤以部吏为尤甚”。[①] 对书吏欲裁而不能，反而造成书吏更加暴戾嚣张的反弹，这种事与愿违的后果，确实令人非常遗憾。

裁革差役同样没有多大效果。据《申报》报道：“差役之鬼蜮伎俩，横行无忌，则固尽人皆知矣。前年明诏特颁，责成各省疆臣通饬所属各府州县，俾与书吏一体裁减，一时风行雷厉，几有刻不容缓之势，宜早已分别去留，何待今日鳃鳃过虑矣。不意当轴者羽书旁午，聚议纷纭，而吏既窟穴已深，役亦盘踞如故。虽当令下之日，间亦有酌裁若干者，实则皆系浮开额数，未尝汰去一人。如松江府治著名要缺某县令，竟藉口公务繁剧，力护差役，非惟不肯议裁，反增设若而人，而彼上司亦竟曲徇所请，不以违旨相诘责。一县如此，他县可

① 《论书吏必当裁革》，《东方杂志》第1年第9期，光绪三十年九月二十五日。

知。无怪裁吏既徒托空言，裁役亦未收实效也。”[①] 与书吏一样，各衙门对差役的依赖综合征，也是一个难解的死结。

需要说明的一点是，由于传统官僚政治体制本身对胥役具有很强的依赖性，要彻底裁革胥吏与差役确实非常困难，但清末新政时期试图裁革胥役的举措也并非完全没有效果。如直隶总督袁世凯光绪二十九年（1903）二月奏报所属天津县整顿书役一事时，署天津知县章焘禀报称：“自上年八月试办起以迄今日，官无废事，役无婪索，民无扰累，业已著有成效。”因此袁世凯进而认为：“津邑号称繁剧，需用书役较众，一经认真裁汰，尚无不敷驱遣之时，以之推行各属，当亦无所窒碍。”[②] 被户部尚书载泽委任清理财政处总办的杨寿枏在其自订年谱之宣统二年（1910）条中说：“各部书吏之权最重，户部尤甚，为有清一代秕政。余总办财政处，调各司司员兼充总核、坐办、科员，办稿核算，均出司员手，书吏仅共缮写，自是积弊尽除，司员之才敏者，皆崭然见头角矣。”[③] 如果袁世凯与杨寿枏的记载属实，那么，裁革胥吏与差役似乎也并非完全不可能。虽然这两个事例只是个案，并不具备普遍性，但从这两起个案来看，裁革胥役的效果实际上又与各衙门主官的智慧与魄力直接相关。不过，总的来说，清末胥吏与差役的裁革效果确实并不怎么理想，这是不争的事实。

第二节　裁革陋规与行政腐败问题

清末吏治腐败的又一大根源是陋规盛行。清代官员的正俸极低，

---

① 《裁差役议》，《申报》光绪三十年九月十一日，第1版。

② 《天津县整顿书役酌改讼费折》（光绪二十九年二月十三日），廖一中、罗真容整理《袁世凯奏议》中册，第776、777页。

③ 杨寿枏：《苓泉居士自订年谱》卷上，1943年刊本，第15～16页。

要维持官员及其家庭的日常生活、人际交往与公务活动，往往是杯水车薪，远远不够花销。于是，便通过官场潜规则衍生出正俸之外的各种灰色收入，即所谓“陋规”。雍正朝实行耗羡归公，给各级官员分别发放相当数额的养廉银，以期取消各项陋规。然而，好景不长，定额的养廉银并不能满足官员的实际开销。晚清时期，陋规依然是官场潜规则的衍生物，其盛行之风愈演愈烈。何谓“陋规”？所谓“陋规”，就是“惯例性收费”，有“丑陋的规矩”之意。“通过在每一个可以想象的场合收费，中国官僚体系每一层级的成员们都能补充他们的收入。虽然这种惯例是‘不正常的’、‘贱鄙的’，正如‘陋规’一词本身所表示的；但它仍然被确立和承认，并成为广泛接受的事实。因此，它也在法律的默许之内。但是，我们不要把它与贿赂或别的形式的贪污腐败混淆，后者是非法的、被禁止的。然而，在某些情形下，在收取‘陋规’和贪贿之间并没有一个明确的分界线”。[①] 正因为陋规与贪贿界限模糊，致使在默许陋规存在的同时，实际上也在纵容和助长贪贿之风，从而败坏吏治，就不可避免。

晚清时期，陋规为吏治之害，早为有识之士所痛贬。咸同之际，洋务名士冯桂芬在痛斥官场吏治败坏的情形时指出：“外官自督抚以至典史，某缺肥，岁赢若干；某缺瘠，岁赔若干。所谓肥瘠者，皆陋规之属，扬扬然习于人口，恬不为怪，骤闻之，几疑官名为市肆之名。……大小京官，莫不仰给于外官之别敬、炭敬、冰敬，其廉者有所择而受之，不廉者百方罗致，结拜师生兄弟以要之。大抵大官之廉者仅足，不廉者有余，小官则皆不足，不足则揭债，母十岁三其子，子复为母，十年外简，数已巨万，债家相随不去，犹冀其洁清自好

① 瞿同祖：《清代地方政府》，范忠信、晏锋译，何鹏校，法律出版社，2003，第47页。

乎？……然则非本性之贪，国家迫之，使不得不贪也。”[①] 可见，陋规其实是一种制度缺陷造成的顽症。光绪初年，清流健将黄体芳痛陈陋规有害吏治，有谓：“外省陋规原非一致，惟取之属员者最为吏治之害。各省名目不一，或名节寿到任礼，或名季规，或名薪水，或名帮项。早年督抚颇有收受节寿等规者，今日督抚尚少此事，藩司或有或无，各省不同，至臬司及道府无不仰给于此。近年恶习，卑谄州县则多送见好，求胜前人。贪横大吏则额外诛求，善地由少而多，瘠区由无而有，而属吏狡黠者，即以此挟制上司，以致道府表率徒有其名，控案不能提，劣员不能揭，况藩司专升调补署之权，臬司为刑名生死所系，一受其馈遗，则委撤必至瞻徇，招解不便翻驳。吏事民命，尚堪问哉！”他主张认真查禁，一律革除，并列举多位督抚裁革陋规的成功先例为证：湖北巡抚胡林翼奏定折漕，裁汰浮费，为粮道、州县明定盈余，力清漕弊；两江总督曾国藩、江西巡抚沈葆桢核定钱漕，将通省陋规裁定，名曰“公费”；闽浙总督左宗棠，也将福建陋规裁定立案；山西巡抚阎敬铭力裁摊捐；安徽亦将各衙门陋规裁定，名曰“津贴”。最后，他建议清廷饬令各省督抚参照江西、福建、安徽等省成例，将向来节寿等陋规名目永远裁革，“正名核实，一洗百年之积弊，则吏治蒸蒸不难也”。[②] 然而遗憾的是，结果并不尽如人意。尽管有冯桂芬、黄体芳等士人大声疾呼，也有曾国藩、左宗棠等督抚身体力行，但裁革陋规并不容易，甚至旧的陋规既经裁革，而又不断衍生出新的陋规。陋规层出不穷，可谓败坏吏治、侵害民生的痼疾。

清末新政初期，刘坤一、张之洞在著名的《江楚会奏变法三折》中，主张对于各衙门官员要“重禄以养其廉”，即用高薪养廉的办法，

---

① 冯桂芬：《厚养廉议》，《校邠庐抗议》，第 8 页。

② 黄体芳：《请分别裁定陋规以肃吏治疏》（光绪四年七月初四日），俞天舒编《黄体芳集》，上海社会科学院出版社，2004，第 6～8 页。

防止官吏的贪污腐化。具体办法是：京官应提供足够的养廉银，外官要有充足的办公经费，“使贤才无北门贫窭之忧，当官有公尔忘私之志”，以维持官僚政治的正常运作。[①] 光绪二十八年（1902）八月，直隶总督袁世凯上奏整顿吏治，主张将道府厅州各项陋规一律酌改为公费。他以直隶为例说，各级政府官员因廉俸微薄，办公用费浩繁，“乃不得不取给于属吏。于是订为规礼，到任有费，节寿有费，查灾、查保甲有费，甚或车马薪水，莫不有费。此等风气，大抵各省皆然，非仅直隶有之”。陋规本是官吏薪金以外的重要进项，虽然不同于暗中进行的贿赂，但公然盛行，同样会败坏吏治。“平时既受陋规，即遇事不无瞻顾，设一旦见有不肖之属吏，为上司者欲破除情面，据实纠参，或往往为其下所挟持，转不克径行其志。吏治之敝，所由来也”。为了既能保证行政机构的正常运作，又能防止吏治腐败，他建议将旧有之陋规改为公费，“化私为公”。具体做法是：一方面，要求收受陋规的道府厅州各级官员“各将每年应得属员规费，据实开报，和盘托出，即按其向来所得之多寡，明定等差，酌给公费”；另一方面，具体确定各道府厅州月支公费银数额从1000两到50两不等，并要求交纳陋规的州县官员“将向来应出节寿等项，一律径解司库，不加耗费，另款存储；道府厅直隶州应支公费，按月赴司库请领，不准折扣，闰月不计，司库统计出入，如有不敷，另筹弥补”。他认为，把无底洞似的陋规改为有定额的公费，“自此次定章以后，道府厅直隶州不准与所属州县有分毫私相授受之事，倘敢巧立名目，藉端敛派，及不肖州县设计馈献，尝试逢迎，均准随时据实禀揭。查实后，按赃私例严参治罪，其别经发觉者与受同科。如此一转移间，化暗昧为光明。廉吏既不病难为，墨吏更无所藉口。长官不必有额外之需

① 《遵旨筹议变法谨拟整顿中法十二条折》（光绪二十七年六月初四日），苑书义等主编《张之洞全集》第2册，第1411～1412页。

索，自可洁己以正人；下僚不敢作非分之钻营，相与奉公而勤职。庶几大法小廉，而吏治可蒸蒸日上”。[①] 袁世凯裁革陋规、酌改公费的方案，得到清廷谕旨批准，并向全国推广。上谕称：“国家设官分职，原期大法小廉，洁己奉公，乃该管上司收受陋规，视为故常，无怪吏治日益颓坏。兹据袁世凯奏请，将旧有规费责令和盘托出，化私为公，酌给公费，实为整饬官方起见。此等风气，各省皆然。著各督抚仿照直隶奏定章程，将各项陋规一律裁革，仍酌定公费，以资办公，务期弊绝风清，认真考察属员，俾吏治蒸蒸日上，用副朝廷实事求是之至意。”[②]

袁世凯的方案看似切实可行，只要各级官员把平时收受的各种规费公开上报，再据以确定一个公费标准，即拨给额定办公经费。然而，事情并没有这么简单，其间实有难言之隐，那就是陋规原本是生财之道的活水源头，而一旦改为公费，就变成了定额的薪俸，这显然势必断了官员们的财路。就具体操作层面而言，各项陋规的实际数目应该报多少合适，其实也是一个无法拿捏得当的难题。因此，对于清廷的谕令，各省督抚反应并不积极，山西、江西、湖北三省督抚的奏折附片可为例证。护理山西巡抚赵尔巽奏称：据署布政使吴廷斌报告，山西省自光绪六年经护理巡抚葆亨将各州县馈送上司节寿陋规一律裁汰，凡臬司、道、府、直隶州、知州均改为公费，由各属按季解送，以资办公。后又于光绪八年经巡抚张之洞就原定数目大加核减，二十年来，已奉为定章。“在各属解数有定，并非强以所难，而该管上司收受有名，亦可正以率属，与直隶今日办法用意正同，无庸另议”。赵尔巽认为：“裁陋规而定公费，实为整顿吏治要图，晋省既先已行之，应请毋再置议。”[③] 护理江西巡抚柯逢时奏称：“伏查道府各

① 《道府厅州各项陋规一律酌改公费折》（光绪二十八年八月初八日），廖一中、罗真容整理《袁世凯奏议》中册，第631～633页。

② 朱寿朋编《光绪朝东华录》第5册，总第4928～4929页。

③ 《护理山西巡抚赵尔巽奏陈山西裁革陋规酌定公费事》（光绪二十八年十月十七日），一档藏，朱批奏折附片，档号04－01－35－1387－018，缩微号04－01－35－064－2898。

官公费无出，取给属吏，陋规日久相沿，视若成例，实为吏治之害。江西从前道府衙门，有漕规、月费、节寿各项名目，大率上司取之州县，州县出自丁漕。同治初年，经前督臣曾国藩、前抚臣沈葆桢，将各属应征地丁、漕米减定价值，折钱征收，酌提赢余，以为向有摊捐各款及道府各官办公经费之用，所有一切陋规悉行禁革。同治四年，由前护抚臣孙长绂奏明立案。自是以来垂四十年，谨守成规，罔敢逾越，实与此次直隶总督臣袁世凯奏定办法用意正同，自可循旧办理，免事更张。”① 署理湖广总督湖北巡抚端方奏称：“湖北省道府各官，经前署督臣卞宝第及本任督臣张之洞，两次酌定办公经费，所有陋规等项久已革除，第恐日久弊生，饬司确查议复。”据布政使瞿廷韶、按察使李岷琛报告，湖北经前两任督臣卞宝第、张之洞分别于光绪九年、二十五年采取措施，业已革除陋规，酌定公费。“溯自定章以来，屡经考查，各该道府州县，均尚恪守成规，罔敢偭越，似可毋庸再议更张。至各该道府公费，向由州县自行按季径解，尚称简便，现若查照直隶章程改解藩司转发，反多周折，未便仿行”。端方认为：“湖北道府各官，自裁革陋规、酌定公费之后，尚无另立名目，藉端摊派，州县亦无意图见好、馈献、尝试情事。至各省情形不同，该司等所称解由藩司转发，反多周折，亦系实在情形，应请仍照向章办理。嗣后仍当随时严密稽查，倘有私相馈送情事，即行从严参办，以期仰副朝廷惩贪除弊之至意。”② 从赵尔巽、柯逢时、端方的奏片来看，山西、江西、湖北三省早已裁革陋规，酌改公费，与袁世凯方案用意相同，湖北的做法甚至更加方便。其实，这些只是应付清廷谕令的官样文章，很难收到整顿吏治的实在效用。

---

① 《护理江西巡抚柯逢时奏报江西禁革各项陋规情形事》（光绪二十八年十月二十八日），一档藏，朱批奏折附片，档号 04－01－35－1062－039，缩微号 04－01－35－052－3250。

② 端方：《裁革陋规酌给公费片》（光绪二十八年十二月），《端忠敏公奏稿》卷3，第3～4页。

陋规未能革除，吏治依然腐败，这是清末基本政情。对此，清廷并非全然不知。光绪二十九年（1903）底，清廷以国库空虚，谕令各省督抚将所属优缺优差，浮收款目，彻底确查，酌提归公，并将房田税契切实整顿，岁增之数，按各省份认定额数，源源报解。自光绪三十年始，除新疆、甘肃、贵州及东三省地方瘠苦，免其筹解外，江苏、广东每年各认 35 万两，直隶、四川各认 30 万两，山东认 25 万两，河南、江西、浙江、湖北、湖南各认 20 万两，安徽认 15 万两，山西、陕西、云南、福建、［广西］各认 10 万两，以上 16 省共计每年认定 320 万两。“如该省地方情形实有为难，准其在本省各项原有中饱陋规内酌量筹补，必须筹足定额为度，不准稍有短欠。至各州县无名之费，不肖者相率逢迎馈送，贤者亦不免酬应办差，斗靡夸奢，泰侈无度，不但虚耗物力，抑且败坏官箴。当此创巨痛深之时，宜励尝胆卧薪之志。该督抚等务当整躬率属，痛予禁除，其所节省当亦不少。如此认真厘剔，何患巨款难筹？倘仍玩愒因循，习常蹈故，致指定款额解不足额，惟该督抚是问”。[①] 清廷几乎是强制性地要从各省中饱陋规中分一杯羹，其事无奈，其情可怜。

可见，新政初期的裁革陋规、酌改公费举措，雷声大雨点小，对于整顿吏治实效不大。光宣之际，在官制改革与清理财政的促动下，各省公费问题与吏治整顿再度被提上议事日程，虽经反复周折，最后由资政院议决京外各官公费标准，但尚未具体实施，清政府已被革命推翻。[②]

第三节　捐纳制度革废难题与新政经费困境

清沿明制，先因后创。清代捐纳制度始于顺康，备于雍乾，嘉道

① 《谕各省饬查浮收酌提中饱》（光绪二十九年十一月），沈桐生辑《光绪政要》第 3 册，第 1894～1895 页。按：文中［广西］为笔者据情推断所加。

② 详细论述，参见关晓红《晚清直省“公费”与吏治整顿》，《历史研究》2010 年第 2 期。

因袭，咸同泛滥，光宣波澜未已，论者多谓为有清一代秕政。“捐纳事例者，定例使民出赀，给以官职，或虚衔，或实授，用以充朝廷之急需也”。捐纳之兴，其情形不外军需、河工、赈灾、营田四事。“捐纳例定，有实官、有虚衔、有封典、有贡监、有分发指省、加级、记录，官吏于降革、留任、离任、原衔、原资、原翎得捐复，坐补原缺、试俸例俸、实授保举、实用离任、引见、投供、验看、回避得捐免”。[①] 捐纳种类繁多，士民可以直接捐实官，或捐为官条件，甚至升阶经历；官吏可以捐抵处分，使官复原职，也可捐免各种于做官不利的制度性因素。可见，捐纳实质就是卖官鬻爵，是公开的钱权交易。

捐纳之害，直接腐蚀吏治。捐官者往往流品颇杂，为了补偿捐纳所费钱财，甚至以本求利，多以贪污勒索为能事，这是清末吏治败坏的一大根源。如时论所谓：“正途已觉不堪，况有捐纳一途，凡攘利之鄙夫，怀赀之驵侩，皆以此为终南之捷径。所持狭而所欲奢，一朝得志，名利双收。更有读书不成，撄心利禄者，竭力为搜罗之计，不惜求人破产，以期溷入簪缨，输有限之赀财，未几而称老爷矣，未几而称大人矣。朝而田园，夕而冠盖，举所谓学优则仕之说，悉不讲求，所知者，某差优，某缺苦，孳孳为利，竟如货殖者之操奇计，赢较锱铢而逐什一。为上司者，又不知大法小廉为何事，勤民爱国为何言，于是有以酬应奔竞为能员者矣，有以趋避畏葸为循吏者矣。苟有一二强项不屈，如阳城之催科□拙，抚字心劳，不媚长官，不附权势者，则以为性情执拗，人地不宜，非调省居闲，即登之白简。致使黠员巧宦，皆思迎合上台，仆仆辕门，以此等人虱乎其间，而谒□有官，勤民无官，牟利有官，敷教无官，人贿有官，理讼无官，宜吏治之愈趋愈下也。”[②] 其实，有识之士

---

① 许大龄：《清代捐纳制度》，燕京大学哈佛燕京学社，1950，第13、79~80页。另参阅胡思敬《国闻备乘》卷2，捐例，第30~31页。

② 《论吏治宜竭力整顿》，《大公报》光绪三十一年正月十七日，第1~2版。按：文中两□为原版不清而无法辨识之字。

早就认识到捐纳是“以涓滴之微而害吏治，得不偿失”，因而发出“今日应以停捐为急务”的呼声。[①] 虽然捐纳之害可谓人所皆知，但真要停捐纳并不容易。

捐纳是传统官僚体制难以割舍的毒瘤。道光皇帝在召见新任贵州布政使张集馨时，曾直言不讳地说：“我最不放心者是捐班，他们素不读书，将本求利，廉之一字，诚有难言。我既说捐班不好，何以又准开捐？”随后他拍手叹息道：“无奈经费无所出，部臣既经奏准，伊等请训时，何能叫他不去，岂不是骗人么？”[②] 道光皇帝难言的苦衷，在于明知捐纳不好而又欲罢不能，正说明开捐无异于饮鸩止渴。恰如冯桂芬所推论：“捐途多而吏治益坏，吏治坏而世变益亟，世变亟而度支益蹙，度支蹙而捐途益多，是以乱召乱之道也。”[③] 不幸的是，清末中国正陷入开捐纳与吏治败坏的恶性循环之中而不能自拔。

清末新政时期，裁革捐纳的呼声再次响起。时人有谓：“如厘金之病商，捐纳之病官，人人知其当罢，然而不能罢者，亦以食其利者多也。食厘金之利者，外官之候补者也。食捐纳之利者，京官之候补者也。故欲罢此二者，必先为若辈更辟谋生之路。然而朝廷无力为此也，故法终不能变也。自捐纳开，于是商不安于阛阓，农不安于畎亩，工不安于场肆，士不安于黉宇，稍有力者群趋于仕宦一途，朝廷亦遂以仕宦为养游民之渊薮矣。夫民生在勤，勤能致富。天下皆勤民，天下皆富民矣。天下皆惰民，天下皆贫民矣。今日仕宦之人，大抵惰而坐食之人也。自捐纳开，使向者士农工商之勤民，相率为仕宦之惰民。于是惰民多，勤民益少矣；贫民益多，富民益少矣。天下未有不富其民而能富国也，故捐纳不可不罢。”[④] 捐纳病民蠹政，欲力图

---

① 赵尔巽等：《清史稿》卷426，列传213，王凯泰，第4册，第3141页。

② 张集馨：《道咸宦海见闻录》，中华书局，1981，第119～120页。

③ 冯桂芬：《变捐例议》，《校邠庐抗议》，第60页。

④ 孙宝瑄：《忘山庐日记》上册，第312～313页。

振兴，使民富国强，必罢捐纳。

地方督抚在议复新政上谕时，也讨论了裁革捐纳问题。两广总督陶模致电两江总督刘坤一、湖广总督张之洞表示："不停捐纳，断不能清吏治。"[①] 随后，陶模奏陈捐输为害吏治，请永停捐纳。有谓："今如捐输开例已数十年，官场嗜利之风成为习尚，各弃本业以为官，更各弃本业以为官之亲友仆役。务本者日少，逐末者日多，其害盖至今而大著。且岁入不过一二百万，计其侵渔剥削何止此数，得不偿失，未有甚于此者。官俸之薄，万万不给，而又扣其廉俸，贤者已难自爱，不肖者日肆其贪，害仍自国家受之。……拟请永停捐纳，即衔封贡监亦皆停止。"[②] 兼署云贵总督云南巡抚丁振铎奏陈变法十条，其中第四条是："清仕途以饬吏治。自捐例久开，各省候补人员繁多，流品太杂，请饬各省除资深明干酌留差委若干员，余悉饬令回籍，俟署补到班，再行来省，不必株守衙参。各该员即可任便谋生，仕途亦可稍形清肃。"[③] 刘坤一、张之洞在《江楚会奏变法三折》中，也力陈停罢捐纳实官，有谓："捐纳有害吏治，有妨正途，人人能言之。户部徒以每年可收捐三百万，遂致不肯停罢。查常捐若衔封、翎枝、贡监等项，本可不停，若将常捐量为推广，但系虚与荣名，无关实政者，皆可扩充。假如清班之衔，章服之贵，因公处分准其捐免，游幕省分捐准服官，寄籍捐准应试，生员捐免岁考，节孝旌表捐准年限从宽，以及赐匾建坊之类，似皆可酌加推广。拟请敕下户部，博采众议，量为推广，必可抵补捐数大半，即或不敷百余万，然今日须筹赔款数千万，断不宜惜此区区，以致牵挂，有妨自强要政。拟请宸衷独

---

① 《广东陶制台来电》（辛丑三月初十发十二到），《张之洞存各处来电》第46函，所藏档甲182－148。

② 陶模：《变通政治宜务本原折》（光绪二十七年四月初五日），《陶勤肃公奏议遗稿》卷11，第31页。

③ 《兼署云贵总督云南巡抚丁振铎奏为遵旨复奏敬陈管见十条事》（光绪二十七年四月十五日），一档藏，录副奏折，档号03－5740－020，缩微号431－2972。

断，明降谕旨，俟此次秦晋赈捐完竣后，即行永远停罢，以作士气而清治源。”① 陶模、丁振铎尤其是刘坤一、张之洞的奏折，言辞恳切，使清廷难以回避。

光绪二十七年（1901）七月二十九日，清廷发布上谕，宣布停止捐纳实官，其余虚衔等项由户部议奏。谕旨称：“捐纳职官本一时权宜之政，近来捐输益滥，流弊滋多，人品混淆，仕路冗杂，实为吏政民生之害。现在振兴庶务，亟应加意澄清。嗣后无论何项事例，均著不准报捐实官，自降旨之日起，即行永远停止。统限一个月内，截数报部，毋得奏请展限。其虚衔、封典、翎枝、贡监，及现行常例准捐各项，究竟有无妨碍，著该部核议奏明办理。”② 八月初七日，户部奏停止捐纳实官，虚衔、封典、翎枝、贡监及现行常例准捐各项照旧开办，并特别强调捐银不准折减，且必须全数解归户部。有谓：“查报捐实官，既经奉旨永远停止，凡各项花样因捐纳实官班次而设者，均应一律停止，不准再行报捐。至虚衔、封典、贡监、翎枝等项，各省遇有水旱偏灾，多藉此项捐输，以资赈济，且与实官有别，自不在应行停止之例。第成数过减，殊不足以示郑重，应令嗣后各省赈捐，凡衔封贡监均以五成实银上兑，各项翎枝仍准按赈捐章程上兑，惟必须收足数目，不准私自折减。倘或承办人员，再有暗中折减之弊，即由各该督抚查明从严参办。又四川津贴捐输，亦仅系衔封等项，自应照旧办理。又现行常例准捐各项，从前停止捐输之年，此项常捐均未奏明停止。原以常捐各项，多系就已有实官人员量为推广，与初捐实官并加捐实官者均有不同，尚属无碍政体，应请照常开办，统归部库按照筹饷定例银数交纳，外省不准兑收。又报效股票银两，业经臣部奏明按照例定十成银数请奖实官等项，此系先行报效银两，续经奉旨准

① 《遵旨筹议变法谨拟整顿中法十二条折》（光绪二十七年六月初四日），苑书义等主编《张之洞全集》第 2 册，第 1410～1411 页。

② 中国第一历史档案馆编《光绪宣统两朝上谕档》第 27 册，第 172 页。

给奖叙，亦与现在报捐实官者不同，仍请照案奏奖，以昭大信。惟查近年各省督抚，往往因官绅报效巨款，奏明请旨从优奖励，此项人员名为报效，实与捐输无异，且一经特旨允准，较寻常捐纳之员，班次更为优异。应令嗣后凡有报效巨款奏请优奖之案，须声明报效银两较筹饷例定有增无减，并将款项全数解部，听候拨用，无论何省，概不准径行截留，以杜取巧而昭核实。”得旨，如所议行。[①] 显然，清廷停止捐纳实官上谕与户部所奏，是既想整顿吏治，又要顾及财政收入，力求两全其美。

然而，事情并不如想象的那么美好。如时论在赞颂朝廷谕令永远停止捐纳实官的同时，又对其实际效用不无担忧，因为此前清廷也一再谕令停罢捐纳，但又不得不一再重新开办。有谓：“夫永停捐纳实官之谕，曾颁于光绪四年，乃不旋踵而边氛告警，部臣窘于筹饷，仍请准开捐例，以为挹注之资。在朝廷非不知此事弊窦甚多，然欲权顾目前，不得［不］为此剜肉补疮之计。况今者库储益绌，出款愈繁，顺直之防务难疏，秦晋之沉灾未澹［淡］，竭力推广，犹惧难以补苴，而乃忽谕停捐，骤然失此巨款，苟非有所抵制，殊恐难以支持。或曰每岁捐款所入，其数诚不为不巨，然从前阎敬铭相国在农曹时曾言，总核每月捐款入项，出于封衔贡监者十之七，出于实职官阶者仅十之三，以此例之，今所停者只实官，而他项并未停止，则所损亦属无多。况如鄂督张孝达制军所奏，于实职停捐后，各项常捐除衔封、翎枝、贡监等项外，如清班之衔，章服之贵，以及因公处分准其捐免，游幕省分准其服官，寄籍捐准应试，生员捐免岁考，节孝旌表捐准年限从宽与赐匾建坊之类，皆可酌加推广，以盈补绌，谅不敷更属无多。不知时既不同，即事难一致。当阎相国在户曹时，风气犹厚，人心亦不致尽流污下，故但得虚荣下逮，已不惜倾卜式之囊。今则宦海

① 朱寿朋编《光绪朝东华录》第4册，总第4721～4722页。

诸公心计益臻工巧，倘能辇金朝至，仕版夕登，或尚肯悭囊一解。若只虚与荣名，无关实济，恐捐局虽林立，报捐者必甚寥寥。至张制军所奏推广诸条，不特裨补无多，且恐难免或滋流弊。故停捐实官之说，无论智愚贤不肖，皆知为今日切要之图。然苟非当事者全局统筹，另谋所以相抵之策，深恐不转瞬而枢臣疆吏必有以筹款维艰暂行试办之说尝试者，斯时一经俯允，不特于事非宜，且恐启中外臣民之姗笑。惟冀谋国诸公采此刍言，亟思维持经久之策。”① 果然，不久，报载湖广总督张之洞因湖北公款不继，奏请开办助饷新捐，因已奉旨停止捐纳实官，商民观望不前，张之洞又电商两江总督刘坤一，拟联衔电请将江南、湖北助饷新捐展限四个月，使限满再行截止。时论认为：“今日既可奏请，他日何妨续请，是捐例虽停而不停，欲肃清吏治，整顿官方，恐无其时矣。”② 无独有偶，又有署直隶总督袁世凯以招募练军，需款甚殷，奏请重开捐例，奉特旨准开直隶善后捐，“一切仍循照赈捐旧制，惟四品以上实官原收银四成者，今加收一成，须按五成上兑”。时论认为：直隶重开实官捐，“各省想必照办，虽为练军起见，权济目前，恐从此一开，又如江河之日下，不可遏抑矣。……捐纳，弊政也；停止，美举也。袁慰帅（袁世凯——引者注）不知何以出此，其殆大醇而不免小疵，是不能不为袁帅惜矣。”③ 虽停止捐纳实官出自煌煌上谕，但能否真正具体实施，确实令人担忧。

光绪三十年（1904）六月，署两广总督岑春煊因广西柳州勇变，军务紧急，“饷需孔亟”，又奏请清廷特旨允准由粤开捐实官，仅在两广地方设局劝办，捐足100万两，即行停止，万一部议难行，则请由广东自借洋债100万两，以济急需。清廷谕令户部速议具奏。随后，

① 《论永停捐纳事》，《申报》光绪二十七年八月初二日，第1版。按：引文中［不］字为笔者据情推断所加。

② 《论请展捐限》，《申报》光绪二十七年八月十九日，第1版。

③ 《阅报纪捐纳重开慨而论之》，《申报》光绪二十八年三月十五日，第1版。

户部奏称："与其借洋款而易滋流弊，不如开捐输以藉裕饷源。虽臣部先后议复政务处推广收捐各条，原为练兵筹饷而设，惟现在广西兵事方殷，饷需孔亟，不得不稍事变通。拟除捐复各条及报效巨款并本无实官不准收捐外，其实官捐应升之阶暨遇缺先花样两项捐款应准暂收。如蒙俞允，应由臣部酌定应行增减成数详细章程，行知遵照办理。此系因广西军务吃紧，始为此权宜之计，仍照原奏收足一百万两，即行停止，以示限制。此外无论何省，概不得藉词援引，该省亦不得再请加增。"奉旨依议。[①] 对于清廷允准岑春煊开办实官捐事，时论颇不以为然。《申报》发表社论，力驳岑春煊之奏其咎有三，有谓："云帅（岑春煊——引者注）此奏虽迫于万不容已，然亦思煌煌纶綍永远停止捐纳实官，乃不转瞬间即为云帅一奏而复。纵广西军务吃紧，不得不为权宜之计，稍事变通，顾国家之所以昭示天下者惟信，乃此革除秕政之谕而亦不能以信示天下，是使海内外人民皆讥我朝廷以虚饰欺天下也，其咎一。云帅谓万一部议难行，请准由广东自借洋款一百万两。明知洋款为朝廷所不许，故为此要挟之语，以冀所请之必从，居心狡黠，不待智者而知之矣，其咎二。云帅又谓捐足一百万两，即行停止。考发匪之乱，创设厘捐，原议亦有俟军事一平，即行裁撤之语，乃乱平之后垂数十年，而各处厘捐依然未撤。以此例彼，安见前此之事不能取信于人，而今此之事实足取信于人乎？况永远停止捐纳实官之上谕，不移时而即为云帅所奏更，是则折中所陈，恐亦系一时立言之巧，而秕政终无革除之一日矣，其咎三。"[②] 然而，舆论并不能改变现实。清廷既允准岑春煊在两广开实官捐升阶与遇缺先两项捐款，岑春煊随即奏准："粤收捐升一项，每例银百两，四品以上收实银五十八两，五品以下收实银四十七两，遇缺先收实银九十三

① 《户部议复粤督岑制军请开实官捐折并移文》，《申报》光绪三十年七月二十四日，第1版。

② 《书粤督岑云帅奏请开捐实官事》，《申报》光绪三十年七月二十五日，第1版。

两。”并以此标准在两广境内分别劝办，广东绅富较多，认劝办60万两，广西绅富较少，认劝办40万两。[①] 形势逼人，捐纳虽为秕政，但在内忧外患、天灾频仍而财政又极端困难的情况下，要革除并不容易。如时人所谓：“国家岁岁言罢捐输，民间岁岁被水旱灾。灾无由息，捐无由罢也。”[②]

事实上，在清末并没有停止捐纳实官职衔。下面略举数例。例一，内阁中书许宝蘅日记光绪三十二年（1906）二月二十七日载：“至开泰店访胡席卿，与商捐花样事，据云可先捐一誊录送国史馆，将来到阁后可升为校对，明年可得保举等语。”[③] 例二，两广总督张人骏光绪三十四年（1908）五月家书称：“锡纯叔在本家中人尚漂亮，捐奖县丞，如款不多，为之设法一办亦可，太巨则捐衔足矣。毕业后，仍非托情，未必有事。今日世界，如能办事，则虚衔与实职等耳。”[④] 例三，保定陆军速成学堂学员童保喧日记于光绪三十四年（1908）十二月二十一日载：“夜吕、倪、王、葛、吴、陈诸同乡会于学舍，因谈起做官的方法，先从捐阶云，谈至息［熄］灯钟下方散。”[⑤] 例四，度支部左侍郎绍英日记于宣统元年（1909）九月十一、十二日载：“由黎玉屏送到实收八张，计开捐款数目：世杰，捐三品衔，合库平银六百四十二两八钱二分；延康，捐主事职衔，合库平银一百十六两七钱九分；延祉、延禧、延寿，各捐十成监生、主事职衔，合银十六两零七分、一百十六两七钱九分。以上共合库平足银一

---

① 《署理两广总督岑春煊奏为两广劝办广西军饷捐输收支各款请旨立案事》（光绪三十年九月二十八日），一档藏，朱批奏折附片，档号04－01－01－1068－045，缩微号04－01－01－162－2044。

② 孙宝瑄：《忘山庐日记》下册，第973页。按：原文标点有误，笔者据文意改正。

③ 许恪儒整理《许宝蘅日记》第1册，中华书局，2010，第58页。

④ 张人骏：《致张允言等》（1908年6月16日），张守中编《张人骏家书日记》，第121页。

⑤ 宁海县政协教文卫体和文史资料委员会编《童保喧日记》，宁波出版社，2006，第54页。

千一百五十八两一钱九分。十二日，进署，将实收八张交林梅贞换照。散署，赴银行拨还捐款。”① 以上四例情形不一，有为自己谋捐纳的，有为他人设法代捐的，有闲谈捐官事的，有度支部收捐款事的，均表明当时捐纳实官职衔仍是常事。

其时捐班人员多在局所谋肥差，严重败坏了吏治。清末体制外的局所林立，正是捐班人员的栖身之处。时人批评道：“每立一处，即有总办、会办、帮办、提调、监督、委员各差，有一局而分为数处者，有一人而挂名数局者，非欲其办事也，为位置闲员地耳。于是其总、会、帮办必系道员，提调、监督必系知府，委员则同通、州县、丞倅杂然并进，其薪水津贴则无不从优，大省每年开销至数百万两，中小省分亦需百余万或数十万两，而总会帮办所得尤多，故贪官汙吏囊橐充盈，无不过班道员者。甚至市井小人，未谙政治，膏粱子弟，不辨之无，亦纷纷以道员到省矣。非不知终身无补缺之日也，因一过道班，即无事不能，无求不遂，不论何项局所均可充委，致令外人谓中国人才尽是候补道，言者传为笑柄，闻之实觉汗颜。”② 这里所谓的“候补道”，大都是通过捐纳得来的，在仕途拥挤不堪的情形下，正常补缺无望，便纷纷涌向各类体制外的局所捞钱，大坏吏治之风。

光绪三十三年（1907）六月，御史赵炳麟奏陈捐纳人员流品太杂，有碍仕途，亟待整顿，建议捐纳人员宜进法政学堂学习，并由督抚严格考察及咨送引见。有谓：“捐纳人员流品太杂，近年奉天、广西赈捐二成减收，流品尤无奇不有，若验放之后，即一体差委，他日仕途变相，莫可究诘。且久停引见，亦非政体。拟请旨变通办法，凡捐纳人员，先令到省归督抚察看，统入法政学堂，学习政治三年，期

① 《绍英日记》第2册，国家图书馆出版社，2009，第97～98页。

② 《御史史履晋奏请外省撤局所裁幕友折》（光绪三十二年十二月十二日），《清末筹备立宪档案史料》上册，第488～489页。

满果系才具可用，志趣纯正，由督抚咨送引见。其有愿在本籍办理学务、实业及各项公益者，由本籍督抚察看，果无流弊而有成效，再由本籍督抚咨送引见。似于清查流品，整饬仕途，皆大有裨益。”[①] 九月，宪政编查馆大臣奕劻等遵旨议复：引见可不必论，关键在学习和严格考察。已经到省之捐纳、保举初任道府、牧令、丞倅、杂佐各员，一律入法政学堂学习，“分长期、速成两班，长期三年卒业，速成一年半卒业，由督抚认真考核，合格者分别赴任差委，不合格者再留堂学习一年，如考验仍不合格，即行停止差缺，以彰激劝”。其未到省月选分发之捐纳、保举人员，一律入吏部学治馆学习六个月，“其课程专注重国文，改算学、舆地为随意科，以能谙习公牍文字为主，如留馆后迄无进益，均查照原章分别办理。已经卒业人员到省后，仍须入各省法政学堂，俾宏造就。如此内外认真考核，似于清厘仕途、整饬吏治之道，不无裨益”[②]。随后，宪政编查馆又奏上考验外官章程，“各省遵章考试，间亦罢黜数人，以应明诏，而于澄清吏治之道无补也”。[③] 捐纳有害吏治，为有识之士所痛斥，清政府也试图设法补救，但实际效果并不明显。

需要说明的一点是，捐纳之害人所共知，之所以难以裁革，原因固然很多，但财政经费问题颇为关键。无论是军需、赔款还是赈灾，都涉及财政问题，而各项新政经费，更使清政府捉襟见肘的财政益发竭蹶不堪。如办学堂需要大量经费，时任广东巡抚的张人骏颇为感慨：“然民力竭矣，再加搜刮，恐成土崩之祸。即如近日各处办理学堂，因筹学费而激成聚众者不知凡几。然仅恃寻常书院所入，岂能供

---

① 《辽沈道监察御史赵炳麟奏请为整饬仕途凡捐纳人员须督抚查看并学习政治三年期满才具可用者方可咨送请旨定夺事》（光绪三十三年六月十八日），一档藏，录副奏片，档号03－5483－139，缩微号414－2310。

② 《宪政编查馆大臣奕劻等奏为遵旨议复御史赵炳麟奏捐纳流品太杂请变通办法事》（光绪三十三年九月初五日），一档藏，录副奏折，档号03－5489－039，缩微号415－0082。

③ 赵尔巽等：《清史稿》卷112，志87，选举7，捐纳，第1册，第873页。

学堂之靡费。而朝廷督促甚严，将来不知如何结局也。”[①] 又如练新军，清政府规划编练全国陆军三十六镇，但因财政困难，并未依限成立，迄清亡仅练成十四镇、十八混成协、四标，以及禁卫军一军。[②] 宣统二年（1910）二月，梁启超《上涛贝勒笺》有谓：“陆军三十六镇之计画，创之已数年矣。而考其所以程功之道，则惟有分配各省而责成于督抚。无论督抚未尝实心任事也，即有实心，而费又安从出？各省所入，其支销皆已前定，而未有一省入能敷出者。今中央政府责以某省练若干镇，某省练若干镇，文告急于星火，而一语及费之所出，则不复能置词，惟曰饬该督抚无论如何必须先尽此款而已。督抚虽极公忠，虽极多才，而无米之炊，云何能致？”[③] 清政府官员甚至有因新政筹款事而自杀者，据恽毓鼎日记载：“阅邸抄，陕西候补道潘振声丈（民表）服毒自尽。折中谓其贫病交迫。闻友人言，则以新政滋扰而无实济，愤激捐生也。潘丈乐善好施，重气谊，为今之古人，唯迂拘不达时变云。又同里潘蕉生（家怿）为贵州都匀府知府，因办新政筹捐操之稍急，致激民变，蕉生恐干重戾，亦服毒自尽。同邑二人皆姓潘，皆死于非命，亦奇矣。”[④] 对于新政经费的困境，督抚重臣岑春煊颇有切肤之痛。光绪三十三年（1907），他在面见慈禧太后时痛切地陈言：“又前奉上谕，命各省均办警察、练新军，诏旨一下，疆臣无不争先举办，但创行新政，先须筹款，今日加税，明日加厘，小民苦于搜括，怨声载道。倘果真刷新政治，得财用于公家，百姓出钱，尚可原谅一二。现在不惟不能刷新，反较以前更加腐败。从前卖官鬻缺，尚是小的。现在内而侍郎，外而督抚，皆可用钱买得，丑声

---

① 张人骏：《致张允言等》（1904 年 9 月 17 日），张守中编《张人骏家书日记》，第 51 页。

② 中国社会科学院近代史研究所中华民国史组编《清末新军编练沿革》（《中华民国史资料丛稿·专题资料选辑》第 2 辑），中华书局，1978，第 78、88～89 页。

③ 梁启超：《双涛阁日记》，《饮冰室合集》专集之二十九，中华书局，1996，第 29 页。

④ 史晓风整理《恽毓鼎澄斋日记》第 1 册，第 317 页。

四播，政以贿成。”① 这里有一个内在的矛盾，就是兴利与除弊的相互制约，既不能有效地化解，便使新政与秕政只能共生共存，其结果不言而喻。可见，捐纳制度的革废难题正与新政经费的困境相反而相成，也就不难理解了。

第四节 吏治改革与新政进程反思

中国官僚政治源远流长，根深蒂固，附在其肌体上的各种痼疾也极为顽劣，难以祛除。清末新政时期的吏治改革之所以非常艰难，既与传统官僚政治的惰性与惯性有关，也与现实中的人事关系与经济利益等问题相关。就裁革胥吏与差役、酌改陋规为公费、停止捐纳实官三项举措而言，情形不一，各有各方面的具体原因。

关于裁革胥役。中国传统官僚的晋升之阶，以通过儒家经典考试的科举为正途。这些从千军万马过独木桥中脱颖而出的官僚，多为饱读诗书之士，但往往不能或不屑于治事，所谓“文章优者未必娴吏治”。② 事实上，传统官僚机构行政体制的日常运作，主要依靠胥吏，堂司官员办公只是点卯画诺，而极少擅长行政者，从而使胥吏不可或缺。如时论所谓：“中国庶司百职办公之权，操之于书吏之手者，自宋元以后，莫不皆然。至于目下，则内而六部，外而直省，上至督抚，下至牧令，靡不倚书吏左右手。居官者举如傀儡登场，非有书吏为之暗中牵引，则僵且仆。盖凡各衙署内之公牍档案，以及程式利弊，惟书吏最为熟悉。官则一概茫然，惟知有画诺而已。是以每一衙署，皆有若干之书吏盘踞其中，而且父子相传，师弟相袭，官虽屡易而书吏不更，由是得以舞文骫法，阴持公事之短长，而上下其手，以

① 岑春煊：《乐斋漫笔》（1930 年），《岑春煊文集》，何平、李露点注，第 508 页。

② 夏曾佑：《论捐例不宜再开》（1903 年 10 月 14 日），杨琥编《夏曾佑集》上册，上海古籍出版社，2011，第 91 页。

为侵牟需索之地。甚至官虽明知之，而因其在在挟制之故，亦不敢加以黜革。”[①] 胥吏不能裁革，实在于官僚机构行政体制的依赖综合征，除非把整个旧官僚体制推翻，改行现代文官制度。

关于酌改陋规为公费。这本来是一项消除行政腐败的重要举措，但实际上破坏了官场潜规则，直接损害了旧官僚体制中各级官员的切身利益，以致各省督抚并不积极响应，也就不足为怪。如时人所谓：“若欲使各州县不收浮费，则必加其岁俸，使之足用，而后始能以操守责之。顾改定禄制之事，督抚之力万万不能，即使能于别项款目中筹得津贴，而彼州县者，于其夙昔之陋规，取者不劳，输者无怨，久已上下相安，财不厌多，不必因津贴而舍去。若欲惩其贪婪，则督抚之力至参撤其官而后止。今之官吏固畏参撤，然至于其平生专注之一端，则参撤不足言矣。”[②] 地方督抚无力且也不愿意执行，致使所谓酌改陋规之举并没有多少实效，当时的社会实情依然是官吏中饱，陋规盛行。“官吏之中饱甚多，而朝廷不能尽悉也。按中国无论漕粮、厘金、盐、茶各课，当其完纳之时，皆有陋规浮费，由经手之官吏一并敛收，多者或与正数相埒，且其所收之正数，又不能实征实解，往往侵渔浮冒，莫得而稽。故前此刚钦差（刚毅——引者注）及旧岁铁钦差（铁良——引者注）两次南下，略一清查，即得数百万之巨款。使直省官吏浮收中饱各款，能一一和盘托出，其数殆不在三千万以下，而惜乎无人以为之调查也”。[③]

关于停止捐纳实官。捐纳虽非正途，却是殷富狡黠之徒谋求晋升的终南捷径。长期以来，各省积压了大量候补人员。清廷遽停捐纳实官，此举实无异于阻塞仕途，是故刚下谕旨之际，一度引起官场恐

① 《裁书吏并裁陋规说》，《大公报》光绪三十一年二月十五日，第1版。

② 夏曾佑：《再论国家不可抽及优缺优差》（1904年1月17日），杨琥编《夏曾佑集》上册，第123页。

③ 《中国财政困难之原因》，《大公报》光绪三十一年七月二十二日，第2版。

慌。“中国自大开捐例以来，花样迭翻，由来已久。大抵河工也，海防也，筹饷也，赈灾也，遇一事纳职若干员，办一捐保奖凡几辈，积而久之，愈聚愈多，势等积薪，后来居上。各省疆吏见仕途之拥挤，每苦无可疏通，于是纷纷奏停分发，每有初请一年为限者，后展至三四年。盖各省候补人员，若者奉特旨发往，若者领部凭到省，以及夤缘请托者，谋差谋缺，日增月盛，往往前者未去，后者又来，宦海苍茫，廓清非易。今纵慎重名器，不使胸无点墨者，再登仕宦之场，无如此辈之积，自数十年来者，已不啻恒河沙数。而此次捐纳将停之际，凡倩书吏倒填年月，以冀身入仕途者，尤有风发潮涌之势，人才愈滥，流品愈淆，学术志趣，卑鄙龌龊，愈不堪问。甚至獐头鼠目之流，亦以襄理捐务之微劳，滥保实官，居然谒上峰而求差委，遂使前之无可疏通者，至此而拥挤益甚。察看既属具文，裁汰又乖政体，吏治至此，不几无术挽回乎？”[①] 同时，停止捐纳实官，又断绝了清政府一条财路，在清末财政极度堪忧的情景下，各省督抚阳奉阴违，或设法变相重开，也自在情理之中。

另外，清政府谋求解决吏治问题的其他办法还有很多。如设课吏馆，培训候补官员，以澄清吏治。各省设立课吏馆，令候补人员入馆学习，从中考选人才，初衷不为不善，但实效并不乐观。“课吏之举，原定考列优等者，委差得缺，取自其中，用以鼓舞群情，澄清仕路。而起视各省课吏馆中，往往有屡列优等，依然未得一差，未委一缺者。江宁前由司道代陈两江总督魏午帅之前，力筹补救之策，此外各省可想而知。夫既设馆以课吏才，是惟恐才之不至也。乃既得其才矣，仍不使展厥谟猷。是可见夤缘请托之风，各督抚终不肯绝也，亦曷贵有此虚文哉？”[②] “设馆课吏，培植人才，正以为当差补缺计也。

① 《澄清吏治议》，《申报》光绪二十七年十一月二十三日，第1版。
② 《论中国举行新政之弊》，《申报》光绪二十九年十二月二十六日，第1版。

今得其人则不能得差缺，其得差缺者转非所得之人。瓦釜雷鸣，黄钟毁弃。课吏之举，依然有名无实。无怪民之终不能利，国之终不能安也。”[①] 官场习气积久相沿，夤缘请托之风盛行，致使课吏徒具形式，有名无实。其他如裁官缺，汰冗员，等等，均不能切实施行，自然也就难收实效。

总之，吏治改革，是为了适应新政需要而进行的除旧布新的重要举措。裁革胥吏与差役、酌改陋规为公费、停止捐纳实官等整顿吏治的措施，确实有利于惩治官场腐败，改善行政作风，提高行政效率，保证行政体制的正常运作。应该说，这些对于其他各项新政的顺利推行都有着积极的意义。然而，清末吏治的腐败已是积重难返，其根源实际上就在体制本身，这并不是简单地采取几个措施就能解决的问题。“官僚政治是专制政治的副产物和补充物”。[②] 要解决官僚政治固有的弊病，必须从改革专制制度本身入手。对此，时人已有清醒的认识。光绪三十年（1904），立宪派名流张謇、汤寿潜、赵凤昌等人为督抚重臣张之洞、魏光焘起草请立宪法奏稿，其中有云：“近年如裁例案，去吏胥，剔中饱，恤民隐，屡颁明诏，民间几视为习见之虚文。宪法行，则上下志通，官吏自无锢蔽。”[③] 他们殷切地寄希望于实行立宪，即进行政治体制本身的改革。诚然，如果不能有效地进行体制本身的改革，这种日益腐败落后的行政体制又将严重地制约其他各项新政的进程。

---

① 《课吏论》，《申报》光绪二十九年九月二十四日，第1版。

② 王亚南：《中国官僚政治研究》，中国社会科学出版社，1981，第23页。

③ 《奏为时局艰难谨参考各国政史拟请采用宪法实行新政以振积弱而图自强折》，国家图书馆善本部编《赵凤昌藏札》第3册，第553～554页。

第五章
地方督抚与立宪思潮及清廷预备立宪之决策

清末新政是一项整体性的结构变革。也许在新政启动之初，清廷试图将改革限制在传统体制之内，随着新政的逐步展开而势必要突破体制，这时候，当然要考虑进行体制本身的改革。预备立宪就是体制变革的尝试，是清末新政进一步发展的必然结果。关于清末宪政改革的研究，以往学术界对立宪派的立宪运动研究较多，相对而言，对于清政府预备立宪的研究则较为薄弱。就地方督抚与预备立宪的关系来说，学界关注较多的是张之洞、袁世凯、端方等著名督抚的宪政思想与活动，对于其他督抚尤其是督抚群体整体的思想动向及其内在歧异关注不够。日俄战争前后，立宪思潮高涨，清廷派五大臣出洋考察政治，随后宣示预备立宪。在此过程中，地方督抚充当了什么角色，这是值得进一步探讨的问题。

第一节　地方督抚与日俄战争前后的立宪思潮

清末新政启动之后，随着体制内各项改革的进行，政治体制改革也逐渐被提上议事日程。这既是新政本身发展的内在需要，同时也是国内外政治形势压力所致。“吾国立宪之主因，发生于外界者，为日俄战争；其发生于内部者，则革命论之流行，亦其有力者也”。[①] 革命运动的蓬勃发展与立宪思潮的勃兴，迫使清政府不得不做出宪政改革的抉择，以迎合立宪派而对付革命。这个中的关节，日俄战争的刺激是一个重要的因素。时人认为，日俄之战乃“立宪、专制二政体之战”，[②] 是“专制国与自由国优劣之试验场”。[③] 日本战胜俄国，为立宪战胜专制提供了铁证。“非有此战，则俄国之内容不显，而专制、立宪之问题不决。我国十余年来，每言及专制、立宪之问题，辄曰专制既不足以立国，何以俄人富强如此？自有此战，而此疑释矣”。[④] 可以说，日俄战争的结局，使国人认清了专制的祸害，明确了立宪的方向。“甲辰以后，以小克大，以亚挫欧，赫然违历史之公例，非以立宪不立宪之义解释之，殆为无因之果。于是天下之人，皆谓专制之政，不足复存于天下。而我之士大夫，亦不能如向日之聋瞆矣。舆论既盛，朝议亦不能不与为转移”。[⑤] 日俄战争是中国思想界转向立宪的一大契机。在日俄战争的刺激下，立宪思潮骤然高涨。“通国上下望立宪政体之成立，已有万流奔注，不趋于海不止之势”。[⑥] 立宪一时成为舆论的焦点。时论以为：“今者立宪之声，洋洋遍全国矣。上自勋戚大臣，下逮校舍学子，靡不曰立宪立宪，一倡百和，异口

---

① 伧父：《立宪运动之进行》，中国史学会主编《辛亥革命》（四），上海人民出版社，1957，第4页。

② 《中国立宪之起原》，《宪政初纲》［《东方杂志》临时增刊，光绪三十二年（1906）十二月］，“立宪纪闻”，第1页。

③ 中国之新民（梁启超）：《俄罗斯革命之影响》，张枬、王忍之编《辛亥革命前十年间时论选集》第2卷上册，三联书店，1978，第20页。

④ 《论日胜为宪政之兆》，《中外日报》光绪三十一年四月十八日，第1版。

⑤ 别士：《刊印宪政初纲缘起》，《宪政初纲》［《东方杂志》临时增刊，光绪三十二年（1906）十二月］，第1页。

⑥ 《论朝廷欲图存必先定国是》，张枬、王忍之编《辛亥革命前十年间时论选集》第1卷下册，第946～947页。

同声。”[①]“立宪”一词几乎成为“中国士夫之口头禅”。[②]

在立宪派鼓吹立宪的同时，清政府内部也发出了立宪的呼声，部分开明官僚倾向立宪。尤其是地方督抚与驻外使臣的表现，颇为引人注目，其源头至少可以追溯到庚子事变时期。如前所述，当时清廷正准备实行新政，湖广总督张之洞在与各省督抚大臣商议复奏新政的过程中，曾经提出了“仿行上议院”的主张。[③] 但由于两江总督刘坤一等人的反对，张之洞并没有把这个想法写进《江楚会奏变法三折》中。两广总督陶模上奏《变通政治宜务本原折》，也隐约提出“仿行议院”之说。[④] 无独有偶，驻日公使李盛铎在复奏变法的奏折中更是明确地提出了立宪的主张。他说：“各国变法，无不首重宪纲，以为立国基础。惟国体、政体有所谓君主、民主之分，但其变迁沿革，百折千回，必归依于立宪而后底定。”“当此更定要政之时，愿我圣明近鉴日本之勃兴，远惩俄国之扰乱，毅然决然，首先颁布立宪之意，明定国是。”[⑤] 但陶、李两折上奏之后，均未有下文，这表明清廷当时并不以立宪为然。值得注意的是，张之洞在收到李盛铎寄赠的奏稿后，曾回函大加赞赏，有谓：“他人皆云变法，大疏独云国体，可谓知本之言，识时之务，自强之基，具于是矣。”[⑥] 是年底，张之洞在保荐新政人才时首列李盛铎，称“该员学问淹雅，才具宏通，出使日本数年，尤能讲求欧美亚东各洲政治之学，深通其意。方今朝廷变法自

---

① 闵闇：《中国未立宪以前当以法律遍教国民论》，《东方杂志》第2年第11期，光绪三十一年十一月二十五日。

② 《论立宪当以地方自治为基础》，《东方杂志》第2年第12期，光绪三十一年十二月二十五日。

③ 《致江宁刘制台、广州陶制台德抚台、济南袁抚台、安庆王抚台、苏州聂抚台、杭州余抚台、上海盛大臣》（光绪二十七年二月十六日午刻发），苑书义等主编《张之洞全集》第10册，第8540页。

④ 陶模：《变通政治宜务本原折》（光绪二十七年四月初五日），《陶勤肃公奏议遗稿》卷11，第28页。

⑤ 《追录李木斋星使条陈变法折》，《时报》光绪三十一年十一月初二日。

⑥ 《辛丑九月初三日致出使日本大臣李》，《张之洞致外洋函稿》，所藏档甲182。

强，必须有亲到外国能知西法精意者赞助其间，随时参考谋议，变法方有实济”。[①] 此举颇具深意，表明张之洞对宪政问题确实有非同一般的关注热情。

日俄开战之前，光绪二十九年十二月初二日（1904 年 1 月 18 日），云贵总督丁振铎与云南巡抚林绍年联衔电奏请迅速实行全面变法。他们认为，无论日俄战争的结果如何，中国都将从此处于“无以立国”的危险境地。小小的日本之所以敢于与强大的俄国相抗衡，是因为其“实行变法已三十余年之故耳”；而老大中国之被列强任意欺凌，乃“政法与各国不同故也”。他们主张：“为今之计，似惟有急宣上谕，誓改前非，饬外部王大臣等遍告各国使臣，并饬出使各国大臣迅告各国政府，以中国自今以后，一切即尽行改革，期于悉符各国最善之政策而后已。……兹以事变之亟，得我皇上国书坚与誓约，允即力行改革，期于不数年即悉如泰西各国而后已。……况我本必须乘此危局亟图挽回，无论此次俄日衅成，我不能不变以图存。即俄日事小，而日本变法之明效如彼，我未变法之吃亏如此，则变与不变，不待再计而决，正乐得趁此言之矣。所虑者若再因循，恐犹图变法而已受分割，被人挟制，无可以自变之日。惟有此刻急宣此意，或其权尚自我操耳。不然，俄日或战或和，而东三省已万非我有，亦甚不足以立国矣。况非毅然决然，如日本明治初年，则虽日言变法，亦必敷衍而终无成效。然则与其幸存而必变法，较受挟而不能不变法，则何如先借此以自定主权，决然立改，尽力为之，尚不失有为之机。或可免俄日衅成终有池鱼之患，固本朝三百年缔造之基，存中国四千年强大之体，保中亚数万万生灵之种。存亡呼吸，尽在于斯。”[②] 虽然没有明

① 《胪举人才折并单》（光绪二十七年十二月初一日），苑书义等主编《张之洞全集》第 2 册，第 1465 页。

② 《滇督丁制军振铎等请与各国立誓力行新政电奏》，《时事采新汇选》，光绪三十年正月三十日。

确点出立宪，但立宪自然是其全面变法主张中的应有之义。立宪派人士张謇见到此稿后，大赞其勇气，有谓：“敢言之气当为本朝第一。”[①] 在上奏的次日，丁振铎、林绍年将此电奏稿电告奉调在京修订学制的湖广总督张之洞及直隶总督袁世凯、两江总督魏光焘、湖北巡抚署理湖广总督端方，请求同声相应。“如或亦以此说为然，即请切实直陈。老成之言，当较得力”。[②] 限于所见资料，不知张之洞、袁世凯、魏光焘、端方如何反应。也许是因为这些激烈的变法言论“颇干天怒”，他们不得不持一种谨慎的态度。这对信息灵通而又圆滑老练的督抚重臣来说是很自然的。如时人所谓：“丁、林两帅奏请变法，驻使联衔亦以为言，颇干天怒。鄙意以为此不联合旗帅之故，遂致疑立宪为革命。且措辞一不当，无忠诚恳挚载之以行，亦无怪难回天听，则行文亦似宜酌。”[③] 时任广东巡抚的张人骏亦颇不以为然。他在日记中记载：“接丁巡帅林赞帅电示，所陈为俄事电奏稿，其立心不为不忠，然于今日情形全属隔瘼［膜］。盖其中报馆之毒已深矣。莠言乱其害如此。”[④]

稍后，驻法公使孙宝琦上书政务处，明确提出改行立宪政体。他在回顾自己的经历、见闻与感受时说：“宝琦前者承乏政务处，检阅中外章奏，唯李盛铎折内有请定政体、以立大纲之语，而未详陈其得失；盛宣怀请译政治书折内，谓英、德、日本之政体可为效法，而未敢明言；陶模折请立议院以除壅蔽，实暗寓立宪之意。宝琦彼时以为难以骤行，故未建白，且未深考各国之政术。来欧年余，悉心参考，再四思维，非此不足以饬纪纲而臻郅治，实属有利而无弊。”因而他

① 《日记》，《张謇全集》第6卷，第528页。

② 《癸卯十二月初三日云南丁制台、林抚台来电》，《张之洞存来往电稿》，所藏档甲182－436。

③ 《光绪三十年二月五日南洋公学张美翊致两广督署幕府书》，《瞿鸿禨朋僚书牍》第1函，所藏档甲375。

④ 张守中编《张人骏家书日记》，第195页。

建议政务处王公大臣恳请清廷“仿英、德、日本之制，定为立宪政体之国，先行宣布中外，于以团结民心，保全邦本”；然后派大臣采访各国宪法，按照立宪政体制定宪法；并建议变通各国议院成例，在中央设立上下议院，以政务处为上议院，都察院为下议院，同时在地方各省、府、县设立公议堂，选举绅士议政。“苟能明定宪法，则中国亘古未有之美名，胥归颂于我皇太后、皇上，而皆由我王爷中堂大人翊赞之功。不但远轶汉唐，且将与英、德、日本比强。不然则外侮日逼，民心惊惧，相顾自铤而走险，危机一发，恐非宗社之福。”[①] 孙宝琦的上书在当时引起了轰动，尤其使立宪派备受鼓舞。时人以为：“吾国大臣倡言立宪，自驻法公使孙宝琦氏始，事虽未行，然不可谓非朝阳鸣凤已。”[②]

光绪三十年（1904）三四月间，张之洞因奉旨与两江总督魏光焘商议江南制造局移建新厂事宜，在南京小住月余。[③] 在这期间，江浙立宪派张謇等人经常与他讨论立宪问题。据张謇的记载，张之洞论立宪的情形是“其论亦明，其气殊怯”，表明张之洞虽然主张立宪，但态度谨慎。其实，当时立宪派也比较谨慎。张謇到上海看到《中外日报》“说南京议宪法”，恐怕先期透露消息，“徒使政府疑沮，无益于事”。于是，他采取应急措施，“通意于各报馆，使无徒为败事之言”。张謇与蒯光典、赵凤昌、汤寿潜等人数易其稿，为张之洞与魏光焘起草了一份“请立宪奏稿”，其中有云：“朝廷变法自强，屡下明诏，凡百新政，未尝不渐次设施。然政体不变，则虽枝枝节节而为之，终属补苴之一端，无当安危之大计。今环球万国，政体虽有君主、民主之不同，其主义均归于宪法。各国宪法不同，其宗旨均归于利国便民，

① 《出使法国大臣孙上政务处书》，《东方杂志》第1年第7期，光绪三十年七月二十五日。

② 《论朝廷欲图存必先定国是》，张枬、王忍之编《辛亥革命前十年间时论选集》第1卷下册，第946页。

③ 许同莘：《张文襄公年谱》卷9，第181页。

顺人心以施政策，即合众力以图富强。”宪法之大益，不但有利于理财、练兵、兴学诸要政，而且有助于联络外交，消融革命，甚至可以强固君权。日本是现成的榜样，希望清廷“仿照日本明治变法五誓，先行宣布天下，定为大清宪法帝国；一面派亲信有声望之王大臣游历各国，考察宪法，按照日本初行宪法章程办理”。“为目前救急计，但求速宣明谕，则政体先立，外而眈眈环伺之列强，内而狡焉思逞之匪党，皆当改易视听，革面洗心。日本壤地褊小，改行宪法仅十余年，遂跻强大；中国地广民众，苟及时为之，必能事半功倍，且民志大定，所有用人行政措手较易，不俟实行宪法之期，当已稍睹其效。”①这个奏稿，经过数人多次磨勘改易，按张謇的说法是“语婉甚而气亦怯”，还不如上述丁振铎与林绍年的电奏那么激烈。尽管如此，张之洞还再三嘱咐张謇要先与直隶总督袁世凯商量。汤寿潜也认为应该这样。张謇只好与袁世凯联系，不料袁世凯表示“尚须缓以俟时”，因此这个奏稿最终没有上奏。② 时论颇为惋惜，认为：“所言极为恳切，惜原折未能上达也。”③

当时还有各种督抚“会奏请立宪法”的传闻。张之洞在天津的坐探委员报告说：“会奏请立宪法，枢府不甚云然，北洋密电告东粤等省，切近之处，勿可会衔。”④ 张之洞随即电询：“会奏请立宪法，系何人倡议？何人主稿？联名者何许人？是否有人约袁会衔、袁探知廷意故密告粤东？望密探确实，迅速电复。”⑤《大公报》记载：“传闻粤督电商直督，会衔奏请立宪。有谓已经入奏者，然叩之枢府，人云

---

① 《奏为时局艰难谨参考各国政史拟请采用宪法实行新政以振积弱而图自强折》，国家图书馆善本部编《赵凤昌藏札》第3册，第547～562页。

② 《日记》《啬翁自订年谱》，分见《张謇全集》第6卷，第528～529、865页。

③ 《立宪折稿未上》，《大公报》光绪三十年六月初八日，第2版。

④ 《甲辰五月十七日天津巢委员来电》，《张之洞存各处来电》第66函，所藏档甲182－168。

⑤ 《甲辰五月十八日致天津巢委员凤冈》，《张之洞电稿乙编》第16函，所藏档甲182－77。

并未闻此事。或系秘密，一时不便宣露，亦未可知。”[①]《警钟日报》有谓：“今果闻各省督抚有会议请行立宪政体之风说，然耶？否耶？未敢加以判断。然吾将决其必有是事也。”[②] 这个时期，因为朝廷对立宪的态度尚不明朗，甚至予以压制，故如张之洞、袁世凯等督抚，虽有立宪之意，却不敢明确表态。

对于地方督抚与驻外使臣奏请立宪之举，或捕风捉影，或实有其事，时论亦多有评说。

《大公报》认为，驻外使臣联衔电奏请求清廷变法，其实中国早已变法，“而诸钦使欲以此为言者，何也？则以其所变者皆末也，非本也。本之不存，末将安附？譬如源之浊者，其流必不能清；根之萎者，其枝必不能荣也。则安得谓为足恃也。本何在？政体是矣。政体何以变？则当变专制为立宪是矣。今试向执政诸公而语之曰：中国当改政体，当改专制为立宪。鲜有不怒且叱者。不知今日环球诸国政体不同，而惟尚专制者则必败；今日救中国之术千端万绪，而非变专制为立宪则终亦必败”。[③] 显然，《大公报》认为变法之本在改专制为立宪。《东方杂志》一方面观察到立宪潮流涌动的苗头，有谓：“前者忽有驻法孙星使奏请立宪之举，继又有某某督抚亦以立宪为请。近来课吏校士，亦有以宪法发为问题者。虽未知中国年来果能制定宪法与否，然其机已动，其端已见，其潮流已隐隐然而欲涌出，则显然可见。”另一方面，又对立宪的前途并不乐观，有谓：“近月以来，奏请立宪之说，喧传于道路，有某钦使之电奏，有某某总督之联名，内外上下，翘首跂足，以期以望，然论者咸谓尚非其时。……夫日本与我中国，非均所谓变法四十余年之国乎？然何以日本之变法，至今百事俱举，而我中国之变法，至今仍百事俱隳也？我甚惧我宪法之立，其

① 《会衔电请立宪》，《大公报》光绪三十年七月十二日，第2版。
② 《论各省督抚议请立宪事》，《警钟日报》光绪三十年四月初六日。
③ 《论出洋诸钦使奏请变法事》，《大公报》光绪三十年二月二十日，第1～2版。

与我变法等，则立宪与不立宪，仅其名之异，而于我国进退，仍不能增损毫末。”[①]《警钟日报》甚至对地方督抚是否有推动立宪的能力表示怀疑，有云：“虽然吾信各督抚所处之地势，足以改专制而为立宪。至于能知立宪为何物，而实行其事与否，则非督抚之地势为之，而由督抚之智力材能为之也。今之各省督抚，其有能知立宪为何物者乎？吾方忧之矣。”[②] 实际上，时论如此评说并非苛责。诚然，鼓吹立宪与实行立宪是两个不同的层次。就地位而论，地方督抚处于立宪派与清廷之间。尽管地方督抚已在某种程度上认同了立宪思潮，但要在实际操作层面上推动清廷实行立宪，则还要下一番功夫。

六月二十一日，清廷谕令各省督抚密陈筹划东三省计策。[③] 云南巡抚林绍年提出要应对日俄战争时的东三省危机，必须变法立宪。有谓：“中国必变法始足以自立，今欲收回东三省，尤必先定变法之计，方足以对日而拒俄。若徒旧制是循，则日必不止暂时屯兵，而永无退兵之日，或仍归俄得，终不我还。……而尤有所最要者，则无如改专制为立宪法，实足以固人心而维国祚于无穷也。”[④] 各督抚多就练兵、筹饷、外交等方面立论，林绍年的立宪主张确属空谷足音。

光绪三十一年（1905）初，驻日公使杨枢奏请仿照日本变法，改行立宪政体。有谓：“中国与日本地属同洲，政体民情，最为相近。若议变法之大纲，似宜仿效日本。盖法、美等国，皆以共和民主为政体，中国断不能仿效。而日本立国之基，实遵守夫中国先圣之道，因见列强逼处，非变法无以自存，于是一意立宪，以尊君权而固民志。

① 《论中国立宪之要义》《奏请立宪之风说》，均见《东方杂志》第1年第5期，光绪三十年五月二十五日。

② 《论各省督抚议请立宪事》，《警钟日报》光绪三十年四月初六日。

③ 中国第一历史档案馆编《光绪宣统两朝上谕档》第30册，第132～133页。

④ 林绍年：《遵旨敬陈管见折》（光绪三十年八月），《林文直公奏稿》卷2，京师，1927年刊本，第34页。

考其立宪政体，虽取法于英、德等国，然于中国先圣之道，仍遵守而弗坠，是以国本不摇，有利无弊。盖日本所变者治法，而非常经，与圣训正相符合。即中国舆论，亦以日本之变法参酌得宜，最可仿效。”[①] 稍后，杨枢致函密告张之洞，日本政界要人大隈重信建议中国锐意改良，“改良之法，莫善于立宪”，日本就是成功的典范；大隈还认为，日本立宪以国民公德为基础，“国民之知有公德皆得诸汉学居多，是贵国旧学实为我国公德之权舆”。[②] 对照上述奏折可知，在此，杨枢不过借大隈之口，说出自己的想法。这一点很重要：日本维新成功的事例表明儒家文化并不与宪政改革相排斥，反而有某种内在的亲和力。这是深受儒家文化影响的督抚大臣张之洞等人接受立宪主张的心理基础。

五月二十一日，清廷再次谕令各省督抚密陈筹划东三省善后办法。两江总督周馥奏陈：“窃以为事机至此，当因势利导，仿欧美设立法、执法、行政三项官之意，饬各乡村公举绅耆，就地筹费，办理警察、卫生、桥梁、道路之事。官总其成而不掣其肘，以地方之财供地方之用，既可免经费支绌之苦，即预立地方自治之基。庶能上下一心，疆圉永固。”[③] 周馥所奏，虽无立宪之名，实含立宪之意。

八月，新任贵州巡抚林绍年奏请速定政体以救颠危，对于去年在云南巡抚任上提出的立宪主张做了详细的阐述。他认为，地大民众的俄国不敌日本，是因为政体之异；中国之所以屡受外侮而不能自振，也是因为政体之异。“政体之最善者何？亦惟以君主之权行立宪之法而已。考地球各国政体，不外三端：曰专制，曰立宪，曰共和。共和者，以民举君，不必论已。专制者，臣民同奉法令，而仍无同休戚之

① 朱寿朋编《光绪朝东华录》第 5 册，总第 5287 页。

② 《光绪三十一年六月二十六日杨枢来函》，《张之洞公文函电稿》，所藏档甲 182－216。

③ 周馥：《外务部来电》（光绪三十一年五月二十一日到）、《复军机处》（光绪三十一年五月二十五日），分见《周悫慎公全集·电稿》，第 1～2 页。

心，在上者虽极忧勤，而百姓懵然罔知，直视国之安危如胡越之肥瘠。立宪者，人人知共卫国家，而团体愈结，输财输命，皆有出于不期然而然者。说者譬之在陆在舟，谓居陆者稍远即不相顾，惟居舟而后有同忧患难之心。立宪之善，实在于此。今宇内各国，立宪多而专制少。立宪则小如日本而勃兴，专制则大如俄罗斯而亦败，盖人心聚涣，而饷力兵力即皆从之而分也。而中国行之，尤为有利”。其利有四：有益于国脉、民风、内政、外交。对于立宪则有宪法限制君主之权和中国缺乏充选议员之人才的说法，逐层驳斥，以为不必过虑。当时中国宜急定立宪政体之缘由有二。一是关系主权之得失与人心之向背。日本挟胜俄之威，居“收回”东三省之功，劝我改定政体，拒之无辞，从之受挟；近来士民风气亦以改良政体为是，故与其感彼之进言，不如朝廷早为自定。二可隐销革命巨患于无形。革命之说勃兴，无非借口民权以为煽惑，若改为立宪，则人心大定，革命之说不禁自消。因此，恳请清廷“立奋乾断，决定于某年起改行立宪之法，使天下臣民趁此数年各自考求，派考察出使各大臣查取各国宪法，详译进呈，恭候钦定，实足以挽积弱而固人心”。同时，林绍年还特地附片奏请在改定政体上宜由宸衷独断，有谓：“惟是此事有益于国，有益于民，而最不利于大小各官，故各国立宪恒由于革命流血而后成。惟日本立宪乃由臣民之吁请，明治之独断，彼常以此为夸耀，而各国亦莫不羡之。若我中国竟由皇太后、皇上宸断施行，则各国之推崇当更有百倍者，而我国家亿万年鸿业皆基于此日，纶音垂之史册，播之寰球，亦亘古之至美者也。”[①] 奏上不报。[②]

---

① 林绍年：《速定政体以救颠危折》（光绪三十一年八月）、《改定政体宜由宸衷独断片》（光绪三十一年八月），《林文直公奏稿》卷4，第19～26页。

② 据林葆恒撰林绍年行述称：“先君默察大势，非立宪不足救亡，特疏请预定政体，以系人心，不报。”（《皇清诰授光禄大夫头品顶戴经筵讲官弼德院顾问大臣林文直公行述》，中国社会科学院近代史研究所图书馆藏刊本，第5页）按：林葆恒把林绍年疏请预定政体事系于光绪三十年，似有误。

立宪派张謇等人刊印《日本议会史》《英国议会史》《日本宪法义解》等书，寄呈枢廷权要及疆臣，以为宣传策动。直隶总督袁世凯当然是其策动的重要对象。如前所述，他们曾为鄂督张之洞、江督魏光焘草拟“请立宪奏稿”，在征询袁世凯意见时遭到婉拒而未有结果。后来，在抵制美货风潮中，张謇再次致书袁世凯，重提立宪主张。有谓：“万几决于公论，此对外之正锋，立宪之首要。上年公谓未至其时，亦自有识微之处。今外度日、俄之前途，内揆徐、刘之近效，针锋相值，似当其可矣。曩言万世在后，万史在前。今更为公进一说：日处高而危，宜准公理以求众辅。以百人辅不若千，千人辅不若万，万人不若亿与兆。自非有所见，不为公进此一言也。且公但执牛耳一呼，各省殆无不响应者。安上全下，不朽盛业，公独无意乎？及时不图，他日他人构此伟业，公不自惜乎？”[①] 袁世凯的回函未见，其幕僚张一麐所代拟复张謇函稿则做出了积极的回应，不仅盛赞张謇等人刊印的《日本议会史》等宪政宣传品，而且明确表示要做立宪“前驱”的愿望。有云：“各国立宪之初，必有英绝领袖者，作为学说，倡导国民。公夙学高才，义无多让。鄙人不敏，愿为前驱。”[②] 在对待立宪的态度上从婉拒到赞成，袁世凯给张謇留下了“觇候风色不决”的印象。[③] 不过，袁世凯最终还是对立宪投了赞成票。

其时，各报刊亦披露督抚奏请立宪之事。《时报》转载日本《大阪朝日新闻》消息称：“袁世凯、张之洞、周馥三总督近曾联衔奏请，自今一十二年以后实行立宪政体。唯其奏议内容，现尚不得而知。”[④]

---

① 《为抵制美货事致袁直督函》（光绪三十一年），《张謇全集》第1卷，第89～90页。

② 张一麐：《拟复张季直殿撰謇》，《心太平室集》卷7，第6页，《民国丛书》第三编（82），上海书店，1991。

③ 《啬翁自订年谱》，《张謇全集》第6卷，第867页。

④ 《袁张周三督奏请十二年后实行立宪政体》，《时报》光绪三十一年五月三十日。按：据考证，《时报》这则转载日本报纸的消息，随后又被《新民丛报》《东方杂志》转载，学界有关清末立宪研究的论著多有引用，其说未必确实可靠，尚难定论。参见李振武《袁、张、周有无联衔奏请立宪》，《广东社会科学》2007年第4期。

稍后该报又有周馥单衔奏请立宪的报道，记者按语称：“改行立宪，诚吾国今日最要之图。去年以来，内外臣工颇有以此建议于朝者。前月复有袁、张、周三督联衔奏请以十二年为期改行立宪之说。今周督又更独衔奏请，其卓识热忱至可感敬。吾望各省督抚闻其风相继共起而主张之，俾得见诸实行，则国家之大幸也。”[①]《中外日报》报道，两广总督岑春煊电奏东三省善后事宜，请改官制，并竭力整顿军政、财政，且谓：“欲图自强，必先变法；欲变法，必先改革政体。为今之计，惟有举行立宪，方可救亡。”[②]《申报》报道张之洞奏请立宪，有谓：“鄂督张香帅月前请改立宪政体，后又条陈多款。闻折中有云：欲行立宪，当先开通下流社会知识，庶政方无紊乱破坏之虑。闻政府甚以为然，故有广设官私学堂、认真改良教育之议。”[③]《东方杂志》也有“直督袁世凯议举行立宪政体”的记载。[④]限于留存及所见资料，今人已无法一一检视各督抚奏折内容，但从各种报刊媒体对督抚奏请立宪密切关注的程度来看，当时地方督抚无疑已成为一股推动立宪的重要政治势力。

对于日俄战争前后的立宪思潮，时论多有剖析述评。有谓：“近者甲辰日俄之战，知微之士闻之，亦曰此非俄日之战也，乃立宪、专制二治术之战也。自海陆交绥以来，日无不胜，俄无不败。至于今，不独俄民群起而为立宪之争也，即吾国士夫亦知其事之不容已，是以立宪之议主者愈多。远猷辰告，始于出使诸公，继者乃有疆吏，而今枢臣、亲懿之中，亦稍稍持其说矣。”[⑤]又谓：“士人之持立宪变政之

---

① 《周玉帅电请立宪》，《时报》光绪三十一年六月十六日。

② 《记粤督岑制军请改立宪政体事》，《中外日报》光绪三十一年七月初三日，第1版。

③ 《张香帅再陈立宪办法》，《申报》光绪三十一年七月十四日，第3版。

④ 《光绪三十一年七月中国事纪》，《东方杂志》第2卷第9期，光绪三十一年九月二十五日。

⑤ 《论国家于未立宪以前有可以行必宜行之要政》，《东方杂志》第2年第12期，光绪三十一年十二月二十五日。

议者，十余年于兹，其初虽一二人倡之，其后乃什伯辈和之，至于今全国上下几以此为普通言语，习闻不足怪矣。自日俄之一战，而此论尤昌。疆吏、使臣纷纷以此为救亡之策，宫廷之上，亦渐为众议所动，派大臣出洋考察政治，以为立宪之图。”① 可见，地方督抚成为一股重要的宪政势力，既有助于社会上立宪思潮的高涨，又直接影响清廷高层趋于赞同立宪。

第二节　督抚与五大臣出洋考政

日俄战争前后，立宪的呼声在全国响起，清政府内部的宪政势力也在伺机而动。出使法国大臣孙宝琦“首以更革政体为请”，封疆大吏张之洞、周馥、岑春煊“又以立宪为言”，枢臣懿亲“亦稍稍有持其说者”，直隶总督袁世凯更是直接奏请“简派亲贵，分赴各国，考察政治，以为改政张本”。② 光绪三十一年（1905）六月十四日，清廷发布简派大臣出洋考察政治的上谕：

> 方今时局艰难，百端待理，朝廷屡下明诏，力图变法，锐意振兴。数年以来，规模虽具，而实效未彰，总由承办人员向无讲求，未能洞达原委。似此因循敷衍，何由起衰弱而救颠危。兹特简载泽、戴鸿慈、徐世昌、端方等，随带人员，分赴东西洋各国，考求一切政治，以期择善而从。嗣后再行选派，分班前往，其各随事诹询，悉心体察，用备甄采，毋负委任。③

---

① 《论今日中国宜有宪法研究会》，《时事采新汇选》，光绪三十一年十一月十一日。

② 《中国立宪之起原》，《宪政初纲》［《东方杂志》临时增刊，光绪三十二年（1906）十二月］，“立宪纪闻”，第1页。按：此处将岑春煊误作岑春萱，今改正。

③ 中国第一历史档案馆编《光绪宣统两朝上谕档》第31册，第90页。

六月二十五日，又补派绍英随同出洋考察各国政治。[①] 这就是所谓的“五大臣出洋”。显然，清廷派亲贵大臣分赴东西洋考察政治，“择善而从”，是公开发出了倾向立宪的信号。《申报》评论道：“故此事就形式观之，固未始非国家求治之至意也。……抑吾更有说者，始我中国之变法也，不过狥在下之意，而在上者初无精神以贯注之，甚且有龄龁之者，故数年以来，只有规模，未收实效。既使王公大臣分往各国考验政治，且后此之选派者，尚不一其人，则可知朝廷之心固专注于是矣。夫朝廷之心既专注于是，则在下者之不敢因循敷衍断然可决者也。故变法必自在上始者，本也；而变法必由立宪成者，又本中之本也。泰西各国政治之美以此，泰西各国之强亦以此，今之日本又前车之鉴也。”[②]《中外日报》直接以为“其立宪之第一步”。[③]《时报》更明确地指出：“今诸公出洋，议者多谓朝廷令其考查宪政，以备立宪之用。其事之果否，非吾之所敢知。然既负考求政务之重任，则固当务其远者大者，深求泰西立国之本原，吸收文明之精髓，归输吾国，以立政治不拔之基，而后可以报我国家，而此行庶几不负。”[④] 时论对清廷立宪寄予了殷切的期望。

五大臣出洋考察政治是清政府决定是否立宪的关键。对此，清政府内部各派政治势力歧见纷出，莫衷一是。地方督抚如何应对，及其在五大臣出洋前后的所作所为颇值得探究。

其一，为什么要派五大臣出洋考察政治？关于派亲贵大臣出洋的直接动议者，时人或以为是直隶总督袁世凯，“考察之议，发自本初（袁世凯）；顺查宪法，上亦有意”。[⑤] 社会上亦有“系袁慰帅之条奏，

---

① 中国第一历史档案馆编《光绪宣统两朝上谕档》第31册，第96页。

② 《论特简重臣分赴东西洋各国考求政治》，《申报》光绪三十一年六月十六日，第2版。

③ 《读十四日上谕谨注》，《中外日报》光绪三十一年六月十六日，第1版。

④ 《读十四日上谕书后》（续），《时报》光绪三十一年六月十九日，第1张第2页。

⑤ 《乙巳七月二十六日京吴太史来电》，《张之洞存各处来电稿》第2函，所藏档甲182－439。

政府采而行之者”的传闻。[1] 或以为是军机大臣瞿鸿禨，“造膝密陈，而有四大臣之遣”。[2] 甚至有谓瞿氏欲“自请赴外洋考察政治，不许，乃改派载泽等”。[3] 诚然，袁、瞿二氏建言之功不可没，然而派亲贵大臣出国游历考察的创议并非始于此时，此前便有不少动议者，其中不乏督抚大臣。湖广总督张之洞早在戊戌时期的《劝学篇（外篇）》第二条论“游学”中，便提出“游学之益，幼童不如通人，庶僚不如亲贵”的观点，并以日本大臣伊藤等人、俄国国君彼得和暹罗王子游学（或游历）欧洲为例证。[4] 在《江楚会奏变法三折》第三折第一条“广派游历”中，又明确地奏请“敕派王公大臣以及宗室后进、大员子弟、翰詹科道、部属各项京官，分赴各国游历”。[5]

日俄开战之初，两江总督魏光焘、两广总督岑春煊、湖北巡抚署理湖广总督端方与商约大臣吕海寰、盛宣怀联衔会奏应对之策，认为日俄谁胜谁败均于中国不利，中国必须未雨绸缪，联络外交，整顿内政。有谓：“宜乘彼布告之后，迅速特简亲重大臣，以考求新政为名，历聘欧美有约诸邦，面递国书，以维均之势立说，东三省开通商埠利益均沾为宗旨，恳派使臣设会评议。……一面择最大新政，切实举行数事，痛除旧习，以动天下之观听。”[6] 随后，在奉旨奏陈筹划东三省事宜时，山东巡抚周馥与署理四川总督锡良均奏请派亲贵重臣游历欧美各国。周馥奏称：“分简亲王勋戚重臣，选带解事随员，剋日遄往。”[7]

---

① 《疆臣建议特色》，《大公报》光绪三十一年六月十九日，第 2 版。

② 《光绪三十一年六月汤寿潜致瞿尚书函》，《瞿鸿禨朋僚书牍》第 3 函，所藏档甲 375 -2。

③ 瞿宣朴等：《先府君行述》，周育民整理《瞿鸿禨奏稿选录》附，《近代史资料》总 83 号，中国社会科学出版社，1993，第 40 页。

④ 张之洞：《劝学篇（外篇）》，苑书义等主编《张之洞全集》第 12 册，第 9737 ~9738 页。

⑤ 《遵旨筹议变法谨拟采用西法十一条折》（光绪二十七年六月初五日），苑书义等主编《张之洞全集》第 2 册，第 1430 页。

⑥ 盛宣怀：《密陈大计折》（光绪三十年正月，江督魏、粤督岑、鄂督端、商约大臣吕会奏），盛宣怀《愚斋存稿》卷 10，第 3 ~4 页。

⑦ 周馥：《密陈东三省事机危迫预筹补救折》（光绪三十年七月初二日），《周悫慎公全集·奏稿》卷 2，第 39 页。

锡良也奏称：“简派重臣游历欧、美各国，用资联络。”①

日俄战争行将结束时，湖南巡抚端方奉旨筹议东三省善后办法，奏请当遣使赴美预议。有云：“日俄请和，发自美国，我国必当遣使预议，以表同情。如彼不甚欢迎，亦当藉名他事前往，徐图预议。”②署理两广总督岑春煊亦有鉴于日俄战争所致深重的危机感，奏请出洋就医并顺便考察各国政治学术，以为救亡之资。有谓：“自此次日俄事定，世界大势必为一变。积弱之中国，适当其阨，以后艰巨之事，必倍蓰于目前。……故拟及此艰巨未来之时，于就医之便，游历各国，考查其政治学术，为将来图报之具。虽游历久暂不敢定，心得有无不可知，然经此一番目染耳濡，当不至毫无裨益。必有堪胜艰巨之学识，始有报称之可言。”③

从张之洞到岑春煊，各督抚立论的角度不一，但派亲贵大臣出洋考察已为不少督抚之共识，五大臣出洋之举从思想上可谓渊源有自。当然，要清廷接受这个观念，还得从多方面促动。事后，张謇在回忆这个过程时说：“先是，铁良、徐世昌辈于宪法亦粗有讨论，端方入朝召见时，又反复言之，载振又为之助，太后意颇觉悟，故有五大臣之命。既盛宣怀倡异议，袁世凯觇候风色不决，故延宕至三月之久，重有是事也。”④ 可见其间的复杂与波折。

其二，关于出洋考政大臣的人选问题。人事问题向来敏感。五大臣出洋直接关系到宪政的前途，其人选如何，也颇引人注目。湖广总督张之洞在京师的耳目不断地传递有关信息，从中可以看到五大臣人选变动的大致情况，并从一个侧面了解京中大佬对于宪政的态度。黄

① 锡良：《遵旨密陈管见折》（光绪三十年九月初五日），中国科学院历史研究所第三所主编《锡良遗稿·奏稿》上册，中华书局，1959，第430页。

② 《端中丞出使之原因》，《申报》光绪三十一年六月二十九日，第3版。

③ 《署理两广总督岑春煊奏为病请开缺出洋就医兼考查各国政学事》（光绪三十一年六月初三日），一档藏，录副奏折，档号03-5444-045，缩微号411-2485。

④ 《啬翁自订年谱》，《张謇全集》第6卷，第867页。

绍箕说，内议首先确定派载振（振贝子）、张百熙（长沙）、瞿鸿禨（善化）、端方（陶斋）四人，“振贝子、长沙为一起，善化、陶斋为一起”。后来，因为载振“面奏其父与瞿均在政府，出与外人相接，将来遇事恐有为难之处”，张百熙“自言有眩晕疾，不能浮海”，于是改派徐世昌和戴鸿慈，“徐以资浅得之，戴则临时拉入者；或云戴与端皆以条陈东三省事称旨，故具选”。[①] 吴敬修说，他从鹿传霖和瞿鸿禨处了解到，最初派的是载振、张百熙和瞿鸿禨，“振不愿往，张以晕船辞，瞿因本初（袁世凯）愿徐（世昌）往，乐得推让”。至于添派绍英，则是“专为泽公（载泽）而设，绍系泽舅，又为邸戚”。本拟载泽、戴鸿慈一路往日、美、俄、意、奥，徐世昌、端方一路往英、法、德、比。随后又略做调整，改为“泽、徐一路，端、戴一路”。[②]

就其人选安排，据《申报》分析：载泽是天潢贵胄，戴鸿慈、徐世昌是部院大臣，端方是封疆大吏，“窃窥圣明简任此四人之意，则知欲使讲求变法之原委者，一在于宗室，一在于廷臣，一在于疆吏。盖如是而宫府内外诸臣皆知开通智识，异日兴革诸政，或可免扞隔掣肘之虞”。[③] 绍英出使由载泽提议，军机处奏请。据绍英日记，他从庆亲王奕劻处了解到“系泽公之请，是以军机请旨”，“庆邸云泽公因未曾出洋，请添派一人同往，因是军机处请旨派往”。[④]

值得说明的是，湖南巡抚端方出任考政大臣颇有原委。据《申报》分析，端方在筹议东三省善后办法时，曾奏请遣使赴美预议日俄

---

① 《乙巳六月十四、十八日京黄学士来电》，《张之洞存各处来电稿》第 1 函，所藏档甲 182 - 438。

② 《乙巳七月二十六、二十七日京吴太史来电》，《张之洞存各处来电稿》第 2 函，所藏档甲 182 - 439。

③ 《论特简重臣分赴东西洋各国考求政治》，《申报》光绪三十一年六月十六日，第 2 版。

④ 《绍英日记》第 1 册，第 577、586 页。

和约，此次与选，“盖以前奏深为朝廷嘉许也”。[①] 据赵凤昌回忆，当时日俄拟在美国朴次茅斯（即所谓“泊资模斯”）议约，因必然涉及中国领土利权，故他提议中国应出而干预。此议得到张元济等沪上名士的赞同。他们游说端方、盛宣怀，由盛商及吕海寰等人合电枢府，“告美国转达日俄，许中国预闻和议”。恰巧溥伦贝子将赴美参加博览会途经上海，便拟请派溥伦顺道到朴次茅斯为预议使臣。溥伦亦以此举重要，愿膺此任，但因与军机首辅庆亲王奕劻不合而未果。“旋知枢意拟遣端，先电我驻美使臣向美政府言之，竟不允中国预闻。其时已调端赴京，事不容已，即改为派五大臣出洋考查宪政”。[②] 政府之意本是拟派端方赴美预闻日俄议约事，并已电谕调端进京，但日俄未允，于是改派为考政大臣。可见，端方被派出洋考政，未免有点偶然。

八月二十六日，五大臣起程准备出洋，遭到革命党人吴樾炸弹的攻击，载泽轻伤，绍英伤稍重，住进法国医院调治。[③] 徐世昌颇感叹：“朝廷维新百度之始，忽有此暴动之事，良可怪也。”[④] 立宪派人士张

① 《端中丞出使之原因》，《申报》光绪三十一年六月二十九日，第3版。

② 赵凤昌：《惜阴堂笔记——中国欲预闻日俄泊资模斯议约未允》，《人文月刊》第2卷第8期，民国二十年十月十五日。按：赵凤昌说“其时已调端赴京”，本是指调端方赴美预闻日俄议约事。清廷在发布派载泽、戴鸿慈、徐世昌、端方为考政大臣之前两日，即六月十二日，已电谕“端方著迅速来京陛见”。［《奉旨端方著迅速来京陛见事》（光绪三十一年六月十二日），一档藏，电报档，档号1－01－12－031－0067，缩微号002－1686］端方当晚接到电谕，便着手将未了事件从速料理。十七日交卸巡抚篆务，十八日附轮起程。十九日抵鄂，拟二十二日换乘火车北上。因河北铁路被水冲坏，拟稍缓时日。又因枢府有电催促，刻不容缓，遂于二十四日清晨由汉口乘专车北上。［《湖南巡抚端方奏报交卸抚篆及起程日期事》（光绪三十一年六月十七日），一档藏，录副奏折，档号03－5444－063，缩微号411－2520；《端中丞濒行之布置》《端午帅由湘启节》《湘抚端中丞抵鄂》《端午帅启节北上》，分见《申报》光绪三十一年六月二十五、十九、二十四、二十八日，第3版］又据徐世昌、荣庆、那桐日记，他们均在六月二十九日见到端方，可见端方当在此日前到京。《徐世昌日记》，光绪三十一年六月二十九日，天津社会科学院图书馆藏；谢兴尧整理《荣庆日记》，光绪三十一年六月二十九日，西北大学出版社，1986，第86页；北京市档案馆编《那桐日记》上册，光绪三十一年六月二十九日，新华出版社，2006，第543页。

③ 《绍英日记》第1册，第606页。

④ 《徐世昌日记》，光绪三十一年八月二十六日。

謇认为："此必反对立宪人所为也，如此则立宪尤不可缓。拟与陶斋电，问安否。并请奏布明诏，以消异志。"① 次日，慈禧太后召见戴鸿慈、徐世昌、端方，"慨然于办事之难，凄然泪下"。② 有云"我要办些事，又出此支节"，谕令"再定规前往"。经此事变，徐世昌已萌生"退意"。九月初十日，清政府设立巡警部，徐世昌被任命为该部尚书，正好借此脱身，"徐不行，闻以尚其亨代之"。绍英伤未痊愈，由出使比国大臣李盛铎兼代。③ 这样，出洋考察政治五大臣最后被确定为载泽、尚其亨、李盛铎、戴鸿慈、端方，前三人为一路，后两人为一路，在是年底分途出洋。

其三，关于选派随员问题。五大臣出洋命下之后，当务之急便是选派随员。其实，当时所谓随员有两类：一是由五大臣奏调作为正式编制内出洋考政的随员，二是由地方官府出资选派附带随行出洋考政的随员。地方督抚不仅参与推荐正式随员人选，而且还选派了附带出洋的随员。

关于第一类，限于所见资料，难得其详，从下列两则报道可略窥一二。据《时报》载："政府嘱袁慰帅荐人随行，袁之公子精通英、法、日三国文，已得与选，并当由北洋学堂选头班学生十人随行，以充翻译人，而于将来回国时，则即令留学各国。"④ 又据《申报》载：端方奉旨进京途经武汉时，与湖广总督张之洞多次密谈，"并向香帅请借某译员，香帅许之"。离鄂时，还把张之洞幕府人员王仁俊"随

---

① 《日记》，《张謇全集》第 6 卷，第 557 ~ 558 页。

② 戴鸿慈：《出使九国日记》，第 314 页。

③ 《乙巳八月三十日、九月二十日京黄学士来电》，《张之洞存各处来电稿》第 2 函，所藏档甲 182 - 439；中国第一历史档案馆编《光绪宣统两朝上谕档》第 31 册，第 141、171 页。

④ 《特派出洋大臣始末》，《时报》光绪三十一年七月初四日。按：查载泽等五大臣奏调随员名单，袁世凯长子——分省补用道袁克定之名赫然在列。（端方：《考查政治调员差委折（清单附）》，《端忠敏公奏稿》卷 6，第 3 页）但是，袁克定最终并未随同出洋。查戴鸿慈、载泽出使日记所载正式出洋随行人员名单，并无袁克定之名。戴鸿慈：《出使九国日记》，第 320 ~ 321 页；载泽：《考察政治日记》，岳麓书社，1986，第 571 页。

带入京”。[①] 在这方面，督抚中袁世凯、张之洞算是较积极的，但也有并不配合的，例如，在吴樾事件之后五大臣续调随员中，有浙江衢州府知府世善。[②] 当五大臣致电署理浙江巡抚瑞兴请调时，遭到拒绝。瑞兴奏称：“查世善现方调署嘉兴府缺，该处地连江苏，为枭匪出没之乡，得非精明干练之员，不足以资震慑。世善莅任经年，抚治得宜，境内赖以乂安，实未便遽易生手。该府绅商士民，一闻此信，急电禀留。……出洋少一世善，未必有妨考察；嘉兴去一世善，殊恐有碍治安。”故奏请世善仍留嘉兴府缺，毋庸随同出洋，奉旨允准。[③]

关于第二类，查戴鸿慈、载泽日记，在五大臣正式出洋时，各省所派随同戴鸿慈、端方一路考察的随员有四人：湖北金鼎、蔡琦，奉天周宏业、张大椿；随同载泽一路考察的随员三人：湖北喜源、郑葆琛，江西周光棨。[④] 奉天、江西如何奏请不得而知。其实，署理两广总督岑春煊也曾奏请“由粤筹拨经费”，派候补知府高而［尔］谦、候选县丞魏子京随同端方出洋考察。[⑤] 不知何故，结果高、魏并未成行。

在这方面最积极的无疑是湖广总督张之洞。清廷发布出洋考政谕旨后，张之洞觉得这是一个了解外国的绝好机会，便打算在湖北派几位属官随同出洋考察。他认为：“此次亲贵出洋考察政治，甚有关系。敝处拟分派数员随同诸星使前往考察。若星使所询考之事，外国必肯

---

① 《湘抚端中丞抵鄂》《端午帅启节北上》，分见《申报》光绪三十一年六月二十四、二十八日，第3版；《王仁俊随端午帅北上》，《时报》光绪三十一年七月初五日，第2张第6页。按：实际上王仁俊并未随同出洋。

② 戴鸿慈：《出使九国日记》，第315页。

③ 《署理浙江巡抚瑞兴奏为仍留衢州府知府世善署理嘉兴府缺毋庸随同出洋考察以资地方治安事》（光绪三十一年十一月二十九日奉朱批），一档藏，录副奏折，档号03-5450-085，缩微号412-0461。

④ 戴鸿慈：《出使九国日记》，第321页；载泽：《考察政治日记》，第571页。

⑤ 《署理两广总督岑春煊奏为候补知府高而［尔］谦候选县丞魏子京随同出洋大臣端方赴各国考察事》（光绪三十一年八月初八日），一档藏，朱批奏折，档号04-01-12-0645-149，缩微号04-01-12-123-1446。

指引详告，较之寻常游历，益处甚多。”[①] 经过与五大臣往返电商，张之洞选定湖北试用道喜源、候补知府郑葆琛随同载泽一行，试用知府金鼎、候补知府蔡琦随同戴鸿慈、端方一行，由湖北自行筹给薪水川资，分别出洋考察。“凡属吏治、军制、财政、法律、学堂、警察、监狱、工厂，及一切矿山、铁道、有关地方利益之事，均令虚心博访，分类详录，俟回省后呈缴，以备参考采择之资”。[②] 显然，他是在为湖北新政做打算。被派各员也不辱使命，所到之处，随时汇报考察情形。如金鼎、蔡琦从美国报告说：“游美月余，工商、农业、教育、制造，美不胜收。卑府鼎于财政、商务，琦于枪炮制造、工厂，均向各总理研求，大概情形，已留笔记。现定廿二随同赴德，时促事繁，颇难细考，惟择带章程，回鄂再译。钦宪参、随、翻译众多，亦无非分门译书耳。”[③] 喜源从日本报告说：“日本宪法、内政考察略有端倪，惟海、陆军甚秘密，调察颇难。然此事与我国军政极有关系，不能不设法搜求。现请旁人帮同调察，约需酬劳译费等千元，职道未敢擅专，可否？敬乞宪示。”[④] 当各员随同考察完毕即将回国之时，张之洞当即指示他们务必迅速回鄂汇报，如他致电金鼎、蔡琦说：“此次该守等随同考察政治，本部堂期望甚殷。现既考毕回华，到沪后务即赶紧来鄂，将考察事宜详细禀呈核阅，切勿在沪耽搁。”[⑤] 张之洞如此

① 《致荆州清将军、荆宜道陈道台、喜观察源》（光绪三十一年八月初二日），苑书义等主编《张之洞全集》第 11 册，第 9366 页。

② 《光绪三十一年八月二十九日附奏委派湖北试用道喜源等随同钦派大臣出洋考察政治片》，《张之洞紧要折稿》第 18 函，所藏档甲 182－20；又见《湖广总督张之洞奏为委派喜源等员随同载泽等大臣出洋考察事》（光绪三十一年九月二十四日奉朱批），一档藏，录副奏折，档号 03－9280－010，缩微号 667－0025。

③ 《丙午正月十九日纽约金、蔡守来电》，《张之洞存各处来电》第 76 函，所藏档甲 182－178。

④ 《丙午四月初二日东京喜道来电》，《张之洞存各处来电》第 78 函，所藏档甲 182－180。

⑤ 《丙午闰四月初八日致新加坡中国领事署存交湖北委员金守鼎、蔡守琦》，《张之洞电稿丙编》第 22 函，所藏档甲 182－101。

迫切地希望与所派出洋考察随员见面，一方面可以从他们的考察报告中获取更多的新知识、新思想，另一方面也可以通过他们对五大臣出洋的情形有一个基本的了解，这些对于张之洞无论是在湖北推行新政，还是参与全国性的宪政改革，都有着重要的意义。

其四，关于筹措经费问题。清廷在发布五大臣出洋考察政治的上谕时，关于经费问题，着外务部与户部议奏。其时，庚子赔款与新政的开办，已使清政府的财政极度困难。因此，要筹措五大臣出洋的经费，便是一个非常棘手的问题。据《大公报》披露："闻户部库款仅存三百万金，尚须分拨东北之要需，一时碍难提拨，已行文外部，请由海关项下设法提拨，而外部亦以无款可筹复之。现在出洋之费尚无从筹画。"①

外务部与户部领旨后，即致电直隶总督袁世凯、两江总督周馥和湖广总督张之洞诉苦求援，有谓："此项经费，岁需甚巨，刻尤急需。惟部库已极支绌，而出使经费已鲜存储，非各省合力，难期共济。公皆素顾大局，肯任其难，望先迅筹巨款，以资提倡。并祈转商各省关，同抒公忠，每年各认解经费若干。"② 周馥致电袁世凯、张之洞称："事关大局，有裨新政，只可勉筹。惟此事岁需约四五十万，尊处拟先筹若干？每年认解若干？"似不无犯难之处。袁世凯则极为爽快，致电张之洞、周馥表示："考查政治，为自强入手要义。应用经费，直隶拟按年认筹十万。请二公拟稿，挈贱名电商各省。"③ 张之洞回电颇为中庸，有谓："大员出洋考求政治经费，湖北拟按年认筹十万，请慰帅、玉帅挈贱名电商各省。"其实，当时湖北的财政也是异常困难，"款从何出，尚无著落"，但因为"要政所需，勉副尊命，以

① 《出洋经费尤着》，《大公报》光绪三十一年七月初一日，第3版。

② 《外务部、户部来电并致袁宫保、周制台》（光绪三十一年六月二十一日），苑书义等主编《张之洞全集》第11册，第9352页。

③ 《乙巳六月二十二日江宁周制台、天津袁宫保来电》，《张之洞存各处来电》第73函，所藏档甲182-175。

顾大局”。他在认筹之后，即与所属司道各员详加筹商，拟在江汉关税项下设法腾挪，按季拨解，当年解足五万。[①]

周馥与袁世凯、张之洞一样，也认解十万两。袁、周、张三督还致电各省督抚商解经费。两广总督岑春煊复电认筹六万两，在藩库、运库、善后局、厘务局、关务处如数分筹解往。[②] 山西巡抚张人骏认解三万两，“晋省库款入不敷出，本形支绌，兹于耗羡项下移缓就急，腾挪提动银三万两，作为本年认解出洋经费”。[③] 山东巡抚杨士骧认解四万两，先在工赈捐款内借拨，再在藩库、运库、东海关洋税及商局税等款项下如数筹拨补抵。[④] 陕甘总督认解三万两。[⑤] 河南认解两万两。[⑥] 在清廷发布出洋考政谕旨一个月后，据《时报》载：除福建、广东、浙江等省外，各省已认筹五十三万两，“大约八十万之数，可以如愿以偿也”。[⑦] 稍后几天，又据《申报》载：“兹悉陆续解京者已有七十万金之谱，尚有数省不日亦将解到，原拟之八十万，必可如数解齐。”[⑧]

五大臣回国后，据度支部奏称：戴、端两大臣领银三十四万余两，尚不敷三万六千两；泽、尚、李三大臣领银三十三万两，尚余一

---

① 《致外务部、户部，天津袁宫保、江宁周制台》（光绪三十一年六月二十三日）、《致京外务部、户部》（光绪三十一年七月二十一日），分见苑书义等主编《张之洞全集》第11册，第9352、9364～9365页。

② 《粤省汇解五大臣出洋经费》，《申报》光绪三十一年九月初四日，第3版。

③ 《光绪三十一年山西巡抚张人骏奏片》，中国第一历史档案馆编《光绪朝朱批奏折》第33辑，第24页。

④ 《山东巡抚杨士骧奏为山东省筹备出洋考察经费事》（光绪三十二年），一档藏，朱批奏折，档号04－01－02－0109－006，缩微号04－01－02－006－0797。

⑤ 《大员出洋经费》，《时报》光绪三十一年七月十二日，第2张第6页。

⑥ 《河南巡抚林绍年奏为汇解考察宪政经费事》（光绪三十三年九月初八日），一档藏，朱批奏折，档号04－01－01－1082－043，缩微号04－01－01－165－0671。按：林绍年所奏为光绪三十三年清廷第二次派大臣出洋考察宪政经费，河南勉强筹得两万两，据称“准抵解专使经费”，可见五大臣出洋时河南亦认解两万两。

⑦ 《各省认筹亲贵大臣出洋经费记数》，《时报》光绪三十一年七月十四日，第2张第6页。

⑧ 《出洋经费解京》，《申报》光绪三十一年七月十九日，第4版。

千二百两。[①] 据此合计五大臣出洋共花费七十万四千八百余两。这是通过户部拨付的公款，其实还有私人捐助的款项。如戴鸿慈、端方奏称，他们出洋购买了大量书籍，并组织人员在上海编译，其编译经费由前任上海道袁树勋垫资四千两，现任上海道瑞澂续垫八千余两，“均经该员等声称，所垫之款，统由该员捐廉筹给，毋须在使费中拨还”。[②] 限于所见资料，虽然不知其他督抚认解多少款项，但上述直隶、两江、湖广、两广、山西、山东、陕甘、河南八督抚共认解四十八万两，已占五大臣出使专项经费总额三分之二强。

其实各督抚自有苦衷。河南巡抚林绍年于光绪三十三年（1907）筹措第二次出洋考察宪政经费时，奏称：“豫省财力奇窘，原派专使经费，本无的款可指，比来筹办新政，出项益夥，应付益难，实有无可腾挪之势。”[③] 这并非河南独有境况，其他各省大抵如此。各省督抚在那样困难的情况下，还能为五大臣出洋设法筹措经费，虽有无奈之感，然亦够尽力而为了。

在日俄战争的刺激下，立宪思潮高涨，清廷顺应潮流派五大臣出洋考察政治，是推动政治改革的重要举措。在此过程中，地方督抚扮演了相当重要的角色。从上述几个方面来看，虽然各督抚因各自的地位与处境有别，立场与能力各有不同，但从总体而言，督抚对于五大臣出洋考政给予了极大的支持。吴樾事件之后，当清廷就立宪问题征询江鄂两督意见时，鄂督张之洞奏请饬考政大臣迅速起程出洋考察。据《申报》报道：“近日两宫于立宪一事颇甚注意，特电问江鄂两督意见如何。兹闻鄂督复奏略谓：以目前时势论，立宪万不容缓，惟国民程度未优，欲速不达，转恐为宪政之阻。拟请一面先行设立考察政

① 《出使五大臣经费出奏》，《大公报》光绪三十三年二月十三日，第2版。

② 《戴鸿慈端方奏为出洋考察购书编译经费均由上海道袁树勋瑞澂捐廉筹给事》（光绪三十二年九月初六日），一档藏，录副奏折，档号03－9284－010，缩微号667－0438。

③ 《河南巡抚林绍年奏为汇解考察宪政经费事》（光绪三十三年九月初八日），一档藏，朱批奏折，档号04－01－01－1082－043，缩微号04－01－01－165－0671。

治局，研究宪法，俾国民由娴习而具资格；一面迅饬考察政法诸臣起程，分往各国，悉心调查，从速返国，尅期实行，较有把握云云。两宫深以为然。”① 最关键的一个问题是，关于地方督抚与五大臣出洋考政前后的联系及其与立宪的关系，拟在下节分析。

第三节　督抚与清廷预备立宪之决策

清廷派五大臣出洋，名义上是考察政治，实际上其核心任务是考察宪政。这在五大臣出洋请训时，清廷便明确地透露了信息。查各使臣日记如下。八月十九日请训，载泽没有记载。戴鸿慈所记甚简：“会同四大臣请训，蒙召见，垂询行程并谕以留心考察，以备采择等语。”② 徐世昌所记亦隐晦：“召对后偕泽公五人请训，勖以朝廷甚重此事，出去要认真考察，将来好采取有用。”③ 绍英记得最清楚：早在受命出使之日，“即往见泽公，略谈日本立宪大意”；之后随同请训，“蒙恩召见，皇太后、皇上训勉周详，示以各国政治均应择要考察，如宪法一事，现在虽不能宣露，亦应考察各国办法如何，以备采择”。④ 端方在吴樾事件之后的再次出洋途中致电张之洞说：“然陛辞日，慈训犹殷殷以考察各国宪政为属，冀归来后施行，是此事尚有成立之望。”⑤ 这些都是当事人的记载。时论亦以为然。《申报》具体分析道：“朝廷派遣之宗旨，系注重考查德日两国宪法，盖以德日亦系君主之国改为立宪，中国大可采用其法，若如英国之半主，则与中国

---

① 《鄂督复陈宪政》，《申报》光绪三十一年十一月二十三日，第3版。

② 戴鸿慈：《出使九国日记》，第313页。

③ 《徐世昌日记》，光绪三十一年八月十九日。

④ 《绍英日记》第1册，第586~587、600~601页。

⑤ 《乙巳十一月十三日天津端星使来电》，《张之洞存各处来电稿》第2函，所藏档甲182-439。

不合。”[①]《大公报》则直接说：“考察各国之政治者，为豫备他日立宪之政策。”[②] 可见，清廷派遣亲贵大臣出洋考察政治，其目的就是为将来是否实行立宪及如何立宪的问题提供决策依据。

事实上，出洋考政大臣所到之处，也是非常关注各国的宪政实施情形，尤其是通过各种政体优劣的比较，为中国立宪提供参考意见。戴鸿慈、端方使团正式考察的国家是美、德、奥、俄、意五国，其中又以美、德、俄三国为重点。在美国的考察结论是：“大抵美以工商立国，纯任民权，与中国政体本属不能强同。”[③] 美国模式不是中国宪政改革的理想模式。在德国的考察结论是：“中国近多歆羡日本之强，而不知溯始穷原，正当以德为借镜。……在中国虽不必处处规随，而其良法美意行之有效者，则固当急于师仿，不容刻缓者也。”[④] 德国是中国应当仿效的一个重要对象。在俄国考察的结论是：“其政体久以专制著称，从前兵力盛强，民间虽怀有追求立宪之心，尚不敢存暴动非常之想。战败之后，始有种种要求，当时迫于事势，不能不由政府许允。……据称该国预备立宪已逾百年，究之民间知识犹未尽开，一时甚难合度。大抵此次宣布，在政府不能不曲从舆论，而断不能满其所欲，深虑乱事难以消泯。此俄国现筹立宪之实在情形也。”[⑤] 俄国在日俄战争与1905年革命之后被迫实行宪政，其情形颇与中国有相似之处。

载泽、尚其亨、李盛铎使团正式考察的国家是日、英、法、比四国，其中又以日、英、法三国为重点。在考察日本之后总结说：“大抵日本立国之方，公议共之臣民，政柄操之君上，民无不通之隐，君有独尊之权。……臣等于其现行条例，勒为成书者，自当慎为选译，

① 《简派重臣出洋意在考查德日宪法》，《申报》光绪三十一年六月二十三日，第3版。
② 《祝速行（祝出洋考查政治大臣之速行也）》，《大公报》光绪三十一年十月十七日。
③ 端方：《在美考查情形折》（光绪三十二年正月），《端忠敏公奏稿》卷6，第15页。
④ 端方：《到德考查情形折》（光绪三十二年三月），《端忠敏公奏稿》卷6，第18页。
⑤ 端方：《到俄情形折》（光绪三十二年闰四月），《端忠敏公奏稿》卷6，第23页。

而诸人之论说，则随时记录，各署办事规则，亦设法搜求，总期节取所长，以备将来之借镜。”[①] 日本明治维新提供了成功范例，应是中国宪政改革借鉴的最好对象。在英国考察的结论是：“大抵英国政治，立法操之议会，行政责之大臣，宪典掌之司法，君主裁成于上，以总核之。其兴革诸政，大都由上下两议院议妥，而后经枢密院呈于君主签押施行。……惟其设官分职，颇有复杂拘执之处，自非中国政体所宜，弃短用长，尚须抉择。”[②] 英国虽是君主立宪政体，但其严格实行三权分立制度，君主之“总核”之权，实际上只是象征性的“签押”而已，如此虚君体制，实与中国不相宜。在法国考察之后，他们认为：“法兰西为欧洲民主之国，其建国规模非徒与东亚各国宜有异同，即比之英、德诸邦，亦不无差别。……比之英吉利，一则人民先有自治之力，而后政府握其纲，一则政府实有总制之规，而后人民贡其议，施之广土众民之国，自以大权集一为宜。”[③] 法国是民主共和政体，自然不宜为中国所仿效。

五大臣出洋考政虽然如走马观花，但并非没有收获。诚如端方从欧洲致函赵凤昌所说：“到欧后，排日于政界，尽心甄考，时期匆迫，译述艰难，于精微奥窔，苦不能一一窥见，然览视所到，阅历所经，此行亦良不负负也。”[④] 他们考察的结果为清政府选择立宪模式提供了重要的决策依据：第一，美国与法国是民主共和政体，清政府不能仿效；第二，英国的虚君立宪体制也不可取；第三，俄国在日俄战争与1905年革命后被迫实行宪政，正从专制向立宪转型，清政府

① 《出使各国考察政治大臣载泽等奏在日本考察大概情形暨赴英日期折》（光绪三十二年正月二十日），《清末筹备立宪档案史料》上册，第6页。

② 《出使各国考察政治大臣载泽等奏在英考察大概情暨赴法日期折》（光绪三十二年三月二十四日），《清末筹备立宪档案史料》上册，第11页。

③ 《出使各国考察政治大臣载泽等奏在法考察大概情形并再赴英呈递国书折》（光绪三十二年四月十五日），《清末筹备立宪档案史料》上册，第14～15页。

④ 《方（端方）致竹君（赵凤昌）》，国家图书馆善本部编《赵凤昌藏札》第10册，第72页。

可以借鉴其经验教训；第四，日本与德国的君权至上的君主立宪模式最可取法，日本体制源于德国，中国师法日本即可。事实证明，随后的预备立宪正是以日本模式为典范的，应该说五大臣出洋考察政治的目的基本达到了。五大臣不仅着重考察了各国宪政，而且还搜集了大量的宪政资料。他们回国以后，即加紧进行立宪的宣传与鼓动活动。这期间，地方督抚与五大臣时有联系，并就立宪事宜多有磋商。

五大臣出洋最根本的目的是考察宪政，他们在出洋前后与张之洞、袁世凯等督抚的各方面的联系，都有助于理解督抚的宪政思想与态度。比如，徐世昌在受命为出洋大臣之后曾向张之洞请教如何考察的问题，他说："奉使远游，恐难胜任，所到之国，应如何分项考察？祈从实赐教。"[①] 排除客套的因素不说，至少在徐世昌的心目中，张之洞是对宪政有所思想的人。再如，端方在出洋前夕致电张之洞，说明枢廷诸大佬对于立宪问题歧见互出，矛盾重重，本来已经商定设立"考察宪政馆"，忽然有人"倡不露'宪'字之议，遂改为政治馆"。因为还有人并不赞成立宪，所以，他劝张之洞"此时不宜再加催促，致激成反动之力，如能俟考察复命时，公主于外，区区与群公运于内，庶有济乎！"[②] 端方与张之洞探讨的正是立宪的形势及如何推动立宪的问题。又如，载泽在出洋前后都有与张之洞晤谈的意图。五大臣出洋前，黄绍箕曾向张之洞报告说，载泽一行将"由铁路南下"，而当时从袁世凯处传言汉口有革命党，希望张之洞"派精干员弁严密防察"。后不知何故，载泽又改道"由津赴沪"。[③] 次年，载泽考察完毕

① 《乙巳八月初五日京徐侍郎来电》，《张之洞存各处来电》第74函，所藏档甲182－176。

② 《乙巳十一月十三日天津端星使来电》，《张之洞存各处来电稿》第2函，所藏档甲182－439。

③ 《乙巳十一月初六、十八日京黄学士来电》，《张之洞存各处来电稿》第2函，所藏档甲182－439。

回到上海时，清政府又以革命党相随“窃图”为由，与北洋、南洋电阻载泽登岸后在上海停留，希望他直接回京，但载泽不听劝阻，据说他“极思与宫保（张之洞）晤谈”，因此他打算由卢汉铁路进京，“藉图良晤”。遗憾的是后因郑州铁路被水冲坏，“修复无期”，而终未能成行。[①] 据载泽的随员沈瑜庆记载：“乙巳年随镇国公出洋考察，本拟由京汉铁路启行，藉得道出武昌，面承指授，事有阻格，计不得行。丙午夏归自海外，仍拟沿江东上，冀遂始谋，适郑州铁路为水所败，不得已遵海回京。于是终不获就公商定国是，有所折衷。”[②] 载泽当时的身份是考察政治大臣，在出洋前后他都是主张立宪最积极的人之一，他那么迫切地希望与张之洞“晤谈”，虽然未能如愿，但其“晤谈”的内容应当不外乎宪政问题。

当戴鸿慈、端方考察结束回到上海时，他们致电鄂督张之洞、粤督岑春煊、甘督升允、滇督丁振铎、川督锡良和奉天将军赵尔巽六位总督、将军，提出了预备立宪的主张。有谓：“此次调查欧美各国政治，无不以宪法为其国本，故诸政可因时制宜，惟宪法则一成不变，是以上下相惟，虽有内忧外患，而国本巩固不能摇也。然亦有改革之初，秩序不明，基础未善，致形式相似，而效果大殊者。观于日本之立宪，出于朝廷之远见，俄罗斯之立宪，由于人民之要求，一得一失，可为前鉴。今海内士夫，海外华商，懔其亡之戒、具爱国之忱者，希望立宪，尤深且切，而熟审国势，亦非此不足以存立。因急遽而偾国是，务持重而失人心，二者之间，正有商度。鄙意拟奏请先行宣布立宪谕旨，以十年或十五年为期，颁布实行；一面规画地方自治、中央行政，以求民智之发达，而为立宪之预备。”他们就此征询

① 《丙午五月十九、二十三日天津张委员来电》《丙午五月二十四日上海瑞道来电》，均见《张之洞存各处来电》第 79 函，所藏档甲 182 - 181；《丙午五月二十五日上海泽公来电》《丙午五月二十六日上海瑞道来电》，均见《张之洞存各处来电》第 80 函，所藏档甲 182 - 182。

② 《上南皮张中堂副笺》，《沈瑜庆观察函稿》第 3 册，所藏档甲 590。

各方面的意见，并表示将到天津与直隶总督袁世凯“面商”。[①]

张之洞回电戴、端两钦使，并致袁、赵、岑、锡、升、丁及江督周馥，有谓：“立宪一事，关系重大。如将来奉旨命各省议奏时，鄙人自当竭其管蠡之知，详晰上陈，以备采择。此时实不敢妄参末议。”[②] 论者多以此电为依据说明张之洞对立宪态度消极，甚至说张之洞反对立宪。细绎此电内容，可知张之洞并不是不想对立宪表态，只不过“此时”不说而已，因为当时他还不能把握朝廷的态度，所以表态甚为谨慎。事实上，当时其他人复电也多采取这种态度。陕甘总督升允对立宪颇不以为然，他致电张之洞、锡良说：“时局至斯，亟望旋转。然股肱良，庶事康，不立宪亦兴；股肱惰，万事堕，虽立宪亦亡。大本恐不系乎此。鄙人不知立宪之必无害，不敢附和；又不知立宪之必无益，亦不阻挠。候旨垂询，再陈管见。”[③] 云贵总督丁振铎也致电张之洞表示：“自应俟奉旨饬议，再行陈奏。”[④] 两江总督周馥复电称：“立宪非碍主权，须使主权益尊。中国本有宪法，参仿而行，取益防损，有何不可？若仍弹古调，不思改弦更张，恐望治愈难，杞忧更切。”[⑤] 奉天将军赵尔巽回电称：“环球列强，政治虽不一律，无不以立宪为本。方今时势且群趋于帝国立宪主义，与我国旧法新机极相凑合。……至年限远近，当以人民程度为准。我国民智幼稚，诚不及格。一切教化之普及，社会之改良，亦非数年所能奏效。惟民情视

---

① 《丙午六月初十日上海戴、端钦差来电》，《张之洞存各处来电》第80函，所藏档甲182－182。

② 《致上海戴钦差端钦差、天津袁宫保、盛京赵将军、广州岑宫保、江宁周制台、成都锡制台、兰州升制台、云南丁制台》（光绪三十二年六月十三日），苑书义等主编《张之洞全集》第11册，第9509页。

③ 《丙午六月十四日兰州升制台来电》，《张之洞存各处来电》第80函，所藏档甲182－182。

④ 《丙午六月十五日云南丁制台来电》，《张之洞存各处来电》第80函，所藏档甲182－182。

⑤ 《江督周馥复端戴两钦使商榷要政电》，《时报》光绪三十二年六月十三日，第2版。

风气为转移，各省近年进步不为不速，立宪一经宣布，国是既定，人格自高，事可操券。若必待资格完全以后，窃恐知识日进，觖望日多，反生他虑。惟究以十年或十五年为宜，以及宪法以何者为合，贵大臣既已研求有得，想过津晤商慰帅，必有卓见。”①

又据《时报》记载，在戴鸿慈、端方致电各省询问立宪宗旨及年限的同时，清政府亦通电各省督抚、将军令条陈政见。鄂督张之洞复电：“立宪固为强国要图，地方自治诚为立宪之本，亦须视国民程度。现在民智未开，教育未普及，若急行，恐致劳扰。”粤督岑春煊复电：“立宪事必不可缓，以十年为期，甚乐赞成。”江督周馥复电：“宣布立宪，诚为要图，惟实行不宜太速，办法宜慎，须使君权益尊。”滇督丁振铎复电：“此次考查各国政治，概非我国可以仿行者。盖各国现行之政治，决非从前变法时之政治，且现行之政治必与现时之民情合宜。我国若实行宪政，犹以幼小之人，追踪几经讲求之辈，似未见其利。故我国今日所急，不在取法外国之政治，而贵于养成国民之公心，是为无上之策。”直督袁世凯复电：“公等政见，深表同情，应速宣布，以慰民望。”袁又电：“预备立宪政治，宜使中央政府五品以上之官吏参与紧要政务，为上下议院之基础；又宜使各州县有名望之绅商参与地方上之政务，为地方自治之基础。”奉天将军赵尔巽复电：“变政以先明秩序为最要，预备以地方自治为根本，现在国民程度相去太远，宜以十五年为限。”该报评论说：“据右电六则，全然反对立宪者一，为闽人不认为闽浙总督之前滇督丁；半反对立宪者亦一，为素负文名之鄂督张；主缓行立宪者二，为前江督周、奉天将军赵；主速行立宪者亦二，为前粤督岑、直督袁。即此以观，各督抚之贤否且勿论，心迹皎然矣。我国民其志之。”② 其实，除了滇督丁振铎、甘督

① 《赵次帅复端戴两大臣商谈立宪电》，《时报》光绪三十二年六月二十二日，第2版。

② 《各省疆吏对于立宪之政见》，《时报》光绪三十二年十月十五日，第1版。

升允以外，其他督抚对于立宪的态度，虽然有缓急之别，但大都是赞成的。

当戴鸿慈、端方回京途经天津时，他们特意拜访了直督袁世凯，“坐谈良久，谈及筹立宪准备及改官制，命意略皆符合”[①]。其时，国内关于立宪的舆论迅速高涨。著名立宪派首领张謇曾致书袁世凯，“以大久保相期，而自居小室信夫”，袁世凯颇为得意。当与端方商议宪政改革问题时，袁世凯提出了“先组责任内阁，俟政权统归内阁，再酌量开国会”的主张，并指示幕僚张一麐、金邦平等人起草疏稿，由端方回京上奏。[②]

如前所述，五大臣出洋考政是清廷决定是否立宪的关键。值得注意的是，慈禧太后对立宪的态度至关重要。日俄战争以后，立宪派极力鼓吹立宪。张謇、赵凤昌等人刊印《日本宪法义解》，托人辗转送达内廷。慈禧太后览后颇感兴趣，在召见枢臣时说：“日本有宪法，于国家甚好。”[③] 据《中外日报》报道，慈禧太后是赞成立宪的。有谓：“闻太后日前面谕诸枢臣云：立宪政体，我所甚愿，庶中国政治得以改良，并甚望于三年之内，将立宪政体成立。”[④] 在五大臣出洋之

---

① 戴鸿慈：《出使九国日记》，第528～529页。

② 赵炳麟：《光绪大事汇鉴》卷12，第3页，《赵柏岩集》，全州赵氏1924年铅印本。有关袁世凯提出宪政改革主张的具体情节，还可以其心腹幕僚张一麐的记载为参证。他说：“考察政治大臣回国时，一时舆论靡不希望立宪。南通张季直致书项城，以大久保相期，而自居小室信夫。一日，余入见，力言各国潮流均趋重宪政，吾国若不改革，恐无以自列于国际地位。且满汉之见深入人心，若实行内阁制度，皇室退处于无权，可消隐患，但非有大力者主持，未易达到目的。项城谓：中国人民教育未能普及，程度幼稚，若以专制治之，易于就范。立宪之后，权在人民，恐画虎不成，发生种种流弊。余力言专制之不可久恃，民气之不可遏抑。反复辩论，竟不为动。且问余至此尚有何说？余曰：公既有成见，尚复何词？退而悒悒。乃越宿又召余入见，嘱将预备立宪各款作说帖以进，与昨日所言似出两人，颇为惊异。对曰：昨陈者只为救时之策，至其条目，则须与学习政治法律之专家研究之。退而纠合金邦平、黎渊、李士伟诸君，分条讨论，缮成说帖。后见北洋与考察诸大臣会衔奏请预备立宪稿，即余等所拟，未易一字，且知项城先与余辩论之词，实已胸有成竹，而故为相反之论，以作行文之波澜耳。”张一麐：《古红梅阁笔记》，《心太平室集》卷8，第37～38页。

③ 《啬翁自订年谱》，《张謇全集》第6卷，第866页。

④ 《太后注意立宪》，《中外日报》光绪三十一年七月初三日，第1版。

前，慈禧太后召见端方，也表达了要实行立宪的意愿。据《大公报》载："端中丞入内，系皇太后垂询立宪之事究竟有无妨碍主权。端中丞当面复奏云：现在君权不专，旁落于僚属，此即不立宪之弊。并条陈立宪各国之条例，及万世一系天皇统治之义，一一奏明。皇太后了然于怀，首肯者再，遂谓中丞云：汝等此去考查政治，务须认真考求，不得含混，并须详觇各国之民情，以便归国后参酌东西现行宪法，稍加损易，即可议行，总期于君权无损，大局有关，自必决意改为立宪政体。"① 慈禧太后在召见军机大臣时面谕："现以时局艰难，力图变法。虽经拣派大臣出洋考求政治，究恐缓不济急。尔大臣等务当细心讨论，可先定其大略，俟出洋大臣回国后，再行参酌，择善而从。"② 可见，慈禧太后是要等五大臣回国后再做立宪抉择的。

载泽、端方等五大臣回国后，慈禧太后和光绪皇帝频频召见各位大臣，"两宫召见泽公二次，端大臣三次，戴、尚两大臣各一次，垂问周详，皆痛陈中国不立宪之害，及立宪后之利，两宫动容，谕以只要办妥，深宫初无成见"。考政大臣的陈词显然已耸动天听。但是，与此同时，朝中顽固势力也在蠢蠢欲动，他们"或以立宪有妨君主大权为说，或以立宪利汉不利满为言"，对立宪主张极尽攻击之能事。③当时朝局颇为混乱，主张立宪与反对立宪的两派势力之冲突已是异常激烈，甚至影响到清廷关于立宪与否的决策。如时人所谓："改官立宪，铮铮（铁良——引者注）颇同阻挠，与东海（徐世昌——引者注）大为冲突，一时恐难定议。"④ 又据时人记载，端方因力主立宪而被连连召见，又因太监李莲英的援引，居然可以随时面见慈禧太后

① 《端抚条陈立宪》，《大公报》光绪三十一年八月十六日。

② 《两宫注重立宪》，《大公报》光绪三十一年十月十二日。

③ 《考政大臣之陈奏及廷臣会议立宪情形》，《宪政初纲》［《东方杂志》临时增刊，光绪三十二年（1906）十二月］，"立宪纪闻"，第2页。

④ 《丙午七月初四日天津张委员来电》，《张之洞存各处来电》第80函，所藏档甲182－182。

并长谈。但铁良处处从中作梗，“铁与端甚为反对，端能随时进见，铁竟能随时阻止，彼此权力均属两不相下”。铁良对袁世凯本来心存芥蒂，又与袁氏“契友”端方不合，便“不免因新旧而益形水火”。据说，袁世凯进京时，见到铁良便揶揄其“大权独揽”，使铁良颇觉尴尬。不仅如此，袁氏在召见时又面参铁良“揽权欺君”，声称：“若不去铁，新政必有阻挠。”庆亲王奕劻也附和袁世凯，“力言铁之不是”，并称铁良为“聚敛之臣”。[①] 铁良、荣庆甚至授意都察院左都御史陆宝忠，暗中运动御史等京官起而反对。“自泽公上密陈大计一折，荣、铁两军机衔之甚深，授意陆宝忠运动许玨、文海、周克宽、刘汝骥、柯绍忞、王步瀛、张瑞荫、杜本崇、蔡金台等，交章弹劾。大率以泽公主持立宪，误国病民，先后封事十数上”。[②] 载泽、端方等人又连连陈奏，试图努力化解两宫心中的疑团。

光绪三十二年（1906）六月初五日，载泽首次上折奏请立宪，主张仿照日本明治维新实行预备立宪。他认为：“今日之事，非行宪法不足以靖人心，非重君权不足以一众志，外察列邦之所尚，内觇我国之所宜，则莫如参用日本严肃之风。……盖以立宪之精神，实行其中央集权之主义，施诸中国，尤属相宜。”他吁请清廷“破群疑以决大计，秉独断而定一尊，明发谕旨，布告立宪，酌定若干年限为实行之期”。[③] 随后，戴鸿慈、端方上奏《请定国是以安大计折》，系统地提出一个十五至二十年预备立宪的具体方案。他们认为，中国要想富强，必须采用立宪政体。“中国今日正处于世界各国竞争之中心点，

① 《齐东野语》（光绪三十二年七月十四日），陈旭麓、顾廷龙、汪熙主编《辛亥革命前后——盛宣怀档案资料选辑之一》，上海人民出版社，1979，第26页。

② 《京师近信》，《时报》光绪三十二年九月初七日，第2版。

③ 杨寿枏：《吁请立宪折》（代考察政治大臣泽公拟），第2页，《云在山房类稿·思冲斋文别钞》卷上，1930年刊本。按：载泽原折迄未发现，此杨寿枏代拟折稿为侯宜杰《二十世纪初中国政治改革风潮——清末立宪运动史》（人民出版社，1993，第68页）首先引用。

土地之大，人民之众，天然财产之富，尤各国所垂涎，视之为商战兵战之场，苟内政不修，专制政体不改，立宪政体不成，则富强之效将永无所望。……中国而欲国富兵强，除采用立宪政体之外，盖无他术矣”。尽管如此，他们还是认为当时不宜立刻实行立宪，“中国非立宪不可，而速立宪又不可”，必须仿照日本实行预备立宪。“如欲使中国列入世界各文明国，而采其立宪之政体，则日本所行预定立宪之年，而先下定国是之诏，使官吏人民预为之备者，乃至良甚美之方法，可以采而仿行之者也”。他们恳请清廷“明降谕旨，宣示天下，以定国是，约于十五年至二十年，颁布宪法，召议员，开国会，实行一切立宪制度”。①

七月初四日，载泽再上《奏请宣布立宪密折》，对于当时反对立宪的几种说法如立宪有损君主权力、人民智识开发程度不够、有损满人利益等进行了逐条驳斥。他根据日本宪法以及伊藤博文、穗积八束的宪法解说，阐明了立宪国君主仍有至高无上的统治权，“凡国之内政外交、军备财政、赏罚黜陟、生杀予夺以及操纵议会，君主皆有权以统治之，论其君权之完全严密，而无有丝毫下移”。他还特别强调了立宪对于当时的中国形势而言最为重要之利有三：一曰皇位永固；一曰外患渐轻；一曰内乱可弭。当然，他也不主张立刻宣布立宪，而是主张仿照日本实行预备立宪，认为：“今日宣布立宪，不过明示宗旨，为立宪之预备，至于实行之期，原可宽立年限。日本于明治十四年宣布宪政，二十二年始开国会，已然之效，可仿而行之。”② 两天后，戴鸿慈、端方又上奏《改定全国官制以为立宪预备折》，他们主张仿照日本以改官制为立宪之预备。随后，他们还奏请设立编制局作

① 端方：《请定国是以安大计折》，《端忠敏公奏稿》卷6，第28～42页。

② 《镇国公载奏请宣布立宪密折》，《宪政初纲》［《东方杂志》临时增刊，光绪三十二年（1906）十二月］，“奏议”，第4～6页。

为全国官制改革的专门机构。①

在载泽、戴鸿慈、端方等出洋考政大臣不断奏请立宪的同时，还有不少官员以立宪上奏，甚至军机大臣也各有陈奏，终于促成了清廷下定立宪的决心。“徐尚书世昌请采用地方自治制，以为立宪预备；荣尚书庆谓宜保存旧制，参以新意；瞿中堂鸿禨则参酌二者之间。盖至此而枢臣与考政大臣之意见，已渐归一致；反对者虽众，亦无所施其技矣。于是朝廷立宪之意始决”。②

七月初六日，清廷谕命醇亲王载沣、军机大臣、政务处大臣、大学士和北洋大臣袁世凯共同阅看“考察政治大臣回京条陈各折件”，请旨办理。③

值得注意的是，直隶总督袁世凯被召进京参与立宪决策。早在考政大臣回京之时，便有召袁世凯、张之洞等地方督抚进京议决立宪的传闻。据《申报》披露：“闻四大臣回京后，两宫当召见袁慰帅、张香帅，以便与四大臣妥议制定宪法，并派香帅为编纂宪法大臣。”④ 又据《时报》记载：“探得政府人云，现考查政治大臣一律归京，拟即召各省督抚来京，开御前研究会，以期议定立宪事宜。”⑤ 实际上，清廷并没有广召各省督抚进京，只因袁世凯、张之洞本有参与政务大臣的身份，故在被召之列。张之洞又“因政务丛杂，加以政躬稍有违和，恳辞晋京”，结果进京与会的只有袁世凯。⑥

七月初八、九日，醇亲王载沣、军机大臣、政务处大臣、大学士

---

① 《出使各国考察政治大臣戴鸿慈等奏请改定全国官制以为立宪预备折》（光绪三十二年七月初六日）、《出使各国考察政治大臣戴鸿慈等奏请设编制局以改定全国官制折》（光绪三十二年七月初八日），《清末筹备立宪档案史料》上册，第367～385页。

② 《考政大臣之陈奏及廷臣会议立宪情形》，《宪政初纲》［《东方杂志》临时增刊，光绪三十二年（1906）十二月］，“立宪纪闻”，第3页。

③ 中国第一历史档案馆编《光绪宣统两朝上谕档》第32册，第123页。

④ 《督抚更动与立宪消息》，《申报》光绪三十二年六月十六日，第3版。

⑤ 《拟开御前研究会》，《时报》光绪三十二年六月二十九日，第3版。

⑥ 《纪袁宫保将晋京会议立宪事》，《申报》光绪三十二年七月初九日，第3版。

和北洋大臣袁世凯在外务部公所举行高层会议，就“考察政治大臣回京条陈各折件”进行讨论，对立宪问题做最后决策。在这次会议上，以庆亲王奕劻、张百熙、徐世昌、袁世凯为一派，主张速行立宪；以孙家鼐、荣庆、铁良为一派，相应提出种种问难，意在缓行。两派争论激烈，醇亲王载沣与瞿鸿禨则试图调和折中。奕劻首先发言，认为从考政大臣的奏折来看，立宪有利无弊，且符合中外舆论，故“似应决定立宪，从速宣布，以顺民心而副圣意”。孙家鼐认为由君主（专制）而立宪，是一整套制度的变动，“变之太大太骤，实恐有骚然不靖之象，似但宜革其丛弊太甚诸事，俟政体清明，以渐变更，似亦未迟”。徐世昌反驳说，渐变有年，未见成效，“惟大变之，乃所以发起全国之精神也”。孙家鼐又说，国民少有知立宪者，实行立宪“则恐无益而适为厉阶，仍宜慎之又慎乃可”。张百熙认为，国民程度全由政府劝导，“与其俟程度高而后立宪，何如先预备立宪而徐施诱导，使国民得渐几于立宪国民程度之为愈乎”。荣庆说，立宪之名虽美，但必须先行整顿纪纲，“立居中驭外之规，定上下相维之制”，使官吏尽知奉法而后可议立宪；否则，“若不察中外国势之异，而徒徇立宪之美名，势必至执政者无权，而神奸巨蠹，得以栖息其间，日引月长，为祸非小”。瞿鸿禨说：“故言预备立宪，而不能遽立宪也。”铁良一再提出异议，认为各国立宪皆由国民要求，甚至暴动，“彼能要求，固深知立宪之善，即知为国家分担义务也。今未经国民要求，而辄授之以权，彼不知事之为幸，而反以分担义务为苦，将若之何?”且预备立宪必须实行地方自治，如果土豪劣绅把持地方命脉，“则事殆矣”。袁世凯解释说：“天下事势，何常之有？……各国之立宪，因民之有知识而使民有权，我国则使民以有权之故而知有当尽之义务，其事之顺逆不同，则预备之法亦不同。”至于地方自治，则“必须多选循良之吏为地方官，专以扶植善类为事，使公直者得各伸其志，奸慝者无由施其技，如是始可为地方自治之基础也”。载沣最后做了具有总结意味的发言，他说：“立宪之事，既如是繁重，而程度之能及与否，又在难必之数，则不能不多留时日，为预备之地矣。”结果，大家基本赞同实行预备立宪。次日，“面奏两宫，请行宪政”。①

七月初十日，慈禧太后与光绪皇帝召见共同阅看考政大臣回京条陈各折件王大臣，“太后垂询立宪事，醇亲王奏请即［及］早宣布立宪，以慰天下臣民之望，两宫嘉许”。十一日，各王大臣又在外务部公所会议起草预备立宪谕旨，由庆亲王奕劻斟酌决定。②

七月十三日，慈禧太后以光绪皇帝的名义发布预备立宪上谕，宣称：

> 我朝自开国以来，列圣相承，谟烈昭垂，无不因时损益，著为宪典。现在各国交通，政治法度，皆有彼此相因之势，而我国政令积久相仍，日处阽危，忧患迫切，非广求智识，更订法制，上无以承祖宗缔造之心，下无以慰臣庶治平之望。是以前简派大臣，分赴各国，考察政治。现载泽等回国陈奏，皆以国势不振，实由于上下相睽，内外隔阂，官不知所以保民，民不知所以卫国。而各国之所以富强者，实由于实行宪法，取决公论，军民一体，呼吸相通，博采众长，明定权限，以及筹备财用，经画政务，无不公之于黎庶。又兼各国相师，变通尽利，政通民和，有由来矣。时处今日，惟有及时详晰甄核，仿行宪政，大权统于朝廷，庶政公诸舆论，以立国家万年有道之基。但目前规制未备，民智未开，若操切从事，涂饰空文，何以对国民而昭大信？故廓清积弊，明定责成，必从官制入手。及应先将官制分别议定，次

① 《考政大臣之陈奏及廷臣会议立宪情形》，《宪政初纲》［《东方杂志》临时增刊，光绪三十二年（1906）十二月］，“立宪纪闻”，第3~5页。

② 北京市档案馆编《那桐日记》下册，第578页；谢兴尧整理《荣庆日记》，第103页。

> 第更张，并将各项法律详慎厘订，而又广兴教育，清理财政，整饬武备，普设巡警，使绅民明悉国政，以预备立宪基础。著内外臣工，切实振兴，力求成效，俟数年后规模粗具，查看情形，参用各国成法，妥议立宪实行期限，再行宣布天下。视进步之迟速，定期限之远近。著各省将军督抚晓谕士庶人等，发愤为学，各明忠君爱国之义，合群进化之理，勿以私见害公益，勿以小忿败大谋，尊崇秩序，保守平和，以预备立宪国民之资格，有厚望焉。①

这是清廷开始预备立宪的宣言书。

其实，这个结果实在来之不易。自出洋考政大臣回国以后，立宪声浪骤增，然反对派亦是声嘶力竭，“其间大臣阻挠，百僚抗议，立宪之局，几为所动”。在一定程度上可以说，清廷宣布预备立宪，无疑是号称立宪赞成派的奕劻、袁世凯、载泽势力的政治胜利。如时论所谓：“此次宣布立宪，当以泽公等为首功，而庆王、袁制军实左右之。”② 载泽等出洋考政确实是清廷宣布立宪的前提条件，但奕劻、袁世凯才是起决定性作用的关键人物。表面上看来，地方督抚在清廷做出预备立宪决策时只有直隶总督袁世凯直接参与其中，但袁世凯充当了非常关键的角色。据时人记载：“闻此次立宪，项城实主之，枢臣皆大不悦，有欲鲠其议。项城曰：有敢阻立宪者，即是吴越！吴越者，即汽车中放炸药刺端午桥之人，即是革命党！于是无敢言者。”③ 此说固不免夸张，但以奕劻为靠山的袁世凯的能量确实不可低估。立宪派领袖人物张謇致书袁世凯盛赞：“自七月十三日朝廷宣布立宪之

① 中国第一历史档案馆编《光绪宣统两朝上谕档》第32册，第128～129页。

② 《考政大臣之陈奏及廷臣会议立宪情形》，《宪政初纲》［《东方杂志》临时增刊，光绪三十二年（1906）十二月］，“立宪纪闻”，第5页。

③ 孙宝瑄：《忘山庐日记》下册，第914页。

诏流闻海内外，公之功烈，昭然如揭日月而行。而十三日以前，与十三日以后，公之苦心毅力，如水之归壑，万折而必东，下走独心喻之。亿万年宗社之福，四百兆人民之命，繄公是赖。……伟哉足以伯仲大久保矣！”① 袁世凯被立宪派视为立宪运动中领袖群伦的核心人物。显然，这为奕劻、袁世凯势力在预备立宪初期操纵官制改革奠定了一定的基础；但反对派势力之大也不容忽视，这又充分预示了官制改革的艰难与预备立宪前途的微妙。

第四节　各方反应透视

清廷在日俄战争之后，派五大臣出洋考政，顺应立宪潮流，宣布预备立宪，引起了中外舆论和社会各方面的强烈反响。全国各地商、学、报等社会各界纷纷举行庆典，欢呼立宪时代即将到来。“海内士夫，凡知专制国之不足以立于二十世纪者，莫不奔走相告，额手相庆，曰：中国立宪矣，立宪矣！转弱为强，萌芽于此。”② 下面略叙各方面的反应。

其一，一般民间舆论。清廷宣布预备立宪后，各种报刊媒体多有评论。《南方报》盛赞清廷预备立宪上谕具有划时代的意义。“大哉王言，其真曲体舆论者乎！虽然，自其过去者言，则十三日之上谕，所以结十三日以前数千年专制之局；自其未来者言，则十三日之上谕，所以开十三日以后数百年或数千年立宪之幕”。③《时报》则观察到清廷预备立宪的局面实在来之不易，而希望清廷坚定不移地走立宪道路。有谓：“当此政论庞杂，举措无方之际，忽下明谕，命廷臣会议

① 《为运动立宪致袁直督函》（光绪三十二年），《张謇全集》第1卷，第102～103页。

② 《论报馆恭祝立宪》，《申报》光绪三十二年七月二十八日，第3版。

③ 《敬注十三日立宪上谕》（上海《南方报》七月十五日），《宪政初纲》［《东方杂志》临时增刊，光绪三十二年（1906）十二月］，“舆论一斑”，第6页。

宪政，其中新旧混淆，智愚并列，有耆旧之阻挠，有权贵之反抗，从违可否，瞬息百变，独能毅然决然，宣布立宪，非我两宫聪明神勇，审之确而持之坚，必不能致此。惟是审之确，而不能保阻挠者之不来摇惑；持之坚，而不能保反抗者之不图破坏。……故愿我朝廷握定方针，始终贯彻，既张立宪之虚名，必达立宪之实际，不为时局所挠，不为谗言所变，庶几践对国民而昭大信之言，而亦不至贻列邦之讪笑也。”①《申报》发表评论，在赞颂清廷宣布立宪的同时，又呼吁国人积极配合。有云：“今者朝廷以出洋考查政治大臣回国之陈奏，知各国之所以富强实由于行宪法，乃毅然决然特于七月十三日明降上谕，仿行宪政。呜呼！立宪实行之期虽尚有待，而朝廷之必行宪政，则固已于此日定之矣。间观欧洲各国，有人民欲行宪政，而出之以要求者，今乃不待要求，而已奉宸断，是则可为我民欣幸者也。”同时，又提醒人民预储立宪国民之资格。“定立宪之计者，朝廷也；而预储立宪国民之资格者，人民也。……使国民之程度一日无进步，则议会一日不能开；议会一日不能开，则朝廷虽定立宪之名，而终不能定实行立宪之期限”。又以西班牙之弱、埃及之衰、波兰之亡与日本之大兴为例，验证立宪之成败得失。“推求其故，盖西班牙、埃及、波兰三国虽能立宪，而国民不能预储其立宪之资格也；日本则于十五年中施其普通之教育，使一般人民具有国家之思想，具有参政之知识而已”。中国人民从此受到启发，“知立宪者非朝廷的政治，乃国民的政治，而预储资格于先，藉收效果于后。则日本之继轨，安知不在中国乎？”②

其二，外人舆论。外国媒体的反应亦五花八门，从时人选译的评论中可见一斑。日本《时事新报》既为中国前途贺，又为中国忧。因

① 《恭读十三日上谕赘言》（上海《时报》七月十六日），《宪政初纲》［《东方杂志》临时增刊，光绪三十二年（1906）十二月］，“舆论一斑”，第12～13页。

② 《读十三日立宪上谕谨注》，《申报》光绪三十二年七月十五日，第2版。

为中国此次立宪，不是出于在下者人民之邀求，而是出于在上者政府之决断，改革不可能一帆风顺。“若见改革之不如意，立宪之不能实行，则人民之思想既启发而不能复闭，革新之运既成而不能复去，则彼时国民之气焰必盛，政府不能立宪，必转以迫政府之立宪。苟当此之时，政府措置而稍或不当，必至酿成革命。如俄罗斯之今日，此诚不可料也”。[①] 日本《外交时报》认为中国立宪不易实行。“君主独裁之制，骤欲一转而为立宪，究非可以易为。中国此次改革，亦惟为宪政之预备而已，若夫操切之为，急遽之行，实为中国所不取，且于确立宪政，实有后来之妨阻者也”。《东京每日新闻》也认为，中国立宪较之日本维新，则根底薄弱，难于实行。《东京日日新闻》则认为，中国适宜立宪，并引述大隈重信的话说：“我辈甚信中国之实行立宪，必有效果。”《读卖新闻》认为，中国改革虽有阻挠，但无伤实际。有谓：“今也立宪政治，中国目为最善良之政体。岁遣髦俊，留学海外，或入本国学校，而受新教育，乃迫成改革立宪之事。若其皇室，利害之感触益大，欲雪二十年来国家所受之大耻，不得不卧薪尝胆，尽心国事，以期宪政之实行。虽有隐为阻挠之人，当亦不为所动。如是则中国之改革，其必有实施之一日乎！”这些评论，正如《东方杂志》所谓：“或褒或规，若讥若讽，固皆足为我借镜之资也。”[②]

其三，立宪派。清廷宣布预备立宪后，立宪派欢欣鼓舞，兴奋不已，“奔走相庆，破涕为笑。旬月之间，薄海内外，欢呼庆祝之声动天地”。[③] 他们欢呼：“以五千年相沿相袭之政体，不待人民之请求，

---

① 《读日本各日报论中国预备立宪事》，《时报》光绪三十二年八月初三日，第1版。

② 以上参见《宪政初纲》[《东方杂志》临时增刊，光绪三十二年（1906）十二月]，“外论选译”，第1~5页。

③ 《郑孝胥张謇等为在上海设预备立宪公会致民政部禀》（光绪三十三年九月初十日），中国第二历史档案馆编《中华民国史档案资料汇编》第1辑，江苏古籍出版社，1991，第100页。

一跃而有立宪之希望，虽曰预备，亦极环球各国未有之美矣。”[①] 他们对于朝廷的宪政改革充满了热切的期望和十足的信心。梁启超致书蒋智由称：“今夕见号外，知立宪明诏已颁，从此政治革命问题，可告一段落。此后所当研究者，即在此过渡时代之条理如何。”[②] 郑孝胥在上海报馆公会上演说道：“今日我等所处之地位，与七月十三日以前已如隔世，真堪为中国贺。”不过，他认为，此次立宪来得太容易，中国人民尚不具备立宪国民的资格。“今日所谓立宪者，初托空言，距法度完备之日尚远。就使从今以后日有进步，以至于法度完备之一日，若将此极完备之法度付之目前之国民，则其资格断然不足承受”。因此，要培养、造就立宪国民的资格。“然则此等人民，谁为培养？谁为造就？若专候国家所办教育发达以后，恐世变不能相待。区区之意，甚望我社会中自为培养，自为造就，务使此等人民于十年之内，风气渐成，资格渐深，庶令今日空言之立宪，一变而为实行之立宪”。[③] 马相伯的演说在赞颂清廷宣布立宪上谕时，也特别强调今后的任务有二：“一预备立宪，二实行立宪。”[④] 于是，他们纷纷组织立宪团体，积极投身于立宪运动之中。

其四，革命派。清廷宣布预备立宪前后，正是革命派与立宪派大论战之际。革命派始终对清廷的立宪诚意表示怀疑，坚定其“排满”革命的主张。早在五大臣出洋之际，革命派刊物《醒狮》即对清政府将实行立宪之说不以为然，认为：“然则满政府，必不能实行立宪也明矣，即能行之，亦必非真正立宪。”[⑤] 同盟会机关刊物《民报》也

① 《汤寿潜致瞿中堂函》（光绪三十二年），《瞿鸿禨朋僚书牍》第4函，所藏档甲375－3。

② 梁启超：《致蒋观云先生书》（光绪三十二年），丁文江、赵丰田编《梁启超年谱长编》，上海人民出版社，1983，第365页。

③ 《郑苏龛京卿演说稿》，《申报》光绪三十二年七月二十九日，第2版。

④ 《马相伯观察演说稿》，《申报》光绪三十二年八月初一日，第2版。

⑤ 《清太后之宪政谈》，张枬、王忍之编《辛亥革命前十年间时论选集》第2卷上册，第71页。

认为清政府欲立宪而不能，有谓："中国立宪难，能立宪者惟我汉人。汉人欲立宪，则必革命。彼满洲即欲立宪，亦非其所能也。"[①] 就在清廷将要宣布预备立宪前不久，革命党人田桐在《复报》上撰文，从"排满"革命的立场出发，认为清政府立宪将大不利于中国。"是则中国而果立宪也，万不可以依赖他人而立宪。中国可以合十八省之团体而立宪也，万不可以戴满洲政府而立宪。中国可以为民主之立宪也，万不可以戴满洲政府而为君主之立宪。中国可以联合满、蒙、青、藏而为平等之立宪也，万不可以戴满洲政府而为不平等君主政体之立宪"。他甚至援引法国大革命论证："流血者，自由之母也；立宪者，革命之产儿也。"[②] 当清廷宣布预备立宪以后，《民报》即揭露其"藉立宪之名，以行中央集权之实"的阴谋，其虚假立宪的结果便可促成国民革命。"满洲立宪之谋败，而国民革命之功成矣。而逆料前途必至于是，何也？满洲之言立宪，犹人之戴面具，不可以久。真相一露，群噪大作。以作伪挑国民之怒，其酷烈甚于苛政。革命之事，其能已乎？"[③]《复报》也发表《立宪驳议》一文，揭露清廷立宪是迫于形势压力，为了对抗革命的敷衍举措。"原夫彼之所以作此沐猴而冠者，夫亦以欧风大竞，民讧堪虞，故乐抒其狙公饲狙之狡心，作掩耳盗铃之谲计。脱令事成，亦不过于寻常腐败法律之外，多增一钦定宪法，以掩饰大地万国之瞻听耳。"因而大呼"排满"革命："欲自由，必自光复始；欲平等，必自屏虏始。夫吾亦知光复之难，难于立宪也，然天下事不经破坏，必不克底于和平。""嗟我同胞，其起其速起，起而发挥其国民之特性，振揭其民族之精神，为荷兰、为希腊、为意大利、为德意志，以与家贼战、独夫战、丑类战。饮单于之血，

① 蛰伸：《论满洲虽欲立宪而不能》，《民报》第1号，1905年11月26日。

② 恨海（田桐）：《满政府之立宪问题》，张枬、王忍之编《辛亥革命前十年间时论选集》第2卷上册，第550、551页。

③ 精卫：《满洲立宪与国民革命》，《民报》第8号，1906年10月8日。

直抵黄龙；标太白之旗，廓清黑劫。”①

其五，清政府官员。如前所述，清廷预备立宪的决策是两派政治势力激烈政争的产物。有鉴于此，作为主张立宪的关键人物袁世凯颇有挫折感，禁不住发出“我又何苦受人唾骂，京中事真不能办”的感慨。不过，袁世凯对立宪并没有完全失去信心。清廷发布预备立宪上谕后，“本初即知此事稍难，然又以为虽不能十分完足，目的必能达到也”。② 在地方，两广总督岑春煊致信立宪派人士张謇，“欲立法政研究会，愿助开办费一万元，仍筹常费岁一千”。③ 此即预备立宪公会的缘起。上海道瑞澂在报界庆祝立宪大会上表示：“至于预储公民之资格，实行自治之规画，则当归于实际，而不在于理想，尤必于风俗习惯先为注意。使者职分所能尽，材力所能及，亟愿随诸君之后，而有所建白也。”④ 商约大臣吕海寰认为：“为今之计，凡我同人，亟宜仰体谕旨发愤为学之意，各尽义务，逢人劝说，多立学堂。……果能遐迩同心，无人不学，即无人不有文明之资格。庶几民风丕变，团体固结，人民之智识早一日开通，则国家之立宪早一日施行。”⑤ 看来各级官员对立宪还是充满希望的。清廷预备立宪“从官制入手”，就在预备立宪上谕发布的次日，便正式宣布进行官制改革，官制改革涉及清政府官员的既得权势与利益，冲突在所难免。对此，出洋考政大臣新任两江总督的端方感觉是：“阻碍太多，同情太少，无如何也。”⑥ 遗憾的是，官制改革很快便遭到挫折。

总之，对于清廷宣布的预备立宪，除了革命派认为是清廷的“骗

① 怀蘁：《立宪驳议》，张枬、王忍之编《辛亥革命前十年间时论选集》第 2 卷上册，第 556、557 页。

② 《齐东野语》（光绪三十二年十月初七日），陈旭麓、顾廷龙、汪熙主编《辛亥革命前后——盛宣怀档案资料选辑之一》，第 29 页。

③ 劳祖德整理《郑孝胥日记》第 2 册，第 1056 ~ 1057 页。

④ 《报界恭祝立宪会记事 · 上海道颂词》，《申报》光绪三十二年七月二十九日，第 3 版。

⑤ 《报界恭祝立宪会续志 · 吕尚书颂词》，《申报》光绪三十二年八月初一日，第 3 版。

⑥ 《端方致竹君（赵凤昌）》，国家图书馆善本部编《赵凤昌藏札》第 10 册，第 75 页。

局”而继续坚持革命主张外，各方反应既有欢呼与期望，也有冷静和理性的思考，在负责具体实施的清政府官员层面，还有围绕权势与利益的明争暗斗。预备立宪以煌煌上谕高调启动，但一开始便陷入泥淖，正如时人所谓:“立宪之举，始而恢张，继无消息，终成敷衍。”[①]这个结论下得似乎有点过早，但已充分预示着预备立宪前途与命运的曲折艰难。

① 《齐东野语》（光绪三十二年十月初七日），陈旭麓、顾廷龙、汪熙主编《辛亥革命前后——盛宣怀档案资料选辑之一》，第28页。

第六章

地方督抚与丙午官制改革：以直督袁世凯、鄂督张之洞为中心

清末预备立宪是开启近代中国政治制度变革的契机，其成败得失与各种政治势力之间错综复杂的权利纠葛密切相关。预备立宪拟从官制改革入手，丙午官制改革包括中央官制改革和地方官制改革两个阶段。关于中央官制改革，直隶总督袁世凯是一个要角。通过系统考察丙午官制改革过程中，袁世凯与清廷内部各派政治势力，围绕责任内阁制问题明争暗斗，力图揭示预备立宪时期西方宪政制度移植到近代中国之所以举步维艰，是因为其深受各种政治势力之间权力与利益关系的制约，这是一个关键的因素。关于地方官制改革，湖广总督张之洞至关重要。清廷地方官制改革有着明显的中央集权的目的，以张之洞为代表的督抚大臣一般都持反对的态度，这是对清廷中央集权的对抗，反映了朝廷与地方督抚的紧张关系，直接制约了改革的进程甚至清王朝的前途与命运。下面拟以袁世凯与张之洞为中心，在重建地方督抚参与丙午官制改革的基本史实的基础上，通过剖析各种政治势力之间的矛盾关系，为观察清末政治体制改革这段短暂而又复杂的历史提供一个视角。

第一节　直督袁世凯与责任内阁制的提出

光绪三十二年（1906）七月十三日，清廷发布预备立宪上谕，宣称从改革官制入手。次日，便正式宣布进行官制改革，派载泽、世续、那桐、荣庆、载振、奎俊、铁良、张百熙、戴鸿慈、葛宝华、徐世昌、陆润庠、寿耆、袁世凯为编纂大臣，着端方、张之洞、升允、锡良、周馥、岑春煊选派司道大员进京随同参议，并派庆亲王奕劻、孙家鼐、瞿鸿禨为总司核定大臣。[①] 十八日，设编制馆于恭王府之朗润园，以孙宝琦、杨士琦为提调，金邦平、张一麐、曹汝霖、汪荣宝为起草课委员，陆宗舆、邓邦述、熙彦为评议课委员，吴廷燮、郭曾炘、黄瑞祖为考定课委员，周树模、钱能训为审定课委员，另有中央各部、处和上述指定总督所派属员参议。[②] 官制改革名义上是由奕劻、载泽等人负责，但其具体办事机构官制编制馆实际上是由直隶总督袁世凯所控制的，馆中办事人员多为袁氏亲信。因此，袁世凯可以通过该馆提出自己的官制改革方案，其中最为引人注目之处，就是责任内阁制。

早在五大臣出洋考察政治回国之初，国内关于立宪的舆论即迅速高涨；当端方亲自到天津北洋大臣公署，与其商议宪政改革问题时，袁世凯提出了“先组责任内阁，俟政权统归内阁，再酌量开国会”的主张，并指示幕僚张一麐、金邦平起草疏稿，由端方回京上奏。[③] 端方等人在奏请清廷实行预备立宪的奏折中，正式提出了责任内阁制。他们认为，实行君主立宪政体，便可以在宪法中明确规定君主不负责

① 中国第一历史档案馆编《光绪宣统两朝上谕档》第 32 册，第 129 页。

② 《更革京朝官制大概情形》，《宪政初纲》［《东方杂志》临时增刊，光绪三十二年（1906）十二月］，“立宪纪闻”，第 6 页。

③ 详情参见本书第五章。

任，而由大臣代负其责，以保证君位常安而不危、神圣而不可侵犯，此即责任内阁制的神奇功效。“君主立宪国之政府，必有责任内阁之设。所谓责任内阁者，乃于内阁中设总理大臣一人及国务大臣数人，国务大臣以各部之行政长官充之，是之谓阁臣，凡此阁臣皆代君主而对于人民负其责任者也。使其行政而善乎，则阁臣之位得安；使其行政而不善为人民所怨，则是阁臣之责任，而非君主之责任，其怨毒之极，亦不过变易阁臣而已，无丝毫之责任可以及于君主之身。故君主不仅常安而不危，且神圣不可侵犯之权亦载入于宪法之中。此无他，既无责任，则自不至有侵犯，此二者相因而并至者也。此所谓立宪则君主安者是也”。[①] 随后，端方与戴鸿慈又提出了一个全国官制改革的方案，其中关于中央官制改革便以责任内阁制为中心，极力主张仿行责任内阁制。他们认为：“责任内阁者，合首相及各部之国务大臣组织一合议制之政府，代君主而负责任者也。……所以必以阁臣负其责者，一则使之忠于职任，无敢诿卸以误国，一则虽有缺失，有阁臣任之，则天下不敢致怨于君主，所谓神圣不敢干犯者此也。”就此而言，中国旧有的军机处和内阁都无法与责任内阁相比。改革之初，可以保留原来内阁的形式，以军机处归并其中，设总理大臣一人兼充大学士，为首长，设左右副大臣各一人兼充协办大学士，为辅佐，而以各部尚书皆列于阁臣。“此三大臣者，常与各部尚书入阁会议，以图政事之统一，会议既决，奏请圣裁。及其施行，仍由总理大臣、左右大臣及该部尚书副署，使职权既专而无所掣肘，责任复重而无所诿卸，如此则行政之大本立矣”。[②] 官制编制馆设立之后，即开始起草中央官制改革草案，“大抵依据端制军等原奏，斟酌而成”。具体办法是：以

---

① 端方：《请定国是以安大计折》，《端忠敏公奏稿》卷6，第32页。

② 端方：《请改定官制以为立宪预备折》，《端忠敏公奏稿》卷6，第44~46页。又见《出使各国考察政治大臣戴鸿慈等奏请改定全国官制以为立宪预备折》，《清末筹备立宪档案史料》上册，第368~369页。

内阁为首，设总理大臣一人，左右副大臣二人，各部尚书均为内阁政务大臣，参知政事。设十一部七院一府：外务部、民政部、财政部、陆军部、海军部、法部、学部、农工商部、交通部、理藩部、吏部，资政院、典礼院、大理院、都察院、集贤院、审计院、行政裁判院，军谘府。[①] 这个草案基本仿照上述端方、戴鸿慈奏折所拟的方案，其核心内容是责任内阁制。

一般认为，官制编制馆实际上是由袁世凯所控制的，馆中许多具体的办事人员都是他的心腹，因此，该馆起草的官制改革草案在某种程度上可以说代表了袁世凯的意见。[②] 值得进一步探讨的问题是，袁世凯为什么要抛出责任内阁制呢？这与袁世凯赞成立宪的用意相关。袁世凯本以投机政客为世人所知，并无固定的政治主张。当时他曾一度反对立宪。那位“以为非立宪无以救国”的镇国公载泽，就把袁世凯看作立宪的最大阻力，所谓“小阻盛宣怀，大阻袁世凯”。据说袁世凯在奏对时还宣称：“可有立宪之实，不可有立宪之名。”[③] 但是，后来袁世凯又极力主张立宪，甚至有“官可不做，法不可不改”“当以死力相争”之言，其实别有用心。据时人记载：“本初另有深意，盖欲借此以保其后来，此固人人所料及者。”[④] 此所谓“保其后来”

---

① 《更革京朝官制大概情形》，《宪政初纲》［《东方杂志》临时增刊，光绪三十二年（1906）十二月］，“立宪纪闻”，第6～7页。

② 有人甚至认为，袁世凯在丙午官制改革时“主张最多，全案几皆其一手起草”［一士：《清光绪丁未政潮之重要史料——袁世凯致端方之亲笔秘札》（续），《国闻周报》第14卷第6期，1937年2月1日，第75页］。据亲与其事的袁世凯的心腹曹汝霖日后回忆说：编制官制局由袁世凯“亲自主持”，其成员起草的各种说帖、条例均呈袁世凯“阅定”，责任内阁制显然出自袁世凯的意旨，所谓“揣项城之意，以朝廷既决意立宪，自应照立宪国成例，改为内阁制”（曹汝霖：《一生之回忆》，香港，春秋杂志社，1966，第56页）。另据反对官制改革的胡思敬称：“当袁氏聚谋时，率三五少年，抄袭日本法规数十条，傅以己意，名曰官制草案。”胡思敬：《丙午厘定官制刍论·自序》，南昌，退庐，1920年刊本，第1页。

③ 《汪大燮函》（138），上海图书馆编《汪康年师友书札》第1册，上海古籍出版社，1986，第837页。

④ 《齐东野语》，陈旭麓、顾廷龙、汪熙主编《辛亥革命前后——盛宣怀档案资料选辑之一》，第28～29页。

即预留后路。因为袁世凯在戊戌政变中得罪了光绪皇帝，他担心在年过七旬的慈禧太后去世之后光绪亲政会对自己不利，所以想利用责任内阁制来限制君权。他积极提倡设立责任内阁的目的很明显，就是想推自己手中的傀儡奕劻为总理，自己以副总理之职实际控制内阁，操纵中央大权。[①] 正如赵炳麟所说："世凯因戊戌之变与上有隙，虑上一旦复权，祸生不测，冀以内阁代君主，己可总揽大权，自为帝制，入京坚持之。"[②] 袁世凯主张责任内阁制的真实用意，有如司马昭之心，路人皆知。

第二节　清廷高层政争与责任内阁制的流产

责任内阁制的提出，引起了激烈的争论。御史交章弹奏，与袁世凯本来就有矛盾的铁良、荣庆等人更是借机攻击。其中的是非、曲折反映了各派政治势力之间错综复杂的权力与利益关系，这是以往论者较少涉及的历史面相，此处拟尽可能详细剖析。

在清政府的高层官员中，对于责任内阁制赞成与否，其阵线是比较明朗的。赞成派以袁世凯、端方、载泽为首，以庆亲王奕劻为靠山；反对派则以铁良、荣庆为首，以深得慈禧太后宠信的瞿鸿禨为后台。其他如徐世昌、张百熙、那桐、世续等人附和前者；醇亲王载沣、鹿传霖、王文韶、孙家鼐等人则倾向后者。如《申报》转述日本《大阪朝日新闻》的报道称："立宪一事，出洋四大臣及袁世凯、张之洞等，皆以为然，庆亲王、徐世昌、张百熙意见亦大致相同。惟其中有多数之满人及顽固党大为反对，或谓立宪则汉人之势力增长，或谓

① 据陶湘密报：袁世凯曾"定议总理一人，属现在之领袖"，自己则"竭力设法欲入内为协理"，即副总理。此处所谓"领袖"，就是庆亲王奕劻，其"本属无可无不可，一听命于北洋而已"。《齐东野语》，陈旭麓、顾廷龙、汪熙主编《辛亥革命前后——盛宣怀档案资料选辑之一》，第30、26页。

② 赵炳麟：《光绪大事汇鉴》卷12，第3页。

时期尚远，倡此论者以铁良、荣庆、王文韶三人为首领。”[1] 对此两派，时论或以“进步党”与“守旧党”相称，认为“进步党系庆王、泽公、端方为领袖，并有袁世凯以资辅助，惟不表见于外耳；守旧党系荣庆、铁良及各大员在一千九百年拳匪乱时与表同情之领袖等”。[2] 当然，所谓“进步”与“守旧”只是相对而言；两条阵线的划分也不是绝对的，如张之洞，他虽然赞成立宪，但他并不赞成责任内阁制，因为与袁世凯的政争关系，其实在中央官制改革方面他是与瞿鸿禨、鹿传霖、王文韶、孙家鼐等人站在同一立场上的。因此，这两派从表面上看来似有“进步”与“守旧”之分，而实际上双方斗争的焦点主要在于权势与利益关系，毋宁说这是在一定程度上相互对立的两个势力集团。这一点切切不可轻易放过。

就人员结构与政治利益进一步分析，便可以更清楚地看出这两派之间的微妙关系。在赞成派中，袁世凯是当然的主角，他提出责任内阁制正是包藏弄权的野心；徐世昌是袁氏亲信，张百熙是袁氏儿女亲家，那桐是袁氏拜把兄弟，世续与庆亲王奕劻很亲近，而奕劻只不过是袁氏手中的傀儡，袁世凯完全可以控制他们；载泽、端方自出洋考察回国后便以新派人物著称，颇受时论注目，[3] 他们也自命不凡，都希望通过宪政改革的机会扩充自己的权势，自然与号称改革派的袁氏气味相投。在反对派中，铁良以满族亲贵少壮派为反袁的急先锋，所谓“铁则铮铮”；醇亲王载沣因乃兄光绪皇帝的关系与袁世凯素来不

① 《大臣对于立宪之意见》，《申报》光绪三十二年七月十六日，第2版。

② 《西报论中国新旧之争》，《时报》光绪三十二年九月十八日，第1版。

③ 陶湘密报盛宣怀称：“泽为留学生所迷，极力推陈出新，专为沽名钓誉起见。”见《齐东野语》，陈旭麓、顾廷龙、汪熙主编《辛亥革命前后——盛宣怀档案资料选辑之一》，第28页。《申报》转述《字林西报》的报道云：“端制军自奉命充考政大臣出洋游历后，阅历益深，人皆称之为中国最有才干、最为开通之人。”（《西报称美江督一缺之得人》，《申报》光绪三十二年七月十八日，第3版）据袁世凯次子袁克文称，端方还是袁世凯“平生盟好中交最厚而最相推服者”。袁克文：《辛丙秘苑》（与《洹上私乘》等合刊），上海书店出版社，2000，第46页。

和；荣庆、鹿传霖、王文韶、孙家鼐则位高能薄，昏庸守旧，以保存既有的权势为满足；最为深不可测的是瞿鸿禨。[①] 瞿氏处世圆滑，表面上像个中立的和事佬，其实暗中颇有决断。时论称："反对立宪及改革官制者，人皆知为荣、铁，荣、铁诚有之，然为之魁首者，实为瞿鸿禨。荣、铁无大机智，瞿则变化百出，彼能利用庆邸。端之放江督，意在排出，以孤袁势。……此次总核官制之中有孙中堂者，亦彼之主意。彼最畏清议，而又能貌饰文明。此次举孙，盖欲以孙为傀儡，若有与新党为难之事，彼尽推诿之于孙而已，仍可置身事外。故世之语此次之阻挠者，荣、铁、孙皆及，而独不及瞿，其巧可知矣。"[②] 瞿鸿禨堪称反对派的幕后指挥，以下还将论及。

至于这两派争斗的政治目的，则是很明显的。如果说袁世凯势力集团主张实行责任内阁制，目的是为了揽权，这已是公开的秘密；那么，以铁良为首的反对派又何尝不是如此呢？据《时报》报道："改官制一事，近日外间纷传大有阻力，诚有之，今为补述其原因。当时反对立宪，系铁为首，荣和之，后庆、袁极力主持，始定下立宪之诏。端、戴各人所拟总理大臣止有一人，因体察中国情形，添设副大臣一人。铁自揣总理必归庆邸，若自己要户部，则失副总理，若要副总理，则失户部。盖现下军机兵权财政握于一人之手，若实行改变，

---

① 据陶湘观察："政府中荣、铁一起，瞿则中立，鹿则如聋如聩。"或曰："善化乃见机之流，定兴安于聋聩，荣、铁守旧，铁则铮铮。"又曰：官制改革廷议时，"寿州、仁和均不发一言，慈圣问及且不知，经同人在后知会，始同对具表同情"。见《齐东野语》，陈旭麓、顾廷龙、汪熙主编《辛亥革命前后——盛宣怀档案资料选辑之一》，第 26、28、29 页。按：此处荣、铁即荣庆、铁良，瞿、善化即瞿鸿禨，鹿、定兴即鹿传霖，寿州、仁和即王文韶、孙家鼐。又据《时报》与《申报》报道，鹿传霖"为人忠厚有余，而于新政太形隔膜"（《京师近信》，《时报》光绪三十二年八月二十六日，第 2 版）。"王夔石（王文韶——引者注）相国对于改订官制之事不赞一词，自知将来必位置于元老院内。近日尝语同寅曰：我受恩深重，既不允准乞休，现在亦未敢遽辞，然将来位置元老院后，尸位素餐，一无事事，彼时当决计告休归里矣"。《王相国拟俟入元老院后乞休》，《申报》光绪三十二年九月十三日，第 4 版。

② 《京师近事之里面》，《时报》光绪三十二年十月初九日，第 1 版。

则自己止可得一而必失二，于是极力与庆、袁反对，实自计利害之心过胜耳。”[①] 铁良本来身兼军机大臣、会办练兵大臣与户部尚书数职，所谓“军机兵权财政握于一人之手”，官制改革之后既不可能捞到总理大臣一职，还可能失去一些重要兼职，如此得不偿失，因而跳起来反对也就不足为怪。

双方斗争的情形主要表现在如下两个方面。

一是在高层之间直接交锋。

以责任内阁制为中心的中央官制改革，涉及清廷高层官员的既得权势与利益，冲突在所难免。《申报》有报道称：“据政府某巨公言及，近因议改官制之事，诸大老每于奏对意见多歧，两宫颇以为虑。”[②] 对此，各种报刊多有记载，虽难免捕风捉影，然亦非空穴来风，证之陶湘密报可知。有云：“近来谣传纷杂，摘要而言，必以更官制为首。据说设内部、外部为各部之冠，吏、礼（以太常、鸿胪、光禄并入）、户（以工部之半及财政处并入）、兵改为军（练兵处、太仆寺并入）、刑改法（大理寺并入）、巡、学、商（工部并入）共八部（各部设丞、参、尚书一，侍郎二）。……或云，此系北洋主见，铁则不云然。以上皆近数日之谣说较入情入理者。昨闻日内即将宣布，且看如何。朝市之间莫不皇皇如。竟有人言戊戌将见者，未免过甚。然而不能说不扰乱也。”[③] 官制改革已成时论焦点，改革主张者与反对者双方公开对立，致使政界人心惶惶，政海顿起波澜。

在中央官制改革中设立责任内阁，首先便直接触及了王公亲贵的权势与利益，这便引起袁世凯与醇亲王载沣及王公亲贵的冲突。据《申报》载北京专电云：“日前会议官制，某亲王与直督袁宫保意见不

① 《京师近信》，《时报》光绪三十二年九月十二日，第2版。

② 《面谕枢臣尽心王事》，《申报》光绪三十二年九月十二日，第3版。

③ 《齐东野语》，陈旭麓、顾廷龙、汪熙主编《辛亥革命前后——盛宣怀档案资料选辑之一》，第27页。

合，大起冲突，由庆邸劝止。是以日昨召见军机，慈宫有‘和衷共济，勿以意见误大局’之谕。”① 这里所谓的“某亲王”，就是醇亲王载沣。载沣之所以与袁世凯在会议官制时“大起冲突”，一个重要的原因就是在改革中如何安置王公亲贵的问题上双方发生了矛盾。对此，《时报》有更明确的记载：“闻议官制时，袁宫保创议，凡宗室王公贝子将军等，无行政之责任者，别设一勋贵院以置之，非奉旨派有差缺，不得干预行政事件。以此大触宗室王公之忌，怂恿小醇邸出与为难。是日会议时，醇邸至出手枪抵袁之前，谓：‘尔如此跋扈，我为主子除尔奸臣。’幸庆邸急至，出而排解，风潮始息。袁于是有不欲与闻之说，其第一次具奏，申明凡无关行政司法之衙署，此次均不提议，盖恐再有阻力也。”② 显然，袁世凯本想闲置一般王公亲贵，但遭到激烈的抵抗，结果只能做出妥协让步，以尽量避免直接冲突。

设立责任内阁，同时又牵涉到旧内阁与军机处等中枢机构的存废问题，自然会触动原有内阁大臣、军机大臣甚至各部院大臣的权势与利益，这必然引起袁世凯与铁良、荣庆等朝中政要的冲突。如时论所谓：“议设内阁，最困难之一端，即为现时军机大臣无从安置，副总理仅有二席，故不免其中稍有阻碍。”③ 其实，不仅军机大臣如此，其他如内阁大学士、各部尚书以及大小京官都面临着危机。据称：“内阁即系以军机处及旧内阁两处合并而成，而旧之内阁及军机处均须消灭，其人员另筹安置，各部亦然。裁缺各尚书、中堂及大小京官等，均入枢密顾问院，其中无定员，盖仿英国枢密院制度也。不论官阶高下，惟以皇上之钦命得与列。”④ 军机大臣铁良、内阁大学士荣庆是反

① 《本馆接某亲王与直督冲突专电》，《申报》光绪三十二年八月初十日，第3版。
② 《京师近信》，《时报》光绪三十二年八月二十日，第2版。
③ 《京师近信》，《时报》光绪三十二年八月初三日，第2版。
④ 《京师近信》，《时报》光绪三十二年八月初五日，第2版。

对派的首领，他们“因皇上已颁发明诏，又不能反对立宪，是以翻然改变其宗旨，提倡急激之论，曰：‘立宪非中央集权不可，实行中央集权，非剥夺督抚兵权财权收揽于中央政府，则又不可。’坚持其议，确不可拔”。他们王顾左右而言他，在官制改革中坚决提倡中央集权，以“剥夺督抚兵权财权”，显然是针对改革派领袖人物直隶总督袁世凯与两江总督端方而言的。袁、端则极力反对，认为：“将督抚兵权财权收揽于中央，以行集权之实，固非不可，但以中国现在情形论之，其事可言不可行，故此事暂缓议改，先自易于改革者著手，以徐及其难者。”袁、端之议得到庆亲王奕劻与镇国公载泽等人的赞同。双方“互相辨［辩］难，不得要领”。载泽气愤之下，递折参劾铁良等人挟私见、持偏论以阻挠立宪，奕劻与袁世凯甚至密议拟将铁良外放。[①] 关于袁世凯与铁良等人的冲突，陶湘的密报有更形象的描述：“初预廷议，本初（袁世凯——引者注）气概如虹，退后与铁（良）意见不合。铁有‘如乃公所谓立宪，实与立宪本旨不合’之语。所谓冲突者，即由此。本初与领袖（奕劻——引者注）先后劾铁聚敛，已拟谕着荣（庆）、铁同出枢廷，忽然不应，本初始觉得有异。至二次集议，本初意兴稍衰，出而告人，有‘我又何苦受人唾骂，京中事真不能办’等语。”[②] 显然，袁世凯等人关于立宪与改官制的主张明显地受到铁良等人的制约。

二是操纵官场起哄。

官制改革涉及机构调整与人事变动，这势必引起强烈反弹。设立责任内阁，使旧内阁与军机处归并其中，各部院也将重新整合，尤其是都察院、翰林院等闲职衙门，更是面临存亡问题，这将京朝各官推向出处进退之艰难抉择的边缘。御史、翰林等大小京官交章弹奏，本

---

① 《各大臣对于改革官制之意见》，《时报》光绪三十二年八月十三日，第3版。

② 《齐东野语》，陈旭麓、顾廷龙、汪熙主编《辛亥革命前后——盛宣怀档案资料选辑之一》，第29页。

有维护自己切身既得权势与利益的动因；同时，他们又被朝中高层势力集团从背后操纵利用，更是火上浇油，使以袁世凯为首的官制改革派实在难以应对。

京朝各官弹奏的内容是首先值得关注的。据《时报》记载："日来劾编制馆者，计有二十余折，其中以赵炳麟、刘汝楫［骥］、文海等为最可笑。赵折有'皇太后皇上何忍以祖宗数百年经营缔造之天下一旦败坏于数十乳臭小儿之手'，并谓'此次改官制其危险不测实甚于戊戌'云云。刘折则专指总理大臣而言，谓'高宗亮谅三年不言，百官总已听于冢宰，伊尹、霍光之事，皆古来置总理大臣之明效'云云。文折则言立宪有六大错。其余类乎此种议论者甚多。尚有某侍御一折，则专表扬军机处制度之美善，千万不可更张。迎合无耻，可谓极矣。"① 又据故宫博物院明清档案部编《清末筹备立宪档案史料》统计，得御史、翰林、内阁学士等京朝各官反对官制改革奏折（呈文）26 件。② 综合起来考察，约略可分三个层次。

第一，从根本上反对立宪。内阁学士文海指责立宪有六大错，尤其是去掉军机大臣，而设"大总理"，更是"有削夺君主之权"的嫌疑，因此建议即行裁撤厘定官制馆，并命袁世凯速回直隶总督本任。③ 内阁中书王宝田、户部笔帖式忠文、户部郎中李经野、兵部员外郎马毓桢等公呈，列举立宪改官制有大谬者四端，可虑者六弊，不可不防

① 《记改革官制之最近见闻》，《时报》光绪三十二年九月二十四日，第 1 版。

② 参见该书上册，第 123 ~ 128 页：御史赵炳麟折；第 139 ~ 140 页：内阁学士文海折；第 151 ~ 162 页：内阁中书王宝田等呈；第 406 ~ 415 页：户部员外郎闵荷生呈，候选道许珏呈，翰林院侍读柯劭忞折，翰林院撰文李传元折，御史蔡金台折；第 418 ~ 448 页：翰林院侍读学士周克宽折，御史刘汝骥折，御史王步瀛折（2 件），御史杜本崇折，御史张瑞荫折，御史石长信折，吏部主事胡思敬呈，御史张世培折，御史赵炳麟折，御史叶芾棠折；第 449 ~ 461 页：御史涂国盛折，御史王诚羲折，内阁学士麒德折，刑部郎中陈毅呈，翰林院撰文李传元折，御史联魁等折，御史史履晋折。

③ 《内阁学士文海奏立宪有六大错请查核五大臣所考政治并即裁撤厘定官制馆折》，《清末筹备立宪档案史料》上册，第 139 ~ 140 页。

者四患，认为设内阁总理取代军机大臣，是“名为复内阁之旧，而实以藉以自便其私”，“阳以分军机之任，而实阴以夺朝廷之权”。[①] 候选道许玨认为：改官制有名无实，无益于国计民生，而立宪更不合中国实情，所谓“中西立国不同，即日本同处亚东，其宪政亦非尽可仿行”。[②] 因清廷已公开宣布预备立宪，故仍然明确提出这方面的反对意见者较少。

第二，反对全面官制改革，主张维持旧制，或少改、缓改。清廷预备立宪以改官制为先，官制改革直接涉及京朝各官的既得权势与利益，故这方面的反对意见最多。翰林院侍读学士周克宽、吏部主事胡思敬、御史张世培、内阁学士麒德认为不可轻易改革官制而放弃旧章。如周克宽说：“我朝官制，经列祖列宗参考数千年圣君贤相之遗，因革损益，折衷至当，自非才德优于列圣，何敢轻议更张。”“改官制为行宪政，即官制不改，亦断无妨害宪政之官，破坏宪政，何必多一纷更之迹，转致难为阻碍之防。”[③] 麒德认为：“只应就中国旧有之官制悉心分别，孰为当因，孰为当革，初不必尽取外国之名称强为粘合。”[④] 户部员外郎闵荷生、御史杜本崇、御史叶芾棠主张官制不可多改。如杜本崇说：“然欲举数百年之官制，凡关于司法、行政者，务尽扫除而更张之，则官府上下荡无所守，人心惶惑，纲纪日隳，徒暂快言者之意，而其害上及国计，下逮民生，有不可胜言者。”[⑤] 翰林院侍读柯劭忞、翰林院撰文李传元、御史涂国盛、御史联魁等认为改官

① 《内阁中书王宝田等条陈立宪更改官制之弊呈》，《清末筹备立宪档案史料》上册，第152、157页。

② 《候选道许玨陈言宜先清吏治呈》，《清末筹备立宪档案史料》上册，第409页。

③ 《翰林院侍读学士周克宽奏更改官制只各易新名实不如旧制折》，《清末筹备立宪档案史料》上册，第419、421页。

④ 《内阁学士麒德奏请徐图立宪不可轻改官制折》，《清末筹备立宪档案史料》上册，第453页。

⑤ 《御史杜本崇奏更改官制不宜全事更张折》，《清末筹备立宪档案史料》上册，第425页。

制不宜太急，主张缓改。如李传元指责编制馆匆促草率，他说："自开馆以来未及两月，即已将各部院官制草定，为期已不免过促。又闻馆中秉笔者不过数人，虽有各部司员派往会议，亦只随同签稿而已。夫以三四人之精力，数十日之期限，遽欲将中西官制异同得失，钩棘难理之事，一一研核详审，虽有兼人之长者，恐亦不能自信，况秉笔者未必皆谙习掌故，洞达中西之人乎。"① 其他如御史王步瀛奏请户刑两部事繁勿轻拟裁员；御史石长信奏请将政务处并入内阁，其他官制勿大更张；御史王诚羲奏请更改官制应分未立宪与既立宪两期次第推行；刑部郎中陈毅建言亟应保存礼部；等等。这些人均从不同角度对官制改革提出了反对意见。

第三，反对实行责任内阁制。御史刘汝骥、赵炳麟认为，设立内阁总理大臣，有损君权。刘汝骥把总理大臣比作古代中国的丞相与近代欧美的总统，认为君主无责任而由总理大臣任之，将导致总理专权，后果不堪设想。他说："万一我皇太后、皇上信任过专，始因其小忠小信而姑许之，继乃把持朝局，紊乱朝纲，盈廷诺诺，惟总理大臣一人之意旨是向，且群以伊、周颂之，天下事尚可问乎？"② 赵炳麟连上两折驳论。第一折统论君主立宪制的流弊，认为一切大权授诸二三大臣，将形成朝廷"内外皆知有二三大臣，不知有天子"的大臣陵君局面，即所谓的"大臣专制政体"。第二折针对新编内阁官制逐条辩驳，认为其根本宗旨所谓"内阁政务大臣辅弼君上代负责任"一语"非常狂悖"，所拟阁议制度将使内阁控制朝政，不知"将置朝廷于何地"，而内阁总理大臣又"明居行政之名，而阴攘立法、司法之柄"，即实际上将统辖行政、立法、司法三权，"若据此推行，恐大权久假

---

① 《翰林院撰文李传元奏厘定官制不能过促折》，《清末筹备立宪档案史料》上册，第457页。

② 《御史刘汝骥奏总理大臣不可轻设以杜大权旁落折》，《清末筹备立宪档案史料》上册，第422页。

不归，君上将拥虚位”。[1] 御史蔡金台、史履晋主张用议院监督内阁，防止内阁专权。蔡金台认为，官制改革仿照西方组织内阁，使内阁之权大增，“则必仿其行政议政分途对峙之制，而以监督之权付之议院”。[2] 史履晋说：“议院可以监督政府，则政府有所顾忌，不甘蒙蔽以营私。”所以，应先立议院，后设内阁。“倘未立议院，先立内阁，举立法、司法、行政三权握于三数人，则政府之权愈尊而民气不得伸，民心无由固，不但立宪各国无此成法，亦大失谕旨庶政公诸舆论之本意矣”。[3] 赵炳麟也主张议院与内阁并设。他认为，西方各国与日本采用责任政府制度，而仍能保障君主尊荣，是因为有议院为之监督。“政府箝［钳］制议院，议院亦监督政府，政府有解散议院之权，议院亦有纠弹政府之权，且有拒绝政府提议并否决岁费之权，上下相维，而其皇室尊严转居定位，固非一任政府操无上之权而莫之或问也”。正是议院与政府相互牵制，可以使君主权力不至下移。“无论如何，必使上下议院与责任政府同时设立，以免偏重……而政柄之倒持，权臣之专国，可自此而息”。[4] 御史张瑞荫则极力赞美军机处，甚至认为军机处尽善尽美，不可改易，而内阁则是“权臣”的温床。“军机处虽为政府，其权属于君，若内阁则权属于臣，不过遇事请旨耳”，“用人偶失，必出权臣”，因而主张保存军机处，以维护君权。[5] 责任内阁制是中央官制改革的核心，这方面的反对意见虽然不算太

---

① 《御史赵炳麟奏立宪有大臣陵君郡县专横之弊并拟预备立宪六事折》《御史赵炳麟奏新编官制权归内阁流弊太多折》，《清末筹备立宪档案史料》上册，第124～125、438～439、442页。

② 《御史蔡金台奏改革官制宜限制阁部督抚州县权限折》，《清末筹备立宪档案史料》上册，第412页。

③ 《御史史履晋奏改革官制宜先州县后京师并先立议院后立内阁折》，《清末筹备立宪档案史料》上册，第461页。

④ 《御史赵炳麟奏新编官制权归内阁流弊太多折》，《清末筹备立宪档案史料》上册，第441、443页。

⑤ 《御史张瑞荫奏军机处关系君权不可裁并折》，《清末筹备立宪档案史料》上册，第429～430页。

多，却直接影响了责任内阁制的命运乃至中央官制改革的成败得失。如在清廷宣布官制改革结果后，时论以为："厘订官制之折奏内本有改并内阁、军机处之条，嗣因御史赵炳麟等奏谓新内阁之总理大臣权势太重，慈宫览奏大为动容，故内阁、军机处均未更动。"① 御史弹奏的效力之大，由此可见一斑。

京朝各官纷起弹奏的动因，尤其是其背后的操纵力量，是更值得进一步分析的。官制改革是权力重新配置的过程，势必触动京朝各官的既得利益，这自然是其起而反对的直接动因。如御史吴钫所言："大小臣僚相与议论，皇然有不安其位之虑则何也？以习俗之相沿既远，而利害之系于身者至切也"，"士大夫以官为生者，十之七八，势至无以为生，必出全力以相抵制"。② 虽然如此，但是预备立宪以改官制为先，业已见诸煌煌上谕，何以仍是交相攻击？其背后的原因更值深为探究。以铁良、荣庆为首的王公大臣是极力反对责任内阁制的，正是这个反对派势力集团在暗中操纵官场起哄，其目的非常明显，就是要对付袁世凯势力集团。正如亲历其事的曹汝霖日后回忆所说："亲王大臣等，对责任内阁多持反对，……其实目的，只恐项城为总理而已。"③ 政见分歧尚在其次，权势之争才是首要的。

如前所述，早在载泽等人出洋考察回国后倡议立宪之初，铁良、荣庆就授意都察院左都御史陆宝忠，暗中运动御史等京官群起而反对。官制改革开始后，都察院的存废问题也被提上议事日程。据说，袁世凯、端方本来主张裁并都察院，载泽则主张存留，庆亲王奕劻也深以不改动为然，"恐言官因此疑忌或至鼓噪，两宫圣意亦欲保存此衙门，故决议不提议"。④ 但是，反对派却以此为口实，乘机运动御史

---

① 《新官制事宜三志·内阁军机处》，《申报》光绪三十二年十月初三日，第2版。

② 《御史吴钫奏改官制宜筹安置汰员以消立宪阻力折》，《清末筹备立宪档案史料》上册，第404、405页。

③ 曹汝霖：《一生之回忆》，第57页。

④ 《京师近信》，《时报》光绪三十二年九月初五日，第2版。

起哄。据《时报》记载：“裁都察院之议起，台谏人人自危；加以枢垣各有授意，谓上头意思本来活动，尔等有话只管说。于是参奏改制，每日必数起，皆发交编制大臣阅看。大旨皆攻破组织内阁之说，绝无一折为改革党之助者。”[①] “都察院各御史交章劾官制之原因，实出于总宪陆宝忠所授意。陆于新政，嫉之若仇，曾于都察院衙门接见所属各御史，就长桌上对大众昌言‘必须各人有折反对，始能谓之尽职’。一时揣风气者，闻风兴起，始有如是踊跃离奇之文字，百出不穷。盖总宪有考核之权，言官既有所惮，复有所冀，多有言出违心、无可如何者。”[②] 可见，御史交章攻击官制改革，是由都察院总宪陆宝忠所授意，陆的背后又有“枢垣”即军机大臣铁良、荣庆，而其总的幕后指挥则是瞿鸿禨，所谓“运动南城御史纠弹阻挠，皆瞿计也”。[③]

当然，铁良、荣庆、瞿鸿禨等清廷高层暗中运动御史等京官反对官制改革，本属极为隐秘之事，因限于资料，具体情节实难指证。不过，有三个事例可为参证。其一，内阁中书王宝田、户部郎中李经野等四人赴都察院条陈立宪与改官制之弊时，陆宝忠在代奏前特地致函瞿鸿禨，恳请其向慈禧太后说项，有谓“语皆征实，洋洋数万言”，“篇幅较长，恐慈圣年高，不耐披览，倘细绎其言，似必可动听；相公造膝时，能为略申其意，俾达宸聪，亦转圜之一道也”。[④] 其二，给事中陈田参劾奕劻、袁世凯庸臣误国、疆臣跋扈，称：“奕劻庸污，引直隶督臣袁世凯为心腹，世凯以组织内阁为名，挟制朝廷，非将君主大权潜移于世凯手不止。”[⑤] 事后，慈禧太后召见军机大臣。其奏对情形，《时报》略有记载：“陈田揭参庆邸。太后问军机：陈田何人？

① 《京师近信》，《时报》光绪三十二年九二十二日，第2版。

② 《记改革官制之最近见闻》，《时报》光绪三十二年九月二十四日，第1版。

③ 《京师近事之里面》，《时报》光绪三十二年十月初九日，第1版。

④ 《陆宝忠致瞿鸿禨》，近代史研究所图书馆供稿《瞿鸿禨朋僚书牍选》（上），《近代史资料》总108号，中国社会科学出版社，2004，第21页。

⑤ 转引自赵炳麟《光绪大事汇鉴》卷12，第8页。

荣庆对：系奴才同年，人极忠诚，名誉极好。铁良云：现在他们拟裁御史，若使裁去，老佛爷安能知此事？庆邸不敢发言。瞿鸿禨云：奕劻亦何至负恩如此！太后颔之。因此事而改官制事遂不能不委曲迁就矣。"[1] 荣庆、铁良、瞿鸿禨一齐为陈田说话，尤其铁良，还有意直接点出了"现在他们拟裁御史"的后果问题，可见其对御史们反对奕劻、袁世凯的行为是极力支持的。其三，吏部主事胡思敬是反对官制改革的急先锋，他的行为得到了保守派孙家鼐的直接支持。他先上呈不可轻易改革官制疏，得到孙家鼐的褒扬。孙家鼐还利用其总核官制大臣的职务之便，将尚未公布的官制编制草案给他阅看，以便其对症下药，做有针对性的攻击。胡思敬果然不负所望，迅速草拟《丙午厘定官制刍论》一书，对新编官制草案"逐条指驳"。[2] 这是颇有意味的。

不仅如此，反对派还有意煽动宫监闹事。内廷宫监是皇室近侍，地位虽卑，能量不小，甚至有通天之力。铁良、荣庆"因思宫监之权力甚是可畏"，便散布裁撤宫监的谣言，以为阻挠立宪之力。他们"扬言于众曰：中国既成立宪，则所有宫监当悉屏黜，不能复享前时之荣幸。致使宫监太为惊惶，佥愿辅助二人以破坏此立宪政策"。[3] 宫监闹事虽然难起大的波澜，但可以直接影响清廷最高统治者慈禧太后的行止，这不能不说在某种程度上干扰立宪与改官制的进程。据《时报》记载："裁内监之议起（实则绝无此说）。一日，太后出，太监百余人环跪哭求，谓：外间均欲逐去奴才等，乞老佛爷念奴辈服侍已久，开恩赐留。太后惊诧，谓：我未听见有此话，如他们必须逐去尔等，是太与我过不去（日前所传太监环袁而争系误传）。此亦阻力之

---

① 《京师近信》，《时报》光绪三十二年九月十二日，第2版。

② 胡思敬：《上孙相国书》，《丙午厘定官制刍论》附录，南昌，退庐，1920年刊本，第16页。

③ 《西报论中国新旧之争》，《时报》光绪三十二年九月十八日，第1版。

一大原因也。”[①] 此事虽属谣传，然并非事出无因。据陶湘密报，端方本来提议裁撤宫监，得到载泽等人的附和。“内监太危，终日在慈圣处泣诉，并谗以许多不相干之谈论。宵旰忧勤，真至废寝忘食”。慈禧太后甚至慨叹：“我如此为难，真不如跳湖而死。”袁世凯等人见事态严重，方才决议内务府及内三院、宗人府等与政治无关得失者一概不议，“上意稍释”。[②]

面对反对派的攻击，改革派被迫做出辩解。“世凯连上三疏促之，太后召见切责，世凯恐，遂以阅南北新军会操为词，即日出京”。[③] 载泽也上折辩明设立内阁总理大臣之意，认为：“内阁之设，实各部尚书会合而成，人数且视今日军机大臣而加倍，不过设总理大臣与左右副大臣为之表率，以当承宣诏旨之责。若夫天下大政出自亲裁，彼固不得而专之也；部院大臣皆由特简，彼固不得而私之也。而又有重臣顾问于上，以备要政之咨询；言路纠弹于下，而为公共之监视。法制之密，实过于前。何嫌何疑故作影响之词以为淆惑之地乎？”[④] 并恳请召见，面奏一切，但“折上留中，亦无召见消息，惟由内监传旨谓‘圣躬不甚快愉’而已”。[⑤] 显然，反对派的言论已经打动慈禧太后，这对改革派是极为不利的。

尽管如此，以奕劻为首的总司核定官制大臣在审核袁世凯等人草拟的官制草案时，只是做了一些无关紧要的改动，如改财政部为度支部，改交通部为邮传部，去掉典礼院之名而恢复礼部，[⑥] 而仍然保存

---

① 《京师近信》，《时报》光绪三十二年九月二十二日，第2版。按：关于“太监环袁而争”的报道见《时报》光绪三十二年八月二十日，第2版。

② 《齐东野语》，陈旭麓、顾廷龙、汪熙主编《辛亥革命前后——盛宣怀档案资料选辑之一》，第29页。

③ 赵炳麟：《光绪大事汇鉴》卷12，第8页。

④ 《载泽奏为申明厘定官制要旨折》（光绪三十二年九月初四日），中国第一历史档案馆编《光绪朝朱批奏折》第33辑，第53页。

⑤ 《记改革官制之最近见闻》，《时报》光绪三十二年九月二十四日，第1版。

⑥ 《更革京朝官制大概情形》，《宪政初纲》［《东方杂志》临时增刊，光绪三十二年（1906）十二月］，“立宪纪闻”，第7页。

责任内阁制。

光绪三十二年（1906）九月十六日，奕劻等人将已核定的官制草案上奏朝廷，宣称“此次改定官制既为预备立宪之基，自以所定官制与宪政相近为要义”，因而主张实行责任内阁制。具体办法是：设内阁总理大臣一人，左右副大臣各一人，以各部长官为内阁政务大臣。中央设十一部，依次为外务部、吏部、民政部、度支部、礼部、学部、陆军部、法部、农工商部、邮传部、理藩部，各部设一尚书、二侍郎。内阁之外另设五院一府，即集贤院、资政院、审计院、行政裁判院、大理院和军谘府。① 同日，作为总司核定官制大臣之一的大学士孙家鼐单衔上奏，主张改官制“当从州县起，而京朝百官犹其后焉者也”。② 有意避重就轻，视中央官制改革为缓途。这是一个不祥的信号。果然，九月二十日，清廷正式公布新的中央官制，并没有采用责任内阁制，而是仍然保留了旧的内阁和军机处，各部院的设置则基本采用上述奕劻等人的奏折。③ 这个结果使袁世凯“大失所望”。个中缘由主要是袁世凯的过分张扬，不仅引起多方面的反对与攻击，而且使清廷也对他产生了怀疑和不满。“本初此番入都，颇露跋扈痕迹，内廷颇有疑心”。④ 其中一个颇为重要的关节是瞿鸿禨的作用。

本来，袁世凯欲乘官制改革之机推行责任内阁制，以便通过以奕劻为总理大臣而揽权，“鸿禨知其意，隐沮之，言路亦陈其不便，孝钦采鸿禨之议，仍用军机处制”。⑤ 此所谓“鸿禨之议”，可以他的一

---

① 《庆亲王奕劻等奏厘定中央各衙门官制缮单进呈折附清单二》，《清末筹备立宪档案史料》上册，第 462 ~ 471 页。

② 《大学士孙家鼐奏改官制当从州县起并请试行地方自治折》（光绪三十二年九月十六日），《清末筹备立宪档案史料》上册，第 461 页。

③ 中国第一历史档案馆编《光绪宣统两朝上谕档》第 32 册，第 196 ~ 197 页。

④ 《齐东野语》，陈旭麓、顾廷龙、汪熙主编《辛亥革命前后——盛宣怀档案资料选辑之一》，第 31 页。

⑤ 汪诒年：《汪穰卿先生传记》，章伯锋、顾亚主编《近代稗海》第 12 辑，四川人民出版社，1988，第 264 页。

份“说帖”为证。他认为：“日本以内阁居首，亦采中制。欧洲各国不名内阁，其以一员总理，则同我朝以军机处为行政总汇，其义亦未尝不同军机处。”因此，他主张原有军机处与内阁照旧。[①] 这显然是对袁世凯等人所主张的把军机处归并内阁以设立责任内阁的反对。总核官制大臣本有奕劻、孙家鼐、瞿鸿禨三人，名义上以奕劻为首，实际上起关键作用的是瞿鸿禨。“议改官制，领袖（奕劻——引者注）暨寿阳（孙家鼐——引者注）、九公（瞿鸿禨——引者注）为督理。寿阳本守旧，领袖则向来无可无不可，故一切均九公专主”。[②] 瞿鸿禨也曾向人询问过英国责任内阁制问题，但他并未公开表态。“瞿对此事，甚为缄默，故外人未之知也”。[③] 瞿鸿禨久历政坛，处世圆滑老到，如时论所谓“瞿氏周旋于两党之间，无所反对，将来无论何党胜，瞿氏必不败”。[④] 时人评论其“为人向系阴险一路”，甚至“以阴鸷譬”之。[⑤] 又加上他深得慈禧太后宠信，更是有恃无恐，如陈夔龙所谓“善化得君最专，一意孤行”。[⑥] 官制改革中，与改革派正面冲突的主要是铁良、荣庆等人，瞿鸿禨则一般活动在幕后。他善于与袁世凯等人虚与委蛇，甚至阳奉阴违。“文慎（瞿鸿禨——引者注）总司核定，隐操可否之权，袁亦知之，曾密请先示意旨，文慎阳为推让，袁不疑也。及奏上，竟用文慎言，不用内阁总理制”。[⑦] 正如当时与瞿处于同一阵线的张之洞致电鹿传霖所说：“此次内官改制，全赖止老（瞿鸿

---

① 瞿鸿禨：《复核官制说帖》，周育民整理《瞿鸿禨奏稿选录》，《近代史资料》总 83 号，第 35 页。

② 《齐东野语》，陈旭麓、顾廷龙、汪熙主编《辛亥革命前后——盛宣怀档案资料选辑之一》，第 30 页。

③ 丁士源：《梅楞章京笔记》，荣孟源、章伯锋主编《近代稗海》第 1 辑，第 443 页。

④ 《京师近信》，《时报》光绪三十二年九月二十二日，第 2 版。

⑤ 《陶湘致盛宣怀函》，陈旭麓、顾廷龙、汪熙主编《辛亥革命前后——盛宣怀档案资料选辑之一》，第 46 页。

⑥ 陈夔龙：《梦蕉亭杂记》，中华书局，2007，第 90 页。

⑦ 一士：《清光绪丁未政潮之重要史料——袁世凯致端方之亲笔秘札》（续），《国闻周报》第 14 卷第 6 期，1937 年 2 月 1 日，第 75 页。

机——引者注）默运挽回，功在社稷。”[①] 此所谓“默运挽回”颇为传神，恰是对瞿鸿禨在中央官制改革中所起幕后作用的真实写照。

当然，最后还要看慈禧太后的态度。应该说，当时她对立宪与改官制在一定程度上都是赞成的，否则这些举措是不会有任何进展的。当京朝各官攻击载泽主持立宪将误国病民时，“两宫意未少动，并面谕泽公‘勿避谗谤，勿辞劳怨’”。[②] 当都察院御史纷纷上奏反对官制改革，攻击责任内阁制，指责“内阁总理之权太重，必至权臣跋扈，并行鳌拜等历史”时，“廷意尚为坚定，不甚置意”，[③]“并谕令‘不可为浮言所摇夺’”。[④] 尽管如此，慈禧太后对官制改革的赞成还是有一定限度的。在反对派强大的攻势之下，她不得不对改革派保持一定的距离。“近日泽公请见并不叫起，并有传旨叫载泽‘不要太多说话’，泽公乃不敢再有所陈奏矣”。当张百熙召对必须“大行改制”时，慈禧太后无奈地表示：“我并非不愿，不过要你们细细推求，不可造次。现在参折虽多，汝等亦不必因此游移，惟愿尔等以此事重大，须十分子［仔］细耳。”[⑤] 显然，慈禧太后从根本上乃属缓改派之列，其对张百熙等改革派相对激进的主张是有所保留的。虽然她因并不想背着顽固派的恶名而在某种程度上赞成立宪与改官制，但权力欲望极强的她同样不想看到如反对派所谓实行责任内阁制将导致皇室大权旁落的后果。诚如是，则其反对责任内阁制自在情理之中，而丙午官制改革时责任内阁制流产也就不足为怪了。[⑥]

---

① 《丙午十一月十八日致京吏部大堂鹿尚书》，《张之洞电稿》，所藏档甲 182－471。

② 《京师近信》，《时报》光绪三十二年九月初七日，第 2 版。

③ 《京师近信》，《时报》光绪三十二年九月初五日，第 2 版。

④ 《记改革官制之最近见闻》，《时报》光绪三十二年九月二十四日，第 1 版。

⑤ 《京师近信》，《时报》光绪三十二年九月二十二日，第 2 版。

⑥ 据说，丙午官制改革时清廷最后放弃责任内阁制，“是瞿鸿禨揣测西太后意旨于独对时决定的”。参见张国淦《北洋军阀的起源》，杜春和等编《北洋军阀史料选辑》上册，中国社会科学出版社，1981，第 49 页。

第三节 鄂督张之洞对地方官制改革的参与及其影响

光绪三十二年（1906）七月十四日，清廷正式宣布进行官制改革。在地方督抚中，只有直隶总督袁世凯为编纂官制大臣，其他如两江总督端方、湖广总督张之洞、陕甘总督升允、四川总督锡良、闽浙总督周馥、两广总督岑春煊选派司道大员进京随同参议。张之洞派湖北荆宜施道陈夔麟赴京参议官制改革。[①] 陈夔麟于九月初二日进京，[②] 此后他便在京“间日一电”，不断地为张之洞传递各方面的信息，并成为张之洞关于官制改革的代言人。

丙午官制改革的基本内容包括中央官制改革与地方官制改革两个方面，大致是从中央到地方分两个步骤进行。张之洞在改革之初即表明了一个基本的态度：“京官少改，外官缓改。”[③] 可见，张之洞对官制改革的态度是保守的。

在中央官制改革的过程中，张之洞虽然身在远离京城的湖广总督任上，但他始终密切地关注着事态的发展。他在北京和天津的坐探委员不断地给他传递了有关信息，使他对改革的进展情况能够了如指掌。他基本是与改革的反对派孙家鼐、鹿传霖、瞿鸿禨等人站在同一立场上的。

对于地方官制改革，作为具有极高资望的地方督抚大臣，张之洞积极参与，并有重要的影响。九月十九日，厘定官制大臣拟定关于地

---

① 胡钧：《张文襄公年谱》卷6，第2页，沈云龙主编《近代中国史料丛刊》第5辑（47），台北，文海出版社。

② 《丙午九月初二日北京陈道来电》，《张之洞存各处来电》第81函，所藏档甲182-183。

③ 《光绪三十二年八月初三日余敏斋自武昌致止公相国函》，《瞿鸿禨朋僚书牍》第3函，所藏档甲375-2。

方官制改革的两套方案，并致电各省督抚会商。据陈夔麟报告说，这两套方案都由袁世凯提议。[①] 厘定官制大臣关于地方官制改革问题征求各省督抚意见的电文如下：

> 现遵谕旨，厘定官制为立宪预备，各省官制自应参仿京部官制，妥为厘定。亲民之职，古今中外皆所最重。我朝承明制，管官官多，管民官少，州县以上府道司院层层钤制，而以州县一人萃地方百务于其身，又无分曹为佐，遂至假手幕宾，寄权书役，坏吏治、酿祸乱皆由于此。今拟仿汉、唐县分数级之制，分地方为三等，甲等曰府，乙等曰州，丙等曰县。令现设知府解所属州县，专治附郭县事，仍称知府，从四品，其原设首县即行裁撤。直隶州知州、直隶厅抚民同知均不管属县，与散州知州统称知州，正五品，直隶厅抚民通判及知县统称知县，从五品。每府州县各设六品至九品官，分掌财赋、巡警、教育、监狱、农工商及庶务，同集一署办公。别设地方审判厅，置审判官，受理细故诉讼，不服者方准上控于地方审判厅。每州县各设议事会，由人民选举议员，公议本府州县应办之事。并设董事会，由人民选举会员，辅助地方官，办理议事会所议决之事。俟府州县议事会及董事会成立后，再推广设城镇乡各议事会各董事会及城镇乡长等自治机关，以上均受地方官监督。仍留各巡道，监督各府州县，宜体察情形并按地方广狭、属县多寡，酌量增减，并分置曹佐。以上办法由各省督抚酌量推行。
>
> 至省城院司各官，现拟有两层办法。欧洲各国本土，鲜如中国之广，英之属地如加拿大、澳洲及美国各省，均设总督，略如

① 《丙午九月十七、十九日京陈道来电》，《张之洞存各处来电》第81函，所藏档甲182－183。

中国行省。其民政、财政等官，皆为总督僚属，与唐初益州、襄州诸道尚书行台分设子部，元行省设平章丞参，明布政司设左右布政、参政、参议者相合。大要汇公牍于一署，则去承转之繁多，省批详之重叠，事可会商即决，最有益于治。拟仿我朝各边省将军衙署分设户礼兵刑工各司、粮饷各处办法，合院司所掌于一署，名之曰行省衙门，督抚总理本衙门政务，略如各部尚书。藩臬两司，略如部丞。其下参酌京部官制，合并藩臬以外司道局所，分设各司，酌设官，略如参议者领之。以下分设各曹，置五品至九品官分掌之。每督抚率同属官定时入署，事关急速者即可决议施行，疑难者亦可悉心商榷，一稿同画，不必彼此移送申详。各府州县公牍直达于省，由省径行府州县。每省各设高等审判厅，置省审判官，受理上控案件。行政、司法各有专职，文牍简一，机关灵通，与立宪国官制最为相近。此为第一层办法。

其次，则以督抚径管外务、军政，兼监督一切行政、司法。以布政司管民政，兼管农工商；以按察司专管司法上之行政，监督高等审判厅；另设财政司，专管财政，兼管交通事务。秩视运使，均酌设属官佐理一切。此外，学、盐、粮、关、河各司道仍旧制。以上司道均按主管事务，禀承督抚办理，并监督各该局所。此系按照现行官制量为变通，以专责成而清权限。此为第二层办法。

执事久莅封疆，外台利病皆所稔悉，此次厘定官制，关系颇重，究竟此时程度以何者为宜，务请迅赐电复，无任祈祷。厘定官制大臣。效。①

① 《厘定官制大臣致各省督抚通电》（光绪三十二年九月十九日），侯宜杰整理《清末督抚答复厘定地方官制电稿》，《近代史资料》总76号，中国社会科学出版社，1989，第51～53页。

此电涉及省、府、州、县各级机构调整与体制变革，是对地方官制的全面改革。地方官制改革与各省督抚的利益密切相关，作为久任封疆的资深总督张之洞，他的一举一动对于全局都有着重要的影响。因此，他的表态也是非常谨慎，在接到通电之后并不急于答复。他使用了往常惯用的招数，即是在全面了解朝廷与各省的动态之后，才从容地发表自己的意见。

这时为张之洞传递消息的除了陈夔麟以外，还有身处内廷的姐夫鹿传霖，在北京和天津的坐探委员吴敬修与张寿龄，以及应召在京的梁鼎芬。张之洞通过他们着重做了两方面的资讯工作。一方面是探测枢廷内意。官制改革虽然出自上谕，厘定官制大臣也是朝廷所派，但是，清廷及枢府高层人士究竟持何种态度，这是张之洞必须首先探明的，因为这关系到改革的方向问题。在厘定官制大臣的通电发出不久，鹿传霖就向张之洞转达了瞿鸿禨的意见，他致电张之洞说："止斋（瞿鸿禨）嘱告公，如何驳议，尽可畅言，务并电枢府为要。"[①]显然，瞿鸿禨并不赞同厘定官制大臣关于地方官制改革的建议，他希望张之洞极力"驳议"，并要求他到时与枢府通气。随后，张之洞了解到朝廷的态度也是较为保守，"上意不欲大变，看各省赞成多寡再定"。[②] 他还了解到厘定官制大臣内部也是意见分歧，"原议官制各大臣惟泽（载泽）、袁（袁世凯）、端（端方）、徐（徐世昌）、张（张百熙）主持改变，余皆不以大改为然"。[③] 表明对官制改革持不同意见者应在多数。

另一方面，了解各省复电情形。厘定官制大臣关于地方官制改革的通电向各省发布之后，张之洞如何表态，一时为众人瞩目，所谓

① 《丙午九月二十三日京鹿尚书来电》，《张之洞存各处来往电稿》，所藏档甲 182－442。
② 《丙午十月初二日杭州张抚台来电》，《张之洞存各处来往电稿》，所藏档甲 182－442。
③ 《丙午十月十六日京吴太史来电》，《张之洞存各处来往电稿》，所藏档甲 182－442。

“现在中外仰望者，惟宪台一人”。[①] 不少督抚开始探询张之洞的意见，希望他做出决断，以为效仿。如四川总督锡良致电说：“外官改制，事关重大，我公学综今古，治究中西，端赖宏谟，以为群言折衷，天下矜式。现在如何议复？务乞赐示大旨，俾有遵循。”[②] 浙江巡抚张曾敭说：“长者宏识远谟，众所取决，尊意如欲执奏，可否约同志疆吏联衔？敭愿附名。……长者意旨如何？伏乞电示数语。”[③] 张之洞致电张曾敭说：“外官改制，窒碍万端，若果行之，天下立时大乱。鄙人断断不敢附和。倡议者必欲自召乱亡，不解是何居心？京电催迅速作复，尤怪。事关二百余年典章、二十一省治理，岂可不详慎参酌？何以急不能待、必欲草草定案耶？”[④] 可见，张之洞虽然并不赞成地方官制改革，但是，在事态尚未明朗之前，他并不急于复电以公开表明这种态度。在各省督抚纷纷复电的同时，张之洞坐待陈夔麟一一汇报各省答复的情形：（1）关于省级以下府州县机构体制改革。大都原则上表示赞同，但又各自提出一些具体的困难，如经费拮据，人才难得，地处偏远，风气未开，等等，故而又多主张缓办，或主张在条件较好的地方先行试办，然后逐渐推广。（2）关于省级机构体制改革。对于所提出的两层办法分歧较大：吉林将军达桂、新疆巡抚联魁、山西巡抚恩寿、湖南巡抚岑春蓂、奉天将军赵尔巽、云贵总督岑春煊、黑龙江将军程德全、江西巡抚吴重熹主张用第一层办法；陕西巡抚曹鸿勋、江苏巡抚陈夔龙、浙江巡抚张曾敭、两广总督周馥主张用第二层办法；贵州巡抚庞鸿书、闽浙总督丁振铎、广西巡抚林绍年、四川总督锡良、署闽浙总督崇善、山东巡抚杨士骧认为两层办法

---

① 《丙午九月二十五日京陈道来电》,《张之洞存各处来电》第82函，所藏档甲182－184。

② 《丙午九月二十四日成都锡制台来电》，《张之洞存各处来电》第82函，所藏档甲182－184。

③ 《丙午九月二十六日杭州张抚台来电》，《张之洞存各处来电》第82函，所藏档甲182－184。

④ 许同莘：《张文襄公年谱》卷9，第206页。

都好，或主张先从第二层入手，然后逐渐递进到第一层办法，或主张折中参用两层办法；陕甘总督升允全行反对；河南巡抚张人骏、安徽巡抚恩铭未明确表态。① 总的情况是“大抵主第二层办法者，多于第一层；主第二层办法而请缓行者，多于速行”。② 其实，各省督抚对于地方官制改革大都是有所保留的。

掌握了上面这些信息，对于厘定官制大臣的通电如何作答，应该说张之洞是心中有数了。这时，各方面都在催促张之洞复电。十一月初二日，厘定官制大臣来电说：“各省复电业将到齐，尊见为何？希速电复为盼。”③ 十一日，鹿传霖致电转达瞿鸿禨的意思说：“外官制各省复电已到齐，专候公电到会议，其不可行者，请即驳议，幸勿再迟。”④ 十四日，梁鼎芬来电报告说：“官制复电各省早到，专待鄂贵人。又，外省议员皆切盼。”⑤ 十七日，陈夔麟来电说：“敬祈宪台正言议复，大局幸甚。”⑥

为了答复厘定官制大臣关于地方官制改革的通电，张之洞在探询朝廷与各省动态的同时，还曾征询过湖北属官的意见。他将通电电文札行湖北藩、臬两司与盐道、江汉关道、善后牙厘两局道、武昌汉阳两府、江夏夏口汉阳三州厅，要求他们“各抒所见，详速筹

① 《丙午十月初三、五、八、九、十一、十二、十三、十六、十八、二十、二十二、二十四、二十八日、十一月初一、三、六、九、十日京陈道来电》，《张之洞存各处来往电稿》，所藏档甲 182－442。各督抚复电全文参见侯宜杰整理《清末督抚答复厘定地方官制电稿》，《近代史资料》总 76 号，第 53～80 页。

② 《编改外省官制办法及各疆臣之意见》，《宪政初纲》［《东方杂志》临时增刊，光绪三十二年（1906）十二月］，“立宪纪闻”，第 10 页。

③ 《丙午十一月初二日京厘定官制大臣来电》，《张之洞存各处来电》第 82 函，所藏档甲 182－184。

④ 《丙午十一月十一日京鹿尚书来电》，《张之洞存各处来往电稿》，所藏档甲 182－442。

⑤ 《丙午十一月十四日京梁臬司来电》，《张之洞存各处来往电稿》，所藏档甲 182－442。

⑥ 《丙午十一月十七日京陈道来电》，《张之洞存各处来往电稿》，所藏档甲 182－442。

议，各缮说帖具复，以凭酌核电复”，[①] 即为自己提供参考意见。为慎重起见，张之洞在复电之前，还事先托梁鼎芬把自己的意见详细转达给京中大佬瞿鸿禨、世续等人，并得到他们“极好，专待速来”的答复。[②]

光绪三十二年（1906）十一月十八日，张之洞发出了致厘定官制大臣的复电，同时遵照瞿鸿禨的指示，致电军机处，正式表达了自己关于地方官制改革的意见。在此电中，张之洞对厘定官制大臣提出的地方官制改革方案基本持反对的态度。首先，他认为既然定官制是为立宪做预备，那么官制改革“自以有关于立宪之利害为主，其无关宪法者，似可不必多所更张”。其次，他以此为标准逐条提出了反驳意见。(1）关于基层行政改革。他认为只有设四乡谳局、议事员、董事员这一条是“有关立宪本意”，但必须根据具体国情“正其名义”和“定其权限”。乡谳局为“四乡分理细故词讼”，参与乡谳局的乡绅“不宜名之为官，只可名为乡长”。议事、董事机构不能与会党名目相混，“只可名局，不可名会”。至于权限，议事之员“有议事之职，不予以决断之权”，董事之员“只可供地方官之委任调度，不宜直加以辅助地方官办事之名”，总的原则是“议事之员能议而不能决，董事之员宜听官令而不宜听绅令”。乡谳局、议事员、董事员的设立是将来立宪的基础。(2）关于州县体制改革。他反对裁撤知府之说，主张保留原来管有属县的府一级机构，府的属县按大小分为州、厅、县三等。同时主张裁撤巡道。至于设州县佐治官，则应据各地财政情形而定。(3）关于省级机构改革。对于两层办法，他都表示不赞成。他认为，第一层办法设行省衙门，院司各官合署办公，一来时间匆促，二来没有那么大的办公场所，三来恐多“牵掣推诿”，四来容易草率从

① 《致藩司、臬司》，《张之洞函稿》，所藏档甲 182－215。

② 《丙午十一月十九日京梁臬司来电》，《张之洞存各处来往电稿》，所藏档甲 182－442。

事，故不可行。至于每省设高等审判厅，使行政与司法各有专职，则“尤所未喻”。第二层办法“尤多窒碍之处”。民政本属臬司，不必改属藩司；理财本属藩司，不必另设财政司；藩、学、臬、运、粮、盐、关、河各司道，权限本自分明，不必议改。总之，他认为，官制改革各条“似不尽与立宪关涉，窃谓宜就现有各衙门认真考核，从容整理，旧制暂勿多改”。[①] 关于地方官制改革，张之洞做了一次总结性发言。

张之洞的复电，千呼万唤始出来，在当时引起了巨大的反响。张之洞在发电之后即通过鹿传霖与瞿鸿禨联系，希望他出面维持大局。[②] 瞿鸿禨复电表示将“尽力维持，以全大局”，并称赞张之洞的复电“明快沉痛，昭然发蒙，苦口利病，可谓救时之良药矣”。[③] 据来自京、津的报告说：“编制司员及参议员，凡老成历练者，均谓此电义正辞严，足以驳正原议。”[④]“宪台驳复外官官制之电，四千余言，闻王大臣深以为然”。[⑤]“官制电传钞［抄］传诵，已遍南城”。[⑥]“我公复厘定官制大臣长电，京师传诵，钦佩同声，政府亦极以为然”。[⑦] 有人在未看到此电之前，想方设法索观，以为“此老必有一番伟论”。[⑧] 有人读到此电之后，大为赞叹：“真老辈！真好文字！字字可行，海内无第二人也。”[⑨] 这是在京师与枢廷中的反应。

---

① 张之洞：《致军机处厘定官制大臣》，苑书义等主编《张之洞全集》第 11 册，第 9557～9563 页。

② 《丙午十一月十八日致京吏部大堂鹿尚书》，《张之洞电稿》，所藏档甲 182－471。

③ 《丙午十一月二十三日京来电》，《张之洞存各处来往电稿》，所藏档甲 182－442。

④ 《丙午十一月二十二日京陈道来电》，《张之洞存各处来往电稿》，所藏档甲 182－442。

⑤ 《丙午十一月二十五日天津张委员来电》，《张之洞存各处来电》第 83 函，所藏档甲 182－185。

⑥ 《丙午十二月初九日京梁臬司来电》，《张之洞存各处来往电稿》，所藏档甲 182－442。

⑦ 《丙午十二月十二日京吴太史来电》，《张之洞存各处来往电稿》，所藏档甲 182－442。

⑧ 《唐烜日记》光绪三十二年十一月二十八日，所藏档甲 143。

⑨ 《丙午十一月二十四日京梁臬司来电》，《张之洞存各处来往电稿》，所藏档甲 182－442。

张之洞在发电的当日还把复电稿分致各省督抚大臣，以征求各方面的意见。[①] 随即，有不少督抚回电表示称赞不已。如江苏巡抚陈夔龙说："嘉言谠论，注重实际，为人所不能言，亦为人所不敢言，曷胜钦佩！方今时局艰难，骚然不靖，诚宜统筹兼顾，定国是以镇人心，岂能自为纷扰？公老成谋国，片言鼎重，上安宗社，下奠群生，悉于公赖之矣。"[②] 山东巡抚杨士骧说："荩筹伟画，谠论忠谟，老成忧国之衷，溢于词表；于筹度内情、遏绝乱萌之智，尤为深切著明。使闻者怵然，益深忧盛危明之志。非公不克为此言，即言之亦不能剀切详尽如此。"[③] 湖南巡抚岑春蓂说："老成谋国，举大持正，虑远思深，非达于治体而优于治术者，断不能言之如此之深切著明，直当作古名臣论治书读，不当仅以官制议目之。"[④] 安徽巡抚恩铭说："荩筹谠论，征古切今，复诵再三，五体投地。正拟电复，适阅报章，闻厘定官制大臣拟将效电（地方官制改革通电——引者注）作罢。尤见大力斡旋，功在天下，不独铭一人崇仰已也。"[⑤] 等等。这是地方督抚的反应。

厘定官制大臣接到张之洞的复电之后，由载泽组织在北洋公所进行多次集体讨论，关于省级官制问题，出现较大的意见分歧，"泽公（载泽——引者注）坚欲按第一层办法，诸王大臣则请从宫保（张之

① 《丙午十一月十八日致成都锡制台、兰州升制台、福州崇署制台、开封张抚台、南昌吴抚台、杭州张抚台、广州周制台、桂林张署抚台、苏州陈抚台、太原恩抚台、、西安曹抚台、迪化联抚台、贵阳庞抚台、济南杨抚台、安庆恩抚台、长沙岑抚台》，《张之洞电稿》，所藏档甲 182－471。

② 《丙午十一月二十二日苏州陈抚台来电》，《张之洞存各处来电》第 83 函，所藏档甲 182－185。

③ 《丙午十一月二十六日济南杨抚台来电》，《张之洞存各处来电》第 83 函，所藏档甲 182－185。

④ 《丙午十二月初四日长沙岑抚台来电》，《张之洞存各处来电》第 83 函，所藏档甲 182－185。

⑤ 《丙午十二月初八日安庆恩抚台来电》，《张之洞存各处来电》第 83 函，所藏档甲 182－185。

洞——引者注）之议，意见颇为不洽。”[①] 在这期间，官制编制局中的一些从日本留学回来的办事人员，如曹汝霖、陆宗舆等人，他们多“附和”载泽，在起草地方官制改革草案的过程中，他们又提出了一个司法与行政分离的所谓“司法独立”问题，引起了一场更大的争议。[②] 同年十二月二十四日，张之洞再次致电军机处和厘定官制大臣，专门就“司法独立”问题发表了反对意见。[③] 与此同时，陈夔麟在京经常拜见瞿鸿禨、孙家鼐等人，不断地进行游说；并在官制局中与反对者进行针锋相对的论争，他致电张之洞表示：“麟为宪台代表人，宪所力争，即麟所必争。”[④] 张之洞还通过鹿传霖由瞿鸿禨把他两次致厘定官制大臣电报的内容大致面奏慈禧太后，得到“张某诚老成之见”的赞誉，慈禧太后还亲自点名要阅看张之洞的电稿。瞿鸿禨通过鹿传霖转告张之洞说：“慈意既以尊电为然，伊必极力赞成，不敢乱改，万一有变，必先密告菘（鹿传霖——引者注）速电，公直陈一电奏，即可藉以转圜。”[⑤]

光绪三十三年（1907）年初，载泽等人控制的编制局虽然已经起草了官制改革草案，并送交到总司核定处，但因庆亲王奕劻请病假而未能核议，[⑥] 地方官制改革之议事实上已处于暂停状态。恰在此时，御史赵启霖以各省灾歉已甚、民情惶惧为由，奏请外官改制暂缓议

① 《丙午十一月二十五、二十九日、十二月初三日京陈道来电》，《张之洞存各处来往电稿》，所藏档甲 182－442；《丙午十二月十三日天津张委员来电》，《张之洞存各处来电》第 83 函，所藏档甲 182－185。

② 《丙午十二月初六、十一、十三、十六、十九、二十二日京陈道来电》，《张之洞存各处来往电稿》，所藏档甲 182－442。

③ 《致军机处、厘定官制大臣、天津袁宫保》，苑书义等主编《张之洞全集》第 11 册，第 9576～9577 页。

④ 《丙午十二月二十八日京陈道来电》，《张之洞存各处来往电稿》，所藏档甲 182－442。

⑤ 《致京鹿尚书》，《张之洞全集》第 11 册，第 9585 页；《丁未正月二十七日京鹿尚书来电》，《张之洞存各处来电稿》第 1 函，所藏档甲 182－444。

⑥ 《丁未正月二十四、二十八日京陈道来电》，《张之洞存各处来电稿》第 1 函，所藏档甲 182－444。

行，他认为："外省官制，各督抚先后议复，视为窒碍者颇多，鄂省复电尤为详尽明透。京官改制，已经半载，仍多敷衍因循，若复更改外官，其无裨益而滋纷扰，实在意中。"① 据说，赵的奏折使"两宫颇为动容"。② 由于朝廷内外一片反对之声，直接影响了地方官制改革的进程。时论以为："外官官制至今尚未宣布，各侍御及各省督抚反对者颇多。现两宫之意以为各省督抚现不赞成，大约即系利少弊多，故拟暂缓更动。"③ 结果，官制局被撤，各省参议员陆续回省销差，"外官制一时不能宣布"。④ 地方官制改革之议因此被暂时搁置起来。在这个过程中，张之洞的复电无疑起了重要的作用，以至于孙家鼐认为是"官制议前因宫保（张之洞——引者注）电停止"。⑤

后来，岑春煊入都奏请"速改官制"，并面奏立宪宜从改官制起，使"圣意稍动"。岑氏旧事重提，得到载泽与袁世凯的支持，"改官制事，岑申前议，泽公继之，袁亦主持"。⑥ 在这种情况下，庆亲王奕劻等总司核定大臣拿出原编制局拟好的官制草案进行核议，"善化（瞿鸿禨——引者注）所改颇多，寿州（孙家鼐——引者注）亦略改定，庆邸（奕劻——引者注）未动笔"，由邓邦述拟稿上奏。⑦ 光绪三十三年（1907）五月二十七日，奕劻等人将地方官制改革情形上奏清廷。（1）地方机构改革着重在于增改司道各员：改按察司为提法司，

---

① 《丁未二月十七日京陈道来电》，《张之洞存各处来电稿》第1函，所藏档甲182－444。

② 《丁未二月十八日天津张委员来电》，《张之洞存各处来电稿》第1函，所藏档甲182－444。

③ 《外官官制更动》，《京华报》第76册，光绪三十三年三月初五日。

④ 《丁未二月二十二日京陈道来电》，《张之洞存各处来电稿》第1函，所藏档甲182－444。

⑤ 《丁未四月二十一日京陈丞来电》，《张之洞存各处来电稿》第1函，所藏档甲182－444。

⑥ 《丁未四月初九日天津张委员来电》《丁未四月十六、二十三日陈丞来电》，均见《张之洞存各处来电稿》第1函，所藏档甲182－444。按：此时陈夔麟已回鄂，陈树屏在京。

⑦ 《丁未五月初四日京陈丞来电》，《张之洞存各处来电稿》第2函，所藏档甲182－445。

专管司法行政，监督各级审判；增设巡警道，专管全省警政事务；增设劝业道，专管全省农工商业及各项交通事务；裁撤分守分巡各道；在边远地方由督抚酌情请旨设置兵备道。（2）地方官制改革的重点有二：一是“分设审判各厅以为司法独立之基础”。各省分设高等审判厅、地方审判厅、初等审判厅，作为独立于行政之外的专门司法机构。二是“增易佐治各员，以为地方自治之基础”。各省府、州、厅、县增易佐治官员，使之组织议事会和董事会，作为地方自治机构。[①] 当天，清廷谕旨批准在东三省“先行试办”，并在直隶、江苏两省“择地先为试办”，其余各省限期十五年内“由该督抚体察情形分年分地请旨办理”。[②] 就这样初步完成了地方官制改革。

需要说明的一个问题是，张之洞何以对官制改革持反对的态度？笔者认为，当时围绕官制改革的争论与斗争，体现了各派政治势力的错综复杂的矛盾关系。从张之洞的角度来看，主要有两个矛盾。

一是与袁世凯势力的矛盾。这个矛盾暗藏在瞿鸿禨与袁世凯之间表面上更为激烈的矛盾冲突的背后，一般不太为人所注意。庚子事变之后，随着李鸿章与刘坤一的去世，张之洞成为第一号地方实力派人物；但与此同时，他又面临政坛新贵袁世凯的挑战。从那时起，张、袁之间关系颇为微妙，他们虽然在表面上有不少合作行为，但一直都在暗中较劲。袁世凯与庆亲王奕劻狼狈为奸，“庆邸当国，项城遥执朝权，与政府沆瀣一气”。[③] 张之洞癸卯年（1903）进京修订学制时有“入枢”之说，即因奕劻、袁世凯势力的排挤而未能如愿。“癸卯，张文襄内召，两宫拟令入辅，卒为项城所挤，竟以私交某协揆代之。文襄郁郁，仍回鄂督任”。[④] 就官制改革而言，袁世凯曾被召进京直接

① 《总司核定官制大臣奕劻等奏续订各直省官制情形折附清单》，《清末筹备立宪档案史料》上册，第503～510页。

② 中国第一历史档案馆编《光绪宣统两朝上谕档》第33册，第91页。

③ 刘体仁：《异辞录》卷4，上海书店，1984年影印本，第1页。

④ 陈夔龙：《梦蕉亭杂记》，第90页。

参与此事，在朝廷宣布设立编制馆所派的编纂官制大臣中，地方督抚只有袁世凯一人；而张之洞则被列为只能派代表的六位总督之一。显然，这是袁、张权势升降消长的一个明显信号，他们两人平分秋色地作为“特殊总督”[①] 的时代似将过去，袁世凯大有凌驾于张之洞之上的架势。张之洞当然明白，官制改革正是袁世凯势力进一步控制朝政大权的极好机会，这对张之洞是非常不利的。事实上，无论是中央官制改革还是地方官制改革，都是由袁世凯所操纵控制。因此，张之洞站在反对者的行列自在情理之中。在中央官制改革时，张之洞就加紧与袁世凯势力的反对者瞿鸿禨、孙家鼐、鹿传霖等人靠拢；地方官制改革一开始，瞿鸿禨等人即与张之洞联络，要他畅言“驳议”。但老练的张之洞并不急于立即发起攻击，他在伺机而动。在此过程中，袁世凯因在京参与官制改革时表现得过分张扬，使清廷颇生疑心和不满，由于瞿鸿禨等人的运动，清廷开去了袁世凯“参预”政务、会办练兵事务、办理京旗练兵、督办电政、督办山海关内外铁路、督办津镇铁路、督办京汉铁路、会议商约等各项兼差，并将北洋六镇中的第一、三、五、六镇划归新设立的陆军部统辖，只留第二、四镇由袁世凯“调遣训练”。据说袁世凯“面子大不好看，心境甚为恶劣”。[②] 随即，瞿鸿禨、鹿传霖催促张之洞“官制宜早议上，尽可发挥”，他们认为：“彼党已散，略改即可，北洋兵、利权均失，作法自毙，各省复到大都从缓，盼公伟论酌定。”[③] 张之洞在京的坐探委员也通报说：

---

① 此所谓“特殊总督”，是指超乎一般地方督抚大臣之上具有在一定条件下可以参与中央决策权力的总督（以前还有李鸿章、刘坤一）。如他们既是封疆大吏，又兼任督办政务处的“参预”政务大臣、练兵处的会办练兵大臣、商约谈判中的督办商务大臣等职，对清政府的内政、外交、军事等方面的决策都有一定的参与权。

② 《齐东野语》，陈旭麓、顾廷龙、汪熙主编《辛亥革命前后——盛宣怀档案资料选辑之一》，第31页；《恳恩开去各项兼差折》《陆军各镇请分别归部留直统辖督练片》，廖一中、罗真容整理《袁世凯奏议》下册，第1417～1420页。

③ 《丙午十月二十日京鹿尚书来电》，《张之洞存各处来往电稿》，所藏档甲182－442。

“闻本初自开去各差后颇失意。”[①] 这对张之洞当然是好消息。与此同时，张之洞的亲信梁鼎芬应召在京，他一方面面奏参劾庆亲王奕劻“贪污狼藉，出卖督抚甚多”，认为“今奕劻任意出卖，国事较前日艰，贪官较前日多，……以前好督抚何以多，今日好督抚何以少，皆奕劻出卖之罪也”，对奕劻势力攻击不遗余力；另一方面极力诉说张之洞镇压萍醴浏起义、争回粤汉铁路以及在湖北练兵、办学堂的功绩，并奏称“张最清廉，至今家系草屋，各省督抚做不到”，使张之洞获得慈禧太后“疆臣第一人”的赞誉。[②] 这些表明，张之洞一再等待的时机已经成熟，他就是在这种情况下发布了致厘定官制大臣的复电，对地方官制改革提出了全面的反对意见。

二是与朝廷集权势力的矛盾。这一点涉及晚清政治史上朝廷与地方督抚的微妙关系，将在下面专门论述。

第四节　清廷与地方督抚的紧张关系

有清200余年来，中央集权制统治高度发达。一般而言，清王朝统治衰微始于乾隆末年，而鸦片战争以后，内忧外患的民族危机和政治危机，使晚清统治秩序遭受巨大的冲击。太平天国时期，清政府在南中国的统治一度混乱不堪，中央集权的统治已失去其控制机能，地方实力派人物崛起，所谓“同治中兴”以后，曾国藩、李鸿章等地方督抚的地位早已使清廷不可等闲视之。此即王亚南先生所说的“政治上的离心运动的抬头”。[③] 庚子事变中，两江总督刘坤一、湖广总督张之洞更是无视清廷“宣战”上谕，联合东南各省督抚，与西方列强策

① 《丙午十一月初五日京吴太史来电》，《张之洞存各处来往电稿》，所藏档甲182－442。

② 《丙午十一月十五、十六、十七京梁臬司来电》，《张之洞存各处来往电稿》，所藏档甲182－442。

③ 王亚南：《中国官僚政治研究》，第162页。

划“东南互保”，公然与朝廷立异。无论对此如何评价，可以肯定的一点是，20世纪初地方督抚与清政府之间已渐显一种离心化趋向。正如时论所说：“中国号为专制之国，而至于今日，则大权所在，究难指实。政府有权矣，而所下之令或有不便于时者，则各省疆吏可以抗不奉行，政府无如何也；即或迫于严切诏旨，不敢据理力争，而其势又万不可行，则相率以阳奉阴违了事，以免政府之催督，而政府无如何也。是政府之无权也，督抚有权矣。”[①] 在清末新政开展的过程中，地方督抚通过练兵、筹饷等活动进一步扩大了军权和财权，使清廷更加难以控制。这时候，清廷迫切希望能够加强中央集权，而地方督抚也试图维持和扩展自己的权力。这样，集权与分权的矛盾便使朝廷与地方的关系渐趋紧张，这在预备立宪初期的官制改革中业已显露端倪。

一方面，清廷宣布预备立宪时，曾明确规定：“大权统于朝廷，庶政公诸舆论。”[②] 预备立宪以改官制为先，官制改革是一个权力重新配置的过程，清廷正可借此加强中央集权。中央官制改革的结果，所设11个部中的13名大臣和尚书，有满族7人，蒙古族1人，汉族5人，且满人占据的多是重要职位，使权力大都集中在满洲贵族手中。在地方官制改革的过程中，满洲贵族希图进一步加强中央集权。如铁良与荣庆宣称：“立宪非中央集权不可，实行中央集权，非剥夺督抚兵权财权，收揽于中央政府，则又不可。”[③] 这是所谓“大权统于朝廷”的最好注脚。

另一方面，加强中央集权就是削弱地方督抚的权力，这是地方督抚所无法接受的。当世续与荣庆就中央集权的问题电询各督抚意见时，张之洞复电极力反对，他认为：“削督抚之权则处理地方行政窒

---

① 《论中央集权之流弊》，《东方杂志》第1年第7期，光绪三十年七月二十五日。

② 《宣示预备立宪先行厘定官制谕》，《清末筹备立宪档案史料》上册，第44页。

③ 《各大臣对于改革官制之意见》，《时报》光绪三十二年八月十三日，第3版。

碍必多。”[1] 地方官制改革是这方面的典型例证。清廷通过地方官制改革在各省设立一些直属于中央各部而不受督抚统辖的机构，以削减地方督抚的权力。如以行政与司法分离为名，在各省设立高等审判厅，直属于中央的法部和大理院，督抚只有监督之权，这样便剥夺了督抚的司法权。张之洞对此非常不满，他对“督抚但司检察、不司裁判之说”表示“不胜骇异”，认为这样实际上便是“疆臣不问刑名”，而督抚不能直接裁决省级审判，一切都取决于法部和大理院，这在事实上多有难行之处，“夫老、弱、穷、嫠安能奔驰数千里而京控乎？京师部院能日讯全国数千万起之讼案乎？假使如文武官吏有犯而督抚不能审判，何以号令属官乎？”[2] 封疆大吏有保境安民之责，而司法审判之权是能够有效地控制社会秩序的重要工具。当时，在张之洞的辖区湖南与江西交界之处正发生革命党人联合会党的萍醴浏起义，他正是利用手中的“就地正法”大权，才得以及时地处理“乱党”。因此，他特地从镇压地方叛乱的角度提出反对所谓的“司法独立”，他认为：“方今革命党各处蠢动，沿江沿海伏莽繁多”，如果督抚不能与闻司法审判，而裁判官有独立判案之权，那么，“每遇拿获逆党，必将强引西律，曲贷故纵，一匪亦不能办。不过数年，乱党布满天下，羽翼已成，大局将倾，无从补救”。[3] 张之洞所派在京参与官制改革的代表陈夔麟还专门向总核官制大臣上了一份说帖，力争地方督抚的“就地正法”大权，他说：“军兴以来，各省本有就地正法之条，督抚膺疆寄重任，凡扰害治安如会匪、土匪，决不待时，巨案获犯后，一面讯明审办，一面专案奏咨，历来如此办理。近年来各省照此办理者尤指不胜屈，非故重督抚之权也，诚以变起仓猝，众情惶惑，非就地即行正

① 《世荣两相国主张中央集权》，《汉口中西报》光绪三十三年七月二十六日。

② 《致军机处厘定官制大臣》，苑书义等主编《张之洞全集》第11册，第9560页。

③ 《致军机处厘定官制大臣、天津袁宫保》，苑书义等主编《张之洞全集》第11册，第9577页。

法，不足以震慑民心，消弭巨患也。”他提议将“就地正法”一条列入官制总则，“仍由督抚主持”。[①] 当时关于“司法独立”，只有载泽极力坚持，其实袁世凯也表示“现难遵办”。[②] 所谓“司法独立”问题的提出，在满洲贵族看来，无疑是削夺地方督抚权力而加强中央集权的一个极好机会，因而督抚们的反对，明显有与中央争权的意味。

另外，张之洞也对在各省专设财政司掌管全省财政明确地表示反对，他还提出仿照西方国家划分国家税与地方税的办法，“断宜划分酌留，不致竭泽而渔，庶教养诸政可以实行”。[③] 意在保留地方督抚的财政权与税务权。

如上所述，张之洞曾经把自己的复电稿致电各省督抚，得到不少督抚的赞同，表明他们对于地方官制改革是持大致相同的态度并站在同一立场上的。事实上，当时大部分督抚关于地方官制改革的复电都是持缓办态度的，其中也有人明确地为督抚的权力受损而表示不满，如江苏巡抚陈夔龙认为各省设审判厅实行政与司法分离，“惟于我国政治尚须逐渐仿行，或暂由本官督厅办理，一面实力讲求法政，养成裁判人材”。[④] 浙江巡抚张曾敭认为各省督抚只有“监督”司法、行政之权，“则似受成于属官，恐不免失官离局之弊”。[⑤] 两广总督周馥则对设立财政司提出异议，他说：“如今日兴学练兵颇急，而群向藩司索款，几无以应。然犹勉强图维者，以藩司为一省领袖，督抚得以

① 《丁未二月初六日京陈道来电》，《张之洞存各处来电稿》第1函，所藏档甲182－444。

② 《丁未二月二十三日冯藩司来电》，《张之洞存各处来电》第84函，所藏档甲182－186。

③ 《致军机处厘定官制大臣》，苑书义等主编《张之洞全集》第11册，第9560～9562页。

④ 《江苏巡抚来电》，侯宜杰整理《清末督抚答复厘定地方官制电稿》，《近代史资料》总76号，第56页。

⑤ 《浙江巡抚来电》，侯宜杰整理《清末督抚答复厘定地方官制电稿》，《近代史资料》总76号，第67页。

通盘筹计，移缓就急。若另立财政司，直隶度支部，则督抚省事，藩司更不过问，欲兴新政，其道无由。”① 对于地方官制改革，虽然不少人都只是笼统地谈些人们智识程度不够与财政拮据等困难，大都避而不谈督抚的权力问题，但他们的表态已足够显示某种抗拒的心理。正是各省督抚的意见，而使地方官制改革之议一度被迫暂停。当然，围绕官制改革的集权与分权之争还只是清末朝廷与地方督抚矛盾斗争的开始，此后还将有更加激烈的争斗。满洲贵族不断地通过各种方式加强中央集权，使朝廷与地方督抚之间的关系日趋紧张。光绪末年京师有谚语云：“近支排宗室，宗室排满，满排汉。”② 其结果就是清廷日益陷于孤立的境地，以至于迅速走向覆亡之路。究其因由，无非咎由自取而已。

---

① 《两广总督来电》（十月二十七日午刻到），侯宜杰整理《清末督抚答复厘定地方官制电稿》，《近代史资料》总76号，第73页。

② 刘体仁：《异辞录》卷4，第4页。

第七章

民间舆论压力与地方督抚的尴尬：以浙抚张曾敭与秋瑾案为例

清廷预备立宪明确标榜“庶政公诸舆论”，表明舆论在清末新政时期已是一股不可忽视的社会力量。究竟舆论如何影响政治，这是值得深入探讨的问题。这里拟选取浙江巡抚张曾敭与秋瑾案为例，做具体的个案研究。在清末，秋瑾以一介女流而为革命事业献身，曾经具有广泛、轰动的舆论效应。近年有人主要以所谓“最具商业化特征而最少政治派别色彩的大报”《申报》的报道为基本资料，对于秋瑾之死的舆论影响及其相关问题进行了较为系统的论述。[①] 本书试图在以往相关研究的基础上，以张曾敭与秋瑾案为例，探讨清末预备立宪时期的民间舆论与官府作为的互动关系，以期为观察晚清政治与社会变迁等问题提供一个视角。在资料使用方面，不但充分注意反映江浙民间社会舆论的上海主要媒体《时报》《申报》等报刊言论，而且尽量顾及清朝官府主要当事人浙江巡抚张曾敭等人的发言，以求得一个相对客观全面的认识。

---

① 夏晓虹：《晚清人眼中的秋瑾之死》，《晚清社会与文化》，湖北教育出版社，2001，第208～248页。

第一节　秋瑾案激变之肇因

光绪三十三年（1907），光复会首领秋瑾、徐锡麟分别在浙江、安徽加紧进行革命活动，密谋联合发动浙、皖起义。五月二十六日，徐锡麟借安徽巡警学堂学生毕业典礼之机，在安庆率先发难，刺死安徽巡抚恩铭，徐被捕就义。此事震动朝野，尤使官府恐慌不已。徐案事起安徽，随即祸及浙江。徐锡麟籍隶浙江绍兴，清政府严厉清查了他在绍兴的亲属，查抄了他的家产，使绍兴笼罩在一片恐怖之中。“越郡谣言四起，谓尚有人曾与徐道同学同谋，均须查拿。而学界尤受影响，恐被株连，栗栗自危”。[①] 六月初四日，因受徐锡麟案之牵连，浙江官府逮捕了时任绍兴大通学堂附设体育会教员的秋瑾，并于初六日将其在轩亭口斩首。秋瑾案发生，全国尤其江浙地区舆论哗然，矛头直指官府，致使官府惊恐万状，穷于应付。

秋瑾案本是徐锡麟案之余波，何以能一石激起千层浪，而使江浙舆论界产生那么巨大的反响呢？这是一个值得深入探讨的问题。

据浙江巡抚张曾敭办理此案的档案资料以及当时上海媒体的舆论报道，秋瑾案的基本案情是清楚的。徐锡麟案发后，其所创办的绍兴大通学堂自在官府清查之列。其时，浙江巡抚张曾敭从金华府嵩守电禀得知“武义县获匪供系大通学堂学生勾结起事”，而两江总督端方也电称大通学堂“徐匪死党必多”，因即电饬绍兴知府贵福查办。贵福又得乡绅胡某、袁某密报，大通学堂附设体育会女教员秋瑾与会党首领竺绍康等密谋于六月初十日起事，有党众万余人之多，当即星夜赴省城请兵。张曾敭派杭州新军第一标标统李益智率兵两队前往绍

---

① 《浙江绍兴府查抄徐锡麟家属株连学界捕戮党人始末记》，女报社编印《越恨》，转引自浙江省辛亥革命史研究会、浙江省图书馆编《辛亥革命浙江史料选辑》，浙江人民出版社，1981，第459～460页。

兴，协助贵福逮捕了秋瑾等人。因贵福平时与大通学堂多有来往，甚至曾认秋瑾为义女，审讯时竟被秋瑾指为“同党”而恼羞成怒，恐祸及己身，乃电禀张曾敭请将秋瑾“先行正法”。贵福在得到张氏“秋瑾即行正法”的电谕后，即迅速处死了秋瑾。[①] 就这样，秋瑾试图在浙江密谋发动会党的起义被扼杀在萌芽状态，其实案情并不复杂。从张曾敭处理秋瑾案的过程来看，此案也并没有什么特别之处，不过一个普通的镇压叛逆案而已。

值得注意的一点是，张曾敭以谋乱罪为前提对秋瑾案采取了“就地正法”的措施，这在晚清中国本是很自然的。例如，徐锡麟被“就地正法”后，孙宝瑄日记称：“徐当场被擒，讯实口供，就地正法，取心血以祭恩（铭）焉。”[②] 足见其非常坦然的心态。但这种仅凭口供判案并立即执行的司法行为，与近代法制观念及其司法程序颇有距离，此举在近代法制社会中确是过于轻率的举措，颇有草菅人命之嫌，因而时人从宪政的要求出发，对此大加非议，也就不足为怪。

据考证，晚清“就地正法之制”始于镇压太平天国农民起义之时，本是非常时期的非常制度，曾经起到了维护王朝统治的成效，但此法的推行，破坏了清王朝固有的司法审判制度——“主要是死刑上报中央刑部复核、皇帝亲自裁决的制度”，削弱了皇权，增长了地方督抚的权力。此后，由于社会不稳定因素并未消除，地方督抚权力日渐增大，此制于终清之世未能废除。[③] 就在秋瑾案发生的前一年，即1906年，清廷在官制改革的过程中涉及“司法独立”问题。在中央，

① 张曾敭电奏稿及其与贵福往来函电，见故宫档案馆《浙江办理秋瑾革命全案》，中国史学会主编《辛亥革命》（三），第187～190页。相关报刊资料有：《记大通学堂秋瑾被杀事》《徐锡麟株连案余闻》，分见《时报》光绪三十三年六月十二、十五日，第2版；《越郡党祸风潮纪实》，《南方报》光绪三十三年六月二十四日，第1页；《株连秋瑾女士确耗》《新军骚扰学堂之罪状》《秋瑾冤杀之原因》《秋瑾女士冤杀之历史》《越郡罗织党案余闻》，分见《申报》光绪三十三年六月十一、十三、十四、十九、二十七日，第3～4版。

② 孙宝瑄：《忘山庐日记》下册，第1046页。

③ 邱远猷：《太平天国与晚清“就地正法之制”》，《近代史研究》1998年第2期。

改刑部为法部，大理寺为大理院，分别为司法行政和审判机构；在地方，则相应地设立高等审判厅，负责司法审判，以按察司负责司法行政，各省按察司与高等审判厅直属中央法部与大理院。这样便剥夺了地方督抚的司法权，引起了以张之洞为首的地方督抚的强烈反对。[①]结果，虽然在光绪三十三年（1907）五月二十七日公布的地方官制改革方案中并没有写进“就地正法”一条，但事实上，所谓“司法独立”在清末并没有很好地付诸实施，地方督抚也没有真正地放弃“就地正法”之权。如《清史稿》所谓：“疆吏乐其便已，相沿不改。……沿及国变，而就地正法之制，讫未之能革。”[②]可见，晚清时期地方督抚不但非常看重“就地正法”之权，而且也实际上拥有这个权力。

晚清处在新旧交替的过渡时期，法制改革虽已进行，但尚未完成，新法未能健全，旧法依然存在。张曾敭是一个较为守旧的官僚，在法制改革方面是保守的。他对于法律大臣沈家本等人仿照西法而将刑法改重为轻的法制改革思想颇不以为然；他坚持中国礼教，主张治乱世用重典的传统法律观念。在关于沈家本等人新订《刑事民事诉讼法》的讨论中，张曾敭是坚定的反对派。他说：“中国礼教功用远在法律之上，是以尊亲之义，载于礼经。汉儒说《论语》，亦谓纲常为在所因，此各省所同，浙不能异者也。浙西枭匪出没，浙东寇盗潜滋。治乱国用重典，犹惧不胜，骤改从轻，何以为治？此他省或可行，而浙独难行者也。”[③]因此，张曾敭在处理秋瑾案时坚持采用“就地正法”措施。

应该说，张曾敭作为封疆大吏，实行“就地正法”措施并没有超出他的职权范围；但问题是，秋瑾案发生在清廷预备立宪时期，张曾敭实行的“就地正法”措施从根本上与宪政精神相违背。这正

① 详见本书第六章。

② 赵尔巽等：《清史稿》卷143，志118，刑法2，第2册，第1115页。

③ 赵尔巽等：《清史稿》卷449，列传236，张曾敭，第4册，第3214页。

是当时舆论攻击的焦点，也是清政府处境尴尬而难以应对的症结所在。

第二节　民间舆论攻击之要点及其压力

秋瑾案被舆论攻击的主要疑点有二：一是案件的性质问题。秋瑾尚未举事，因而官府以“谋乱”或“通匪罪”处死秋瑾便是一桩冤案。二是案件的程序问题。官府在没有确实口供或证据的前提下处死秋瑾，不合法制。这两点的关键之处又在于其有悖宪政精神，这是正在标榜预备立宪的清政府难以承受的压力。

首先，关于秋瑾案的性质问题。

浙江官府以秋瑾案为“谋乱”或“通匪案”，民间舆论颇不以为然，而多以之为冤案。官府与民间关于秋瑾案性质的分歧，主要在双方对秋瑾身份认定的歧异。历史的悖论在于：浙江官府以“谋乱”或“通匪罪”处死秋瑾，而使其以革命家的形象名垂青史，但当时的民间舆论并不认为秋瑾是革命者。否则，一场关于秋瑾案的舆论风潮便无从而起了。

一方面，民间舆论为秋瑾树立了一个学界爱国新女性的形象，并对秋瑾的惨死表示深切的同情。秋瑾作为清末革命女性的先驱人物，其行为确有不同寻常之处，且不论其主动与丈夫离异，只身赴东洋留学等惊世骇俗之举，即使是日常生活方式，也颇为引人注目。“女士平日乘马驶骤，且作男子洋装，或送以目，或称为奇事也”。[①] 其时，秋瑾虽然秘密加入了光复会、同盟会等革命组织，并在积极联络革命力量，加紧进行革命活动，但是，她的公开身份则主要是以归国留学

---

① 《越郡党祸风潮纪实》，《南方报》光绪三十三年六月二十四日，第1页。范文澜先生的回忆可为佐证，他说：“我所看到的秋瑾总是男子装束，穿长衫、皮鞋，常常骑着马在街上走。”《女革命家秋瑾》，周芾棠等辑《秋瑾史料》，湖南人民出版社，1986，第1页。

生资格出任绍兴明道女学堂、吴兴南浔女学堂、绍兴大通学堂及其附设体育会教员等职，并在上海创办《中国女报》杂志，明确标榜“以开通风气，提倡女学，联感情，结团体，并为他日创设中国妇人协会之基础为宗旨”。[①] 从表面看来，秋瑾最多不过是一个女权主义运动者，而很难说其与政治革命和种族革命相关。因此，秋瑾案发后，一般民间舆论多以之为爱国新女性，因被徐锡麟案株连而惨死，大都深表同情。如《申报》云：“秋瑾女士曾至日本游学，程度颇高。近被人指为徐锡麟党羽，遂被拿获，立予斩决。闻者莫不慄慄。”[②] 秋瑾“殊负新学名誉，此次惨被株连，无不同声叹息”。[③] 《南方报》称：“学界中人以秋女士实为女学界不可多得之人，名誉卓著，咸皆惨惜。”[④]《时报》相继发表秋瑾生前好友吴芝瑛的来稿《秋女士传》和《纪秋女士遗事》，说明秋瑾是一个如“俄之苏菲亚、法之罗兰夫人”一样的女权革命者。“女士平时持论谓：女子当有学问，求自立，不当仰给男子。今新少年动曰‘革命，革命’，吾谓革命当自家庭始，所谓男女平权是也”。作者甚至郑重地表示：“愿以身家性命保秋氏家族，望当道负立宪之责任者，开一面之网饬属保全，勿再罗织，以成莫须有之狱，诬以种种之罪状，使死者魂魄尚为之不安。”[⑤] 《申报》还刊登了秋瑾身着和服及男子洋装的照片二幅，其一有题称“女界流血者秋瑾”，[⑥] 并登载秋瑾的一些遗诗、遗文。在发表《秋瑾之演说》时，编者特写文前按语称：“秋瑾女士以徐锡麟案株连，被杀于轩亭市口，论者冤之。然是非黑白，局外之人亦不能赘一辞。惟闻女士自

---

① 秋瑾：《创办中国女报之草章及意旨广告》，《秋瑾集》，上海古籍出版社，1979，第10页。

② 《查封徐锡麟家产学堂之骚扰》，《申报》光绪三十三年六月初九日，第3版。

③ 《皖抚恩新帅被刺十一志》，《申报》光绪三十三年六月十二日，第3版。

④ 《越郡党祸风潮纪实》，《南方报》光绪三十三年六月二十四日，第1页。

⑤ 吴芝瑛：《秋女士传》《纪秋女士遗事》，分见《时报》光绪三十三年六月十二、十六日，第1版。

⑥ 秋瑾和服照及男子洋装照分载《申报》光绪三十三年六月十四、十八日，第4、3版。

幼通经史，工诗词；及长，痛心国难，每于新报新书中见外侮浸迫，则横涕不可抑，大有‘四十万人齐解甲，并无一个是男儿’之感。”认为秋瑾所主张的革命乃“男女革命”，所谓“汲汲焉提倡女学，以图女子之独立”，其实并不是“种族革命”，而“今乃以种族革命见杀，论者所以冤之也”。[①] 可见，在一般舆论看来，秋瑾案显然是一桩由官府有意误办的冤案。

诚然，不能忽视的一点是，秋瑾的性别特征，正是其获得舆论同情甚至赞美的一个重要因素。《时报》刊载明夷女史来稿《敬告女界同胞》颇有代表性，该文称：

> 秋女士平日之宗旨，或主革命，或以他故而波及，俱不能深悉。……至于以国民之权利、民族之思想，牺牲其性命而为民流血者，求之吾中国四千年之女界，秋瑾殆为第一人焉。则秋瑾之死，为历史上放光明者，良非浅尠。欧学东渐以来，国民渐知民族的国民主义，大声疾呼，以救危亡，然皆出于男子，而女界无与也。女界之愚弱，仍如故也。故新学之士动谓我二万万同胞为无用，动谓女子为男子累。今则以巾帼而具须眉之精神，以弱质而办伟大之事业，唤起同胞之顽梦，以为国民之先导者，求之吾中国二万万之女界，秋瑾又为第一人焉。人皆谓秋女士之死，阻我女界之进步，而不知适所以振起二万万人之精神也。则秋瑾之死，为社会之影响者，尤非浅尠。盖秋瑾之革命虽未见实行，而政府杀之也以革命故，则秋瑾即非革命党，而亦不得不革命，何也？政府加之，人民即不得不公认之。然则秋瑾果系革命与否，不必深辨。而秋瑾终不能辞革命之罪，即亦不能辞革命之名。……吾知继秋瑾之后者将闻风接踵而起，崇拜之，欣慕之，女界革命之

① 《秋瑾之演说》，《申报》光绪三十三年六月十三日，第2版。

> 传播，必速于置邮而传命，今日者特其起点而已。政府诸公果能举二万万之女子而尽杀之斯已耳，否则，民智大开，禁闭乏术，人人可以革命，即人人可以为秋瑾，是不啻杀一秋瑾，而适以生千百秋瑾，一秋瑾易杀，而千百秋瑾难除也。……愿我二万万同胞人人心中有秋瑾之铜像，人人脑中有秋瑾之纪念，则秋瑾虽死犹生。①

在这里，秋瑾是不是革命党人的问题已不重要；重要的是，秋瑾是当时爱国新女性的代表人物，所谓“以国民之权利、民族之思想，牺牲其性命而为民流血者”，“以巾帼而具须眉之精神，以弱质而办伟大之事业，唤起同胞之顽梦，以为国民之先导者”。秋瑾被政府以革命罪惨杀，因而成为中国历史上不世出的女界英杰，她的死应当成为新时代女性觉醒的契机。

另一方面，民间舆论在否认秋瑾的革命者身份的同时，严厉痛斥了浙江官府残害秋瑾的暴行。秋瑾是否有革命党人的身份问题，是民间舆论与官府持论分歧的关键。一般舆论认为，浙江官府之所以认定秋瑾是革命党人，其实只是杀人凶手李益智、贵福、张曾敭等浙江官吏借以邀功请赏和谋求升官发财的口实。《申报》发表《论绍兴冤狱》说：“中国党祸多矣！官场拘捕似是而非之革命党亦多矣！然未有惨酷悖谬假公报私如近日绍兴冤狱之甚者也。”该文明确地指出：“贵福者，恩中丞之中表也。杀革命党者，升官之捷径也。以杀革命党为言，则任杀百数十无辜之人而人莫敢讼冤，以讼冤者亦可指为革命党也。事苟能泄私忿而遂吾功名富贵之大愿者，又奚恤他人生命为？故吾敢断言之曰：必有李益智之横酷，而后有贵福之罗织；有李、贵之残杀，而后见张中丞之任用群小。嗟乎！官吏者，所以维持

① 明夷女史：《敬告女界同胞》，《时报》光绪三十三年七月初二日，第5版。

人民治安者也。今不特不能维持，而反扰乱之，使祸逮于妇人孺子。充张中丞及李标统、贵太守之心，或者不愿浙江自后有东渡之女学生习体操之学堂，而后引以为快乎？抑以雷厉风行之手段，使浙中父老尽驱其子弟悉数勿入学界，而始高枕无忧，奏肃清学界之伟功乎？”[①]《时报》发表《时评》称：“我今乃知天下有以弱女子之血，为人希恩固宠、邀名猎誉之资料者。……秋瑾之死也，令人百思不得其故。苟稍涉文明法律者，莫不讼其冤。”[②] 该报还借西方报纸的言论，痛斥官府处理秋瑾案的野蛮行径。其转载《文汇报》言论云：“视中国政府近来待女子之办法，终不若西国之文明。即办理女教员秋瑾一事，在中政府以为该女子暗通革命党，故必如是办之，然他国断无此等办法。若论世界进步各国，惟在一千八百年以前则或有此野蛮办法。”[③]这对于正在标榜预备立宪的清政府来说，无疑是当头一击。

其次，关于秋瑾案的程序问题。

据各报披露，秋瑾被害一案并无确实的口供和令人信服的证据，这是民间舆论敢于大胆攻击官府的要害之处。对此，浙江官府表现得处处被动，只有招架之功，没有还手之力。

秋瑾被捕后，绍兴知府贵福会同山阴、会稽两县令会审。“秋瑾始终无口供。山阴县令问：女子何以要讲革命？秋瑾答：是男女平权的革命，非政治的革命。又令其将平日作为用笔书写，秋瑾但书一‘秋’字。又诘之，又书‘秋风秋雨愁煞人’七字”。[④] 舆论以为，秋瑾无辜被杀，显示了浙江官吏的暴戾，绍兴知府贵福和新军标统李益智更是罪魁祸首。

贵福平素与秋瑾多有来往，大通学堂的创办即得到他的支持，

---

① 《论绍兴冤狱》，《申报》光绪三十三年六月十四日，第2版。
② 《时评》，《时报》光绪三十三年六月初十日，第1版。
③ 《西报论中国待女子之办法》，《时报》光绪三十三年六月十二日，第2版。
④ 《记大通学堂秋瑾被杀事》，《时报》光绪三十三年六月十二日，第2版。

“开学之日，郡守及山、会两邑令皆莅堂致颂词，郡守贵福并赠瑾对联一联曰：竞争世界，雄冠地球。瑾于是益得畅所欲为”。[①] 秋瑾“虽恶其人，然利用其昏庸，免为革命阻力，故亦虚与委蛇”。[②] 贵福本系满人，自是革命的对象，如其所自谓“卑府籍长白，必不为彼党所容”，[③] 因此他对革命是极端仇视的。当贵福与山阴、会稽县令会审秋瑾时，竟被秋瑾当堂指为“同党”，使贵福颇为难堪，因而向浙抚“危词耸听”，主张立斩秋瑾，“为己脱卸地步”，并将同情秋瑾的山阴县令李钟岳撤职，“以绝后患”。[④]

李益智是浙江新军第一标标统，其与学界结仇，事出有因。此前浙江拟练新军两标，分别由李益智、蒋尊簋（伯器）任第一、二标标统，到金、严二郡征兵。据说第一标军弁素质低劣，军纪极差，第二标则优。第一标先回省城杭州，无声无息；第二标回省，各学堂举行了盛大的欢迎会，场面风光无比。“不迎一标迎二标，舆论所在，判然扬蒋而抑李。是日自高等学堂以下，凡二十余校，欢声雷动，观者如堵，府县警官，皆至观礼，极一时之盛。不知学界对于二标欢欣鼓舞之时，正一标对于学界剚刃寻仇之日。时一标中相约不出营，某军官扬言曰：浙若有事，先杀某报馆，次杀学界。闻者鄙其言，然隐为学界危。不图未逾二旬，而杀机果大动也”。[⑤] 李益智部下奉派到绍兴搜查学堂，“大有藉此报复之意”，他们肆意殴击甚至枪杀学生，并有意栽赃陷害秋瑾，在押解途中，“某兵将手烟［枪］二枝掷于道旁，遂指为由女子裤中落下”。李益智为了掩盖所部暴行，“恐一经详细讯

① 陶成章：《浙案纪略》中卷，1916 年铅印本，第 19 页。

② 秋宗章：《六六私乘》，周芾棠等辑《秋瑾史料》，第 50 页。按：秋宗章记贵福赠秋瑾联与陶成章的略有不同，为“竞争天演，雄冠地球”。又，《时报》光绪三十三年六月十三日之《时评》所记赠联与秋宗章的相同。

③ 秋宗章：《大通学堂党案》，周芾棠等辑《秋瑾史料》，第 102 页。

④ 《越郡罗织党祸余闻》，《申报》光绪三十三年六月二十七日，第 3 版。

⑤ 瘏民：《浙江之危机》，《时报》光绪三十三年七月初五日，第 5 版。

问，与己不便，遂危词耸听，致女士遂罹奇祸也”。[①]

秋瑾被害后，舆论哗然，各界人士纷纷上书，质问、谴责有关当局。据报载：“某四女士以其并无供词实据，深痛女界之摧残，特函致张抚询问：秋瑾女士究竟因何定罪？持何证据？”[②]“越郡士绅以秋女士并无叛逆证据，亦无口供，联名上控嵊县；各学堂亦以无故查抄枪毙学生，禀请赔偿名誉。而贵知府则置之不理，现亦须分投上控矣”。[③]“留东全浙学生致浙抚电：皖案逮捕株连，显背去年谕旨，祸及学界，尤恐酿成巨变，乞大帅主持”。[④]“浙省同乡京官将奏请昭雪”。[⑤]甚至有人电告即将进京入枢的湖广总督张之洞，认为“越案株连太多，刑讯太酷，人心摇动，恐激事端”，希望他出面“主持”。[⑥]

迫于民怨鼎沸的压力，张曾敭在无奈之际，一面先行择要电奏朝廷，一面发布安民告示。宣称秋瑾在徐锡麟创办的大通学堂，与武义、嵊县匪党勾结，密谋起事，已派兵破获，查获秋瑾亲笔悖逆字据及枪弹马匹多件，业将秋瑾正法，“奸谋已破，匪党散走，除仍严拿各首要外，其误信邪说并不知逆谋实情者，无论何项人等，概不拿究”。[⑦]一方面向朝廷保证继续严拿逆党，另一方面要求所属人民安居乐业。

张曾敭此举遭到舆论的严词辩驳，被斥为欺上瞒下。《时报》发

① 《新军骚扰学堂之罪状》，《申报》光绪三十三年六月十三日，第3版。

② 《徐锡麟革命之余波》，《申报》光绪三十三年六月十八日，第3版。

③ 《秋瑾女士冤杀之历史》，《申报》光绪三十三年六月十九日，第4版。

④ 《秋瑾冤杀之余波·留东全浙学生致浙抚电》，《申报》光绪三十三年六月二十二日，第3版。

⑤ 《越郡罗织党案余闻》，《申报》光绪三十三年六月二十七日，第3版。

⑥ 《光绪三十三年七月二十日温州孙（诒让）主事来电》，《张之洞存各处来电稿》，所藏档甲182－418。

⑦ 张曾敭电奏稿及告示稿，分见故宫档案馆《浙江办理秋瑾革命全案》，中国史学会主编《辛亥革命》（三），第187～188、189页。

表署名“胡马”的社论两篇，直言“绍兴残杀之惨剧，起于贵守，成于张抚”。指责浙抚安民告示“支离诞谩”，电奏稿“愈益虚无荒谬，海市蜃楼，不可究诘。欺罔天威，草菅民命，肆无忌惮，闻者发指”。社论首先从法制的角度立论，所谓“夫法也者，立国唯一之元素也”。认为无论是民主共和，还是君主立宪，都应以立法、守法为急务，即使专制国亦不可无法，甚至认为“专制之国其视守法也，乃较之共和、立宪之政体为尤重”。从法制的角度来看，绍兴冤狱只能证明清朝官府的“野蛮”。社论接着驳斥了浙抚告示与电奏指称秋瑾“为匪”与“通匪”的谬论。就“为匪”论而言，大通学堂虽然是徐锡麟所创办，但并不是徐锡麟的私产，“浙江之有大通学校，此固与皖案风马牛不相涉者”，且该学堂的创办曾得到地方官吏的批准和支持，如果其教员秋瑾与学生有“从逆”之罪，那么地方官吏更难免干系。就“通匪”论来说，认为指责秋瑾与武义、嵊县会党勾结，均没有确实证据，只是诬蔑之词，“试问搜出之证据果为何物？枪弹马匹均何所在？”“以一弱女子与十余未及壮岁之学生公然在郡城谋叛，已属千古未有之奇闻。直至逆迹暴露，大兵入城，乃犹夷然无事，一如平日，既不能先发制人，又不肯遁逃图免，并其所恃以谋反之后膛枪三十枝，尚束之高阁，以坐待擒获，世宁有此理耶？”社论最后强调，政府因害怕革命而无端制造党祸，事实上将起到加速革命进程而适得其反的后果。“自皖乱既起，内而公卿，外而疆吏，内政外交，悉置不理，而惟以搜捕党人为先务之急，不知革命潮流，自属心理问题，而非政治问题，严刑峻法，滋长乱耳”。[①]

留东女界也投《对于秋瑾被杀之意见书》于《时报》，以秋瑾为“俄之苏菲亚、法之罗兰夫人”式的中国女界英杰，认为“秋瑾之死，

---

① 胡马：《浙抚安民告示驳议》《浙抚电奏驳议》，分见《时报》光绪三十三年六月十八、二十三日，第1版。

不过当道人为希恩图宠邀名猎誉之资料者”。随后逐段驳斥了浙抚张曾敭的电奏，以为“浙抚电奏之案，不过欺君罔上之辞”。该文既认为“曾无有一事可以揭示其罪状”，而又强烈要求浙抚拿出确实的证据，“揭示秋瑾之罪状”。[①] 其目的显然是要与浙抚为难。

一波未平，一波又起。浙抚张曾敭正苦于不得确实证据，忽听信人言，以绍兴尚有军火藏匿，“显有不轨情事”，当即派候补道陈翼栋前往查办。陈翼栋到绍兴后，又据匿名揭帖，“遽调防军突至同仁学堂及戏捐公所，前后围守，入内搜查，并无犯禁之物；复又再四抄寻，虽地板概皆揭起，墙垣亦均打开，仍无他物，当将校员、所董等五人，拘至县署收押。观者如堵，谣言蜂起，阖城震惊”。[②] 同仁学堂本是堕民子弟学校，也无端受累，学校财物被抢劫一空，职员被拘，学堂监督禀请浙抚申冤，禀称：“职等兴学，几费经营，败坏只在数刻，似此凭空诈陷，国宪何在？虽蒙府县讯明无故，恩予释放，然以办学之人，受兹奇辱，职等有何面目再任校务？且以陈道之轻信，设若辈奸徒预藏军火，散布谣言，彼时搜有实据，百喙难辨。”[③] 浙抚张曾敭“批词”冠冕堂皇地宣称：“查拿匪徒，搜起军火，原为保卫地方治安。”他以秋瑾案为例，认为秋瑾与竺绍康、王金发等“纠党谋乱”，幸亏先期破获，否则，“数日之内，绍城之糜烂，讵堪设想？”对于陈翼栋骚扰同仁学堂事，他只是轻描淡写地认为“陈道委奉办匪，虽有搜查军火之权，轻信揭帖，未免操切”，甚至还认为同仁学堂监督的禀词“意近挟制”。与此同时，绍府贵福也发布了两道安慰民心和学界的告示。前者宣称“秋竞（瑾）图谋不轨，在在确有证据，此次正法并无冤枉，民间均多误会意旨”，并悬赏捉拿在逃的竺

① 《对于秋瑾被杀之意见书》，《时报》光绪三十三年七月二十四、二十五、二十七日，第5版。

② 《徐党株连案要闻汇志》，《时报》光绪三十三年六月十六日，第2版。

③ 《同仁学堂呈请澈究诬陷》，《申报》光绪三十三年六月二十九日，第4版。

绍康、王金发。后者宣称："大通学堂勾通匪类，确有悖逆证据，实属咎由自取；其余城乡学堂，亟应一体保护，暑期假满，即须照章开学。"① 浙抚绍守的批谕，进一步引起了舆论的普遍不满。

《申报》发表专文驳论，认为："秋瑾因株连而死，既无口供，又无证据，时人莫不冤之。盖始则株连无辜，为升官发财之计；继则锻练周纳，为文过饰非之谋。欲加之罪，何患无辞？棰箬之下，无求不得。今观浙抚对于同仁学堂监督之批词，绍府对于士民之示谕，强辞夺理，护短饰非。此虽足以上欺九重，而不足以下欺黎庶。"随后便将浙抚绍守批谕逐条驳斥，认为秋瑾只是一个弱女子，万无通同竺绍康、王金发纠党谋乱之理，即使有之，也只能拘拿秋瑾一人而已，而不应株连大通、同仁等学堂，使绍兴全城人心惶惶，并一再强调秋瑾案只是一个"莫须有"的罪案。"总之，秋瑾一狱，浙吏势成骑虎，莫可挽回。在浙省绅商学界恐被株连，不肯干涉。夫秋瑾之死不足惜，而当在预备立宪之时代，竟听一班昏墨官吏之作威作福，而政府不派大员为之调查，以败坏预备之基础为足惜。秋瑾之死无足异，而当在预备立宪之时代，竟听一班昏墨官吏之作威作福，而地方之绅商学界竟不发一言以讼其诬，致败坏预备之基础为足异"。②

江苏教育总会特地发表致浙省绅商学界的公开信，对于浙抚批绍兴同仁学堂监督禀词中所谓"绅商学界亦自有公论"的说法，颇不以为然。认为这是浙吏有意借"公论"之名，掩盖其"前此所杀、所查抄、所拘系"的暴行，"而此公论二字，已为行政人所利用，则虽谓浙人自杀之、自查抄而拘系之亦可也。如是则凡浙抚之示告陈奏，皆不啻为绅商学界通公论之邮。所谓先期败露，保全绍郡绅富，而不至縻烂，浙抚之功且不可没，即绅商学界公论之功亦不可没"。他们认

① 《浙抚批同仁学堂监督之禀词》《绍兴府安慰民心之示谕》《绍兴府安慰学界之示谕》，均见《申报》光绪三十三年六月二十二日，第3版。

② 《驳浙吏对于秋瑾之批谕》，《申报》光绪三十三年六月二十三日，第2版。

为，如果浙省绅商学界之公论果然赞同浙吏对秋瑾案的处置，所谓“浙省绅商学界公论而果以绍郡之案为情真罪当，则毋宁宣暴于众，所谓国人杀之也”。否则，“公论”不宜被少数人所利用。他们建议，江浙绅商学界应该联合行动起来，承担起宪政体制下绅民应有的责任，将绍兴案情弄个水落石出，以昭示天下。“兹事已亟，似宜开一临时谈判会，请稍［精］晓法律者数人，先事研究，再行调查，终事报告，使天下晓然于此事之真相，不徒以空言相磨砻”。①

舆论还揭露，浙省大吏为了证实秋瑾罪案，肆意捏造罗织证据，“密授意于李益智、贵福、陈翼栋等，张大其词，谓此案与金华匪乱相通，以实被杀者之罪，而洗诬杀人之过。故自秋瑾被杀后，贵守、陈道及李益智部下军弁，肆意在绍兴各学堂暨民人住宅穷搜，务欲得一二疑似通匪之证据，然日久未遂其欲。近又密议授意金华等处已获之匪，诬攀绍兴学界中人。故浙抚、绍守所出安民告示，皆含混其词，欲以绍事与金华匪乱牵合为一”。在此过程中，官吏弁兵借机敲诈勒索，给人民群众的社会生活带来无穷的灾难。“绍兴之狱，凡衙署差役及李益智、陈翼栋带来之兵，无不以‘发洋财’三字（发洋财者，为军队掳掠民间之隐语）互相庆贺，途中遇有举止轩昂或衣服稍洁者，必挟之入茶馆，曰：汝是土匪，又是革命党。勒索洋十元至二十元不等。倘无所获，即执之见官”。有绍兴人孙德卿家颇饶裕，“亦被指为革命党，拘往会稽县署”，县令竟然对他说：“此次省台派兵来绍，供给一切，糜费颇巨，预算不下二万金，殊为焦灼。”言下之意，不言自明。“现绍人见其手段过辣，恐有罗织之祸，凡有家产二千元以上者，均已纷纷迁徙，恐慌之象，殊不下于发逆扰乱时”。②

① 《江苏教育总会致浙省议长议绅谘议官学界诸君询问绍案公论书》，《申报》光绪三十三年六月二十七日，第2版；又见《时报》光绪三十三年六月二十八日，第1版。

② 《浙省大吏骚扰绍郡汇闻》，《申报》光绪三十三年六月十六日，第3版。

在舆论的压力下，绍兴知府贵福将秋瑾全案刷印传单公布。主要内容包括：浙抚张曾敭一密函三密电，秋瑾、程毅、蒋继云口供，大通学堂搜获枪弹清单，秋瑾诗稿、文稿如《革命论说》《伪军制论》《皇［黄］帝纪元大事表》等。[①]

在此之前，舆论早已多次揭露贵福等人刑讯逼供以捏造证据的事实。如《申报》载："贵守见各报皆言秋瑾女士并无口供，亦无证据，系属冤杀。日闻浙省同乡京官将奏请昭雪，留东全浙学生亦公电诘问。爰将尚未开释之学生六人早晚提讯，哄骗口供，谓能指出秋瑾革命证据，当即开释，并请抚宪奏保功名。各生谓：如欲使我辈凭空诬捏，宁请鞭死，断不为此丧心之事。贵遂无可奈何，而浙抚又屡次催取详文，颇觉难以措词。"[②]《时报》登载绍兴友人来函称："该省官场因外间人言啧啧，群为秋女士讼冤，大吏痛恨山阴县之不能刑迫口供，拟以事奏劾之。又授意某某求秋女士书函等件，仿其笔迹，造通匪等函件，以掩饰天下耳目。"[③] 该报在发表贵福呈报浙抚的秋瑾口供及程毅、蒋继云供词时，特加编者按语于后，称："此供词数日前业经访员寄到，记者以秋女士向无口供，今忽发布，深属可疑，故未敢骤登，继而思该口供既为贵守所呈报，则亦适成为贵守所发表之供词而已。"[④] 显然，当时舆论是根本不相信贵福所公布的秋瑾等人口供的真实性的。

当贵福公布秋瑾全案后，《时报》又发表了署名"蒋藻女史"投来的驳论文章。首先，该文认为秋瑾案是一桩极大的冤案。"秋女士之死，相识者冤之；不相识之各报记者亦冤之；读各报之稍有一知半解庸陋如余者，亦莫不同声冤之；即此穷乡僻壤目不识丁之妇孺，闻

---

① 《官场发表之秋瑾罪案》，《时报》光绪三十三年七月初八、初九、初十日，第5版；又见《绍兴府贵寿鋆宣布秋瑾罪案》，《申报》光绪三十三年七月初九、初十日，第10版。

② 《越郡罗织党案余闻》，《申报》光绪三十三年六月二十七日，第3版。

③ 《徐锡麟株连案余闻》，《时报》光绪三十三年六月十五日，第2版。

④ 《杂纪》，《时报》光绪三十三年七月初七日，第3版。

女士之死，见女士之像，亦莫不交口冤之；甚至有闻而唏嘘欲泣者。此亦足见公道之自在人心，有非可以强令从同者矣。”其次，该文将贵福公布的秋瑾案主要内容进行了逐一驳斥。其一，关于张抚一函三电。张抚密函与第一电并无一字提及秋瑾，第二电仅列秋瑾之名于竺绍康、王金发之后，因而对秋瑾为革命党头目的指证表示怀疑；第三电以徐锡麟之弟徐伟供词称徐“与秋瑾同主革命”，因徐锡麟供词并无同党，“于株连之徐伟，始严讯而轻信之”，其实并不足信。其二，关于秋瑾口供。疑点有七：一是口供只字不提秋瑾生有子女二人；二是口供言秋瑾光绪二十九年游学日本含糊其词；三是口供云徐锡麟、赵洪富、竺绍康、王金发、程毅皆与相识，而唯独不及蒋继云是否相识；四是口供云“堂内开枪兵勇”所指不明；五是口供云当时拿获仅有手枪一支及论说稿数纸、日记手折一个，并无大宗军火，与官场报告搜获枪弹、马匹若干数目不符；六是口供始终未及大宗枪弹，“官场所开此项快枪子弹，其即官场诬害秋瑾之铁证”；七是“秋瑾稿底不过作诗、作文、作论说而已，其间狂悖之语虽有，然并无承认为浙江革命党大头目，及手下有何羽党，约同何时起事，并与武义聂李唐等是否一起，与皖案徐锡麟是否知情一切明文”，结果“含混收场”确实可疑。其三，关于程毅、蒋继云口供。疑点有三：一是程、蒋供称“革命党各省均有大头目，浙江的大头目要算秋先生了”，“要算”之说仅是“一面之词”，其实“毫无确据”；二是蒋供称“前年北京炸弹是秋先生同谋”，而秋瑾口供并无与蒋相识确供；三是“程毅、蒋继云全供的是一派诬陷之话，全为秋瑾而设”。其四，关于大通学堂搜获枪弹。疑点也有三：一是仅有枪弹、马匹若干不能为秋瑾革命之罪证，如果秋瑾真是浙江革命党大头目，“叛期已迫，羽党必众，必有特别可凭，如旗帜、册籍、伪示、伪印之类，或来往匪函，可以执为铁证，岂仅此枪弹、马匹而已哉”；二是此项枪弹来源及其数目令人怀疑；三是所谓学堂里有“马五匹，鞍辔齐全”，不能为秋瑾起事之实据，“言之殊堪发嘘”。最后，该文完全否定了秋瑾案为“匪案”的性质。“综观全案，秋瑾之死，死于何罪，仆实不能瞭然于心。如以为秋瑾之死，死于通匪耶，则张抚之密函既如彼，而武义之匪供又如彼；如以为秋瑾之死，死于为匪耶，则当日亲供既如彼，学堂之证据又如彼。然则秋瑾之死，不死于通匪，亦不死于为匪，特死于几篇诗文论说之稿底乎？”可见，秋瑾案“不过一文字之狱而已”，秋瑾之死确系“冤狱”。“官场宣布之罪案，曰女匪秋瑾，吾等女界中，必请官场将秋瑾是匪首、是匪党、是通匪、是为匪、是何亲供、是何确据？一一指示大众，庶可以瞑死者之目，而平社会之心。若仅此几篇诗文论稿，几句摇动供词，几杆不知从何而来之枪枝，吾知其曷足以塞悠悠之口，曷足以告无罪于天下乎？然而亦足见浙中官吏草菅民命矣”。[①]

就这样，浙江官府在秋瑾案上处处受到民间舆论的攻击，几乎没有还手之力。舆论之所以能够如此大胆攻击官府，是因为当时的清政府已公开标榜预备立宪。“庶政公诸舆论”，是清廷颁布预备“仿行宪政”上谕中的说法。可以说，这是预备立宪时期民间舆论得以发扬的冠冕堂皇的依据。前引江苏教育总会致浙江绅商学界的公开信，就曾以“煌煌谕旨既曰庶政公诸舆论”为据来说明绅民理所当然应该承担参与论政的责任。[②] 浙江官府在处理秋瑾案上的种种作为，在民间舆论看来，均是野蛮的专制制度下的产物，根本不合宪政制度下的法制规范。民间舆论对于浙江官府制造的秋瑾案，从证据到性质，都进行了根本的否定：一方面认为秋瑾是一个学界爱国新女性而不是革命党人，另一方面认为浙江官府关于秋瑾案的各种证据都是凭空捏造的诬

---

① 蒋藻女史：《驳官场发表之秋瑾罪案》，《时报》光绪三十三年七月十八、十九日，第5版。

② 《江苏教育总会致浙省议长议绅谘议官学界诸君询问绍案公论书》，《时报》光绪三十三年六月二十八日，第1版。

陷之词，因而得出秋瑾案是一桩典型冤案的结论。不仅如此，舆论甚至认为，即使秋瑾确系徐锡麟党羽而有革命党人之嫌，因尚未有发动的事实，按理说也不应该如此草率办案。“浙省之秋瑾与大通学堂，姑无论是否果为徐党；就令确为徐党，亦不过在预备阴谋之列。以常事犯论之，祇［只］有预备阴谋、未至措手实行者无罪，所谓祇［只］问行为、不问意思，刑法无诛意之条，与道德宗教判然殊也。以国事犯论之，预备者比措手实行者减一等，若阴谋未至预备者减二等，此文明国对于国事犯之办法也”。[①] 但浙江官府并没有按照“文明国对于国事犯之办法”来做，恰恰是反其道而行之。“夫（秋瑾）女士之主张革命，固不能为女士讳，而亦不必为（女）士讳也。今国家虽预备立宪，而新律未编，女士果起革命军矣，固不能如文明国处以国事犯相当之罪，势必难逃一死。若革命未见实行，罪名未兇［见］宣布，而遽以‘秋风秋雨’七字定谳，则是官吏蔑视法律，鱼肉我同胞也。故今日之争，不必问秋女士之革命真与不真，但当问官吏之杀我同胞当与不当。女士当杀，杀之宜矣；乃杀之而于法律未当，是不啻杀我无罪之同胞矣”。[②] 在此，民间舆论的立足点已经超越秋瑾革命与否的界限，而充分关注了宪政题中应有之义的法制问题。浙江官府处理秋瑾案的举措，正是无视法制规范而肆意践踏人权的野蛮行径，完全剥夺了人民的基本人权甚至生命权。“此次之党狱，政府官吏之对于我人民，可谓侵削生命权之甚矣。欲杀则杀，欲捕则捕，欲搜查则搜查。不必有证，不必有供，不必按律。匿帖可信，罪名可诬。一切敲诈之事，乘此而大起。人有旦夕之恐，士无一线之安。行旅不得自由，居处不得自由，书信不得自由，一切营业不得自由。世界普通所有之人权，大概尽为所侵削，而复日处生命危险之地位”。[③]

① 《论皖抚与浙抚办理革党之比较》，《时报》光绪三十三年六月十五日，第1版。
② 《敬告为秋女士呼冤者》，《申报》光绪三十三年七月十七日，第10版。
③ 《论生命权》，《时报》光绪三十三年六月二十四日，第1版。

这是与以发扬民权为根本精神的宪政理念背道而驰的。由此，民间舆论便进而怀疑清政府预备立宪的真实性，并对其宪政前途深感疑虑。“就今日皖变观之，毕现政府专制野蛮真面目，而后知乌头可白、马角可生，立宪竟不可期也。呜呼，政府将以此终古耶！”① 民间舆论从抨击秋瑾案出发，转而攻击清政府预备立宪的信心与前途，这是日暮途穷的清政府实在难以承受的巨大压力。

第三节　清朝官府之恐慌及其应对举措

徐锡麟、秋瑾在安徽、浙江的革命活动虽然没有获得成功，但因此而造成的革命声势及其影响却是巨大的。一方面，革命风潮给清朝官府造成了极大的心理恐慌；另一方面，民间舆论的渲染进一步给清朝官府施加了更大的压力。这期间，清朝官府的表现及其应对策略是值得深入探讨的问题。

徐锡麟刺杀安徽巡抚恩铭，犹如一枚投向清朝官场的炸弹，使各级政府官员惊恐万状，惶惶不可终日。据《申报》报道：“皖抚恩新帅被刺后，内而政府，外而疆吏，无不慄慄危惧。闻江督端午帅昨日致张香帅函有云：先防康梁党，后防革命党，继防留学生，今又防及候补道，实令人防不胜防，时局如斯，惟守‘死生有命’一语，庶坐卧可以稍安也。”② 秋瑾案发后，绍兴城里更是“风声鹤唳，草木皆兵；阖郡居民，莫不惊怖”。③ 举国上下，一片惊恐。时论以为：“自徐锡麟刺杀恩抚，而一班官场除满族外无一而非革命党矣；自秋竞雄因株连而死，而一班女界学生亦无一而非革命党矣。弓影疑蛇，闻弦落雁。是以外省官员入觐，而使内阁代为验看，则政府之心目中，几

① 彦农：《论政府今日不可强立征服地位》，《时报》光绪三十三年七月初三日，第5版。
② 《皖抚恩新帅被刺十四志·附武昌访函》，《申报》光绪三十三年六月十五日，第4版。
③ 《皖抚恩新帅被刺十一志》，《申报》光绪三十三年六月十二日，第3版。

以男者人人为徐锡麟，其女子人人为秋竞雄。”[1] 徐锡麟、秋瑾事件带给清末官府的恐慌可想而知。

徐锡麟、秋瑾事件，是革命党势力在内地蔓延的信号。徐锡麟、秋瑾等革命党人能够轻易地潜伏政界、学界，既表明了清政府政治控制力的削弱，又为其继续维护王朝统治的稳固埋下了无穷的隐患，可以说实在是防不胜防的。当然，就个人而言，最好的防备办法就是尽量减少与人接触的机会。但是，对于一个政府来说，要做到这一点真是谈何容易！清政府最初本能的防备措施，也恰恰是这样做的。上自朝廷，下至各级政府要员，都在想方设法以自保。清廷甚至改变官员引见礼制，其谕旨称：“嗣后各衙门引见人员，暂归内阁验放。”[2] 此举正是迫于革命党势力威慑的结果。据孙宝瑄日记称：“自恩中丞遇害，凡达官贵人，皆有危心，朝廷则更甚，至引见之礼废，改为验放。革命党人之势焰，岂不盛哉！”[3] 所谓“引见之礼”，是指由皇帝亲自接见臣下以示恩宠的礼制。按清制，京官五品以下，外官四品以下，由于初次任用、京察、保举、学习期满留用等项官员，均须朝见皇帝一次，文官由吏部、武官由兵部分批引见。清廷改引见为内阁验放的用意是十分清楚的。根据上谕，内阁王大臣“极为慎重”地拟定了验放规则：“（一）凡当差之人均带门牌；（二）验放人员不得逾百人；（三）验放人员每十人为一排；（四）验放人员由内阁前门进，后门出，秩序不得紊乱；（五）由某部请验人员先期开单知照验放之王大臣。”[4] 甚至有人还奏请慎防召见官员：“朝廷日见多数官员，其中恐有匪类匿迹，应请于召见外起官员暨圣驾出入，均宜慎密严防”。据说，此奏上后，“两宫甚为嘉纳，因之

① 《论消除革命在实行立宪》，《申报》光绪三十三年六月十八日，第2版。

② 中国第一历史档案馆编《光绪宣统两朝上谕档》第33册，第96页。

③ 孙宝瑄：《忘山庐日记》下册，第1050页。

④ 《王大臣拟定内阁验放规则》，《申报》光绪三十三年六月十九日，第4版。

内廷官员出入，近日十分戒严”。[1] 皇帝不敢召见官员，这是中央政府的状况。

各省督抚也在纷纷采取防备措施。一方面，他们也有意减少与部属接触的机会。如湖广总督张之洞不仅通令督署及全省官署一律戒严，而且他与藩、臬、学三司均不见客，即使他被升授体仁阁大学士，司、道各官拟赴省辕道贺，他也只接见三司四道，并面谕：“此后如有面陈事件，可由电话传递，不必来辕，以免意外之变。”他还要江夏知县制作腰牌二百面，分发给督署内办事人员及杂役佩挂，无此牌者，均不准轻入。[2] 另一方面，他们还主动出击，着力清查革命党人。如护理两广总督胡湘林特传藩、臬、学三司至署，“谕令速拣干员数人，密查政界、学界有无革命党潜匿其间，随时将查明情形逐一面呈，惟所派委员务须严密，切勿泄漏风声，致滋惶惑”。[3] 两江总督端方致电江苏巡抚陈夔龙，要求他“将全省大小文武候补人员，无论有无差缺，及各学堂监督提调人等，详细调查，有无徐锡麟同党。如有形迹可疑者，立即撤差查究，并须严饬各员，各具同乡互保切结，方准委差”。陈夔龙即札饬藩、臬、学三司，妥议办法。[4] 据报载，江苏某大吏接见僚属时非常慎密，“非有紧要公事概不接见，如必须面禀者亦不得近身接洽。出见时，必以多数之戈什哈及护勇人等各持手枪，四面围绕，并先期传谕各员，一切公牍不得如从前之置于靴统内，如接见时有以手探靴者，则护者不问情由，即当开枪。是以僚属之诣辕求见者，咸预相儆戒”。[5] 还有人甚至采取了一些可怜而又可笑的措施，如浙江巡抚张曾敭札饬提学司禁止开设体育会，南京有

---

① 《杨学士又请慎防召见官员》，《申报》光绪三十三年六月二十一日，第3～4版。

② 《鄂都张中堂之恐慌》，《申报》光绪三十三年六月二十四日，第3～4版。

③ 《粤省密查政学两界有无党人》，《申报》光绪三十三年六月二十一日，第4版。

④ 《电请调查官场有无徐锡麟同党》，《申报》光绪三十三年六月二十七日，第3版。

⑤ 《苏省大吏接见僚属之慎密》，《申报》光绪三十三年六月二十八日，第4版。

巡警学堂监督竟坚持不给学生发放用于训练的枪械。[①] 社会上有政府饬令各省邮政“凡人民往来私函，必须检视”的传闻。对此，《时报》发表《时评》予以辛辣的讽刺：“吾为朝廷筹所以弭乱者，久之乃得一正本清原之策，敢贡诸当路曰：凡天下士民不许识字，自宰相以至庶人，敢有识一字者死。”[②] 封疆大吏不敢接见僚属，这是地方政府的状况。

如果说清朝官府上述各项措施主要在于消极防范，那么以下一些举动相对来说就可以算是较为积极的应对了。

一是加速进行满汉平权。徐锡麟是坚定的“排满”革命者，他在供词中明确地宣称：“我只拿定革命宗旨，一旦乘时而起，杀尽满人，……我蓄志排满已十余年，今日始达目的。本拟杀恩铭后再杀端□（方）、铁□（良）、良□（弼），为汉人复仇，乃竟于杀恩铭后，即被拿获，实难满意。”[③] 徐锡麟刺死皖抚恩铭后，社会上不时流传着有满族大吏被刺的消息，满人最感恐惧。“道路传闻，江西之瑞（良），新疆之联（魁），皆遭不测。事之有无，尚在疑似，政府顾皇皇然不可终日”。[④] 满汉矛盾是清末革命兴起的重要原因，也是满族统治者无法回避的紧迫问题。在清王朝面临危急存亡的关头，统治者不得不关注满汉平权问题。慈禧太后与光绪皇帝在召见军机大臣时面谕：“筹议宪政，当先实行满汉平权办法及严禁大员徇私，以立宪政基础，则革命风潮庶几亦可渐息。”[⑤] 随后，清廷发布了化除满汉畛域的上谕，力图推动满汉平权。[⑥]

---

① 《浙省议长议绅请酌改饬禁体育事》《警察总监不敢给枪与学生》，均见《时报》光绪三十三年七月十七日，第3版。

② 《时评》，《时报》光绪三十三年六月十四日，第1版。

③ 《皖抚恩新帅被刺七志·巡警会办徐道锡麟供词》，《申报》光绪三十三年六月初八日，第4版。

④ 孙宝瑄：《忘山庐日记》下册，第1055页。

⑤ 《两宫注意满汉平权》，《申报》光绪三十三年六月二十八日，第3版。

⑥ 详见本书第十一章。

二是加紧进行司法改革。徐锡麟、秋瑾案最受舆论攻击的一个要点就是司法程序问题。当时，正值清政府法制改革的过渡时期。法制改革的基本原则是与西方近代法制接轨，其主要内容有两个方面：（1）修改旧律，即修改旧刑法中的残酷、野蛮、落后的部分，如废除凌迟、枭首、戮尸、缘坐和刺字等酷刑，禁止刑讯逼供等不良司法行为；（2）制定新律，即制定《刑事民事诉讼法》《大清新刑律》等新的法律。法制改革终清之世未能完成，但一些近代法制观念已被不少先进人士所接受。清政府处理徐锡麟、秋瑾案仍然沿用“就地正法”旧制，其野蛮、落后之处便成为社会舆论攻击的焦点。“刑律既已减轻矣，枭首、凌迟、戮尸等律已删除矣，何以皖省之变起而徐锡麟有剖心之事？何以徐锡麟之案发而绍兴大通学堂之秋瑾女士有不得口供而冤杀之事？徐之罪诚当死，而剖其心得不谓之滥刑乎？秋瑾女士既指为非徐之同党，何以不明暴其罪于天下，而贸贸然杀之，得不谓之滥刑乎？且大通学生程毅、吕诚等五人，既已讯无供词，而火练火砖，血肉糜烂，今顾非热审时乎，得不谓之滥刑乎？”[①]《申报》还译载《字林西报》上的英人论说，指责清政府处置徐锡麟案的“野蛮手段”，认为“彼官吏既杀徐而又取其心以祭死者，果已野蛮矣；竟又株连其亲族朋友。此等手段，徒使吾外人增轻视华政府之心耳。……夫徐刺皖抚，其罪果不容赦，然而政府以此野蛮族类之行为处置之以为报复，亦尚可恕乎？”[②]清政府在处理徐锡麟、秋瑾案上的“滥刑”与野蛮行为，与正在进行中的法制改革精神颇相违背。于是，法部拟严禁各省州县滥用非刑，“至外省州县滥用非刑，尤须一律严禁，倘有阳奉阴违者，定予从重惩办”，并拟将刑事上应用刑具详定章程，“通咨各省俾有遵守，不至滥用酷刑，以重民命”。[③]对此，舆论以

① 《论法部严禁各省州县滥用非刑事》，《申报》光绪三十三年七月初二日，第2版。

② 《西报论徐锡麟被刑之酷》，《申报》光绪三十三年六月初十日，第4版。

③ 《法部严禁各省州县滥用非刑》，《申报》光绪三十三年六月二十八日，第3版。

为："今日之天下，非实行立宪不足以挽回之。严禁州县之滥刑，洵立宪之要政也。"[①] 立宪始终是舆论关注的中心问题。

清政府在想方设法防范革命党的同时，迫于民间舆论的压力，也适时地做出了一些政策调整，以期适用立宪的新形势。

民间舆论借徐锡麟、秋瑾案攻击官府的中心旨意在于推动宪政改革的进行。首先，舆论认为，清政府处理徐锡麟、秋瑾案的作为是与宪政精神相违背的。如《时报》发表社论《论办理徐锡麟案之与立宪相反》，针对徐锡麟被惨杀和秋瑾被株连而惨死的事实，痛斥清朝官府的残酷与野蛮，认为此案株连之惨"比之戊戌政变为尤酷，即比之汉口庚子之役为尤酷"，"以预备立宪之时代而株守此野蛮之刑法，则前数日之谕旨煌煌，所谓官民各负责任者，果何语乎？如在上者肯负责任，则对于徐锡麟一案，当以文明之刑法治之，不当以野蛮之刑法治之，方足以坚天下之信，而促立宪之进行"。作者还在文末特地附录日本现行刑法中关于国事犯治罪条文，"俾我国民之留心此事者对照而参观之，则当道处置此案之是非自灼然见矣"。[②] 足见其良苦用心。

其次，舆论认为，清廷预备立宪的诚意有问题。《时报》社论认为："朝廷近年举行新政，实非出自本心，不过刺激于内忧外患之频仍，不得已而姑出于此，聊以涂国民之耳目，饰友邦之观听而已。是故日言融合满汉，而种族之界限益严；日言预备立宪，而中央集权之谋益亟；贡举既已全停，而崇奖科名之积习犹在；地方声言自治，而士民预政之例禁犹严。至于学堂与学生者，则尤政府之所侧目，而与地方官吏分据于极端反对之地位者也。"该社论认为清廷预备立宪徒有其名，而无其实，如果实行真立宪，也许可以挽回国运。"吾敢为

① 《论法部严禁各省州县滥用非刑事》，《申报》光绪三十三年七月初二日，第2版。

② 天池：《论办理徐锡麟案之与立宪相反》，《时报》光绪三十三年六月初十日，第1版。

一言以正告吾国之政府曰：诸公而果有志于立宪也，则请尽去其瞻顾之私、忌讳之见，君臣上下同心合志，以从事于改革之前途。神州厄运，庶犹可挽”；否则，就实行真专制，绝不能阳奉阴违。[①]

最后，也是最关键的一点，舆论认为，立宪可以消除革命。革命党人的暗杀风潮，使清朝官府惊恐异常，实行立宪可以平息暗杀风潮。“故不立宪亦立宪，原今日之势，非立宪更无第二著足以息暗杀之风潮。……暗杀之风潮，至今日而可谓极矣。以无量数之炸弹军火，无非欲破坏专制之萧墙，排满之主义，其所持以为间接之手段者也。无量数之炸弹军火，无非欲期望立宪之成立，破坏之主义，其所持以为建设之前提者也。故立宪苟能实行，则革命之风潮自息”。[②] 革命风潮起于满汉矛盾，实行立宪可以化解满汉矛盾，平息革命风潮。“政府不欲实行立宪则已，果欲实行立宪，非先平满汉之界，其道未由。政府不欲消除革命之风潮则已，果欲消除革命，非先除满汉之界无由着手。故早一日实行立宪，即早一日弥［弭］革命之祸；早一日平满汉之界，则早一日成立立宪之局”。[③] 清政府当时面临着革命与列强侵略两方面的所谓内忧外患的威胁，“自表面上观之，则革命之祸急，而列强之祸缓；而自实际上观之，则列强之祸大，而革命之祸小”。两者都足以使清王朝覆灭，唯一的挽救方策只有立宪，所谓“非实行立宪则不足以消除革命之祸，革命之祸不消则列强之害亦终不能去”。[④] 这是清政府无法回避的现实压力。

民间舆论从立宪的角度攻击官府，正刺到清政府的痛处，可谓击中要害。清政府自宣布预备立宪以来，进展缓慢，实不尽如人意。在民间舆论看来，徐锡麟、秋瑾案正暴露了清廷预备立宪的诸多问题。

---

① 胡马：《论搜捕乱党》，《时报》光绪三十三年六月十四日，第1版。
② 《论政府处于两败之地位》，《申报》光绪三十三年六月初十日，第2版。
③ 《论消除革命在实行立宪》，《申报》光绪三十三年六月十八日，第2版。
④ 《论今日中国之两大害》，《申报》光绪三十三年七月十七日，第2版。

革命风潮之所以盛行，是因为清廷没有实行真正的立宪。“欲消除革命之祸，屏绝恐慌之患，非实行立宪，其道未由”。[①] 这种观念直接影响了某些政府要员，甚至影响了清王朝的最高统治者慈禧太后，以促使其下定决心，加速实行立宪。以立宪消除革命，本是清政府实行预备立宪的初衷之一，因此要清政府认同这种观念并不困难。如在徐锡麟事件发生后，两江总督端方致电铁良称：“吾等自此以后无安枕之一日，不如放开手段，力图改良，以期有益于天下。”[②] 无独有偶，刚刚进京入枢的张之洞在觐见慈禧太后时也以速行立宪对奏：“问：出洋学生排满闹得凶，如何得了？对：只须速行立宪，此等风潮自然平息。出洋学生，其中多可用之材，总宜破格录用。至于孙汶，在海外并无魄力，平日虚张声势，全是臣工自相惊扰。务请明降恩旨，大赦党人，不准任意株连，以后地方闹事，须认明民变与匪乱，不得概以革命党奏报。旨：立宪事我亦以为然，现在已派汪大燮、达寿、于式枚三人出洋考察，刻下正在预备，必要实行。对：立宪实行愈速愈妙，预备两字实在误国。”[③] 可见，端方的“不如放开手段，力图改良”与张之洞的“速行立宪”主张，既是迫于“排满”革命风潮压力的结果，也是清政府试图缓解和消除这种压力的积极应对举措。对此，慈禧太后也别无选择。据《时报》报道：“太后因韩皇让位刺激脑筋，特面谕军机大臣从速实行立宪。”[④] 显然，慈禧太后赞成速行立宪，主要是着眼于大清王朝政权统治的稳固问题。

在此前后，出使大臣陆征祥、钱恂在参加海牙国际和平会议时，有鉴于中国国际地位的危机而奏请朝廷“赶速立宪”。他们认为，中国虽已宣布预备立宪，“明知此时程度未足，非逐渐预备未易实行。

---

① 《论革命恐慌之结果》，《申报》光绪三十三年六月二十八日，第2版。
② 《京师近信》，《时报》光绪三十三年六月十七日，第2版。
③ 《八月初七日张之洞入京奏对大略》，《时务汇录·丁未时务杂录》，所藏档乙F99。
④ 《电报一》，《时报》光绪三十三年六月十六日，第2版。

然立宪宗旨不妨再行确实宣布，以示决无更动，其一切条目自可从容酌议。如此则列强起敬，邦基乃巩”。[①] 河南巡抚林绍年（赞虞）在被清廷召见时，也奏请“从速宣布实行立宪年限，俾各省认真预备，朝野有所遵从”。[②] 清廷一面催促第二次出洋考察宪政大臣汪大燮、达寿、于式枚迅速起程，“以便归国后采择施行，勿任久为延缓，致生阻力”；[③] 一面加紧实行立宪的步伐。光绪三十三年（1907）八月十三日，清廷谕令设立作为“议院基础”的资政院。八月二十三日，正式宣布预备立宪以君主立宪为宗旨，“前经降旨预备立宪，原以君主立宪为吾国政体所最宜。薄海臣民，咸当确切辨明，免涉误会；内外百官俱有长民之责，尤须认真讲明，以示趋向。著在京各部院，在外各督抚，讯［迅］即将君主立宪国政体，博考各国成案，慎选名人论说，督率所属各员分班切实研究，务期宗旨纯正，事理明通”。[④] 九月十三日，又谕令各省设立与资政院相对应的具有地方议会性质的谘议局。再次选派出洋考察宪政大臣，君主立宪宗旨的正式宣布，尤其是具有议院性质的资政院与谘议局的设立，无疑是清廷宣布预备立宪一年来最具实质性的举措，表明清政府确实加快了预备立宪的进程。

第四节　张曾敭出处进退之尴尬

浙江巡抚张曾敭是秋瑾案的主要当事人，是他下令对秋瑾“就地正法”的，在此意义上可以说，张曾敭是处死秋瑾的主凶也不为过。

---

① 《陆钱两使奏请速行立宪以救危局》，《申报》光绪三十三年六月三十日，第4版。

② 《林中丞奏请宣布实行立宪年限》，《申报》光绪三十三年七月二十九日，第3~4版。

③ 《两宫谕催考察宪政大臣启程》，《申报》光绪三十三年八月初十日，第3版。

④ 朱寿朋编《光绪朝东华录》第5册，总第5742页。按：此谕由军机大臣袁世凯主稿，经张之洞“笔削而成”，慈禧太后“垂询及此，始决意宣布”。《宣布君主立宪原因》，《申报》光绪三十三年九月初二日，第3版。

但对张曾敭个人来说，他并没有因此得到什么好处，反而还断送了自己正常的仕宦前程，以至于晚景难得安宁。这不是一句“咎由自取”或“罪有应得”的考语所能简单了结的。其实，张曾敭内心精神世界的困惑及其现实境况的尴尬情形，才是更值得深入探究的问题。

张曾敭（1842～1920 年），字小帆（又作筱帆），又字渊静，直隶南皮人。同治七年（1868）进士，历任翰林院编修、湖南永顺知府、广东肇庆知府、福建盐法道、福建按察使、福建布政使、广西布政使、山西巡抚、浙江巡抚等职，民国后以遗老寓居天津，抑郁而终。①

张曾敭是一个由儒家传统文化培养出来的才具平庸、循规蹈矩、谨慎保守的旧官僚。光绪三十一年（1905），63 岁的张曾敭由山西巡抚调任浙江巡抚，很快便感到难有作为。浙江地处沿海，得风气之先，在清末应属先进省份。其时，新政开展多年，立宪思潮高涨，民气发达、民权高扬的浙江，使并不开通的张曾敭几乎无所适从。他到任后不久，即对浙江的现状深表不满，并已萌生退意。这在他当时与友朋往来的书信中多有表露：“浙事败坏，匪夷所思，无事无弊，无人不作弊，竟至不可收拾。”②“浙中吏治颓敝，公所深知。思欲整饬纪纲，稍清仕习，无如药轻病重，沉痼难苏，竭蹶经年，都无少效。财政窘手，亦视各省为难，虽由提拨太多，实由经理不善。……至浙人新知竞发，各挟一地方自治之思，发言盈庭，互为同异，苟非熟精新学，证明其是非，未易服群情而杜流弊。”③“静历官七省，政事之

---

① 赵尔巽等：《清史稿》卷 449，列传 236，张曾敭，第 4 册，第 3214 页；陈宝琛：《皇清诰授荣禄大夫建威将军山西巡抚兼提督张公墓志铭》，卞孝萱、唐文权编《辛亥人物碑传集》，团结出版社，1991，第 667～668 页。

② 《复定庐主人》，《张曾敭浙江巡抚任内信件·发信原稿甲》，《张曾敭档案》第 15 函，所藏档甲 192－14。

③ 《致瞿鸿禨》，《张曾敭浙江巡抚任内信件·发信原稿甲》，《张曾敭档案》第 15 函，所藏档甲 192－14。

坏，未有如浙江者也。到任已将半年，竭尽心力，逐事整顿，属吏始则软抗，近似稍知法纪，放纵已久，微加约束，有怨心而无悔心，宦习不改，百事无由著手。至兴学、练兵两事，尤难措注。固由浙之无财无人，实由于静之不材不学。现在筹画略有端绪，拟实事求是，不敢铺张，终究办不到好处。近时内则中央集权，外则地方自治，疆吏实不易为。而浙中尤难者，绅士视官如仇雠，新政各事，不能用外省人。浙绅之明理者，当不以静为非，然终不能副其责望。而留学生议论横生，动辄邮函干预。浙事如此，何必待情见势绌而去哉。”[①] 张曾敭在浙抚任内深感“同舟者不尽共济之人，益觉力不逮心，心不副志”，[②] 又加上年迈而体弱多病，于是便在一年之内因病两次奏请开缺，均“奉旨慰留”。当时，浙江各界也力予挽留。有全浙留日学生七百余人致电北京同乡官“恳留”。[③] 浙江士绅也致电枢府，得复电“允为坚留”，使张氏颇为尴尬，“不惟欲罢不能，并升调亦无望”。[④] 其实，张曾敭心中明白，浙人挽留乃别有用意。他说：“浙地浙事均非所堪，浙人留我，乃以我易与用之，非真能满其意也。”[⑤] 大概在浙人看来，像张曾敭这样平庸的官僚，虽难望其造福一方，但亦不至于有害，留下做个摆设也未尝不可；而这正是张曾敭颇感难堪之处。

那是光绪三十二年（1906）下半年的事，张曾敭本拟到光绪三十三年（1907）初再做打算。不料时光荏苒，张氏尚未有动作，而秋瑾案发，时局大变。

---

① 《致鹿传霖》，《张曾敭浙江巡抚任内信件 · 发信原稿乙》，《张曾敭档案》第 15 函，所藏档甲 192 – 14。

② 《致瞿鸿禨》，《张曾敭浙江巡抚任内信件 · 发信原稿乙》，《张曾敭档案》第 15 函，所藏档甲 192 – 14。

③ 《地方新闻 · 政界 · 浙抚电奏乞假》，《时报》光绪三十三年六月十八日，第 3 版。

④ 《致四舅》，《张曾敭浙江巡抚任内信件 · 发信原稿乙》，《张曾敭档案》第 15 函，所藏档甲 192 – 14。

⑤ 《致石樵主人》，《张曾敭浙江巡抚任内信件 · 发信原稿甲》，《张曾敭档案》第 15 函，所藏档甲 192 – 14。

应该说，张曾敭处理秋瑾案还是比较慎重的。作为封疆大吏，他有保境安民之责，当此革命风潮涌动之时，任何风吹草动，他都不敢等闲视之。徐锡麟案发后，很快波及浙江。浙抚张曾敭正破获金华会党起事，得悉其与徐锡麟创办的绍兴大通学堂有关，即派兵前往查办，并将“首要女匪”秋瑾正法。张曾敭如临大敌，急忙向外请兵购械。他致电湖广总督张之洞称：“若仅以此小丑，尚易了结，诚恐多处蜂起，浙江兵力实不足以制之。”“浙江党匪如林，群盗如毛，若无劲旅，后患方大”，请调总兵吴元恺“添招外省勇队数营，以资镇慑”。并向湖北枪炮厂订购快枪一千二百支，每支弹千颗。① 与此同时，张曾敭还在浙江全省进行了严密的部署，甚至将防线设到了上海。据《申报》报道：“浙抚张筱帅有密札到沪谓：绍兴事发，革命党逃在上海者必多，务即多派侦探在小码头守候，凡中拱宸桥开至上海之小轮，当加意稽查，遇有形迹可疑者，即尾随至所落栈房，查系属实，即行拘捕。”② 可见其煞费苦心。

可是，秋瑾案发后，立即受到民间舆论的大肆攻击，其中首当其冲者自然是张曾敭。这时，张曾敭采取了两手策略：一是托病请假；二是借机暗中运动调离浙江。前者乃官场故技，明眼人一目了然，当时报纸多有披露。如《申报》称：“浙江巡抚张曾敭，因此次查抄绍郡各学堂，暨严惩秋瑾女士，颇遭物议，渐自引咎。故于日前托病，奏请乞假二十天，所有公务悉委藩、学、臬、运四司分办，员绅往谒，概不接见。并闻张抚假满后，尚望续请展假，如绍事竟干查办，则即须乞恩开缺。”③ 其实，后者才是他的真实用意。他致书在京的李符曾说：“今则切望菘公（鹿传霖——引者注）援手，

① 《光绪三十三年六月初三、八、十五日杭州张抚台来电》，《张之洞存各处来电》第85函，所藏档甲182－187。

② 《浙抚饬查杭州抵埠小轮》，《申报》光绪三十三年六月十四日，第5版。

③ 《徐锡麟革命之余波·浙抚冤杀秋瑾后之近状》，《申报》光绪三十三年六月十八日，第3版。

但求离此，无适不可，弟为我力图之。”[①] 可见，张曾敭虽然表面上已有退意，但终究是于心不甘；他坚决要离开浙江，但还是希望另有归宿。

张曾敭暗中运动的对象主要是军机大臣、吏部尚书鹿传霖和湖广总督新任军机大臣、内阁大学士张之洞，其中重要的中间人是李符曾，他们都是直隶同乡。李符曾是前军机大臣李鸿藻的儿子，据说李鸿藻这位乡贤前辈曾经很器重张曾敭，[②] 张曾敭与李符曾交往颇密。张之洞是张曾敭的同族曾叔祖，张曾敭还曾从张之洞问学，因而自称“受业侄曾孙”，[③] 而鹿传霖又是张之洞的姐夫。张曾敭利用的就是这些乡谊加亲情的关系。

鹿传霖与张之洞对张曾敭的出处问题也确实非常关心。当张之洞即将进京入枢时，鹿传霖甚至建议张之洞推荐张曾敭继任湖广总督，他曾致电张之洞称：“今探询世相，慈圣微露召公入枢意，鄙见宜择替人，如举不避亲，浙抚当可遵守成规，请密筹备。”[④] 但未有下文。后来通过活动，清廷谕令调张曾敭为江苏巡抚，不意引来一场更大的麻烦，激起江苏士民的拒张风潮。

江苏与浙江为邻省。在秋瑾案上，江苏士民的关注程度甚至超过浙人。上海《时报》发表社论，对于浙江士绅“独缄口无言”的表现颇为不满。[⑤] 江苏教育总会发表公开信，也敦促浙江绅商学界行动起来，并表示要破除省界，认为“省界之说，乃行政人之区域，非国

---

① 《致京李符曾》，《张曾敭浙江巡抚任内信件·发信原稿甲》，《张曾敭档案》第15函，所藏档甲192－14。

② 陈宝琛说是“李文正公深器之”，见陈宝琛《皇清诰授荣禄大夫建威将军山西巡抚兼提督张公墓志铭》，卞孝萱、唐文权编《辛亥人物碑传集》，第667页。

③ 《致张之洞》，《张曾敭浙江巡抚任内信件·发信原稿甲》，《张曾敭档案》第15函，所藏档甲192－14。

④ 《光绪三十三年七月初十日京鹿中堂来电》，《张之洞存各处来电稿》第3函，所藏档甲182－446。

⑤ 《论浙吏罔民事再敬告全浙士绅》，《时报》光绪三十三年七月初八日，第1版。

民之区域”，希望采取联合行动。[①]《申报》发表《敬告为秋女士呼冤者》一文，认为：“若我同胞士绅，今日对于浙省，论地势虽有省界之分，论人民则全国皆为一体，同舟救溺，义不容辞。若竟因浙绅之不问而亦漠然置之，不思一实行对付之计画，非特于心不安，恐泰西各国将讪笑我同胞无人心无气节矣。岂不大可羞哉?”[②] 表示上海士绅应尽立宪国民之责任，为秋瑾案谋求切实的解决办法。在江苏士绅看来，秋瑾案虽然发生在浙江，但这不仅仅是浙江一省人民的事，而且理所当然是包括江苏在内的全国国民的事。此可谓清末民权观念之发达的一个重要表征。

其实，浙抚张曾敭办理秋瑾案，还曾直接影响了江苏。某日，江苏巡抚陈夔龙得浙抚张曾敭密电，以松江医生韩半池及其子凤苞“与嵊县逃匪竺绍康认识，均系革命党徒”，即派盐捕中营到松江搜查韩家，结果虽非事实，但造成了异常恐慌的气氛。[③] 对此，江苏士民颇为愤慨，认为：“今因竺绍康一役无端而波及于松江之韩医，夫浙与苏既属两省，而韩与竺素不相知，尚有匿匪被查之冤。以是而欲搜查则无家不可以搜查，以是而欲陷害则何人不可以陷害。”他们进而申明，既然查不属实，则不能不了了之，而应该将诬告之人治罪，更应该将轻信诬告之人治罪。[④] 将矛头直接指向了浙抚张曾敭。江苏教育总会为此还特地上书苏抚陈夔龙，称：“查诬告反坐律有明文，韩半池一案既蒙大公祖明察，深知其诬，应请电咨浙抚帅，请宣示告发人姓名，并实行反坐之罚。”[⑤] 此事使张在江苏人心目中印象极坏，也是

---

① 《江苏教育总会致浙省议长议绅谘议官学界诸君询问绍案公论书》，《时报》光绪三十三年六月二十八日，第1版。

② 《敬告为秋女士呼冤者》，《申报》光绪三十三年七月十七日，第10版。

③ 《越郡党案牵涉医生之谣传》，《申报》光绪三十三年七月十九日，第3版。

④ 《论浙抚密电搜查韩医家事》，《申报》光绪三十三年七月二十一日，第2~3版。

⑤ 《江苏教育总会为请办诬告事上苏抚陈筱帅书》，《申报》光绪三十三年七月二十五日，第2~3版。

此后他们拒张入苏的一个重要原因。

光绪三十三年（1907）七月二十八日，清廷上谕："张曾敭著调补江苏巡抚，迅速赴任。"[①] 消息传出，舆论大哗。次日《时报》发表《时评》连连诘问，有云："张抚之由浙而移节于苏也，独何故欤？其以张抚之在浙有功而升任之乎？抑以在浙为有不善为之迁地乎？如谓有功，则浙与苏曷异高下？如谓有不善，则不善于浙者，宁独善于苏？岂以不善于浙为不当，必不善于苏乃当耶？绍兴之役，天下所共为不韪也。然事出于浙，而舆论独先于苏。苏人方以舆论为浙冤，而政府即以舆论所谓冤者，一试于舆论所产之地。意者此即所谓政府采择舆论之初步欤。韩半池家之无端被扰也，浙之祸已渐及于苏矣。然幸苏之抚尚非浙之抚也。今即以浙之抚抚苏，则今之韩半池者，安知他日之不即秋瑾耶？苏人何辜，必舍彼以易此？我尝闻之，秋瑾之狱之方兴也，苏人曾以忍受冤治秋瑾者为浙绅咎，今冤治秋瑾者且来苏矣，无能之浙绅可告无罪于浙土矣，而苏人何如？"[②] 对于张曾敭调苏之举，明确地表示了非常不满的意见。随后，江苏绅士联名致电都察院，公开拒张入苏，电称："张曾敭近因绍兴党狱，纵兵枪毙无辜学生，又派员搜查学堂，更肆骚扰。苏浙接壤，舆论已哗。近更波及江苏，本月十七日复有盐捕营奉张曾敭电饬以兜拿竺绍康为名，搜捕松江医生韩半池之家，松民骇惧。……是张曾敭在浙怨声已播于苏，韩半池一案现正咨查，张曾敭遽即来苏，人情汹惧。为此迫切沥陈，伏乞据情代奏。"[③] 并有御史江春霖奏劾浙抚张曾敭："张心怀固执，不洽舆情，且办理大通学堂种种荒谬，苏浙接壤，既不宜于浙，岂能利于苏，且苏省民智已开，断非边省可比，若令固执不化之张曾敭前

① 中国第一历史档案馆编《光绪宣统两朝上谕档》第33册，第177页。

② 《时评·其二》，《时报》光绪三十三年七月二十九日，第1版。

③ 《江苏绅士致都察院电》，《时报》光绪三十三年八月初一日。据说清末著名小说家曾朴是这次联名电奏"主要的人物"。曾虚白：《曾孟朴年谱》，魏绍昌编《孽海花资料》，上海古籍出版社，1982，第169页。

往，深恐激成事端，实于国计吏治大有关系。伏乞宸衷独断，即予罢斥，或派大臣查办之处，统乞圣裁。”① 他不仅反对调张入苏，而且还建议罢斥张曾敭，甚至要求派大臣查办。折虽留中，但张曾敭入苏已不太可能了。

事实上，张曾敭对此也早有心理准备。在清廷谕令张调补苏抚的当天，他即致电张之洞称：“今阅调苏之命，病躯亦难胜任，拟假满乞退。”② 他在给长女的信中也说：“我眩晕、自汗等症总未轻减，于前月廿四日请假一月，拟假满即请开缺。廿八日得调苏电，我退志早决，正好趁此归去，能否如愿？不可知也。”③ 因此，虽然上谕要求“迅速赴任”，但张曾敭仍迟疑观望而畏缩不前。时论以为：“筱帅来苏迟早，又须视江苏绅学界之有无动静，始定行止。”④ “张筱帅俟卸篆后即当以眷属等移至八旗会馆暂住，因恐调补苏抚别有阻力，故尚未能遽定行止也。张中丞虽曾专人赴都尽力运动更调，今得调补苏抚之电，虽有‘迅速赴任’字样（此四字大有深意），仍恐苏人士与之反对，大为踌躇，盖知苏学界曾因绍案而持公论也。”⑤ 结果，张曾敭因顾虑苏人排拒，而终未赴苏抚之任。

经此风潮，年迈体衰的张曾敭对仕途已心灰意冷。于是，他继续托病请假，并决计告退。但是，当时仍有不少传闻，说他还在继续暗中运动他调。如《申报》报道说：“筱帅以苏省士绅曾干预绍事，近复因松江韩医生家搜捕竺匪事，颇多訾议，深恐苏人或有不洽，爰又以病未就痊等词，电请军机处代奏，求请开缺，俾可再行运动他缺。”⑥

---

① 《江御史奏参浙抚之内容》，《申报》光绪三十三年八月二十二日，第4版。

② 《光绪三十三年七月二十八日杭州张抚台来电》，《张之洞存各处来电稿》，所藏档甲182－418。

③ 《致人女》，《张曾敭浙江巡抚任内信件·发信原稿甲》，《张曾敭档案》第15函，所藏档甲192－14。

④ 《张中丞未能即赴江苏新任》，《申报》光绪三十三年八月初三日，第4版。

⑤ 《浙抚奉电调任近情汇纪》，《时报》光绪三十三年八月初四日，第3版。

⑥ 《调补苏抚张中丞奏请开缺传闻》，《申报》光绪三十三年八月初四日，第4版。

“苏人议论咸以公电都察院拒阻之力，张中丞或则设法改调他省。”[①]甚至有“张筱帅即当调往东三省”和“与朱家宝对调”的传说。[②]

八月二十八日，清廷发布“张曾敭著调补山西巡抚”的上谕。[③]据李符曾通报，这是鹿传霖与张之洞运动的结果。“公调苏，请假以后即无办法。嗣经菘公（鹿传霖）屡次侃侃正论，又得旁人助力，委曲婉转，始有调晋之举”。[④]张曾敭虽然非常感激鹿传霖、张之洞的良苦用心，但已无心恋栈。为此，他致长函于李符曾，吐露了自己伤感而无奈的心情，并坚定地表示了告退的决心。他说：“至八月病体愈加重，遂决退计。吾弟电称‘菘公（鹿传霖——引者注）尚欲设法别调，壶公（张之洞——引者注）亦表同情’。兄复电有‘请两公勿为费心，无材无学，不敢再作外官’之语，有无丝毫冀望别调之意，吾弟知之。嗣又调晋，乃菘公雅意系维，非我始求之而继避之也。……自思一生侥幸太过，下台时痛受诟谣，理亦宜然。彼新党诋讥要人，实堪憎恶；自反无愧，亦不足介怀。若两公疑我反复变诈之意，则不能无戚于心，深望吾弟为我证明也。兄本非疆寄之材，待罪五年，时刻思退，吾弟之所知也。今秋病作，到此始服药廿余剂，怔忡、喘汗、头眩、腿软等症，均未稍减。医云‘须防暴仆’（西医亦曾言之）。十步之外需人扶助，衰病若此，更何能为国效力？而令两公为我操心，虽愚不敢出此。乞退折假满即发，当可立邀允准。”[⑤]可见，张曾敭在调苏被拒之后便放弃了谋求“别调”而“再作外官”的念头。

在交卸浙抚抚篆后，张曾敭便离开杭州，拟经南京、汉口北上进京。途中，他接到了调补山西巡抚谕旨。九月初八日，他在谢恩折中

---

① 《张中丞续请病假纪闻》，《申报》光绪三十三年八月初十日，第3~4版。

② 《张筱帅定期入都奏请陛见》，《时报》光绪三十三年八月二十八日，第3版。

③ 中国第一历史档案馆编《光绪宣统两朝上谕档》第33册，第202页。

④ 《李符曾致山西抚台张筱帅电》，《张曾敭档案》第1函第3册，所藏档甲192。

⑤ 《张曾敭致李符曾函》，《张曾敭档案》第1函第3册，所藏档甲192。

表达了请求“陛见”的愿望。[①] 张曾敭自光绪二十九年（1903）首次出任山西巡抚后，任封疆大吏近五年间，未有“陛见”机会，有此想法，实属当然。至于其希望奏请“陛见”的真实目的，据《时报》披露：张曾敭“入都奏请陛见，复欲剖白办理绍案之并未草率，故将全案公牍概行抄录带往，且李益智亦在都中，即可传讯作证，并倩［请］幕宾拟就条陈新政奏折，以期内用”。[②] 据此可见其此行目的似有二：其一是谋求“内用”，即希望在朝廷做官。这方面的可能性不大。他在进京前曾致函鹿传霖、张之洞，说明近来身体状况极为不佳，表示“现即改授京官，亦实难就，万不得已发折乞休”。[③] 其实，后来也没有下文。其二是为自己办理秋瑾案的行为辩白。就心理而言，张曾敭有此想法不足为怪。秋瑾案发后，不但受到民间舆论的攻击，而政府似乎也不甚满意。据《申报》报道：“自浙抚奏保秋瑾案内出力人员折到京，已片交政务处议奏。闻军机大臣对于此案颇以不开保举为合，而醇邸尤极力反对保案。故现已决议仅仅准保千总两名而已。”[④] 甚至有政府将派大员查办以平反越郡冤狱的传闻：“或谓张筱帅曾奉都中密电，须将此案平反，俾息清议，如贵守及山、会二县，均当议处，并闻不日即由都中特派大员来浙查办。”[⑤] 本来，张曾敭镇压秋瑾起义于萌芽状态，对清政府来说应是功臣；但事实上他却成了清政府平息民间舆论之“清议”的牺牲品。对此，张曾敭真是百口莫辩。当在京师的李符曾电告“浙事邸甚不以为然”的情形时，张曾敭禁不住回函辩称：“邸不以我为然，缘因甚多，知之甚悉。浙事则不知何指？若指秋瑾案，似稍知大义者，皆当信其为国家为地方，

---

① 《光绪三十三年九月初八日调补山西巡抚张曾敭谢恩折》，《张曾敭档案》第 1 函第 3 册，所藏档甲 192。

② 《张筱帅定期入都奏请陛见》，《时报》光绪三十三年八月二十八日，第 3 版。

③ 《致北京李符曾代呈菘公、壶公函》，《张曾敭档案》第 10 函，所藏档甲 192－9。

④ 《政府不以绍狱保案为然》，《申报》光绪三十三年九月初二日，第 3 版。

⑤ 《平反越郡冤狱之希望》，《申报》光绪三十三年八月初一日，第 4 版。

而非昏暴嗜杀也。若执以为罪我，复何言耶?"① 半是愤懑，半是无奈，可见张氏心中实在是十分委屈的。

可是，张曾敭进京后，并没有获得"陛见"的机会。因而，纵有万般期待，也便瞬即化作泡影。光绪三十三年（1907）十月二十八日和十二月二十日，张曾敭两次奏请开去山西巡抚缺，理由是"假期已满，病仍未痊"，得到清廷谕旨的批准。② 就这样，65 岁的张曾敭最终并未再就山西巡抚之任，黯然离开了沉浮数十年的晚清政坛。

第五节　余论：预备立宪时期民间舆论之发达及其政治影响力

清末民间舆论表达的基本渠道主要是报刊媒体，在此意义上可以说，报刊言论自由的程度大致就是民间舆论发达的标志。当时，清政府为了加强舆论控制，也曾颁布了严厉的《应禁报律》九条："一、诋毁宫廷；二、妄议朝政；三、妨害治安；四、败坏风俗；五、内政外交秘密者，不得揭载；六、词讼未经定案，不得妄下断语，庇护犯人；七、发人私隐，毁人名誉；八、错误失实，即须改正；九、欲开报馆，须呈报总厅批准再开。"此律颁布后，立即遭到报界的抵制。《申报》在刊载此律时，特加"按语"认为："九条中除三、四、五及八、九等条为报馆所理应遵守外，余条均与立宪国言论自由之意大相剌谬，容著论以发明之。"③ 第二天，该报便发表专文，对其中第

① 《李符曾致山西抚台张筱帅电》《张曾敭致李符曾函》，均见《张曾敭档案》第 1 函第 3 册，所藏档甲 192。

② 《光绪三十三年十月二十八日张曾敭奏假期届满病仍未痊吁恳开缺以免旷误折》《光绪三十三年十二月张曾敭奏假期已满病仍未痊吁恳开缺折》《开缺山西巡抚张曾敭谢恩折》，均见《张曾敭档案》第 1 函第 3 册，所藏档甲 192；清廷上谕见中国第一历史档案馆编《光绪宣统两朝上谕档》第 33 册，第 322 页。

③ 《本馆接警部颁发报律九条专电》，《申报》光绪三十二年八月二十六日，第 2 版。

一、二、六、七条进行逐一驳斥。如驳第二条称："此条禁律，犹是专制国大臣之态度，而不知报馆事业与政治有至大之关系也。报馆记者经营职业，观察国政，于其方针及行动，得表明其反对与赞成之意，故其身虽立乎政府议会以外，而大要在发挥舆论，评议国是，务期改良政治而后已。"特别强调了舆论对于政治不可或缺的监督作用。再如驳第六条中特别强调了对待政治犯（即国事犯、政事犯）的问题，认为："政事犯因公获罪，大半为贤者之过，故逃往外国，外国皆有保护之例。夫他国对于政治犯日原情以拥护之，而吾同业恐牵连，反袖手而冷视之，世间宁有公道之论乎？"总之，该文认为立宪国家应当正视舆论的作用，保证言论、出版的自由，以推动政治与社会的进化。[①] 有人对清末报律实施的具体情况进行了系统的研究，认为虽然清政府制定报律的首要目的是钳制报界以维护王朝统治，报律条文规定也较为严厉，但在清政府自身日趋衰落和报界的抵制下，实难以生效，因而对报刊舆论的实际约束力并不大。[②] 的确，在清廷预备立宪谕旨所谓"庶政公诸舆论"的口号下，清末民间舆论确实得到了相当程度的发扬。

秋瑾案可谓预备立宪时期民间舆论发达及其影响清朝官府政治作为的典型例证。"大通之狱虽成，各方舆论，当加非难。沪上报纸攻击尤力。即编氓小户，街谈巷议，亦罔不太息，痛恨于官吏之无良，谤书盈箧，民实可畏。……夫舆人之诵，本无权威，笑骂由人，好官自我，司空见惯，何足为奇。大通党案之被祸者，第一为弱女子耳。就令冤蒙不白，惨飞六月之霜；而［？］成不追，孰为一言之雪？何况张曾扬［敭］者，南皮张之洞（时官大学士）之族人；贵福又为羶胡之族类，奥援既厚，驱逐綦难，乃以文字之鞭挞，口舌

① 《论警部颁发应禁报律》，《申报》光绪三十二年八月二十七日，第2版。

② 参见王学珍《清末报律的实施》，《近代史研究》1995年第3期。

之声讨，竟产生不可思议之效力。虏廷卒亦不得不酌予量移，以慰民望。此诚胜清一代破天荒之创举，而民权之膨胀，亦有以肇其端矣！”[①] 民间舆论借秋瑾案发言，将矛头直指清朝官府，竟然使其穷于应付，狼狈不堪，这在专制时代确实是不可想象的事。此举在一定程度上推动了清政府加快宪政改革的步伐，表明预备立宪时期渐趋发达的民间舆论已是一股不可忽视的政治力量。时论公然声称：“廿世纪之中国不可行野蛮之专制。”[②] 可见，预备立宪时期，民间舆论空间的拓展，业已将封建专制体制冲开一个缺口，民权思潮因此而奔涌勃发。

需要进一步说明的一点是，由《时报》《申报》等上海报刊媒体表达的民间舆论，主要是反映立宪派尤其是江浙立宪派的声音。徐锡麟案发生几天后，上海预备立宪公会会长郑孝胥为两江总督端方草拟折稿，“请速将宪法及皇室典范二端提议编纂，布告天下”，主张从速立宪以消除革命，所谓：“今宜利用多数希望立宪之人心，以制少数鼓动排满之乱党。各省所立立宪公会，如主持得人，则宗旨甚正，朝廷宜加考察，量与扶助，使信从渐广，亦可暗销乱党煽惑愚氓之力。”[③] 这与《时报》《申报》等上海媒体的言论基本一致。

秋瑾案的实质本是革命事件，但反映立宪派声音的江浙民间舆论却同情秋瑾，而攻击清朝官府，这是一个非常有趣的现象。立宪派与清政府及革命派之间到底是什么关系呢？

从秋瑾案的有关舆论看来，立宪派虽然主张以立宪消弭革命，但清政府的表现却使他们颇感失望。“自去年立宪之诏既下，革命党人之暗潮乃日炽一日，吾侪方尽然忧之，以谋其消弭之策，而不意

---

① 秋宗章：《大通学堂党案》，周芾棠等辑《秋瑾史料》，第102、103页。
② 没趣：《徐锡麟论》（续），《时报》光绪三十三年六月十七日，第1版。
③ 劳祖德整理《郑孝胥日记》第2册，第1099页。

衮衮诸公，乃日虑党势之微弱，扬汤止沸，亟亟焉以反动之力，速其传播，而广其范围也。呜呼！今而后吾乃知政府之果弃吾民也”。[①] 事实上，预备立宪开始之初，立宪派就已经开始批评甚至怀疑清政府的立宪诚意了。他们愤然指责其“立宪其表，专制其里”，“但侈立宪之名，阳迎而阴拒之”。[②] 立宪派虽然迫切希望清政府真正地走上立宪的道路，但清政府却时有犹疑观望，因此使立宪派最感痛心甚至失望。

从《时报》《申报》等上海媒体表达的民间舆论看来，立宪派尤其是江浙立宪派与革命派并不完全对立，甚至有同情之处。他们认为革命党并不那么可怕，建议清朝大吏不要庸人自扰：“诸公今日之恐慌，为革命党也；然亦知愈恐慌而革命党之气焰愈张乎？……今当外患日侵，内祸日亟，诸公当放手救国，以赞成立宪，推赤心，披肝胆，以图国之富强，则革命党亦人耳，其肯再行其暗杀之手段乎？”[③] 他们甚至认为革命之所以兴起的原因就是官逼民反，其对此前不久发生的萍醴浏起义的看法可以为证。“曩者萍醴之乱，杀人如麻，村落丘墟。而报功奏捷之章，夫固曰‘革命党人之暴动也’。然以记者所闻诸湘赣士绅之谈，则大有异于官书奏牍所云云者。盖始也苛捐重敛以竭其脂膏，继也米珠薪桂以绝其生理，终也匿灾讳报以逼其铤而走险而斩木揭竿。不旋踵而骈首就戮者，皆闾左不识字之愚氓，初不审‘革命’为何语者也。既蹙其孑遗之生，而又实之以莫湔之罪，当其抚膺吁天嗷嗷待哺之时，固大吏所眈眈虎视，以为奇货可居，而预卜后来珊顶雀翎之左券者也”。[④] 立宪派起初可能并不赞成革命，但当清政府不可救药而革命不可避免之时，他们的选择其实并

① 胡马：《浙抚安民告示驳议》，《时报》光绪三十三年六月十八日，第1版。

② 胡马：《论搜捕乱党》，《时报》光绪三十三年六月十四日，第1版。

③ 《敬告畏死之大吏》，《申报》光绪三十三年七月初九日，第2版。

④ 《论浙吏罔民事再敬告全浙士绅》，《时报》光绪三十三年七月初八日，第1版。

不为难。

总之，预备立宪之初，立宪派与清政府之间便已时显貌合神离之相，最终的分裂是难免的。当清政府不能满足立宪派的要求时，则很容易被后者弃之而去。立宪派在武昌起义爆发后能够迅速转向与革命派合流，可谓渊源有自。

第八章

地方督抚与灾荒、民变及社会控制：以湘抚岑春蓂与长沙抢米风潮为例

清代社会控制机制的基本形态是政府官员依靠绅士的辅佐管理普通民众，以维系地方社会秩序的持续稳定。在官、绅、民这个三维社会结构中，绅士通常充当政府官员与普通民众之间的“中介人”或“调停人”的角色。绅士是与地方政府官员共同管理当地事务的地方精英。“在清代中国，地方权力只在官吏（正式政府）和士绅（非正式政府）之间进行分配”；其中，政府官员具有正式的权力，士绅则属于非正式的权力。这两个集团既相互依存，又各自以不同的方式行使着自己的权力，共同决定地方政策和行政事务，并分担控制地方社会的责任。在通常的情况下，这两个集团均能获得现行体制带来的最大利益回报，故一般不会有兴趣去改变现状，这便充分保证了地方社会和政治秩序具有稳定性与持续性，“这种稳定性，只有当民众的不满激烈到足以升格为公开暴动的时候才会受到威胁。但只要他们的不满没有转化为有效的（反抗）行动，现

状就仍将维持下去”。[①] 民变是民众因对社会现状不满而“公开暴动”的重要形式。这是对既有社会政治秩序的直接挑战，因而也是观察清政府社会控制机制效能的独特视角。

清末庚子事变以降，政局波谲云诡，社会动荡不安，民变事件此起彼伏，层出不穷。据统计，在1902～1911年的十年间，共有各类民变事件1315次，年均131.5次。[②] 可见，其时民变事件发生的数量之多与频率之快。时人论莱阳民变时有云：“二十行省之中，乱机遍伏，是以半岁以来，变乱四起。长沙之事，举国震动。乃者，莱阳民变之事又见告矣。……盖察事变所由起，验今日之民心，近征之道光之末年，远鉴之秦、隋之季世，则土崩之势，今已见端。月晕知风，础润知雨，窃恐踵莱阳而起者，祸变相寻而未有已也。”[③] 与长沙抢米风潮一样，莱阳民变等事件均充分显露了清王朝统治基础即将崩溃的冰山一角。

所谓“民变”，在清末，一般是指民众因生计问题而自发地反抗官府、劣绅及其他社会恶势力以冲击地方统治秩序的突发性事变。究其因由，固有天灾，更有人祸。时论以为：“近年民变之由来有二：一曰抗捐，一曰闹教。”[④] 一方面，由于外国列强通过《辛丑条约》勒索巨额赔款和清政府举办新政需要大量费用，这些经费都被以各种捐税的名目直接或间接地转嫁到一般民众身上，名目繁多的苛捐杂税与统治者的横征暴敛，直接导致了民众的反抗斗争；另一方面，在不平等条约和外国列强侵略势力的庇护下，一些在华教会的外国教士与教民胡

---

① 以上论述参见张仲礼《中国绅士——关于其在19世纪中国社会中作用的研究》，第30、51页；瞿同祖《清代地方政府》，范忠信、晏锋译，何鹏校，第283、306、338～339页。

② 据张振鹤、丁原英《清末民变年表（上、下）》（《近代史资料》1982年第3、4期，总49、50号）统计，其中1902年74次，1903年50次，1904年100次，1905年102次，1906年190次，1907年185次，1908年107次，1909年141次，1910年247次，1911年119次。

③ 长舆：《论莱阳民变事》，张枬、王忍之编《辛亥革命前十年间时论选集》第3卷，第653页。

④ 《论近日民变之多》，张枬、王忍之编《辛亥革命前十年间时论选集》第1卷下册，第947页。

作非为，鱼肉百姓，诸多不法行为激起了广大民众纷纷起来反抗。当然，这是就其荦荦大者而言。其他如抗粮抗租、抢米风潮、罢工、罢市以及学潮，等等，均是清末民变图景中的重要面相，亦不容忽视。

以往相当长时期内，史学界对清末民变的研究，主要是从政治史尤其是革命史的角度，作为辛亥革命的背景来描述的，或者如西方学者将之附属于广义的民众运动而捎带论及，使民变研究缺乏一定的自主性，无法揭示民变自身的特点和发展规律。近年来，史学界开始注意从社会史的角度研究清末民变，把民变作为一种特殊的社会现象置于转型期的社会结构变动之中考察，这种新的研究视角，在一定程度上凸现了民变研究的自主性，从而对民变自身的特点与规律有了一些新的认识。① 其实，无论是政治史还是社会史的视角，显然都有一定的片面性，但均是民变研究不可或缺的。如果把政治史与社会史的视角结合起来，从清末国家与社会互动关系的角度考察民变问题，那么，民变研究自能更进一境。

关于清末民变具体个案的研究，宣统二年（1910）长沙抢米风潮无疑最为引人注目。长沙抢米风潮是清末民变中影响较大的典型事件。史学界相关研究论著颇多，但因研究视角的转换，仍不断有学者进行新的探索。与清末民变研究的一般态势相一致，以往相当长时期内的研究，主要是作为辛亥革命的背景事件来叙述。② 近年来，随着

---

① 关于清末民变的一般研究，参见杜涛《清末民变研究初论》，硕士学位论文，中国社会科学院研究生院，2005。

② 这方面的主要论著有：丁原英《辛亥革命前的几处群众反压迫斗争之二：一九一□年长沙群众的“抢米”风潮》，载《中国科学院历史研究所第三所集刊》第一集，第198～208页，1954年7月；杨世骥《辛亥革命前后湖南史事》，湖南人民出版社，1982，第150～168页；〔美〕周锡瑞《改良与革命——辛亥革命在两湖》，杨慎之译，中华书局，1982，第147～172页；〔日〕中村义《日本和湖南省——自长沙开港起至抢米事件》，载《纪念辛亥革命七十周年学术讨论会论文集》下册，中华书局，1983，第2459～2472页；彭祖珍《一九一□年长沙“抢米”风潮》，载湖南史学会编《辛亥革命在湖南》（论文集），湖南人民出版社，1984，第151～167页；〔日〕石川桢浩《长沙大抢米的“镇压”与电信》，载《辛亥革命与近代中国——纪念辛亥革命八十周年国际学术讨论会文集》上册，中华书局，1994，第503～519页。

社会史研究的兴起，长沙抢米风潮中的官、绅、民关系与灾荒问题，[①]便成研究热点。因缺乏对国家与社会互动关系观照的意识，对于民变事件的深层诱因与官绅应对策略的歧异，以及各种利益集团之间的矛盾纠葛与传统社会政治秩序的结构性裂变等问题，显然关注度不够，仍有深入探讨的空间。本书拟在既有相关研究的基础上，试图从政治史与社会史相结合的角度，通过长沙抢米风潮这一个案，具体剖析清政府应对民变事件前因后果的策略与举措和绅士阶层的相关反应，以期为进一步观察清末社会控制机制的效能及其对清王朝命运的影响提供新的视角。

第一节　预控不力

长沙抢米风潮发生的表面原因是天灾，由于宣统元年（1909）湖南发生严重的水旱灾害，导致粮食歉收，米价腾贵，普通民众无力购买，生计维艰。其深层原因实为人祸，因为官府调控不力，米粮大量外运，而劣绅又囤积居奇，其中的关键是各种利益集团之间的利益冲突，冲突的焦点是湘米禁运出口问题。

宣统元年（1909）夏，湖南粮食产地洞庭湖区遭受特大水灾，澧州、安乡县“堤垸十溃八九”，“滨湖之南洲、华容、武陵、龙阳、沅江各厅县，围堤亦多漫溃，田禾概遭淹没，被灾之重，为近年所未

① 杨鹏程的系列研究论文值得注意，如：《长沙抢米风潮中的官、绅、民》，《近代史研究》2002 年第 3 期；《20 世纪初湖南的自然灾害与米荒》，《船山学刊》2003 年第 2 期；《清季湖南灾荒与民变》，《株洲工学院学报》2004 年第 4 期；《湖南谘议局的荒政“谘议”》，载李文海、夏明方主编《天有凶年：清代灾荒与中国社会》，三联书店，2007；《湖南谘议局与长沙抢米风潮》，《社会科学战线》2008 年第 5 期。另外，关于官、绅、民关系研究的论文有：阳信生《长沙抢米风潮中的官绅斗争新探》，《长沙理工大学学报》（社会科学版）2004 年第 4 期；许顺富《湖南绅士与清末民变风潮》，《求索》2005 年第 9 期。关于灾荒问题研究的论文有：简婷《灾荒·长沙抢米风潮·辛亥革命》，《湖南工程学院学报》2001 年第 1 期；鲁克亮《贫困与权利——重新解读“1910 年长沙抢米风潮”》，《社会科学家》2005 年第 2 期。

有”，“统计各处灾民不下百余万人”，“加以邻省粮贵，纷纷贩运出境，盖藏久已空虚”。而湘水中上游长沙、衡阳等属，又发生严重旱灾，晚禾均因受旱歉收。是年秋，“新谷业已登场，而粮价迄未能平减，上米每石价值六千左右，常用次米亦需五千数百文，实为数十年所仅见。各属人心颇为惶惑，相率自谋阻禁”。[①] 与此同时，邻省湖北也发生严重水灾。“入夏以来，大雨连旬，蛟水骤发，汉阳等府属，田庐半沦泽国，人民淹毙亦多”；[②] “武汉三镇商民不下数十百万，缺食堪虞”。[③] 湖广总督陈夔龙奏陈鄂省灾后民食维艰，非借资邻省不敷接济，清廷谕令“著湖南、四川、江西各督抚通饬产粮各属，劝谕绅民，毋得阻粮出境，以救邻灾”。[④] 湖南因灾缺米，希望禁米出口；而湖北则需要大量湘米救济，清廷与鄂督均要求湖南不能对鄂禁运。这便使湖南巡抚岑春蓂左右为难。

湘米出口应否禁运的问题，不仅涉及湖北救灾之举，而且与列强（主要是英国）在华势力的利益直接相关。为此，岑春蓂与各方进行了反复而艰难的交涉。长沙抢米风潮发生后，时人多归咎于岑春蓂迟

---

① 《奏为沥陈湘省澧州等属灾重赈繁并买补备荒仓谷需款甚巨赈捐骤难凑集现拟提借官钱局银钱钞票以济急需而救民命折》，《湘鄂米案电存》上册，中国社会科学院近代史研究所图书馆藏，第1、2页。按：该《湘鄂米案电存》线装铅印一函两册，既无编者、版次，亦无分卷、册次。为引用方便，姑以其内容时序称为上、下册。上册第1~68页，连号。下册实分两部分：一为电旨，第1~8页，连号；一为电奏稿，另起第1~15页，连号。又按：《近代史资料》总114号发表杨鹏程整理的《湘鄂米案电存》，有编者按语称：“从内容上推断印刷时间为1910~1911年间，编者应为时任湖南巡抚的岑春蓂。”（第72页）据《申报》宣统二年四月十四日《且看岑春蓂之运动力》一文报道：“岑春蓂则益极为运动，近复将其历次颠倒是非之电奏及所奉谕旨，刊成一书，借湖南巡抚印封，分送各部院衙门，冀图眩乱听闻。”此处所言岑氏所刊电奏及谕旨一书，似即现在所存《湘鄂米案电存》。诚如是，则该《湘鄂米案电存》最早当编刊于宣统二年（1910）三四月间，即岑春蓂被撤任湖南巡抚以后。显然，岑氏编刊此书目的在于为自己辩白开脱。

② 《奉旨汉阳水灾著陈夔龙督饬抚恤事》，中国第一历史档案馆编《清代军机处电报档汇编》第3册，中国人民大学出版社，2005，第298页。

③ 《武昌陈制台来电》，《湘鄂米案电存》上册，第9页。

④ 《奉旨鄂省受灾借资邻省著湖南等省劝谕绅民毋阻粮出境事》，中国第一历史档案馆编《清代军机处电报档汇编》第3册，第324页。

迟不实行禁运谷米出口；不唯如此，后世论者亦多以此批评岑春蓂有意无意地纵容湘米外运。实际上，其间颇多波澜曲折，恐非岑春蓂个人之力所能左右。

宣统元年（1909）十月，岑春蓂致电鄂督陈夔龙，说明湖南因水旱灾害歉收，米价翔贵，之所以准运汉口，是因湖北向食湘米，又被灾甚重，不得不竭力接济。但从长沙、岳州关出口运到汉口的湘米，又经洋商或挂洋商旗的潮、宁各帮商人转运到长江下游销售渔利，有悖于湘米济鄂的初衷，这不但关乎武汉民食，而且使湘省不堪重负。“值此岁歉米贵，济鄂尚虞不足，何能再任他运？”他建议鄂督派江汉关道与英国领事等筹商办法，“告以湘米昂贵，一经禁止出口，既有碍于鄂，亦不利于商。彼若肯令商人将运汉之米不复转口，湘鄂本属一家，总当兼顾，商人亦可照常贸易。设商不明济鄂之义，领亦不能就范，万不得已，惟有禁米出口一法”。他还特别说明，湖北所需食米，可以派员到湘采办，但必须堵塞转运的漏卮，“漏卮不塞，匮乏堪虞”。其严重的后果将是一场于鄂于湘均不利的饥民闹事的民变：“若地方因饥滋事，鄂湘唇齿相依，更有关系。”①

陈夔龙接电，当即派江汉关道与英国驻汉口总领事法磊斯筹商。法磊斯经请示英国驻华公使朱尔典后，针对湖南可能实行禁米出口问题，根据咸丰八年（1858）中英《天津条约》和光绪二十八年（1902）中英《续议通商行船条约》有关条款，提出一个“格外权便办法”五条：

一、长沙关所给米单，载明止准运汉之告示，与约不符，应即撤销。盖禁运之故，因该处饥荒；若指明准运何处，足见有盈无缺。

① 《致武昌陈制台电》，《湘鄂米案电存》上册，第16页。

二、照约禁示内，本准声明漕米、军米二项在禁期内仍可报运，唯须预定额数。现念鄂省被灾，于约准前二项外，再允示内声明，有运送被灾邻省湖北需用之米若干石，仍可于禁期内运出，拟请宽定额数，约至一百五十万石之谱。盖鄂省一闻湘禁，米价必增，民心惶乱，多定额数，于民情市价均可相安。

三、向来采运赈米，以领有护照为准，此得彼否，不免向隅。此次系拟订约外之办法，不可使西商有歧待之怨，应照天津商约办理，听凭中外商人便往采购，运赴汉口、沙市、宜昌三口销售。出口之先，应在长沙、芦林潭、岳州三口报明船名石数，若系土船，须报宝塔洲厘局，照章均立保单。其不转他口，半年之内，从鄂省一口海关往运载卸米之关，即查明运单所运之数，陆续报知长沙关，每日传示，俾众周知。无须领用护照，或别种专照，可免侵占包揽之弊。

四、示禁办法，照约由湘省官宪照知长沙领事，定二十一天后施行，并声明长沙关前示违约撤销。此次禁期情形改变，或迟至明年七月为满，除有他故必须开禁外，应俟期满方得如常通运。

五、湖北市面于此禁运最有关系，亦应出示，并照会各领事，俾明悉办法，以免误会。①

陈夔龙在将此内容电告岑春蓂的同时，又另电特别说明英国领事所拟湘省禁运办法“似尚可行”，并着重解释了其“额数宽至一百五十万石”的意图，有谓：“唯该领之意，姑宽其数，以镇市面人心。既不准转口，止运汉口一隅，货多则价贱，商人无利可获，必不多运，不

① 《武昌陈制台来电》，《湘鄂米案电存》上册，第19～20页。

过虚悬其的耳。”[①]

岑春蓂接陈夔龙电后，连复二电，提出两层不同意见：一是额数一百五十万石实在太多，“绅民必不答应”，每月只可暂定四万石。二是开禁期限，应由湘省体察明年秋收情形酌量办理，“不便听彼主议，庶几权操自我”。[②] 岑请陈派江汉关道与英国领事再作商议。

其时，清廷调陈夔龙为直隶总督兼北洋大臣，瑞澂署理湖广总督，并召陈夔龙、瑞澂进京陛见，由鄂藩杨文鼎暂行护理湖广总督。[③]

鄂护督杨文鼎根据江汉关道与英国领事商议后的报告，致电岑春蓂，仍然坚持原议办法。理由有三：一是额数一百五十万石不算多。湖北水灾奇重，以武汉而论，中外商民百余万人，月需米十五万石，而湖南仅允四万石，即使不接济被灾各属，仅武汉一地也远远不够。又查湖南近年运出之米，岁为三百五六十万石，今额定原数尚不及往年“十分之四”，似于湘省无碍。二是关键不在数额多少，而是不转他口。“至运米多寡，英领并不干预，但允通融约章，不转他口，系为保全商埠治安起见。今所扼要者，只在运汉转口之有无，不在济鄂米数之多寡”。三是武汉民情问题。湖北缺米，全赖湖南接济。武汉近年民气浮动，“若因缺米，致酿事端，湘鄂唇齿相依，关系甚巨”；又以岑春蓂曾任江汉关道，故希望他“眷怀旧治”。结论是：“总以百五十万石为限，以明年七月为断，如届时湘省米价增涨，再当另商办法。”[④]

岑春蓂复电，仍否认一百五十万石之数。他曾派司道与湘绅商议，均以湘灾亦重，运出太多，于本省民食有碍，未经认可。而就目

① 《武昌陈制台来电》，《湘鄂米案电存》上册，第21页。

② 《致武昌陈制台电》（二件），《湘鄂米案电存》上册，第22、23页。

③ 中国第一历史档案馆编《光绪宣统两朝上谕档》第35册，第430页；《奉旨陈夔龙等著迅来京陛见等事》，中国第一历史档案馆编《清代军机处电报档汇编》第3册，第336页。

④ 《武昌杨护督来电》，《湘鄂米案电存》上册，第24页。

前情形论，即使每月四万石，亦未知能否持久。“如果米价增昂，自顾不暇，当随时停运”。他还请湖北有关方面切实稽查，济鄂食米不准运出鄂境。[①] 稍后，他又密电杨文鼎，认为：“今英领既允不转别口，但得鄂省实行申禁，目前自可无须限定数目。现拟自本年十一月起，至明年正月底止，照常听运，二月以后轮船通行，每月请以四万石为限。饬商湘绅，亦以为然。”[②] 杨文鼎复电表示，已分饬关道实力稽查，以禁止将湘米转运出鄂境为要义。[③]

是年十二月，杨文鼎又致电岑春蓂，认为如果要湖北禁止转运湘米出境，必须先由湖南出示禁运，否则，因下游米价飞涨，洋商就会根据光绪二十八年中英续约有关条款，力争转运出口，必然难免交涉。他还通报了所派关道与英国领事磋商的运米新办法：（1）取消前议一百五十万石之说。（2）湖南于禁运示中申明，除漕米、军米以外，因湖北灾情惨重，应不限数目源源接济，中外商人皆准指运宜昌、沙市、汉口三口。（3）洋商仍遵《天津条约》由长、岳两关取具保单，保其不转他口；华商听由湘省设法稽查，均不发给护照，俾免阻滞。（4）湘绅如虑偷漏走私，尽可由湘派员驻汉会同稽查。[④] 杨文鼎认为，其要旨在湖南出示禁运，但申明除漕米、军米外，仍准运济湖北灾区。其实，所谓“应不限数目源源接济”湖北，将最大限度地满足洋商的利益。对此，岑春蓂不以为然，认为：“英领所商各条，与湘窒碍甚多，万难照办。”[⑤]

随后，岑春蓂连电清政府外务部，报告与鄂护督及英领往复论辩湘米禁运事宜，均不得要领。岑春蓂的尴尬在于，湖南自身受灾深重，理应禁米出口，但清廷与鄂督均要求接济同样受灾的邻省湖北；

---

① 《复武昌杨护督电》，《湘鄂米案电存》上册，第26页。
② 《致武昌杨护督电》，《湘鄂米案电存》上册，第25页。
③ 《武昌杨护督来电》（二件），《湘鄂米案电存》上册，第27、28页。
④ 《武昌杨护制台来电》，《湘鄂米案电存》上册，第29页。
⑤ 《致武昌杨护督电》，《湘鄂米案电存》上册，第31页。

而一旦湘米出口湖北，就难免从湖北转口下游，将使湖南无法承受。更难堪的是，英国领事有中英《天津条约》和中英《续议通商行船条约》作护符，湘米出口与转运他口均有条约依据；按条约的有关条款，湖南如若禁米出口，必须先由巡抚出示晓谕，在二十一天之后始能正式实行，且湖南如果实行禁运，而又接济湖北，也是有违条约。恰在此时，英国怡和、太古两洋行有米二万四千余石欲运津、沪，因长沙税司未发运照被扣押，英国驻长沙领事许立得和驻汉口总领事法磊斯出面交涉，请求放行。岑春蓂正欲实行禁运湘米出口，亟思阻禁湘米从鄂转口下运，遂札饬长沙关照复许领事劝谕英商将米改运汉口，并请外务部与英国公使朱尔典交涉。[①]

宣统二年（1910）正月，外务部复电转述了英国公使的意见：运米出口有条约依据，实行禁运必须经得有约各国允许，湖南未照约示禁而不给怡和、太古英商发运照，"实属违约"。据此，外务部指示："湘省如必须禁运，惟有照约先期示禁。其济鄂之米，似可由湘鄂商定，照军米办理，庶与约相符，外人不能藉口。至太古、怡和之米，既未示禁于先，可否暂允其运出。"[②] 岑春蓂复电表示：湘省禁运米谷出口，本可照约一律示禁，济鄂为不得已之事。湘省两年以来并未发过津、沪运照，现在正拟禁运，如暂允太古、怡和之米下运，势必漫无限制，致使米价飞涨，民情惶迫。"万不得已，惟有奏请连湖北禁运一法，以杜藉口。"[③] 外务部回电不以为然，重申："惟以遵守条约，并能兼顾两省情形，方为合宜办法。"[④] 正月二十九日，岑春蓂电请军机处代奏称：湘省各属被灾，米价日贵，拟即照约出示晓谕于二十一日后禁运米谷出境；至鄂省采运湘米，拟查照军米办

① 《致北京外务部电》（二件），《湘鄂米案电存》上册，第34～36页。

② 《北京外务部来电》，《湘鄂米案电存》上册，第37页。

③ 《致北京外务部电》，《湘鄂米案电存》上册，第38页。

④ 《北京外务部来电》，《湘鄂米案电存》上册，第39页。

法，限定数目，准由鄂省采购，俾资兼顾。二月初二日，清廷批准。[①]初六日，岑春蓂发布告示，宣布："自本月二十八日起，一律禁运。"[②]

岑春蓂虽然发布了禁运告示，但问题并没有真正解决。其难点有二。一是接济鄂米问题。按照岑春蓂的初衷，济鄂之米应限定数目，由鄂省采购。他曾致电外务部，一再声称："济鄂之米，为数万不能多。"但是，列强不答应。英国公使照会清外务部，特别声明两条：（1）接济米数应从宽算；（2）购运此米不能限制何人承办。[③] 湖北也不满意。鄂护督杨文鼎致电岑春蓂称："武汉三厅县日需食米五千石，以六个月计，共需九十万石，方能敷用。被灾各属尚需由武汉接济者，不在此数。第念湘省米价亦昂，如果尽鄂取盈，于湘省民食不无有碍。兹拟统筹兼顾，核减三分之一，每月以运十万石为率。"[④] 岑春蓂回电表示："鄂省仿军米采办，即照上年电商每月四万石，亦力难

① 《电请军机处代奏稿》《北京军机处来电》，分见《湘鄂米案电存》上册，第42、44页；《奉旨洋商在湘购运津沪米石照约禁运等著照所请事》，中国第一历史档案馆编《清代军机处电报档汇编》第3册，第371页。按：所谓"照约"，论者多有误解，认为湖南巡抚岑春蓂与英、美、日本三国洋商于宣统元年（1909）签订了一份运米出境的"照约"，并报经外务部批准实施。（杨世骥：《辛亥革命前后湖南史事》，第152页；饶怀民：《长沙抢米风潮资料汇编·前言》，饶怀民、藤谷浩悦编《长沙抢米风潮资料汇编》，岳麓书社，2001，第2页）其实，此所谓"照约"云云，纯属子虚乌有。文中所谓"照约"，实乃"遵照约章"或"按照条约"之意。此"约章"或"条约"即光绪二十八年（1902）八月初四日签订的中英《续议通商行船条约》。该约第十四款规定："兹彼此应允，若在某处，无论因何事故如有饥荒之虞，中国若先于二十一日前出示禁止米谷等粮由该处出口，各商自当遵办。倘船只为专租载运谷米而来，若在奉禁期前或甫届禁期到埠尚未装完已买定之米谷者，仍可准于禁期七日内，一律装完出口。惟米谷禁期之内，应于示内声明漕米、军米不在禁列；如运出口者，须先载明数目若干。除此之外，其余他项米谷一概不准转运出口。其禁止米谷以及禁内应运之漕米、军米数目并限满驰禁各告示，均须由该省巡抚自行出示。"（王铁崖编《中外旧约章汇编》第二册，三联书店，1982，第109页）岑春蓂正是遵照此约规定，奏请禁运，奉旨允准，并发布了禁运湖南谷米出境的告示。事后，瑞澂、杨文鼎奏参岑春蓂时有云："开缺抚臣岑春蓂体察情形，知救荒恤邻，势难兼顾，遂于二月初奏蒙俞允，禁止米谷出口，按照条约，应自宣禁之日起，扣足二十一天，方能实行停运。"（《署湖广总督瑞澂暂署湖南巡抚杨文鼎会奏遵查湘省痞徒扰乱地方文武各官办理不善情形分别参办折》，《申报》宣统二年五月初一日，第2张第2版）此"按照条约"云云，不言自明矣。

② 《致岳州魏护道电》，《湘鄂米案电存》上册，第47页。

③ 《致北京外务部电》《北京外务部来电》，分见《湘鄂米案电存》上册，第48、51页。

④ 《武昌杨护制台来电》，《湘鄂米案电存》上册，第50页。

接济。兹蒸电承示，每月以十万石为率，万难遵办，务祈大加核减。”杨文鼎坚持“每月仍以十万石为率，万勿再减”。[①] 岑春蓂回电索性一口否决。他认为，此前湖南济鄂之米，由于湖北未能禁运转口，以致运出之米不可数计。现在湖南产米之地多系灾区，各地因米贵滋事，时有发生，全省人心甚为惶惑。“湘省积储空虚，固早料及，不图如此之速，然皆因尽力济鄂，受此窘迫。目下情形如是，米乏来源，自顾不暇，何能从井救人。……至采买湘米一节，此时暂难提议”。他又连电外务部陈说湘省目前艰难情形，甚至直接归咎于湖北，有谓：“现在湘省积储空虚，皆由尽力济鄂所致。”[②] 不料，外务部竟来电认为，岑春蓂暂不与鄂商议运米数目“与约不符”，要求岑氏“仍应与鄂省商定多寡数目，及早明白宣示，以免外人藉口”。而杨文鼎也已把准备发商采办湘米护照样式咨送岑春蓂。岑春蓂不得不再次申明：“目下饥荒情形自顾不遑，实与元电所商迥不相同，一时断难采办。”[③] 更有趣者，岑春蓂电告杨文鼎，湖北饥民大量涌进湖南觅食，希望其与署鄂督瑞澂筹款办赈，设法截阻。岂料杨文鼎复电竟归罪于湖南禁米出境，有谓：“刻下所尤急者，湘省禁米出境甚严，来源骤绝，不独饥民乏食，人心亦复恐慌，此则大为可虑。盖湘鄂本属一家，利害彼此相关，若湘米禁运，鄂省因粮尽滋乱，湘省岂能安枕？仍求婉劝绅民勿再阻运，救鄂即所以保湘。否则，恐饥民赴湘尚不止此数也。”[④] 其时湖南形势岌岌可危，岑春蓂已无力顾及这些了。

二是期限问题。按规定，应在告示发布二十一日之后，始能真正实行禁运。这二十一天的期限，虽有条约依据，但实际上却加速了各

---

① 《致武昌杨护制台电》《武昌杨护制台来电》，分见《湘鄂米案电存》上册，第52、53页。

② 《致武昌杨护制台电》和《致北京外务部电》（二件），均见《湘鄂米案电存》上册，第54～56页。

③ 《北京外务部来电》《致武昌杨护制台电》，分见《湘鄂米案电存》上册，第57、58页。

④ 《致武昌杨护制台电》《武昌来电》，分见《湘鄂米案电存》上册，第59、60页。

国洋商与地方官绅抢购米粮运输出境的步伐。“各米商趁此两旬之内，盈千累万，连樯下驶。本地之储积日空，各米店亦不免乘机抬价。及三月初，遂涨至八千二百文。湖南人民生活不高，何能堪此！”[①] 湘潭县饥民聚众索食，强吃排饭。攸县城乡米谷贩运几空，粮价每石八千，民情惶恐。长沙靖江饥民亦纠众滋闹。衡州有贫民捣毁砻坊十余家。永州、岳州、新化、安仁、醴陵、宁乡、临湘等属皆米缺价昂，时虞滋事。“全省人心甚为惶惑，士绅公议尚以二十八日禁运之期为太远”。[②] 其实，这期间，岑春蓂也采取了一些救荒举措。（1）清查户口，区分粜户、籴户。每团各造一花户清册，由团保会同本团绅耆分别粜户、籴户与无粜不籴各户。粜户下注某户现存谷米若干，除划出本户自留食谷不计外，尚余存谷米若干石；籴户下注某户丁口若干，以十五岁以内为小口，十五岁以外为大口，除壮丁在外或商或工或佣已得食者不计外，凡大口每日每口籴米八合，小口四合。（2）调查地方公谷，实行均粜办法。公谷系指本地方积谷、社谷、团谷、育婴谷及此次所领官仓谷。均粜办法为先平粜公谷，再由粜户认粜；先指粜团内大户，再及邻团或邻都义粜。均粜时期以二月为始，至六月底秋收为止。（3）流通本省谷米，严禁强吃排饭。本省产米各属自应流通接济，以顾灾区，但有不顾大局团绅往往借端阻遏谷米出境，而地痞棍徒则借保境为名，纠众阻截商民购运谷米赴邻邑销售，甚至肆意抢诈，以至于缺米之区商贩裹足，购买为难；又有一种不法痞徒借口富户闭粜，煽惑贫民及无知妇女成群结党，向各绅富家勒索坐食，名曰吃排饭，或恃众抑价强买，捣毁砻坊，甚至持械抄抢，任意滋扰。均饬各属随时查拿惩办。（4）调查产谷数目，切实禁运谷米出境。切实调查各属田亩产量若干，本境自食之谷约需若干，尚余若

① 《湖南省城乱事余记》，《东方杂志》第7年第5期，宣统二年五月二十五日。

② 《致武昌杨护制台电》（二件），分见《湘鄂米案电存》上册，第52、54页。

干，系运往何处销售，其产谷较少之区向赖何处接济，计需若干。通盘筹划，由各关局随时稽查，限制谷米过多运出本境，俾本境食米得以保全，不致有缺乏之虞。[①] 限期二十一天过后，岑春蓂又致电岳州、湘潭、益阳等处关卡厘局，宣布："现在已过二十八禁运之期，无论何项米谷，只能在本境流通，不准运出省外。前准护督院咨发给商人护照来湘采购，当电复湘省目下情形自顾不遑，无米可采，请将各照收回。兹闻有商人持前项护照，在省城并赴湘潭易俗河等处购运，如果有此事，不准行户出售；或已经买定，亦不许出境，饬令退价。如痞徒妄造谣言，希图藉端生事，或囤户抬价居奇，有妨本地民食，即行分别拿办。"[②] 然而，这些均为时已晚，并不能改变将颓局势。

值得注意的一点是，在湘抚岑春蓂与西方列强、清政府及湖广总、护督等方面艰难周旋的过程中，湖南绅士与谘议局均强烈要求禁运谷米出口。其时，湘绅王先谦等三十人公呈巡抚岑春蓂，恳请禁米出境。他们认为，湖南自去年惨遭水、旱、虫灾害之后，收成锐减，而湘米仍被或明或暗地运往湖北，并转运至长江下游各口，致使湖南米价腾贵，不灾之地，亦等灾荒。"现在城市米价每石已六串八九百及七串不等，山多田少之乡，每石八串有奇，有竟日携钱而无处购米者。闻近日汉口米价较廉于湘省，实从所未有。甫交春令，距秋收尚有五六个月之久，人心惶惶，情形可虑。若不未雨绸缪，赶将岳州、雷湾及毗连鄂渚各卡，无论民船、轮船一概阻其下驶，一旦晴雨愆期，青黄不接，后患何堪设想？"故呈请严禁岳州等各处关卡，不准谷米外溢。[③] 岑春蓂发布禁运告示后，因有二十一日后实施的限期，

① 《湖南巡抚部院岑札》（二件）、《湖南巡抚部院岑示》，均见《湘鄂米案电存》上册，第61~65页。

② 《致各处禁米出省电》，《湘鄂米案电存》上册，第66页。

③ 《王先谦等三十人致岑春蓂禁米出境公呈》，饶怀民、藤谷浩悦编《长沙抢米风潮资料汇编》，第5~6页。

反而加速了湘米外运，使米价急剧高昂。据湘绅王先谦等人调查统计，宣统二年（1910）二月中旬，“省城存谷不满三十万石，即颗粒不复外溢，不足两月之食”，“湘省从来米价每石恒二三千文上下，光绪三十二年水灾，亦不过四千余文。今尚未播种，价已七千以外，实为百数年所未见”。王先谦等再次急请禁米出境，有谓：“今华洋商人赶于三礼拜期内争先起运，省城存谷三十万石，早已消耗数万，现距限且十日，若不严速禁阻，省城如此空乏，省外复骤难流通，目前即有岌岌可危之势。应请大公祖飞饬各城及水陆巡警、省河厘卡，只准谷米上岸，不准下河；一面电饬岳州、澧、安、雷湾各局，凡有米船过境，一律阻留，实为保全根本未可少缓之举。”[①] 其实，湖南谘议局早在第一次常年会议决“常岳澧水灾善后案”时，就有议员提议“宜限制谷米流通”和“禁止谷米由鄂转口”。[②] 就在湘绅呈请禁运之时，湖南谘议局亦致电巡抚岑春蓂，声称：“近日连接各府州县绅士暨各属议员来函，均称各该地方盖藏极少，荒象可危。接新之日甚长，防患之策宜豫。遏籴固非仁政，乏食亦属隐忧。”又称：“现在省垣米谷空虚，据调查可信者云：合仓户米店屯［囤］积城外内，仅共有谷二十五万石，皇仓二十万石。而比较往年销数，自正月下旬起，至六月上旬新谷登场，实共需谷四十五万石。如颗粒不使外溢，尚能勉强支持。今省垣空乏已形，而各府州县濒河仓户，专顾重利，贩运四出，漫无限制，缺乏可知。各士绅所称荒歉情形，断非虚构。……如遇缓不济急之时，滋生事变，虽予惩处，元气已伤，此中消息甚微，恐有不堪设想者。高价则民食甚难，无市尤民心易乱。”乞请宣布善策，

---

① 《王先谦等十余人致岑春蓂公函》，饶怀民、藤谷浩悦编《长沙抢米风潮资料汇编》，第9页。

② 《湖南谘议局议事录》第12、27次正式会，宣统元年九月二十四日、十月十八日，第37、58页。按：湖南谘议局资料均由中国人民大学历史系牛贯杰先生提供，特此感谢。

“安人心即以消反侧，重民食即以酿休和。”① 湘绅与谘议局主张禁运谷米出口，理由冠冕堂皇，但动机颇为复杂，既有赈济乡邦饥民的由头，也有出于自身利益的考虑，甚至还有故意与湘抚岑春蓂为难的意味。尤其是旧绅士王先谦、叶德辉等，他们与岑春蓂嫌隙甚深。“岑尧师［帅］莅湘，未尝不知各绅之非，然以性多疑忌，胸无泾渭，徒有敬鬼神而远之之心，并无去稂莠而植嘉禾之力，思欲闭门卧治，一律深闭固拒。于是官绅之隔阂由此愈深，其君子皆望然而去之，其小人则以怨望而生恶意”。② 在湘米出口问题上，岑春蓂无力阻止甚至有意纵容洋商肆意贩运，均直接损害了湘绅的切身利益。据称，叶德辉夤缘得任两湖米捐局总稽查，曾仗势勒令米捐全部存入其所开德昌和钱店，常集一二十万不解。“岑抚签约允洋商购米，捐款激增，因电鄂督另行派员守提，以是势如水火”。③ 显然，岑春蓂所为严重损害了叶德辉的利益，故激化了双方的矛盾。在西方列强、清政府及湖广总、护督的多重压力下，岑春蓂要禁运湘米出口实际上是相当困难的。王先谦、叶德辉等旧绅士明知岑春蓂难以禁阻湘米出口，而一再以湘绅公呈的名义相逼，使岑春蓂颇感为难。后来，这些湘绅又以岑春蓂不能禁阻湘米出口为由，视其为肇祸元凶，使岑春蓂落到身败名裂的境地。

正是因为遭受多方面的压力，岑春蓂无法控制重灾之后湖南的局势，而处境颇为艰难。这些压力主要有四。一是西方列强的压力。主要是以长江流域为自己势力范围的英国，以不平等条约为护符，保护其商人在贩运与转运湖南米粮中谋取暴利。二是清政府的压力。清政府害怕得罪西方列强，外务部时刻提醒岑春蓂不要违背中英续议商

---

① 《致抚部院》，《湖南谘议局第一届报告书》卷5，信札类，湖南谘议局，宣统元年（1909）刊本，第12～13页。

② 熊希龄：《指责前抚岑治理不力致新任湘抚杨文鼎函》，周秋光编《熊希龄集》上册，湖南出版社，1996，第352页。

③ 杨世骥辑《长沙“抢米”风潮竹枝词》，载《辛亥革命前后湖南史事》，第177页。

约，即为明证。三是湖广总、护督的压力，无论是前鄂督陈夔龙、署督瑞澂，还是护督杨文鼎，均以自己的辖地湖北为重，每以鄂湘唇齿相依、利害与共为辞，迹近胁迫，使身为下属的岑春蓂无可如何。如果说这前三方面的压力基本是湘米禁运的阻力，已使岑春蓂难以承受，那么第四方面的压力，即来自湘绅的压力，更使岑春蓂难堪。湘绅王先谦等力主禁运谷米出口，他们以赈济乡邦饥民的名义，实际是从自己的利益出发，其真实动机颇可深究。另外，不可忽视的还有岑春蓂自己的私利。长沙民变事发后，据《申报》揭露，岑春蓂信用私人，挪用官款，囤买谷米，私运出洋。其刊载长沙来函云："岑春蓂信用私人，如丁忧道员朱祖荫及冯锡嘉，均位置于官钱局，一在湘，一驻汉，常假官钱局名号，向各商家支扯。此次又挪用官款，囤买谷米，私运出洋。"① 要化解这些错综复杂的矛盾，以一庸懦之岑春蓂，确实是难堪其任的。事实上，正是在如此诸多方面的利益纠葛中，湘抚岑春蓂虽然发布了禁运令，但尚来不及真正实施，长沙抢米风潮已骤然发生。

第二节　应变乖方

宣统二年（1910）三月初，长沙发生大规模饥民抢米风潮。对此，官府如何应对，绅士如何反应，是值得进一步深入探讨的问题。抢米风潮发生后，长沙官场一片混乱，官绅之间因利益纠葛的矛盾错综复杂，致使事态恶化而难以收拾。如其时在华日本人的观察："此次暴动因贫民要求减低米价的不足道的动机而发生，……在官方，岑巡抚与庄布政使及绅士们互相倾轧排挤，措置失当，致酿成

① 《长沙乱事近状》，《申报》宣统二年三月十九日，第1张第4版。

重大事件。”[①]

事变之初，巡抚岑春蓂应对无措。三月初三日，长沙饥民群聚于省城南门外鳌山庙警察分局，要求减价平粜，经善化县知县郭中广婉言开导，许诺平粜以翌午为期，始行散去。初四日，饥民再聚，岑春蓂连派巡警道赖承裕、长沙协副将杨明远、长沙县知县余屏垣以及郭中广出城弹压。面对群情嚣然的饥民，赖承裕转述岑春蓂之语，严厉训斥曰：“天然台百钱一碗茶，汝辈不以为昂，八十钱一升米，汝辈竟嫌太贵，岂有天理良心!”[②] 此语一出，饥民义愤填膺，痛殴赖承裕，并迅速涌向巡抚衙门。岑春蓂命牌示五日后开仓平粜，价六十钱一升，牌出即打毁；又改牌示明日平粜，五十钱一升，亦被打毁。众势汹汹，拥入头门，并打辕门，毁照壁，锯桅杆，捣石狮，哄闹不已。岑春蓂急调常备军、巡防队入署自卫，军队以空枪恐吓，反被掷石殴打。唯任其在抚署吵嚷终宵，一筹莫展。初五日，更多饥民蜂拥而入抚署大堂，肆行打毁。岑春蓂命军队开枪格杀数人。民众怒不可遏，一举焚毁巡抚衙门。随后，各处饥民蜂起，将城厢内外各碓坊碓栈之米抢劫罄空，并将警兵岗亭打毁净尽，又焚烧捣毁教堂、洋行、学堂、使署、银行、税关等与外国及新政相关的建筑物数十处。抢米风潮发展成为一场严重的外交事件。[③] 时论以为：“湘省之乱，始于粮食缺乏，米价腾贵。贫民日夕忧惶，官则从容暇

---

① 《1910 年长沙抢米风潮史料·长沙暴动始末报告书》，迟云飞译，《近代史资料》总77 号，中国社会科学出版社，1990，第 131 页。

② 杨世骥辑《长沙“抢米”风潮竹枝词》，载《辛亥革命前后湖南史事》，第 169 页。按：据《申报》记载，岑春蓂曾向布政使庄赓良云：“湘人百钱一碗之茶可饮，独百钱一升之米不能食耶?”（《湘省乱事近报》，《申报》宣统二年三月二十一日，第 1 张第 4 版）又据日本日清汽船公司上海支所给外务省的报告《长沙暴动始末报告书》记载，岑春蓂在当天清早即大加斥责长沙知县余氏和善化知县郭氏，有云：“原来米价一升百文都视为寻常而毫不足怪。此地一碗茶百文也不嫌贵，米是百姓日常所需的，反以一升百文为昂贵?”迟云飞译《1910 年长沙抢米风潮史料》，载《近代史资料》总 77 号，第 125 页。

③ 《湖南省城乱事余记》，《东方杂志》第 7 年第 5 期，宣统二年五月二十五日；《“抢米”风潮日录》，《近代史资料》总 7 号，科学出版社，1955，第 50 ~ 52 页。

豫，而不为之设法。及其聚众滋闹，势且暴动，临其上者，又不能因机善断，使有以稍慰其情，而舒散其怒气。彼滋闹之民，无食之惧积于平时，愤激之气郁极而发，而大吏于此乃徒畏惮众怒，抢攘无措，避匿不见，而无法以弭其变，故其气滋盛而乱势愈炽。焚烧衙署，蹂躏税关，教堂、学堂以［依］次被毁。殆乎警告纷出，大兵四集，则万众鼠窜，而为首之人骈首就戮，外人诘问，遂因以生出种种之交涉。”①

事变发生后，岑春蓂也曾上下沟通，左右联络，尽管可以利用电信这种近代新式通信手段传递信息，但远水难解近渴，并没有及时收到积极的效果。清廷调整湘抚人事，并于实事无补。清政府最早是从英国公使处得知长沙事变消息的。三月初五日，外务部从英国公使处得知：长沙因米案滋事，官署被围，教士房产被毁三处，拟派兵轮前往，并电请该省官吏切实保护。其时，外务部尚未接到湖南电报。因深感事态严重，遂一面与英使商阻兵轮前往，一面连电湘抚，要求认真弹压，从速解散，查拿首要，并切实保护外人，勿令再有波及。又致电鄂督，要求详查实情，妥酌办理。② 当天，湘抚岑春蓂也两次电请军机处代奏，详细报告事变起因、经过及临时应对举措，以未能先事预防，咎无可辞，请旨从重治罪，并请以藩司庄赓良护理抚篆。③ 初六日，清廷严谕岑春蓂速即解散协从，严拿首要，从重惩办，勿稍疏纵；并将岑交部议处，但不同意由庄赓良护理抚篆。④ 当时长沙电报线遭到破坏，与外界电信一度中断，致使外间谣

① 《论各省官绅宜注意湘乱》，《申报》宣统二年三月十四日，第1张第3版。

② 《外务部发湘抚电》（二件）、《外务部发鄂督电》，均见饶怀民、藤谷浩悦编《长沙抢米风潮资料汇编》，第10～12页。

③ 《电请军机处代奏稿》（二件），《湘鄂米案电存》下册，电奏稿，第1～3页。

④ 《奉旨湖南省城米价陡涨民众滋事著岑春蓂认真弹压切实保护事》《奉旨复接岑春蓂电湖南省城痞棍滋事著切实开导立即解散事》，分见中国第一历史档案馆编《清代军机处电报档汇编》第3册，第385、386页。

传四起，至有谓抚署被毁、岑春蓂身亡之说。鄂督瑞澂奏请暂令湖南臬司周儒臣护理湘抚，未获允准；又力荐湖北藩司杨文鼎赴湘。[①]初八日，清廷谕令将湘抚岑春蓂先行开缺，听候查办，命鄂藩杨文鼎暂署湖南巡抚，迅速驰往长沙，督同文武员弁严拿倡乱之徒，尽法惩治，并会同瑞澂妥速筹划一切善后事宜。[②] 杨文鼎以赴湘办事棘手，故奉谕后并不急于履任，而是电请军机处代奏，自陈才力不胜，恐有贻误，恳请收回成命，当日奉旨不允，并由军机处敦促速赴新任。杨文鼎又以湖南善后交涉各事，亟须妥员赞助，遂与瑞澂会商，于十一日奏调前署江汉关道吴肇邦、湖北候补道黄以霖、李宝［保］淦、徐之棨、候选道王得庚，随同赴湘，听候差委。十三日获清廷谕旨允准，杨文鼎始交卸湖北藩篆，起程赴任，十五日晚抵达长沙省城，十七日接印任事。[③] 这时，长沙事变早已平息，实在只能处理善后事宜了。

至于各省督抚的援助，也是缓不济急。湘抚岑春蓂曾于三月初六日致电全国各省督抚，通报长沙事变大概情形，但很有意思的是，他报喜不报忧，居然声称已办理妥当，以免谣传误会。有云："当经官兵协力弹压解散，领事、教士均已保护避开。现正赶办平粜，严拿首要。街市照常贸易，尚称安谧。"[④] 其实，长沙当时正在一片混乱状态之中，尤其是电信中断，谣言纷传，形势异常紧张。鄂督瑞澂一面电告湖南邻省四川、广东、江西、广西、贵州各督抚密协会

---

① 《鄂督致枢乞代奏电》《鄂督致枢请代奏电》，分见饶怀民、藤谷浩悦编《长沙抢米风潮资料汇编》，第23、26页。

② 《奉旨湘省饥民滋事著将岑春蓂开缺听候查办事》，中国第一历史档案馆编《清代军机处电报档汇编》第3册，第389页。

③ 《长沙饥民暴动纪》，《申报》宣统二年三月十五日，第1张第5版；《署鄂督、湘抚电》《枢发署鄂督、湘抚电》《署湘抚电》，分见饶怀民、藤谷浩悦编《长沙抢米风潮资料汇编》，第48、54、60页。

④ 《湖南巡抚岑春蓂为长沙饥民烧毁抚署教堂事致东三省等督抚电》，饶怀民、藤谷浩悦编《长沙抢米风潮资料汇编》，第18页。

防，一面调兵赴湘救援。瑞澂先是飞饬新军第八镇统制张彪选派第十五协第二十九标统带李襄邻率一营官兵，由楚豫兵轮运载赴湘，随后又加派新军一营赴湘策应，并派一营驻防岳州作为后援。两江总督张人骏也拟采取紧急军事戒备，奏请饬海军处速派大号兵轮数艘，多配炮码，防范长江一带。长江水师提督程文炳正在岳州巡视，闻信亦急派快炮师船驶往省城救援。直隶总督陈夔龙则以鄂兵调出过多，地方空虚，奏请由直隶酌拨陆军前往汉口填扎，俾资震慑。[①] 瑞澂初调鄂兵本拟由驻鄂之楚豫兵轮运载赴湘，但因该轮管带陈彭翥"种种延宕，勒令而后成行，实属畏葸无能"，遂致电海军统领沈寿堃将其撤差，另选干员前来接带。[②] 实际上，湖北所派新军于初八日始到长沙，长江水师提督程文炳的师船更是晚到，当时"省城已安谧如常"。[③] 初九日，江督张人骏电奏"湘省饥民解散，人心差定，请免派拨兵轮"，清廷俞允；初十日，清廷又以湘省"现在人心稍定，事机已缓"，谕令直督陈夔龙毋庸派拨陆军前往汉口填扎。[④] 可见，即使湖北新军已抵长沙，其实也为时已晚，至多起点威慑后来者的作用。

事实上，像长沙抢米风潮这样的突发性民变事件，虽然不免有义和团余党和萍浏醴会党余众等所谓"匪党"从中煽惑造势，但事变的主体还是广大饥民，不可能有严密的组织纪律和明确的政治宗旨，因

① 《湖广总督瑞澂为长沙饥民聚众焚署事致川督等电》《署鄂督致枢乞代奏电》《鄂督致枢乞代奏电》《江督致枢请代奏电》《长江水师提督致枢请代奏电》《直督致枢请代奏电》，分见饶怀民、藤谷浩悦编《长沙抢米风潮资料汇编》，第19、20、23、27、32、38页。

② 《鄂督致陆军部等电》，饶怀民、藤谷浩悦编《长沙抢米风潮资料汇编》，第22页。

③ 《"抢米"风潮日录》，《近代史资料》第4期（总7号），第54～55页。按：程文炳三月十一日始到长沙，参见《长江水师提督致军机处请代奏电》，饶怀民、藤谷浩悦编《长沙抢米风潮资料汇编》，第59页。

④ 《奉旨湘省饥民解散请免拨兵轮著海军处知道事》《奉旨湘省善后办理事已定著毋庸派陆军前往事》，分见中国第一历史档案馆编《清代军机处电报档汇编》第3册，第390、391页。

而一般都呈现明显的突变性特征，犹如暴风骤雨，来得快，去得也快。这样的事变发生后，要指望中央政府的宏观调控和邻省的及时援助并不现实，往往会缓不济急，而主要应该依靠地方官府与绅士的合作这一传统的社会控制机制。事变之初，鄂督瑞澂在准备向湖南派兵的同时，就曾本能地想到湖南官绅，他“电复湘抚，先将各国商、教随时切实保护，一面电嘱湘绅王先谦等竭力劝导解散，再图善后之策”。[①] 但遗憾的是，长沙抢米风潮发生时，湖南官绅积怨甚深，矛盾不可调和。

在抢米风潮发生过程中，长沙官绅龃龉，矛盾暴露无遗。对此，鄂督瑞澂早就看出端倪，有云：“此次变乱，不仅民气浮嚣，更恐官情涣散，彼此隔阂，误于因循。”又云：“此次湘省暴动，固发端于民苦米贵，事后定论，地方官固难辞咎，然非劣绅挟持于中，莠民煽惑于外，断不致酿此巨祸。”[②] 直督陈夔龙亦有同感，有谓：“遥揣目下情形，湘抚威令恐已不行，且与湘绅亦各有意见。”[③] 事实正是如此，巡抚岑春蓂既无力控制局势，又不能依靠绅士们的辅佐，和衷共济，共渡难关；相反，湘绅们肆意怂恿布政使庄赓良倾力排挤岑春蓂，终于演出一幕“署抚”闹剧。

岑春蓂庸碌无能，借父（岑毓英）、兄（岑春煊）之荫，开府湖南。“在湘数年，虽才识不甚恢闳，而居官尚称勤慎。惟平日办事，与绅不甚融洽，拒绝请托，亦间有之，绅遂积不相能。而尤为龃龉者，一为吏部主事叶德辉，一为分省补用道孔宪教，一为候选道杨巩，积怨甚深，衔之已久。”[④] 岑春蓂与湘绅多有嫌隙。相比之下，在湖南官绅界，庄赓良人缘则胜于岑春蓂，尤其是与旧绅士气味

---

① 《署鄂督致外务部电》，饶怀民、藤谷浩悦编《长沙抢米风潮资料汇编》，第 15 页。
② 《鄂督至枢请代奏电》，饶怀民、藤谷浩悦编《长沙抢米风潮资料汇编》，第 26 页。
③ 《直督至枢请代奏电》，饶怀民、藤谷浩悦编《长沙抢米风潮资料汇编》，第 37 页。
④ 《鄂督奏参湘绅挟私酿乱》，《申报》宣统二年五月初一日，第 1 张第 5 版。

颇相得。[①] 庄久官湖南，“仕湘三十余年，已长子孙，殖田宅，习与湘人士游。恶之者固多，私欲倚之为缘者亦颇有人”。[②] 岑春蓂则自以为背后有靠山，平日总是瞧不起庄赓良。庄赓良与岑春蓂“向来不洽”，[③] 嫌隙已久，甚欲乘机取而代之。

抢米风潮发生，岑春蓂应对乖方，威信扫地。“世之论者乃谓岑任疆寄，先事无弭乱之方，临事无应变之策，坐令乱事炽盛，侵及外人，其后必至交涉孔棘，赔款不赀。而肇事饥民，且以不忍饿死，遂至骈首就戮。上误军国，下殃民命。”[④] 追原事变起因，岑氏即为众矢之的。有《湘难赋》云：“西林刚愎而专职，激变南湘。”“绅商士庶，僚属同寅，腹诽口肆，归罪于岑，街谈巷议，詈岑春蓂。”[⑤] 庄赓良的机会来了。在湘绅的怂恿下，庄赓良演出了一幕“署抚”闹剧。对此，御史胡思敬当时在参劾庄赓良的奏折中有如下记叙：

当抚署被毁，岑春蓂惧甚，潜遣使请诸绅出而和解。诸绅拒

① 据王闿运日记：三月十二日，王闿运从湘潭一到长沙，即去看望庄赓良。二十三日，庄赓良来，坐良久去，“言我宜往唁岑”。二十五日，王“至岑寓送行，辞以头痛。谚云见则头痛，非佳语也，亦是实情”。访余肇康、王先谦，“均谈乱事。官绅龃龉，亦不知所由，总归数定而已”。二十七日，“岑抚辞行，有送至岳州者，亦尚非市道交。而一舁出小吴门，甚为仓皇，则太无学识，可怜笑也”。四月二十六日，与瞿鸿禨相约在超览楼饯别庄赓良。五月二十三日，“送庄藩爆竹甚盛”。（王闿运：《湘绮楼日记》第5卷，岳麓书社，1997，第3041~3053页）其间冷暖，想必岑、庄自有心知。又，《湘难杂录》收有《吊岑抚院文》（仿《吊古战场文》）、《詈岑抚去湘辞》（仿《归去来辞》体韵）、《讨革抚岑春蓂檄》（仿骆宾王《讨武氏檄》）三篇，其中《吊岑抚院文》云：“吾闻夫西林莅湘，五载于兹。刚愎用事，忍很自居。未尝学问，不事诗书。运动督缺，朝夕萦思。民生国计，一无所知。”（饶怀民、藤谷浩悦编《长沙抢米风潮资料汇编》，第306页）与此鲜明对照，另收录《赠庄赓良归阳湖叙》一文和《叶德辉和庄赓良诗》四首，其《赠庄赓良归阳湖叙》称：“阳湖庄公起家县令，至布政使，有迁擢皆于湖南，久习垂四十年，民咸归仁焉。”（饶怀民、藤谷浩悦编《长沙抢米风潮资料汇编》，第314页）其褒贬殆若天壤矣。

② 胡思敬：《劾湖南藩司庄赓良折》（宣统二年三月二十日），《退庐疏稿》卷2，南昌问影楼，1913年刻本，第23页。

③ 许恪儒整理《许宝蘅日记》第1册，第291页。

④ 《论岑春蓂不可不严予惩处》，《申报》宣统二年三月二十日，第1张第3版。

⑤ 《湘难赋》（仿《阿房宫赋》），饶怀民、藤谷浩悦编《长沙抢米风潮资料汇编》，第305页。

> 之曰：饥民憾巡抚甚，不去位，吾侪无能为也。使者曰：巡抚已自请革职，戴罪留办善后，密具疏，不日将发矣。诸绅曰：请旨缓不济急，速将关防交藩司护理，脱身自避乃可解。岑春蓂不得已出关防交庄赓良，伏匿不出，其意但欲纾目前之难，不知封疆大帅虽临死不可轻弃符节。该抚庸才，临变闒弱如此，虽褫革治罪不为过也。庄赓良先与诸绅有约，既得关防，即自称署理湖南巡抚，遍张告示，开门受贺。既而乱党解散，数日不得朝命，颇不自安。谭延闿与陈文玮密商，推在籍巡抚聂缉椝、祭酒王先谦领衔，电达湖广总督瑞澂，恳代请简用庄赓良。瑞澂微闻其谋，心恶之，置聂电不复，以臬司周儒臣请。谭、陈知事不谐，复与胡璧、龙璋四人联名，电告京官黄均隆等，嘱其私谒枢邸，请简庄署任。①

胡思敬所记大致可信，只是其素来守旧，因而对新绅士谭延闿等颇有微词，而刻意非难，相对而言便开脱了旧绅士。下面拟对胡氏所记略加疏解，其关节点大致有三：其一，岑春蓂交权乃诸绅所逼。据岑春蓂电奏自请从重治罪折称：“该痞棍等仍未退散，现传绅士会同藩司庄赓良开谕，尚能领悟。春蓂奉职无状，以致地方刁民聚众滋闹，咎无可辞，应请旨从重治罪。该司在湘多年，舆情爱戴，若令护理抚篆，当易解散。”随后又奏称：“惟布政使庄赓良会同绅士出向［面］开导弹压，该痞等虽未即散，尚无十分抗拒。该司在湘年久，素为士民信服。春蓂应变无方，自恨不能即时驱退，是以奏请从重治罪，恳敕该司署理抚篆，冀易解散。当时详察痞徒不法情形，似专与巡抚为难。春蓂上筹国计，下顾民生，不能不暂从权变，借资补救。业

① 胡思敬：《劾湖南藩司庄赓良折》（宣统二年三月二十日），《退庐疏稿》卷2，第24～25页。

已电奏请旨，即牌示托病，由该司暂代行巡抚衙门事件，将关防饬送该司，以便于晓谕告示钤用。该司见事机急迫，不能不暂为担任，示谕一出，痞等始渐退散。”① 尽管岑春蓂陈词隐晦，但其一再强调庄赓良“舆情爱戴”“素为士民信服”，正道出其在湖南官绅界遭受排挤的孤立处境及其不得已向庄交权的无奈心态。鄂督瑞澂、署湘抚杨文鼎查参折说得更明白，有谓：“其时地方官步行街衢，向众劝导解散，咸置不闻。绅士又以抚臣信用已失，迫令藩司示谕。岑春蓂见众怨萃于一人，似专与抚臣为难，遂电奏自请治罪，恳恩饬派藩司护篆；一面循绅士之请，权令藩司庄赓良以巡抚名义，署衔出示。”② 又谓：“初五日乱亟时，众遂倡言更易抚臣，推戴藩司，而孔宪教、杨巩二人持之尤力。其实并非真有爱于藩司，实欲藉此以排陷抚臣。”③ 显然，像孔宪教、杨巩这些旧绅士，他们的目的是欲排挤巡抚岑春蓂以泄私愤。在此“署抚”闹剧中，最活跃的正是这个旧绅士群体，其中尤以王先谦、叶德辉、孔宪教、杨巩为代表。据时人记载与回忆：“（其时）有号于市者曰：‘逐瘟官，迎青天。’青天者，藩司庄赓良也。先是缙绅咸匿，至是曰：‘妙着！妙着！’往迎庄，……入见岑。岑曰：‘吾方寸乱，君好为之。’是时各庙演说劝解者，以叶焕彬（叶德辉）、孔静陔（孔宪教）、王益吾（王先谦）、杨巩为最力。”④ 又云：“庄以布政使护理巡抚的时候，王、叶、杨、孔等唆使一班喽罗背着几块高脚牌分途游街，牌上写着‘众绅公议，平价伸冤，藩台担任，诸君请退’十六个大字。我于初五日下午在府正街亲眼看到这种场面。”⑤ 可见旧

① 《电请军机处代奏稿》《致北京军机处电稿》，分见《湘鄂米案电存》下册，电奏稿，第3、5～6页。按：春蓂为引者在原文空格处添加。

② 《署湖广总督瑞澂暂署湖南巡抚杨文鼎会奏遵查湘省痞徒扰乱地方文武各官办理不善情形分别参办折》（续），《申报》宣统二年五月初二日，第2张第2版。

③ 《鄂督奏参湘绅挟私酿乱》，《申报》宣统二年五月初一日，第1张第5版。

④ 尹诩苍：《蘲园笔记》，《近代史资料》总7号，第57页。

⑤ 文斌：《一九一〇年长沙饥民抗暴见闻》，饶怀民、藤谷浩悦编《长沙抢米风潮资料汇编》，第285页。

绅士在“署抚”闹剧中的推波助澜作用。

其二，庄赓良公然“署抚”三日，以遂其私欲。据《申报》转载某京报所刊湘中访函云：“初五抚署既毁，岑春蓂逃匿，庄接抚印，喜溢眉宇，属员道贺，冠履盈门，顷刻间燃爆竹念余石，抚署左右爆店为空。”[①] 又据《申报》刊载长沙访函云：“自初五日下午起，连日所出告示，均书‘署巡抚部院庄’字样，以冀俯顺舆情，不意午后而焚烧愈烈。近日市上不见岑中丞示文一字，佥谓藩司升署巡抚，果系得有电谕。迨初八日以后，庄方伯所出示谕，仍称布政使司，阖省人民多不可解。”[②] 对于庄赓良“署抚”三日的丑态，有竹枝词讥讽道：“赫赫头衔署抚庄，卌年阅历老官场。满街爆竹齐恭喜，京兆原来五日忙。”[③] 庄赓良于三月初五日在绅士的推戴下接受“抚印”，颇为得意扬扬，并开始用“署抚”的名义发布告示安民。“初五日署院庄示谕云：照得平粜业已开办，人亦尽行释放。嗣后办理此案，自必会同省城绅士秉公妥议，凡尔安分良民，均宜一体解散。各街铺户生业攸关，务于明日照常开市，共保市安。”“又牌示云：照得今日受伤毙命人民，每名发给恤银二百两；其受伤之人，每名发给医药银四十两。该亲属等即出具领结，邀同团保，分赴长沙、善化两县报名，听候查明给领。”庄赓良企图用“抚”来笼络民心，但事态并没有平息，反而愈演愈烈，于是亦转而用“剿”。“初六日署院庄示谕云：放火拆屋，即属匪类，准尔居民，格杀勿论。”[④] 庄赓良“署抚”后，以一副伪善的面孔，装作“青天”的模样，实际上，其残忍比岑春蓂有过之无不及。“大令煌煌除乱党，藩司犹议恤金钱。可怜无限民间血，博得‘青天’两字传。”“愁听西林孰杀声，南华徒步共欢迎。殷勤

---

① 《湘省乱事近报》，《申报》宣统二年三月二十一日，第1张第4版。

② 《湘省乱事近报》，《申报》宣统二年三月二十日，第1张第4版。

③ 杨世骥辑《长沙“抢米”风潮竹枝词》，载《辛亥革命前后湖南史事》，第172页。

④ 《长沙乱事蔓延近报》，《申报》宣统二年三月十七日，第1张第5版。

拥护老方伯，孰意狰狞更甚岑。”① 虽然有绅士的推戴以及巡抚岑春蓂的奏请，但清廷并没有允准庄赓良署理湖南巡抚。擅自“署抚”三日后，三月初八日，庄赓良不敢再用“署抚”名义发布示谕，而重新恢复其布政使司名号。其实，这时清廷已经谕令鄂藩杨文鼎署理湘抚。

其三，湘绅共同电鄂督、枢邸恳请以庄代岑。据鄂督瑞澂查参折称：“此次湘省之乱，三月初五日警电到鄂之初，臣即接据在籍绅士七人公电，系前国子监祭酒王先谦领衔，略言抚臣枪毙良民，致激众愤，请电奏速易妥员等语，殊为骇诧。”② 又据《申报》载：“湘绅王先谦、龙璋等致湖南同乡京官电称，湘抚调新军枪毙饥民激变，乞联名奏恳易一巡抚等语。”③ 又载：“御史黄瑞麒接湘绅王先谦、龙璋等电谓，湘抚调新军枪毙饥民激变，乞联名奏恳易一巡抚，乃于初八日上长沙民变抚臣办理不善之折。”④ 上述公电鄂督与湖南京官之“在籍绅士七人”是王先谦、孔宪教、刘钜、黄自元、谭延闿、刘国泰、龙璋。⑤ 惜乎未见原电，故不知其全文内容。三月初九日，湘绅谭延闿、胡璧、龙璋、陈文玮致电湖南京官，恳请诸公呈奏，并谒枢邸，请旨简任庄赓良署理湖南巡抚。有云：

法部黄左丞、王厅丞、曹、胡参议、郑侍讲、黄侍御、凌、

① 杨世骥辑《长沙“抢米”风潮竹枝词》，载《辛亥革命前后湖南史事》，第172页。

② 《鄂督奏参湘绅挟私酿乱》，《申报》宣统二年五月初一日，第1张第5版。

③ 《长沙饥民暴动纪》，《申报》宣统二年三月十三日，第1张第5版。

④ 《长沙乱事蔓延续报》，《申报》宣统二年三月十八日，第1张第4版。

⑤ 王先谦与胡思敬书有云：“是日有黄自元、谭延闿、刘国泰、龙璋齐集鄂绅王铭忠宅，致电鄂督，痛诋岑抚，而窃弟名首列。弟在家会客竟日，伊等并不知会。盖因岑新为弟进书，知会则恐弟不允也。弟知后即赶电鄂督，告以实不与闻，请加察核，而鄂督并不考查，遽加参劾。”（《复胡退庐侍御书》，《葵园四种·虚受堂书札》卷2，1921年重刊本，第81~82页）王先谦自订年谱有云：“查此电系初五日诸绅在鄂绅王铭忠家所发。先谦竟日在家，并未出门，官场有道员张鸿年、知县汪先昕过从叙谈，可为确证。初六日始闻致电京鄂之事。初八日始见电稿，又见御史黄瑞麒奏稿，直叙电文，冠以先谦衔名，为之惊心骇目，行坐不安。……惟见电稿后询知七人中有孔宪教、刘钜皆未在场，当即致电总督，旋又致函，将此事切实陈明，不蒙照察，竟挂弹章。”《葵园四种·王祭酒年谱》卷下，第7~8页。

> 陈签事、袁部郎及同乡诸公鉴：湘省民食昂贵，早现荒象，绅商迭请岑抚筹备，斥为张皇，阁［搁］置不理。昨饥民因乏食在南门外滋闹，并不设法平粜，遽饬警道拿办，致激众愤，群向抚署要求释放。岑既不出示开导，传齐僚属至署，并将常备军、巡防营全数调署自卫，各处教堂、学堂、租界、洋行遂无一官一兵保护，听其焚毁。及抚署被焚，皇遽无措，悬牌捏称病故，以关防交藩司，用署巡抚名衔出示安抚，饥民始渐解散。岑遂潜逃臬署，置大局于不顾。连日安辑居民，皆藩司主持。湘省人民既以岑故庄署属实，数日不奉明文，颇觉惶惑。现在伏莽甚多，各属闻省警，均有蠢动之象，若非速赐简任，必致再生他变。昨由聂中丞、王阁学等公电鄂督，恳请转奏，并由弟等分电枢府、鄂省。桑梓安危，在此一举。乞诸公合词呈奏，并谒枢邸，简庄署任，以安大局。闿、璧、璋、玮叩。佳。[1]

此电提示两点：一是聂缉椝、王先谦等于初八日共同电鄂督，二是谭延闿等还曾分电枢府、鄂省。湘绅谭延闿、龙璋等致枢府电与上述湘绅致湖南京官电内容基本相同，只是结尾明言“吁恳王爷中堂大人迅赐请旨施行”，并署“谘议局议员谭延闿、商会总理龙璋等同叩”。[2]谭延闿等致鄂省电未见。至于聂缉椝、王先谦等共同电鄂督，据署鄂督瑞澂电奏称有十六人联名，他们是聂缉椝、王先谦、朱昌琳、余肇康、黄自元、孙宪湮、曾广钧、谭延闿、左念诒、曾广江、龙璋、蒋德钧、欧阳述、杨巩、童光业、刘国泰。聂缉椝、王先谦等于初八日共同电鄂督，恳请转奏以庄代岑，署鄂督瑞澂初十日才收到，其时清廷已谕令鄂藩杨文鼎暂署湘抚，瑞澂严词申斥，有云：“地方官吏之

① 《湘省乱事近报》，《申报》宣统二年三月二十一日，第1张第4版。

② 《湖南谘议局、商务总会电》（宣统二年三月初九日），饶怀民、藤谷浩悦编《长沙抢米风潮资料汇编》，第36页。

委任无不遵守朝廷之命令，巡抚乃系疆臣，用舍尤应钦定。……该绅等竟数以藩署抚，冒昧请为电奏，纵无他意，已属迹近干预，当经正词电复，以明权限。”[①] 湖南绅权膨胀，其对官权的“干预”可谓肆无忌惮。

湘绅们不仅利用庄赓良排挤岑春蓂，而且在民变事件中直接拨弄事端，暗中起哄，唯恐天下不乱。鄂督瑞澂早就意识到“湘省民气素嚣，绅权颇重”，此次民变事件之起必有“劣绅挟持于中”，而“曾以劣绅倡和为虑”，并请旨饬令新署湘抚杨文鼎严密查办。[②] 英国驻长沙领事许立得始终认定“此次湘乱，皆绅士指使”，并据以报告英国驻华公使。英国公使也深信“湘绅中不无仇洋之人”，“湘抚及地方各官虽有应得之咎，然祸首实系湘绅”，并要挟清政府严惩这些湘绅。这使清政府也不得不相信：“此次湘乱滋事，地方官固属防护不力，然从中难免无主使鼓煽之人，外人注意湘绅，借口要求，端倪已露，总期查明实在根由，罚得其平，毋稍枉纵，方足以符事实而杜责言。”[③] 新署湘抚杨文鼎赴湘履任后，很快认识到“不宜专参官而不参绅”，而拟与鄂督瑞澂查参“挟私酿乱之绅士”。其致电瑞澂称：“此次乱民焚毁官署、学堂、洋行、教堂，访询舆论，咸谓系顽固党叶德辉、孔宪教、杨绍曾等主持其事，并有人见其从中指挥。如不澈底根究，后事必愈棘手。惟叶等党势极盛，一经逮问，难免不群情鼓噪。”[④]《申报》转载京报所刊长沙访函，披露了杨巩（绍曾）、孔宪教、叶德辉因一己私利而毁学与破坏新政，以及其与新绅士龙璋、谭

---

① 《署鄂督电》（宣统二年三月初十日），饶怀民、藤谷浩悦编《长沙抢米风潮资料汇编》，第 44 页。

② 《鄂督致枢请代奏电》《署鄂督电》，分见饶怀民、藤谷浩悦编《长沙抢米风潮资料汇编》，第 26、44 ~ 45 页。

③ 《署湘抚电》《外务部发署湘抚电》《枢发署鄂督电》，分见饶怀民、藤谷浩悦编《长沙抢米风潮资料汇编》，第 64、65、73 页。

④ 《署湘抚电》，饶怀民、藤谷浩悦编《长沙抢米风潮资料汇编》，第 76 页；《办理湘乱善后之公牍》，《申报》宣统二年四月十二日，第 1 张第 5、6 版。

延闿的矛盾。有云：“上年外省泥木工来省包办工程，本省工人曾兴大讼，控其攘夺生计。岑严批驳斥。该两行近三千人恨之入骨。去年府中学堂因修造时杨绍曾曾荐工人不用，又中路师范学堂因地皮问题曾起争端，故挟嫌甚深，主使各行毁学。其所以打毁警棚者，则由叶德辉使各堂班之龟鸨管班为之。因花捐苛刻，取缔过严，若辈无以为生，因有夙恨，故叶一言挑拨，即奋然起也。孔宪教、叶德辉二人（皆系著《翼教丛编》者，湖南人所谓三拳匪之二）、杨绍曾（浑名杨三豹子），平日皆以仇教仇学为目的物，阳附和庄藩以安饥民，阴实藉饥民以便其私。龙、谭诸绅，均素为该党所仇视，身家性命，几于莫保，故不敢出头抗争也。”① 又载长沙访函称：“湘绅孔宪教，本一寒士，见粮价陡涨，恨之已极，又不得志于岑春蓂，初一日即暗中散布焚毁学堂教堂之传单，并倡言谷米不平价，即宜出外抢劫。迨乱起之日，孔鼓掌大乐，谓：吾知有今日久矣！南门外烧教堂时，有人见孔著短衣杂乱民中放火，殊甚痛恨。又初六日火光蔽天之时，而叶绅德辉，竟在家演唱堂戏，大开绮筵。是晚南门巡街者捕得一人，身藏军器，行为甚诡，当送交善化县收押，叶竟写信往保，询之则青台班（叶所开）之戏子云。”② 可见杨巩、孔宪教、叶德辉在此民变事件中劣迹昭彰，或明目张胆起哄，或暗中主使作乱。

抢米风潮发生后，长沙官场一片混乱，官绅矛盾进一步表面化。其间既有官府内部的矛盾，即巡抚岑春蓂与布政使庄赓良的明争暗斗，又有绅士阶层与官府之间的矛盾，即绅士利用庄赓良排挤岑春蓂。在此民变事件中，绅士不但不能辅助官府，而且暗中作乱，致使官府应对乖方，无法控制事态发展。需要说明的一点是，在怂恿庄赓良“署抚”事件中，新、旧绅士共同参与，但其动机有别，不可一概

① 《湘省乱事近报》，《申报》宣统二年三月二十二日，第1张第5版。
② 《筹办湘乱善后近状》，《申报》宣统二年三月二十九日，第1张第5版。

而论。与旧绅士为泄私愤不同，新绅士主要是对湘抚岑春蓂处理民变举措不满，要求岑承担此次民变事件的主要责任。另外，新、旧绅士之间的矛盾亦不应忽视。熊希龄曾致函新抚杨文鼎，痛斥王先谦、叶德辉等“劣绅”，而力荐“正绅”谭延闿、龙璋等人。他说：“近之论者，每谓湖南绅权甚张，治理不易，然亦视所用之人何如耳。苟得其人，即收骆文忠与左文襄之效；不得其人，即有王、叶辈出，包揽词讼，贿赂公行，武断乡曲，煽惑愚民。近年以来，小人道长而君子道消，黠者挟其文章学术欺世盗名，愚者蝇营蚁附以助其恶。于是向之所谓绅权者，遂尽归诸小人之掌握、把持、垄断，官民皆受其害。而不知者遂以湖南之绅权为诟病，乃不探其根源之所在也。……夫吏治固在得人矣，而有所以补吏治之不及者，则惟引用正绅。查省城中在籍各绅，如朱绅昌琳、蒋绅德钧、谭绅延闿、龙绅璋、汤绅鲁璠，皆公正明达，众望素孚，足以仰赞鸿猷。”[①] 可见，新、旧绅士的阵线是很分明的。

第三节　善后失策

长沙抢米风潮发生后，清政府的善后措施主要有三：一是赈济饥民，二是对外赔款，三是查办湖南官绅。这些举措，多为不得已而为之，引起了湖南绅民普遍的不满，使官绅矛盾进一步激化，社会控制机制的基础发生动摇。

其一，赈济饥民，官府四处张罗，绅士并不积极配合。长沙抢米风潮之起，直接原因是米粮缺乏，米价腾贵。事变发生后，官府首先采取的应急举措就是抑制米价，设厂平粜，每升定价四十文。湘藩庄

① 熊希龄：《指责前抚岑治理不力致新任湘抚杨文鼎函》，周秋光编《熊希龄集》上册，第 351 ~ 352 页。

赓良发布告示称："设局分路平粜，以便贫民买食，每升售钱四十，均照定章卖给。各处碓坊谷米，仍各照常贸易，按照市价出售，不与平粜一律。严禁抬价居奇，切勿垄断图利。平粜平卖两层，彼此分别明晰，界限各自划清，不准藉口争执。如违定即查究，其各一体知悉。"① 同时，因长沙严重缺米，巡抚岑春蓂连电四川、江西、河南督抚，拟从上述各省购米各十万石；并致电两广总督就近酌购暹罗米若干，以资接济。② 杨文鼎受命署理湘抚后，也多方筹款办理赈济等善后事宜。他标榜"以赈济饥黎、抚慰良善、赈粜兼办为先务之急"，与鄂督瑞澂奏请饬度支部酌拨银五十万两，并拟向汉口各银行及湖北官钱局分别息借银三十万两，以济急需。清廷允准度支部议复"拟由江汉关税项下提银十万两，土药统税项下提银二十万两，共三十万，拨付该省应用"。据汉口访函云："现土药统税督办柯大臣，已于十七日将此款批解到鄂，当由瑞制军如数汇湘；汉道齐观察亦遵拨十万现银，由轮运湘。至息借之款，系在交通、汇丰两银行，挪借银二十五万，长年七厘息；官钱局则只借银五万。有此巨款，谅杨中丞不至棘手矣。"③ 旅奉湘人由熊希龄领衔电请湖南谘议局速开临时会，要求官府筹集巨款，以救灾黎；并电请鄂督瑞澂奏请将度支部练兵款加价及江南新政加价盐款，概行截留，以充赈款。又电请粤督及滇、桂两藩速将赈款汇湘；并电请邮传部右侍郎盛宣怀将甘肃所余赈款二十五万，电拨汇湘。④ 据《申报》刊载北京访函云，度支部尚书载泽与政务处王大臣，会议湘省善后办法及赈济章程，均以国库款项不足为

---

① 《湘乱善后之近报》，《申报》宣统二年三月二十三日，第1张第5版。

② 《湘省乱事近报》，《申报》宣统二年三月二十日，第1张第5版。

③ 《署鄂督、湘抚电》《枢发署鄂督、湘抚电》，分见饶怀民、藤谷浩悦编《长沙抢米风潮资料汇编》第49、54页；《湘乱善后近事纪》，《申报》宣统二年三月二十八日，第1张第4、5版。

④ 《筹办湘乱善后近状》，《申报》宣统二年三月二十五日，第1张第5版。

虑，而议定由各富庶省份筹款接济。[①] 清廷也发布谕旨，要求沿江各省督抚联合绅商，筹款购米平粜，有云："近来沿江各省年岁歉收，米价腾贵，饥民艰于得食，以致人心浮动，伏莽潜滋。朝廷宵旰忧劳，总以先平米价为思患预防之计。而邻近产米各处率多禁止出境，自保乡闾，恐无救济之余力。目前办法，亟应联合绅商，协筹款项，采办米粮，或迅购大宗洋米，设局平粜，以定人心而弭隐患。如何通盘筹画，分别缓急，妥定办法之处，著张人骏、瑞澂、增韫、朱家宝、杨文鼎，迅即会同商榷，详晰电奏，以慰廑念。"[②] 值得注意的是，虽然各级政府多有筹措，清廷甚至明确要求督抚"联合绅商"，但实际上地方绅士反应并不积极。这与湘绅自身的利益直接相关。如前所述，早在湘抚岑春蓂与鄂督商议禁运湖南谷米出口时，湘绅王先谦等即以赈济乡邦饥民的名义强烈要求禁运，看似有力地支持了岑春蓂，实际上其真实动机是为了维护自己的切身利益。年初二月间荒象初现时，"官绅会议平粜，初欲由官筹款，交绅经办；后以公款窘迫，始议劝募绅捐，先办义粜。闻该绅王先谦首先梗议，事遂迁延"。[③] 官绅之间利益冲突显见。抢米风潮发生后，湘绅首领王先谦、叶德辉"积谷满仓"，民间到处则"哀鸿遍野有谁嗟"。[④] 据说长沙豪绅囤积居奇者以叶德辉为首，仅他一家存谷就有一万多石；其次为杨巩，有七八千石；王先谦、孔宪教等人也都有大量存粮；一般米商也存粮不少。"因官绅不睦，此推彼诿，真所谓'道士斗法，病人吃亏'了"。[⑤] 官绅因私利而矛盾激化，绅富囤积居奇，官府平粜赈饥之举自

---

① 《筹办湘乱善后近状》，《申报》宣统二年三月二十九日，第1张第5版。

② 《奉旨沿江各省米价腾贵著张人骏等会同商办事》，中国第一历史档案馆编《清代军机处电报档汇编》第3册，第396～397页。

③ 《鄂督奏参湘绅挟私酿乱》，《申报》宣统二年五月初一日，第1张第5版。

④ 杨世骥辑《长沙"抢米"风潮竹枝词》，载《辛亥革命前后湖南史事》，第176页。

⑤ 文斌：《一九一〇年长沙饥民抗暴见闻》，饶怀民、藤谷浩悦编《长沙抢米风潮资料汇编》，第283～284页。按：叶德辉自称其兄弟四房囤积租谷万石。参见《叶德辉和庄赓良诗》，《近代史资料》总7号，第49页。

然难有作为。据王闿运当时日记称：“乡人请我平粜，无谷应之。”[①] 王氏有否积谷待考，其如此说法显然是一种并不积极的心态。

其二，对外赔款问题，引起了绅民普遍不满。长沙抢米风潮波及外国领事馆及洋行、教堂，尤以英国、日本为剧，中外交涉势所必然。如《申报》所谓：“此次湘省之变，其办理善后事宜最为棘手者，即各国教堂、商店之损失赔偿也。”[②] 从晚清中外交涉成例来看，其结果确实难免赔款。事实上，清政府早就意识到了这一点。事变之初，清外务部最早从英国驻华公使得知消息，随即连电湘抚，询问“该教堂被毁系何情形？教士命产有无伤损？”等问题，并要求“切实保护外人”。[③] 随后，外务部又连电驻比公使杨枢、驻美公使张荫棠、驻俄公使萨荫图、驻日公使胡惟德等，为“西报谬称仇洋”辟谣，宣称“洋人均经保护避开无恙”，并称清廷已谕令鄂督、湘抚“加意保护各国官、商、教士”。[④] 同时，外务部还致电鄂督瑞澂，要求派员详查各国损失数目，有云：“现湘省地方已定，所有各国被毁之教堂、房、店亟应分别查明，希即速派妥员详细勘查，务饬将各该房产损失数目从实开出，并会商各领跟同查验，以备早日妥商议结。”[⑤] 中外交涉事起，赔款在所难免。问题是赔款应该由谁来承担，是由度支部拨款，还是由肇祸之湖南官吏赔偿，各界议论纷纭。据《申报》刊载京师访函云：“英、日两国领事正与鄂督开赔款谈判，闻鄂督已电致枢府云：

---

① 王闿运：《湘绮楼日记》第5卷，第3052页。

② 《论今日变乱之源及其补救之方（再续）》，《申报》宣统二年四月初一日，第1张第3版。

③ 《外务部发湘抚电》（二件），分见饶怀民、藤谷浩悦编《长沙抢米风潮资料汇编》，第10、11页。

④ 《外务部发驻比杨大臣电》《外务部致张荫棠、萨荫图、胡惟德转各使馆湘省饥民滋事并非仇洋已换？抚臣筹办电》，分见饶怀民、藤谷浩悦编《长沙抢米风潮资料汇编》，第25、31页。

⑤ 《外务部致鄂督瑞澂希派员详查湖南各国教堂商民损失数目并妥结电》，饶怀民、藤谷浩悦编《长沙抢米风潮资料汇编》，第41～42页。

英、日两国索赔款甚巨，然共偿三百万两，似有允意，乞如数由度部拨付。闻枢府尚无正式之回复。”① 据说外务部会议决定：“所有应赔湘乱英、日两国之款，仍请度支部预先筹备，俟该两国查明损失确数复京后，本部再向度支部咨商拨款办法。”② 度支部尚书载泽早曾申明“此项赔款不得由部担任，应责成湘抚自行筹画”，已由枢府电饬鄂督、湘抚遵照办理。在得知外务部有预备款项之说，载泽又向枢府声明意见：“部款支绌，不暇他顾。此次赔款，若由部中担任，各省必任意废弛，有所恃而不恐。况湘乱系由该省大吏不善抚恤酿成，与部毫无干涉。且部中即使出而担认，无非责令各省摊认，不特无济于事，且贻笑外人。不若责成湘省大吏自行筹画，较为正当。政府皆韪其言。”旅奉湘人熊希龄等致电帝国报及各同乡京官，表示：“此次系官逼民变，如有赔款，应照上海公堂例，概令官赔。湘中元气大伤，饥馑余生，决不能再加负担，承认分文。”③ 他们还致电湖南谘议局，提议将来赔款应由巡抚岑春蓂等分别摊出；并请谘议局查照章程，据实将岑春蓂罪状控诸枢府。④ 湖南谘议局临时会议决案认为，湘省不可担任赔款之理由有四：（1）湖南乏米由于救灾恤邻，此次灾变实代鄂省受祸；（2）湖南灾情今岁早已上闻，此次乱源实官吏泄沓所酿成；（3）长官临难逃匿，放弃职权，政令无所适从，公私因而受累；（4）官吏保护有名无实，遂致波及外产，无异纵匪以殃民。湘省不能担任赔款之事实有二：（1）现筹赈款无着；（2）善后事宜甚繁。具体赔款办法有二：“一则以为宜照光绪二十二年总理衙门奏定成案，由肇祸官吏分赔；一则以为政府勤恤民隐，必能设法筹拨，无累湘人。”⑤

① 《湘省乱事近报》，《申报》宣统二年三月二十二日，第1张第5版。

② 《湘乱善后近事纪》，《申报》宣统二年三月二十八日，第1张第4版。

③ 《湘省官吏难免担负赔款》，《申报》宣统二年四月初一日，第1张第5版。

④ 《湘乱善后近事记》，《申报》宣统二年四月初四日，第1张后幅第2版。

⑤ 《呈报灾变损失湘省不任赔偿文》（宣统二年五月二十七日），《湖南谘议局第一届报告书》卷3，公文类，第232～235页。

《申报》亦以赔款应由岑抚承担为宜，而不应使国家受害。有谓：“以事理言之，所有赔款，当举以责岑，国家不应受其害也。”[①] 尤其对于由度支部拨付赔款之说颇不以为然。其敬告度支部的社论有云：“部款支绌，而湘省官吏乃以不恤民命，激成巨变，致有此款，使不责令赔偿，非所以昭公道也。”部款乃百姓之脂膏，“举民之脂膏以与之，其何以对我民？振兴蒙藏，筹办海军，与其他行政上之事实，皆需部款接济。方患无法措置，欲举不能，而疆吏贻患，则以事关交涉，不得已而与之。漏卮愈启，则兴举要政愈难。其与图强之策刺谬甚矣。以情言，以理言，以势言，以法律言，皆必当令激成其事者赔偿，不当由部拨给也”。[②] 湖南绅民与民间舆论普遍反对由部拨赔款，而主张由肇事祸首湘抚岑春蓂等承担。后来，署鄂督瑞澂、湘抚杨文鼎经派员切实调查，估计赔款需一百余万两，奏请由大清银行暂借一百二十万两，由湖南分三年本息归还。经过与英、美、法、德、日本、挪威六国交涉，共议给六国赔款银八十余万两。[③]

其三，查办湖南官绅，重新调整官绅关系，激化了新的官绅矛盾。清廷派鄂藩杨文鼎署理湖南巡抚，并谕令其与鄂督瑞澂查办湘案。瑞澂与杨文鼎奏参湖南肇事官绅，清廷将巡抚岑春蓂与布政使庄赓良等革职，并相应地处罚了旧绅士王先谦、叶德辉、孔宪教、杨巩。这些举措均引起了湖南绅民的强烈反应。首先，清廷派杨文鼎抚湘，遭到湘绅反对。杨文鼎护理鄂督时，曾与湘抚岑春蓂反复商议湘米出口与禁运事宜，可谓与长沙抢米风潮直接相关。解铃还须系铃人，据说杨文鼎接替岑春蓂署理湘抚正缘有此经历。“杨文鼎升署湘抚之原因，实由某邸保奏。盖此次湘省酿祸，实由米价腾

---

① 《论岑春蓂不可不严予惩处》，《申报》宣统二年三月二十日，第1张第4版。

② 《为湘省赔款敬告度支部》，《申报》宣统二年三月二十三日，第1张第3版。

③ 《鄂督、湘抚电》《枢发鄂督、湘抚电》《鄂督、湘抚致枢请代奏电》，分见饶怀民、藤谷浩悦编《长沙抢米风潮资料汇编》，第99、100、115～116页。

贵而起。米贵缘由，实因岑抚徇杨护督乞籴之请，湘米出境过多，遂至米价骤增，酿成大祸。故特命杨署理湘抚，责以料理此事。”[①] 杨文鼎受命后，湘中绅民公电鄂督瑞澂，请代奏收回成命，认为“杨文鼎与湘人毫无感情，现擢署湘抚，恐难慑服”。遭到瑞澂申斥。[②] 杨文鼎赴湘履任后，有人通报湖南京官，表示：“湘人对于署抚杨文鼎极不满意，现拟电请政府另简贤员。”[③] 尽管如此，其结果还是不了了之，杨文鼎履新如故。后来，杨文鼎终因与湘绅叶德辉、王先谦等嫌隙难弥，不得不谋求与陕西巡抚余诚格互调而离开湖南。[④]

其次，对于岑春蓂与庄赓良的革职处分，湖南绅民颇不满意，以其“曲护”官场。湖南谘议局议长谭延闿等致电军机处，有云：“湘乱由官酿成，久在洞鉴。事前湘绅屡请阻禁、备赈，有案可查。岑抚始则偏执成见，玩忽迁延；临事畏葸无能，但思卸责。巡抚为一省政权所出，贻误至此，咎何可辞？鄂督分罪士绅，为岑抚曲脱，殊失情理之平。业经奉旨，本不应冒昧渎陈。惟谘议局为代表舆论机关，事实昭然，不敢缄默。应如何请旨复查，以服人心而昭公道之处，伏乞钧裁。”[⑤] 长沙人民因巡抚岑春蓂仅行革职，“尚未满意，颇有暗杀之谣”。[⑥] 时论亦以清廷仅给予岑春蓂与庄赓良以开缺交部议革职的处分为“罚不当罪”。《申报》历数岑、庄罪状，力主坚予严惩。其针对有关处分的明发上谕的社论有云：“然于激变酿祸之岑抚、挟嫌倾害之庄藩，而均以开缺部议处之，则尚不得谓罚当其罪。”岑春蓂罪大

---

① 《长沙饥民暴动纪》，《申报》宣统二年三月十五日，第1张第5版。

② 《湘人不愿杨文鼎暂理抚篆》，《申报》宣统二年三月十七日，第1张第4版。

③ 《筹办湘乱善后近状》，《申报》宣统二年三月二十九日，第1张第5版。

④ 叶德辉：《郎园六十自叙》，中国社会科学院近代史研究所图书馆藏民国铅印本，第7页。

⑤ 《湖南谘议局议长谭延闿等致枢电》，饶怀民、藤谷浩悦编《长沙抢米风潮资料汇编》，第82～83页。

⑥ 《湘省乱事余闻》，《申报》宣统二年四月初一日，第1张第5版。

恶极。“岑抚在湘四年，四境之灾况，民情之困苦，当已烛照而数计矣。乃当米价日昂民不聊生之时，绅士函致岑抚请办平粜，岑概置之不复。不曰荒象乃悬揣之词，米贵实居奇所致；即曰湘人百钱一碗之茶可饮，独百钱一升之米不能食耶。此其昏聩糊涂、玩视民瘼之情形，已不足胜巡抚之任。迨乎事起肘腋，既不设法平粜，复不出示开导。抚署被焚，仓皇无措，乃潜逃臬署，捏报病故，以为藏身之计，而置湘省大局于不顾。……律以青麐、何桂清成例，虽当乱氛方炽之时，势不能即日正法，专惩一巡抚，以长凶顽之焰，亦惟有革职拿问，方足以昭事理之平，而寒疆臣之胆。”庄赓良则有过之无不及。“若夫庄藩之行事，则尤荒谬绝伦者矣。谓其与岑抚不协也，则宜告退以避其位；谓其以岑抚所为为不然耶，身为一省之次官，自足以直揭抚臣之失告之于朝，以明一己之不为唯唯阿阿者。否则，即欲谋抚院之位置，则天下之巡抚不止湖南一省，果何在不可以供吾之运动者，朝辇金于都门，夕交布政司印而莅新矣。而乃利抚臣之昏庸乖谬，以结顽劣之绅士，煦煦孑孑，阳以博小民之欢心，实阴以谋劣绅之推戴，借为推陷抚臣之地。以故此次之民变，有识者略迹论心，以岑抚之罪恶尚在次等，而庄藩之狡黠实有不可以曲恕者。……而徒沾沾于谋湘抚之一署，不俟朝命，私相授受，即公然以署巡抚名义出示镇乱，藉劣绅之推戴以邀乱众之欢迎。揆其挟机陷人之罪，即律以目无朝廷，从重惩办，而革职，而拿问，以为各行省方面大吏戒。”总之，应将岑春蓂与庄赓良严惩不贷。“此次湘省民变，虽由于米价昂贵，要求平粜，而莠民痞棍从中煽惑，而顽固绅士挟私贻害，以致酿成大乱。然非岑抚之昏庸乖谬，不足以酿湘民之祸；非庄藩之利用岑抚，笼络劣绅，藉图推戴，以为窃位而代之计，亦何至以会垣重地，因要求平粜，而酿成凌辱长官焚毁抢劫之巨变。……记者于此更敢以一言而敬告我政府曰：非重惩岑抚，不足以平湘民之愤，而服湘吏之气；非严办湘藩，尤不足以弭湘省之患，而服湘抚之心。”①

再次，至于对王先谦、叶德辉等的处分，这更使湘绅极为不满。鄂督瑞澂奏参湘绅挟私酿乱，有谓：

> 查本年二月间，官绅会议平粜，初欲由官筹款，交绅经办；后以公款窘迫，始议劝募绅捐，先办义粜。闻该绅王先谦首先梗议，事遂迁延。初五日乱民焚署，军队开枪，该绅犹归咎岑春蓂，指为激变。乱民恃有袒护，势益鸱张，公电请易抚臣，亦系该绅领衔，殊属不知大体。闻该绅在籍，平日包揽词讼，好利忘义，声名狼藉，道路皆知。孔宪教素行不谨，乡评极劣，造言生事，颠倒是非，承办学务，玩视教育，素与王先谦、叶德辉、杨巩等互相党援，力排异己。其子颇与下流为伍，此次事变，甚有谓其子在附和之列者，虽事无证据，足见平日不能约束。相应请旨将王先谦、孔宪教二员，交部从严议处，用示惩儆。叶德辉性情狂妄，武断乡曲，包庇倡优，行同无赖，当米贵时，家中积谷万余石，不肯减价出售，致为乡里所侧目，实属为富不仁，猥鄙无耻。杨巩本系被议人员，朦捐候选道，品行卑下，为正绅所不齿，专营私利，广置房产，泥木两项工匠，类多听其指挥，此次扰乱，工匠居多，虽无指使确据，然颇贻人口实。以上二员，均拟请即行革职，交地方官严加管束，如再妄为滋事，即行从重治罪。②

据说在廷臣会议处理办法时，“某枢臣拟为王绅开脱，监国谕此次湘乱半由湘绅酿成，不可轻纵”。③结果，清廷谕令王先谦、孔宪教照部

① 《读十九日上谕感言》，《申报》宣统二年四月二十一日，第1张第4版。
② 《鄂督奏参湘绅挟私酿乱》，《申报》宣统二年五月初一日，第1张第5版。
③ 《专电·电五》，《申报》宣统二年四月二十一日，第1张第4版。

议降五级调用，叶德辉、杨巩即行革职，交地方官严加管束。[①] 王先谦牢骚满腹，曾致书三十年故交缪荃孙极力剖白，自称“无端受累”“代人受过”。有云：“湘中三月初五之变，先谦杜门未出，众绅电鄂电京，皆以贱名首列，又不审量轻重，直云请旨易人。向后函电申辨，瑞督皆置不理。劝办绅捐，并无其事，亦可风闻入告，傅致人罪。归里廿余年，未尝一与讼事，近数岁谢绝应酬，地方州县官不通拜谒，而得包揽词讼题品，此皆命宫磨蝎所致，何敢尤人。奂彬兄诸事大意，笔墨烟云，未必为先谦道其实也。岑抚交印藩司，权宜弭变，三次电奏，皆可复按，而以为他人推戴排陷，则尤在情理外矣。”并称瑞澂参折“全属子虚，或者有人说话，交查多在南洋”，请缪荃孙面晤南洋大臣江督张人骏时代为疏通，“将先谦居乡安静，宅心公正，推奖数语，庶几借以增重”。[②] 王先谦又以“被此奇冤，情难甘忍”，遂拟呈稿，遣人上控都察院，对于瑞澂奏参各节一一辩驳：关于“首先梗议”绅捐义粜事，王先谦认为事实上是自己与湘绅曾议办义粜，但岑春蓂并未允准，也未曾劝捐办粜，“岑春蓂若无劝办义粜之事，先谦自非首先梗议之人”。关于领衔电请更易抚臣事，王先谦举证当时竟日在家会客，并未出门，有道员陈鸿年、知县汪先昕过从叙谈为证，事先未曾与闻，事后又致函电于鄂督瑞澂切实陈明，未蒙照察。关于在籍包揽词讼事，王先谦自称辞官归里二十余年，未尝一预讼事，且素性不乐应酬，几与官场隔绝，既不出入衙门，从何包揽词讼。不知何故，呈稿并未递上。随后，又有同乡京官邮传部参议胡祖荫等多人具呈都察院，为湘绅被参冤抑恳请昭雪，有云：“王先谦归田廿载，闭户著书，学说力主纯正，官事从不干预。此次之变，该员逆睹荒象，曾于正月间联名呈请抚臣筹办采买，乱后复倡募公私捐

① 金毓黻：《宣统政纪》卷22，辽海书社，1934，第16页。

② 详见王先谦致缪荃孙函（六十一至六十三），《艺风堂友朋书札》（《中华文史论丛增刊》）上册，上海古籍出版社，1980，第40～43页。

款赈恤，适与原参梗议义粜相反。至初五日电请易人，该员于初八日始知，随即函电京鄂申辨，皆有证据。……此次无端被议，士林尤为惜之。至孔宪教平日与叶德辉亦以讲明学术自任，惟赋性刚激，难免不因此招怨。上月变起之后，与杨巩均由抚臣帖请到署，是日随同藩臬步行劝谕开市。洎抚臣牌示庄赓良署理巡抚，权宜弭变，该员早经出署，谓为推戴排陷，亦似无凭。”后又有大学堂监督刘廷琛奏陈王先谦冤抑，并参劾瑞澂，皆不报。[①] 叶德辉则以其贯有的谐谑之笔，致书友人诉说冤情，有谓：“湘祸之奇，千古未有。事乱之际，葵园老人与辉闭门不敢出外，诸绅慌乱，以一省无主，窃名电请易抚（并未窃辉名），一概不知。孔、杨（孔乙酉同年，杨无聊人）随同乡庄心老方伯，步行解散乱民，有功不赏，乃遭此祸，犹有是非颠倒之迹。至于辉以租谷未售，而获咎被连，竟不可解。且人人皆知辉兄弟四房，租谷不能由辉主持出售；况即尽售，区区之谷，不足省城三日之粮，而必加以罪名，是殆气运所致。葵园老人与辉七八年来一意刻书，不理外事，无聊湘绅，窃名言事，年年有之，呈明窃名，当道不信，且谓不关紧要，卒有今日之事，是可哀已。”又云：“辉于庆元党禁之事，始终本末，考之极详，故于今日身历之境，处之泰然。平生语言谐谑，自是招祸之由，而一生养生之妙诀亦全恃乎此。葵园老人、静皆同年，事前不免失之惶急，事后不免失之牢骚（葵园却得），徒为他人开味之物料，不如辉之顽皮，所谓煮不烂也。有书告黄伯雨同年（已奏调来湘署提学使），言此次党锢，在人为拔去眼中钉，在我为割断是非根，了却一重公案。”又云：“湘祸始末，各处朋友皆有书来讯，但以辉自租自售，被论为冤，不知与岑抚不和，及与杨巩互相党援，二者尤为不实。岑抚之所忌，固自有人，而无恶于我辈，事后辉有书抵之。因问讯者多，故以活字排印，便于示本省人，寄远方

① 以上参见王先谦《葵园四种·王祭酒年谱》卷下，第6~11页。

朋友，得者一览而知事之架诬，但求无愧我心，何必上书诉冤也。”[①] 孔宪教也曾写有“辨诬”信，并到处散发。[②] 王先谦、叶德辉、孔宪教等当事诸绅反应强烈，四处诉冤，并不足怪。

最后，对于清廷处置肇祸官绅，湖南其他新、旧绅士则反应不一。早在事变之初，旧绅王闿运即有归咎议员之怪论，并以嬉笑怒骂之词，攻击新绅士代表谘议局议员，认为“市民作乱即议员作乱”，“惟治谘议员之罪而已”。[③] 清廷处分王先谦、孔宪教、叶德辉、杨巩四绅后，旧绅士更是不满。黄自元自认湘绅分电鄂督及军机处恳请更易巡抚之电稿乃其一人拟定，“又以湘绅中惟王先谦年辈品秩较为尊崇，即用王先谦领衔，其实王先谦并未在场，发电后始行知照”。黄自元据情呈请新抚杨文鼎专折入奏，愿以一人身受其祸，并请为王先谦昭雪。[④] 据《申报》报道，长沙绅学两界亦大为不服，欲为王先谦、孔宪教二人诉冤，即日遍发传单，邀集两界全体择日齐集学宫，开明伦堂会议，共谋挽救之策。[⑤] 其实，这不过是旧绅士虚张声势而已，其传单“末行不署发起人姓名，只书阖邑士绅启。届时到者不过十余人，无一显者。说者谓非系孔氏之运动力，即平日受孔氏之保护者，并非全体认可可知也”。[⑥] 至于新绅士以及旅奉湘人熊希龄等则以鄂督湘抚参办酿乱各官绅，足彰公道，特意致电道谢：“湘省酿祸官绅，蒙帅为民除害，纠参惩处，奉旨俞允，福我桑梓，如同再造，远方逖听，感戴莫名，谨电谢。”[⑦] 值得注意的是，作为新绅士代表的湖

---

① 详见叶德辉致缪荃孙函（十三至十五），《艺风堂友朋书札》（《中华文史论丛增刊》）下册，第542～544页。

② 王先谦致缪荃孙函（六十三）末尾有云：“乡人印岑与官绅来往各函、孔静皆辨诬一件，附呈。”参见《艺风堂友朋书札》（《中华文史论丛增刊》）上册，第43页。

③ 《王壬秋说帖之奇辟》，《申报》宣统二年四月初八日，第1张第4版。

④ 《黄自元愿以一人受祸》，《申报》宣统二年五月二十日，第1张后幅第2版。

⑤ 《长沙绅学界开会为王孔诉冤》，《申报》宣统二年五月初七日，第1张第4版。

⑥ 《湘绅为王孔讼冤续闻》，《申报》宣统二年五月初十日，第1张后幅第2版。

⑦ 《湘省绅士薰莸异器》，《申报》宣统二年五月初三日，第1张第5版。

南谘议局议长谭延闿等，亦有电致军机处，谓鄂督分罪士绅，为岑抚曲脱，请旨再行查办，遭到清廷谕旨的严词申饬。有谓："谘议局权限载在章程，不容逾越，乃于朝廷处分官绅、督臣查办奏案，亦欲藉端干预，希图翻异，措词谬妄，殊属不安本分。著传旨严行申饬，并著该署抚随时查察。该局议长谭延闿等，如借谘议局之名，于不应与闻之地方公事，藉词抗阻，即著从严参撤。"① 据《申报》披露，清廷由军机处发廷寄着署湘抚严词申饬湖南谘议局议长谭延闿等，实事出有因，乃署湘抚杨文鼎参劾所致。"此事因署湘抚杨文鼎，日前有电到政务处，谓湘省谘议局议长谭延闿，干预地方公事，侵夺官权等语，故廷寄即为此而发。"② 熊希龄也对谭延闿等公电枢府请旨复查之举，表示不胜诧异和不可理解，建议应与官府合作，重建社会秩序。有云："谘议局对于目前行政长官，应以和平公诚为宗旨，官与绅均须同心同德，以调剂于无形，而后可恢复从前之秩序。"③ 随后，谭延闿等再次致电军机处辩争，申明并非为诸绅诉冤，而是为了维护谘议局代表民意的权限。有谓："谘议局为代表舆论机关，举凡乡曲公评，不得不据情上达，以符其代表舆论之本旨。前次湘省乱事，经鄂督奏奉谕旨，请将王、孔、叶、杨诸绅分别参处一案，一时舆论哗然，大有共抱不平之意。谘议局见此情形，遂即据情电请军机处代奏复查，以安人心而彰公道，并非为诸绅诉冤。乃奉传旨申饬，谓为逾越章程。伏思中国自预备立宪以来，屡奉明诏，及读馆章，均有'庶政公诸舆论'等语。夫所谓庶政，自系指凡百政事而言；所谓舆论，自系指人民公论而言。不识其中有何限制，何者始可公诸舆论，何者始可由谘议局代表。想系另有新章，已将庶政、舆论字样修改。应请即以

---

① 《奉旨湖南谘议局于处分官绅藉端干预著即传旨严饬事》，中国第一历史档案馆编《清代军机处电报档汇编》第3册，第412页。

② 《湘抚不容议长干预地方公事》，《申报》宣统二年五月初五日，第1张第4版。

③ 熊希龄：《要求省谘议局注重地方治理致谭延闿函》，周秋光编《熊希龄集》上册，第355页。

新章寄示，庶此后有所遵循，不致再行逾越，并免劳诸大老之传旨申饬，各督抚之随时查察，从严参撤。”① 谭延闿等从预备立宪口号“庶政公诸舆论”的角度立论，表明新绅士已经超越了意在辅佐官治的传统绅权，而旨在追求更高层次的近代民主宪政权力。

其实，严惩长沙抢米风潮中肇事的旧绅士，是清政府有意抑制湖南绅权的举措。事后鄂督瑞澂进京蒙清廷召见，摄政王“谕询湘省乱事善后要事，瑞督奏湘事因绅权太重所致，已择尤惩戒，稍有起色”。② 据时人观察：“此次瑞制军查办，有意借此摧抑绅权也。”③ 湖南自湘军兴起后，绅权益盛，如胡思敬参庄赓良折所云：“湖南自咸同军兴以后，绅权大张，虽举贡诸生皆得奋其口舌，与地方长吏为难。此天下人皆知之，非臣一人之私言也。”④ 又如鄂督参湘绅所云：“湘省自咸同军兴以来，地方官筹办各事，藉绅力以为辅助。始则官与绅固能和衷共济，继则官于绅遂多遇事优容，驯至积习成弊，绅亦忘其分际，动辄挟持。民间熟视官绅之间，如此侵越，亦遂借端聚众，肆其要求。于是哄堂围署，时有所闻，而礼法乃荡然无存矣。”⑤ 清廷此举严重挫伤了湘绅的势力，旧绅士首领王先谦、叶德辉对官府怨恨尤深。官绅关系破裂，传统社会控制机制的基础发生动摇。有人认为，长沙抢米风潮的结果是官、绅、民三输。⑥ 其实，最大的输家是清政府。

第四节　余论：利益纠葛与机制失灵及其后果

长沙抢米风潮是清末典型的民变事件。通过具体剖析这一个案中

---

① 《湘谘议局议长不甘申斥》，《申报》宣统二年五月二十二日，第1张第5版。

② 《专电》，《申报》宣统二年七月二十六日，第1张第3版。

③ 史晓风整理《恽毓鼎澄斋日记》第2册，第487页。

④ 胡思敬：《劾湖南藩司庄赓良折》（宣统二年三月二十日），《退庐疏稿》卷2，第23页。

⑤ 《鄂督奏参湘绅挟私酿乱》，《申报》宣统二年五月初一日，第1张第5版。

⑥ 杨鹏程：《长沙抢米风潮中的官、绅、民》，《近代史研究》2002年第3期。

清政府的各种应对策略与举措，以及官、绅、民等各阶层相应的反应，为进一步观察清末社会控制机制的效能及其对清王朝命运的影响提供了新的视角。从表面上看来，虽然清政府可以迅速镇压长沙抢米风潮等各类民变事件，但这并不能掩盖清王朝统治内潜存的权力与利益之间结构性裂变的深刻危机。民变事件集中反映了各种利益集团之间错综复杂的矛盾：官绅与民众的矛盾、绅民与列强的矛盾、绅士与官府的矛盾，以及新、旧绅士之间的矛盾，等等。这些矛盾在长沙抢米风潮中均有不同程度的体现。特别值得注意的是，其间官绅矛盾的激化与官绅关系的破裂，严重动摇了传统社会控制机制的基础，对清王朝命运的影响是致命的。

关于长沙饥民暴动和普通民众参与抢米风潮的原因，显然与官场腐败和列强殖民侵略直接相关。据《申报》报道称："此次暴动，早有朕兆。当地米粮缺乏，而官场仍出口不绝，故民人咸不满意。此外尚有一细故，则为现筑之英领事署，系由英国工程局官员督造（因本地工人手艺不佳故），由外境雇工来此，而长沙水木工人咸积愤不平，乃借此以排外。近有良善之学生，先数日曾警告外人谓：不日将有攻击外国殖民地之举。此可见祸机蕴蓄亦非一日也。"[①] 又据湘抚岑春蓂奏称："湘省近年建造洋式学堂房屋，本地泥木两匠既不谙做法，又必欲把持归该匠承包。上年因鄂匠包有教堂工程，本地匠人曾起冲突，当饬鄂匠赶紧完工，即行离湘，始就平静。故建造谘议局屋，仍令湘匠包工，在沪、汉另招他匠数人教授，以期合度。近因英国领事拟建新署，湘匠坚欲承包，英领绘图给阅，该匠等不能了然，是以在沪雇广匠包建，仍间用湘人，并许湘匠入看学习。该匠等不遂所欲，曾据具禀，当经明晰批示开导，饬地方官责令各匠头约束众工，不准

① 《长沙饥民暴动三志》，《申报》宣统二年三月初八日，第1张第4版。

滋生事端。现查扰乱之徒，多有泥木两项匠人在内。”[①] 长沙泥木工人之参与抢米风潮，以及该风潮波及外国教堂、洋行与领事馆，固不为无因。显然，一般民众之所以铤而走险，乃因自己的生存压力所迫。

至于绅士阶层的卷入，则另当别论，且新、旧绅士也不可同日而语。有人认为，清末新政给予了传统绅士权力扩张的制度性基础，使绅士能够合法地占有基层社会的公共权力与资源，因而使权绅得以体制化，并构成清末民变的制度性根源。[②] 其实未必尽然，应区别看待绅士阶层内部的不同派别。就新绅士而言，新政固然有对绅权利益的加强；但对旧绅士来说，新政也有损害其既得利益之处。新、旧绅士阶层在民变中扮演的角色，自然与其权力与利益得失问题密切相关。这正是各种矛盾纠葛的关键所在。

湖南旧绅士代表是向来反对维新、新政与立宪的王先谦、叶德辉、孔宪教、杨巩。他们不但在米谷禁运问题上与以湘抚岑春蓂为代表的官府直接发生矛盾，而且，清政府在全国范围内实施新政的举措，也相应地损害了这些旧绅士的既得利益。因而，他们便借机不择手段地反对新政。据《东方杂志》记载：

> 此次放火乱党，泥木工为多，放火者不到三十人。推其蓄愤之由，则始于与湖北木工争承建谘议局，岑抚未予全胜。加以刘木匠被拘，遂乘饥众求食之际，复经顽梗痞首孔宪教怂恿，谓当此饥民待毙，抚台何不将建筑谘议局巨资，并谘议局经费，及铁路股款，各学堂耗费，移缓就急。下等社会闻之，鼓掌欢迎，赞美之声，填街塞巷。于是有“官有庄青天、绅有孔青天”之谣。孔于初五日抚署未焚之顷，假饥众胁要岑抚六事：一、停修铁

① 《致北京军机处电稿》，《湘鄂米案电存》下册，电奏稿，第 5 页。

② 王先明：《士绅阶层与晚清“民变”——绅民冲突的历史趋向与时代成因》，《近代史研究》2008 年第 1 期。

> 路；二、停办学堂；三、撤警察，复保甲（警察素不利于游民，为此言者迎合其意也）；四、平粜；五、开皇仓；六、撤常备军。无知辈传为美论。孔所依为爪牙者，则有已革四川涪州牧杨巩。巩在籍武断公家建筑权，历年多所延揽，泥木匠多任指挥，故焚毁各处，消防队不出水龙救护。以消防队之组织，每组必有泥木工四名也。府中学堂之毁，孔痞首之子孔三者，竟敢明目张胆，率众堆集几案门窗于堂内各室，首将汗衣濡洋油燃掷其中。各匪合力并举，目击者众，闻犹有称其英雄者。初七八日，连获匪犯数名，中有戏子名谢六者，为王、杨痞党之娈童（尚有戏子二名经叶德辉保释）。孔、杨之必欲演成此剧者，其宗旨在反对新政耳。①

这样，在长沙抢米风潮中，官府不但不能依靠这些旧绅士控制民众，而且旧绅士在此民变事件中利用民众势力，暗中起哄，推波助澜。后来，清廷以其"挟私酿乱"，严惩了旧绅士代表王先谦、叶德辉、孔宪教、杨巩。经此事变，旧绅士首领王先谦、叶德辉逐渐疏离官府。王先谦颇感失意，遂闭门谢客。据叶德辉称："葵老心绪不佳，晚景尤多拂意。去岁遭噬之后，闭门谢客，不见一人，即辉与孔静皆同年，乃从前三数日一见者，近亦必间月一见，或两月不见。"② 辛亥前后，王先谦避居平江乡间。"自平江归来，匿迹凉塘，两年之内不到省门（即到亦不见一客），幸免意外"。时已民国，王氏仍匿居长沙郊区，其自称回念庚戌谪官，"至今思之犹有余恨"。③ 叶德辉甚至欲脱离湘籍，而返归江苏原籍。其致书缪荃孙有云："辉有求商于公者，

---

① 《湖南省城乱事余记》，《东方杂志》第7年第5期，宣统二年五月二十五日。

② 叶德辉致缪荃孙函（二十），《艺风堂友朋书札》（《中华文史论丛增刊》）下册，第548页。

③ 王先谦致缪荃孙函（七十二），《艺风堂友朋书札》（《中华文史论丛增刊》）上册，第48页。

湘省除葵园读书外，实无可与言者。久欲请归原籍，不知有无成案可查。……此事有何办法，目前是否可行？事出之后，已电湖南京官，言辉乃半吴半楚之人，不足为湘省之玷，请其不必公呈，同诸绅一例申办，盖回籍之志久决矣。遭此飞祸，固有公论，然恐以后湘省有事再牵及之。异日扁舟往来吴楚间，何等逍遥自在乎！"[①] 王、叶自此以刻书自娱，而不与政事。

湖南新绅士代表是倾向立宪的原维新志士旅奉湖南同乡会会长熊希龄、谘议局议长谭延闿与商务总会总理龙璋。对于新绅士代表谘议局议员在此民变事件中的表现，有人认为："事变发生，议员满堂，噤若寒蝉，无一仗义执言之人。"[②] 其实不然。事实上，湖南谘议局曾为此特开临时会，筹商应对之策。议长谭延闿等则始终是事变中的活跃人物，其言辞激烈，甚至不惜与政府对抗。[③] 特别值得注意的一点是，与旧绅士对新政多有不满的心态不同相比，新绅士则对宪政期望甚高。谭延闿等敢于拿起预备立宪的口号"庶政公诸舆论"与清政府论争，充分表明其有对近代民主宪政权力追求的理想。长沙抢米风潮兴起之时，正是立宪派发动全国规模的国会请愿运动之际。然而，三次国会大请愿均以失败而告终。本来，清廷预备立宪曾经一度为清政府与立宪派的合作提供了现实的可能性，但是，当清政府不能满足立宪派的要求时，当立宪派逐渐对清政府的立宪诚意失去信心时，事情的发展走向了反面；在清政府不可救药的时候，立宪派终于弃清廷而投入革命的行列。清廷拒绝立宪派请愿开国会的要求而推出"皇族内阁"使亲贵揽权的结果，"足令全国谘议局之议员人人丧气而绝望。谘议局议员绝望之日，即清廷基础动摇之时，至是内外人心皆去"。[④]

---

① 叶德辉致缪荃孙函（十三），《艺风堂友朋书札》（《中华文史论丛增刊》）下册，第542～543页。

② 杨世骥辑《长沙"抢米"风潮竹枝词》，载《辛亥革命前后湖南史事》，第174页。

③ 参见杨鹏程《湖南谘议局与长沙抢米风潮》，《社会科学战线》2008年第5期。

④ 刘厚生：《张謇传记》，上海书店，1985年影印本，第184页。

清政府没有笼络住具有强烈参政欲望的立宪派，从而使立宪派转向了革命。可见，事实上是清政府把立宪派逼到了自己的对立面。湖南谘议局议长谭延闿在革命后摇身一变而成为民国都督，是颇有反讽意味的。

可见，清政府既在长沙抢米风潮这一民变事件中得罪了旧绅士，而后又无法满足新绅士（立宪派）的要求——谘议局议长谭延闿等因预备立宪进程缓慢而对清政府失望。在通常的情况下，清政府社会控制机制的正常运转需要依靠士绅的辅佐，绅士充当了地方官府与民众之间调停人的角色。当然，这种“调停”是有前提条件的，“只有在不损及自己切身利益的情况下，士绅才会考虑社区的共同利益，并在州县官和地方百姓之间进行调停”。[①] 然而，当绅士本身的利益得不到满足甚至受到损害时，绅士阶层甚至可能与官府发生直接冲突和对抗。长沙抢米风潮中的官绅矛盾是一个典型的例证。清政府用行政手段严惩肇事绅士，强行压制绅权，使官绅关系发生裂痕，传统社会控制机制运转失灵，从根本上动摇了清王朝统治的基础。武昌首义后，湖南迅速宣布独立，成为第一个响应起义的省份，从其社会政治结构内在演变的角度来看，可谓渊源有自。

① 瞿同祖：《清代地方政府》，范忠信、晏锋译，何鹏校，第307页。

第九章

地方督抚与立宪派在谘议局的政争：以江督张人骏与江苏谘议局为例

在清末宪政实践中，各省谘议局的设立是重要举措。按照《谘议局章程》，谘议局本是地方督抚行政的辅助机构。但实际上，谘议局自设立以后，便与地方督抚立于对待地位。时人有谓："自预备立宪后，各省设谘议局。自局长以下，由各省票选。其与地方长官及政府俨成一对待之势。每有举动，函电争持，几成敌国。"[①] 谘议局是立宪派聚集之地，也是立宪派重要的参政议政场所，其中，尤以著名状元资本家张謇为首的江苏立宪派与江苏谘议局最为引人注目。与此同时，两江总督张人骏与立宪派在江苏谘议局中的矛盾冲突，也最具代表性。或许正因如此，学界论及地方督抚与立宪派的政争，便多以江苏谘议局的事例为证。[②] 关于江苏谘议局的一般研究，已有

① 苏舆：《辛亥溅泪集》卷2，胡如虹编《苏舆集》，湖南人民出版社，2008，第248页。

② 如李新主编《中华民国史》第一编，全一卷下册，中华书局，1982，第87～93页。

较多的论著，[①] 但学界对张人骏尚缺乏专题研究，[②] 多简单地斥之为顽固鄙陋。本书拟在既有相关研究的基础上，具体探讨张人骏及其对新政的态度，进而深入剖析张人骏与江苏谘议局冲突的复杂面相，通过此例典型个案，为进一步观察清末宪政改革的艰难历程提供一个新的视角。

第一节　张人骏其人及其对新政的态度

张人骏，字千里，号安圃、健庵，别号湛存居士，生于道光二十六年（1846），直隶丰润人。同治七年（1868）进士，任翰林院编修、都察院御史等京官近20年。随后外放，历任广西桂平梧盐法道、广东按察使、广东布政使、山东布政使、漕运总督、山东巡抚、河南巡抚、广东巡抚、山西巡抚、两广总督、两江总督兼南洋大臣。辛亥革命后去职，以遗老避居青岛、天津。民国十六年（1927）卒，享年82岁。这是一张显赫而平凡的履历。

在晚清，直隶丰润张氏声名显著者当首数清流健将张佩纶，而名位最高者则是其堂侄张人骏。光绪前期，叔侄俩同官京朝，虽年若相仿，但性格迥异，遭际也自不相同。张佩纶头角峥嵘，入党清流，讥

---

① 较有代表性的论著有：王树槐《中国现代化的区域研究·江苏省（1860～1916）》，台北，中研院近代史研究所专刊（48），1984，第174～188页；耿云志《张謇与江苏谘议局》，《近代史研究》2001年第1期；刁振娇《清末地方议会制度研究——以江苏谘议局为视角的考察》，上海人民出版社，2008。

② 胡绳武先生为《张人骏家书日记》所写长篇序言，实际上是难得的一篇重要的专题论文。胡先生描述了一个以保守为底色而又多重面相的张人骏形象。胡先生发现，张人骏虽然反对办学校、派留学、练新军等新政，但当科举制废除后，他也送儿子进新学堂，甚至学外语。张人骏在内心并不赞成立宪，但当朝廷宣布预备立宪时，他还是按照清廷部署而加紧筹备活动，其奏报宪政时所说的一套，与家书所反映的实际思想完全是两回事。由此，胡先生指出："研究历史问题，档案固为第一手的材料，值得重视，但亦不可过于相信档案。在使用档案材料的同时，应尽可能弄清楚某一档案文件产生的背景、形成的过程，以及有关人物各方面的具体情况，以便准确地使用有关档案。"（胡绳武：《张人骏家书日记·序言》，张守中编《张人骏家书日记》，第11页）这样现身说法，颇有方法论指导意义。

评时政，参劾朝臣，得名既远，招忌亦深，终因中法战争而身败名裂。张人骏则谨言慎行，沉潜蓄势，虽名不甚彰，而按部就班，扶摇直上，在那不平年代，稳做太平之官。正是这种沉稳性格，直接影响了张人骏一生趋向保守的心态。

从现存《张人骏家书日记》来看，与张人骏关系密切的清末重臣有两位：一是亲家袁世凯。光绪二十九年（1903），张人骏第五子允亮与袁世凯长女俪宣缔姻，由徐世昌做媒，[①] 张袁便成儿女亲家。袁世凯因丙午官制改革失意，张人骏非常同情，其家书有谓："慰帅因改官制一事，颇犯众怒。兵权一撤，将来如何办事？且恐谗忌者多，难保无意外之事，深可虑。现在情形如何？有所闻随事〔时〕告我。礼乐征伐乃天子之事，非臣下所宜强预。慰帅正坐读书太少耳。"[②] 二是乡贤鹿传霖。张人骏某次吩咐儿子允言给有关人员送年敬，一般为一百金或五十金，但对于鹿传霖，则说："滋翁处年下仍送四百金。"因开销太多，款项不足，又郑重叮嘱："滋翁处年敬务必留出。"[③] 可见张鹿关系确实非同一般。光绪三十年（1904），鹿传霖由户部尚书调署工部，张人骏认为："定兴戆直，不为同值所喜，故排而去之，未必定有事迹。否则岂止调部而已耶！"又感慨道："鹿已他调，无可为倚恃之人。"[④] 光绪三十三年（1907），鹿传霖重入军机处，张人骏大赞："滋翁重入政府，足见朝廷用人之公。此时中外大僚中，其稍能持正者止此一人。"因与河南布政使袁大化相处甚难，张人骏试图利用鹿传霖的关系解围，其家书嘱咐儿子云："不知滋公能设法调令

① 张人骏：《致张允言》（1903 年 2 月 23 日），张守中编《张人骏家书日记》，第 39 页；《徐世昌日记》，光绪二十九年三月初二日。

② 张人骏：《致张允言等》（1907 年 1 月 5 日），张守中编《张人骏家书日记》，第 66 ~ 67 页。

③ 张人骏：《致张允言等》（1902 年 12 月 16 日、1903 年 1 月 1 日），张守中编《张人骏家书日记》，第 33、34 页。按：此处滋翁及以下所谓滋公、定兴均指鹿传霖。

④ 张人骏：《致张允言等》（1904 年 9 月 17 日），张守中编《张人骏家书日记》，第 50、51 页。

他往否？便中可微探其意。”[①] 张人骏在督抚任期内，多次迁移，每每关键时候，均靠鹿传霖、袁世凯等人帮忙。光绪三十四年（1908），张人骏在粤督任上遇到困难，便拟抽身而退。其家书有云：“故我之意，不如早日离粤为妙。前信所言，汝已与鹿、袁诸公提过否？我颇思秋间打叠作归计也。”又云：“久处于此，实为危险，身败犹可，名裂则万不能甘。拟百日国服满后，乞假北旋，以避贤路。可于见定兴时一商，能邀俞允方好。”[②] 后来，张人骏调任两江总督兼南洋大臣。另外，军机大臣那桐、荣庆、徐世昌等人，也值得注意。在《张人骏家书日记》中，这些要人都是张人骏关键时候运动的对象。从张人骏主要交往的人际网络来看，既有保守的鹿传霖、荣庆，也有开明的袁世凯等人，情形颇为复杂。

清末新政时期，张人骏一直出任地方督抚大臣。光绪二十七年（1901）初，为议复清廷新政上谕，各省督抚商议联衔复奏，时任漕运总督的张人骏也积极参与。当湖广总督张之洞提出九条新政建议以广泛征求各省督抚意见时，张人骏复电详细阐述了自己的意见，有谓：

> 谨就鄙见所及，略抒一得，以备采择。一、亲贵游历，最为切要，惟宜抑损体制，庶东南各省不困于供亿。二、游学各国，宜选中学已成者充之，识见已定，不至见异思迁，如从前出洋学生之性情俱变。三、科举改章，国家设科取士，止取识字明理，本未以八股治天下。咸同以来，各途竞进，科甲止是一途，而世运至此，人心未散者，则以尊孔孟之故。人知尊孔孟者，则由朝廷以四书试士之故。今议改章，四书决不可废，五经亦同。至于

① 张人骏：《致张允言等》（1907年6月26日），张守中编《张人骏家书日记》，第98、99页。

② 张人骏：《致张允言等》（1908年6月16日、12月29日），张守中编《张人骏家书日记》，第120、135页。

西国书籍，辗转翻译，未尽可凭，寒士购求不易。重、光、气、化等学，非空言可试，亦非一人能兼。若以之试士，则报馆主笔，皆膺上选，必至满纸“起点”，连篇“压力”，其弊殆甚于饾饤剿袭。主试凭何去取？此亟宜熟筹者也。四、多设学校，虽近支亲贵，亦令向学，不读书明理者，不得任以职事，则端、庄之类可少。五、西法练兵，此诚当务之急。六、将官久任，可救今日用人之失。鄙意总署堂官，宜设专缺，可减六部侍郎缺移置，厚其禄糈，勿兼他事。出使大臣宜久任，有劳则增禄秩，参赞、随员亦然，可备异年使臣之选，尤应严禁钻营。七、仿设巡捕，若令通国设立，恐无此饷办。若止设于繁盛之区，则督抚可便宜为之，似不必归于新政。八、推广邮政，西国邮政，与轮船、铁路相辅而行，中国行之数年而无大效者，则内地铁路未通，邮局反不如民局之速。济南且然，西北、闽省可知。此须筹有办法。九、专用银元，诚属利国便民之政。惟各省仅数局，不足供鼓铸，则外洋银元浸灌愈甚，且恐私铸遍地，外人藉为口实，将阻我之行使，占其利权。不如兼用，而杂以钞票。此须借重洋人。再，中国办事，不如西人简捷，由于例案太繁，吏胥得以把持。行在无例案，并无废事。现在各部档案全失，正可请删汰之机，事定后一切复旧，不可动矣。西国无冗兵故强，京师旗绿各营，豢养二百年，不能效一□之用，此时未复伍，宜请裁改，迟则归复旧制，言将无及。以上皆刍见所及，不敢自信，祈公裁定示复。①

从以上变法主张来看，张人骏确实比较保守。前三条表明，他实际上

---

① 《辛丑二月十八日清江浦张漕台来电》，《张之洞存各处来电》第45函，所藏档甲182－147。

并不太赞成亲贵游历与派留学生，甚至反对科举改章与翻译西书；后三条对于仿设巡捕、推广邮政和专用银圆，基本也是持反对态度。尽管如此，但张人骏也不是极端顽固派。中间三条颇有新意，不但充分肯定西法练兵与总署专官、使臣久任，而且第四条主张多设学校让亲贵向学，以免尽可能地减少如端郡王载漪、庄亲王载勋之类的顽固派。张之洞回电表示“筹虑精详，甚佩”，似为客套话，随即便提出商榷意见，认为游历、游学经费不能省，科举必改章，邮政要畅行，银圆宜自铸，但也赞同巡捕可缓设，经书不宜废，尤其盛赞第四、六条，有谓：“四、亲贵须入学校，方准任事，好极。六、总署专缺，使员久任，极是。”① 实际上，张人骏大致可谓张之洞“中体西用”稳健变法论的同路人。从其自己也能感觉到与顽固派端、庄之流的区别来看，说张人骏保守持重尚可，但确实还不至于到鄙陋顽固程度。

新政启动以后，张人骏作为地方督抚，负有推行新政的实际责任。从现存部分家书日记来看，张人骏确实对新政不乏非议之词。但实际上，张人骏也在各省督抚任内按部就班地推行各项新政。这两方面都是事实。对于新式学堂，张人骏在日记中记载：“寿守来，言大学堂诸生聚众滋事者。言新政者，动谓人才出于学堂，非西学不能自强。朝廷信之，广设学堂，利未可卜，而弊已如此。康梁‘群党’二字实欲祸我大清。而衮衮诸公适堕其术中，十年之后其祸不知所极也，言之可叹。”② 在家书中也说：“近日各处办理学堂，因筹学费而激成聚众者不知凡几。然仅恃寻常书院所入，岂能供学堂之靡费。而朝廷督促甚严，将来不知如何结局也。”③ 在这里，他担忧的是学潮与经费问题。事实上，在此期间，张人骏对学务也并未懈怠。在山西巡

① 《致清江张漕台》（光绪二十七年三月十三日），苑书义等主编《张之洞全集》第10册，第8560页。

② 张守中编《张人骏家书日记》，光绪二十九年四月初五日记，第162页。

③ 张人骏：《致张允言等》（1904年9月17日），张守中编《张人骏家书日记》，第51页。

抚任上，张人骏与学政宝熙筹办山西大学堂中学专斋。[①] 在两广总督任上，仅光绪三十三年（1907）就增设学堂747所，增收学生30582人。[②] 在两江总督任上，以办学成绩昭著，为两江师范学堂教员、管理员请奖。[③] 对于留学生，张人骏在日记中记载："蔡和甫京卿自日本回，来晤。询悉东洋国势，并知留学生之为患，虽已设法整顿，然他日必有流弊也。"[④] 又在家书中说："日本之于中国，无事不包藏祸心。中国贫弱，自甲午始。而中外达官，迷信崇奉，沉沦不返，一年数千万流入东洋。所谓学成而返，好者不过'目的'、'影响'数百新名词，全无实际，否则'革命'、'排满'、'自由'而已。而不惜以数千年圣贤授受之学，三百年祖宗创垂之典，尽弃所学而学焉。此固开辟至今未有之奇祸也。"[⑤] 张人骏对留学生"排满"革命不满，但并不全然反对留学。宣统元年（1909）五月，广东绅士呈请资助留学欧美学生，张人骏亦深表赞同，有谓："留学欧美各生，自费资斧，远道求学，自属有志之士，徒以学费不继，功废半途，不能精进深造，良为可惜，自应设法筹助，俾遂其向学之苦心。"[⑥] 对于练兵，张人骏不满新军与匪乱相关。其家书有谓："近来所获匪徒，几无一案非军队出身之人。曹州之匪，多是袁军旧部。练兵之效如此，可叹

① 《山西巡抚张人骏山西学政宝熙奏为筹办山西大学堂中学专斋情形并拟改定学生毕业出身事》（光绪三十二年二月初八日），一档藏，朱批奏折，档号04－01－38－0193－011，缩微号04－01－38－009－0038。

② 《两广总督张人骏奏为广东省现有学堂情形并修改部颁统计表册酌定表式以归划一事》（宣统元年正月十二日），一档藏，朱批奏折附片，档号04－01－38－0199－001，缩微号04－01－38－009－0785。

③ 《两江总督张人骏奏为两江师范学堂学生陆续毕业拟将在堂管理员教员照章请奖事》（宣统二年十二月十三日），一档藏，朱批奏折，档号04－01－38－0202－048，缩微号04－01－38－009－1319。

④ 张守中编《张人骏家书日记》，光绪二十九年九月十八日记，第187页。

⑤ 张人骏：《致张允言等》（1908年4月2日），张守中编《张人骏家书日记》，第114页。

⑥ 《两广总督张人骏奏为粤省绅士易学清等联名条陈资助留学欧美学生等要政据情具奏事》（宣统元年五月二十日），一档藏，朱批奏折，档号04－01－38－0204－055，缩微号04－01－38－009－1642。

也。而陆军部尚操更番挑练之说，以为如此，则可以通国皆兵。我恐数年之后，将成通国皆贼。一旦揭竿而起，其祸恐不可收拾矣。”[①]然而，在督抚任上，张人骏照样注重练兵。在任两广总督时，“莅粤行将两载，于新军随时考察”。[②]广东新军经前任粤督岑春煊编成一混成协，随后裁并仅有三营。张人骏于光绪三十三年（1907）秋到任，已于次年春练成一协，在宣统元年（1909）五月离任之际，即将练成一镇规模。[③]

预备立宪时期，保守的张人骏逐渐步入时人所谓“持重老臣”之列。[④]对于宪政，张人骏时有非议的言论和反对的举措。预备立宪从官制改革入手，当厘定官制大臣征询各省督抚意见时，时任河南巡抚的张人骏提出三难：一是州县地方添官佐理筹费之难，添官必先增费，“多一官多一需索，其弊更甚于书差，于地方不惟无益而有损矣。此项新增之费为数甚巨，取之于公，则空虚之余无此财力；取之于民，则宪法未备，民智未开，苛敛适以召乱”。二是司法与行政分离之弊，“词讼与地方庶政无一不相关涉，合之则脉络贯通，分之则权限易紊。州县不司裁判，则与民日疏；疆吏不管刑名，则政权不一”。三是督抚与司道合署办公之不可行，督抚精力有限，事无巨细，难以综核，“才愚者必致丛挫贻讥，刚愎者难免师心自用，一有贻误，互相推诿，各思迴护。欲专责成而转无责成，欲不废弛而转多废弛”。[⑤]显然，张人骏是在反对者之列。在家书中，张人骏对于当时政治改革

---

① 张人骏：《致张允言等》（1907年6月2日），张守中编《张人骏家书日记》，第94页。

② 《两广总督张人骏奏为粤省新军筹办为难情形事》（宣统元年五月十九日），一档藏，朱批奏折附片，档号04－01－18－0057－043，缩微号04－01－18－010－0198。

③ 《两广总督张人骏奏为办理粤省新练陆军情形事》（宣统元年五月十九日），一档藏，朱批奏折，档号04－01－01－1096－077，缩微号04－01－01－168－0478。

④ 《御史胡思敬奏立宪之弊折》（宣统二年九月二十五日），《清末筹备立宪档案史料》上册，第346页。

⑤ 《河南巡抚来电》（十月初八日），侯宜杰整理《清末督抚答复厘定地方官制电稿》，《近代史资料》总76号，第61～63页。

的非议更是表露无遗，有谓："近日改革政治，日新月异，不察民情，不体国势，不计财力之盈绌，不论人才之短长，发言盈庭，要皆道听途说，而朝廷视为奇谋秘略。一事未成，一事又出，大臣藉以固宠，小臣藉以希荣，而□此不中不外，不古不今之世界。初尚中国人不以然，近则各外国亦多非笑。民力已竭而不知，人心已去而不知，袭康梁之谬论，堕东洋之狡谋，而欲期以此为治安之计，恐无是理也。"[①] 张人骏尤其对开国会之说不满，其在家书中有言："自改变新法以来，民气嚣然不靖。立宪之说一行，其势更剧。近则又有要求国会之说，起于上海，各省风靡。刺无可刺，非无可非。禁之不可，止之不能。祸恐不远。"[②] 因此，当云贵总督李经羲等督抚商议奏请开国会与设内阁时，张人骏即通电各省督抚表示反对。他以古今中外之民情风俗不同为由，对于李经羲等人开设国会与内阁的主张提出质疑，认为既不能开国会，也不能设责任内阁，"操切急进，仆蹶堪虞"。在他看来，筹备宪政应当避缓就急，当前急务就是"饬吏治，兴实业"，所谓："吏治修，则民志安；实业兴，则民生厚。内讧不起，外患可弭。及时修明刑政，整饬戎务，未尝不可为善国。"[③] 显然，张人骏的思想仍然是在传统政治思想范围内打转。有时论批评说："倘人人如江督所云，则宪政终无成立之期；即成矣，亦将变为非李非奈、不驴不马之宪政。是今所谓酌量缓急之言，实不啻推翻宪政之言也。"[④] 其实，张人骏非议宪政，固然因为思想保守，但也有现实问题的考量，其所担心的主要就是财力不济。他在与各省督抚商议时表示："立宪图强，

① 张人骏：《致张允言等》（1908 年 6 月 16 日），张守中编《张人骏家书日记》，第 121 页。按：本段引文标点多处改动，□亦为笔者所加，疑此处漏字。

② 张人骏：《致张允言等》（1908 年 5 月 21 日），张守中编《张人骏家书日记》，第 119 页。

③ 《南京督帅张来电》（八月二十六日），钱永贤等整理《庞鸿书讨论立宪电文》，《近代史资料》总 59 号，中国社会科学出版社，1985，第 46～47 页。

④ 《评江督反对国会与责任内阁之政见》，《时报》宣统二年九月十二日，第 1 版。

私愿所喜。预备事宜提前促短，不难于推行，而难于无款。”① 又说：“宪政提前赶办，莫难于财力不继”；“筹备缩短，事迫见多，虽加删节，终虞不给，财政难支，尤属最要问题”。② 这是实情，因财政困难是当时普遍面临的困境。另外，清廷以立宪加强中央集权，削弱地方督抚权力，也激起张人骏的反对。宣统三年（1911）七月，张人骏在议复外省官制时，仍坚持旧有督抚制度为至善之法，虽实行立宪，不能墨守成规，“而只宜量加损益，不可大事更张”。针对中央集权之说，他特别强调督抚既有的奏事之权、军政之权、外交之权以及理财、用人诸种权力不可剥夺。③ 这显然有从地方督抚既得权益角度说法的意味。

张人骏对宪政的非议固不为无因，但这并不妨碍他在各省督抚任上推行宪政。光绪三十四年（1908）八月，清廷颁布九年筹备宪政事宜清单，要求内外臣工包括各省督抚照单施行，每半年将筹办成绩奏报一次，并咨宪政编查馆核查。宣统元年（1909）二月，两广总督张人骏奏报广东举办第一年筹办事宜，如设立谘议局筹备处，议定选举细则，并布置议员选举等相关事项，最后表示：“窃维举行宪法，所以宣德达情，尊朝纲而保兹臣庶，盱衡时局，实难视为缓图。现在行政机关骤未完全，人民程度尚有弗及，自当将逐年应办事宜切实筹备，以冀届期成立。臣才识浅陋，无补高深，惟有殚竭愚诚，策励僚属，实力兴举，固不敢迁延贻误，亦不敢操切扰民，期于逐渐办齐，仰副朝廷励精图治之至意。”对这段话摄政王多有圈点，并御批：“甚

① 《南京督帅张来电》（十一月十四日），《庞鸿书讨论立宪电文》，《近代史资料》总59号，第61页。

② 《两江总督张人骏致周树模电》（宣统二年十一月十三、十七日），中国第一历史档案馆编《清末筹备立宪档案史料补遗》，《历史档案》1993年第3期，第51、55～56页。

③ 《两江总督张人骏奏厘定外省官制宜以旧制为本量加损益折》（宣统三年七月二十五日），《清末筹备立宪档案史料》上册，第592～593页。

是！切戒迁延，妥速筹备为要。”① 同年八月，业已调任两江总督的张人骏，会同署两广总督袁树勋奏报广东第二届办理宪政情形，如举行谘议局选举，筹办城镇乡地方自治与设立自治研究所，调查人户总数，调查岁出入总数，筹办省城商埠各级审判厅，筹办厅州县巡警等，“虽措置未能完备，而计画已有端倪”。② 随后，张人骏在两江总督任上，相继奏报筹办第三、四、五届宪政情形，如举行谘议局选举，谘议局互选资政院议员，筹办城镇乡与厅州县地方自治，调查与汇报人户总数，调查与复查岁出入总数，筹办与成立省城商埠各级审判厅，创设与推广简易识字学塾，筹办厅州县巡警并至完备，厘订地方税章程，试办预算决算，等等。其时，因预备立宪缩短年限，宪政编查馆修正筹备清单，所以张人骏表示：“惟有督属切实奉行，其原单内逐年应办事件，仍不令稍涉废弛，以期勉副朝廷郑重宪政剋期责效之至意。”③ 这种表态看似官样俗套，但其宪政筹备还是实在的。

论者或谓像张人骏这样的地方督抚，对于新政的态度可能表里不一，甚至言行相背，尽管内心并不赞成，但因职责所在而实际上又不得不推行。从上述张人骏的事例来看，这种现象确实不可否认。值得进一步分析的问题是，为什么会有这么看似近乎人格分裂的现象呢？其实，张人骏之所以非议新政，主要有这样两方面的原因：

---

① 《两广总督兼管广东巡抚事张人骏奏为遵旨举办第一年筹备事宜事》（宣统元年二月二十九日），一档藏，朱批奏折，档号 03 -9295 -014，缩微号 667 -2290。

② 《前任两广总督张人骏署理两广总督兼管广东巡抚事袁树勋奏为遵旨会奏筹办粤省宪政情形事》（宣统元年八月二十六日），一档藏，朱批奏折，档号 03 -9296 -021，缩微号 667 -2484。

③ 《两广总督张人骏奏为江苏筹备宪政遵将第三届成绩详晰胪陈事》（宣统二年三月初二日），一档藏，朱批奏折，档号 03 -9297 -008，缩微号 667 -2603；《两广总督张人骏奏为江苏筹备宪政遵将第四届成绩详晰胪陈事》（宣统二年九月初一日），一档藏，朱批奏折，档号 03 -9298 -001，缩微号 667 -2703；《两广总督张人骏奏为依限奏报第五届筹备宪政情形事》（宣统三年三月初八日），一档藏，朱批奏折，档号 04 -01 -30 -0111 -018，缩微号 04 -01 -30 -009 -0450。

一方面，张人骏确实保守。作为儒家学说孕育出来的传统士大夫，其对新学的隔膜与抗拒，有着与生俱来的敏感。比如，他在日记中谈到赵尔巽讲新学，表示深感忧虑，有谓："赵次山中丞来拜，其言主新学甚力而无条理，未敢附和，稍予驳正，似并未醒悟。封疆如此，恐神州将陆沉矣。"① 另一方面，或许是更重要的，张人骏看到了新政的实际问题。如果单纯抱着理想主义，固然可以无限美化新政，但张人骏作为负有实际责任的地方督抚，在推行新政过程中遇到的实际困难，如捉襟见肘的财政经费困境，其实是难以逾越的现实障碍，从而使他不得不趋于务实。与此同时，张人骏还对新政过程中暴露出来的弊端表示担忧。新式学生与留学生发动的学潮，新军的"排满"革命宣传与叛乱，均使他对新政的意义感到莫名其妙。应该说，这方面的现实问题，是张人骏之所以非议新政更为关键的因素。

尽管如此，张人骏在各处所办新政也并不纯属表面文章。他在河南巡抚任内保举官员时，也曾以新政政绩为依据，如称："署新野县事南阳县知县陶炯照，学裕才优，尽心民事，新政办理得法，缉捕尤为擅长。辉县知县李如棠，开渠建闸，水利大兴，新政均能认真讲求，舆情亦极为爱戴。"② 可见其内心在一定程度上对新政还是认同的。事实上，无论是办学堂、派留学生、练新军，还是筹办宪政，张人骏在各省督抚任上均按部就班进行。山东、河南、山西、广东与江苏宁属地区的新政，实际上并未因张人骏担任督抚而受阻。至于张人骏与江苏谘议局的矛盾冲突，则另有更深刻复杂的原因，正是下文需要进一步深入探讨的问题。

---

① 张守中编《张人骏家书日记》，光绪二十九年二月二十八日记，第157页。

② 《河南巡抚张人骏奏为保举开封府知府石庚等员认真讲求新政请量加录用事》（光绪三十三年七月十一日），一档藏，朱批奏折附片，档号04-01-12-0656-109，缩微号04-01-12-125-2252。

第二节　江苏谘议局的开办与张人骏

清末预备立宪时期谘议局的设立，与地方督抚密切相关。光绪三十三年（1907）四月，两广总督岑春煊奏陈预备立宪时，首次提出各省设谘议局，为“各省之总议院”。岑春煊最初设想的谘议局是一个由督抚领导下的官绅合议机构，与后来实际设立的谘议局性质大不相同，有谓：“宜于各省城设谘议局，选各府州县绅商明达治理者入之，候补各官及虽非本省官绅，而实优于政治熟于本省情形者亦入之，皆由督抚会集官绅选定，以总督充议长，次官以下充副议长，凡省会实缺各官皆入谘议局。”① 对此，清廷谕令：“其外省设谘议局各节，著各省督抚妥议具奏。”② 张人骏时任河南巡抚，如何议奏，颇费踌躇。其家书有谓：“不知都下议论如何？汝可留意探询。无论有何消息，即速禀闻。至要。原折之意，大约仍本康梁而参以近日上海各报议论，议复不易。闻此公在沪往来之人，颇多不类，其志不可测度也。”又谓：“惟瞿亦小人，岑则无赖。汪康年系革命党魁（观《中外日报》所载即可见），而二人与之交接，其心术亦可知矣。近日西林所陈立宪折，其注意为革命党道地，疑即汪之手笔，盖与《中外日报》一孔出气也。”③ 对于议复岑春煊奏设谘议局一折，张人骏颇为谨慎。从上述议论来看，张人骏并不是岑春煊的同路人。尤其是丁未政潮发生后，张人骏更是痛诋岑春煊，甚至不惜做诛心之论，把他与“革命党”扯在一起。遗憾的是，限于所见史料，张人骏是否议复及如何议复，均不得而知。

---

① 《两广总督岑春煊奏请速设资政院代上院以都察院代下院并设省谘议局暨府州县议事会折》（光绪三十三年四月三十日），《清末筹备立宪档案史料》上册，第501页。

② 中国第一历史档案馆编《光绪宣统两朝上谕档》第33册，第68页。

③ 张人骏：《致张允言等》（1907年6月18、26日），张守中编《张人骏家书日记》，第96~97、98页。

同年九月，清廷谕令各省督抚在省会速设谘议局。[①] 光绪三十四年（1908）六月，宪政编查馆与资政院会奏拟订各省谘议局及议员选举章程，清廷谕令“各督抚迅速举办，实力奉行，自奉到章程之日起，限一年内一律办齐”。[②] 八月，清廷颁布预备立宪逐年筹备事宜清单，其第一年第一条就是“筹办谘议局”，第二年第一条是“举行谘议局选举，各省一律办齐”，这两项事均明确指定“各省督抚办”。[③] 其时张人骏已调任两广总督。

是年十二月，张人骏奏报设立广东谘议局筹办处，委派布政使胡湘林、署提学使沈曾桐、按察使魏景桐、署盐运使丁乃扬为总办，前钦廉道王秉恩为会办，广州府知府高觐昌为提调，补用知府谢师元为驻处坐办，并选延在籍正绅前贵州巡抚邓华熙等十六人为议绅。张人骏亲自手订简明章程，并郑重表示：“所有一切事宜，自应依限赶办，以期速底于成。”[④] 宣统元年（1909）五月，张人骏奏报广东筹办谘议局情形，所办之事有三：一是开办调查选举，设立选举事务所，酌派员绅认真举办，并遴委法政毕业员绅充司选员，分赴各属宣讲选举办法，还在民间刊布告示，晓谕选举大义。二是造成选举人名册，分配议员定额。经调查统计，广东全省选举人共 141558 名，议员定额 91 名，广州驻防选举人共 369 名，照章酌定议员专额 3 名。三是筹建谘议局会议厅，据番禺绅士金溥崇等报选建局基址，派员勘测绘图，并召匠兴工建造。其时，虽然张人骏已奉旨调任两江总督，但他仍殷切期望广东谘议局“务期依限成立，议员悉皆得人”。[⑤]

---

① 中国第一历史档案馆编《光绪宣统两朝上谕档》第 33 册，第 219 页。

② 中国第一历史档案馆编《光绪宣统两朝上谕档》第 34 册，第 148 页。

③ 《宪政编查馆资政院会奏宪法大纲暨议院法选举法要领及逐年筹备事宜折附清单二》（光绪三十四年八月初一日），《清末筹备立宪档案史料》上册，第 61、62 页。

④ 《两广总督兼管巡抚事张人骏奏为遵设谘议局筹办处选派官绅剋期赶办以重要政事》（光绪三十四年十二月十八日），一档藏，朱批奏折，档号 03－9294－032，缩微号 667－2225。

⑤ 《两广总督张人骏奏为粤省筹办谘议局情形事》（宣统元年五月十七日），一档藏，朱批奏折，档号 04－01－01－1095－085，缩微号 04－01－01－167－2412。

张人骏就任两江总督后，便与江苏谘议局结下不解之缘，此后毁誉多与此相关。江苏因有两个行政中心，总督驻江宁，巡抚驻苏州，因此在筹办谘议局之初，曾分设宁属、苏属两个谘议局筹办处，并各自分头开展筹办工作。后来，在酝酿正式建立谘议局时，究竟是宁、苏两属各建一局还是合建一局，发生重大分歧，产生激烈争论。这个所谓谘议局分合问题，经张謇、王同愈等宁、苏两属议绅反复商议，基本达成合设一局意向，再由两江总督端方、江苏巡抚陈启泰电请宪政编查馆解决，得到宪政编查馆赞同，最终决定合设江苏谘议局于江宁省城。[①] 张人骏于宣统元年（1909）六月二十六日正式接替端方，就任两江总督。其时，江苏谘议局的选举业已完成，谘议局会场也已开工建造，其他各项宪政筹备工作均在顺利进行。在与前任总督端方会奏江苏筹办宪政情形时，张人骏表示："惟有急起直追，期臻完备，固不敢稍涉因循，致观成之无日，亦不求过事操切，致形式之徒存。"[②] 这种奏折用语虽属官样俗套，但张人骏在宪政改革的急先锋端方之后出任两江总督，显然有一定的压力，这个表态说明他所坚持的还是稳健路线。

张人骏履任之后，在宪政筹备方面最紧迫的后续工作，就是督促第一届谘议局会议顺利召开。关于驻防议案如何议决问题。有驻防议员崇朴等提出，按谘议局章所谓应办本省事件，本省是否包括驻防在内？有关驻防议案，是否由驻防专额议员自行议决，还是照章由多数议员共同议决？议决后之执行，是照章专归督抚，还是仍归将军、副

① 《各省筹办谘议局·官长设立·江苏苏属》《宁苏谘议局分合问题》（王同愈、蒋炳章稿），分见《申报》光绪三十四年十二月初四日、初五至六日，第3张第2版、第1张第3~4版；《电请解决江苏谘议局分合问题》《电请解决江苏谘议局分合问题续志》《各省筹办谘议局·官长设立·江苏》，分见《申报》宣统元年三月十三日、十七日、二十四日，第1张第4版、第1张第4~5版、第3张第2版。

② 《北洋大臣直隶总督端方南洋大臣两江总督张人骏奏为会奏江省筹备宪政办理情形事》（宣统元年七月二十二日），一档藏，朱批奏折，档号03-9296-007，缩微号667-2401。

都统，如军、统概不执行，又应如何办理？这些问题经宁属谘议局筹办处转呈江督张人骏，张以其“关系抚民职任权限”，随即致电宪政编查馆核办。宪政编查馆回电表示，驻防自在本省范围之内，有关驻防议案当由本省议员共同议决，议决后之执行应查照局章办理。① 关于谘议局议长选举问题。八月初一日，张人骏以总督名义召集江苏谘议局议员于宁属筹办处会议，以预备正副议长选举事宜。张人骏委派江宁布政使樊增祥到场监督。是日到会议员70余人，公推张謇为临时会长，孟森、雷奋为书记员。苏属议员以为到会人数已过半数，可以照章开议，请于明日提前选定正副议长；宁属议员则以徐、海等地交通不便，议员到者寥寥，建议稍微展期。双方辩论不休，樊增祥提议展缓三天，宁属赞成，苏属不允，遂由张謇酌定初三日开会，众皆赞成，并议定选举规则三条：（1）用记名投票法；（2）副议长两人，一苏一宁分别选定；（三）议长、副议长分三次选举，票数不足用决选法。初三日重开会议，张人骏仍派樊增祥临场监督，到会议员95人，正式选举张謇为正议长，苏属蒋炳章、宁属仇继恒为副议长。②随后，张人骏又交札江苏谘议局，委派孟森为书记长。③ 经过近一年的筹备，虽然并未完全妥当，如谘议局会场建设尚未完工，但江苏谘议局仍如期成立。

江苏谘议局自成立以后，在两年里开了四届会议：两届常年会和两届临时会。

第一届第一年度常年会。宣统元年（1909）九月初一日上午，江苏谘议局借八旗会馆行开会式。两江总督张人骏、江苏巡抚瑞瀓及各级行政官莅会，各国在宁领事亦来观礼，综计与会人数约千人，盛况

① 《共同议决驻防议案电文》，《申报》宣统元年八月初五日，第2张第2版。

② 《江苏谘议局举定正副议长》《续志江苏谘议局选举议长详情》，分见《申报》宣统元年八月初五、六日，第1张第5版。

③ 《江苏谘议局开预备会四志》，《申报》宣统元年九月初二日，第1张第5版。

空前。先由书记长孟森宣读开会颂词，接着江督、苏抚委员宣读颂词，然后孟森代议长议员宣读答词，礼毕，江苏谘议局正式成立。①张人骏在开会颂词中有谓：

> 翳夫輶铎之设，輶轩之使，好恶从民之义，自古已然，于今为烈。迺者为江苏谘议局开会之始，上系朝廷立宪图强之期望，下对国民合群思治之恳诚，外为五洲万国所具瞻，其典至隆，其关系至重也。本省位置居直隶之次，财赋为东南之冠，人才萃吴会之英，鄙人何幸承乏是邦，适逢斯盛，而又惧夫盛名之下欲副其实。凡官于斯，绅于斯，士农工商于斯者，其担荷成就，必有之足餍上下四方之观听之甚难乎求慊也。夫议政行政各有界限，论议之权公之于民，执行之责重之于官，然欲提议而策使必行，当思遵行而共践所议。孔子曰："名之必可言，言之必可行。"窃愿与在局诸议员、所属诸公民，共守此训。尝闻西哲斯宾塞尔《群学·政惑》一篇，其驳论政家成见，进论事效相反，以及法令民度，与妄求上理之惑，率多阅历有得之言，亦皆可资参考者。要之，天下安危，匹夫有责，是即近世公民之说所取意。诸议员皆积学明通重负时望之贤，应举出为公民代表，即鄙人在任所依以宣通上下讨论政见之人。鄙见所布，倘不以为谬而教之助之乎，企予望之矣。②

除了客套话以外，值得注意的有三点：一是张人骏强调议政与行政的权力界限，希望与议员共守"可言"与"可行"的尺度，其意在议

---

① 《江苏谘议局行开幕礼纪事》《江督苏抚奏报谘议局成立》，分见《申报》宣统元年九月初三日、二十四日，第1张第5版、第2张第2版。

② 《江苏谘议局第一届常年会议事录》，《江苏谘议局第一年度报告》第3册，江苏谘议局，宣统二年（1910）刊本，第4页。

政必须切合实际，这是一个务实的行政官僚对议员的要求，也是督抚与议员将要发生权力之争的根源。二是张人骏认为谘议局议员是民选的公民代表，是为督抚通上下之情并可讨论政见之人，这个理解并无偏差。三是张人骏虽以保守著称，但以其尚能征引西哲斯宾塞尔论著，可证其对西学并不完全排斥，可见清末新政时期的保守派也有与时俱进的一面。日后地方督抚与立宪派在谘议局中的政争，主要不是因为思想观念，而是因为实际权力。

这届常年会于十月二十日闭幕，会期 50 天，共收集议案 184 件，会议结果如下：（1）已经议决案 109 件，包括督抚交议案 15 件、议员提议案 72 件、人民请议案 22 件；（2）议而未决案 20 件，包括议员提议案 16 件、人民请议案 4 件；（3）未及提议案 13 件，包括议员提议案 10 件、人民请议案 3 件；（4）毋庸提议案 37 件，均为人民请议案；（5）未及审查案 5 件，亦为人民请议案。①

第二届第一年度临时会。宣统二年（1910）三月初九日上午，江苏谘议局召开临时会开会式。两江总督张人骏到会，发表开会颂词，有谓：

> 今日为江苏谘议局临时会开会之期，此会由正副议长暨驻局诸君同意发起。发起之意以为上年所提出之议案，其间多有改良旧制，有必须由局复议方能解决者。若必照章俟至九月开常年会时再行提议，既碍于宪政之进行，又不足塞四方之观听，是以合力组织，倡斯盛举。本部堂深佩诸君子之热心公益，是以不待再计，亟为赞成，所愿诸君子于提议之余，熟察社会之程度，曲体困难之情形，言期可行，因势利导，以蕲达夫可以

① 《江苏谘议局第一届常年会议事录》，《江苏谘议局第一年度报告》第 3 册，第 85 ~ 86 页。

实施之目的。苟绝无扞格，本部堂督策施行，亦当惟力是视。总期官民一心，日臻上理，俾江苏议会之成绩与宪政之效果，灿然可观。此鄙人区区之诚，愿于开会之始披露胸臆，以为本届开幕之祝焉。①

这里张人骏进一步强调了谘议局议政要“言期可行”，根本的落脚点是希望达到“可以实施之目的”。

这届临时会于三月二十八日闭幕，会期 20 天，共收集议案 51 件，会议结果如下：（1）已经议决案 42 件，包括督抚交令复议案 21 件、议员提议案 19 件、人民请议案 2 件；（2）议而未决案 1 件，未及提议案 4 件，毋庸提议案 4 件，均为人民请议案。②

第三届第二年度常年会。宣统二年（1910）八月二十七日，江督张人骏、苏抚程德全召集江苏谘议局全体议员开预备会。九月初一日上午，江苏谘议局第三届第二年度常年会举行开会式，张人骏、程德全及各级行政官员莅会。张人骏照例发表开会颂词，有谓：

本省谘议局成立以来，开常年会者一，开临时会者一，凡所敷陈、所建议，关系地方之利弊、政治之得失，类皆坐而能言，起而能行。今当第二年开常年会之期，使者承乏是邦，又逢盛会，得与诸君子互相讨论，孜孜求治，窃幸收群策群力之效，察众好众恶之情，开心见诚，无所隐伏，上理渐臻，其庶几乎。夫地方之利弊，政治之得失，就事迹观之，若者宜兴，若者宜革，不难凭多数之论议，以改弦而更张。迨几经研究，征诸实行，始知利弊得失，每有互相倚伏之理。有利于昔而弊生于今者，亦有

① 《江苏谘议局第二届临时会议事录》，《江苏谘议局第一年度报告》第 4 册，第 2 页。
② 《江苏谘议局第二届临时会议事录》，《江苏谘议局第一年度报告》第 4 册，第 19 页。

> 得于此而失于彼者，时有变迁，利弊得失每随而变迁，亦在诸君子之因时立言而已。诸君子以言为职，即以言职为天职，举凡利弊得失，必具真知灼见之明，始有集思广益之效。方今时局危迫，民力竭矣，九年筹备期促事繁，宜如何官绅一心，言行交顾？必也建一言而必观事理之通，斯推行可期尽利；行一事而力矫因循之弊，庶名实得以相符。咨诹咨询，求通民隐，斯则使者区区之愚，愿与诸君子交相策勉者也。①

张人骏着重强调的还是谘议局议政实施的可行性，要“因时立言”，以期达到“可行”之目的。毋庸讳言，这是一个负有实际行政责任的地方督抚应当考虑的实在问题。

这届常年会于十月二十一日闭会，会期 50 天，共收集议案 135 件，会议结果如下：（1）已经议决案 112 件，包括督抚交议案 11 件、督抚交令复议案 5 件、督抚咨询案 8 件、议员提议案 59 件、人民请议案 29 件；（2）议而未决案 2 件，为议员提议案；（3）毋庸提议案 14 件，未及审查案 7 件，均为人民请议案。②

第四届第二年度临时会。宣统三年（1911）二月初一日上午，江苏谘议局因复议宁属预算案而召开临时会，江督代表候补道虞汝钧、苏抚代表苏藩司陆钟琦及各级行政官员莅会。江督张人骏未与会，由代表虞汝钧代为宣读开会颂词。③ 这届临时会于二月二十一日闭会，会期 20 天，共收集议案 33 件，会议结果如下：（1）已经议决案 21 件，包括督抚交令复议案 1 件、督抚咨询案 2 件、议员遵章复议案 4 件、议员提议案 11 件、人民请议案 3 件；（2）未及提议案 4 件，毋

---

① 《江苏谘议局第三届第二年度常年会议事录》，《江苏谘议局第二年度报告》第 3 册，江苏谘议局，宣统三年（1911）刊本，第 3 页。

② 《江苏谘议局第三届第二年度常年会议事录》，《江苏谘议局第二年度报告》第 3 册，第 60 ~ 61 页。

③ 《苏议局临时会纪事》，《申报》宣统三年二月初四日，第 1 张后幅第 2 版。

庸提议案5件，未及审查案3件，均为人民请议案。[①]

另外，宣统三年（1911）九月初一日，江苏谘议局照例召开第五届第三年度常年会，江督张人骏到局行礼，并议定初四日开议。[②] 其时已在武昌起义之后，各地革命风潮突起，因议员到者不足数，事实上并未正常开议，不久便随苏、宁相继独立而无形解散。

第三节　张人骏与江苏谘议局的权限之争

预备立宪时期，张人骏在粤督任上参与筹备广东谘议局，又以江督名义召集开办了江苏谘议局，并亲历苏局各届会议。一方面，这是张人骏作为地方督抚筹备宪政的题中应有之义；另一方面，在此过程中，张人骏与江苏谘议局的权限之争也颇为引人注目。

关于谘议局与地方督抚的权限问题，在清廷上谕与谘议局有关章程规则中，均有相应规定，这些规定是具有法律效力的。清廷在宣布各省成立谘议局的上谕中说明了三层意思：其一，谘议局为资政院在各省相应的机构，具有地方议院性质，而由各省督抚设立的规定，又赋予了督抚更大的权力。“前经降旨于京师设立资政院，以树议院基础，但各省亦应有采取舆论之所，俾其指陈通省利弊，筹计地方治安，并为资政院储材之阶，著各省督抚均在省会速设谘议局”。其二，谘议局是各省议事机构，督抚是裁决与执行机构，并对重大事件有超乎谘议局之上的上奏之权。“凡地方应兴应革事宜，议员公同集议，候本省大吏裁夺施行，遇有重大事件，由该省督抚奏明办理”。其三，资政院与谘议局的业务关系，不能绕开督抚。“如资政院应需考查询问等事，一面行文该省督抚转饬，一面径行该局具复；该局有条议事

① 《江苏谘议局第四届第二年度临时会议案报告目次》，《江苏谘议局第二年度报告》第4册，第1页。

② 《公电》，《申报》宣统三年九月初二日，第1张第5版。

件，准其一面禀知该省督抚，一面径禀资政院查核”。[①] 谘议局与督抚虽在省级层面有议政与行政的分工，但从上谕明文规定，尤其是从“饬”与“禀”两字来看，督抚地位似应在谘议局之上。

据宪政编查馆与资政院会奏的《各省谘议局章程》，“谘议局钦遵谕旨为各省采取舆论之地，以指陈通省利病，筹计地方治安为宗旨”。谘议局的权限有如下十条：（1）应办事件十二项：议决本省应兴应革、岁出入预算、岁出入决算、税法及公债、担任义务之增加、单行章程规则之增删修改、权利之存废事件，以及选举资政院议员、申复资政院咨询、申复督抚咨询、公断和解本省自治会之争议、收受本省自治会或人民陈请建议。（2）谘议局议定可行事件，呈候督抚公布施行，若督抚不以为然，应说明原委事由，令谘议局复议。（3）谘议局议定不可行事件，得呈请督抚更正施行，若督抚不以为然，照前条办理。（4）谘议局于督抚交令复议事件，若仍执前议，督抚得将全案咨送资政院核议。（5）上述（1）所列前七项事件，应由督抚提交议案，除第二、三项外，谘议局亦得自行草具议案。（6）谘议局于本省行政事件及会议厅议决事件，如有疑问，得呈请督抚批答。若督抚认为必当秘密者，应将大致缘由声明。（7）本省督抚如有侵夺谘议局权限，或违背法律等事，谘议局得呈请资政院核办。（8）本省官绅如有纳贿及违法等事，谘议局得指明确据，呈核督抚查办。（9）凡他省与本省争论事件，谘议局得呈请督抚，咨送资政院核决。（10）上述（4）（7）（9）各事，经资政院议定后，均宜分别照行。至于督抚的权限，除了召集谘议局会议以外，主要表现在对谘议局的监督方面：（1）各省督抚有监督谘议局选举及会议之权，并于谘议局议案有裁夺施行之权。（2）谘议局有下列情事，督抚得令其停会：议事逾越权限，不受督抚劝告者；所决事件违背法律者；议员在议场有狂暴举

① 中国第一历史档案馆编《光绪宣统两朝上谕档》第33册，第219页。

动，议长不能处理者。停会之期以七日为限。（3）谘议局有下列情事，督抚得奏请解散，并将事由咨明资政院：所决事件有轻蔑朝廷情形者；所决事件有妨害国家治安者；不遵停会之命令，或屡经停会仍不悛改者；议员多数不赴召集，屡经督促仍不到会者。（4）谘议局议员解散后，督抚应同时通饬重新选举，于两个月内召集开会。[①] 根据这些规定，督抚与谘议局应当是处于相互监督地位，而从督抚可以酌情停会或解散谘议局来看，督抚的实际权力似又大于谘议局。

上述上谕与谘议局章程的有关规定，关于督抚与谘议局的权限其实并不清晰。谘议局作为民意机构，其议政的权力与效力都是模糊的。如谘议局议决所有事件，最终都得由督抚裁决或执行，其效力只能取决于督抚的态度。又如谘议局弹劾督抚，还得由资政院核办，但资政院最终又不能绕开督抚。这些内在矛盾是难以调和的。加上谘议局旨在发扬民权与民气，而督抚又实际处于强势地位，其因相互利用或误解法规，而发生权限冲突也就在所难免。如福建谘议局呈总督公文所谓："谘议局之设，在吾国为创举，世人有不尽明其性质者，往往以误解法律之故，生出权限之争。"[②] 这里所谓"误解"，既有错解之意，又有为我所用而故意曲解之意。地方督抚与立宪派在谘议局中的矛盾冲突，都是为了尽可能地扩张自己的权限而巧妙利用法规，甚至设法钻有关法规的空子。江督张人骏与江苏谘议局的权力冲突，可谓典型的例证。

在第一届常年会，江苏谘议局为了维持自己的权限与地位，曾就督抚与谘议局公牍格式提出抗议。关于谘议局与督抚等行政官署公文往来究竟用何种格式，因无明文规定，各省多向宪政编查馆询问。宪

---

① 《宪政编查馆等奏拟订各省谘议局并议员选举章程折附清单》（光绪三十四年六月二十四日），《清末筹备立宪档案史料》下册，第670、676～678、681页。

② 《声明谘议局权限呈请督部堂注意公文》，《福建谘议局第四次会议（临时会）速记录》第2号，宣统二年十一月二十九日，福建谘议局，宣统二年（1910）刊本，第31页。

政编查馆通电各省督抚与谘议局，有谓：

> 督抚署行谘议局公牍式。其专对局言者，应照章用“札”。专对议长、副议长言者，如系京堂翰林，无论局事非局事，应均用“照会”。其谘议局“呈”督抚文，应自称“本局”，称督曰“督部堂”，抚曰“抚部院”，不用“贵”字。如有与府厅州县关涉文件，应互用“移与”。司道领衔之局处，仍用“呈文”。均参照咨呈格式，惟不用“咨”字。①

宪政编查馆通电明确要求，督抚对谘议局之公牍用“札”，谘议局对督抚则用“呈”，似把两者置于上下级关系的地位。对此，各省谘议局颇不满意。江苏谘议局致电宪政编查馆抗议，有谓：

> 查公牍往来，“呈”则上达，“札”属御下。若督抚对于谘议局概用“札行”，是议局法团几等诸行政下级官厅，殊非宪政所宜。伏读上年六月二十四日上谕，谘议局为采取舆论之所，并为资政院预储议员之阶梯，议院基础即肇于此。又谓行政之权在官吏，建言之权在议员。大哉王言，昭示薄海，明定两权，尚何疑议，公牍体裁自以相当为是。若督抚于谘议局用“札”，而于京堂翰林之议长则用“照会”，是直重个人之资格而轻公共之法团，谘议局之地位从此尚能确定乎？伏乞俯赐鉴核，按照法理，明定公牍往来格式，电复施行。②

江苏谘议局于此辩解，在宪政体制下，谘议局不是督抚等行政官署的

---

① 此据《福建谘议局第一次会议速记录》第10号，宣统元年九月二十四日，福建谘议局，宣统元年（1909）刊本。

② 《江苏谘议局第一届常年会议事录》，《江苏谘议局第一年度报告》第3册，第24页。

下级官厅，其与督抚分建言与行政两权，地位应该对等，公牍行文格式理应与此相当。这个辩驳颇有说服力，但并没有改变宪政编查馆坚持用“札”的原议。宪政编查馆再次通电各省督抚与谘议局，进一步解释，有谓：

> 上年本馆通行各省文称，督抚行谘议局用“札”，系仿定例，各部札太常、鸿胪各寺、顺天府，礼部札各省学政之程式。其札文应首书“为札行事”，末书“为此札行谘议局查照，须至札者”云云，首不用“札饬”字样，末不用“札到该局，即便遵照，切切毋违，此札”字样，无庸朱标，与外省督抚札饬属员文式须有区别。特此通电，以昭划一。①

在此，宪政编查馆肯定地说明督抚“札行”谘议局的公文程式，与督抚“札饬”属员文式不同。揣摩其意，可以这样理解：前者基本是平行关系，后者才是上下级关系。于是，江苏谘议局也就不便再做计较了。

事实上，在第一届常年会上，张人骏与江苏谘议局并无太大冲突，议长张謇在闭会词中说：“举数千年未有之创局，竟能和平正大，卓然成一届议会史，官长与人民毫无龃龉痕迹，上下交尽，谁谓吾国之人程度不及，此为各省所略同，而吾省之尤可喜者。”然而，张謇并不盲目乐观，他提出了谘议局面临的两大困难：“窃谓今于谘议局为最困难时代，对于上下尚未能诚信相孚。……官民隔阂已久，有时在议会为和平立论，而行政官已觉其拂逆难堪，此一难也。至人民一方面，立宪之后，其享受幸福固多，而其经济负担亦必较重。今日需款孔殷，百端待举，恐明年交议预算案时，外顾政费，内顾民力，稍

① 《规定督抚行文谘议局之格式》，《申报》宣统元年十月初二日，第1张第4版。

一不慎，怨讟繁兴，此又一难也。”[①] 在此，张謇已敏锐地感觉到谘议局与行政官的矛盾恐难避免，以及将来审议预算案必是一大难题。在第二届临时会闭会式上，副议长蒋炳章在闭会词中肯定“此次临时会遵章办理一切，秩序远胜上年”的同时，也着重强调了审议预算案的意义与难度，有谓：“以此时遥度将来，则所可解嘲者，谓预算未经交议，议会之功用本缺而不完，以故成效亦罕。转瞬九月预算案来矣，虽交局预算之条项定自中央，各省长官且爱莫能助，然吾党所可自勉者，不在款项之难于理解，而在各地方之不囿于偏私，以廓然大公之心，支配一省行政经费，事任极重。”[②] 果然，在第二年度常年会时，以预算案为重心，江督张人骏与江苏谘议局的矛盾终得以充分暴露。

宣统二年（1910）九月，第二年度常年会开幕不久，据《申报》报道，江苏谘议局以上届公布议决各案未见实行，特向江督、苏抚具呈质问，有谓：“本局所议决之案，或公布施行，或更正施行，其责任全在行政长官。乃自上年开局以来，凡本局议决事件，即经督部堂、抚部院所批准公布者，如下开可行不可行各案，以各属议员之闻见，至今均未实行。如此漠视定章，既乖朝廷采取舆论之盛心，亦非督部堂、抚部院批准公布之初意。究竟具何理由，不能不生疑问。爰据局章第二十六条，呈请逐案批答。”随后开列实行禁烟案、永远停止彩票案等八案。[③] 限于所见史料，未知江督、苏抚如何答复。这并不重要。重要的是，此举预示着号称“向不主张激烈”[④] 的江苏谘议局之这届常年会并不会平静。其时，各省谘议局风潮迭起，尤其与督

① 《江苏谘议局第一届常年会议事录》，《江苏谘议局第一年度报告》第3册，第86～87页。

② 《江苏谘议局第二届临时会议事录》，《江苏谘议局第一年度报告》第4册，第20页。

③ 《江苏谘议局之质问案》，《申报》宣统二年九月初七日，第1张第5版。

④ 此为议长张謇在第二年度常年会闭会词中语，参见《江苏谘议局第三届第二年度常年会议事录》，《江苏谘议局第二年度报告》第3册，第61页。

抚纠纷不断。如时论所谓："谘议局上届开会，官绅冲突之事，各省鲜有所闻。今则有以停会要求代奏路事者矣，如浙省是；有以解散要求缩限禁烟者矣，如桂省是；有以停议要求提交预算者矣，如闽浙两省是。此不可谓非各省议员之进步也。记者曰：一方固由议员之进步，一方亦由各督抚视官权太重，视议员之权太轻，故演出此种种恶果也。"① 督抚与谘议局的权力之争可谓症结。

在第二年度常年会上，江苏谘议局多次提出弹劾江督违法及侵权案，与张人骏发生不同程度的矛盾冲突。以下主要略述三个案件。

（1）关于江苏饥民焚抢公司案。宣统二年（1910）三月，因上年水灾，江北海州等地发生严重饥荒，饥民遍野。其时官绅在海州南门外设厂施粥，四乡饥民迅速群聚至数万人，一时难于遍给。署海州直隶州施焕恐饥民进城滋事，下令关闭城门。有饥民二三百人就食不得，便群向海丰公司求索，他们围住公司，喧闹不已，毁栅栏，烧麻袋，甚至向内抛击砖石。不意公司里突然开枪轰击，当场击毙饥民7人，误毙旁人2名，击伤20余人。同时还发生赣丰饼油公司豆船被抢、宿迁贫民爬抢麦船囤粮及焚抢永丰公司、清江贫民滋扰大丰公司等事件。江督张人骏先后委派道员黎经诰、按察使左孝同前往调查，随即奏请将处事乖方的署海州直隶州施焕与被控主使放枪的海丰公司经理捐纳县丞许鼎馨一并革职，同时一面查拿放枪人犯，一面查拿为首滋事犯人。奉朱批："著照所请。"②

十月二十日，江苏谘议局讨论议员邵长镕呈请资政院核办江督违法案，经表决以多数通过。③ 该呈文列举张人骏办理此案有违法之处

① 《时评·其一》，《申报》宣统二年九月初七日，第1张第6版。

② 《两江总督张人骏奏为委员查明并分别办理饥民滋闹江北面粉公司致被枪毙多命情形事》（宣统二年八月二十九日），一档藏，朱批奏折，档号04－01－01－1117－025，缩微号04－01－01－171－2394。

③ 《江苏谘议局第三届第二年度常年会议事录》，《江苏谘议局第二年度报告》第3册，第59页。

五条：一是饥民焚抢公司，应“照光棍例治罪”，“为首者绞立决，为从者俱绞监候”，但江督“竟不引用此条正例，仅引无当之‘徒手爬抢，为首满徒’之文，显系故出入人罪”。二是江督奏称饥民二三百人逼近海丰公司，抛击砖石，毁栅栏，烧麻袋，“转引饥民爬抢十人以下之例，并谓系徒手行抢，且系爬抢未成，未免纵容乱民，实属弁髦法律”。三是江督既奏称饥民围攻公司，“而转谓公司轻率动手，枪毙无辜饥民，应照凶手问罪，是直视例案如弁髦，将使不法棍徒一遇歉收即可藉饥纠抢，藐视国法而不畏”。四是江督既奏称永丰公司系由棍徒煽动饥民用火油焚抢，亦不从严究办犯事之棍徒，“而转归咎于永丰之谋业不臧，自贻伊戚，是不独纵容棍徒扰乱治安，显干法律，且大背朝廷振兴实业之至意，反对宪政之进行”。五是饥民爬抢案属于民政，为巡抚职掌，又在江北提督辖区，江督理应与江苏巡抚、江北提督会同入奏，但江督单衔具奏，“亦与定制不合，未免专擅”。①

十一月十二日，资政院讨论该案，议员牟琳报告审查结果，完全同意江苏谘议局指控江督五条违法意见，其结论是：“两江总督违背法律，毫无疑义。”在议员们自由发言时，王佐良以其当时在海州城亲历为词，很为海丰公司及海州地方官抱不平，认为四五万饥民围困城池，如果公司不开枪打退，海州城不可保，江北将乱，同时海州地方官设法查拿匪类，办得平正，“致被参革，未免太冤”。议员崇芳提议，应审查滋事者究竟是饥民还是棍徒。方还肯定地说：“这事情并不是饥民。若是饥民，万不能闹到这个地步。这里若没有土匪，那里有这种事体出来?”陈懋鼎则为海丰公司辩护，认为该公司抵制洋面，收回利权，地方官应当保护，“今张督乃一味摧残，不知是何居心!”

① 《呈请资政院核办议决张督部堂违背法律案文》（十月二十二日），《江苏谘议局第三届第二年度常年会呈报议决案汇录》，《江苏谘议局第二年度报告》第1册，第75～77页。

随后表决经多数通过，照资政院章请旨裁夺。[①] 限于所见史料，未知清廷如何裁夺。还有一点值得注意，在此案中，江苏谘议局一再责难张人骏没有严惩闹事饥民，而资政院议员又强调闹事者是匪徒。有人认为江苏谘议局与资政院弹劾江督，发扬了民权，但不知这个民权之“民”究何所指，确实颇引人深思。

（2）关于江苏借债代偿商款案。宣统二年（1910）六月，上海发生橡皮公司股票风潮，市面恐慌，致正元、兆康、谦余等钱庄歇业。江督张人骏允准上海道蔡乃煌与上海总商会总理周晋镳借洋债350万两，以其中140万两代正元等三家钱庄偿还亏欠洋商之款，其余210万两存款生息，以维持市面。九月，江苏谘议局第二年度常年会召开，张人骏并不向谘议局提出此案。对此，谘议局按章向督抚提出质问：一是商人倒欠华洋各款，官可代追，不能代偿，而蔡乃煌以国家行政官厅名义借洋债代还钱庄倒欠洋款，将开恶劣先例，“设以后华洋贸易倒欠更巨，外商援例交涉，其奈之何?”二是借款维持市面，必有相关办法，今但闻借款，不知办法如何，“未识当时蔡革道面禀若何措词?此中亏折之处督部堂原奏曾否据实声叙?”三是借款既为正元等三家钱庄偿还洋款，该钱庄等“究竟有无确实抵押物件及担保凭证?设有亏短，非特江苏人民不能因此凭空增加义务，即国家亦何能无端代任损失?”[②] 其时，因上海市面恐慌，江督张人骏又赴沪借洋款300万两，以维持市面，但谘议局正开议，而并不交局议。江苏谘议局致电询问“报载借款三百万，由宁筹还，有无其事”，未蒙答复，于是又补具文牍，正式提出质问案，呈请迅予批答。[③]

---

① 《资政院第一次常年会会议速记录》第25号，宣统二年十一月十二日，清末铅印本，第62～67页。

② 《呈请督部堂、抚部院批答革道蔡乃煌息借洋债之质问案文》（九月初八日），《江苏谘议局第三届第二年度常年会呈报议决案汇录》，《江苏谘议局第二年度报告》第1册，第61～63页。

③ 《呈请督部堂批答借款维持市面质问案文》（十月初六日），《江苏谘议局第三届第二年度常年会呈报议决案汇录》，《江苏谘议局第二年度报告》第1册，第67页。

十月，张人骏批答蔡乃煌借款质问案，详叙蔡乃煌与周晋镳赴宁面禀情形，并称：“本部堂察核所论各节，尚非无据，且沪市岌岌，维持之责，原在关道，周道又为商会公举总理商情取藉以通达之人，因即准如所请奏，奉特旨允行在案。至于办理情形，自应由该道钦遵谕旨，悉心筹画，慎防流弊，敬谨从事。”① 张人骏以奏请奉旨为挡箭牌。对于借款维持市面质问案，张人骏用同样手法对付，其札文有谓：“查此案就宁省及江南各埠市情危迫，并因裕宁局为各项经费垫放饷银，为数太巨，亟应立筹填补，经本部堂于九月十一日电请军机处代奏，奉旨允行在案。”随文还附抄电奏稿。②

与此同时，江苏谘议局对于张人骏批答蔡乃煌借款质问案并不满意，认为：“督部堂仅追述当日蔡革道面禀浮混之词，未体谕旨转饬慎防流弊之意，且按照本局原呈，除第一节第二条所问当时蔡革道面禀若何措词一语确承批示外，其余有关紧要各端，亦概未按呈切实逐一答复，仍未能解释本局之疑虑。”于是继续提出质问案，逐层批驳当时蔡乃煌等蒙混面禀，指责张人骏不应借款代偿，并表示：“本局所急须呈请批答者，只在以后流弊如何杜绝？借到之款如何存放、归还？以及万一亏短，谁任偿还之责？”③

十月二十日，江苏谘议局讨论议员黄炎培提议江督违背法律并侵夺谘议局权限呈请资政院核办案，经表决以全体通过。④ 该呈文就前

---

① 《张督部堂札复已革苏松太道蔡乃煌息借洋款质问案应由该道钦遵谕旨慎防流弊文》（十月初九日），《江苏谘议局第三届第二年度常年会议决案汇录·督抚复文汇录》，《江苏谘议局第二年度报告》第2册，第22~23页。按：原书署“十一月初九日”有误，应为“十月初九日”，今改正。

② 《张督部堂札复借款维持市面质问案曾经电奏奉旨允行文》（十月十四日），《江苏谘议局第三届第二年度常年会议决案汇录·督抚复文汇录》，《江苏谘议局第二年度报告》第2册，第25~26页。

③ 《呈请督部堂、抚部院批答蔡革道息借洋债继续质问案文》（十月十六日），《江苏谘议局第三届第二年度常年会呈报议决案汇录》，《江苏谘议局第二年度报告》第1册，第68~70页。

④ 《江苏谘议局第三届第二年度常年会议事录》，《江苏谘议局第二年度报告》第3册，第58~59页。

两案提出张人骏违法与侵权问题：一是关于蔡乃煌案，张人骏身为南洋通商大臣，于华洋交涉本有专责，而不顾官吏对于华人倒欠洋款只能代追不能保偿之例规，“偏信属吏，朦奏朝廷，又以谕旨所谆饬应行恪遵者，仅诿之于属吏，而己若无与，召外交无穷之患，增财政困难之忧，实较寻常违背法律仅关内政者，情事尤重”。二是关于借款维持市面案，据张人骏札文称借款300万两，“以六年为期，本利由宁省设法匀还”，江苏谘议局认为：“此项借款既声明本利由宁筹还，是即本省公债及本省担任义务之增加事件。”时值谘议局开会之期，而竟不交局议，“使非照章呈请钧院核办，势必于谘议局应有之权限悉被侵夺”。[①]

十一月十二日，资政院讨论该案，议员方还报告审查结果，认为江督张人骏借洋款替华商还洋债，未交谘议局议决，“实在违背法律，侵夺权限，是关系全国事情”。在议员们发言中，高凌霄认为，这个事情与内政、外交均有关系，于国家前途影响非小，若官吏替商民偿还亏倒之款，一则“将来人人都可以倒款，这事情实在不了”，再则“洋商凡有亏倒，都向政府索还，不数年间，中国就可以破产”。许鼎霖详细介绍了上海橡皮公司股票风潮，以及江督张人骏借洋款内幕，认为应由江督承担责任：“现在经手借款的蔡乃煌，要他的命也无济于事，只有叫两江总督担其责任，方为正理。能如此办法，则将来督抚不至于乱借外债，亦不至于替华商还洋款。不然洋人尽问督抚索欠，督抚又尽令人民负担，后患何堪设想?”议员们多主张由江督自己担负责任，王佐良说：“江督所借此债，必得江督担任，并可限定日期归还。”易宗夔说：“这个事体实在应由该督自担责任，方是正常办法。”林绍箕说：“由该省督抚自担责任，这个办法是很好的，必要

---

① 《呈请资政院核办议决张督部堂违背法律并侵夺谘议局权限案文》（十月二十二日），《江苏谘议局第三届第二年度常年会呈报议决案汇录》，《江苏谘议局第二年度报告》第1册，第71～72页。

照这样办法方好。”随后表决，多数赞成修正后具奏。[①] 十一月二十三日，资政院据情上奏，并没有提出具体处理意见，只是照章请旨裁夺。限于所见史料，不知清廷如何裁夺。在现存中国第一历史档案馆所藏资政院奏折有一个附件，认为第一次借款“全系蔡乃煌一人之咎，江督特受其朦蔽耳”；第二次借款“似近地方公债，而究实外债，江督为维持长江一带市面，情势紧迫，奉旨系为大局起见，允从照办，不得以未及交议为江督咎也”。[②] 几乎全为张人骏辩护。不知出自何人手笔，待考。

（3）关于宁属预算案。按照预备立宪逐年筹备事宜清单，宣统二年（1910）试办各省预算决算。有鉴于此，各省谘议局第二年度常年会召开后，便纷纷要求地方督抚提交宣统三年（1911）预算案，以供审议，甚至不惜以停议相争。据《申报》报道：“浙省谘议局以官厅不交预算案，显违定章，致国家税与地方税混淆不分，人民担负日重，脂膏将绝。谘议局代表舆论，决议联合各省谘议局力争，争而不获，各省同时停议。”随即分电各省，得到闽、湘等省回电支持。[③] 福建谘议局的《预算提出时期质问案》认为：“夫谘议局者，根据谘议局章程而为宪政之基础者也。无预算，则谘议局章程不足恃，是无谘议局也。”在讨论此案时，议员刘崇佑更是直接宣称：“有预算始有谘议局，无预算是无谘议局也。”[④] 预算案成为风潮并不足怪。

九月初三日，江苏谘议局讨论各省谘议局联合会关于预算之通告书，以及闽、湘两局关于预算两电，有议员提议“即日呈明督抚本局

① 《资政院第一次常年会会议速记录》第25号，宣统二年十一月十二日，第51～59页。

② 《资政院总裁溥伦奏报核办张人骏借外债侵权违法案事》（宣统二年十一月二十三日），一档藏，朱批奏折·附件一，档号04－01－35－0879－028，缩微号04－01－35－046－0489。

③ 《各省谘议局联合请交预算案》，《申报》宣统二年九月初六日，第1张第3版。

④ 《福建谘议局第二次会议速记录》第2号，宣统二年九月初三日，福建谘议局，宣统二年（1910）刊本。

于九月二十日以后专待议决预算案”，经表决全体通过。[①] 因江苏有总督与巡抚两个行政中心，预算案也分宁属与苏属。九月二十日，江苏谘议局先将苏抚程德全交议苏属试办宣统三年预算案开第一读会。江督张人骏于九月二十五日才把宁属预算案交谘议局。十月初三日，江苏谘议局为宁属预算案补行第一读会。十月十九日，又开宁属预算案第二读会。十月二十日，续开宁属预算案第二读会，接着开第三读会，与苏属预算案同时完成审议，并经表决以全体通过。[②] 查江苏谘议局第二年度常年会议案报告，在第一类“已经议决案”下“督抚交议案”的第四项，就是“宁属宣统三年预算案（督），汇集他案修正后可决”。[③] 可见，江苏谘议局第二年度常年会已议决宁属预算案。那种指责张人骏不知预算为何物而迟迟不交预算案的说法，与事实不尽相符。

事实上，张人骏在江苏谘议局第二年度常年会开会当初，已将筹办宁属预算情形奏报清廷。值得注意的一点是，他特别强调江南财政的困难，有谓：“财政为庶政之基，而江南财政头绪纷赜，清理不易，预算尤难。臣上年六月抵任，详加考察，始知外负财赋之名，内处困难之实，非及时梳剔，就事裁减，势将坐困。当即明定功过，切实督催。”张人骏莅任江督后，便一直在清理财政，与此同时也筹计宁属预算。据清理财政局遵限呈报试办宣统三年预算册表，统计岁入银2574万余两，岁出银约2680万两，出入相抵计尚不敷银106万余两。经张人骏核实，剔除若干岁入浮费，实计不敷银约150万两，而筹办新政费用尚不在内。度支部电咨指令裁减归并150万两，张人骏先拟

---

① 《江苏谘议局第三届第二年度常年会议事录》，《江苏谘议局第二年度报告》第3册，第10页。

② 《江苏谘议局第三届第二年度常年会议事录》，《江苏谘议局第二年度报告》第3册，第30、39、53、55、58页。

③ 《江苏谘议局第三届第二年度常年会议案报告目次》，《江苏谘议局第二年度报告》第1册，第1页。

将总督衙门经费裁减7万余两，以为表率，各衙门局所相继设法裁减，共计95万余两，仍不敷银50余万两。“如此大加撙节，庶事已成欲窒之机，即欲竭力搜罗，民力亦有难胜之势，况新政筹备需款尤多，非仅筹补五十万，即能敷来年之用。”① 随后，张人骏又将此案交谘议局审议。谘议局多有删减增补，计删减30余项，约银51万两；增加10余项，约银10万两。谘议局审议之后，又呈请江督于10日内公布施行，但文册送到时已在该局闭会后20余日，而各主管局所纷呈窒碍难行情形，甚至有具禀争执者，这使张人骏颇感为难。该案未及宣布，而谘议局请开临时会讨论，张人骏只好允准。宣统三年（1911）二月初一日，江苏谘议局临时会召开，张人骏札派各主管员绅赴局陈述意见，遭到谘议局拒阻。谘议局复议宁属预算案，继续删减增补，并将议决案再交江督张人骏公布施行。张人骏深感碍难实行，有谓：“若如局议预算案迁就成立，势必穷于应付。”“当此预备立宪之时，诚宜上下一体，共支大局。议员等持论如此，似于目下帑藏竭蹶实情，茫未计及。按局章第二十四条、第二十九条所载，自不能再令该局复议。”② 张人骏作为总督大员，着重考虑的是财政实情，而谘议局作为民意机构，则旨在发扬民权，表达民意，两者于虚实两端，矛盾在所难免。

由于对于江苏谘议局临时会复议的议决案并不满意，张人骏也就不急于公布宁属预算案。江苏谘议局具呈催请张人骏公布施行，“俾预算案不至消灭于若无若有之中，庶重宪政”。张人骏札复称：“查各省预算案亦尚多未成立，诚以初次试办，不能不审慎于始，未便徒恃理想，转忽事实，以致舛错窒碍。其预算案未经成立之先，自应暂照

① 《两江总督张人骏奏报江南清理财政试办预算情形事》（宣统二年九月初二日），一档藏，朱批奏折，档号04－01－35－1097－029，缩微号04－01－35－054－0689。

② 《两江总督张人骏奏报江苏谘议局办理决议预算行政经费情形事》（宣统三年四月初九日），一档藏，朱批奏折，档号04－01－35－1098－009，缩微号04－01－35－054－0776。

上年之案办理。”并表示将送资政院核办。江苏谘议局于四月初三日开协议会，以为“复议预算得此结果，实无以对全省父老”，遂公决议长、副议长、常驻议员全体引咎辞职，即日出局。[①] 随后，其他议员也相继宣布辞职。

江苏谘议局因争执预算案，竟以辞职与行政官相对抗，江督张人骏据情电请军机处代奏，得旨：“谘议局议决本省预算，只能议减实在浮滥之款，若强为增删移补，即属逾越权限。况该局呈内措辞，以责难国家行政经费，腾出地方行政经费为要旨，是竟涉及国家行政经费，尤为不合。岂得以违章辞职相要挟？督抚有行政之责，原应彼此和衷定议，倘竟不服劝告，亦自应照章办理，未便迁就。著张人骏明白剀切示谕该局，一切务须遵守定章，不得逾越权限，倘仍不受该督之劝告，应即奏明请旨裁夺。”[②] 在此，清廷明显支持张人骏。

然而，江苏谘议局议员辞职，引起了轩然大波，不仅得到江苏士绅的支持，如有江苏预算维持会的成立，而且得到其他各省谘议局的支持，他们纷纷致电以表声援。江苏同乡京官在江苏会馆开会，控诉江督破坏预算，有谓：“江督反对宪法，为全国之公敌，对于江苏谘议局，早有破坏之决心，而又不欲明犯众怒，特借预算诬陷议员，仅以一面之词怂动政府，意在借政府解散议员，使人民归怨政府，而自居于无可指摘之地位。”[③] 其时，张謇缘事进京，在被摄政王载沣召见时，详陈江苏谘议局议员辞职原因，据说“摄政王拟饬内阁电致江督，速将预算颁布施行”。[④] 在各方面的压力下，江督张人骏与苏抚程德全公布了试办宣统三年江苏预算全案。七月二十日，江苏谘议局集议公决，议长、副议长、常驻议员先行复职，即日到局任事，预备九

---

① 《苏谘议局之大纪念日》，《申报》宣统三年四月初七日，第1张后幅第2版。

② 《竟听江苏谘议局解散耶》，《申报》宣统三年四月十五日，第1张第4版。

③ 《江苏京官大会纪事》，《申报》宣统三年五月初二日，第1张第5版。

④ 《专电》，《申报》宣统三年五月十八日，第1张第4版。

月大会事宜。[1] 江苏谘议局争执预算案风波就此结束。

关于地方督抚与立宪派在谘议局的政争，以往论者多以立宪派为民权的代表，地方督抚为专制的象征，因而有意无意地褒扬前者，而贬抑后者。其实，从上述张人骏与江苏谘议局政争的事例看来，可以得出如下两点新的认识：其一，谘议局作为民意机构，以谘议局议员为代表的立宪派固然有代表民意，发扬民权的一面，但这个民意与民权之“民”究竟是何所指，值得具体分疏。在上述江苏饥民焚抢公司案中，谘议局就站在了饥民的对立面，如果说议员们也在发扬民权，表达民意，那么这里所谓的“民”，显然是与“绅”画等号的。其二，论者往往把地方督抚与立宪派的政争，看作思想观念的保守与进步之争，在上述江苏借债代偿商款案与宁属预算案中，江督张人骏常被论者指斥为对宪政无知的顽固鄙陋之徒，实际上与事实并不相符。其实关键是权力之争，地方督抚与立宪派的矛盾，与其说是思想观念之争，毋宁说是预备立宪时期行政权限与议政权限尚未分割清晰的必然冲突。在历史研究中，任何简单的褒贬都是苍白的，只有鲜活的事实才能显出常新的魅力。

---

① 《江苏议员复职之宣言》，《申报》宣统三年七月二十三日，第 1 张后幅第 2 版。

第十章

地方督抚、立宪派与清廷之间的权力博弈：围绕国会请愿与责任内阁制问题的探讨

丙午官制改革后，在光宣之际的政局变动中，国会与责任内阁制虽不时地被人提及，但仅仅限于建言方面，其制度建设并没有实质性的进展。国会与责任内阁制最终被纳入清廷预备立宪的议事日程，还得归功于由立宪派倡导而地方督抚积极参与的国会请愿运动。本书通过系统考察国会请愿运动过程中地方督抚、立宪派与清廷内部各派政治势力，围绕国会与责任内阁制问题的明争暗斗，力图揭示预备立宪时期西方宪政制度移植到近代中国之所以举步维艰，是因为其深受各种政治势力权力与利益关系的制约，这是一个关键的因素。

第一节　立宪派、地方督抚请愿国会与责任内阁制

清末国会请愿运动是立宪派发动起来的。立宪派从力争参政的政

治目的出发，关注的主要是国会，同时也相应地提出了责任内阁制问题。立宪派领袖张謇等人在筹议速开国会之初，就曾相应地考虑到了设立责任内阁的问题。宣统元年（1909）八月三十日，张謇与江苏巡抚瑞澂和立宪派人士雷奋（继兴）、杨廷栋（翼之）、孟昭常（庸生）、许鼎霖（久香）商议，由瑞澂“联合督、抚请速组织责任内阁”，由张謇领导的江苏谘议局“联合奉、黑、吉、直、东、浙、闽、粤、桂、皖、赣、湘、鄂”共计十四省谘议局请速开国会，并决定由杨廷栋、方还（唯一）、孟昭常三人分头行动。随后，张謇又应汤寿潜邀约，“为陈国会及内阁之要”，亲自到杭州面晤浙江巡抚增韫，取得了增韫的支持，“增极表与瑞同意”。同时，张謇又与浙江立宪派人士王清穆（丹揆）、汤寿潜（蛰先）、蒋汝藻（孟蘋）等人共论时局，商讨救亡之策。[①] 值得注意的一点是，张謇等人在此很自然地把请速组织责任内阁的重任分给了地方督抚，而立宪派则自觉地承担了请速开国会的任务。经过多方面的联络，各省谘议局代表于十月初齐集上海预备立宪公会事务所，会议请愿速开国会事宜。据张謇的观察，各省代表立言虽有激烈与和平之异，但宗旨则一，主张爱国救亡，在请速开国会与组织责任内阁方面“不谋而同”，基本达成共识。[②]

立宪派虽然经常把国会与内阁并提，但其主要还是关注速开国会。宣统元年十二月初六日，立宪派第一次国会请愿书由孙洪伊领衔具呈都察院。其中心旨意“在乎速开国会而已”。关于国会与内阁的关系，有云：“有国会，则与之对待之责任内阁始能成立。国会有议政之权，然后内阁得尽其职务；内阁负全国之责，然后皇上益处于尊荣。”八旗士民文耀等人的请愿书也认为：“如使国会成立，则责任内

① 《日记》，《张謇全集》第6卷，第625、626页。

② 《请速开国会建设责任内阁以图补救意见书》，《张謇全集》第1卷，第135页。

阁亦必与之俱立。以国会监督内阁，而放弃责任之弊去；以内阁统一庶政，而尽心职守之力生。”① 宣统二年（1910）五月初十日，国会请愿代表第二次上呈都察院10份请愿书，则主要是请愿速开国会，而较少涉及责任内阁问题，仅在稍后上政府书中提及：“无国会，其始也，则责任内阁无所倚重，不能成立。”② 九月初七日，国会请愿代表孙洪伊等第三次上书请愿速开国会，这次上书呈送资政院，对于国会与责任内阁的关系则做了较为详细的说明。有谓：“洪伊等以为筹备宪政之实之所以不举者，皆坐无国会而已。何也？盖立宪之真精神，首在有统一行政之机关，凡百设施，悉负责任，而无或诿过于君上，所谓责任内阁者是也。责任内阁何以名？以其对于国会负责任而名之也。是故有责任内阁谓之宪政，无责任内阁谓之非宪政；有国会则有责任内阁，无国会则无责任内阁。责任内阁者，宪政之本也；国会者，又其本之本也。”③ 在立宪派联合请愿的同时，各省谘议局及立宪团体还纷纷向地方督抚或直接致电军机处请愿。例如，九月二十六日，四川谘议局呈请四川总督致电军机处代奏，有谓：“责任内阁不立，无统一政治之方针，内政无由饬也；国会不速开，无代表舆论参与立法之机关，民志无由固也。内阁立矣，而无国会与之对待，责任不明，辅弼不厚，而内阁终无所得力，则其枢纽又全在国会。”④ 显然，立宪派虽然认为国会与内阁不可分立，但其实际上是将国会置于

① 《都察院代递孙洪伊等吁恳速开国会呈》《都察院代递文耀等吁恳速开国会呈》，《东方杂志》第7年第1期，宣统二年正月二十五日。

② 《请愿国会谘议局代表孙洪伊绅民代表李长生东三省绅民代表乔占九旗籍代表文耀教育会代表雷奋江苏教育会代表姚文枬商会代表沈懋昭上海苏州商会代表杭祖良政治团体代表余德元南洋暨澳洲华侨代表陆乃翔等公上政府书》，《国会请愿代表第二次呈都察院代奏书汇录》，中国社会科学院近代史研究所图书馆藏铅印本，第46页。

③ 《国会请愿代表孙洪伊等上资政院书》，《申报》宣统二年九月十六日，第1张第2～3版。

④ 《收四川总督致军机处请代奏电》，中国第一历史档案馆编《清代军机处电报档汇编》第32册，第534～535页。

内阁之上的。

在立宪派的国会请愿运动中，地方督抚则积极倡导设立责任内阁。第一次国会请愿时期，吉林巡抚陈昭常率先奏请从速组织责任内阁。他说："今欲更张百度，咸与维新，莫如裁撤军机处，设立责任内阁，以各部大臣组织之，其上置一总理大臣，以统一各部。苟有失政，则全内阁之大臣连带以负责任，庶功过皆有所归，而庶绩自以日理。"① 第二次国会请愿时期，署理两广总督袁树勋又奏请建立责任政府，认为政府"欲负责任，必自组织内阁始"。② 云贵总督李经羲则上奏认为，中国筹备宪政多年而无成效，"实因无责任内阁制度"。通过详细剖析有无责任内阁的利弊得失，恳请"皇上乾纲独断，亲简大臣，组织责任内阁，使各部尚书同为内阁之大臣，即以新设之内阁为全国行政之总汇"。③ 当然，清政府最终将责任内阁制纳入筹备宪政的范围，主要是因为第三次国会请愿运动中地方督抚的联衔会奏，以及其他各派政治势力交互作用的结果。

地方督抚为什么会如此积极倡导责任内阁制？大致而言，主要有内外两方面的原因：外因是民族危机。其时，列强密谋瓜分中国，尤其是东北与西南边境地区，时刻面临着日本、俄国与英国等侵略扩张势力的威胁与渗透，时局颇为危急。东三省总督锡良与云贵总督李经羲之所以能挺身而出，成为第三次国会请愿运动时地方督抚联衔会奏的领袖人物，即与此密切相关。同样，吉林巡抚陈昭常也是感同身受。他说："臣顾以设立责任内阁为请者，实因目击时局之艰危日甚一日，非著手于政治之根本无以图宪政之实行，非力求夫宪政之实行无以系天下之人望。国家安危之机，决于人心之向背，若再迟疑而不

---

① 《陈昭常奏设责任内阁折》，中国第二历史档案馆编《中华民国史档案资料汇编》第1辑，第122页。

② 《署粤督袁树勋奏中央集权宜先有责任政府及监察机关折》，《国风报》第1年第13号，宣统二年五月十一日。

③ 《滇督李经羲请设责任内阁折》，《国风报》第1年第15号，宣统二年六月初一日。

决，恐非时势之所宜。”[①] 当然，这也是立宪派请愿速开国会的导因。正如张謇所说：“昌言瓜分中国之说，二年前曾一见于德报。日人之图统监中国，则于其大隈重信饯别伊藤博文统监朝鲜时昌言之；亦见日报。……今年则日人占筑安奉铁路发见后，又有占及吉长之说。未几又有传说东西列强在海牙公会，密议对待中国政策三条，其最后为统监财政；前两条盖不忍言。……欲求一非枪、非炮、非舰、非雷而可使列强稍稍有所顾忌者，实无其策。于是拟请速开国会及组织责任内阁之议，各行省乃不谋而同。”[②]

内因则是中央与地方的权力矛盾。载沣监国摄政以后，便加紧中央集权，尤其是集权皇族亲贵，其中利用预备立宪削弱地方督抚的权力以收归中央，是其重要的环节。这样便引起了地方督抚的强烈不满与抗争。如陈昭常所谓：“议者或谓今日为预备立宪之时代，宜收地方之权力，集之于中央。于是学部则统辖提学司焉，农工商部则统辖劝业道焉，民政部则统辖民政司或巡警道焉，度支部则统辖度支司或藩司焉，法部则统辖提法司或臬司焉。不辨明政务之统系，而欲以中央之权力，支配各地方之官吏，在督抚固窃议其侵权，在中央亦实力有未逮。”[③]袁树勋与李经羲的奏折则更是直指中央集权，如时论所云：“袁、李二督深慨今日国是之纷纭、政令之错杂，一切措施动皆责成于督抚，而督抚之权日见削夺，动则掣肘，不足以举职而图功，乃谋建立统一之机关，以期中外之协洽。袁督之奏于中央地方之权限，尤反复三致意焉。彼其用意之所在，固欲争中央地方之权限。”[④] 对此，梁启超有

① 《陈昭常奏设责任内阁折》，中国第二历史档案馆编《中华民国史档案资料汇编》第1辑，第124页。

② 《请速开国会建设责任内阁以图补救意见书》，《张謇全集》第1卷，第134～135页。

③ 《陈昭常奏设责任内阁折》，中国第二历史档案馆编《中华民国史档案资料汇编》第1辑，第122～123页。

④ 长舆：《粤督滇督请立责任内阁折书后》，《国风报》第1年第15号，宣统二年六月初一日。

更恰切的分析："自一二年来假筹备宪政之名，行似是而非之集权政策，而督抚始不可为矣。督抚失职不平，渐奋起而与中央争。争之不能胜也，乃反其本。于是责任内阁之重要，渐为督抚中之贤者所同认。"[①]

可见，以组织责任内阁为先导的宪政改革，便是地方督抚力图救亡的要策并用以对抗清廷中央集权的利器。其实，这个主张有一个内在的矛盾：一方面，地方督抚从挽救民族危机与加强内政改革的角度出发，主张建立责任内阁，是希望建立强有力的统一的中央政府，以加强中央政府的权威；另一方面，地方督抚从维护自身权利的角度出发，又有反对清廷中央集权的目的。同时，满族亲贵接受责任内阁制主张时，则又有另外的目的，他们其实是希望以责任内阁的形式加强中央集权；而满族亲贵内部也因此而派系林立，争斗不已。这恰恰有悖于地方督抚的初衷。这些权力与利益关系的矛盾纠葛，直接影响了清廷有关责任内阁制的决策进程与实施后果。

在责任内阁与国会的关系问题上，虽然地方督抚与立宪派各有偏重，但在两者密不可分的认识上则是一致的。如李经羲所谓："二者如车两轮，如鸟两翼。"[②] 因此，如果说地方督抚自觉加入国会请愿的行列而壮大了运动的阵势，那么也可以说，正是声势浩大的国会请愿运动直接催生了责任内阁制。

正在立宪派筹划第三次国会请愿运动时，地方督抚也开始了策动联衔会奏速设责任内阁与速开国会的行动。关于督抚商议联衔会奏责任内阁与国会的具体过程，学界已有相关论著做了系统的论述，[③] 基

① 梁启超：《为国会期限问题敬告国人》，《饮冰室合集》文集之二十三，第 18 页。

② 《滇督李经羲恳请速设内阁国会详加解释折》，《国风报》第 1 年第 29 号，宣统二年十月二十一日。

③ 参见张玉法《清季的立宪团体》，第 438～440 页；侯宜杰《二十世纪初中国政治改革风潮——清末立宪运动史》，第 312～315 页；韦庆远、高放、刘文源《清末宪政史》，第 330～334 页；李振武《督抚与请愿速开国会运动》，中国史学会编《辛亥革命与 20 世纪的中国》上册，中央文献出版社，2002，第 70～79 页。

本的史实是清楚的。本书拟略加概述如下：宣统二年（1910）八月初五日，云贵总督李经羲在遵旨议复御史赵炳麟确定行政经费折和湖北布政使王乃征酌分筹备宪政缓急折时，通电各省督抚，提议各就宪政根本问题条陈建策。当时，恰值东三省总督锡良与湖广总督瑞澂在京陛见。因日俄协约与日本吞并韩国，致使东北边境面临存亡危机，锡、瑞二督正与政府诸公密谋救亡要策。他们在向清廷密陈借债筑路的救亡大计之后，又在回复李经羲的通电时将此精神通告各省督抚。对此，各督抚多不以为然。两江总督张人骏与直隶总督陈夔龙明确地表示反对，两广总督袁树勋与山东巡抚孙宝琦等人则虽表同情，但提出了更重要的责任内阁与国会问题。八月十九日，李经羲再次通电各省督抚，表示赞同袁树勋与孙宝琦等人的设立责任内阁与开国会的主张，并建议由锡良、瑞澂与广西巡抚张鸣岐主稿，各督抚联衔会奏。随后，由于瑞澂的提议，以李经羲为发起之人，[①] 遂被各省督抚推为会奏的领衔和主稿者。但是，由于枢府有人致电阻挠，李经羲不愿领衔，而仅任主稿，于是各督抚又公推锡良与瑞澂领衔。李经羲与各省督抚经过一个多月的反复筹商，终于拟定折稿。九月二十三日，东三省总督锡良、湖广总督瑞澂、两广总督袁树勋、云贵总督李经羲、伊犁将军广福、察哈尔都统溥良、吉林巡抚陈昭常、黑龙江巡抚周树模、江苏巡抚程德全、安徽巡抚朱家宝、山东巡抚孙宝琦、山西巡抚丁宝铨、河南巡抚宝棻、新疆巡抚联魁、浙江巡抚增韫、江西巡抚冯汝骙、湖南巡抚杨文鼎、广西巡抚张鸣岐、贵州巡抚庞鸿书联衔电请军机处代奏，主张责任内阁与国会同时并进，所谓“舍此则主脑不立，宪政别无着手之方；缺一则辅车无依，阁会均有踰［逾］辙之

① 《时报》与《申报》均有一则所谓“滇督李仲帅、晋抚丁衡帅发起联合各省督抚奏请速组织内阁与速开国会”的类似报道。参见《责任内阁之波折》，《时报》宣统二年九月十六日，第2版；《空中之国会与责任内阁》，《申报》宣统二年九月十六日，第1张第3版。按：山西巡抚丁宝铨是否也是发起人的问题，未见其他史料。待考。

害”，因而恳请“立即组织内阁”和“明年开设国会”。[①] 时论认为：此奏“仅洋洋千言，而二者之利害得失毕陈无遗，文体尤明白整练，实为最近之大手笔”。[②]

如上所述，虽有多数督抚主张速设内阁和速开国会，但也有少数督抚表示反对，如两江总督张人骏、直隶总督陈夔龙、陕甘总督长庚和陕西巡抚恩寿。张人骏向以保守著称，对于立宪与国会运动始终深闭固拒。[③] 与张人骏一样，长庚也是明确反对内阁与国会的。据报载，“甘督长庚电奏阻开国会内阁，谓祖宗成法，万不可废”。[④] “甘督张［长］庚阻挠国会、破坏宪法，实为升允第二”。[⑤] 至于陈夔龙与恩寿，也都是旧派中人。如陈夔龙自称：“一不联络新学家，二不敷衍留学生，三不延纳假名士”；“盖自示为保守一派，而不赞成并时之号为时髦督抚一流，争藉所谓新政以出风头者也”。[⑥] 他们本来对于内阁与国会问题持消极的态度，但在庆亲王奕劻的暗示下单衔具奏，提出先设内阁后开国会的主张（原因详后）。恩寿奏称“责任内阁尤急于开国会之先”，认为先设内阁后开国会，“似较同时并进略有把握。若阁会并举，窃虞缓急无方，先后失序”。[⑦] 陈夔龙也认为：“国会与内阁双方并进，虽有辅车相依之势，然事有先后，必宜循序渐进，非可

---

① 《各督抚请设内阁国会之章奏》，《申报》宣统二年十月初一日，第1张第4、5版。各省督抚往返电商的基本资料有：《各省督抚筹商要政电》《续录各省督抚筹商内阁国会电》，分见《国风报》第1年第26、27号，宣统二年九月二十一日、十月初一日；《各省督抚会商要政电》《补录各省督抚会商要政电》，分见《东方杂志》第7年第10、11期，宣统二年十月二十五日、十一月二十五日；《各督抚磋商国会内阁要求电》，《申报》宣统二年九月二十二日，第1张第3版；《庞鸿书讨论立宪电文》，《近代史资料》总59号，第44~96页。

② 《国会之大跃动》，《时报》宣统二年十月初二日，第2版。

③ 详见本书第九章。

④ 《专电·北京》，《申报》宣统二年十月初一日，第1张第3版。

⑤ 《专电·北京电》，《民立报》宣统二年十月初二日，第2页。

⑥ 陈夔龙：《梦蕉亭杂记》，第6页；徐一士：《一士类稿·谈陈夔龙》，荣孟源、章伯锋主编《近代稗海》第2辑，第185页。

⑦ 《恩寿阻挠国会之电奏》，《时报》宣统二年十月初四日，第2版；又见《恩寿亦阻挠国会耶》，《申报》宣统二年十月初四日，第1张第3版。

一蹴而几［成］。”他甚至更加明确地主张“先于明年设立责任内阁”，而以宣统五年“为召集国会之期”。[①] 这种先设内阁而缓开国会的主张，显然与锡良等人联衔会奏阁会并进的精神大异其趣。

其时，舆论纷传宣统五年召集国会之说，督抚们颇为着急。“各督抚之赞成国会者，闻缩短三年之说，则皆持急进主义，而电请速开，其意见转无不合”。[②] 九月二十四日，陈昭常读到陈夔龙“欲先立内阁，缓开国会”的电奏内容后，当即通电各省督抚，予以逐层驳斥，坚持“国会一日不开，内阁仍一日不固”，并希望仍由李经羲主稿，各督抚再次联衔会奏，“再申不必缓期之请”。李经羲则一面将陈昭常的电稿“略加润色，急电枢府，请其决择主持”，一面又据各督抚来电再嘱锡良“主稿联奏”。九月三十日，锡良会列各督抚衔连夜加急再次电请军机处代奏，批驳了“先立内阁，迟至宣统五年乃行召集国会”的主张，仍然坚持“内阁、国会同时并举”。[③] 这次电奏，增加了上次尚未列衔的闽浙总督松寿和四川总督赵尔巽，但未列张鸣岐、宝棻、广福等人之名。

在以各省谘议局议员为代表的地方立宪派发动的第三次国会请愿运动中，地方督抚将责任内阁提到与国会同样重要的位置，使运动的目标由速开国会发展到内阁与国会并举从速的方向。这无疑是地方立宪派与地方督抚合力作用的结果。下面拟进一步考察其他政治势力的态度与行为。

---

① 《直督陈夔龙请先设内阁电》，《国风报》第1年第27号，宣统二年十月初一日。按：引文中“成”字据陈夔龙电校改。参见《天津督帅陈来电》，《庞鸿书讨论立宪电文》，《近代史资料》总59号，第57页。

② 《论各督抚第二次电请速开国会》，《申报》宣统二年十月初十日，第1张第2版。

③ 《吉林抚台陈来电》《云南督帅李来电》《盛京督帅锡来电》，《庞鸿书讨论立宪电文》，《近代史资料》总59号，第58～61页。又见《各省督抚第二次联衔奏请国会内阁同时设立电》，《国风报》第1年第27号，宣统二年十月初一日；《各督抚第二次联请速开国会》，《申报》宣统二年十月初九日，第1张第4、5版；《各省再请阁会电》，《民立报》宣统二年十月初十日，第2页。

首先看资政院。资政院人员结构复杂，但其中坚力量也是立宪派人士。第三次国会请愿时期，请愿代表分别以顺直各谘议局、各省人民代表孙洪伊和华侨代表汤觉顿等名义，上呈资政院三份说帖，陈请速开国会。资政院中尤以其立宪派议员对此非常重视。他们认为这是资政院应议的“根本问题”，如易宗夔所谓“根本上的问题就是速开国会，当此存亡危急之秋，惟国会可以救亡”。他们甚至一再提请议长改定议事日表，要求“即行讨论”速开国会事件。[①] 九月二十日和二十四日，资政院两次会议全体与会议员一致通过速开国会案和请速开国会具奏稿。这期间，议员罗杰虽然提及“非国会与责任内阁对待，不足以促其负责任”，[②] 但并没有对责任内阁问题多加讨论。二十六日，资政院正、副议长溥伦、沈家本将折稿具奏，明确提出“提前设立上下议院”的主张，关于国会与内阁的关系，只是转述了各省人民代表孙洪伊等在请愿书中的说法：宪政必有国会与责任内阁，责任内阁是宪政的根本，国会又是根本的根本。[③] 可见，与以各省谘议局议员为代表的地方立宪派相似，虽然资政院此时关注的重点也是国会而不是内阁，但国会当与内阁并行的精神是蕴含其中的。

再看御史等京官。丙午官制改革时，京朝各官对于奕劻、袁世凯势力的责任内阁制主张是持强烈反对态度的。他们之所以如此，除了出于自身的权利与出路考虑之外，还针对奕劻、袁世凯企图专权的行为。值得注意的一点是，当时御史赵炳麟等人就提出了议院与内阁并行，用议院监督责任内阁的思想。其实，这也是赵炳麟对于内阁与国会关系问题的一贯思想。宣统二年（1910）八月十七日，赵炳麟又奏请“确立监督机关”和“组织责任政府”。他说：“臣于光绪三十二

① 详见《资政院第一次常年会会议速记录》第 7、8 号，第 38、4～5 页，宣统二年九月十五、十七日。

② 《资政院第一次常年会会议速记录》第 9 号，第 44 页，宣统二年九月二十日。

③ 《补录资政院请开国会奏稿》，《申报》宣统二年十月初十、十一日，第 1 张第 3 版。

年七八月间，曾连疏论内阁总理流弊，惟当时资政院未成立，政府无对待之机关，不能不防其专擅。今资政院既成立，国会如再酌定召集，则监督机关渐能确立，组织政府代受责备，此不可缓之事也。”[①] 此疏留中。与御史赵炳麟坚持一贯的政治主张不太一样，侍读学士恽毓鼎则是因激于时事转而赞成开国会的。他在日记中叙述撰写速开国会疏的情形时说：“当士民之初次陈请也（在光绪三十四年），余颇病其骤。今年觉内治之凌杂腐败，外患之迫近鸱张，实有儳焉不能终日之势，更不能待九年。闻各督抚欲联衔电请，而京朝堂上官尚无发其端者，余将以此疏为先声也。”[②] 九月二十四日，恽毓鼎奏请速开国会，驳斥了开国会将使政府丧失主权和民气嚣张，以及所谓人民智识程度不足的谬论。[③] 当然，恽毓鼎的奏疏并不是如他自己所谓京朝各官的“先声”。上述赵炳麟的奏疏就早一个多月，也许是因为“留中”而未为恽氏所见。比赵炳麟更早的，还有度支部主事邓孝可上都察院代奏呈稿。他认为，由于日俄协约而时局危迫，救亡之第一着手要策为改革行政机关，即设立责任内阁。“责任内阁以一大臣为总理，合各部大臣组织之。内阁制成，则合全国政事于一阁而共为谋，非散全国政事于各部而各为计。事有统属，责有攸归。近日内外臣工言内阁制者纷如，此吾国万政所自出，幸摄政王早断而行之”。同时，他又主张开国会为监督机关。“国会于协赞立法外，有上奏、建议、质问诸权。其关于行政事件，国会殆无一不可发表其意见。此国会之普通性，各国之所同也。故国会者，实监督行政者之机关”。[④] 当然，京朝官中也有反对者，御史胡思敬可为代表。九月二十五日，胡思敬上奏，从根本上反对立宪。他将丙午改官制以来的一切弊端归咎于立宪

① 赵炳麟：《陈明管见疏》，《谏院奏事录》卷6，《赵柏岩集》，第54～55页。

② 史晓风整理《恽毓鼎澄斋日记》第2册，第506页。

③ 《恽学士亦请速开国会》，《申报》宣统二年十月初四日，第1张第3版。

④ 《度支部主事邓孝可为时局危迫泣恳都察院代奏呈》，《申报》宣统二年八月十一至十六日，第1张第2、3版。

与新政，所谓“立宪为倒行逆施之道”。为此，他特地筹拟三策：上策为取消九年预备立宪清单，停办新政，明谕申饬不得请开国会；中策为停办新政，徇资政院之请明年九月召集国会，两年后国会无弊再设内阁，如无补于国计民生则遣散闭会；下策为改正筹备立宪清单，缩短立宪期限二三年，以塞资政院之口。[①] 据报载，“胡侍御反对国会折，系某巨公授意。昨经代表团探悉底蕴，切求伦贝子吁请摄政王弗为所惑。贝子亦愤甚，允俟召见时尽力剖陈”。[②] 显然，像胡思敬这样明目张胆反对国会者毕竟已是少数，但其背后的政治势力则不可小视。

驻外使节也是一股不容忽视的力量。据报道，政务处王大臣会议设立责任内阁事宜时，曾要求“某提调检查各省条奏文件，并出使英法日俄各大臣报告底稿等类，分别呈阅”。[③] 可见，不仅是各省督抚，而且驻外使节的建言也是清廷高层决策的重要参照依据。

当然，最关键的还是清政府中的王公大臣。面对各种政治势力呼吁速设责任内阁与速开国会的请愿要求时，清政府中的王公大臣是如何应对的呢？

第二节　清廷内部载沣派、奕劻派对国会与责任内阁制的态度

与丙午官制改革时期相比，此时清廷高层权力结构已大不相同。由于慈禧太后去世，监国摄政王载沣无力有效地控制朝局，以至于形成所谓“政出多门”的局面。“其时亲贵尽出专政，收蓄猖狂少年，造谋生事，内外声气大通”。载洵、毓朗为一党，载涛、良弼为一党，

① 《御史胡思敬奏立宪之弊折》，《清末筹备立宪档案史料》上册，第 345～347 页。

② 《专电·北京》，《申报》宣统二年九月三十日，第 1 张第 3 版。

③ 《政务处之责任内阁谈》，《申报》宣统二年九月二十六日，第 1 张第 3 版。

肃亲王善耆为一党，溥伦为一党，隆裕太后为一党，载泽为一党，载沣福晋为一党，“以上七党皆专予夺之权，茸阘无耻之徒趋之若鹜，而庆邸别树一帜，又在七党之外”。[①] 就其对待责任内阁与国会的态度而言，大致又可分为两派：一为载沣派，主要人物有监国摄政王载沣与满族少壮亲贵载涛、载洵、载泽、毓朗、溥伦、荫昌；一为奕劻派，主要人物是庆亲王奕劻、那桐、世续、徐世昌。“那时的皇族，派别虽然不同，而对于奕劻，不能容忍其挟制揽权，意见是完全一致的”。前者有监国摄政王载沣撑腰，并控制了军事、财政与民意等要害机构，载涛为军谘处（后为军谘府）大臣，载洵为海军大臣，荫昌为陆军大臣，载泽为度支部尚书，溥伦为资政院总裁，毓朗取代世续为军机大臣，均位高权重；后者则以两朝权臣首席军机大臣庆亲王奕劻为首，并占据军机大臣四分之三的席位，基本把持了军机处。就其权位而言，两派对比其实是难分上下的。载沣以载涛、载洵、毓朗为心腹，并依靠载泽等人，排去奕劻党羽袁世凯；奕劻则与那桐同流合污，有“庆那公司”之名，又因袁世凯的关系，拉拢徐世昌，“三个人结为一党，和载字辈这几个人各显其能，两不相下”。[②] 值得注意的一点是，原来的旧派人物王文韶、孙家鼐、鹿传霖都已去世，瞿鸿禨下野，铁良外放（江宁将军），荣庆被闲置（礼部尚书）。与那些旧派人物有所不同的是，这新的两派对于责任内阁和国会问题，均少有公开的反对意见。表面上看来，双方的分歧只是在国会与内阁开设的时间缓急与次序先后方面；其实，最关键的问题还是权力，即到底由谁掌控新内阁大权，这才是双方明争暗斗的焦点。

相对而言，载沣派更加积极与激进。载沣名义上掌握着最高决策权力，但他生性懦弱，又才具平庸，因而缺乏决断的魄力。他的态度

---

① 胡思敬：《国闻备乘》，第83页。

② 恽宝惠：《清末贵族之明争暗斗》，中国人民政治协商会议全国委员会文史资料委员会编《晚清宫廷生活见闻》，中国文史出版社，2000，第58～59页。

既深受己派势力鼓动的影响，又受制于反对派势力的压力。尽管如此，他的基本态度还是积极的。由于日本吞并韩国，对中国前途关系极大，迫于民族危机的压力，必须切实振兴内政，以图挽救，载沣也曾多次特召各枢臣密议要政，其中就有“组织责任内阁”和“研究国会缩短期限问题”。[①] 载洵、载涛是载沣的两位亲弟弟，也是宣统初年迅速崛起的亲贵势力的典型代表，所谓“新势力之名词，用于二邸最为恰当”。他们掌握海陆军大权，并借考察之机周游海外，具有一定的开明思想，“其所敷陈，固无不见采用者”。[②] 显然，他们可以直接影响载沣。载涛曾以贝勒名义连上封奏，条陈军政大计，主张“速设责任内阁”和“缩短国会年限”，宣称：“如以臣言为是，则请迅速举行；如以臣言为非，即负欺君之罪，请立予罢斥。”折上留中，载沣传谕载涛到府邸“会商所以实行之法”。[③] 载涛是竭力主张速开国会的。他在接见国会请愿代表时表示：“予因人民要求国会，尝细心考察各国国会利害，实无丝毫流弊。”[④] 在枢垣王大臣等集议开设国会问题时，载涛又当众声言：“国会早开一日，则中国早治一日，士民得参政权，担任国债，上下一心，共谋进步，中国之危局可于是挽回。”[⑤] 载洵在出洋考察海军回国途中，就曾“电促明年即开”国会。[⑥] 回国后受监国摄政王召见时，载洵“极力主张从速组织阁会，措词极为痛切。略谓：以吾国现情与各国比较，不但陆海军力相去霄壤，关于行政立法等事，亦纷乱异常。美国大统领于谒晤时，力言吾国危状暨各国对待吾国方针，几有不可终日之势，再迟一二年后恐吾

① 《御前会议要政之先声》，《申报》宣统二年八月十三日，第1张第3、4版。
② 《北京政界之推测》，《时报》宣统二年九月二十二日，第2版。
③ 《涛贝勒两陈军国大计》，《申报》宣统二年八月十一日，第1张第3、4版。
④ 《国会问题之大警告》，《申报》宣统二年九月十八日，第1张第3版。
⑤ 《专电·初二日未刻北京专电》，《时报》宣统二年十月初三日，第2版。
⑥ 《专电·北京》，《申报》宣统二年十月初四日，第1张第2版。

国将无以自存。监国闻奏，唏嘘不置”。[①] 毓朗也是亲贵中有开明思想者，并被时人目为军机处中“洵、涛二邸之代表”。[②] 毓朗自进入军机处后，“事事均主急进，而尤以速开国会为当务之急，于召见时屡屡以缩短国会年限极力诤谏”，虽一时未蒙监国摄政王“嘉纳”，但他仍坚持不懈，每对人说：“内忧外患纷至叠来，又值库款空虚，人心涣散，若非早开国会，断难挽既倒之狂澜。吾必出死力以谏之，务求达其目的而后已，如将来终不获命，情愿退出军机，不忍敷衍。”[③] 载泽本是预备立宪的积极推动者，丙午官制改革时就曾主张设立责任内阁，但未能如愿以偿。国会请愿运动兴起之初，载泽一度犹疑观望，时论以为“虽不积极反对，然颇有不甚赞成之态度”。[④] 事实上，载泽与其姻亲溥伦基本处于同一立场，均极力赞成。“此次国会请愿，伦贝子、泽公赞助甚力。泽公每值召见，必力请缩期，以救阽危而慰民望；伦贝子亦然”。[⑤] 在资政院讨论请速开国会奏稿时，总裁溥伦还特邀载泽到院演说财政问题。载泽“因言财政危迫种种，并种种无法，而归结于国会不可不速开”，并明确表示：“本部亦甚赞成此举，果能速开国会，则财政大纲，必有头绪。”载泽此举，既为自己表白避嫌，又“为资政院得一有力后劲”。[⑥] 至于国会缩短具体年限，载沣派虽然赞成速开，但并没有明确表态。载沣游移不决，溥伦只是模糊地提出至少三年。载沣召见溥伦时问道：“情势如此，期限不能不缩，然则一年可乎？对曰：不可。又曰：二年可乎？对曰：不可。大

---

① 《国会缩短年限之余谈》，《申报》宣统二年十月十三日，第1张第4版。

② 《北京政界之推测》，《时报》宣统二年九月二十二日，第2版。

③ 《朗贝勒决以去就争开国会》，《申报》宣统二年八月十四日，第1张第3版。

④ 《国会问题之大警告》，《申报》宣统二年九月十八日，第1张第3版。

⑤ 《专电·廿八日戌刻北京专电》，《时报》宣统二年九月二十九日，第2版。按：载泽是慈禧太后兄弟桂祥的女婿，溥伦为桂祥的孙女婿。参见胡思敬《国闻备乘》，第36页。

⑥ 《泽公赞成速开国会之确证》，《申报》宣统二年十月初三日，第1张第3版；《国会问题之跃动》，《时报》宣统二年十月初四日，第2版。

抵至少之非缩短三年，不足以餍天下之望。监国默然。”[①] 载沣派在内阁与国会问题上表现较为积极的态度，既是迫于内忧外患的压力，也有借机迎合民心以稳固政权统治的动机。

奕劻派则持消极甚至抵制的态度。奕劻曾经与袁世凯狼狈为奸，企图以设责任内阁而达到自己揽权的政治目的。他本来并不反对责任内阁制，此时之所以持消极甚至抵制的态度，其原因有三：一是这派势力实际上把持了军机处和政务处，担心新的责任内阁将取代其既有权力，如毓朗、溥伦等人均明确主张“裁撤旧军机，速设责任内阁”。[②] 这是奕劻派一时难以应对的困境。因为毓朗、载泽等少壮亲贵雄心勃勃，对于新的内阁总理大臣职位，奕劻未必有必胜的把握。因此，他们企图在保持军机处、政务处等旧机构的前提条件下，承认设立新的责任内阁，但此举遭到了少壮亲贵的强力挑战。当政务处王大臣会议设立责任内阁时，有人提议：“责任内阁可立，政务、军机两处亦不可裁。”徐世昌表示极力赞成。毓朗则明确地反对说：“国是要题不可私断，既有责任内阁，即不能再有多数同一性质之衙门。”[③] 双方针锋相对。时论以为，虽然“今军机处已不适于立宪政体之设施，上下所共知”，但责任内阁的设立仍有困难，“所虑一二把持政局者，或出其愎见以挠之，而不肯弼成新治也”。[④] 此所谓“一二把持政局者”，指的就是奕劻势力。二是对抗以载沣为首的满族少壮派亲贵。毓朗取代世续进入军机处后，处处与奕劻作对，“每次奏对彼此意见相反之处甚多”，甚至欲干预政务处事务，使奕劻颇为恼怒。在一次政务处会议上，“首由庆邸提议，谓：东三省如此危急，有何挽救之法？朗贝勒主张速开国会，以救危局。庆邸谓：人民程度太浅，速开

① 《国会问题之跃动》，《时报》宣统二年十月初四日，第2版。
② 《专电·北京电》，《民立报》宣统二年九月二十九日，第2页。
③ 《政务处之责任内阁谈》，《申报》宣统二年九月二十六日，第1张第3版。
④ 《论今日之军机处与将来之责任内阁》，《申报》宣统二年十月初三日，第1张第2版。

恐致召乱。贝勒云：国会不开，一切新政决办不下去。争论甚为激烈，幸徐军机从中调停，始不欢而罢。”奕劻愤而奏请辞职。[①] 资政院总裁溥伦为国会事奔走各处，游说权贵，认为“非于明年召集，必失人心”；奕劻大不以为然，与之辩驳，“声色俱厉，至于拍桌震翻茶碗”。[②] 三是最重要的，因为立宪派与地方督抚请愿时，均主张国会与内阁并行，希望以国会监督责任内阁，这样，即使奕劻能控制新的责任内阁，其权力也将受到国会监督的限制。这当然是抱有揽权政治野心的奕劻所不愿意面对的前景。如前所述，在各省督抚联衔奏请内阁与国会并举时，直隶总督陈夔龙与陕西巡抚恩寿却分别单衔具奏先设内阁后设国会。这是有背景的，即奕劻等人的暗中授意。《时报》分析陈夔龙（小帅）单衔具奏的情形时认为：“京津数时之隔，国会尤为宿题，小帅何故遽促如此？且既在赞成一面，何以不愿联衔？其奏中主张至宣统五年，故论者谓其实系接到枢府某人电示，特承迎之外结欢心，阴图抵制明年之说。”[③]《申报》有更加清楚的说明：“或谓监国之意，待至明年召集，而元旦降谕。嗣经某邸电促畿辅某督，授意奏请先设立责任内阁，以梗国会之成立。监国为所动，于是故须至宣统五年始召集。意者某邸得毋希冀内阁总理大臣之职，又惧国会议员之多言，故于责任内阁姑引而近之，而于国会则推而远之，以避抨击而固柄政软。”[④] 又据《民立报》报道：“当庆邸会议国会问题时，曰：看你大家的意思。及定后提议新内阁时，提起总理大臣，庆曰：我已老了，什么新内阁？什么内阁总理大臣？我不明白如何做得。及退而语人，曰：陈夔龙、恩寿总算明白。盖因二人不主持速开国会也。”[⑤]

---

① 《庆邸乃亦乞退》《庆邸乞退乃为争开国会耶》，均见《申报》宣统二年八月初七、十一日，第1张第4版。

② 《声色俱厉之庆王》，《民立报》宣统二年十月十七日。

③ 《国会之大跃动》，《时报》宣统二年十月初二日，第2版。

④ 《论宣统五年召集国会问题》，《申报》宣统二年十月初四日，第1张第2版。

⑤ 《庆邸之恶牢骚》，《民立报》宣统二年十月十二日，第2页。

奕劻真可谓老奸巨猾。

国会请愿运动甚至惊动隆裕太后，其召见摄政王询问有关情况，并指示应具体研究速开国会之得失利弊，以早做决定。她说："伊等忠爱热忱，谅非沽名，实迫于时势为之耳。吾亦知此事关系重大，不可草率从事。惟闻廷臣中有意反对者，亦属不少。究竟有人能将国会速开之得失及利弊关系断决否？若仍似是而非，怀挟私见，须当早自定见，切勿为浮言所挠。"摄政王随即将懿旨传达军机大臣，"并饬速电各省督抚及各部大臣，将缩短国会期限问题详细解释，统限于半月以前十日以后电奏，以便博采众论，从长计议"。①

可见，责任内阁与国会问题业已成为当时政治的焦点。无论赞成与否，无论目的如何，上自隆裕太后、摄政王等王公大臣，下至地方督抚与立宪派人士，各种政治势力无不注目于此。这既使此问题终于被提上清廷政治决策的议事日程，同时又使清廷决策增加一定的难度，即必须综合考虑各种政治势力之间错综复杂的权力与利益关系。在某种意义上可以说，清廷的政治决策，正如商业或外交上的谈判，实际上是各种政治势力集团之间权力和利益的互相冲突与妥协的结果。

第三节　清廷关于国会与责任内阁制的决策和地方督抚、立宪派的反响

九月二十八日，军机大臣与政务处大臣会议，共同阅看资政院请开国会原奏及陈夔龙等电奏。"彼此研究良久，大抵语多骑墙，无一决断之词"。后经军机大臣议定："若不稍微缩短年限，难餍众望；若径予允许，又恐民气愈张。拟为调停之计，改为宣统三年设立内阁，

① 《太后亦有速开国会之意》，《申报》宣统二年九月十九日，第1张第3、4版。

宣统五年召集国会。”并决定来日入对开御前会议，即可请旨宣布。[①] 二十九日，军机大臣毓朗与那桐、徐世昌到资政院演说大政方针，各议员群起质问，人多语杂，使毓朗言路阻塞，“始终未申明宪政进行之方法，及缩短国会之微意”。毓朗向奕劻报告说：“民气如此强盛，国会万不可不速开。”那桐、徐世昌随声附和。奕劻连称：“不错，不错。俟御前会议再说罢。”三十日，政务处王大臣再次会议国会期限事，毓朗询问宪政编查馆提调宝熙：“国会如定明年成立，所有选举法等编制问题，能否赶前筹备？”宝熙回答说：“此事曾询馆员，据云编制此项法典，决非仓猝所能蒇事，明年恐赶办不及。”某军机大臣说：“国会问题，选举法最关紧要；既赶办不及，应展期成立。”因枢府有赞成宣统五年者，各部大臣亦多主此说，于是便议决宣统五年成立国会。[②]

其实，先设内阁后开国会，以及宣统五年召集国会的主张，主要是奕劻派企图通过控制新内阁而操纵朝政的如意算盘。这与立宪派和地方督抚请愿内阁与国会并举，明年即宣统三年召集国会的主张，是有一定差距的。对此何去何从，载沣虽颇感为难，但还是选择了前者。据《民立报》报道：“近日请速开国会之声浪如潮涌、如雷震，凡诸反对亦阳表同情，只暗中阻挠，如鼠居穴，进寸一惊，立即退尺。故连日政府秘密聚议，凡中立与反对者，悉曰从众。中有一二亲贵真表同情，则主立允民请，准于来年九月召集；而一班圆滑者，则曰办不及，酌定为宣统五年召集。监国本主急进一派，而老成人均云，来年召集，恐办不及，因此颇觉为难，亦无主意云。”[③] 十月初二日，载沣召见军机大臣、会议政务处王大臣等开御前会议，毓朗与载

① 《国会问题种种》，《申报》宣统二年十月初四日，第1张第3版。

② 《政府密议追记》，《民立报》宣统二年十月初六日，第2页；《决议宣统五年召集国会原因》，《申报》宣统二年十月初六日，第1张第4版。

③ 《监国无主意之难》，《民立报》宣统二年十月初二日，第2页。

泽的发言表达了载沣的心声。毓朗说：“时事危迫，国会诚不可不速开，然不明定国是，则政府与国民遇事争执，必不免纷扰。故必先设新内阁，及确定海陆军进行政策，再开国会，庶君权不至为民权所抑。”载泽进而说：“现在国税地方税未分，遽开国会，恐人民争执。且朝廷注重国防，人民注重实业，目下采访舆论，已多主张裁减海陆军费，甚有主张停办海军者。故必先立新内阁，明定国是，然后再开国会，方免一切纷扰。为今之计，应明定宣统五年召集国会，既不阻绝人民之请愿，而乘此二年工夫，可以确定各项要政办法，并须立降明谕，成立新内阁。”载沣深以为然。于是议决国会定限缩短三年，并于明年宣布设立责任内阁。[①]

十月初三日，清廷颁布上谕称：“著缩改于宣统五年，实行开设议院。先将官制厘订，提前颁布试办，预即组织内阁。”并特别说明：“此次缩定期限，系采取各督抚等奏章，又由王大臣等悉心谋议，请旨定夺，洵属斟酌妥协，折衷至当。缓之固无可缓，急亦无可再急，应即作为确定年限。一经宣布，万不能再议更张。”[②] 该上谕虽然提到各省督抚、资政院、各省谘议局及各省人民代表不断陈请，以及内阁与会议政务处王大臣的多次讨论，似乎照顾了多方面的意见——这些当然都是清廷决策的重要依据；但是，其最关键的因素不容忽视，那就是对把持军机处的奕劻派势力的妥协。如时论所谓“不过俯如直督等所请耶”。[③] 直督陈夔龙等所请，正是秉承奕劻等人的旨意。正如国会请愿代表通告书所揭露的：“夫我皇上冲龄践祚，监国摄政王负斧扆而朝，内处深宫，日月固有遗照之明。今兹主谋，度必有一二昏耄老臣势居要津，阳为老成持重之言，而阴以遂其敷衍苟且窃踞［据］

① 《御前会议国会记》，《民立报》宣统二年十月初十日，第2页。

② 中国第一历史档案馆编《光绪宣统两朝上谕档》第36册，第377页。

③ 《再读十一日上谕谨注》（续），《申报》宣统二年十月十六日，第1张第2版。按：陈夔龙日后回忆时也是颇为自得，有谓：“疏既上，荷蒙俞允，分别晓谕，群情极为贴服。”陈夔龙：《梦蕉亭杂记》，第113页。

朝柄之私心。而新进得幸之臣，又甚虑国会一开，人才勃兴，或至摇撼其禄位。坐是遏仰［抑］挠阻，力主五年之说，相与扬波而助焰。是举各督抚与人民之所要求明年速开者，率皆一不审谛，徒取决于少数之廷臣。而廷臣仰承风旨唯诺者十九，草具说帖，不敢有异论，相率画诺，遂为定议。”① 又据《时报》披露，载沣在当日召见全体政务大臣做最后决策时说，“其实大局早已定妥”，“即初三日之谕旨，亦是前此数日徐相在那相宅与那相共同商议，令军机章京、政治官报局总理华世奎执笔拟定而后成稿者”。② 可见，载沣所做的其实不过是借宣统皇帝的名义宣布其具体内容而已。

上谕颁布后，京城内外各店铺民户顿时张灯结彩，龙旗飘扬，商学各界组织提灯会，唱《立宪歌》，《北京日报》等报馆甚至刷印红报以示庆贺，场面颇为热闹。但是，据悉这些举动皆警厅与学部、民政部等官衙授意所为。③ 同时，也有江苏谘议局、江苏教育总会等少数团体致电资政院，对于“国会请愿有效”表示感谢“天恩高厚”的情形。④ “然究以期限太缓，主张继续要求者，实居多数”。⑤ 当然，透过这个表面上热闹喧哗的场面，各界人士的真实反应是更值得深入探究的。

首先来看一般舆论。《申报》认为，国会期限仅缩短三年，“虽未

---

① 《国会请愿代表通告各省同志书》，《申报》宣统二年十月十三日，第1张第3版。

② 《京师近信》，《时报》宣统二年十月十五日，第2版。按：据《那桐日记》，宣统二年十月初二日，“徐中堂、华璧臣（世奎——引者注）来办公事”（北京市档案馆编《那桐日记》下册，第672页）。

③ 《资政院仍要求即开国会》《京师庆祝国会之盛况》，分见《申报》宣统二年十月初八、十三日，第1张第4版；《北京人儿之狂热》，《民立报》宣统二年十月十三日，第2页；《京师近信》，《时报》宣统二年十月十五日，第2版。另据恽毓鼎宣统二年十月初六日日记：“学部传知各学堂：自酉初刻至戌正，学生一人持一红纸灯笼，张旗鸣鼓，排队至大清门外，向北（有结彩牌坊）三呼万岁（大清帝国万岁，宣统皇帝万岁，大清国会万岁）。”（史晓风整理《恽毓鼎澄斋日记》第2册，第508页）

④ 《各团体对于国会年限之满意》，《申报》宣统二年十月初八日，第1张第5版。

⑤ 问天：《宣统二年十月中国大事记》，《东方杂志》第7年第11期，宣统二年十一月二十五日。

能满足一般渴望国会者之希望，然更先朝之成规，顺薄海之舆情，不可谓非朝廷同民好恶之举也”。相对于前两次请愿而言，“亦可视为慰情胜无者矣”。内阁与国会本应同时组织，不应有先后之分，但谕旨规定宣统五年开设国会，因形势所迫，必须先期组织内阁，“今欲求中央各部、外省各督抚之施行政事有统一之趋向，以期治理之日有起色，非即组织内阁不为功”。[①]《时报》则颇不以为然，认为国会期限缩短三年，“在表面观之，似亦慰情胜无；而自里面观之，实与现今时局无丝毫之裨”。[②] 甚至认为：“即使明年开国会，尚不敢必其果足以救亡，况犹靳至五年乎？”同时，《时报》还进而直斥国会不与内阁并立之弊。有云：“所谓责任内阁者，此责任二字，非对君主而言，对乎议会而言也。……有议会，始有所谓责任内阁；无议会，则所谓内阁者，与今之军机处无异，不过变军机之名称为内阁之名称而已，无所谓责任也。”“无国会之内阁，则专权必至于跋扈，植党必至于营私。然则国会未立，先设内阁，其不利于君主、不利于人民可知矣。”[③]

其次来看地方督抚。当然，最受挫折的是积极请愿的地方督抚与立宪派人士。地方督抚参与国会请愿运动，给清廷极大的压力，尤其是把持军机处的奕劻派势力，更是面临强劲的挑战。因此，清廷在宣布缩改国会期限时特意对地方督抚严词苛责，有谓：“各省督抚，领治疆圻，责任尤重。凡地方应行筹备各事宜，更当淬厉精神，督饬所属，妥速筹办，勿再有名无实，空言搪塞。必使一事有一事之成绩，一时有一时之进步，无论如何为难，总当力副委任。如或因循误事，粉饰邀功，定即严惩，不少宽假。”[④] 十月十一日，清廷再次严谕：

---

① 《读宣统五年开设国会上谕恭注》，《申报》宣统二年十月初五日，第1张第3版。
② 《读初三日上谕感言》，《时报》宣统二年十月初七日，第1版。
③ 《论国会不与内阁并立之弊》，《时报》宣统二年十月初六日，第1版。
④ 中国第一历史档案馆编《光绪宣统两朝上谕档》第36册，第376～377页。

“该督抚等受恩深重，务当殚竭血诚，勉为其难，毋负委任。倘或乞请于前，而敷衍塞责于后，以致名不副实，贻误事机，定惟该督抚等是问。”[①] 这些均出自煌煌上谕，但其背后的力量则是军机大臣。据《申报》披露：“自各督抚联衔陈请速开国会后，政府不得已遂改为宣统五年召集议院，旋经谕旨颁布。数日后，某大军机向监国进言谓：现在国家财力如此艰难，各项实业均未举办，虽国会早开，未必遂收国富兵强之效，且筹备事项中在在均须款项，目下财力毫无把握，各督抚未必不深知之，其所以电请速开国会者，无非希图见好国民，于现在及将来若何，并未深虑云云。故又有十一日将来或有贻误即惟该督抚是问之谕。刻闻某大军机又进言：所有联衔之各督抚，于宣统五年召集议院之前，除病故出缺外，无论如何，一律不准开缺，并不与以更动，务期始终经一人之手，以免将来藉口推诿。”[②] 显然，这都是有意与督抚为难。此举对于督抚的联合行动确实起了一定的打击与分化作用，但同时又引起了一些督抚的进一步反弹。江苏巡抚程德全接奉谕旨后，即致电云贵总督李经羲，拟“再行联奏”。李经羲通电各处商议，“鲜有应者”，只好复电程德全“各抒所见为宜”。于是，程、李均单衔奏争，“务在坚持到底”。[③] 地方督抚虽然主张内阁与国会并举，但因国会期限已定，无法更改，便力争催设责任内阁。浙江巡抚增韫电奏称：“惟通盘筹划，莫如速设内阁，特简总理，以为统一之机关。”程德全也说：“应请即速钦派总理，预设内阁……盖内阁一日不设，则政治统一机关一日不备。”[④] 程德全致电锡良等督抚时甚至认为：“弟意仍以赓续催设内阁为上策”，“今日除催设内阁之外，

① 中国第一历史档案馆编《光绪宣统两朝上谕档》第36册，第394页。

② 《枢臣总不甘心于督抚主张阁会》，《申报》宣统二年十一月十八日，第1张第4版。

③ 《滇督片片》，《民立报》宣统二年十一月二十四日，第2页。

④ 《浙抚增请速设内阁电》《苏抚程请设内阁电》，均见《国风报》第1年第30号，宣统二年十一月初一日。

竟无第二语可说”。[①] 湖广总督瑞澂电奏：军机处与责任内阁难以强同，应“即饬组织内阁，使政府担负完全责任”。[②] 东三省总督锡良电奏提前赶办宪政，请速设责任内阁，略谓：“世变日急，举朝臣工几无一负责任者，国事何堪设想？救今之急，非从速设立责任内阁不可。”并列举设立责任内阁之利有四：“（一）权臣不敢弄柄；（二）贪吏不敢卖缺；（三）同列不致争权；（四）办事不致掣肘。”[③] 显然，地方督抚仍然希望用责任内阁制对付载沣派少壮亲贵的中央集权与奕劻派势力把持军机处以揽权的专制行为。

再次来看立宪派人士。至于立宪派人士，其反应更加强烈。资政院会议，多数议员仍以激烈言辞演说，主张即开国会，并拟上书政务处，请求协助。国会请愿代表孙洪伊等致电各省谘议局及各团体称：“国会仅缩短三年，人心失望。”[④] 清廷在颁布缩改国会期限的同时，还谕令民政部与各省督抚晓谕请愿代表：“即日散归，各安职业，静候朝廷详定一切，次第施行。”[⑤] 军机处也通电各省督抚称：“国会年限已奉明谕颁布，庙谟已定，无论如何不能再行缩短。应即详查所属，不得再有结社立会与谕旨违背之事。如有等情，应即立时解散，勿得怠玩。”[⑥] 想再缩短国会期限，已经不太可能。奉天、直隶等省人民迅即掀起第四次国会请愿风潮，但同样没有结果，这便是明证。于是，以各省谘议局议员为代表的地方立宪派开始变更组织，改变宗

---

① 《江苏巡抚程德全致锡良等电》，中国第一历史档案馆编《清末筹备立宪档案史料补遗》，《历史档案》1993 年第 3 期，第 51 页。

② 《鄂督规画宪政进行之卓见》，《申报》宣统二年十一月十一日，第 1 张第 3 版。

③ 《东三省总督锡良致周树模电》，《清末筹备立宪档案史料补遗》，《历史档案》1993 年第 3 期，第 52 页；《锡制军之声泪俱绝》，《申报》宣统二年十一月二十七日，第 1 张第 3、4 版。

④ 《资政院仍要求即开国会》《请愿代表不满意于国会年限》，均见《申报》宣统二年十月初八日，第 1 张第 4 版。

⑤ 中国第一历史档案馆编《光绪宣统两朝上谕档》第 36 册，第 378 页。

⑥ 《国会年限果不许再请耶》，《申报》宣统二年十月十七日，第 1 张第 4 版。

旨。他们以同志会的名义发布通告书，宣布四条政纲：督促政府速立新内阁，要求参与制定宪法，请释党禁，灌输国民宪政知识。其中第一条即是针对军机处而言的，有谓："军机总揽政权，不负责任，国家前途，何等危险。今虽奉上谕即设新内阁，并未明定期限，不有督促，恐仍事敷衍。苟延岁月，或竟至宣统五年成立，则中间距离三年。试问：就现在之军机制度，能当此国家危局乎？……拟由各省同志会要求督抚代奏，请明发上谕，于年内成立内阁；或径电军机，请其速改，是亦一法。"① 此举正与资政院弹劾军机大臣不负责任并请设责任内阁的活动相呼应。十月二十一日，因资政院核议云南盐斤加价案和广西巡警学堂限制外籍学生案，奉旨交督办盐政处和民政部察核具奏，议长宣读谕旨后，全院大哗。议员易宗夔首先发言，表示"对于现在政府甚有不满意的地方"。他认为，由军机大臣拟旨并副署的两道谕旨，把作为立法机关的资政院议决的案子交给行政衙门去察核，是把资政院当作了行政衙门的下级机关，"军机大臣是侵资政院的权，违资政院的法"，因而倡议按院章弹劾军机大臣。随后，陶镕、陶峻、罗杰、王佐良、易宗夔、牟琳等十余名议员相继发言，纷纷谴责军机大臣不负责任，要求具奏弹劾。其中还有议员提议速设责任内阁，如郑际平说："一面弹劾军机大臣，一面请皇上从速组织责任内阁，因为军机大臣不肯负责任，所以不得不亟须有一负责任之内阁。"籍忠寅进而认为："这回上奏次序第一是，军机大臣既不能尽责任，就请皇上赶紧设立责任内阁，务要在会期之中成立才好，可以就十天二十天的工夫，把这个责任内阁即行成立。"也有议员如李槼提议："现在宜先表决弹劾军机大臣，至责任内阁一层暂可不问。"结果议长提议表决，到会议员 134 人中有 112 人赞成，以绝对多数通过了具奏弹劾军机大臣案。② 十一月

① 《同志会通告海内外书》，《申报》宣统二年十一月初五日，第 1 张第 2～3 版。

② 《资政院第一次常年会会议速记录》第 20 号，第 3～33 页，宣统二年十月二十一日。另参见《资政院会议弹劾枢臣纪闻》，《申报》宣统二年十月二十八日，第 1 张第 4 版。

十五日，资政院议长溥伦、副议长沈家本具奏，参劾军机大臣“不负责任”“不知行政”，“受禄则惟恐其或后，受责则惟恐其独先”，“徒有参谋国务之名，毫无辅弼行政之实”，并恳请“迅即组织内阁”。[①]当天，军机大臣全体奏请辞职。十七日，清廷连颁两道朱谕：一面慰留军机大臣谓“该大臣等尽心辅弼，朝廷自能洞鉴，既属受恩深重，不用渎请，所请开去军机大臣之处，著不准行”；一面申斥资政院说“朕维设官制禄及黜陟百司之权，为朝廷大权，载在先朝《钦定宪法大纲》，是军机大臣负责任与不负责任，暨设立责任内阁事宜，朝廷自有权衡，非该院总裁等所得擅预，所请著毋庸议”。[②] 十八日，资政院会议，议员群情激愤，提出解散资政院，甚至指责清廷“假立宪”，纷纷要求再次弹劾军机大臣不负责任，结果以多数赞成通过再行具奏请明定军机大臣责任案。[③] 二十日，资政院会议讨论奏稿内容，议员籍忠寅、方还等人提出修正案，认为：“还要请赶紧组织内阁，不是只叫军机大臣负责任就完了。”[④] 这样，便把具奏的重心引到设立责任内阁上了。正如议员江辛所说：“我们的目的是要赶紧组织责任内阁，我们的手段是要弹劾军机大臣。如果责任内阁成立，军机处就取消了。本员以为，弹劾军机大臣还可以放宽一步，而奏请从速组织责任内阁是最要注意的。”[⑤] 二十三日，资政院以多数赞成通过了请速设责任内阁奏稿。不料，此折未及上奏，清廷于二十四日突降谕旨，饬宪政编查馆赶紧编订内阁官制具奏。这使资政院总裁溥伦颇感为难。他认为：“既然有这个上谕，就与这个奏折内所说的不符。”溥伦只好把

① 《资政院奏参军机大臣责任不明难资辅弼折》，《申报》宣统二年十一月二十一日，第 1 张第 3 版。

② 中国第一历史档案馆编《光绪宣统两朝上谕档》第 36 册，第 475 ~ 476 页。

③ 《资政院第一次常年会会议速记录》第 27 号，第 41 ~ 75 页，宣统二年十一月十八日。另参见《资政院决议再行弹劾军机》，《申报》宣统二年十一月二十五日，第 1 张第 3 ~ 4 版。

④ 《资政院第一次常年会会议速记录》第 28 号，第 28 页，宣统二年十一月二十日。

⑤ 《资政院第一次常年会会议速记录》第 29 号，第 56 页，宣统二年十一月二十三日。

奏折交与会议讨论是否取消。有人反对，如籍忠寅说："有这个上谕，我们所说要责任内阁的话，是已经取消了；至于弹劾军机，却并没有取消。"因此，他建议"这个奏稿稍加修改就可以上奏"，对军机大臣"还是要弹劾他不负责任"。同时，有更多的人则表示赞成，如方还所谓："这个折子可以不必上了，本院的目的在责任内阁，现在朝廷已经允许责任内阁，这个折子再上去，于事实上就有些不合了。"经过反复辩论，结果以多数赞成通过取消奏稿。[①] 此后，虽然资政院因激于议员之义愤而再上弹劾军机折，但并没有丝毫动摇军机大臣之地位。如时论所谓："弹劾军机，军机无恙也。其不负责任也如故，其不能辅弼也如故。"虽然资政院议案如此无效，但深刻地揭露了军机大臣不负责任的现象，而使国人期盼着"新内阁自宜速立"。[②]

最后来看其他政治势力。与地方督抚和立宪派的态度基本相似，其他政治势力也是在速开国会无望的情况下，多注目于责任内阁。京朝官员如邮传部候补参议龙建章上皇帝万言书，历数"军机大臣不负责任之过"，认为："欧美责任内阁之政体，实为治平之首基，组织不可稍缓。"[③] 京城御史团会聚松筠庵，特开会议，"将联名奏请速设责任内阁"。[④] 驻美公使张荫棠也"奏请速设新内阁，颁布法制，历陈各国立宪之利害"。[⑤] 在人们的千呼万唤之下，责任内阁终于呼之欲出。

虽然清政府内部载沣派与奕劻派对于开国会的态度有从速从缓之别，但他们在速设责任内阁方面则并无异议。"速设"已成各种政治势力的共识。至于到底何时设立，当然只能取决于清廷的决策。清廷

---

① 《资政院第一次常年会会议速记录》第 30 号，第 2～18 页，宣统二年十一月二十五日。另参见《资政院弹劾案之倏起倏落》，《申报》宣统二年十二月初三日，第 1 张第 4 版。

② 《论资政院议案之无效》，《申报》宣统二年十二月二十日，第 1 张第 2 版。

③ 《龙参议建章上皇帝万言书》，《申报》宣统二年十月二十二日，第 1 张第 3、4 版。

④ 《专电・北京电》，《民立报》宣统二年十月二十六日，第 2 页。

⑤ 《专电・北京》，《申报》宣统二年十一月初七日，第 1 张第 4 版。

在颁布缩改国会期限谕旨时，只是模糊地宣称“预即组织内阁”，并没有确定具体年限。因为国会期限被缩短三年，原定九年预备立宪的计划必须改变。十一月初五日，清廷颁布修改筹备立宪清单的上谕：“现在开设议院既已提前，所有筹备清单各项事宜，自应将原定年限分别缩短，切实进行。著宪政编查馆妥速修正，奏明请旨办理。”① 与此同时，清廷正特饬宪政编查馆加紧厘定新内阁官制。“组织新内阁一事，监国近日催督甚力，其故因见在廷诸公均不肯担负责任，故特饬枢臣片催宪政馆会同政务处速将官制订定，以便先将军机处裁撤，改设责任内阁。闻宪政馆日来已将新内阁制通则二十余条，议决十五六矣”。② 二十四日，清廷再次谕令宪政编查馆迅速拟订修正筹备清单，“并将内阁官制一并详慎纂拟具奏”。③ 十二月十七日，宪政编查馆上奏《修正逐年筹备事宜清单》，明确规定：宣统二年厘定内阁官制；宣统三年颁布内阁官制，设立内阁。④ 这样，设立责任内阁便被明确地提到清廷预备立宪的日程上来。

遗憾的是，清廷逆潮流而动，竟然于宣统三年（1911）四月推出一个以奕劻为首的“皇族内阁”，直接把预备立宪推向了绝境，从而加速了清王朝覆灭的步伐。

---

① 中国第一历史档案馆编《光绪宣统两朝上谕档》第 36 册，第 444 页。

② 《内阁总理无非亲贵》，《申报》宣统二年十一月初十日，第 1 张第 4 版。

③ 中国第一历史档案馆编《光绪宣统两朝上谕档》第 36 册，第 490 页。

④ 《宪政编查馆大臣奕劻等拟呈修正宪政逐年筹备事宜折附清单》（宣统二年十二月十七日），《清末筹备立宪档案史料》上册，第 90 页。

第十一章

地方督抚平满汉畛域思想与清政府满汉政策的新变化：以光绪三十三年之满汉问题奏议为中心的探讨

清朝是由满族建立的中国历史上最后一个君主专制王朝。在清朝统治二百多年的历史中，满汉关系有一个从尖锐对立到渐趋和缓再到激烈冲突的演变过程。在清末，当革命派高举“反满”大旗时，满汉问题再度凸显出来，并成为影响朝野政局变动乃至清王朝命运的关键问题。于是，以消弭革命为重要目标的清廷预备立宪，便把化除满汉畛域提上议事日程。这是清廷力图自救的重要举措，其成败得失直接关系到清王朝的存亡续绝。关于清末满汉关系问题的研究，以往学界多从辛亥革命史的角度，关注革命派的“反满”问题。近年来，渐有学者从清廷预备立宪的角度，研究清政府的平满汉畛域问题，初步探讨了清政府化除满汉畛域的原因、举措及其影响，以及若干重要人物的平满汉畛域思想。[①] 在清末预备立宪时期实行平满汉畛域举措的过

---

① 这方面较系统的研究论文有：迟云飞《清末最后十年的平满汉畛域问题》，《近代史研究》2001 年第 5 期；苏钦《清末预备立宪活动中“化除满汉畛域”初探》，《法律文化研究》第 2 辑，2006；张继格、刘大武《试析清末化除满汉畛域原因》，《江苏科技（转下页注）

程中，光绪三十三年（1907）慈禧太后发布化除满汉畛域懿旨与官绅群起奏议，是一个关键性的事件。以往的研究多有涉及，但并未深入分析其前因后果，资料也多局限于《清末筹备立宪档案史料》已刊的一些奏折、条陈。本章拟在既有研究的基础上，通过广泛搜集已刊与未刊档案、官方文书、私人文集、日记及报刊等资料，具体探讨了清末地方督抚有关平满汉畛域的言论，光绪三十三年慈禧太后化除满汉畛域懿旨出台的原因，官绅奏议讨论的问题及其应对之策，以及清政府满汉政策的新变化，以期为观察清末满汉关系演变与清王朝覆灭问题提供新的视角。

第一节　地方督抚平满汉畛域言论

满汉问题关系到清朝统治的根本，是不容臣下公然议论的敏感问题。在清末，虽然八旗制度问题重重，但要谈到改革，一般还是多有顾忌而谨小慎微。戊戌以前，有关八旗制度变革的言论，主要关注的是旗人生计问题。庚子之后，旗人生计问题仍是重要议题，但平满汉畛域的言论日渐增多，并成为清廷新政的重要举措。

（接上页注①）大学学报》（社会科学版）2007 年第 2 期；李学智《清末政治改革中的满汉民族因素》，《天津师范大学学报》（社会科学版）2007 年第 5 期。关于一些重要人物平满汉畛域思想研究的论文有：吴春梅《张之洞调和满汉思想述论》，《安徽史学》2001 年第 4 期；赵可《张之洞调停满汉畛域的努力与晚清政局的演变》，《四川师范大学学报》（社会科学版）2004 年第 1 期；翟海涛、王建华《端方与清末的满汉政策》，《江南社会学院学报》2003 年第 1 期。按：本章主体部分曾提交 2010 年 8 月 28 ~ 29 日在中国社会科学院近代史研究所召开的“清朝满汉关系史国际学术讨论会”，后以《清末预备立宪时期的平满汉畛域思想与满汉政策的新变化——以光绪三十三年之满汉问题奏议为中心的探讨》为题，在《民族研究》2011 年第 3 期刊发。承中央民族大学历史文化学院的博士研究生王宇发来电子邮件告知，台湾师范大学历史系吴志铿教授曾发表论文《晚清有关消除满汉畛域的讨论——以光绪三十三年七月谕令建言为中心》（载李国祁教授八秩寿庆论文集编辑小组编《近代国家的应变与图新》，台北，唐山出版社，2006，第 233 ~ 260 页）。特此感谢王宇同学。另，笔者随后又购得美国学者路康乐（Edward J. M. Rhoads）的专著《满与汉：清末民初的族群关系与政治权力（1861 ~ 1928）》的中译本（王琴、刘润堂译，中国人民大学出版社，2010）。

光绪二十七年（1901），各省督抚在复奏新政建议时，尚多论八旗生计，而较少提及消除满汉民族界限。如兼署云贵总督云南巡抚的丁振铎奏称："旗人生计当为推广。八旗户口率仰给于甲米钱粮，生聚数百年，公帑实已不继，而旗人贫窘仍多。此次拳匪肇乱，在都旗人困苦尤甚。嗣后国计益绌，赡养益难。似不如稍宽例禁，俾得自谋生计。田业、贸易，即流寓各省，均听其便，如不回旗，即编入地方户籍。自谋生计，较之待食于公帑，转觉从容，生齿将益增蕃衍。"① 两江总督刘坤一、湖广总督张之洞在《江楚会奏变法三折》中提出"筹八旗生计"，但也只是建议允许旗人自谋生计，"凡京城及驻防旗人，有愿至各省随宦游幕、投亲访友以及农、工、商贾各业，悉听其便，侨寓地方愿寄籍应小考、乡试者，亦听其便"。② 尚未提及消除满汉民族界限。③

护理陕西巡抚端方主张用分旗移屯之法解决旗人生计问题。他认为，京旗、驻防旗人生计困顿，值此兵事之后，因势利导之法莫如移屯。"移屯之利有四：教以稼穑，可复满洲朴厚之风；劳以力作，可收务农讲武之效；衣食出于自谋则不苦；帑藏归于核实则不费。且民旗杂居，耕作与共，婚嫁相联，可融满汉畛域之见，尤利之利也。"他还提出任官"不分满汉"之说。④

两广总督陶模上奏《变通政治宜务本原折》，则明确提出去除满

① 《兼署云贵总督云南巡抚丁振铎奏为遵旨复奏敬陈管见十条事》（光绪二十七年四月十五日），一档藏，录副奏折，档号 03－5740－020，缩微号 431－2972。

② 《遵旨筹议变法谨拟整顿中法十二条折》（光绪二十七年六月初四日），苑书义等主编《张之洞全集》第 2 册，第 1422 页。

③ 事实上，在私下里未必如此。据英国驻汉口代理总领事法磊斯对张之洞的观察和了解，有谓："他和我所见到的所有汉人官员一样，憎恨满人，因为他们把持中国、搜刮民脂民膏，他们不顾自己的能力和是否胜任，总能升官发财。中国要想改革只有一法：废除满人一切特权，不论是旗人的俸禄还是仕途特权。"《埃·霍·法磊斯来函》（汉口，1900 年 12 月 18 日），〔澳〕骆惠敏编《清末民初政情内幕——〈泰晤士报〉驻北京记者袁世凯政治顾问乔·厄·莫理循书信集》上册，刘桂梁等译，知识出版社，1986，第 191 页。

④ 端方：《筹议变通政治折》（光绪二十七年三月），《端忠敏公奏稿》卷 1，第 41～42 页。

汉民族之畛域。有谓："满汉分职之制，八旗驻防之兵，在圣清定鼎之初，为此权宜钤制之法，良非得已。今已二百余年，汉人世受国恩，与满人已无二致。而犹沿袭此制而不改，无论其病国也，示天下以不公亦甚矣。旗兵窳弱情形，早在圣明洞鉴。今库帑支绌如此，若再因仍旧制，虚耗巨款，实属难乎为继。既为世仆，亦当体念时艰，自图生计。拟请将京营八旗暨各省驻防，挑选精壮，使习东西洋兵法者，统带教习之，俾成劲旅。内则巩卫京师，外则分防边要，均不使久驻一处。别选其年少勤敏者，使入各种学堂，分习士农工商各业，以为谋生之路。其余酌量分年裁汰，使得从容他谋，不致以骤裁失业，有负朝廷轸恤之意。至于满汉各缺，形迹未化，亦恐害事，应请饬下王公大臣筹议，酌量变通，非微臣所敢擅拟，要使天下知朝廷自大公无我，则感戴悦服者益深。八旗子弟既不坐食，自无废材，而国家岁省饷项且数百万，为益尤大。此满汉之畛域宜去也。"① 陶模还上奏《图存四策疏》，奏请豁除满汉界限。有谓："抑臣更有进者，美利坚除黑人之禁限，而文明大启；英吉利视阿尔兰为一体，而商业勃兴；俄罗斯平大俄、小俄、白俄之界，而雄长欧亚。元世祖严北人、汉人、南人之别，而国祚不永。征之前代则如彼，验之列邦则如此。当今之世，白种横行天下，常以剪灭他种为政策，蚕食非澳，行将及我。我全国之民，实皆同种同族，并力自保，尚恐不及，万不可再分畛域，重臣民隔膜之习，启外人蔑视之心。应请皇太后、皇上豁除满汉界限，其入学堂，授官职，补兵额，办理不宜歧视。万目一视，万耳一听，同族之谊，沦浃肤肌，于全局实有关系。臣窃见咸丰之季，赭寇之乱，江宁杭州驻防，靡有噍类，汉人受毒，无此惨酷，言之可为寒心。"②

---

① 陶模：《变通政治宜务本原折》（光绪二十七年四月初五日），《陶勤肃公奏议遗稿》卷11，第29～30页。

② 陶模：《粤督图存四策疏》（光绪二十七年），于宝轩辑《皇朝蓄艾文编》卷8，第54页。

光绪二十七年十二月二十三日（1902 年 2 月 1 日），清廷以上谕的名义发布了慈禧太后一道准许满汉通婚的懿旨：“我朝深仁厚泽，沦浃寰区，满汉臣民，朝廷从无歧视。惟旧例不通婚姻，原因入关之初，风俗语言，或多未喻，是以著为禁令。今则风同道一，已历二百余年，自应俯顺人情，开除此禁。所有满汉官民人等，著准其彼此结婚，毋庸拘泥。……如遇选秀女年分，仍由八旗挑取，不得采及汉人，免蹈前明弊政，以示限制而恤下情。”[①] 准许满汉通婚，可谓融合满汉的开始。如《申报》评论：“此后满汉臣民，自应仰体圣意，共矢忠忱，无参意见。”[②]

从此以后，仍不断有地方督抚奏请化除满汉畛域，或筹划旗人生计。光绪二十九年（1903）底，张之洞在京面奏清廷，力请“化去满汉畛域，以彰圣德而遏乱萌，如将军、都统等官可兼用汉人，驻防旗人犯罪用法与汉人同，不加区别”。据说慈禧太后“霁颜纳之，且谕曰：‘朝廷本无畛域之见，乃无知者妄加揣测耳。’次年，遂定陆军官制，用都统、参领等名目，及定旗民一律用刑新章”。[③] 光绪三十年（1904）七月，山东巡抚周馥就清廷满汉通婚令发表筹划八旗生计言论，有谓：“窃维满汉通婚，各处驻防间亦有之，而其要端，须使旗人讲求生业，教养有资，勿使故步自封。查旗人生计维艰，乾隆以来，臣工早已虑及，在今日尤为急务。虽曰生齿日繁，转贫为富，难以骤致，不妨于驻防旗人先为筹画。臣姑以山东青州、德州两处驻防论之。除食粮之马步甲兵应留营操练不计外，现在滋生丁口已至一万余名，困苦情形，难以殚述。臣现札饬省城高等学堂、师范学堂，青州中小学堂、蚕桑学堂，皆选旗人肄业，将来毕业及格，不限人数，照章概予出身。又查现在讲习农桑，扩充工艺，拟将官山荒地应招垦

① 中国第一历史档案馆编《光绪宣统两朝上谕档》第 27 册，第 272 页。
② 《论满汉之见渐将销除》，《申报》光绪二十八年正月初九日，第 1 版。
③ 《抱冰堂弟子记》，苑书义等主编《张之洞全集》第 12 册，第 10628 页。

者，就近酌拨旗人认垦，其离驻防穹远之地，亦准地方官酌量拨给。如系流寓旗人，凡有志读书务农者，俱酌照此推行，并准随在贸易，绝不稍分畛域。如有事犯，由所在地方官审理，毋庸会同旗员讯断，其应得罪名，仍照旗人本例办理。庶几生计渐充，形迹俱化，彼此联姻，自不待劝而成。臣愚以为，山东如准照此办理，各省大抵相同，拟请旨饬各省督抚察看情形，酌量仿办。”①

正是在地方督抚等官员的不断建言之下，迫于形势与舆论的压力，慈禧太后于光绪三十三年（1907）发布了化除满汉畛域懿旨，引起了一场官绅群起大讨论。

第二节　慈禧太后化除满汉畛域懿旨探源

光绪三十三年（1907）七月初二日，清廷以光绪皇帝上谕的名义发布了一道慈禧太后关于化除满汉畛域的懿旨，有云：

> 我朝以仁厚开基，迄今二百余年，满汉臣民从无歧视。近来任用大小臣工，即将军、都统亦不分满汉，均已量材器使，朝廷一秉大公，当为天下所共信。际兹时事多艰，凡我臣民方宜各切忧危，同心挽救。岂可犹存成见，自相纷扰，不思联为一气，共保安全。现在满汉畛域应如何全行化除，著内外各衙门各抒所见，将切实办法妥议具奏，即予施行。②

这道懿旨有三层意思：一是表明清朝统治二百余年以来并无满汉之分，显然是面子上唱高调；二是说明当今时事艰危，希望天下臣民同

---

① 周馥：《筹画旗人生计严禁汉人陋俗折》（光绪三十年七月十四日），《周悫慎公全集·奏稿》卷2，第40～41页。

② 中国第一历史档案馆编《光绪宣统两朝上谕档》第33册，第133页。

心协力，共同挽救，此是实情；三是具体就化除满汉畛域问题征求对策，这才是点睛之笔。

慈禧太后为什么在这个时候发布这样一道懿旨呢？可以从三方面来分析。其一，直接导因是革命“排满”风潮。其时，革命党人徐锡麟刺死安徽巡抚恩铭事件，将矛头直指满人，是满汉矛盾激化的鲜明标志。[①] 正是在徐锡麟“排满”革命事件的刺激下，慈禧太后发布了这道化除满汉畛域的懿旨。时人认为，此旨“欲混合满汉，不分畛域。盖鉴于革命党之事也”。[②]“又命妥议化除满汉畛域，筹画各省旗营生计，立变通旗制处，皆为消弭革命排满也”。[③] 可见清廷此时实行化除满汉畛域的缘由与用心。

其二，舆论环境的压力。按慈禧太后懿旨中所谓“际兹时事多艰”，表明清王朝统治正面临着现实中的内忧外患危机。在此前一年，清廷宣布实现预备立宪，其主要目的有三，正如出洋考察政治大臣载泽所谓立宪有三大利：“皇位永固”、“外患渐轻”与“内乱可弭”。[④] 然而，一年以来，不但未见明效，而且内外危机反而更加严重。就国际形势而言，强邻日本迫使韩皇禅位，变韩国为“保护国”，并在加强日英同盟的基础上，与法、俄接近，签订日法协约、日俄协约，中国边疆危机进一步加深。就国内局势来说，同盟会组织的萍浏醴起义刚被平息，又发生了徐锡麟事件和秋瑾案，掀起了“排满”革命的高潮。显然，清政府当时面临着革命与列强侵略两方面的威胁。时论认为：无论是革命，还是列强侵略，都足以使清王朝覆灭；唯一的挽救方策只有立宪：一则“革命之发端由于立宪之不能成立，故不立宪则革命何自消除”；二则“非实行立宪则不足以消除革命之祸，革命之

① 详见本书第七章。

② 孙宝瑄：《忘山庐日记》下册，第1059页。

③ 金梁：《光宣小记》，上海书店出版社，1998，第28页。

④ 《镇国公载奏请宣布立宪密折》，《宪政初纲》［《东方杂志》临时增刊，光绪三十二年（1906）十二月］，“奏议”，第5页。

祸不消则列强之害亦终不能去”。[1] 这是清政府无法回避的现实压力。在如何应对内外危机的问题上，一般舆论多归结于立宪，而要实行立宪，又必须先化除满汉畛域。正如《申报》社论所云：“我国自去年七月十三以来，预备立宪之声，既腾达于中外，而革命之风潮不息，暗杀之手段所以日加烈者，其第一之争执，在于满汉之不平等。故不先除满汉之界，虽日日预备立宪，不过成一立宪之空名词而已。”[2] 又云：“实现立宪之第一着，当自破除界限、改革政体始。互通婚姻之诏，前已布告天下矣；旗官都统之缺，亦已酌补汉员矣。然此特表面耳，形式耳，涂饰耳目，牢笼天下，无当也。其要点在撤驻防，裁旗饷，不分部缺诸大端。果能采择而实行之，使彼党中恍然于朝廷之与民更始，则一切平等自由之说不攻自破，尚何有乎排满？尚安用其革命？”[3] 革命风潮起于满汉矛盾，如果能切实化除满汉界限，实现真正的立宪，自然可以平息革命风潮，这已成一般舆论之共识。在标榜“庶政公诸舆论”的预备立宪时代，清廷对此绝不敢等闲视之。

其三，督抚重臣的促动。对慈禧太后发布化除满汉畛域懿旨有所促动的督抚重臣中，引人注目的有三位。一是两江总督端方。较早提出化除满汉畛域的是满族大臣端方。光绪三十二年（1906）七月，端方在出洋考察政治回国后，与戴鸿慈多次联衔奏请实行立宪。但在涉及平满汉畛域问题时，则独自上了一道密折。他历数欧、美、日本诸国处理民族问题之得失，特别强调民族融合的重要性。有谓：“苟合两民族以上而成一国者，非先靖内讧，其国万不足以图强；而欲绝内讧之根株，惟有使诸族相忘，混成一体，此实奠安国基之第一义。”具体到满汉关系问题，端方也很谨慎，他说：“我朝旧制，虽满汉一视同仁，而尚有一二小节，为满汉之间权利义务不甚均平者，逆党即

---

① 《论今日中国之两大害》，《申报》光绪三十三年七月十七日，第2版。
② 《论消除革命在实行立宪》，《申报》光绪三十三年六月十八日，第2版。
③ 《满汉平议》，《申报》光绪三十三年六月初五日，第2版。

假为口实，肆其鼓簧。后生小子，激于感情，被其利用，此种族革命之说，所以得乘间而入也。”其应对之策，则主张“惟有于政治上导以新希望，而于种族上杜其所藉口”。前者即实行立宪，后者就是化除满汉畛域。其化除之策有二：（1）改定官制，除满汉缺分名目；（2）撤各省驻防，筹八旗生计。[①] 端方此折上后，未见清廷有任何反应。光绪三十三年（1907）六月二十二日，端方代奏安徽旌德县廪贡生李鸿才条陈化除满汉畛域办法八条：满汉刑律宜归一致，满臣不宜称奴才，满汉通婚宜切实推行，满汉分缺宜行删除，满洲人士宜姓名并列，缠足宜垂禁令，京营宜改混成旗，驻防与征兵办法宜归一律。此虽为代奏，但端方基本是认同的，他说：“该生所言尚能独见其大，虽措辞或未尽合，而命意实为可嘉。”[②]

二是直隶总督袁世凯。光绪三十三年（1907）六月十六日，袁世凯奏陈预备立宪十事，其中有“满汉必须融化”一条，有谓：“为今之计，惟有仍遵行皇太后勘定发捻各逆之成规，整饬内政，因时制宜，不分满汉，量才授事。凡从逆煽惑者，严密访拿，尽法穷治，决不可稍涉姑息。臣工内如有满汉意见较深者，亦须量予裁抑，以杜猜防之渐，而消祸乱之萌。并请饬下枢阁部院诸臣，拣查近年各臣工所上融化满汉各条陈，详审会议，订立切实可行办法，奏请圣明裁择，锐意实施。庶可冀成见胥捐，嫌疑尽释。间执逆徒谗慝之口，稍息强敌觊觎之心。奠圣朝万年巩固之基，慰天下兆民治安之望。合群进化，达于宪政，此其权舆矣。”[③] 清廷交会议政务处议奏。会议政务处就此议复如下：“如融化满汉一节，我朝定鼎以来，厚泽涵濡，凡在满汉臣民，久已合同而化。上年已奉满汉结婚之谕，近则满汉官缺，

---

① 端方：《请平满汉畛域密折》，中国史学会主编《辛亥革命》（四），第 39 ~ 47 页。

② 《两江总督端方代奏李鸿才条陈化除满汉畛域办法八条折》（光绪三十三年六月二十二日），《清末筹备立宪档案史料》下册，第 915 ~ 917 页。

③ 《直隶总督袁世凯呈密陈管见十条清单》（光绪三十三年六月十六日），一档藏，录副奏折，档号 03 - 9287 - 008，缩微号 667 - 1102。

量缺量能简授。圣人在上，一视同仁。乃逆徒煽乱，竟以种族之谬说，运其簧鼓之阴谋。此在贤智士夫，断不为其所惑。设有成见，亦难逃烛照之明。现在内外臣工条奏，为藉化除畛域之言，为生聚久长之计者，合群进化，首在教养兼筹。容臣等裒集群言，折衷定议，奏请圣裁。”①

三是湖广总督张之洞。张之洞很关注袁世凯密奏条陈预备立宪十事，曾就融化满汉、组织内阁两条，特别指示在京的齐耀珊详细了解。有电云：“速往见政治馆湖北孝廉傅岳芬，其人现在宝瑞臣侍郎家处馆，切托其觅钞［抄］北洋条陈十事，钞［抄］到先行摘要急电飞达。折内融化满汉、组织内阁两条为最要，须详叙。”齐迅速做了具体的汇报，内容如上所述。② 此前，光绪三十三年（1907）六月二十四日，湖北按察使梁鼎芬上奏《请化除满汉界限折》，内云：“请明诏化除满汉界限，并饬内外臣工，各抒所见，以备采择。”③ 梁鼎芬曾长期是张之洞的亲信幕僚，此举或与张不无关系。就在梁鼎芬上奏之后不几天，六月二十九日，张之洞借外务部咨询日法协约对策之机，致电军机处请代奏，有谓：“查整理内政，乃抵制之实际。欲固边防，先定内乱。方今革命党各处横行，人心惶扰。前奉明诏，令内外臣工条陈时政。窃思要政多端，岂能数日间全行举办？必须探源扼要，方能靖人心而伐逆谋。惟有仰恳圣明，特颁谕旨，布告天下，化除满汉畛域，令内外各衙门详议切实办法，迅速奏请，核定施行。此旨一颁，人心自定，乱党莠民，无可借口。所有立宪、议会等事，俱

① 《政务处复奏袁军机预备立宪折》，《申报》光绪三十三年八月十八日，第3版。

② 《致北京旧刑部街法部齐寓齐观察耀珊》（光绪三十三年六月二十七日申刻发），苑书义等主编《张之洞全集》第11册，第9659页；《丁未六月三十日京齐道来电》，《张之洞电稿（零散件）》，所藏档甲182－479。

③ 《德宗景皇帝实录》(8)，卷575，《清实录》第59册，第616页。梁鼎芬原折未见，查军机处随手登记档，有朱批：“会议政务处知道。”（一档藏，军机处随手登记档，光绪三十三年六月二十四日，梁鼎芬等折件，档案编号03－0324－2－1233－169，原档页码03－0324－2－358，缩微号133－0193）

以此为基址，自然推行无滞。其他各要政，尽可详审斟酌，次第举行。”① 张之洞在此明确地提出了“化除满汉畛域”之说。对照前述慈禧太后懿旨，其措辞基本相似。难怪许同莘所编年谱有云：“三十日电奏，奉懿旨立命各衙门将切实办法议奏。”② 直接点出了张之洞电奏与慈禧太后懿旨的关系。还有一点值得注意，就在慈禧太后懿旨发布的当天，清廷“谕军机大臣等，电寄张之洞，有面询事件，著迅速来京陛见”。③ 据张之洞的幕僚邹履和在京密访肃亲王善耆等人得知：“此次相召，首在筹议革命党事件，次则满汉畛域，次则立宪。”④ 随后，张之洞进京觐见时，慈禧太后劈头就问：“出洋学生排满闹得凶，如何得了?”张之洞从容对答：“只须速行立宪，此等风潮自然平息。”⑤ 用立宪应对“排满”革命，是一般舆论之共识，张之洞亦表赞成，并以之耸动天听。

当时，张之洞、袁世凯、端方是最有影响的地方督抚大臣，再加上岑春煊，有所谓“京外总督三个半”之说。⑥ 其中两广总督岑春煊因丁未政潮被清廷开缺，赋闲上海。张、袁、端三大总督对慈禧太后的影响力是值得充分估计的。

第三节　官绅奏议讨论的问题及其应对之策

满汉问题在清末已是非常严重，但因其与清朝统治息息相关，人

---

① 《致军机处》（光绪三十三年六月二十九日亥刻发），苑书义等主编《张之洞全集》第3册，第2296页。

② 许同莘：《张文襄公年谱》卷9，第204页。按：张之洞电奏二十九日发出，军机处三十日收到。《为恳请颁旨化满汉畛域令各衙门详议切实办法事》（光绪三十三年六月三十日），一档藏，军机处电报档，收湖广总督致军机处请代奏电，档号2－05－12－033－0547，缩微号013－1239。

③ 《德宗景皇帝实录》（8），卷576，《清实录》第59册，第619页。

④ 《丁未七月二十三日京邹道来电》，《张之洞存各处来电稿》第3函，所藏档甲182－446。

⑤ 《八月初七日张之洞入京奏对大略》，《时务汇录·丁未时务杂录》，所藏档乙F99。

⑥ 《丁未五月十一日京陈丞来电》，《张之洞存各处来电稿》第2函，所藏档甲182－445。

多讳莫如深。正如《东方杂志》社论所云：“吾国宪政之不克成立，其原因至为复杂，而满汉之争不相下，实为其莫大之总因。此其故人人能知之，而无一人为敢昌言之。”[①] 此所谓“无一人”云云，固然夸张，但言路殊为不畅，亦是实情。自七月初二日慈禧太后发布化除满汉畛域懿旨，就此正式开放言路，官绅纷起上奏。据《申报》记载，到九月初三日，各大员绅民条陈化除满汉畛域折共计 11 件。[②] 到九月十六日，“化除满汉条陈已有数十起之多”。[③] 这些记载并不完全。据已刊《清末筹备立宪档案史料》统计，自七月初八日至八月十八日，就有 17 件之多。[④] 当时究竟有多少奏折条陈，现在要做完全统计，已是相当困难。至于上奏呈者之身份，也是颇为复杂，既有部院大臣、翰詹科道等京官，也有将军都统、督抚司道府县等地方官员和士绅，还有一个号称“台湾遗民”的黄同，[⑤] 甚至有英国传教士李提摩太。[⑥] 值得注意的是，这些奏折条陈究竟讨论了什么问题，提出了什么应对之策。现就所见略述如下。

其一，关于化除满汉畛域的缘由。官绅奏议众说纷纭，大致有四：一是针对“排满”革命，认为革命党以满汉问题为借口，消融满

---

① 蛤笑：《论消融满汉之政策》，《东方杂志》第 4 年第 7 期，光绪三十三年七月二十五日。

② 《会议条陈消融满汉各折》，《申报》光绪三十三年九月初三日，第 3 版。按：上此 11 件折的有民政部右侍郎赵秉钧、两江总督端方、暂署黑龙江巡抚程德全、安徽巡抚冯煦、广州副都统李国杰、湖北臬台梁鼎芬、四川补用道员熊希龄、桂林府遗缺知府杨道霖、吏部文选司员外郎胡潜、盐大使李蔚然、举人董芳三。

③ 《沈侍郎条陈满汉纪闻》，《申报》光绪三十三年九月十六日，第 3 版。

④ 上这 17 件折的有南书房翰林郑沅（一折二片）、御史贵秀、御史俾寿、两江总督端方、举人董芳三、桂林府遗缺知府杨道霖、宁夏副都统志锐、民政部右侍郎赵秉钧、安徽巡抚冯煦、修订法律大臣沈家本、四川补用道熊希龄、御史江春霖、暂署黑龙江巡抚程德全、吏部文选司员外郎胡潜、举人（盐大使）李蔚然、广州副都统李国杰和湖北臬台梁鼎芬。

⑤ 《台湾遗民黄同为消除满汉歧视抵排之风事呈文》，一档藏，录副奏折，档号 03－9287－019，缩微号 667－1176。

⑥ 《李提摩太上军机处满汉相安根本策》，《申报》光绪三十三年九月初四日，第 2 张第 10～11 版。

汉畛域，自可抵制革命。如荆州右翼副都统松鹤奏称："朝廷治道修明，而革命之横议嚣张，以机诈犯上之术，惑我礼乐刑政之邦。民虽至愚，咸知大义。无如倡叛人藉口之词，为满汉畛域之渐。故在乎弥变应变之才，随时安辑，以维人心。"[①] 两江总督端方代奏李鸿才条陈有云："近者不逞之夫，昌言革命，悖逆狂谬，蛊惑人心，私放债票，密运军火，勾结匪徒，蠢然思动，甚至戕杀大员，扰乱治安。设非措置得宜，防查有法，必至破坏不可收拾，其害有难胜言者。推其致患之由，则在藉辞满汉。欲弭此患，莫若令满汉大同，消泯名称，浑融畛域。明示天下无重满轻汉之意，并无以满防汉之心，见诸实事，而不托诸空言。"[②] 二是外患危机。如御史贵秀所说："方今时局艰危，强邻环伺，属在臣民，均宜志切同仇，以御外侮，万不可自分界限，致蹈危机。"[③] 安徽巡抚冯煦甚至认为，满汉问题的存在，正使外人得以煽惑革命党扰乱中国，而坐收渔人之利。有谓："今之歧满汉而二之者，正外人利用此说以煽我革命党人，使我自相疑贰，自相争竞，而彼则坐收其利也。"[④] 三是宪政要求。民政部右侍郎赵秉钧认为，八旗制度有碍宪政，必须改革，以符立宪要求。有云："查各国宪法，有通国皆兵者，有听便入伍者，无于全国人内另指一部分人专作军籍之理。今八旗无分长幼男女，皆注籍于旗，殊于宪政有碍。又立宪之国选举人员，皆视其地完赋之数，八旗皆属兵籍，于选举各权，更恐有所损失。如将来实行立宪，再议汰撤，在旗人久受豢养，恐有一旦失所之虞，在国家垂念勋劳，亦宜预筹资生之策。……拟分期酌办以

① 《荆州右翼副都统松鹤奏为敬陈立宪融化满汉一体管见事》（光绪三十三年七月十四日），一档藏，录副奏折，档号03－5620－006，缩微号423－2910。

② 《两江总督端方代奏李鸿才条陈化除满汉畛域办法八条折》（光绪三十三年六月二十二日），《清末筹备立宪档案史料》下册，第915页。

③ 《御史贵秀奏化除满汉畛域办法六条折》（光绪三十三年七月初十日），《清末筹备立宪档案史料》下册，第920页。

④ 《安徽巡抚冯煦奏徒言化除满汉非探本之论当以核名实明赏罚为首折》（光绪三十三年七月二十九日），《清末筹备立宪档案史料》下册，第939页。

谋旗民之富庶，而符立宪之规模。”[①] 四是满汉权利实有不均。承认这一点并不容易，而满族大臣反而更能正视现实。两江总督端方认为：“朝廷虽于满汉并无歧视，尚有一二旧制，似乎权利义务不甚均平。如从前京外诸官缺，有专为满缺者，有满汉分缺者，有满汉并用者，大约满人较汉人为多。汉人无不纳税，满人则以兵之名额，坐领饷糈，有分利之人，而无生利之人。”[②] 宁夏副都统志锐认为，“排满”革命之起，正因为满汉权利甚为不均。有谓：“实以满人向占优胜，遂致积不相能，激成此举。同一大学士，满则尽人可得，汉则非科甲不能。同一谥法，满则拜相即加‘文’字，不论出身，汉则绝无此例。六部堂官必须满汉各三，司官则满必掌印，且有无汉官之衙门。御史为风宪之官，通院八十名，满人必居其半，兼之卑鄙无识、不称职者居多，早为汉人之所轻视。满人获咎，有所谓西路换班、起用废员专条，汉人则无之。驻防兵丁，果能如国初之所向必克，为民捍患御灾，自无异议。无如废弛腐败，坐食优游，小民终岁胼胝，徒供驻防温饱，且恃骄贵，到处欺凌，积忿之深，不止一日。刑律有发交驻防兵丁为奴一条，显然有贵贱之分，此尤动汉族不平之气。”[③]

其二，关于化除满汉畛域的具体措施。官绅奏议提出了很多建议，综其大要如下。

一是裁驻防，改旗籍，筹八旗生计。这是最重要的一点，官绅奏议多有涉及。“数月以来，内外臣工之应诏陈言者，章凡数十见，虽办法各有不同，而主裁撤旗兵之说，最居多数”。[④] 南书房翰林郑沅主

---

① 《民政部右侍郎赵秉钧奏请分期蠲除旗籍并划一旗汉官员称谓升途折》（光绪三十三年七月二十八日），《清末筹备立宪档案史料》下册，第937页。

② 《两江总督端方奏均满汉以策治安拟办法四条折》（光绪三十三年七月十六日），《清末筹备立宪档案史料》下册，第926页。

③ 《宁夏副都统志锐奏化除满汉畛域在使旗民自食其力并裁减满员补以汉员折》（光绪三十三年十月十五日），《清末筹备立宪档案史料》下册，第955页。

④ 《陕甘总督升允代奏赵惟熙呈请裁撤旗丁由国家筹办实业为之生利折》（光绪三十四年二月十九日），《清末筹备立宪档案史料》下册，第957页。

张裁去驻防名目，旗兵改隶于各省，占籍为民，京旗分隶于顺天府属办理，并酌量变更将军、都统等官制。[①] 御史贵秀主张裁撤驻防，仿旗籍以办军籍，满汉之民尽为兵，相习既久，自无“排满排汉”之可言。[②] 桂林府遗缺知府杨道霖主张除宗室贵族另订章程以外，凡满洲、蒙古、汉军八旗，均一律销除旗档，统归民籍，裁撤将军、都统、佐领等官，各归州县官管理，挑选丁壮为兵，其余闲散人等，准其出外自谋生计。[③] 民政部右侍郎赵秉钧主张分三期蠲除旗籍：第一期清查旗籍户口；第二期颁发褒赏功勋牌券；第三期将旗人安插各行各业，一律化作平民。[④] 吏部文选司员外郎胡潜主张把京旗与驻防八旗仿军籍之例，编入相应地方州县籍贯，使旗籍与民籍不分；同时清查八旗户口，分等造册，各筹生计，并裁撤其钱粮。[⑤] 规划最详的是两江总督端方与江苏巡抚陈夔龙。端方奏陈四条办法：第一，旗人悉令就原住地方，如军籍例编为旗籍，与汉人一律归地方官管理；第二，旗丁分年裁撤，发给十年钱粮，使自谋生理；第三，移驻京旗屯垦东三省旷地，或自耕，或招佃取租，以资养赡；第四，旗籍臣僚宜一律报效廉俸，以补助移屯经费。[⑥] 陈夔龙电奏办法五条：第一，混融旗籍，请将京旗、驻防旗籍一概蠲除，相应注入顺天籍和各省籍，并随其所居住之州县与汉人一体编列；第二，变通官制，裁撤将军、都统

---

① 《南书房翰林郑沅奏化除满汉畛域京旗驻防宜占籍为民折》（光绪三十三年七月初八日），《清末筹备立宪档案史料》下册，第919页。

② 《御史贵秀奏化除满汉畛域办法六条折》（光绪三十三年七月初十日），《清末筹备立宪档案史料》下册，第921～922页。

③ 《桂林府遗缺知府杨道霖请销除旗档统归民籍呈》（光绪三十三年七月十八日），《清末筹备立宪档案史料》下册，第933页。

④ 《民政部右侍郎赵秉钧奏请分期蠲除旗籍并划一旗汉官员称谓升途折》（光绪三十三年七月二十八日），《清末筹备立宪档案史料》下册，第937～938页。

⑤ 《吏部文选司员外郎胡潜陈化除满汉畛域办法八条呈》（光绪三十三年八月十七日），《清末筹备立宪档案史料》下册，第950页。

⑥ 《两江总督端方奏均满汉以策治安拟办法四条折》（光绪三十三年七月十六日），《清末筹备立宪档案史料》下册，第928～930页。

等旗官，各衙门官制满汉并用；第三，安插流寓旗员；第四，代谋生理，改籍后停发口粮，按照应发口粮酌给一二年，俾可各谋生业，工商军界听其自择，其有老弱病残者拨入养济院一体给恤；第五，广兴教育，应饬所在地方官谕令八旗驻防子弟与汉人一体入学，尤宜多习实业。[①] 宗室文斌等人条陈值得注意，他们所主张的化除满汉畛域之根本办法有六条：第一，明定期限裁撤饷额，请明降谕旨限定十年，所有八旗饷额尽行裁撤；第二，速行变通旗务以求善后，请饬下各省督抚选派专员，赴各旗驻防原地，会同地方官认真经理工商、练兵、教育等事，筹八旗营业营生之路；第三，各省设旗务善后局以综核旗务，京师设总理旗务善后衙门，统管京师旗务善后事宜及各省旗务善后局，该局该衙门均在十年期满后裁撤；第四，先裁旗籍以泯界限，请将现在旗籍之人一律注销，与齐民同等，各就本地州县入籍；第五，遣京外旗人分往热河，以事屯田；第六，添设藩族以固人心，请将蒙、回、藏人编为藩族，将来国会开后，凡能通中国语者，即可有议员之资格，概与满汉平等，无可歧视。[②]

二是不分满汉官缺。满汉任官不平等，多为世人所訾议。此次官绅奏议，也有不少涉及于此。据《申报》报道，大学士那桐在召见时，奏陈满汉平权办法，“拟请查明京外大小各项要缺，嗣后满汉各居其半，如汉员有奇功异勋者，亦得赏食王俸”。[③] 满汉官缺不平何在？预备立宪开始后的官制改革，虽然宣称部院堂官不分满汉，但有些部门及各部司员铨补仍多循旧例。宗室文斌等条陈称：“自改官制以来，满汉分缺之例业已蠲除几尽，然军机处、内阁、翰林院、都察

---

① 《江苏巡抚陈夔龙电奏为拟化除满汉畛域办法五条事》（光绪三十三年七月初五日），一档藏，军机处电报档，档号 2－05－12－033－0568，缩微号 013－1267。

② 《翰林院侍讲奉恩将军文斌等为融和满汉胪陈豫筹京旗办法事宜事呈文》（光绪三十三年九月十六日），一档藏，录副奏折，档号 03－5746－005，缩微号 432－0520。

③ 《那相国奏陈化除满汉办法》，《申报》光绪三十三年八月初一日，第 3 版。

院、吏部、度支部、礼部等衙门各项官缺，满汉特异，理藩部等衙门且无汉人，殊非持平之道。似宜一律改革，以示大同。”[①] 满汉官员升转亦有不平。民政部右侍郎赵秉钧奏称：“细核各部升转则例，不独旗员与汉员不同，即旗员与旗员亦各有不同，甚至满、蒙、汉军亦有专缺，既隘登进之途，无当抡才之用。”因而主张满汉文武官员升途划一。[②] 如何在满汉之间持平？贵州巡抚庞鸿书奏称：“无论大小缺出，不必循例推迁，宜由各尚侍核其平日之成绩如何，以凭迁擢。满人而才，多用满人不为过；汉人而贤，多用汉人不为非。则于整饬部务之中，实行化除畛域之意。”[③] 宁夏副都统志锐亦认为：“论人才之当不当，一秉大公，满人督抚中不使材望不符者充数，汉人尚侍内不使练达有为者向隅，调剂一平，痕迹自泯，舍是无他术矣。”[④] 据说庆亲王奕劻在政府会议宪政事宜时也表示：“所有应设之资政院、审计院暨军谘府、海军部各项要职，宜将去年原订官制草案量为变通，不必定以王公、贝勒、贝子充任首位，但有才具能胜各院长暨各处总理之任者，不论满汉，一律奏请简派，以实行破除满汉界限。”[⑤]

三是满汉法律同一。按清律有“旗人犯罪折枷”条，就是旗人犯罪，应处军流徒刑，免发遣而分别枷号。“徒一年者枷号二十日，每等递加五日，总徒准徒亦递五日；流二千里者，枷号五十日，每等亦递加五日；充军附近者枷号七十日，近边者七十五日，边远沿海边外

① 《翰林院侍讲奉恩将军文斌等为融和满汉胪陈豫筹京旗办法事宜事呈文》（光绪三十三年九月十六日），一档藏，录副奏折，档号 03－5746－005，缩微号 432－0520。

② 《民政部右侍郎赵秉钧奏请分期蠲除旗籍并划一旗汉官员称谓升途折》（光绪三十三年七月二十八日），《清末筹备立宪档案史料》下册，第 938 页。

③ 《贵州巡抚庞鸿书奏为遵旨敬陈化除满汉畛域管见事》（光绪三十三年九月初二日），一档藏，录副奏折，档号 03－5746－031，缩微号 432－0585。

④ 《宁夏副都统志锐奏黜陟赏罚满汉应视一律折》（光绪三十三年七月二十八日），《清末筹备立宪档案史料》下册，第 936 页。

⑤ 《庆邸实行满汉平权之意见》，《申报》光绪三十三年七月二十六日，第 4 版。

者八十日，极边烟瘴者九十日。”显然对旗人犯罪只是象征性处罚，而汉人不能享受此等待遇。修订法律大臣沈家本奏请变通办理，“嗣后旗人犯遣军流徒各罪，照民人一体发配，现行律例折枷各条，概行删除，以昭统一而化畛域”。① 具体到地方官判案，刑罚亦有不平。吏部文选司员外郎胡潜奏称：“各地方官于满汉人民之涉讼，或逆亿满人欺汉人之心而姑抑夫满人，以便沽其名誉；或存袒护满人之意而姑抑夫汉人，以见好于将军、都统。”他主张不分满汉之刑罚，“刑罚两得其平，而满汉之畛域胥融矣”。②

四是满汉礼制同一。关于婚嫁礼。御史贵秀认为，清廷虽然谕准满汉通婚，但成效不大，是因为满汉婚嫁之礼绝不相同，遂奏请礼部开办之礼学馆订定旗汉通行婚嫁各礼，“务取折衷归于一是，以联络之”。③ 关于丧礼，满汉差异在官员服、官守制问题上凸显出来。陆军部上奏已调丁忧汉员并未补有官阶可否留部当差请旨定夺折，清廷垂询军机大臣。庆亲王奕劻云：“丁忧汉员虽不准补官，当差似属无妨。惟公然出诸朱批，则丁忧之员纷纷起用，实与前旨不合。”张之洞、袁世凯则云：“现在需才孔亟，若丁忧人员一概不用，未免废置可惜。且外省当差者不少，如一律撤差，未免掣肘，此事总宜斟酌。”诸公踌躇再四，最后世续云：“此□种种原因，在满汉丧礼不同之故。最好此折姑且批准，一面饬下礼部另拟满汉服官守制章程，均归一律。”庆亲王亦以为然。④ 关于见面行礼。吏部文选司员外郎胡潜奏称：“满人与满人行礼，屈一膝而垂手，汉人与汉人行礼，拱两手而鞠躬，至

① 《修订法律大臣沈家本奏旗人犯罪宜照民人一体办理折》（光绪三十三年八月初二日），《清末筹备立宪档案史料》下册，第941、942页。

② 《吏部文选司员外郎胡潜陈化除满汉畛域办法八条呈》（光绪三十三年八月十七日），《清末筹备立宪档案史料》下册，第952页。

③ 《御史贵秀奏化除满汉畛域办法六条折》（光绪三十三年七月初十日），《清末筹备立宪档案史料》下册，第921页。

④ 《更改满汉服官守制原因》，《申报》光绪三十三年九月十五日，第3版。

外省属员见上司，与京内司员见堂官，行礼又两歧矣。”拟请将满汉内外之礼节规定一律遵行，以泯畛域。[①]

五是推行满汉通婚。宗室文斌等奏称：“满汉通婚宜切实推行也。混合血统，最足化种族猜嫌。现虽明诏屡颁，而遵行者盖寡，诚以积习相仍，礼节差异所致。”应请将满汉通行礼节颁行天下，“实行满汉通婚，庶姻娅遍于全国，秦越自无异视。”[②] 浙江嘉善学界上都察院条陈认为，满汉之间成见已深，积习难返，“通婚一日不实行，即成见一日不除，故朝廷欲除满汉成见，非实行通婚不可”。[③] 南书房翰林郑沅认为：“满汉互通婚姻，实为化除畛域之一大关键。”鉴于清廷虽颁明诏而少有奉行之状，遂奏陈由大臣请旨指婚以开风气。有云：“嗣后凡京外满汉一二品大员，其子女几人，皆令先上其籍于朝，限年至若干岁时，准其请旨指婚。在大员之家，无端受此宠荣，必引为非常之庆幸，至风气既开于贵族，则士夫以下自然不令而行。”[④]

六是其他项，如满汉官员统称臣、满汉人姓名并列等。两江总督端方代奏李鸿才条陈有谓：“我朝汉人官无论大小，自称则曰臣，满人虽以王公之贵，均以奴才自称。……今外人每讥我为奴隶之国，虽非专指乎此，而此亦即其因。即曰称谓之间，无关轻重，然名者实之归，名不正则言不顺，顾名思义，所谓之何，故满臣亦宜称臣，而不称奴才。”又谓：“东亚之人先姓而后名，西欧之人先名而后姓，未有列名字而无氏系者。惟中国隶旗籍者，率皆列名而不列姓，虽由习惯，终非大同。今后列旗籍者，亦应姓名并列，如国姓则用爱新某

---

① 《吏部文选司员外郎胡潜陈化除满汉畛域办法八条呈》（光绪三十三年八月十七日），《清末筹备立宪档案史料》下册，第952页。

② 《翰林院侍讲奉恩将军文斌等为融和满汉胪陈豫筹京旗办法事宜事呈文》（光绪三十三年九月十六日），一档藏，录副奏折，档号03-5746-005，缩微号432-0520。

③ 《浙江嘉善学界徐秉刚、徐益三、程劲、程杰上都察院代奏化除满汉畛域条陈》（续），《申报》光绪三十三年十一月初十日，第2张第2版。

④ 《南书房翰林郑沅奏满汉通婚可由大臣请旨指婚以开风气片》（光绪三十三年七月初八日），《清末筹备立宪档案史料》下册，第919~920页。

某，其他大族章佳、马佳诸氏，亦称章佳某某，马佳某某，余皆仿此，适与汉人欧阳、东方等双姓相同矣。其本系汉姓者，并用汉姓，尤为易泯形迹也。”[①] 民政部右侍郎赵秉钧奏请嗣后无论满汉文武，奏事一体称臣。[②] 南书房翰林郑沅奏请满人可用旧姓译音合成一字，冠于名上，使姓名连属，与汉人浑化同一。[③]

其三，关于化除满汉畛域与宪政的关系。一方面，化除满汉畛域是宪政的需要，已如上面分析缘由时所述；另一方面，如何化除满汉畛域，不能只做形式上的表面文章，而必须从精神上做根本的解决，又最终归结于宪政。四川补用道熊希龄认为：“今日而欲实行化除满汉，非改革之为难，实善后之不易。”在他看来，时人所谓赐汉姓、联婚姻、不论官缺，皆易决之事，唯撤驻防、改京旗两大端，事关数十万满、蒙、汉军之身家性命，最难解决。如果撤驻防、改京旗问题不能解决，“诚恐形式上之满汉虽化，精神上之满汉犹存，仍非国家长治久安之策也”。他指出时人所拟撤驻防、改京旗之策如颁恩饷、发债券和移民屯垦，均有很大困难，而这三难之外有一最难者，就是筹谋旗人生计。要解决这四难，尚有三策：一则广设工场及实业学堂，使旗人习艺，以营生业，此治本之计；二则以所筹恩饷之半设立银行，发给旗人股票；三则以所筹恩饷专造满蒙各部铁路，发给有饷旗丁铁路股票。他还特别提醒注意三点：一曰用人，不论满与汉，唯问贤不贤；二曰立法，法律齐一，权利义务平等；三曰御侮，同心对外界之竞争，则自忘内部之私斗。“故自其前而言之，所谓四难者尚不过形式上满汉之利害，以国家之全力，犹足以举之；自其后而言

① 《两江总督端方代奏李鸿才条陈化除满汉畛域办法八条折》（光绪三十三年六月二十二日），《清末筹备立宪档案史料》下册，第916～917页。

② 《民政部右侍郎赵秉钧奏请分期蠲除旗籍并划一旗汉官员称谓升途折》（光绪三十三年七月二十八日），《清末筹备立宪档案史料》下册，第938页。

③ 《南书房翰林郑沅奏满人冠姓可否用旧姓译音合成一字以昭划一片》（光绪三十三年七月初八日），《清末筹备立宪档案史料》下册，第920页。

之，则此三注意者，直为精神上满汉之利害，必时时有忧勤惕厉之心，事事有开诚布公之意，乃可以长治久安矣。”[①] 御史江春霖甚至不以化除畛域为然，所谓“畛域必不可化，实亦无庸化也”。在他看来，满汉之分对于清廷而言，就像子女对于父母有亲生与继嗣之别一样。子女或有嫌隙，父母但能持平待之，终必和好如初。“然则化除畛域，更无他术，谕旨‘一秉大公’四字尽之矣”。他认为时人所谓通婚姻、改姓氏、销旗籍、撤驻防数端，只是治标。“为今之计，惟有罢不急之营缮，禁苛细之杂捐，订禄俸画一之经，平部院补缺之制，庶满汉之界不必除，而满汉之争无弗息。”[②] 暂署黑龙江巡抚程德全认为：“今日满汉之畛域，非因满汉而有意见也，乃因意见而有满汉耳”，“盖满汉者其迹也，政本者其原也。所谓政本者，即我皇太后、皇上主持国是之一心，与政府诸公赞襄密勿之公德也”。时人条奏诸如裁撤京旗与驻防、改旗人归民籍、裁撤将军都统官缺等数端，只能化除满汉之形迹，未为探本之论。“实行破除畛域之事，先化无形之满汉，再化有形之满汉。今日时虽危迫，尚未始不可实行宪政转弱为强者也”。[③] 举人李蔚然条陈化除满汉界限之策，以立宪为至善之法。有谓：“今朝廷但求宪政成立，则教育整顿，学术一致；奖励持平，黜陟一致；议院渐设，权利一致；法律改良，刑罚一致；服饰仪节悉定划一章程，则礼俗一致。统贵族、华族、士族、民族，咸受治于宪法范围之中，则于满人不见为独优，即于汉人不见为独绌，界限之说，不言自破。乱党虽欲蛊惑，亦无从藉口。此法之至善者也。”[④] 事实

① 《四川补用道熊希龄陈撤驻防改京旗之策并请从精神上化除满汉之利害呈》（光绪三十三年八月初八日），《清末筹备立宪档案史料》下册，第942～945页。

② 《御史江春霖奏化除满汉畛域为治标之术请勿轻听群议折》（光绪三十三年八月十一日），《清末筹备立宪档案史料》下册，第946～947页。

③ 《暂署黑龙江巡抚程德全奏满汉其迹政本其原必尽刬弊根而后可言维新折》（光绪三十三年八月十一日），《清末筹备立宪档案史料》下册，第948～949页。

④ 《举人李蔚然条陈除满汉界限之策以立宪为至善之法呈》（光绪三十三年八月十八日），《清末筹备立宪档案史料》下册，第953页。

上，平满汉畛域问题的讨论既然是在预备立宪的背景下展开的，其后也自然被纳入宪政筹备的范畴之中，而与清末宪政改革息息相关。

第四节　清政府满汉政策的新变化

在官绅不断纷起奏陈的过程中，清政府也相应地做出了一些回应，而逐渐调整了相关的满汉政策。当然，政策的调整与实施也有一个过程。事实上，清政府对于满汉政策的调整则一直持续到清王朝覆灭也尚未完成。在某种意义上或许可以说，正是这些政策的成败得失直接影响了清王朝的前途命运。

首先，裁撤驻防与筹办旗人生计，最为引人注目。据时人观察："旗民生计困迫，西城尤甚，皆短垣败屋，无一宽整者，街巷亦畸零荒寂，迥无东城气象。"[①] 这是京旗的情况。至于驻防旗人，如广州，"该驻防满汉丁口计有三万余人，满洲仅得十分之二三，徒恃钱粮以为养赡，向乏谋生之计，遂窒孽蕃之机，加以连年疫疠流行，贫病交迫，惨怛之状，蒿目疚心。汉军虽解营生，然亦只负贩肩挑，藉图蝇头微利，以是贫者常贫。即稍可温饱之家，亦时虞竭蹶。今虽习作工艺，而久涸思苏，究以为效迟而利薄"。[②] 旗人生计窘迫如此。光绪三十三年（1907）八月二十日，清廷发布筹办驻防旗人生计上谕：

> 我朝以武功定天下，从前各省分设驻防，原为绥靖疆域起见。迨承平既久，习为游惰，坐耗口粮，而生齿滋繁，衣食艰窘，徒恃累代豢养之恩，不习四民谋生之业，亟应另筹生计，俾各自食其力。著各省督抚，会同各将军都统等，查明驻防旗丁数

---

① 史晓风整理《恽毓鼎澄斋日记》第1册，第366页。

② 《广州副都统李国杰奏为驻防旗人生计艰难蒙恩筹给地亩耕种请饬速办事》（光绪三十三年十二月二十三日），一档藏，录副奏折，档号03－5746－055，缩微号432－0649。

> 目，先尽该驻防原有马厂庄田各产业，妥拟章程，分划区域，计口授地，责令耕种。其本无马厂庄田，暨有厂田而不敷安插者，饬令各地方官于驻防附近州县，俟农隙时，各以时价分购地亩，每年约按旗丁十分之一，或十数分之一，授给领种，逐渐推扩，世世执业，严禁典售。即以所授田亩之数，为裁撤口粮之准，裁停之饷，另款存储，听候拨用。该旗丁归农以后，所有丁粮词讼，统归有司治理，一切与齐民无异。至田亩之腴瘠，价值之低昂，各省互有不同，但以足敷赡养为度。一面仍将各项实业教育事宜，勒限认真分别筹办，以广旗丁谋生之计。其授田之始，应需庐舍堤堰，暨农具牛种等项，并开办实业各经费，准由裁停存饷内，核实奏请，酌量协济。并著各将军督抚等破除情面，实力奉行，不得任听协参佐领各员，挟持私见，阻挠大计。先由度支部迅筹实在的款，以备拨发，勿稍诿误。期于化除畛域，共作国民，用副朝廷一视同仁之至意。[①]

这道谕旨把解决驻防旗人生计的难题交给了各省督抚与将军、都统，其办法有二：一是将驻防原有马厂、庄田各产业或以时价分购地亩，计口授田，使旗丁归农；二是筹办各项实业教育事宜，以广旗丁谋生之计。

据说此诏下后，“颇闻各省驻防旗民，竟有痛哭流涕，群谋抵抗，不谅朝廷之苦心者，何哉？贪安好逸，业已习为固然，一旦迫之使习耕作之劳，则几视为天下至苦之境也”。[②] 广州副都统李国杰洞觉先机，其电奏清廷称：“旗丁数百年来专事操防，鲜营生业，骤聆朝命，易致惊惶。拟恳严饬各省督抚将军等，先将朝廷德意剀切宣布，妥慎

① 中国第一历史档案馆编《光绪宣统两朝上谕档》第33册，第196页。

② 《论旗人生计亟宜另筹善法》，《申报》光绪三十三年九月十一日，第2版。

办理，不得稍事操切，以安旗人之心。尤于分购民田时，不得稍事强迫，以杜民人之惑。务期真能化除畛域，旗民心意融合，相安无形。”① 军机大臣会议时，世续倡言：“各处匪党滋多，人心不靖，驻防旗人向来不务生业，一旦裁撤口粮，深恐从中煽惑，相约起事。”张之洞、鹿传霖深以为然，“拟通饬各省将军、督抚，速即购买地亩，分给旗民，以安其心，渐图裁撤口粮之计”。旋由庆亲王奕劻面奏，奉旨允准。② 八月二十三日，清廷又颁上谕：

> 朝廷为旗民广筹生计，授地耕种，并筹办各项实业教育事宜，实属仁至义尽。该将军督抚等果能会同认真经理，先筹地亩，妥为安插，然后按照受地旗丁分数，徐为裁撤口粮之计，并非操切从事。至分购民田，谕令按照时价，于驻防附近州县酌量购买，官民交易，务期平允，不至抑勒强迫。各该将军督抚等，仍当懔遵前旨，实心实力，认真妥办。一面剀切晓谕，宣布朝廷德意，务使旗民人等家喻户晓，尽释疑惧，期副朝廷化除畛域之至意。③

朝廷再次严责各省督抚与将军、都统切实施行。

直隶布政使增韫奏陈办法四条：调查边荒，恳恩赐作业田、学田，以省地价；筹贷垦田成本，以期逐渐推广；筹设劝农银行，以立贷款基础；请设立管理大员，总理银行、开荒暨安置旗丁事宜，已专责成。增韫是就全国情形笼统而言的，并未具体针对某地。会议政务处奉旨议奏，以其所谓分学田、业田与筹办银行、设总理大员等具体

① 《广州副都统李国杰电奏为裁撤驻防旗人授地耕种拟请饬妥办事》（光绪三十三年八月二十二日），一档藏，军机处电报档，档号 2-04-12-033-0913，缩微号 012-0422。

② 《政府会议裁撤驻防之办法》，《申报》光绪三十三年九月初三日，第 3 版。

③ 中国第一历史档案馆编《光绪宣统两朝上谕档》第 33 册，第 198 页。

措施均多窒碍难行，但其迁民开荒实边一策可先从东三省办起，请饬令直隶、山东、河南、安徽、湖北各督抚、将军、都统等查明驻防旗丁数目，将本省无地可授及闲散旗丁并无营业者另编册籍，咨会东三省督抚详筹具体办法。[①] 察哈尔都统诚勋、副都统额勒浑会奏，有谓察防前办垦务，经前都统为八旗酌留随缺地一千顷，现又饬推广垦务局再予酌留空地一千顷，计口授食，无须另购民田。一俟户口查竣，再行妥筹办法。[②] 热河都统廷杰奏称，热河人多地少，实属无地安插，拟筹变通办法，按照陆军部编练常备军计划，改练旗兵为常备兵，旗兵退伍后，将热河之内务府官庄园地归旗兵收租，以资生计。清廷交陆军部议奏。[③] 密云副都统德麟奏陈五条：去游惰、购民田、广学校、开工艺、兴商务，并以职司驻防不兼财政，密库无款，治本难筹，请部拨借款以待购地。会议政务处议奏：所奏皆应办之事，唯请饬部拨款之处应毋庸议。[④] 护理山西巡抚宝棻奏称，太原驻防旗人以晋俗重商而不以耕作为然，拟先办实业教育，于满营隙地设立农工实业传习所，挑选10岁以上30岁以下旗丁，分班肄习农工实业及小学普通课程，并附设试验场及工艺厂房，俾令实地练习，以期谋生有路。至于学额以外之旗丁及孤寡妇女，拟于实验场及工艺厂另备讲堂房舍，分别讲习粗浅职业，以免向隅。奉朱批："著即认真筹办，期收实效。"[⑤] 青州副都统文瑞与署理山东巡抚吴廷斌会奏，亦称山东青州、德州驻防

---

① 《直藩增韫奏旗丁生计办法折》，《申报》光绪三十三年十月十八、十九日，第2张第2版；《会议政务处奏议复直隶布政使增韫奏推广旗丁生计藉实边陲折》，《东方杂志》第5年第3期，光绪三十四年三月二十五日。

② 《察哈尔都统诚勋副都统额勒浑奏为遵旨筹办化除满汉畛域事》（光绪三十三年十一月二十一日），一档藏，朱批奏折，档号04－01－01－1085－057，缩微号04－01－01－165－2433。

③ 《热河都统廷杰奏裁撤驻防旗兵筹拟变通办法折》，《申报》光绪三十三年十一月初八日，第2张第2~3版。

④ 《会议政务处奏为遵旨议复密云副都统德麟奏议旗丁生计请拨借款事》（光绪三十四年），一档藏，录副奏折，档号03－5622－038，缩微号423－3516。

⑤ 《护晋抚宝棻奏统筹旗丁生计折》，《申报》光绪三十三年十二月初八日，第2张第2版。

原有马厂、庄田无可拨拨，另垦官荒又缓不济急，山东地狭人稠，青、德一带田亩尤少，购田不易，故拟先办实业教育，将原有学堂设施改设初等小学、高等小学及中学堂，并附设陆军小学预备科，还改建一座工艺所，俾旗人读书明理，挟艺谋生。[①] 河南巡抚林绍年奏称，豫省驻防并无马厂、庄田，无可筹拨，省城附近州县频遭河患，几无良田可购，故唯有注重练兵、兴学、劝工三事。陆续将驻防旗兵挑练陆军，已练旗兵八百余名。添设初等小学堂，将原设满汉两所蒙学堂改为高等小学堂，原有小学堂扩充为中学堂。设立工艺局、蚕桑局，教习织布、纺纱、养蚕、染色诸艺。“数年之后，将男妇各有生计，即不代筹出路，亦当鲜坐食之人，秀者挟学术以图上进，贫者亦可藉工艺以资谋生，虽不能尽驱之归农，已远胜待农而食者矣”。[②]

以上就所见相关资料略做概述，可见因全国各地情形不一，各省督抚与将军、都统奏报实施办法也各不相同。虽然如此，但各地裁撤驻防与筹办旗人生计的工作业已陆续实行。

其次，满汉刑律与礼制同一，也值得注意。光绪三十三年（1907）九月初三日，清廷发布上谕：“礼教为风化所关，刑律为纲纪所系。满汉沿袭旧俗，如服官守制，以及刑罚轻重，间有参差，殊不足昭画一。除宗室未有定制外，著礼部暨修订法律大臣，议定满汉通行礼制刑律，请旨施行，俾率土臣民，咸知遵守，用彰一道同风之治。”[③] 清廷虽然认识到礼教与刑律关系到治国的根本，但对于满汉之间的显著差异，仅以“沿袭旧俗”四字解释，明显有避重就轻之嫌。无论如何，重要的是，此谕已公开宣布清廷要制定统一的满汉礼制和

---

① 《青州副都统文瑞署鲁抚吴廷斌奏遵旨会筹旗民生计折》，《申报》光绪三十四年四月初五日，第2张第2版。

② 林绍年：《妥筹豫省旗丁生计酌拟办法折》（光绪三十四年四月），《林文直公奏稿》卷6，第29～30页。

③ 《德宗景皇帝实录》（8），卷579，《清实录》第59册，第658页。

刑律。

同年十二月初七日，修订法律大臣沈家本等会奏满汉通行刑律，有谓："方今中外交通，法律思想日趋新异，倘仍执旧律划分满汉之界，不惟启外人轻视之心，尤与立宪前途诸多阻碍。臣等于现行律例详加查考，其满汉歧异之处，同一决责，用刑而民人用笞用杖，旗人独用鞭责；同一发遣，定地而民人应发云贵、两广、新疆者，旗人则发黑龙江、宁古塔等处。其他旗人犯罪或较民人为轻，或较民人为重者，相歧之处尚多，诚如圣谕不足以昭画一。虽定例之初原各有因时制宜之道，但纲纪所系若仍彼此殊异，不足以化畛域而示大公。臣等公同商酌，凡律例之有关罪名者，固应改归一律；即无关罪名而办法不同者，亦应量为变通。除笞杖已改罚金，旗人鞭责业经一体办理外，拟请嗣后旗人犯罪，俱照民人各本律本例科断，概归各级审判厅审理。所有现行律例中旗人折枷各制，并满汉罪名畸轻畸重及办法殊异之处，应删除者删除，应移改者移改，应修改者修改，应修并者修并，共计五十条，开列清单，恭呈御览。如蒙俞允，即由臣等通行内外问刑衙门，一体遵行。庶法权归于统一，足以彰圣主同仁之治，而宪政立有根基，亦可奠万年不拔之业矣。"奉旨依议。[①]

宣统元年（1909）闰二月初四日，礼部议奏满汉丁忧服制统一事宜，有谓："现当预备立宪，满汉服制一事，尤为伦纪攸关，自应统归画一。嗣后内外各衙门满汉丁忧人员，无论满汉，一律离任终制。其有责任重要，关系大局，势难暂离，不能不从权夺情者，应听候特旨遵行。至一切丧服事宜，著礼学馆详细编订，奏明办理。"又片奏："丁忧之汉员在外投效，满员在部当差，应如何定章，请饬吏部详议

---

① 《修订法律大臣沈等会奏遵议满汉通行刑律折（附片二件并清单）》，《东方杂志》第5年第6期，光绪三十四年六月二十五日；中国第一历史档案馆编《光绪宣统两朝上谕档》第33册，第312页。

具奏。”会议政务处奉旨会同吏部议奏，拟订京外满汉丁忧文职人员章程十一条，并订武职丁忧人员章程十二条。均从之。[①] 原则上，满汉官员丁忧一律离任终制，但特殊情况可以请旨夺情。据时人记载，就在礼部议奏满汉一律终制之后两天，礼部开单进呈现任大员丁忧者五人：步军统领贝勒毓朗、大学士那桐、农工商部右侍郎熙彦、江北提督王士珍、归化副都统三多，均降旨留任。[②] 这是候特旨从权夺情的典型事例。

最后，满汉官员统称臣。宣统二年（1910）正月二十九日，清廷发布上谕：“君臣为千古定名。我朝满汉文武诸臣，有称臣称奴才之分，因系旧习相沿，以致名称各异。恭读高宗纯皇帝谕旨，奴才即仆，仆即臣，本属一体，嗣后凡内外满汉诸臣会奏公事，均著一体称臣，等因，钦此。祖训煌煌，允宜遵守。况当此预备立宪时代，尤宜化除成见，悉泯异同。嗣后内外满汉文武诸臣陈奏事件，著一律称臣，以昭画一而示大同。”[③]

另外，关于满汉通婚，如前所述，早在光绪二十七年十二月二十三日（1902 年 2 月 1 日），清廷就以上谕的名义发布了慈禧太后一道准许满汉通婚的懿旨。对此，有学者考证，从清代有关官私文献资料中是找不到不准满汉通婚正式禁令的，相反却有大量准许满汉通婚的明文记载，唯有皇族不许与汉人通婚，但上自王公贵族（宗室、觉罗），下至平民百姓（披甲、闲散），满汉通婚的事实确是普遍存在。[④] 或许并未有不准满汉通婚的正式禁令，但因满汉民族隔阂，通

---

① 《宣统政纪》卷 9，《清实录》第 60 册，第 162～163 页。

② 许恪儒整理《许宝蘅日记》第 1 册，第 240 页。

③ 中国第一历史档案馆编《光绪宣统两朝上谕档》第 36 册，第 26 页。

④ 王钟翰：《清代八旗中的满汉民族成分问题》，《清史续考》，台北，华世出版社，1993，第 52～56 页。按：王先生把这道上谕的时间记为光绪二十七年（1901）十月乙卯，月份有误，当为十二月，则换算阳历是 1902 年 2 月 1 日。

婚还是有所顾忌的。① 预备立宪时期，在讨论化除满汉畛域时仍有不少人建议要切实推行满汉通婚，也说明这个问题并未解决，还有进一步加大力度推行的必要。

至于官缺不分满汉，光绪三十二年（1906）九月二十日，清廷在有关中央官制改革的上谕中就已规定："各部堂官均设尚书一员、侍郎二员，不分满汉。"② 这是就部院大臣而言的，但内阁、翰林院、都察院等衙门仍是满汉两套班子，也需要改革。其他如满人改汉姓且姓名并列等，尚未见清政府有明文规定。

第五节　余论：满汉问题的困境

慈禧太后化除满汉畛域懿旨发布后，时论曾经赞曰："盛哉！两宫之洞见症结，而于今日救亡图存之策能规其大也。"③ 这是时人的期望。随着预备立宪的进行，平满汉畛域也被纳入宪政改革的轨道。光绪三十四年（1908）八月初一日，清廷颁布九年预备立宪清单，明确规定：第一年（1908），请旨设立变通旗制处，筹办八旗生计，融化满汉事宜。军机处办。第八年（1915），变通旗制，一律办定，化除畛域。变通旗制处办。④ 当初慈禧太后之规划不能说不宏大，但事实并不尽如人意，结果并没有达到救亡图存的实效。究竟为何，这是需要进一步探究的问题。

---

① 据后人调查，如果满人娶汉女为妻，不能上档（上册）和领红赏，而且不能领取钱粮。满人的姑娘嫁给汉人，还要受到舆论的非议。从乾隆时起，汉人女子嫁给满人，常用"顶名"的办法顶上汉军旗人姑娘的名字上册。不过，到清末时期，满汉通婚的事例确实日渐增多。《辽宁省沈阳市满堂乡满族调查报告》，《民族问题五种丛书》辽宁省编辑委员会编《满族社会历史调查》，辽宁人民出版社，1985，第31～32页。

② 《裁定奕劻等核拟中央各衙门官制谕》（光绪三十二年九月二十日），《清末筹备立宪档案史料》上册，第471页。

③ 《恭注七月初二日上谕》，《申报》光绪三十三年七月初四日，第2版。

④ 《宪政编查馆资政院会奏宪法大纲暨议院法选举法要领及逐年筹备事宜折（附清单二）》（光绪三十四年八月初一日），《清末筹备立宪档案史料》上册，第61、66页。

这个问题当然有非常复杂的原因，无论是国际背景，还是国内环境，事实上都不容许清政府从容地从事内部变革和自我调整。从清廷最高决策层来看，摄政王载沣改变了慈禧太后时期的满汉政策，进一步激化了满汉矛盾，这是最关键的因素。

首先，处理满汉关系思路的根本调整。慈禧太后惯用的统治术是善于在各种政治势力之间寻找权力的平衡，以便操纵控制，在处理满汉关系方面也是如此。光绪三十三年（1907）七月，慈禧太后调汉族重臣袁世凯、张之洞入军机处，既是丁未政潮之后清廷中枢新的权力平衡，也是满汉权力关系的一大调整。恰在此时，慈禧太后发布化除满汉畛域的懿旨，这并非偶然巧合，实是有意为之。据孙宝瑄记载："闻两宫语庆邸曰：国事如此，人皆曰我满人为之，今且听彼汉人了当一切，看如何。是故袁、张二大臣所议办事，我曹自今勿阻扰也。"① 至少在表面上，慈禧太后表现出了一定程度上的用汉倾向。摄政王载沣则明显地采取了排汉政策。如恽毓鼎认为："醇王（载沣——引者注）承述父志，排斥汉人（重满轻汉，始于高宗，老醇王猜忌汉人尤甚）。"② 一个典型的事例就是在慈禧太后去世之后不久就罢黜了袁世凯。王锡彤对照分析慈禧太后的用汉政策与载沣的排汉政策，坚决否认所谓"清之亡也，亡于那拉后之手"的说法。他说："那拉后当热河奔遁之余，委任汉大臣坐致中兴。庚子败亡，卒返銮轸，晏然以一国之母终于枕席，其识力、手腕均有不可及之处。……所可恨者，嗣醇王不能听老人临终嘱托之言，摈弃正人，崇信群小，三百年之帝位轻轻以一手断送之，反贻老人以地下之耻。是则百口不能为之解者尔。"又说："使醇王摄政之初稍有知识，懔然于天命已去，大局将危，遵先后之遗言，礼重耆硕，相与补苴罅漏，夙夜忧危，或尚有

---

① 孙宝瑄：《忘山庐日记》下册，第1069页。

② 史晓风整理《恽毓鼎澄斋日记》第2册，第577页。

祈天永命之望。乃听信谗言，袭用国初忮克汉人之习，以威名赫赫、天下仰望之大臣首与为仇，几以托孤受命之身蹈亡身赤族之祸。虽张文襄、鹿文端诸臣极力保全，犹使罢职以去。”在他看来，正是载沣弃用袁世凯这样的汉族重臣，而使清王朝“自坏长城”，终归灭亡，所谓“国不自亡谁能亡之”。①

其次，清政府高层在权利分配上满汉不均。慈禧太后晚年在中央官制改革时已经确立了不分满汉的原则，但载沣摄政后，却加紧集权皇族，使满族少壮亲贵充斥朝廷，他们个个碌碌无为，而都占住显要位置，导致满汉矛盾空前激化。本来，官缺不分满汉是清廷试图化除满汉畛域的重要举措，但摄政王载沣却用作集权皇族亲贵的手段。最典型的例子是宣统三年（1911）四月成立的责任内阁，在13名国务大臣中，汉族仅4人，点缀而已，满族达9人之多，而其中又有宗室与觉罗之皇族7人，可谓名副其实的“皇族内阁”。②“皇族内阁”一出台，立刻成为矛盾爆发的焦点。“一般稍有智识者，无不绝望灰心于政府”。③恽毓鼎当天日记载：上谕宣布新内阁官制，并设弼德院与军谘府，“共计十七人，而满人居其十二。满人中，宗室居其八，而亲贵竟居其七”。④对于亲贵专权问题，《时报》直斥其“用人之不公”，认为13名国务大臣中汉人仅居其四，满人占三分之二多，且“行政重要之地位，皆以亲贵居之”。⑤时论以为：“政府绝不以舆论

① 王锡彤：《抑斋自述》，郑永福、吕美颐点注，河南大学出版社，2001，第141、143页。

② 总理大臣奕劻（宗室）、协理大臣那桐（满族）和徐世昌（汉族）、外务大臣梁敦彦（汉族）、民政大臣善耆（宗室）、度支大臣载泽（宗室）、学务大臣唐景崇（汉族）、陆军大臣荫昌（满族）、海军大臣载洵（宗室）、司法大臣绍昌（觉罗）、农工商大臣溥伦（宗室）、邮传大臣盛宣怀（汉族）、理藩大臣寿耆（宗室）。

③ 《新内阁史·发表后之舆论》，《时报》宣统三年四月二十日，第2版。

④ 史晓风整理《恽毓鼎澄斋日记》第2册，第532页。按：另有眉批：“十三人中，而满人居其九。九人中宗室居其六，觉罗居其一，亦一家也。宗室中，王、贝勒、贝子、公，又居六七。处群情离叛之秋，有举火积薪之势，而犹常以少数控制全局，天下乌有是理！其不亡何待？”

⑤ 《四月初十日上谕恭注》，《时报》宣统三年四月十四日，第1版。

从违为意，而实行宪政之神髓先亡。”“窃恐内阁甫成立，而推翻之动机已伏矣。”[①] 其实，皇族亲贵内部也是矛盾重重，诸如奕劻、载泽、载涛、载洵、毓朗、溥伦、善耆、溥伟等皇族亲贵们为了争权夺利，不断地明争暗斗，以至于形成所谓“政出多门”的局面。[②] 隆裕太后在清帝逊位之际曾经哀叹：“一般亲贵，无一事不卖，无一缺不卖，卖来卖去，以致卖却祖宗江山。……事后却说现成话，甚至纷纷躲避。只知性命财产，置我寡妇孤儿于不顾。”[③] 武昌起义的星星之火之所以能够迅速而成燎原之势，正是由于满族王公亲贵的内耗，所谓“革命之事，乃诸王公之自革而已”。[④]

最后，旗人生计问题没有妥善解决。清政府试图解决旗人生计的重要举措有二：一是计口授田，使旗丁归农；二是推行实业教育，授旗人谋生之道。对于旗丁归农，时人多有非议。有人质疑政府的财政能力：“诸大老之为驻防谋则忠矣，但安得如许之地亩以给之？有地亩矣，又安得如许之经济购买地亩以给之？”[⑤] 有人指出，这些措施可能夺汉人生计而引起更大的满汉矛盾。宗室文斌等条陈称：“各处驻防互有不同，其原有马厂各地向归民间耕种，一旦遽为收回田亩，恐旗民必有启衅之虑。其无马厂地及有厂地而不敷安插者，自应购买民地以安置旗人。不知收百姓之恒产以充旗人之家赀，则八旗兵丁虽有给足之庆，又为民间众怒所归，再使满汉意见发于草野之间，有关于国家之大计者，实非浅鲜。”[⑥] 浙江嘉善学界上的条陈具体分析旗丁归农之弊，认为有势不能行者三：一是满蒙旗人向来不务农，二是旗人

① 《对于钦定阁制之疑问》《对于钦定阁制之感言》，均见《申报》宣统三年四月十二日，第1张第6版。

② 胡思敬：《国闻备乘》，第83页。

③ 史晓风整理《恽毓鼎澄斋日记》第2册，第576页。

④ 刘体仁：《异辞录》卷4，第38页。

⑤ 《政府会议裁撤驻防之办法》，《申报》光绪三十三年九月初三日，第3版。

⑥ 《翰林院侍讲奉恩将军文斌等为融和满汉胪陈豫筹京旗办法事宜事呈文》（光绪三十三年九月十六日），一档藏，录副奏折，档号03－5746－005，缩微号432－0520。

归农将抢夺汉人生计，三是汉人失业后果更不堪设想；有情不可行者一：八旗本功臣勋旧，裁撤归农将使旗人对朝廷失望。[①]《申报》社论亦主张另筹善法，其批评旗丁归农有谓："夫国库之空虚至今日而已极，民田之价值因谷贵而益昂，即合京内外财力以为之谋，恐每口购给二三亩田，而公家已费数百万金，旗民仍无以自养。及其养赡不足，转悔始谋之不臧，朝廷亦安得再有偌大之巨资，从其后以别筹良法。是故购田给种之举，微论其恐致扰民，微论其非旗民所愿，即使办理妥善，人尽乐从，亦断断非一劳永逸之计。为是策者岂泥于天下大利必归农之说，而故有是误哉。"其所筹善法就是授田不如兴学堂、创公司、开工厂。[②] 其实，在讨论化除满汉畛域办法时，也有不少官绅条奏不以旗丁归农为然，而专注于实业教育。无论如何，政策实施的实效才是最关键的。清末筹办八旗生计的效果究竟如何呢？据学者研究，相对来说，东三省是做得最好的，直到清朝灭亡，只有东三省裁撤了驻防，而其他省区大量的旗人并没有编入民籍。[③] 据后人调查，民国初年，甘肃武威、永登驻防满营方裁撤，其时满兵还得向政府领取"生计银子"。四川成都旗人"能自立者不过十分之一二，余皆家无恒产"。河北青龙县肖营子"贫苦的满族农民，仍然无地或少地，继续靠租种土地或当雇工为生"。[④] 可见，在清末，旗人生计问题并没有得到妥善解决。

总之，在清末预备立宪时期，清廷试图化除满汉畛域，而对满汉政策做出了新的调整，但因种种因素制约，并没有切实施行，也没有收到预期效果，致使清王朝最终难逃覆亡的命运。

---

① 《浙江嘉善学界徐秉刚、徐益三、程劲、程杰上都察院代奏化除满汉畛域条陈》，《申报》光绪三十三年十一月初九日，第2张第2版。

② 《论旗人生计亟宜另筹善法》，《申报》光绪三十三年九月十一日，第2~3版。

③ 迟云飞：《清末最后十年的平满汉畛域问题》，《近代史研究》2001年第5期。

④ 《甘肃省满族社会情况调查》《四川省成都市满族社会历史调查报告》《河北省青龙县肖营子满族调查报告（节选）》，分见《满族社会历史调查》，第160、189、228页。

第十二章

清末新政与地方督抚权力的演变：兼论“内外皆轻”权力格局的形成

晚清督抚制度研究的最大难点，就是督抚权力的消长及其与中央政府关系的微妙难以把握。学界讨论晚清督抚权力问题，主要是在中央与地方关系的框架之内进行。检视已有相关论著，可谓聚讼纷纭。其中最具影响的观点是以罗尔纲先生为代表的所谓“督抚专政”与“外重内轻”的权力格局说，[①] 这种观点一直在学界占据主导地位；

① 早在罗尔纲先生之前，已有学者论及“督抚集权”问题。（沈乃正：《清末之督抚集权、中央集权与同署办公》，《社会科学》第 2 卷第 2 期，国立清华大学，1937，第 311 ~ 342 页）稍后，罗尔纲先生从湘军的兴起，论证咸同以后“兵为将有”的起源，并指出将帅各私其军而出任疆寄，正不可避免地造成“外重内轻以致于分崩割据的局面”。（《清季兵为将有的起源》，《中国社会经济史集刊》第 5 卷第 2 期，国立中央研究院社会科学研究所，1937，第 235 ~ 250 页）后来，在《湘军新志》一书中，罗尔纲先生正式提出“督抚专政”说：“晚清兵为将有的起源，始于湘军，……这种兵为将有的局面，所以会直接的影响到政治上去而牵动了一朝的政局，却是由于湘军将帅得有总督巡抚的地位，因为他们既擅兵柄，又握有地方上的财政、民政等政权，于是他们便上分中央的权力，下专一方的大政，便造成了咸同以后总督巡抚专政的局面。”因为曾国藩的湘军与李鸿章的淮军、袁世凯的北洋新军一脉相承，晚清“督抚专政”的直接后果，便是在民国初年袁世凯死后“北洋军阀遂演分崩割据之局”。（《湘军新志》，商务印书馆，1939，第 232、244 页）罗尔纲先生的这个观点，在其数十年后重新修订的《湘军兵志》（中华书局，1984）中也没有改变，同时在学界有着广泛（转下页注）

自刘广京先生提出商榷以后，也有学者试图对前说进行修正，① 但论者多着力于对前说的否证，而并没有提出系统的令人信服的新观点。地方督抚的权力问题，关涉晚清中央与地方的权力格局，以及清末民

（接上页注①）的影响。大陆学者关于曾国藩与湘淮军史研究的代表性著作，如朱东安的《曾国藩传》（四川人民出版社，1985）和《曾国藩集团与晚清政局》（华文出版社，2003），龙盛运的《湘军史稿》（四川人民出版社，1990），樊百川的《淮军史》（四川人民出版社，1994），对于晚清民初政局的认识，都秉承了罗尔纲先生由“督抚专政”而至“军阀割据”的基本论断，并不同程度地予以较深入的阐述。另外，台湾学者傅宗懋论清代督抚制度，亦持晚清“督抚集权”说，其结论是：“地方督抚集兵、财、刑、外交诸权于一身，平添封建割据之观念，民国初年之军阀割据、混战不已与夫联省自治之说，亦脱胎有所矣。”（傅宗懋：《清代督抚制度》，《台湾政治大学政治研究丛刊》第四种，第194、206页）这与罗尔纲先生的观点并无二致。

① 较早对湘淮军“军阀”说和“地方分权”说提出不同意见讨论的是台湾学者王尔敏的《淮军志》［据作者自记，成书于1967年，笔者所见为中华书局1987年据台北《中研院近代史研究所专刊》（22），1981年2月版影印本，第376～385页］。随后，旅美华人学者刘广京则对罗尔纲先生的“督抚专政”说直接提出了商榷，认为咸同以后地方督抚军权与财权确有增重，但事实上仍受中央有效之监督与控制，督抚不可能专权割据。“即李鸿章、刘坤一、张之洞等重臣，亦断不能谓有‘专权’或‘自治’之地位”。因而断言：“晚清一般之督抚决非野心勃勃之半军阀，有心专权与自治。”他具体分析了清廷之所以能有效控制督抚的“两个最根本之事实”：其一是文化上传统儒家忠君观念根深蒂固；其二是政治上朝廷对督抚任免有绝对权柄。（《晚清督抚权力问题商榷》，原载《清华学报》新10卷第2期，1974，转见《中国近代现代史论集》第6编，第341～386页）近年来，大陆学者刘伟通过对晚清督抚政治的研究，认为在晚清虽然已经出现了“外重内轻”的局面，但督抚权力的运作始终没有脱离清朝中央集权统治的轨道，还没有出现“地方割据”的局面，因为督抚办事必须请旨而行的制度仍然有效，而中央又牢牢掌握着对督抚的任用黜陟权。（刘伟：《晚清督抚政治——中央与地方关系研究》，第402～403页）在某种意义上，这可以说是对刘广京先生观点迟到的呼应。邱涛的最新著作则对以罗尔纲先生为代表的观点提出了全面的修正，认为在晚清并没有形成“内轻外重”的局面，更没有出现所谓“督抚专政”。他指出，晚清中央与地方权力之争不只是地方势力步步进逼、中央皇权步步退让的过程，还既要看到地方势力向中央争权的一面，也不能忽视中央对地方势力进行制约与反击的一面。“实际上，太平天国起义后清中央与地方之间权力的争夺和转移并非单向的而是双向的，双方的攻守进退并非直线式的而是波浪式的、拉锯式的。”“整个晚清时期中央和地方权力斗争始终是处于互有攻守、波浪式前进的过程。总体而言，清王朝高度集权的专制统治确实受到冲击，但是，清最高统治集团通过各种手段，基本维持了中央权重的局面，并未出现地方势力尾大不掉、内轻外重的严重局面。清王朝的灭亡，虽有中央与地方权力矛盾演化的因素起作用，但并不是单纯的王朝内部中央权力衰弱、地方权力强大而自然分崩离析的结果。”他更加具体详细地分析了影响晚清权力格局演变的思想因素和体制因素：一方面，传统儒家学说仍是社会主流意识形态，地方督抚深受儒家忠君观念制约；另一方面，清廷仍然掌控着官吏任免调动权、财政税收调配权，并具有对于军队的全局掌控能力。（邱涛：《咸同年间清廷与湘淮集团权力格局之变迁》，北京师范大学出版社，2010，第13～48页）如果笔者理解无误，这可以说是对刘广京先生观点的进一步补充与发挥。

初中国的政治走向，是晚清政治史研究绕不开的课题。笔者通过对清末新政时期地方督抚的研究，觉得很有进行再检讨的必要。

学界以往的相关研究有一个明显的问题，就是在时段上主要局限于太平天国兴起的咸同时期，至多延伸到庚子事变，而对庚子以后的清末新政时期缺乏实证研究，往往仅凭逻辑推论而遽下结论。名曰“晚清”，其实未免有以偏概全之嫌。实际上，在清末最后十余年的新政时期，不仅地方督抚的权力及其与清政府的关系有了新的变化，而且这是直接影响清末民初中国政治走向的关键时期，似不可一笔带过。在这个时期，地方督抚的实际权力究竟有何消长，其对中央政府的影响力如何，清政府对地方督抚的控制力如何，其所谓中央集权又有多大的实际效力，中央与地方的权力格局有何新的变化，这些均是值得进一步深入探讨的问题。

第一节　清末新政时期地方督抚实际权力的消长

清代督抚制度的起源可以追溯到明朝。总督与巡抚在明朝只是朝廷临时差遣的官员，因事设裁，辖区不定。清承明制，历经康雍乾时期，督抚制度逐渐完成其制度化的过程而基本定型，成为一种重要的地方行政制度。

关于督抚的职权，据《清史稿》载：“总督，从一品。掌厘治军民，综制文武，察举官吏，修饬封疆。标下有副将、参将等官。巡抚，从二品。掌宣布德意，抚安齐民，修明政刑，兴革利弊，考核群吏，会总督以诏废置。标下有参将、游击等官。其三年大比充监临官，武科充主试官，督、抚同。……光绪季年，裁同城巡抚，其分省者，权几与总督埒，所谓兼辖，奉行文书已耳。”① 从制度上看，总督

① 赵尔巽等：《清史稿》卷116，志91，职官3，第1册，第896～897页。

与巡抚品秩稍有高低，职权也不尽相同，但实际运作则并无多大差别，尤其是在清末，裁撤同城巡抚之后，督抚几乎各辖一省，职权基本相当，均可谓综理各省军政、民政、吏治、司法、文教等各项事业的最高行政长官。

督抚是地方最高行政长官，其权力大小，直接影响到中央与地方之间的权力结构。这既是制度设计，也与因应事变中的具体运作有关。就宏观而言，清代地方督抚权力有一个从小到大再到小的历史演变过程。对此，《清史稿》有一段系统的分析，有谓：

> 夫一国事权，操自枢垣，汇于六曹，分寄于疆吏。自改内三院为内阁，台辅拱袂。迨军机设，题本废，内阁益类闲曹，六部长官数四，各无专事。甚或朝握铨衡，夕兼支计，甫主戎政，复领容台，一职数官，一官数职，曲存禀仰，建树宁论。时军机之权，独峙于其上，国家兴大兵役，特简经略大臣、参赞大臣，亲寄军要。吏部助之用人，户部协以巨饷，用能藉此雄职，奏厥肤功。自是权复移于经略，督抚仪品虽与相埒，然不过承号令、备策应而已。厥后海疆衅起，经略才望稍爽，权力渐微。粤难纠纷，首相督师，屡偾厥事。朝廷间用督抚董戎，多不辱命，犹复不制以文法，故能霈施魄力，自是权又移于督抚。同治中兴，光绪还都，皆其力也。洎乎末造，亲贵用事，权削四旁，厚集中央，疆事遂致不支焉。①

可见，清代地方督抚权力的演变大致经历了三个阶段：清前期（鸦片战争以前），权力主要集中于中央的内阁、军机处与皇帝特简之经略大臣，地方督抚权力相对较小；清中期（从咸同军兴到庚子事变），

① 赵尔巽等：《清史稿》卷114，志89，职官1，第1册，第878页。

地方督抚权力增大；清末期（庚子事变以后），朝廷加强中央集权，地方督抚权力又被削弱变小。

以往学界关于晚清地方督抚权力变化的研究，主要关注的是清中期地方督抚权力增大的面相，至于清末期则语焉不详。还须指出的一点是，以往的研究者在论证督抚“集权”或“专政”时，多引证康有为之《官制议》《裁行省议》等所谓十八行省如“十八小国”说，如沈乃正、罗尔纲诸先生均是。有趣的是，傅宗懋先生在引述康有为之说后，也认为“其对清季督抚集权之描述，厥为至当”，但他又认为：“清末地方督抚权力之大与中央集权之消是可知矣。因之梁启超氏‘虽有平发平捻以后，督抚势力日盛，中央之权似有所减，如庚子一役东南督抚有敢抗朝旨擅与他国立约之事，虽然，是有特别原因焉，不能认为中央地方两权消长之证也’之谓，实非吾人所敢苟同。”[①] 为什么如此笃信康有为之说而梁启超之说就不敢苟同呢？其实，康有为《官制议》与《裁行省议》所说也主要是就清中期立论，而且也并非不证自明。那么，清末期地方督抚的权力究竟如何变化及是否变小的问题，仍是值得深入探讨和重新验证的问题。

论者多以庚子事变期间的东南互保，为地方督抚权力增大至极限的例证。诚如是，则庚子时期可谓地方督抚权力的最高峰。那么，庚子事变以后，地方督抚的权力是否就衰落了呢？逻辑上可能是这样，但事实上又如何呢？这就需要进一步验证。清廷在庚子事变之后开始实行新政，进行各项制度改革，在此期间地方督抚的权力如何变化，需要具体探究。

清末新政的一个重要目标就是中央集权，尤其预备立宪，明确标榜“大权统于朝廷”。要中央集权，就势必调整和收束地方督抚的权力，这便直接影响地方督抚权力的变化。论者在讨论咸同军兴以后地

① 傅宗懋：《清代督抚制度》，第198、200页。

方督抚权力增大时，主要关注“兵为将有”和“就地筹饷”两种现象，就是军事权和财政权的扩大。庚子事变之后清廷新政，在调整和收束地方督抚的权力方面，其中最重要的正是军事权和财政权，其他还有司法权、外交权、人事权、行政权，等等。下面拟略做分析。

（一）关于军事权

清廷如何收束地方督抚的军事权，将其集中于中央，可以从三个方面来看。

第一，统一新军军制。清朝兵制演变大致经历三个阶段：前期是八旗与绿营，兵权直属于清廷及其兵部；中期是以湘、淮军为代表的勇营及防军、练军，地方督抚军权增大；末期是仿西法编练的新军。一般而言，新军起源于甲午战争以后张之洞编练的江南自强军和袁世凯编练的新建陆军。庚子事变后，练新军也是清末新政的重要举措。新军究竟是由清廷中央还是地方督抚控制，是一个值得进一步探讨的问题。

清末新政开始之初，清廷便发布了建立常备军的上谕：“前因各省制兵、防勇积弊甚深，业经通谕各督抚认真裁节，另练有用之兵。……著各直省将军、督抚将原有各营严行裁汰，精选若干营，分为常备、续备、巡警等军，一律操习新式枪炮，认真训练，以成劲旅。”① 清廷希望整顿绿营与防营等旧式军队，采用新式枪炮操练，训练出一支国家常备军。然而，要建立一支新式军队，不仅仅是采用新式武器装备操练而已，更重要的还需有军制的变革。其时，清政府并没有设立一个统筹全国练兵的机构，所有练兵之事仍是责成各省将军、督抚办理，而由总理新政的政务处会同兵部管理。事实上，各省编练新军时仍然是各自为政，以致“各省兵制不一，军律不齐，饷械则此省与彼省不同，操法则此军与彼军又不同”。清廷曾谕令各省挑选将目到练

① 中国第一历史档案馆编《光绪宣统两朝上谕档》第27册，第172～173页。

兵初见成效的北洋与湖北受训，并“谆谆焉以纷歧为戒，以一律相期”，此举被直隶总督袁世凯和湖广总督张之洞称作“经武之要图，整军之至计”。[①] 然而，这似乎并不能从根本上解决问题，因为北洋新军与湖北新军的军制本就不尽相同。

光绪三十年（1904）四月，清廷发布统一新军营制的上谕，有谓：“现在时事多艰，练兵实为急务，所有京外练兵事宜，一切营制、饷章、操法、军械，应如何整齐划一，及各省绿营官缺兵额如何裁并，著练兵处王大臣会同兵部，悉心统筹，妥议具奏。”八月，练兵处上奏了一个全国陆军统一编练的营制饷章。在奏折中，练兵处大臣针对咸同以来各省自练勇营的风气，要求各省督抚积极配合，破除“各省自为风气”的积弊，以达成“整齐划一”的效果。其《立军制略》有谓：“盖以兵为国家之兵，非一人所能私，一隅所能限，故将帅不得擅立主名，军队亦不得自为风气。其编立号数，大抵视辖境之遐迩，因其区域，划分次第，而章制操法统归一律。遇有征调，无论何处兵队，均可编配成军，协力攻守，无论何军将领，均可统率节制，如法指挥。”显然，这是清廷企图改“兵归将有”为“兵为国家之兵”，而将兵权统一收归中央的重要举措。根据练兵处上奏的营制，新军常备军编制分八等：军、镇、协、标、营、队、排、棚。一军分两镇，每镇均相应配置步队、马队、炮队、工程队、辎重队 5 个兵种，总计每镇官长及司书人等 748 人，弁目兵丁 10436 人，夫役 1328 人，共 12512 人。[②] 这个营制的颁布，统一了全国新军编制。

练兵处在奏定陆军营制饷章的当天，又奏陈陆军学堂办法，其中

---

① 《会奏遵旨训练各省将目拟订简易章程折》（光绪二十九年二月初八日），苑书义等主编《张之洞全集》第 3 册，第 1539 页。

② 《练兵处奏拟定营制饷章折并清单》（光绪三十年八月初三日），商务印书馆编译所编《大清光绪新法令》第 8 类，军政，营制饷章，第 14 册，商务印书馆，宣统元年（1909），第 54 ~ 56 页。

提出“中国常备兵额约需三十六镇”。[①] 光绪三十三年（1907）七月，陆军部进一步统一规划，将全国陆军应编三十六镇具体分配到各省，并明确规定了练成年限。其分配如次：近畿四镇、直隶二镇，已经编练完成；浙江、福建、奉天、吉林、黑龙江各一镇，限两年练成；山东、山西、陕西、新疆各一镇，江苏、湖北各两镇，限三年练成；江北、安徽、江西、河南、湖南、热河各一镇，限四年练成；广西、贵州各一镇，广东、云南、甘肃各两镇，限五年练成；四川三镇，限三年编足两镇，其余一镇由度支、陆军两部协商于限内练成。[②] 具体编练情况如何呢？据统计，至武昌起义前夕，全国新军共练成 14 镇，又 18 混成协，又 4 标，又 1 禁卫军（辖 2 协）。[③] 终清之世，全国 36 镇的计划未能完成。新军统一营制，统一番号，具体虽由各省分练，但都是国家的军队，事实上已取代绿营而成为国家的经制兵。

第二，统一新军编练与统率权。为了统一军制，尤其是对各省练兵进行统一管理，光绪二十九年（1903）十月，清廷在京师设立练兵处，作为全国练兵统筹机构。上谕有谓：“前因各直省军制、操法、饷械未能一律，叠经降旨饬下各督抚认真讲求训练，以期画一；乃历时既久，尚少成效。必须于京师特设总汇之处，随时考查督练，以期整齐而重戎政。著派庆亲王奕劻总理练兵事务，袁世凯近在北洋，著派充会办练兵大臣，并著铁良襄同办理。”[④] 稍后，奕劻等上奏《练

---

① 《练兵处新定陆军学堂办法二十条》（光绪三十年），商务印书馆编译所编《大清光绪新法令》第 8 类，军政，教育，第 14 册，第 1 页。

② 《陆军部奏拟订全国陆军应编镇数按省分配立定年限折并清单》（光绪三十三年七月二十一日），商务印书馆编译所编《大清光绪新法令》第 8 类，军政，营制饷章，第 14 册，第 79 ~81 页。

③ 中国社会科学院近代史研究所中华民国史组编《清末新军编练沿革》（《中华民国史资料丛稿·专题资料选辑》第 2 辑），第 78、89 页。按：罗尔纲先生据《国风报》宣统二年（1910）调查统计，认为当时全国已练成陆军 20 镇，9 混成协（参见罗尔纲《陆军志》，《晚清兵志》第 4 卷，第 212 页）；又据《清史稿》记载，到宣统三年（1911），全国共练成 26 镇（赵尔巽等《清史稿》卷 132，志 107，兵 3，第 2 册，第 1051 页）。两说均有误。

④ 中国第一历史档案馆编《光绪宣统两朝上谕档》第 29 册，第 324 页。

兵处办事简要章程》九条：（1）严军政，凡提镇以下各武职有玩忽职守者，由练兵处查明先行撤差，并奏参惩办，关于练兵各项处分均由练兵处核议；（2）凡地方督抚以下各文员，务必对各省练兵事宜协力襄助，视其优劣，由练兵处据实奏请奖惩；（3）练兵处可不拘阶途，奏请破格擢用将才，所有隶属练兵处各武职，均由该处分别注册，咨行兵部立案；（4）新练各军办理兵事人员，一律改为武职实缺，除提镇例应请旨简放外，其守备以上各缺，由练兵处考查奏请升调补署，千总以下，由该处酌量叙补，随时注册，各行兵部立案，旧有绿营官缺将设法陆续裁罢，由练兵处另奏详细章程；（5）所拨新练各军饷项及续筹专饷，均由练兵处饷局督催经理，收放支发，核议奏销；（6）各省原设制造军械各局厂，均由练兵处督饬妥办，随时委员考查整顿；（7）各省新练各军，必须时常由练兵处奏派大员前往考查督练，以资核实而期划一；（8）慎选将弁，凡新练各军将弁，均由练兵处随时考查；（9）各军将领缺出，可在练兵处各司科中酌选接替，以期内外接洽，不至扞格。同时上奏《分设司科管理章程》，规定练兵处在总理、会办、襄办之下，分设一提调，以及军政、军令、军学三司，各司之下共设十四科。提调及三司正副使，请旨简派；各科分设监督及以下人员，由练兵处大臣奏委或选派。奏上，从之。①

练兵处是独立于兵部之外的编练全国及各省新军的总机关。值得注意的是，根据上述《练兵处办事简要章程》第二条，地方督抚对各省练兵事宜“时有关涉”，战时征调时必须“协力襄助”，不分畛域，积极配合。可见督抚只是处于协从地位。关于练兵处的调兵之权，在新军营制的《征调制略》明确规定：“各省训练新军，将来统编名号，军制画一，自可声气相通，情谊浃洽。遇有边疆重大军务，先由练兵

① 《十一月设立练兵处分三司十四科》（光绪二十九年），沈桐生辑《光绪政要》第3册，第1888～1893页。

处、兵部奏请简派督兵大臣，由该大臣会商练兵处、兵部、户部，审察敌军情形，战地形势，筹备饷需，考查各省兵数，酌量派拨，请旨饬下各省按期遣到。各省新军悉由督兵大臣节制，随时调遣，以一事权，而专责成。如各省有土匪啸聚滋事，应由将军督抚先尽本省新军调用，如有不敷，可咨商练兵处、兵部，在邻近省分酌调军队，请旨派往协剿，事平后仍回原省。”① 地方督抚遇有紧急事件只能调用本省新军，如跨省调兵，必须咨商练兵处、兵部，并请旨调拨。练兵处设立后，举凡新军之军政、人事、财务、训练、指挥、监督等一切权力，均归其统辖。革命党人批评其“收天下兵权萃于京师”，② 可谓直击其中央集权的命脉。时人评论：“国朝初设军机处，原以承受方略，迨承平日久，渐专重政务。咸同军兴以后，京外大臣有戡乱之功，于是兵权又渐移而分寄于各督抚，故先朝谕旨有‘各省练兵自为风气’之语。光绪二十九年谕设练兵处，专司其政，遂编练陆军，使归一致，原有规复旧法之意。乃行之不善，竟召大祸。”③ 此所谓“原有规复旧法之意”，正是说练兵处之设意在收集业已散寄于各督抚之兵权而统归于中央。至于又谓“行之不善，竟召大祸”，此是后话。

一般认为，练兵处虽然以庆亲王奕劻为总理、袁世凯为会办、铁良为襄办，但关键人物是袁世凯。奕劻位高事繁，以首席军机大臣兼外务部总理大臣，无暇顾及练兵处事务，而铁良资望又不及袁世凯，更重要的是，练兵处三大臣之下，徐世昌为提调，刘永庆为军政司正使（后由冯国璋接任），段祺瑞为军令司正使，王士珍为军学司正使，都是袁世凯的亲信。这种局面的出现，对于清廷而言，其实有一个难解的死结：一方面，从制度设计上企图实行中央集权；另一方面，在实际

---

① 《练兵处奏拟定营制饷章折并清单》（光绪三十年八月初三日），商务印书馆编译所编《大清光绪新法令》第8类，军政，营制饷章，第14册，第60~61页。

② 精卫：《希望满洲立宪者盍听诸》（续），《民报》第5号，1906年6月26日。

③ 刘锦藻：《清朝续文献通考》（二），卷203，兵2，考9515。

运作中又不得不依赖具有经验与实力的强势督抚袁世凯，致使袁世凯始终控制北洋新军，并最终断送清王朝之命。正所谓“行之不善，竟召大祸”，此为清廷始料不及。需要说明的一点是，袁世凯虽然是直隶总督，但绝不是一般的地方督抚。事实上，袁世凯兼任练兵处会办大臣，在某种意义上已具中央大员身份，而不能简单地仍视其为地方督抚。因此，练兵处实际上被袁世凯控制，并不改变其中央集权的性质，也就不能简单地认为军权实际上落到地方督抚手中。[①] 当然，对于袁世凯实际控制练兵处的局面，清廷虽有不得已的苦衷，但并非无动于衷。此后，清廷也在不断地设法剥夺袁世凯的军权，详见下文。

预备立宪开始以后，光绪三十二年（1906）九月，在中央官制改革中，清廷改兵部为陆军部，将练兵处、太仆寺并入其中，应行设立之海军部、军谘府未设以前，均暂归陆军部办理。据《陆军部章制》，陆军部为“总理全国陆军事务”的最高军事机关。其重要职掌有四条：“一、陆军部统辖京外陆军及旗、绿各营军人军事，并关涉军事之各项学堂及军械制造局厂；一、陆军部有厘定纠正各省陆军事宜之责，至关系军制饷章及一切重大事件，应由陆军部酌拟会商军机大臣奏请钦定；一、京外陆军任职补官，及旗营官员并未裁绿营官员升调选补各事，皆由陆军部考验核定，分别奏咨办理；一、凡京外陆军及旗、绿等营所需经费，应由陆军部会同度支部核办。”[②] 陆军部以力主中央集权的满人铁良为尚书，寿勋为左侍郎，荫昌为右侍郎，原练兵处会办大臣袁世凯被排除在外。陆军部收权即从直督袁世凯的北洋军开始。十月初，袁世凯自请将北洋军第一、三、五、六镇“归陆军部直接管辖”，第二、四镇仍归自己“统辖督练”。奉朱批：“现在各

---

① 罗尔纲先生甚至认为，清廷编练新军的动机，正是接受了袁世凯所建“中央集权之策”。罗尔纲：《陆军志》，《晚清兵志》第4卷，第197页。

② 《陆军部奏核议陆军部官制并酌拟办法折并清单四》（光绪三十三年四月二十七日），商务印书馆编译所编《大清光绪新法令》第2类，官制1，京官制，第3册，第54页。

军，均应归陆军部统辖。所有第二、第四两镇，著暂由该督调遣训练。”[①] 此处一个“均”字，一个“暂”字，道出了中央集权的最终目的。稍后，清廷再次重申：“现在专设陆军部，所有各省军队，均归该部统辖。”[②] 其斩钉截铁之辞，更是毫无商量的余地。当时，对袁世凯颇为推崇的孙宝瑄在日记中写道：“闻陆军欲收集天下兵权，凡天下各镇统制，皆由部奏请简派，督队官始由督抚委用。”“项城自督北洋军队，所创学校无数，如将弁学堂、武备学堂等，今皆归于陆军部管辖。”[③] 虽辞气平和，但不无为袁氏惋惜之意。

清廷在中央设立练兵处与陆军部，又在各省相应地设督练公所。在练兵处上奏新军统一营制的《督练制略》中有：“各省将军督抚本有督练营伍之责，惟地方事务繁杂，势难一意专注。凡各省新军业经练及一协以上者，应于省会设督练公所一处，慎选兵学谙练、事理精详各人员，分任兵备、参谋、教练，暨考校本省旧日勇营，妥筹变革各事，以资辅佐。仍由各将军督抚督率筹办，以期纲举目张，划一不紊。”[④] 光绪三十三年（1907）正月，军政司呈请陆军部督促各省设立督练公所，有谓：“方今各省编练新兵，类多成镇成协，所有督练公所，自应遵章设立，以资整饬，而严督率。”[⑤] 其实，各省已陆续设立督练公所，但办法互歧，所谓“各定制章，省自为政”。宣统三年（1911），陆军部与军谘处会奏酌议《各省督练公所暂行官制纲要》，规定由督练公所管理各省新旧各军及筹备粮饷、编练队伍一切事宜，以各省将军、都统、督抚兼充督办，设军事参议官一员，以协都统或

---

① 袁世凯：《陆军各镇请分别归部留直统辖督练片》（光绪三十二年十月初三日奏，初七日奉朱批），廖一中、罗真容整理《袁世凯奏议》下册，第1419～1420页。

② 中国第一历史档案馆编《光绪宣统两朝上谕档》第32册，第235页。

③ 孙宝瑄：《忘山庐日记》下册，第972页。

④ 《练兵处奏拟定营制饷章折并清单》（光绪三十年八月初三日），商务印书馆编译所编《大清光绪新法令》第8类，军政，营制饷章，第14册，第57页。

⑤ 中国社会科学院近代史研究所中华民国史组编《清末新军编练沿革》（《中华民国史资料丛稿·专题资料选辑》第2辑），第79页。

正参领充，禀承督办督率各科局，办理该省新旧各军编练、裁改，筹备粮服、军械、测绘一切事宜。所内分设四科局：筹备科、粮饷科、军械局、测地分局。[①] 据此，各省督抚名义上是督办，但实际权力都掌握在具体管理各科局事务的军事参议官之手。对于陆军部与军谘处会奏定章，各省督抚并不严格遵守。湖广总督瑞澂、河南巡抚宝棻电奏，拟派督练公所人员经陆军部核，与定章不符。清廷再次电谕各省督抚重申："督练公所暂行官制，业经奏定章程，自应照章办理。嗣后各省督练公所，应派军事参议官以下各员，务各查照定章，和衷商榷，仍由陆军部奏充，以免歧异。"[②] 与此同时，两江总督张人骏等电奏称，陆军部奏定督练公所官制纲要，于各省办事情形诸多隔阂，办理为难，拟酌量变通，其要点有四：一是请将水陆巡防队归督抚直接管辖；二是军事参议官不限以学生资格，由督抚奏简；三是科员除教练、测量等事委用学生，余如兵械、饷需事属行政，酌委熟悉情形之妥员办理；四是营务处及军械、粮饷各局均提出督练公所之外。清廷借此又一次重申："督练公所军事参议官，昨已有旨著仍照奏定章程由陆军部奏派，余著该衙门妥议具奏。"陆军部议奏时虽然解释说明陆军、巡防队均归各省督抚直接管理，但军事参议官由陆军部奏派则毫无商量余地，至于教练、测量各员均应照定章办理，兵械、饷需各员由各省咨商陆军部酌核派充，原设营务处及军械、粮饷各局本应归并于督练公所，如一时确难归并，应咨商陆军部核定通融办理。其结论处颇可玩味，既称"初未敢执中央集权之说，率欲强行于今日"，转而又谓"旧制之未能画一者，亦不得不量为更订，用便推行"。[③]

---

① 刘锦藻：《清朝续文献通考》（二），卷137，职官23，考8980～8981。

② 《宣统政纪》卷54，《清实录》第60册，第979页。

③ 《宣统政纪》卷54，《清实录》第60册，第979～980页；《陆军大臣荫昌陆军副大臣寿勋奏为遵议两江总督张人骏等电奏各省督练公所官制纲要拟酌量变通一折事》（宣统三年六月初八日），一档藏，朱批奏折，档号04－01－30－0146－023，缩微号04－01－30－010－1428。

显然，其统一集权之用意可谓欲盖弥彰。清廷与陆军部一再强调各省督练公所之军事参议官应由陆军部奏派，可见督练公所之设，其意确实在分督抚之练兵权。

在陆军部之外，清廷还设立直属于皇帝的军事统率机构军谘府。军谘府未设之前暂名军谘处，归陆军部管辖。据《军谘府官制草案》规定：“第一条，军谘府为上承诏命、襄赞军谟之地，凡经武要略之政皆汇焉。第二条，军谘府设军谘大臣一人，恭候特简，掌赞画全国军务，为全府之长官。第三条，军谘大臣凡军事之计画命令，均由其奏拟随时入对，请旨饬下陆海军大臣或督兵大臣办理，其有应商之内阁及陆海军部者，亦准请开阁议，与总理大臣、左右副大臣及陆海军部大臣会同入对。第四条，军谘大臣统辖陆海军各参谋官，监察军事教育，凡陆军大学堂、测绘学堂及使馆武随员等皆隶之。第五条，军谘大臣掌考核各军队成绩，并承旨调遣全国陆海军队及订立行军条规各事，于在京各衙门及各将军督抚关涉事件，可随时咨行办理。”① 军谘府相当于日本的参谋本部，直接对皇帝负责，与陆军部分掌全国各军的军令权和军政权。军谘府正式成立于宣统三年（1911）四月，此前都是以军谘处名义出现。

从练兵处到陆军部及军谘府，都是清廷中央编练与统率新军的总机关。这些统率机构的设立，本身就是清廷试图实行中央集权的表征。同时，这些机构还采取了一些具体的措施，以削弱地方督抚的兵权。宣统二年（1910）八月，军谘处以“各国兵马大权无不统于君主，军事行政无不责之部臣”为由，奏请整顿近畿陆军，裁撤近畿督练公所，将近畿第一至第六镇统归陆军部直接管辖，其中第二、第四两镇照旧驻扎直隶，第三、第五两镇仍分驻东三省、山

① 《军谘府官制草案》，商务印书馆编译所编《大清光绪新法令》附录，厘定官制草案，第20册，第117页。

东，遇有调遣，准由该督抚电商军谘府、陆军部，请旨办理。“如此则条教号令胥禀中央，发纵指挥全由君上。”[①] 这是将北洋新军六镇军权全部收归中央。清廷谕令署陆军部尚书荫昌认真办理，有鉴于第二、第四两镇原由直隶总督督练，又谕令前训练近畿各镇大臣凤山、直隶总督陈夔龙妥速办理一切交代事宜。[②] 上谕措辞强硬，不容有商量的余地，但陈夔龙实在不甘心放弃两镇新军的指挥权，便在交接之时奏称：“直隶为畿疆重地，尤与各省情形不同。可否将第二、第四两镇于遵旨改归部辖后，仍暂由臣就近节制，责令会同训练，期于官弁兵队声息可以相通。遇有大宗征调，电商军谘处、陆军部，请旨办理。寻常有事，仍由臣随时调遣，以赴事机。”[③] 但最终没有结果。稍后，陆军部奏请统一各省陆军经费，由该部会同军谘处“通筹挹注”，有谓：“拟就各省预算军费数目，作为确定经费，会同军谘处通筹全局。凡一切军制军需军实之急待扩充，及旧军应行裁改各节，均为切实整理。嗣后由中央通筹挹注，但视国防之缓急，一泯从前省界之见。庶几消弭畛域，统一军储，有裨国防，实非浅鲜。拟请饬度支部及各省督抚遵照办理，以资要需而维大局。”从之。[④] 同年十一月，陆军部与军谘处会奏厘订《陆军暂行官制大纲》，裁撤尚书、侍郎、左右丞参各缺，改设陆军大臣、副大臣各一员。又奏请将各省督抚所兼之陆军部尚书、侍郎衔，一并裁撤。均从之。[⑤] 地方督抚兼兵部/陆军部尚书、侍郎衔，本意在便于其兼管地方兵权。裁撤兼衔，自有削其兵权之意。对此，

---

① 《军谘处奏整顿陆军各镇请归部直接管辖折》（宣统二年八月二十三日），《政治官报》第1048号，宣统二年八月二十五日，折奏类，第8页。

② 中国第一历史档案馆编《光绪宣统两朝上谕档》第36册，第324、325页。

③ 陈夔龙：《交代陆军二四两镇并沥陈地方情形折》（宣统二年八月二十六日），《庸庵尚书奏议》卷14，1913年刊本，第50~51页。

④ 《宣统政纪》卷44，《清实录》第60册，第740页。

⑤ 《宣统政纪》卷44，《清实录》第60册，第791、792页。

有人评论道：“是时扩置陆军，所在一不关照督抚。督抚新削部衔，兵柄尽失。”[①]

第三，集权皇族亲贵。清廷在军事方面中央集权的结果是，最终把全国军权集中到满洲贵族尤其是皇族亲贵手中。在编练新军之初，新军各镇统制、协统领等高级军官，就是由练兵处请旨简放，表明清廷中央一开始就掌握了新军高级军官的任免权。根据《钦定宪法大纲》，皇帝有“统率陆海军及编定军制之权。君上调遣全国军队，制定常备兵额，得以全权执行。凡一切军事，皆非议院所得干预”。[②] 这便赋予皇帝以全军最高统帅的权力。载沣摄政以后，便自代宣统皇帝为全国陆海军大元帅，以自己胞弟载涛为军谘处（后为军谘府）大臣，载洵为海军大臣。同时，派载涛、毓朗、铁良为训练禁卫军大臣，挑选精壮旗兵编练禁卫军，“专归监国摄政王自为统辖调遣”。[③] 禁卫军是独立于新军体系之外直属于摄政王的亲兵。至于新军统率机构，从练兵处、陆军部到军谘府，一直由满洲亲贵掌管。庆亲王奕劻为练兵处总理大臣，亲贵铁良、荫昌相继为陆军部尚书及陆军大臣。宣统三年（1911）四月，军谘府正式设立，载涛、毓朗先后为军谘大臣。

其时，满洲亲贵内部也是矛盾重重，集中表现为摄政王载沣与庆亲王奕劻两派的权力争斗。当奕劻出任内阁总理大臣时，摄政王载沣便把载涛、毓朗安置于新设的军谘府，并以荫昌为陆军大臣、载洵为海军大臣。可以说，这都是载沣派向奕劻派争夺军权的结果。“庆邸允任内阁总理，即倡议陆海军权均应归内阁统辖，荫尚书大反对，

---

① 爽良：《清史馆馆长前东三省总督盛京将军赵公行状》，钟碧容、孙彩霞编《民国人物碑传集》，四川人民出版社，1997，第611页。

② 《宪政编查馆资政院会奏宪法大纲暨议院法选举法要领及逐年筹备事宜折附清单二》（光绪三十四年八月初一日），《清末筹备立宪档案史料》上册，第58页。

③ 中国第一历史档案馆编《光绪宣统两朝上谕档》第34册，第308～309页。

谓：大元帅是否在内阁总理之下？庆甚惭沮。”①《内阁官制》第十四条明确规定：“关系军机军令事件，除特旨交阁议外，由陆军大臣、海军大臣自行具奏，承旨办理后，报告于内阁总理大臣。”《内阁办事暂行章程》第七条又补充说明：“按照内阁官制第十四条，由陆军大臣、海军大臣自行具奏事件，应由该衙门自行具奏呈递，毋庸送交内阁。”② 这是说陆海军大臣直接向皇帝/摄政王负责，内阁不负军事责任，将军权完全排除在内阁之外。“新内阁原拟草案，对于各部行政均负完全之责任。嗣因陆海军大臣以中国现在正值整顿全国陆海军备之时，总理大臣须具军事上之知识，方可负完全责任，否则将来殊多窒碍，力争于监国前。庆邸亦以此事重大，力辞不允。监国因召陆海军大臣暨军谘处涛、朗两贝勒，在三所连日会议。某枢相力请将军谘处改为军谘府，与新内阁同日发表，关于军事问题，军谘大臣应负完全责任。监国深以为然，遂决定关于军事上之责任，新内阁可不负责任，惟军谘大臣须逐日与内阁总、协理入值赞襄军务。”③ 军谘大臣对军事负完全责任，也是绕过内阁而直接向皇帝/摄政王负责。军谘府的设立，可谓皇族亲贵载字辈兄弟争夺军权的明证。

通过新政与立宪，至少从制度设计上看，新军已基本由清廷中央所控制，甚至已由以摄政王载沣为首的皇族亲贵所掌握。在某种程度上可以说，军队国家化已逐步改变了“兵为将有”的状况。但与此同时，地方督抚的军权则相应地减小。至于新军能否真正为清廷所用，则尚大有疑问。武昌起义后，大学士陆润庠痛斥新军无用，有谓：“镇兵之设也，所用皆未入行伍之留学生，其言论则纸上空谈，其作用则徒取形式，甚至有不击同胞之谬说。国中有事，督抚

① 《专电·北京电》，《民立报》宣统三年四月初五日，第2页。

② 《宪政编查馆会议政务处会奏拟定内阁官制并办事暂行章程折附清单二》（宣统三年四月初十日），《清末筹备立宪档案史料》上册，第562、564页。

③ 《新内阁发表内幕·不负军事责任之原因》，《时报》宣统三年四月十七日，第2版。

非但不能调遣，今且反戈相向，其不可用也明矣。”[①]这是清廷所未曾想到的。

（二）关于财政权

清代财政采中央集权之制，由户部掌管。咸同时期，地方督抚财权扩张，破坏了中央集权的财政体制。如度支部尚书载泽所谓：“我国道光以前，财权操自户部，各省不得滥请丝毫。……咸丰以后，各省用兵，大吏率多自筹，从未仰给京部。”[②] 清末新政时期，清廷财政方面的集权，也是在设立新机构与裁并旧机构的过程中进行。

第一，在户部之外另设财政处与税务处。光绪二十九年（1903）三月，有鉴于全国财政混乱状况，清廷谕令庆亲王奕劻、瞿鸿禨会同户部认真整顿，“将一切应办事宜悉心经理。即如各省所用银钱，式样各殊，平色不一，最为商民之累。自应明定画一银式，于京师设立铸造银钱总厂，俟新式银钱铸造成，足敷颁行后，所有完纳钱粮、关税、厘捐一切公款，均用此项银钱，使补平申水等弊，扫除净尽。部库省库收发统归一律，不准巧立名目，稍涉分歧。”[③] 此处所谓整顿财政，实际上主要是统一货币，把各省铸造货币权收归中央。随即设立的财政处，即以此为重要目的。据《申报》报道：“财政处现查原议以天津造币厂为总厂，此外江南、湖北、广东皆为分厂，办事各员由该省督抚委派，似与中央集权之义不符。闻拟会同户部奏派大员分驻各厂，总理一切，遇事直接部、处办理，以免事权旁落。”[④] 光绪三十二年（1906）四月，清廷谕令派户部尚书铁良为督办税务大臣，外务部右侍郎唐绍仪为会办税务大臣，“所有各海关所用华洋人员统归节制”。[⑤] 六

---

① 《宣统政纪》卷62，《清实录》第60册，第1127页。

② 《度支部尚书载泽等奏维持预算实行办法折》（宣统三年正月十四日），《清末筹备立宪档案史料》下册，第1054页。

③ 中国第一历史档案馆编《光绪宣统两朝上谕档》第29册，第71页。

④ 《财政处拟奏派大员分驻造币厂》，《申报》光绪三十二年闰四月二十九日，第3版。

⑤ 朱寿朋编《光绪朝东华录》第4册，总第5513页。

月初二日，税务处正式开办。税务大臣咨行外务部接管关税办理权，外务部又咨行各省督抚遵照，有谓：“现在税务即有专辖，嗣后所有关系税务及各关申呈册报各事宜，自应径达税务处核办，相应咨行贵督抚查照饬遵可也。”① 税务处的设立，旨在收回海关关税管理权，可以英籍海关总税务司赫德的反应为证。② 同时，原为地方督抚属员的海关道改由税务大臣节制，也有避免地方督抚干预海关税收用途的意图。

第二，度支部清理财政。光绪三十二年（1906）九月，在预备立宪的中央官制改革中，户部改为度支部，以财政处并入其中。据《度支部职掌员缺章程》第一条，度支部“综理全国财政，管理直省田赋、关税、榷课、漕仓、公债、货币、银行及会计度支一切事宜，监督本部特设总分各局厂学堂，并可随时派员调查各省财政”。③ 可见度支部是全国财政总管，并有清查各省财政的权力。光绪三十四年（1908）八月，清廷公布九年筹备立宪清单，把清理财政正式提上议事日程。十一月，度支部以统一财政为根本目标，奏陈清理财政办法六条：“外债之借还，宜归臣部经理。在京各衙门所筹款项，宜统归臣部管理。各省官银号，宜由臣部随时稽核。各省关涉财政之事，宜随时咨部以便考核。直省官制未改以前，各省藩司宜由臣部直接考核。造报逾限，宜实行惩处。”④ 除第二条以外，其余各条主要有关各

① 《外务部咨各省税务处设立嗣后关系税务事宜应直接办理文》（光绪三十二年六月），商务印书馆编译所编《大清宣统新法令》第1册，补遗，第1页，商务印书馆，宣统元年（1909）。

② 赫德认为这是海关管理体制的新变化，“海关在体制上从外务部门转移到税务部门去”，从而更少独立性，而只能处于“更为从属的地位”。他甚至预感到，这将是外国人控制中国海关的“结束的开始，总有一天中国将取得全部控制权，外国人除了在极低级职位工作者外，都将消失”。《赫德致金登干函》（1906年5月9日、10月14日、5月13日），陈霞飞主编《中国海关密档——赫德、金登干函电汇编》第7卷，第946、1000、949页。

③ 《度支部奏为厘定度支部职掌事宜及员司各缺并拟添设丞参折并清单》（光绪三十三年三月十四日），商务印书馆编译所编《大清光绪新法令》第2类，官制1，京官制，第3册，第35页。

④ 《度支部奏陈清理财政办法六条折》，《清末筹备立宪档案史料》下册，第1018页。

省财政权，尤其是第五条，要求作为各省财政总汇的藩司由度支部直接考核，充分表明度支部借清理财政为名，将各省财政权收归中央控制的意图。

随后，度支部颁布《清理财政章程》，设立清理财政处，在各省设立清理财政局，并在各省清理财政局派驻清理财政监理官。[①] 据《各省清理财政局办事章程》第四条："清理财政，设正监理官一员，副监理官一员，稽察督催该局一切应办事宜。由度支部遴员奏派，以二年为任期，任满后亦可酌量留任。监理官在任期内，该省不得派充他项差使，期满后该省督抚亦不奏留。各衙门局所出入款项，有造报不实，而该局总办等扶同欺饰者，并该局有应行遵限造报事件，而该总办等任意迟延者，准监理官径禀度支部核办。度支部于各省财政遇有特别事件，经饬监理官切实调查，如各衙门局所有抗延欺饰者，照清理财政章程第九条办理。"[②] 度支部向各省派驻财政监理官，是对各省清理财政的直接干预。由于各省督抚与藩司的消极抗拒或敷衍塞责，加上度支部所派监理官良莠不齐，使得清理财政的过程难免矛盾重重。尽管如此，清理财政还是取得了一定的成效，如时人所谓："各省财政，纷乱无纪，自设监理官后，爬梳整理，渐有眉目。"[③] "清理财政，简派监理官分驻各省调查。……全国财赋之籍，始总于京师。"[④] 应该说，通过清理财政，对于各省财政积案的清厘、岁出岁入的调查、国家税与地方税的划分、预算与决算的编制，以及各省财政说明书的编纂，使清廷中央对于各省财政有了清晰的了解，明显加

① 《度支部奏妥酌清理财政章程缮单呈览折附清单》，《清末筹备立宪档案史料》下册，第1029页。

② 《度支部奏酌拟清理财政处各项章程折并清单》（宣统元年二月三十日），商务印书馆编译所编《大清宣统新法令》第2册，第47页。

③ 《宪政编查馆大臣奕劻等奏报各省筹办宪政情形折》（宣统二年十一月十三日），《清末筹备立宪档案史料》下册，第798页。

④ 杨寿枏：《觉花寮杂记》卷1，第5页，《云在山房类稿·思冲斋文别钞》，1930年刊本。

强了中央财政集权。

第三，设盐政处整顿盐政。宣统元年（1909）十一月，度支部奏陈淮浙盐务大概情形，使清廷认识到盐务问题严重，做出了重大盐政改革举措，上谕称："各省盐务，纠镐纷纭，疲敝日甚，非统一事权，修明法令，无以提挈大纲，维持全局。著派贝子衔镇国公载泽为督办盐政大臣，凡盐务一切事宜，统归该督办大臣管理，以专责成。其产盐省分各督抚，本有兼管盐政之责，均著授为会办盐政大臣。行盐省分各督抚，于地方疏销缉私等事，考核较近，呼应亦灵，均著兼会办盐政大臣衔。"① 对此，时论认为："自表面而观之，朝廷斯举，则以淮浙盐务败坏已极，久言整顿而未得其效，故欲统其权于度支部，以提挈大纲，而徐徐整理之。且藉以集财权于中央，而冀合统一财政之本旨。在政府之用意，诚不出乎此。"② 稍后，督办盐政处与度支部会奏《盐务暂行章程》三十五条，略谓："复核款项及考成，归度支部办。用人行政，归盐政处主任。各省应奏之件，由督办主稿，会同该省督抚办理。重要事件，由督办单衔入奏。各署局兴革改良各章程，须详请督办批准。各省盐运司、盐法道由督办遴员预保，奏交军机处存记开单请简。惟须熟谙盐务，深通治体，办理盐务著有劳绩者。不职得随时参劾。督抚亦得遴员，咨请督办汇保。关栈局所总办，由督办遴员派充。司道以下各官，由督抚出考预保，遇有缺出，由督办奏补。委署委差，亦须详候督办批准。无论何款，均须详请督办核明，咨报度支部候拨，外省不得擅行挪用。司道得径详督办，应报部者，亦须详由督办核明转咨。各省盐官制有须改革者，由督办酌核具奏。"得到清廷批准。③ 显然，有关盐政管理的用人、行政权将全部收归盐

---

① 中国第一历史档案馆编《光绪宣统两朝上谕档》第35册，第476页。

② 《读十九日整顿盐务上谕》，《申报》宣统元年十一月二十一日，第1张第3版。

③ 《专电》，《申报》宣统二年正月二十九日，第1张第2~3版；《宣统政纪》卷30，《清实录》第60册，第539页。

政处，具体是集中到督办之手，而地方督抚的会办虚衔，也就变成了名副其实的虚职。

盐政处的大肆集权，激起了地方督抚的反弹。东三省总督锡良等电奏“盐政章程，诸多窒碍”。清廷以为：“该督等拟将用人行政悉归会办之督抚，是与从前督抚兼管盐政无异，朝廷何贵有此特举耶?”同时又以盐政大臣未与督抚详议会商，遂将两者均传旨申饬，看似各打五十大板，其实明显偏向督办大臣。其结论是：“所有盐务用人行政一切事宜，仍著照奏定章程办理。将来如有应行变通之处，著该督办大臣随时体察情形，奏明请旨遵行。盐务关系重要，自此次严切申谕后，务各懔遵前两次谕旨，和衷共济，相与有成。若各怀挟成见，因循积习，断断权限，贻误要政，惟该大臣与各督抚等是问，恐不能当此重咎也。”[①] 朝廷实际上是在警告地方督抚不要争权。

政策的制定，并不一定能迅速改变现实。地方督抚本有兼管盐政之权，事实上早已变成专管，而且积重难返，朝廷的中央集权要贯彻下去，必须有更强硬的措施。宣统三年（1911）八月，内阁奏称：“今日盐务难于整理者，其故有二：一在各省自为风气，不能祛官与商弊蠹；一由各省自保藩篱，不能谋国与民公益。是以销数则彼此悬殊，引地则动成争执，自非改定盐政官制，设立专员不可。”于是建议，将盐政处改为盐政院，设盐政大臣一员，管理全国盐政，统辖盐务各官，设盐政丞以为襄理；外省产盐区域设正监督，行盐区域设副监督，原有司道各官不再兼管盐务。“经此次改订后，凡关于盐务用人行政，均属盐政大臣专责，各省督抚毋庸再兼会办盐政大臣及会办盐政大臣衔。”得旨：“著即将盐政院官制颁布，以盐政处改为盐政院，全国盐务均归管理，以一事权而重责成。”[②] 这样便完全剥夺了地

① 中国第一历史档案馆编《光绪宣统两朝上谕档》第36册，第99页。

② 《宣统政纪》卷61，《清实录》第60册，第1083～1085页。

方督抚的盐政管理权，只是因辛亥革命发生，而未及付诸实施。

第四，裁撤各省关涉财政局所。地方督抚以各种体制外的局所，安插私人，徒糜虚费，使地方吏治与财政一片混乱。宣统元年（1909）四月，度支部奏称："自咸丰军兴以后，筹捐筹饷，事属创行，于是厘金、军需、善后、支应、报销等类，皆另行设局派员管理。迨举办新政，名目益繁。始但取便于一时，积久遂成为故事。虽或兼派藩司综理，而署衔画诺，徒拥虚名。责任既分，事权益紊，且多一局所，即多一分糜费，于事体则为骈拇，于财用则为漏卮。近数十年来，各省财政之纷糅，大都由此。"可谓洞见症结。度支部在清理财政的同时，亟谋统一各省财政机构，将名目繁多的局所纳于体制之内。有谓："各省财政头绪纷繁，必须一面清理，一面统一，则条理较易分明，而机关乃益臻完备。拟请将各省出纳款目，除盐粮关各司道经营各项按月造册，送藩司或度支使查核外，其余关涉财政一切局所均次第裁撤，统归藩司或度支使经管。所有款项由司库存储，分别支领，庶几若纲在纲，各省既易于清厘，臣部亦便于稽核。"① 清廷谕令各省督抚将关涉财政各局所"体察情形，予限一年，次第裁撤，统归藩司或度支使经管"。② 随后，各省纷纷裁撤相关局所，设立财政公所或度支公所，作为全省财政总汇之处，归藩司或度支使经管，直接向度支部负责。

有人把清理财政监理官与盐政处相提并论，直指其中央集权的命门，有谓："载泽既管度支，建两大策：一设各省监理财政官，尽夺藩司之权；一设盐政处于京师，尽夺盐政盐运使之权，即所谓中央集权是也。"③ 与军事集权一样，在财政集权方面，清廷企图建立以中央

---

① 《度支部奏各省财政统归藩司综核折》（宣统元年四月初六日），商务印书馆编译所编《大清宣统新法令》第5册，第7页。

② 中国第一历史档案馆编《光绪宣统两朝上谕档》第35册，第190页。

③ 胡思敬：《国闻备乘》，第96页。

财政机关垂直管理各省财政的体制，尽可能地剥离地方督抚的财政权，其间也充满着中央集权与地方分权错综复杂的矛盾，其实际成效正受制于此。

（三）其他权力

关于司法权。在中国传统的法律体制里，司法与行政界限含混不清，行政官往往充当法官的角色，法制近代化的一个重要目标就是“司法独立”。光绪三十二年（1906）九月，在预备立宪的中央官制改革中，刑部改为法部，大理寺改为大理院，根据西方三权分立的原则，明定立法、行政、司法权限，“司法之权则专属之法部，以大理院任审判，而法部监督之，均与行政官相对峙，而不为所节制”。[①] 这里一方面规定了中央司法机构法部与大理院的职责分工，法部为司法行政机构，大理院为司法审判机构，且法部对大理院有监督之权。法部与大理院的设立，有明显的中央集权意味。据法部所拟《司法权限清单》规定：“高等审判厅、地方审判厅成立后，其犯罪案件分详部院，由大理院复核后，咨法部核定，由法部主稿，会同大理院具奏。其遣、军、流、徒以下案件，均详法部办理。”“各级审判厅官制员缺及分辖区域、设立处所，由法部主稿，会同大理院具奏。”[②] 法部与大理院不仅是全国最高的司法行政与审判机关，而且将直接干预各省司法行政与审判，以及司法审判机构的设置与官员任免。另一方面，还规定了司法与行政权的分立，即司法权从行政权中分离出来，由司法机构独立行使该种权力，这就是所谓的“司法独立”。“司法独立”在地方实施时，便不可避免地引发清廷中央集权与地方督抚分权的矛盾。

---

① 《庆亲王奕劻等奏厘定中央各衙门官制缮单进呈折》（光绪三十二年九月十六日），《清末筹备立宪档案史料》上册，第464页。

② 《法部奏酌拟司法权限折并清单》（光绪三十三年四月初三日），商务印书馆编译所编《大清光绪新法令》第9类，司法，司法权限，第15册，第101页。

在地方司法机构改革中，厘定官制大臣提出两条建议：一是“每省各设高等审判厅，置省审判官，受理上控案件，行政、司法各有专职”。二是“以按察司专管司法上之行政，监督高等审判厅”。[①] 这是仿照中央司法机构改革的模式，以高等审判厅为司法审判机构，按察司为司法行政机构，司法权与行政权分离，以实现地方上的“司法独立”。此举遭到地方督抚的强烈反对，如湖广总督张之洞认为，没有必要在按察司之外另设高等审判厅，“一省之中，臬司即是高等审判厅矣，另设一厅何为?”他尤其不能接受由高等审判厅独立承担司法审判而直接向法部负责，所谓“督抚但司检察，不司审判”的说法，“假使万一采用其言，则以后州县不亲狱讼，疆臣不问刑名”。[②] 显然，他所担心的就是“司法独立”对地方督抚权力的削弱。[③] 虽然如此，但结果并未改变官制草案中“司法独立”的取向。光绪三十三年（1907）五月，总司核定官制大臣奕劻等将地方官制改革情形上奏，关于司法机构改革，改各省按察司为提法司，改按察使为提法使，由提法使管理地方司法行政，并分设各级审判厅“以为司法独立之基础”，各省设立高等审判厅、地方审判厅、初级审判厅，“分别受理各项诉讼及上控事件”，即掌管地方各级司法审判。得到清廷批准。[④] 此后，“司法独立”便作为预备立宪的一项重要措施被逐步付诸实施。

“司法独立”的实施，在一定程度上可以说剥夺了地方督抚的司法权。在地方官制改革中，各级审判厅之类专职司法审判机构的设

---

① 《厘定官制大臣致各省督抚通电》（光绪三十二年九月十九日），侯宜杰整理《清末督抚答复厘定地方官制电稿》，《近代史资料》总76号，第52、53页。

② 《致军机处厘定官制大臣》（光绪三十二年十一月十八日），苑书义等主编《张之洞全集》第11册，第9560页。

③ 关于张之洞反对“司法独立”的详情，参见拙著《张之洞与清末新政研究》，第276～279页。

④ 《总司核定官制大臣奕劻等奏续订各直省官制情形折附清单》，《清末筹备立宪档案史料》上册，第504、507、510页；中国第一历史档案馆编《光绪宣统两朝上谕档》第33册，第91页。

立，则引发了新机构与旧体制的矛盾。在改革之前的地方司法体制中，虽然省一级有按察使掌管司法行政与审判，但是按察使本身都受督抚节制，其所判决的各类案件最后都必须由督抚核定；而府、县两级地方官更是直接兼管司法事务，可见地方行政对司法的直接干预。地方司法机构改革就是要打破这种行政与司法不分的旧体制，设立专职的司法机构和职业法官，使司法权从地方行政官员的行政权中分离出来，这势必引起地方行政官员的反对与抵制。这样，所谓的“司法独立”问题便由新旧体制的矛盾化约为权力之争。也许从这个角度可以更好地理解地方督抚反对“司法独立”的用意。

关于外交权。清末新政时期改设的第一个中央机构就是外务部，虽然有非常复杂的国际背景，但对于中国外交的近代化确有一定的积极作用。光绪二十七年（1901）六月，清廷谕令改总理各国事务衙门为外务部，“班列六部之前”，并“特设员缺，以专责成”，以庆亲王奕劻为总理大臣，大学士王文韶为会办大臣，工部尚书瞿鸿禨调补外务部尚书兼会办大臣。外务部的设立，改变了总理衙门大臣多为兼差及其作为外交机构的临时性质，建立了高规格的专门外交机构。值得注意的是，就在外务部改设的第二天，清廷取消了各省督抚的总理衙门大臣兼衔，上谕称：“前因各直省办理交涉，事务殷繁，特令各将军督抚均兼总理各国事务衙门大臣之衔。现在该衙门已改，各将军督抚著毋庸兼衔。惟交涉一切，关系繁重，皆地方大吏分内应办之事，该将军督抚等仍当加意讲求，持平商办，用副委任。”① 显然，外务部设立后，已开始有意识地削弱地方督抚的外交权，其中最重要的举措就是在各省增设交涉使。

光绪三十三年（1907），在东三省试行地方官制改革时，总督徐世昌奏定在奉天、吉林两省率先设立交涉司。随后，云南、浙江两省

① 以上参见朱寿朋编《光绪朝东华录》第4册，总第4685、4686页。

也援例奏设交涉司。宣统二年（1910），外务部奏设各省交涉使，除奉天、吉林、浙江、云南业已设立外，直隶、江苏、湖北、广东、福建交涉繁要，应先一律设立，安徽、江西、湖南、广西四省，均归兼辖总督省分之交涉使兼办，此外如黑龙江、山东、山西、河南、陕西、甘肃、新疆、四川、贵州等省交涉较简，拟暂缓设。各省旧时所设洋务局所即行裁撤，其经费统归并于交涉司。据《各省交涉使章程》第一条："凡有交涉省分，每省设交涉使司交涉使一员，办理全省交涉事务。"第四条："交涉使任用之途，拟以外务部所属人员及各省曾任交涉之实缺道员，由外务部拣选预保存记候简，各督抚亦可将办理得力人员出具考语，咨送外务部一体预保。"第七条："交涉使照各省藩学臬三司例，为督抚之属官，归其节制考核，一面由外务部随时考查，不得力者奏请撤换。"第八条："交涉使所办事件，除随时详请督抚咨报外务部外，仍于年终造册报部，以备考核。如遇重要事件，一面禀报督抚，一面报部。"[①] 可见，交涉司是各省专门外交机构，交涉使虽名为地方督抚属官，但其任免与考核的最终决定权均在外务部，各省督抚在地方的外交权明显受到外务部的制约。

关于人事权。咸同以后，地方督抚通过频繁的奏调、保举，援用私人，日益泛滥。清末新政时期，清廷对地方督抚的奏调、保举给予限制。光绪二十九年（1903）十一月，清廷连发两道上谕，有谓："近来督抚动辄奏调人员，并有此省方调，彼省复有奏调者，其中难保无请托徇私情弊，且各该省候补人员甚多，何至乏人任使。嗣后非军务省分，不得纷纷奏调，以杜倖进。"又谓："近来内外臣工保奏之案，层见叠出，甚至以寻常劳绩，动辄优保多员，又或指请送部引见，希图特旨，相沿成习，难免冒滥。嗣后非事关重要，实系异常出力者，不准滥行优保。如有才识出众，名实相副之员，著各省将军督

① 刘锦藻：《清朝续文献通考》（二），卷133，职官19，考8925。

抚将其办事实绩胪陈具奏，候旨施恩，不得指请破格录用及送部引见，庶于奖励之中，严杜倖进。”① 光绪三十三年（1907）五月，调任四川总督赵尔巽奏保前经参革各员请奖，清廷严谕：“近来保案太滥，难免徇情，转不足以鼓励人才，慎重名器。嗣后永不叙用之员，不得仍行列保。其余参劾人员，遇有劳绩保奖，著将被参原案详晰声叙，另折具奏，不得笼统列单请奖。”又谕：“科道为朝廷耳目之官，奏调差委，与体制不合。嗣后台谏各员，各省督抚不得率行奏调。其有愿投效外省及赴各衙门当差者，著即开去底缺，以符定制。”②

关于行政权。预备立宪时期，由巡警部改设民政部，职权相应扩大，直接渗透到多方面的地方行政事务之中。据《民政部官制章程》第一条，民政部“管理地方行政、地方自治、户口、风教、保息、荒政、巡警、疆理、营缮、卫生等事，除京师内外城巡警总厅仍由本部直辖外，其直省民政等官，本部皆有统属考核之权”。又据《民政部及巡警厅权限章程》第三条，民政部“左右丞及参议，均可随时奏派考察各省民政事宜”。③ 这些都是对地方督抚行政权的制约与分割。

总之，清廷在新政与立宪的过程中，通过中央设立各部，直接掌管了军事、财政、司法、外交、人事与行政等权力，逐步加强了中央集权，而使地方督抚权力越来越缩小。正如《清史稿》所谓：“宣统间，军政、盐政厚集中央，督、抚权削矣。”④ 其实，不仅是军政、盐政，还有其他多种权力被中央收束。如御史胡思敬奏参部臣侵夺疆吏之权，有谓：“顷岁以来，学部保提学使，度支部设监理财政官，民政部保巡警道，农工商部保劝业道，法部保提法使，各安置私人，攘

① 朱寿朋编《光绪朝东华录》第5册，总第5118页。

② 朱寿朋编《光绪朝东华录》第5册，总第5677～5678页。

③《民政部奏部厅官制章程折并章程二》（光绪三十二年十二月十七日）、《民政部奏厘定本部及内外城巡警总分厅权限章程折并清单》（光绪三十三年正月二十二日），商务印书馆编译所编《大清光绪新法令》第2类，官制1，京官制，第3册，第27、30页。

④ 赵尔巽等：《清史稿》卷116，志91，职官3，第1册，第897页。

夺地方一部分之事，内外直达，守法之官骎骎干预行政，欲堕坏行省规制，而侵天子用人之权。……复见度支部尚书载泽奏定盐务章程三十余条，将盐运使以下各官归其任用。夫一省之大，至重要者只此数事，而皆画界分疆，一任部臣包揽而去，督抚孤居于上，已成赘疣。”① 从制度设计上看，由于清廷加强中央集权，使地方督抚权力逐渐缩小，但事实上，地方督抚干政的影响力是否随之减弱，以及清廷中央集权的实际效力究竟如何，则是需要进一步深入探讨的问题。

第二节　地方督抚干政的影响力与清廷中央集权的实际效力

正如清末新政时期地方督抚的权力有一个逐步缩小的过程，庚子事变以后，随着新政尤其是预备立宪的开展，清政府不断加强中央集权措施，地方督抚干政的影响力也有一个逐渐减弱的趋势。在庚子至辛亥期间，地方督抚究竟对清朝中央政府有何影响力；清政府对地方督抚的控制力，也即中央集权的实际效力如何，可从以下几方面略加说明。

其一，庚子事变时期，地方督抚的权力及其干政的影响力均达到最高峰，这在一定程度上还直接影响到新政的启动与推进，并在新政初期形成一定的强势惯性。

众所周知，庚子事变时期地方督抚干政的影响力达最高峰的标志性事件是东南互保。光绪二十六年（1900），以义和团运动与八国联军侵华战争交互冲击的庚子事变，是清王朝灭亡之前所遭受的最后一次重大的内忧外患危机。在北方局势一片混乱之中，由于顽固派的怂

① 胡思敬：《劾度支部尚书载泽把持盐政折》（宣统二年三月十一日），《退庐疏稿》卷2，第19～20页。

恿，以慈禧太后为首的清廷于五月二十五日悍然发布对外宣战上谕。同一天，清廷宣称中外战衅已开，谕令各省督抚召集义和团等类义民，以御外侮，并特令“沿江沿海各省尤宜急办”。[①] 然而奇怪的是，沿江沿海各省督抚却在自己的辖区内与列强商议东南互保。

其时，虽然朝廷已经对外宣战，但老谋深算的湖广总督张之洞，从电召粤督李鸿章进京的信息中，早就预感到“内意必愿议和”。[②] 因此，张之洞便公然与两江总督刘坤一通过中国驻外使节，积极与日本、英、美等国家开展外交活动，以寻求自己所在长江流域的和平与安全，得到刘坤一等东南督抚的积极响应。与此同时，西方列强尤其是在长江流域占有绝对优势特权与利益的英国，也在为维持该地区秩序的稳定而行动。比如，赫德就曾致电江汉关税务司，“询问张之洞的态度和维持秩序的能力”；他得到的报告是“总督张之洞决心维持秩序，并不惜代价采取了有力措施”。当然，张之洞虽然表示愿意“和两江总督同心协力，决意维持秩序，保护洋人”，但是他也不愿英国军队进入长江“提供切实的军事援助”，以免各国效尤。[③] 于是，就在清廷对外宣战五天之后的五月三十日，在刘坤一与张之洞的指示下，经过盛宣怀多方面的活动，上海道台余联沅与各国驻上海领事签订了《东南保护约款》九条，其中第一条规定：“上海租界归各国公同保护，长江及苏、杭内地均归各督抚保护，两不相扰，以保全中外商民人命产业为主。”[④] 这个互保协议还得到两广总督李鸿章、闽浙总督许应骙、山东巡抚袁世凯等督抚的支持，使互保范围从长江中下游扩展到整个东南地区，甚至引起西北边陲新疆等省的回应。当时，俄

---

① 中国第一历史档案馆编《光绪宣统两朝上谕档》第26册，第140页。

② 《庚子五月二十三日致东京钱念劬》，《张之洞庚子年发电稿摘抄》第1函，所藏档甲182－32。

③ 《1900年6月17日江汉关税务司何文德（J. H. Hunt）致赫德函》，中国近代经济史资料丛刊编辑委员会主编《中国海关与义和团运动》，中华书局，1983，第80～81页。

④ 朱寿朋编《光绪朝东华录》第4册，总第4522～4523页。

国进兵伊犁，新疆巡抚饶应祺会同陕甘总督魏光焘、伊犁将军长庚，“仿东南各省，与各领事结互相保护之约，俄兵乃退”。[①] 令人匪夷所思的是，当清政府正在与八国联军进行激烈战争之时，东南甚至西北各省督抚却与有关列强设法维持局部地区的相对和平状态，从而形成一种奇怪的既“战”又“和”格局。

东南互保局面显然与清廷宣战状态相冲突，虽然可以说这是非常时期的非常举措，但无论如何都不可否认，各省督抚此举有着公然“抗旨”的意味。然而，几乎所有的强势督抚均参与其中，使清廷无可奈何，而不得不承认互保的合法性。据张之洞当年接到来自西安行在的私人密报称：“保护东南大局，政府及京外官皆深佩两公。”[②] 清廷上谕则把互保解释为遵旨而行的举措，有谓：“当京师扰乱之时，曾谕令各疆臣固守封圻，不令同时开衅，东南之所以明订约章极力保护者，悉由遵奉谕旨‘不欲失和’之意，故列邦商务得以保存，而东南疆臣亦藉以自固。”[③] 甚至慈禧太后也不得不承认：“上岁若无刘、张，东南各省就乱了。”“全靠他两人，我母子在此稍安。”[④] 如果说清廷上谕还有设法顾及朝廷颜面的意味，那么慈禧太后的表白则无疑是真情流露，可谓其内心深处对互保之局的无奈认同。

地方督抚不仅在东南地区与列强搞互保活动，而且还在一定程度上影响了清政府的外交决策。当清廷对外宣战，北方正与各国进行战争之时，刘坤一、张之洞通过袁世凯转奏清廷不要与各国断交，既不召回中国驻外使节，也不让各国驻华使节离京。有谓：“出使各国大臣，此时请勿遽行召回。若使臣下旗回国，即是明言决裂，自认攻毁各国人命、物产，以后更难转圜，似宜仍今［令］暂驻各国为宜。在

---

① 赵尔巽等：《清史稿》卷448，列传235，饶应祺，第4册，第3211页。

② 《庚子十月十九日西安谭道来电》，《张之洞存各处来电》第42函，所藏档甲182－144。

③ 中国第一历史档案馆编《光绪宣统两朝上谕档》第26册，第483页。

④ 《辛丑八月十二日西安梁太史来电》，《张之洞存各处来电稿》，所藏档甲182－435。

京各国使臣亦设法挽留，勿遽听出。”[①] 面对混乱时局，各督抚经过商议，由张之洞主稿，李鸿章领衔，刘坤一、张之洞、许应骙及川督奎俊、署粤督德寿、福州将军善联、大理寺少卿盛宣怀、浙抚刘树堂、皖抚王之春、鲁抚袁世凯、护陕抚端方列衔，上奏清廷“请明降谕旨”推行四事：保护各省洋商、教士，为德国公使被杀事道歉，抚恤被害洋人、教士等生命财产损失，剿办“乱匪、乱兵”。并特别说明：“请于上谕中提明‘钦奉皇太后懿旨’字样，令各国感颂皇太后、皇上圣德。”[②] 同时，他们还联衔会奏保护各国驻华使馆：“拟请明降谕旨，特派忠实大臣及有纪律之军保护使馆，或专派宋庆一军保护，嘱各使将国书之意，分电本国，使知攻使系匪徒所为，救使系两宫德意，各国方有排解之法。速办方能补救，缓则无及”。[③] 显然，这些都是要为随后的议和预留地步。地方督抚的本分应该是按照清廷谕旨办事，此时居然一再要求清廷“明降谕旨”如何如何，以缓解对外危机，可见督抚的力量实际上已经直接影响了清政府的对外政策。

清廷派直隶总督、大学士李鸿章为议和全权大臣，其实也有督抚力量的作用。德国领事禄理玮曾向张之洞提出质疑：“李全权是端王所派，各国恐不愿与议，闻李是端党。”张之洞辩解：“此大误矣。李相领衔会督抚奏请剿匪救使六七次，见解明与端不合。且李相之全权实系东南督抚十人会奏请派，旨遂允准。”[④] 其实，当时刘坤一、张之洞也是外人非常瞩目的督抚。英国驻汉口领事奉命照会张之洞称：

---

① 《寄东抚袁》（光绪二十六年五月三十日），中国科学院历史研究所第三所主编《刘坤一遗集》第 3 册，第 1433 页。

② 《时局危迫谨合词敬陈四事折》（光绪二十六年六月十八日），廖一中、罗真容整理《袁世凯奏议》上册，第 161 ~ 162 页。

③ 《会衔电奏》（由济南转发，光绪二十六年六月十九日），苑书义等主编《张之洞全集》第 3 册，第 2154 页。

④ 《致上海李中堂、盛京堂，江宁刘制台，济南袁抚台》（光绪二十六年八月初五日亥刻发），苑书义等主编《张之洞全集》第 10 册，第 8253 页。

“将来议结之时，至于本国国家必向两江、湖广二位督部堂请询意见若何，本国国家亦必以二位督部堂之意为重。”[①] 日本外务部通过驻日公使李盛铎转达信息，要求添派庆亲王奕劻、大学士荣禄、刘坤一、张之洞为议和大臣，李鸿章据以奏请，清廷即谕令刘、张二督“随时函电会商”。[②] 就这样，李鸿章与庆亲王奕劻为清政府议和全权大臣，刘坤一、张之洞为会办大臣，督抚成为议和的关键角色。可以说，在庚子事变中清政府与列强之间的议和交涉，基本是由李鸿章等督抚所控制的。

需要说明的一点是，在庚子事变的混乱政局中，李鸿章等地方督抚大臣虽然权势可谓极度膨胀，但还没有达到从根本上无视清廷权威的地步。相反，他们随时注意表明对慈禧太后与光绪皇帝无比尊崇的心迹。如上所述，这些督抚们一再强调两宫“圣德”与“德意”，实际上都有为慈禧太后与光绪皇帝权威考虑的意图。甚至东南互保，督抚们自己也解释为“奉旨办理”。张之洞与刘坤一曾致电上海各国总领事，认为“南方保护之局，各督抚均系奉旨办理”，希望联军“万万不可震惊我皇太后、皇上”。[③] 因此，地方督抚的权力及其干政的影响力虽然在庚子事变中达到最高峰，但并没有脱离皇权控制的轨道，其实还是有一定限度的。

在内政决策方面，地方督抚的影响力也不可小觑。清廷在庚子事变中颁布新政上谕，是由于多种政治势力的促动，其中李鸿章、刘坤一、张之洞、袁世凯等地方督抚是一股颇为活跃而关键的力量。不仅如此，对于如何推行新政，清廷明令要求军机大臣、大学士、六部、

---

① 《致江宁刘制台，上海李中堂、盛京堂》（光绪二十六年八月初七日午刻发），苑书义等主编《张之洞全集》第10册，第8260页。

② 《时局变迁急筹补救痛哭沥陈折》（光绪二十六年八月初一日），顾廷龙、戴逸主编《李鸿章全集》第16册，第207～208页；朱寿朋编《光绪朝东华录》第4册，总第4538页。

③ 《庚子七月二十三日致上海英法俄德美日本各国总领事电》，《张之洞致各省及外洋电稿》第1函，所藏档甲182－30。

九卿、出使各国大臣、各省督抚在两个月内复奏，提出建设性意见。然而，两个月期限过后，各省督抚因往返商议联衔而少有上奏者。其时，清廷设立政务处，派庆亲王奕劻、大学士李鸿章、崑冈、荣禄、王文韶、户部尚书鹿传霖为督办政务大臣，还特派江督刘坤一与鄂督张之洞“遥为参预”，并催促未复奏者尽快上奏。直督李鸿章有大学士的头衔，作为政务处大臣自在情理之中，江督刘坤一与鄂督张之洞为“参预”政务大臣，则是地方督抚对清廷中央决策影响力增大的表征。在内外臣工纷纷复奏的新政建议中，正是刘坤一与张之洞的《江楚会奏变法三折》为清廷所接受，成为清末新政的指导性文件，从而使新政顺利启动。①

地方督抚在清末新政推行全国的过程中，起了非常关键的作用。同时，他们的权力触角还不失时机地伸进了清廷中央有关政策制定的领域，在一定程度上影响了中央决策。下面以教育改革若干事例略加说明。光绪二十九年（1903），鄂督张之洞进京觐见，被派充考试经济特科阅卷大臣，有人评论：“以外臣领首，前此未有之旷典也。”②张之洞以地方督抚身份插手国家级抡才大典，可谓异数。更重要的是，张之洞又奉旨会同管学大臣张百熙、荣庆厘订学堂章程。他们上奏《奏定学堂章程》后，得旨“著即次第推行”。③这个章程所确立的新学制即癸卯学制，通过谕旨颁行全国以后，便成为新政时期各省兴学的范本。在这期间，张之洞还起草并上奏了三个留学生章程：《约束游学生章程》十款、《奖励游学毕业生章程》十款和《自行酌办立案章程》七款。④这是近代中国留学政策之嚆矢，清朝学部成立

① 详情参见本书第三章。

② 陈曾寿：《读广雅堂诗随笔节录》，许同莘存《广雅遗事及赵凤昌来函等件》，所藏档甲 622－4。

③ 中国第一历史档案馆编《光绪宣统两朝上谕档》第 29 册，第 352 页。

④ 《筹议约束鼓励游学生章程折并清单》（光绪二十九年八月十六日），苑书义等主编《张之洞全集》第 3 册，第 1580～1586 页。

以后所制定的各种管理与奖励留学生章程的基本精神都渊源于此。因此，有人把这几个章程看作“以后各种管理游学生章程之张本”。[①] 清末教育制度的根本性变革，是科举制度的废除。光绪三十一年（1905）八月，由直督袁世凯领衔，会同盛京将军赵尔巽、鄂督张之洞、署粤督岑春煊、署江督周馥、湘抚端方，奏请立停科举，推广学校。有谓：“科举一日不停，士人皆有侥幸得第之心，以分其砥砺实修之志。民间更相率观望，私立学堂者绝少，又断非公家财力所能普及，学堂决无大兴之望。就目前而论，纵使科举立停，学堂遍设，亦必须十数年后，人才始盛。如再迟之十年，甫停科举，学堂有迁延之势，人才非急切可成，又必须二十余年后，始得多士之用。强邻环伺，讵能我待。……故欲补救时艰，必自推广学校始，而欲推广学校，必自先停科举始。”[②] 得旨：“著即自丙午科为始，所有乡、会试一律停止，各省岁、科试亦即停止。”[③] 绵延千余年的科举制度废除，不仅对中国的教育制度，而且对传统社会的一整套用人行政制度，都是一种革命性的变革，其间督抚的推动作用非同小可。从以上教育领域几项变革来看，可见地方督抚对清廷中央的决策确实有一定的影响力。

正是在新政推行的过程中，有一些督抚的权力逐渐超越地域范围，而不断向中央渗透，参与到清廷中央决策之中。这些超乎一般地方督抚大臣之上，而具有在一定条件下可以参与中央决策权力的督抚，如李鸿章、刘坤一、张之洞、袁世凯等，正是督抚干政影响力增大颇具代表性的人物。他们既是封疆大吏，又兼任督办政务处的“参预”政务大臣、练兵处的会办练兵大臣、商约谈判中的督办商务大臣

---

① 舒新城：《近代中国留学史》，中华书局，1933，第154页。

② 《请立停科举推广学校并妥筹办法折》（光绪三十一年八月初二日），廖一中、罗真容整理《袁世凯奏议》下册，第1187页。

③ 中国第一历史档案馆编《光绪宣统两朝上谕档》第31册，第115页。

等职，对清政府的内政、外交、军事等方面的决策都有一定的参与之权。李鸿章在新政之初去世，不在话下。刘坤一与张之洞不但是督办政务处的“参预”政务大臣，而且还以督办商务大臣的身份，参与庚子事变之后的中外商约谈判。刘坤一去世后，袁世凯取代他成为督办商务大臣。袁世凯继承李鸿章的衣钵为直隶总督北洋大臣，既取得与刘坤一、张之洞一样的“参预”政务与会议商约资格，又有会办练兵事务、办理京旗练兵、督办电政、督办山海关内外铁路、督办津镇铁路、督办京汉铁路等多项兼差，成为权倾朝野、炙手可热的政坛明星人物。李鸿章、刘坤一、张之洞、袁世凯等强势督抚在新政初期，不仅影响了清廷中央的新政决策，而且对新政在地方的推动也有重要的促进作用。显然，直隶与湖北之所以能成为全国新政模范省区，正与袁世凯和张之洞的推动作用密不可分。

其二，预备立宪是清廷加强中央集权与地方督抚干政的影响力减弱的转折点。

庚子事变后，有鉴于地方督抚权势之重，虽然清廷有意力图收束地方督抚的权力，但在新政推行的过程中，清廷又不得不依靠地方督抚，致使其权力不但没有马上走向衰落，而且在某些新政活动中还相应地扩大了一些权力。在新政初期，地方督抚权力之盛，仍使清廷不可等闲视之。据《时报》观察，地方督抚甚至有与清廷中央对抗之势，其表现有三：一是将中央之改革视为具文，二是对于中央之法律任意弁髦，三是对于中央之财政动辄阻挠。“是故中央集权之说，近日颇腾于政论”。① 其实，清廷也在迫切希望加强中央集权，预备立宪即以此为根本目的。正如日本报刊舆论所谓：“此次之主义，重在将兵财二权收回政府，实行中央集权之制。”②

① 《论各省督抚近日权势之盛》，《时报》光绪三十二年六月十九日，第1版。

② 详见《宪政初纲》［《东方杂志》临时增刊，光绪三十二年（1906）十二月］，“外论选译”，第12页。

清廷实行预备立宪以日本为典范，颇有深意。考察政治大臣载泽在访问日本时，特地请教伊藤博文："立宪当以法何国为宜?"伊藤回答说："各国宪政有二种，有君主立宪国，有民主立宪国。贵国数千年来为君主之国，主权在君而不在民，实与日本相同，似宜参用日本政体。"载泽又问："立宪后于君主国政体有无窒碍?"伊藤答："并无窒碍。贵国为君主国，主权必集于君主，不可旁落于臣民。日本宪法第三、四条，天皇神圣不可侵犯，天皇为国之元首，总揽统治权云云，即此意也。"[①] 载泽在考察日本完毕后，向清廷报告时总结说："大抵日本立国之方，公议共之臣民，政柄操之君上，民无不通之隐，君有独尊之权。"[②] 考察回国之后，载泽又在奏请清廷实行立宪的密折中，主要以日本的经验说明立宪可以使"皇位永固"。他认为："君主立宪，大意在于尊崇国体，巩固君权"，"宪法既立，在外各督抚，在内诸大臣，其权必不如往日之重，其利必不如往日之优"。[③] 光绪三十二年（1906）七月，清廷在接受载泽等考察政治大臣的建议后，宣布实行预备立宪，明确地规定："大权统于朝廷，庶政公诸舆论。"[④] 可见清廷预备立宪的初衷。

预备立宪从改革官制入手，由于地方督抚在新政初期的权势扩张，其权力触角自然渗透到官制改革之中。直隶总督袁世凯被清廷派为官制编纂大臣之一，直接进京参与官制改革。两江总督端方、湖广总督张之洞、陕甘总督升允、四川总督锡良、闽浙总督周馥、两广总督岑春煊，则受命选派司道大员进京随同参议。其时，官制改革的具体办事机构为官制编制馆，实际上是由直督袁世凯所控制，因馆中办

---

① 载泽：《考察政治日记》，第579页。

② 《出使各国考察政治大臣载泽等奏在日本考察大概情形暨赴英日期折》（光绪三十二年正月二十日），《清末筹备立宪档案史料》上册，第6页。

③ 《镇国公载奏请宣布立宪密折》，《宪政初纲》［《东方杂志》临时增刊，光绪三十二年（1906）十二月］，"奏议"，第4～5页。

④ 中国第一历史档案馆编《光绪宣统两朝上谕档》第32册，第128页。

事人员多为袁氏亲信。

关于中央官制改革，袁世凯通过官制编制馆，提出了一个以责任内阁制为中心的官制改革方案，其实别有用心。他积极提倡设立责任内阁的目的很明显，就是想利用责任内阁制来限制君权，并推自己手中的傀儡奕劻为总理，自己以副总理实际控制内阁，操纵中央大权。但出人意料的是，清廷正式公布的新中央官制，并没有采用责任内阁制，而是仍然保留了旧的内阁和军机处。这使袁世凯大失所望。其中最关键的是慈禧太后的态度，她并不希望看到因实行责任内阁制而导致皇室大权旁落的后果。[①] 时人冷眼旁观，深得个中奥妙，有谓：“我国此次议宪法，厘定官制，政党中有无形之冲突，相持不下者，几月余矣。卒之两党人皆失所望，而成今日之结果，抑亦奇矣。竞争海中，波涛起伏不常，冷眼人自旁观之，颇得无穷之妙趣。编制局所议定之草案，人人知之，及诏旨又似全然改易，则朝廷收权之微意也。”[②] 在中央官制改革中，直督袁世凯颇受挫折，其企图进入中央权力核心的阴谋并没有得逞。

在地方官制改革中，清廷希图进一步加强中央集权，遭到地方督抚的反抗。例如，据张之洞所派进京参议官制改革的陈夔麟报告，铁良与袁世凯因“争论中央集权”而发生冲突，铁良提议“派员清查各省财币”，袁世凯大为不满，“力驳中央集权”。[③] 又据《时报》报道，铁良与荣庆还公然宣称：“立宪非中央集权不可，实行中央集权，非剥夺督抚兵权财权，收揽于中央政府，则又不可。”袁世凯与端方极力反驳：“将督抚兵权财权收揽于中央，以行集权之实，固非不可，但以中国现在情形论之，其事可言不可行。”[④] 这充分体现了改革过程

---

① 详见本书第六章。

② 孙宝瑄：《忘山庐日记》下册，第941～942页。

③ 《丙午九月十三、十七日京陈道来电》，《张之洞存各处来电》第81函，所藏档甲182－183。

④ 《各大臣对于改革官制之意见》，《时报》光绪三十二年八月十三日，第3版。

中的中央集权与地方分权观念的对抗。在此，袁世凯都是站在督抚的立场上发言的。具体而言，清廷通过地方官制改革，试图在各省设立一些直属于中央各部而不受督抚统辖的机构，以削减地方督抚的权力。

最显著的事例，就是所谓“司法独立”，即以行政与司法分离为名，在各省设立高等审判厅，直属于中央的法部和大理院，地方督抚只有监督之权，以此剥夺督抚的司法权。河南巡抚张人骏颇不以为然，有谓：“向来民间上控，由府而道而司而院，均许吁诉，遇有冤滞，道府均可就近提审平反。今地方审判官一鞫不服，必赴省高等审判厅上控，此外无控诉之门。各属审判官贤否勤惰，仅恃高等审判官一人为之考核，其余督抚司道均无干涉，裁判之权，无从过问。民间难于上诉，则远道老幼恐有含冤莫伸；上官疏于稽察，则属吏鬻狱舞文，谁为摘发？况词讼与地方庶政无一不相关涉，合之则脉络贯通，分之则权限易紊。州县不司裁判，则与民日疏；疆吏不管刑名，则政权不一。若文武因案革审，民间指控县官，又应归何处审办？”[①] 尽管地方督抚反对激烈，但并没有改变官制改革“司法独立”的取向。

再如，财政权的剥离，就是在各省专设直属于度支部的财政司，掌管全省财政，以削减地方督抚的财政权。对此，两广总督周馥提出异议，有谓：“如今日兴学、练兵颇急，而群向藩司索款，几无以应。然犹免［勉］强图维者，以藩司为一省领袖，督抚得以通盘筹计，移缓就急。若另立财政司，直隶度支部，则督抚省事，藩司更不过问，欲兴新政，其道无由。”[②] 后来，度支部设立清理财政处，各省设立清

① 《河南巡抚来电》（十月初八日），侯宜杰整理《清末督抚答复厘定地方官制电稿》，《近代史资料》总76号，第62页。

② 《两广总督来电》（十月二十七日午刻到），侯宜杰整理《清末督抚答复厘定地方官制电稿》，《近代史资料》总76号，第73页。

理财政局。度支部在各省清理财政局派驻清理财政监理官，并裁撤各省关涉财政之局所，统归藩司或度支使经管，明显剥夺了地方督抚的财政权。

从上述预备立宪初期官制改革的过程来看，地方督抚虽然仍有一定的影响力，甚至与清廷中央集权有过激烈抗争，但在关键权力问题上并没有扭转局势，这充分表明其影响力是相当有限度的。与此前相较，毋宁说地方督抚干政的影响力有减弱的趋势。

此后，地方督抚干政的典型事例，是宣统二年（1910）参与第三次国会请愿。其时，在立宪派倡导的国会请愿运动中，地方督抚则积极主张设立责任内阁。由于地方督抚参与进来，与立宪派共同行动，使清廷不得不缩短预备立宪年限三年，从宣统八年改为宣统五年，但并没有达到地方督抚所期待的“立即组织内阁”和“明年开设国会”的目标。后来，地方督抚虽然仍努力设法推动速设责任内阁，甚至发出以督抚列名内阁国务大臣的呼声，但“皇族内阁”的出台，彻底击碎了地方督抚参与清廷高层政治决策的迷梦。①

可见，在清廷实行预备立宪以后，虽然地方督抚在官制改革与国会请愿中均有一定影响力，但终被清廷中央所控制，并没有突破皇权的羁绊。

其三，慈禧太后与监国摄政王载沣加强中央集权的不同手法制约了中央集权的实际效力。

在清廷实行预备立宪之后的几年里，慈禧太后与监国摄政王载沣的统治手法不尽相同，效果也迥然有异。慈禧太后虽然骨子里重满轻汉，但她明确标榜“不分满汉”，② 并采取以强制强、保持均势的政

---

① 参见拙文《论清末预备立宪时期的责任内阁制——侧重清廷高层政治权力运作的探讨》，《明清论丛》第 8 辑，紫禁城出版社，2008。

② 光绪三十二年（1906）丙午官制改革中，慈禧太后以光绪皇帝的名义发布关于中央官制改革的上谕，明确规定各部院大臣官缺不分满汉，有谓：“各部堂官均设尚书一员、侍郎二员，不分满汉。”中国第一历史档案馆编《光绪宣统两朝上谕档》第 32 册，第 196 页。

策，基本能有效地控制朝政；而监国摄政王载沣则公然扬满抑汉，集权皇族，不仅使满汉矛盾激化，而且在皇族内部也是矛盾重重，甚至政出多门，在某种程度上削弱了中央集权的实际效力。

慈禧太后惯用的统治术，就是凌驾于各派政治势力之上，操纵其间，利用各方矛盾冲突，寻求制衡，以保持自己的权势，并维持政局的稳定。以下稍举几例说明。

一是借官制改革，利用瞿鸿禨等人削减袁世凯权力。袁世凯是庚子事变后声名鹊起的政坛明星人物，不仅在新政中影响清廷中央的决策，而且影响清政府军政界高层人事变动，有以疆臣控制军政大权之势。时人对此深表忧虑。如光绪三十一年（1905）四月，清廷加军令司正使刘永庆兵部侍郎衔为江北提督。恽毓鼎有谓："北洋兵权并及南洋矣。……今直隶督臣骎骎都督中外军事矣。大臣权重者国危，深可寒心。"五月，徐世昌进入军机处，也与袁世凯密切相关。恽毓鼎又谓："徐与袁慰廷制府密交，尝参其戎幕，纶扉之拜，袁实授之。朝权旁落于疆臣，羽翼密根于政地，余于此有深忧焉。"[①] 本来，袁世凯以直隶总督兼北洋大臣的资格进京参与官制改革，是慈禧太后的特殊恩宠。但是，在官制改革过程中，袁氏竟然忘乎所以，表现过分张扬，使清廷颇生疑心和不满。据说，"七月中有日，卧雪（袁世凯——引者注）召见时，慈圣云：'近来，参汝等之折有如许之多，皆未发出。'照例应碰头，而卧雪以为系改官制之参折，即对称：'此等闲话，皆不可听。'（粗率逼真）慈圣色为之变。后来领袖（奕劻——引者注）进去，慈谕：'某臣如此，将何为?'适其时卧雪欲督办东三省、豫、东、直等省训练事，慈更生疑，渐用防范之策"。[②] 其"防范之策"，就是利用瞿鸿禨等反对派力量制衡袁世凯势力。结果，

① 史晓风整理《恽毓鼎澄斋日记》第1册，第269、274页。

② 《齐东野语》（光绪三十二年十一月二十六日），陈旭麓、顾廷龙、汪熙主编《辛亥革命前后——盛宣怀档案资料选辑之一》，第34页。

由于慈禧太后的示意，通过瞿鸿禨等人的运动，清廷不仅粉碎了袁世凯的责任内阁制迷梦，而且随后还开去其参预政务、会办练兵事务、办理京旗练兵、督办电政、督办山海关内外铁路、督办津镇铁路、督办京汉铁路、会议商约等各项兼差，并将北洋新军六镇中的第一、三、五、六镇划归新设立的陆军部统辖，只留第二、四镇由袁世凯“调遣训练”。此举使袁世凯“面子大不好看，心境甚为恶劣”。[①]

二是在丁未政潮中牺牲瞿鸿禨、岑春煊。瞿鸿禨是慈禧太后的宠臣，在官制改革中抑制袁世凯后，进而想一举扳倒其后台庆亲王奕劻，所谓“恃慈眷优隆，复拟将首辅庆邸一并排去”。[②] 在慈禧太后的支持下，瞿鸿禨援引两广总督新任邮传部尚书岑春煊为奥援，以打击奕劻、袁世凯势力。瞿鸿禨电召岑春煊进京，“盖欲于此时内外夹击，将庆推倒，以岑代袁，己亦可代庆矣”。[③] 岑春煊抵京后，连连被慈禧太后和光绪皇帝召见，多次面奏，极力攻击奕劻、袁世凯，认为：“近年亲贵弄权，贿赂公行，以致中外效尤，纪纲扫地，皆由庆亲王奕劻贪庸误国，引用非人。若不力图刷新政治，重整纪纲，臣恐人心离散之日，虽欲勉强维持，亦将挽回无术矣。”并表示自己“不胜犬马恋主之情，意欲留在都中为皇太后、皇上作一看家恶犬”。[④] 不料，奕劻、袁世凯势力先手反戈一击，他们暗中以重金贿买侍读学士

---

① 《齐东野语》（光绪三十二年十月初七日），陈旭麓、顾廷龙、汪熙主编《辛亥革命前后——盛宣怀档案资料选辑之一》，第31页；袁世凯：《恳恩开去各项兼差折》《陆军各镇请分别归部留直统辖督练片》（光绪三十二年十月初三日），廖一中、罗真容整理《袁世凯奏议》下册，第1417～1420页。另据报道：“袁宫保此次辞去要差之原由，闻系秋操复命召见时力陈改革官制办法，太后谓其权势太重，颇事疑忌。袁随对庆邸言：精力不及，差事太多，大部既有不能兼差之条，彼似亦应息肩，前此屡辞，朝命未允，尚求王爷代求云云。庆邸谓：且俟官制发表后再说。故日前有辞去八要差之举，盖践前此之言也。”《京师近信》，《时报》光绪三十二年十月十六日，第2版。

② 陈夔龙：《梦蕉亭杂记》，第90页。

③ 《丁未五月初九日京高道来电》，《张之洞存各处来电稿》第2函，所藏档甲182－445。

④ 岑春煊：《乐斋漫笔》（1930年），《岑春煊文集》，何平、李露点注，第507、509页。

恽毓鼎，指示其具折参劾瞿鸿禨“暗通报馆，授意言官，阴结外援，分布党羽”。[①] 结果瞿被开缺回籍，岑也被迫退隐沪上。此即所谓的“丁未政潮”。

三是用载沣、张之洞对付奕劻、袁世凯势力。丁未政潮后，奕劻、袁世凯势力再度膨胀，使垂暮之年的慈禧太后深以为患。为了寻求新的权力平衡，慈禧太后采取了一系列应对措施。一方面，用载沣对付奕劻。就在瞿鸿禨被开缺回籍后两天，清廷谕令调醇亲王载沣入军机处，为在军机大臣上学习行走。其目的显然是“希望分奕劻的权”，然而“载沣谨小慎微，尚有父风，而才具平庸，尤乏手腕，岂是奕劻的对手，徒成其为‘伴食中书’而已”。[②] 话虽如此，但对付奕劻，这种措施并非没有效果。实际上，日后在载沣周围形成的皇族亲贵集团，正是奕劻势力的劲敌。另一方面，用张之洞牵制袁世凯。调袁世凯入军机处为军机大臣兼外务部尚书，去掉其直隶总督兼北洋大臣之职，实为明升暗降之法；同时又调张之洞入军机处，显然是希图对袁加以牵制。当时，京中诸大老肃亲王善耆、铁良、鹿传霖等人，都希望张之洞早日到京，以对付袁世凯势力，维持大局。善耆说：“此次相召，首在筹议革命党事件，次则满汉畛域，次则立宪。如内阁是题中命脉，立储为关系重大题目，项（袁世凯）、振（载振）虽似有密议，断不敢孟浪倡议。……总之，中堂早来一日，则大局早定一日，某某秘计亦可暗中隐销无数。若再观望徘徊，坐失事机，不惟大损向日威望，亦殊负此次两圣特召入都之至意。”铁良说：“中堂若早来，则某某秘计早已瓦解，迟迟其行，始有今日。……良以为中堂不可因袁入，遽怀观望，当立即启节，以慰天下之望，以报两圣之知。总之，愈速愈佳，怠迟则某某布置亦有端倪，对待又当煞

① 朱寿朋编《光绪朝东华录》第5册，总第5681页。

② 恽宝惠：《清末贵族之明争暗斗》，《晚清宫廷生活见闻》，第57页。

费苦心。”[①] 要制约袁世凯势力的膨胀，资望远在袁氏之上的张之洞是较为合适的人选。当时，慈禧太后“时有‘还是张某老成之见’之褒”。[②] 可见张氏在其心目中的分量。张之洞与袁世凯一同进京入枢，其矛盾在表面上似乎稍得缓解，但实际上仍在暗中较劲，正如时人所谓：“近日雪公、南皮非常水乳，彼此标榜。实则宗旨各别，非常猜忌。”[③] 此后，张之洞与袁世凯在朝中斗法，渐成相互制约的均势之局，使慈禧太后对于清廷朝政仍能操纵自如。

光宣之际，光绪皇帝与慈禧太后相继去世，清末政局因此大变。宣统皇帝继位，乃父载沣便以监国摄政王的身份总揽朝纲。载沣摄政伊始，便立即调整处理满汉关系的思路，改变了慈禧太后时期的满汉政策。慈禧太后在去世前一年，还发布了化除满汉畛域的懿旨，[④] 至少在表面上表现了一定程度上的用汉倾向，而摄政王载沣则明显地采取了排汉政策。一个典型的事例就是，在慈禧太后去世之后不久，便罢黜汉族重臣袁世凯。随后，载沣又大力加强中央集权，排除异己，任用亲贵，集权于皇族，使满族少壮亲贵充斥朝廷，他们个个碌碌无为，而都占住显要位置，导致满汉矛盾空前激化。“皇族内阁”一出台，立刻成为各种矛盾爆发的焦点。如时论所谓：“今之主张中央集权者，实则防汉政策耳。夫以防汉之政策，而欲萃天下之全权，授于一二亲贵者之手。此不特与国家进化之公例违背也，即揆之天理人情，亦有所不合矣。盖中央集权云者，决非亲贵政体下之发生物也。乃政府既倡之，而一班草头名士复相与和之。呜呼！圣人生而大盗

---

① 《丁未七月二十三、二十四日京邹道来电》，《张之洞存各处来电稿》第3函，所藏档甲182－446。

② 《丁未五月二十四日京高道来电》，《张之洞存各处来电稿》第2函，所藏档甲182－445。

③ 《齐东野语》（光绪三十三年八月至九月），陈旭麓、顾廷龙、汪熙主编《辛亥革命前后——盛宣怀档案资料选辑之一》，第69页。

④ 具体研究详见拙文《清末预备立宪时期的平满汉畛域思想与满汉政策的新变化——以光绪三十三年之满汉问题奏议为中心的探讨》，《民族研究》2011年第3期。

起，并其圣知之法而窃之。此之谓也。”[①] 王锡彤将慈禧太后的用汉政策与摄政王载沣的排汉政策相对照，说明清王朝的覆灭乃“自坏长城”，所谓“国不自亡谁能亡之”，[②] 可见摄政王载沣中央集权适得其反的后果。为什么会出现这样的结果，拟在下节进一步分析。

第三节　清末“内外皆轻”权力格局的形成

庚子至辛亥期间，随着新政尤其是预备立宪的开展，清政府不断加强中央集权措施，地方督抚干政的影响力呈现减弱的趋势。然而，清政府中央集权的实际效力也并不显著，随着统治集团内部矛盾的激化反而有削弱之势，中央集权可谓有名无实。这样，便形成“内外皆轻”的权力格局。

从“内轻”方面而言，清政府虽然努力加强中央集权，但并没有建立强有力的中央政府，也未能真正控制全国的军权与财权，中央集权有名无实。

载沣摄政以后，便自代宣统皇帝为全国海陆军大元帅，任其胞弟载洵为海军大臣、载涛为军谘大臣，试图抓住军权，同时调整各部院大臣，多以皇族亲贵充任。此举激起了社会舆论的普遍反对。据英国《泰晤士报》驻华记者莫理循的观察：“摄政王最近的政策极不明智，他试图加强满人的权力，结果却适得其反。他分别任命两个弟弟担任陆军大臣和海军大臣，但这两个年轻的亲王均毫无经验和能力，没有受过专业训练，因而引起了广泛的不满，受到报界异乎寻常的大肆抨击。”[③] 御史们更是群起攻击。胡思敬奏请裁抑亲贵，有谓：“夫一国

① 《学说误国论》，《民立报》1911 年 5 月 26 日。

② 王锡彤：《抑斋自述》，郑永福、吕美颐点注，第 143 页。

③ 《中国局势》（1909 年 10 月 11 日刊，9 月 24 日发），窦坤等译著《〈泰晤士报〉驻华首席记者莫理循直击辛亥革命》，福建教育出版社，2011，第 64 页。按：载沣胞弟载洵为海军大臣，载涛为军谘大臣，而非陆军大臣。

之大至要者为枢务，其次为兵权、为财权，一切悉委诸宗潢贵近之手。自本朝推而上之至元明，又上至唐宋、至秦汉，无此制也。自中国推而远之至日本，又远至英法、至俄美，亦无此制也。其君子有知者，观近时求才之难，付托之不易，亦颇谅朝廷驱策之苦心。其小人无知者，疑皇上以天下为一家私物，不信汉，并不信满，各怀一自外之私，推卸仔肩，匿情而思遁，由是国家渐成孤立之势。而一二党徒或且布散谣言，煽惑海外人心，其关系于宗社民生者，甚可畏也。在诸王贝勒，有世爵，有世禄，有藩产，有建言之任，有议事之权，屈于一人之下，伸于亿万人之上，原不必过事奢求。即或广亲亲之谊，于世爵之外别加宠赐，谁得议其过优？于世禄藩产之外增设宗俸，谁得訾其过厚？乃自商部兴，群起而充尚书，禁军兴，群起而充统帅，毅然任天下之劳而不辞，挺然任天下之谤而不避，且事权既属，不得不广事招延，恐浮薄新进喜事之徒，曳裾王门，各出其揣摩迎合之术，渐开党援倾轧之风。……宠之适以害之，恐亦非诸王贝勒之福也。”[①] 胡思敬所说尚为隐晦，江春霖则直参载洵、载涛两贝勒，有云：“自监国摄政以来，崇陵之工，海军之事，以郡王衔贝勒载洵治之；禁卫之军，军谘之府，以郡王衔贝勒载涛掌之。本根庇远，磐石宗强，与古同符，于今为烈。然而郑宠共叔，失教旋讥，汉骄厉王，不容终病，载在史策，为万世戒。二王性成英敏，休戚相关，料未至循覆车之辙，而慎终于始，要不可不为杜渐防微也。比者道路传闻，臣僚议论，涉及二王者颇多，而监国摄政王之令，闻亦为稍减礼义。果使不愆人言固无足恤，但恐位尊权重，左右近习，或有假借名色之人，则致谤出于有因，即失察亦所不免，上负委任，下玷声名，非细故也。”[②] 山东巡抚孙宝琦也奏陈宗支不宜预政，清廷上谕虽称其

---

① 胡思敬：《请裁抑亲贵折》（宣统元年六月初五日），《退庐疏稿》卷1，第17～18页。

② 江春霖：《劾洵涛二贝勒疏》（宣统元年七月十三日），《梅阳江侍御奏议》卷2，民国年间刊本，第42页。

“不为无见”，但随即话锋一转道：“然不知朝廷因时制宜之苦衷，且折中颇有措词失当之处，著传旨申饬。原折留中。”① 尽管非议四起，但这些都并没有改变亲贵专权的现实。

值得注意的是，亲贵专权实际上破坏了中央集权的效力。御史胡思敬从度支部尚书载泽把持盐政的事例认为，当时所谓中央集权，其实只集于少数部臣之手，而并没有真正加强皇权。有谓：“一二喜事之徒，方且鼓煽中央集权之说，以欺朝廷。臣见祖制未堕以前，以军机处出纳王命，以六曹总持纪纲，权本集于中央。祖制既堕以后，不但中央无可集之权，即我皇上用人大柄已渐移而之下，所谓集者，盖只集于三五要人之手耳。”② 这“三五要人”主要是指皇族亲贵。事实上，在清廷内部，皇族亲贵之间也是矛盾重重。朝中派系林立，内耗不已，政治则无所为。恽毓鼎认为：“劻耄而贪，泽愚而愎，洵、涛童騃喜事，伦、朗庸鄙无能，载搏乳臭小儿，不足齿数。广张羽翼，遍列要津，借中央集权之名，为网利营私之计，纪纲昏浊，贿赂公行。有识痛心，咸知大祸之在眉睫矣。”③ 如载泽，“缘内援而参国政，削督抚兵权、财权归中央，倚任东洋留学生，建铁路收归国有政策，力庇其姊婿瑞澂，皆其主谋也。”④ 载泽虽极力主张中央集权，但在关键时候并没有承担。时人批评：“闻泽公［载泽］遍电督抚，言路归国有，由监国［载沣］一人所持主义，伊与盛宣怀皆不知。此等举动，殊属可笑。善则归君之义，岂未闻乎？事已至此，且须图谋救败之法，若君臣相诿，何益于事。且即主义实出于监国，伊为度支大

① 《宣统政纪》卷54，《清实录》第60册，第980页。

② 胡思敬：《劾度支部尚书载泽把持盐政折》（宣统二年三月十一日），《退庐疏稿》卷2，第20～21页。

③ 史晓风整理《恽毓鼎澄斋日记》第2册，第577页。

④ 史晓风整理《恽毓鼎澄斋日记》第2册，第567页。

臣，所职何事，乃谢以不知耶？近传其有告病之说矣。”[①] 可见，亲贵们确实是“借中央集权之名，为网利营私之计”。辛亥前夕，清廷面临内忧外患危机，但皇族亲贵们却醉生梦死。“现在政府诸公仍在梦中，政出多门，贿赂如故，宫中三体，各怀意见，满与汉既分门户，满与满又分界限，京外又有畛域，中外又有猜嫌。国病如此，虽有医国手数辈，亦无能为力，何况竟无一人也。可叹可怕！”[②] 无论是摄政王载沣与隆裕太后，还是庆亲王奕劻与载泽等亲贵，都不是“医国手”的强力人物，无法挽狂澜于将倾，拯救垂死的清王朝。

其实，监国摄政王载沣在预备立宪时期实行的中央集权措施，既没有建立强有力的中央政府，也未能真正控制全国的军权与财权，反而使国家军力脆弱，财政匮乏。这可以武昌起义后清廷尴尬局促的应对为证。

清廷通过中央集权，把新军的指挥权、调遣权收归军谘府、陆军部，但事实上，军谘府、陆军部并不能有效地指挥和调遣新军。武昌起义之后不几天，清廷便从近畿与北方各镇新军中抽调部队，有梯次地编配三军：第一军进攻前线，第二军预备待命，第三军防守近畿。上谕称：“现在派兵赴鄂，亟应编配成军。著将陆军第四镇暨混成第三协、混成第十一协，编为第一军，已派荫昌督率赴鄂。其陆军第五镇暨混成第五协、混成第三十九协，著编为第二军，派冯国璋督率，迅速筹备，听候调遣。至京师地方重要，亟应认真弹压，著将禁卫军暨陆军第一镇，编为第三军，派贝勒载涛督率，驻守近畿，专司巡护。该贝勒务当妥慎筹备，加意防维，毋稍疏虞。”[③] 应该说，清廷最初的这个反应不可谓不相当迅速，但实际执行情况则完全不尽如人

---

① 《左绍佐日记摘录》，宣统三年八月二十九日，中国科学院近代史研究所史料编译组编辑《辛亥革命资料》（《近代史资料》总25号），中华书局，1961，第510页。

② 国家图书馆善本部编《赵凤昌藏札》第7册，“关于端方诸况”，第140页。

③ 中国第一历史档案馆编《光绪宣统两朝上谕档》第37册，第247页。

意。清廷抽调编配三军的部队主要是北洋新军的精锐，而北洋新军由袁世凯编练而成。关键的问题就在于此。袁世凯曾在北洋军中遍布党羽，“近畿陆军将领以及几省的督抚，都是袁所提拔，或与袁有秘密勾结”。他们只知袁宫保，而不知清朝廷。即使袁世凯被摄政王载沣罢黜回籍，但他“仍在暗中操纵一切”。[①] 在清廷编配的三军中，第三军奉命防守近畿且不说，还有预备待命的第二军因滦州兵变事实上并未组成，单说那调拨前线的第一军，该军虽由陆军大臣荫昌直接督率，但并不能如意指挥。“荫昌督师，在当时已有点勉强，荫虽是德国陆军学生，未曾经过战役，受命后编调军队，颇觉运掉为难。其实此项军队，均是北洋旧部，人人心目中只知有‘我们袁宫保’”。[②] 荫昌虽出身德国留学生，并贵为陆军大臣，却不能自如指挥新编第一军，因为这是袁世凯的“北洋旧部”。于是，在各方面“非袁不可”的背景下，清廷被迫起用蛰伏多时的袁世凯。袁世凯随即奏请改派心腹旧将冯国璋为第一军总统，段祺瑞为第二军总统，得到清廷批准。随后，清廷召回陆军大臣荫昌，授袁世凯为钦差大臣，并谕令：“所有赴援之海陆各军，并长江水师，暨此次派出各项军队，均归该大臣节制调遣。……此次湖北军务，军谘府、陆军部不为遥制，以一事权。”[③] 可见，至少在武汉前线，军谘府、陆军部已经被迫自动放弃了军权，其所谓中央集权竟是如此脆弱，这大概非清廷始料所及。

至于财权，皇族亲贵载泽执掌度支部时，曾极力主张中央集权，以收束地方财政权力。但是，由于亲贵们争权夺利，往往借集权之名，而行搜刮财富之实，中央财政并无起色，反而前途甚堪忧虑。时

---

① 载涛《载沣与袁世凯的矛盾》、载润《隆裕与载沣之矛盾》，均见《晚清宫廷生活见闻》，第72、71页。

② 张国淦：《辛亥革命史料》，香港，大东图书公司，1980，第108页。

③ 《宣统政纪》卷62，《清实录》第60册，第1132、1140页。

人批评：“现时部中之经济，只知夺商办已成之利，攫各省已有之财，未见之利源则不知开辟，未成之商业则不予维持，仅新美其名曰中央集权、统一财政，因应如是也。不知中国膏脂将已吸尽，若不赶紧于路矿实业等事举办，恐不到九年预备，已有束手之势。”“以后中国筹款办事日难一日，官吏既不敢独任，舆论又言不顾行，官绅商民喧攘纷争，不知伊于胡底。国内乱起，外侮又乘之而入，在土崩瓦解之时代矣。”① 真可谓不幸言中。武昌起义后，清政府国库空虚，筹集军饷非常困难。据署理度支大臣绍英日记载，当时度支部库实存现银98.71万余两，辅币74万枚。绍英“竭蹶从事，艰窘异常。倘借款无成，实无善策。闻内帑尚有存储，第讨领不易，不知将来能办到否?”② 隆裕太后召见内阁总理大臣袁世凯商议和战大计与政体抉择时，老练的袁世凯以四两拨千斤的方式提出关键的军饷问题，直击清廷软肋，有谓：“政体本应君主立宪，今既不能办到，革党不肯承认，即应决战，但战须有饷。现在库中只有廿余万两，不敷应用，外国又不肯借款，是以决战亦无把握。”③ 事实上，至少在财政上，清政府确实已没有决战的资本。袁世凯正是利用此点而挟持清廷，与革命党讲和。其时，前方各路清军将领及各省督抚纷纷电奏，恳请王公亲贵毁家纾难，捐献私产。清廷“谕令宗人府，传知各王公等，将私有财产，尽力购置国债票”，④ 但所得无几，杯水车薪，无济于事。据郑孝胥记载：“宫中存款已尽出，约九百万两，可支至十二月初旬耳。亲贵私蓄二千九百万，皆不肯借作国债，惟庆邸出十万而已。虽谓亲贵灭清可也。”⑤ 又据许宝蘅记载，隆裕太后召见袁世凯时，又谕：

---

① 《名心（张曾畴）致（赵凤昌）》，国家图书馆善本部编《赵凤昌藏札》第7册，第114～116页。

② 《绍英日记》第2册，第247、249页。

③ 《绍英日记》第2册，第265～266页。

④ 《宣统政纪》卷68，《清实录》第60册，第1248页。

⑤ 劳祖德整理《郑孝胥日记》第3册，第1372页。

“‘现在宫中搜罗得黄金八万两，你可领去用，时势危急若此，你不能只挤对我，奕劻等平时所得的钱也不少，应该拿出来用。’总理对：‘奕劻出银十五万。’太后谕：‘十五万何济事，你不必顾忌，仅可向他们要。’”① 袁世凯甚至以“库空如洗，军饷无著”为由，上奏“请将盛京大内、热河行宫旧存瓷器，发出变价充饷，以救目前之急”。清廷被迫允准。② 可见清廷财政已处捉襟见肘的无比艰难窘境。署理度支大臣绍英巧妇难为无米之炊，感触颇深，有谓：“计自暂署度支大臣两月，筹款维艰，智穷力竭。现在虽库款尚敷一月之用，而军用浩繁，终有饷项难继之一日，愧悚奚如。”他深感实在是无力回天，不得不托病请假，并奏请开缺。③ 如同军权一样，清廷在财权方面实行中央集权的实际效力也是微乎其微。

从“外轻”方面来说，就是地方督抚权力被收束而明显削弱，在地方已没有强势督抚，也不能有效地控制地方军权与财权，没有形成强大的地方势力。

在清末新政与立宪的过程中，清廷加强中央集权，有意削弱地方督抚权力，也曾遭到地方督抚的抗拒。如两广总督岑春煊，曾力陈中央与地方相互维持之道，认为地方督抚权重亦不可削弱。他说：“中国各省辄藉口于因地制宜之习惯，于是彼一是非，此亦一是非，论者不揣其本，更托为中央集权之说，欲收一切财政、兵权，以为暗师日本削藩之议。不知中国幅员固非日本所可比例，且军兴以来，督抚之权似已稍重，然进止机宜，悉秉庙谟，大难敉平，幸赖有此。中国政体早含有中央集权之习惯，天下更安有无四方而成中央者哉。恭绎列朝圣训，于治臣御侮皆注重疆臣，以矫宋明重内轻外之弊，近如英之属地，美之各省，亦不能不委重权于驻守之臣及一省之长，

① 许恪儒整理《许宝蘅日记》第1册，第387页。
② 《宣统政纪》卷67，《清实录》第60册，第1242页。
③ 《绍英日记》第2册，第270～271页。

更可证四方之与中央有相为维持之道也。”① 又如东三省总督锡良，则对于中央集权的祸害深表忧虑，有谓：“至于今日所最忧者，尤为中央集权一事。主是说者，鉴于外人讥我二十二行省为二十二小邦之说，思欲整齐画一之，意非不善。不知中央集权之制，揆诸中国历史及地理上各种关系，断难尽适于用，即西人亦能言之。”随即列举汉、宋故事，以及咸同中兴与东南互保时督抚之功，以为例证。最后总结说：“朝廷分寄事权于督抚，犹督抚分寄事权于州县。无州县，虽有督抚不能治一省；无督抚，虽有部臣不能治一国。督抚无权，是无督抚也。我朝立法最善，黜陟大权操之君上，纵有奸慝，朝旨旦发，冠带夕褫，庸足为患？必欲以数部臣之心思才力，统辖二十二行省之事，则疆吏成赘旒矣。风气所趋，属僚解体，设有缓急，中央既耳目不及，外省又呼应不灵，为祸实大。”② 尽管岑春煊、锡良等督抚如此极力抗争，但他们还是没能改变清廷中央集权的既定路线。

清廷通过新政与立宪实行中央集权的结果，确实在一定程度上削弱了地方督抚的权力。资政院议员于邦华尖锐地指出，地方督抚无权办事的症结，就是清廷实行中央集权措施所致。他说：“现今各省谘议局与督抚冲突事件，不能说是民气嚣张，而归咎于各省谘议局，实缘议决之事各省督抚不去执行，所办之事又不能洽于民心，心之不平，其气益不可遏。然亦不能归咎于各省督抚，我国行政机关有种种牵掣，况近日民间搜括殆尽，财政无着，又有中央集权之说使督抚愈不能办事，是以对于议决之事往往不能执行，甘受人民唾骂，则督抚自有督抚难处。”③ 御史胡思敬则从中央集权使各

① 《两广总督岑春煊奏请速设资政院代上院以都察院代下院并设省谘议局暨府州县议事会折》（光绪三十三年四月三十日），《清末筹备立宪档案史料》上册，第500页。

② 锡良：《时局危急密陈管见折》（宣统二年三月十七日），《锡良遗稿·奏稿》第2册，第1127页。

③ 《资政院第一次常年会会议速记录》第9号，宣统二年九月二十日。

省“都成散局”的严重后果，论证新政足以招乱，有谓：“自中央集权之说兴，提学使为学部所保之员，巡警道为民政部所保之员，劝业道为商部所保之员，皆盘踞深稳，不敢轻言节制。而又司法独立，盐政独立，监理财政官气凌院司，亦骎骎有独立之势。一省之大，如满盘棋子，都成散局。将来天下有变，欲以疆事责之督抚，而督抚呼应不灵；责之学使以下各官，而各官亦不任咎。”[①] 这并非危言耸听，武昌起义之后地方督抚无力效忠朝廷的惨痛事实即为明证。

清末地方督抚权力削弱的表征有二。

一是没有强势督抚，也没有形成强大的地方势力。在清末新政时期，除直督袁世凯与鄂督张之洞任期较长以外，其他地方督抚任期多短暂，且调动频繁，较少久任督抚。据统计，其时总计有 119 个督抚，任职在 2 年以下者占 80% 以上，其中总督任职在半年以下或未到任者占 55. 1% ，巡抚占 49. 4% ，各省督抚调动频率大都在一年一次以上。[②] 督抚更调频繁，使政策的稳定性大打折扣，对地方政治颇为不利。光绪二十九年（1903）四月初五日，慈禧太后在召见四川按察使冯煦时称：“督抚确有一种毛病，好变更前任的事。”冯煦答：“不独尽弃前任的事不可，即不明变，而视为前任之事，不甚著力，属员亦窥伺意旨，相率因循，使前任苦心经营之事不废而废，最为可惜。”[③] 但与此同时，督抚更调频繁，也不容易形成地方势力，而有利于中央对地方的控制。著名督抚如袁世凯、张之洞、岑春煊、端方，是李鸿章、刘坤一去世之后最有影响的地方督抚大臣。在清末新政十余年间，岑春煊任督抚 9 次，端方 11 次。[④] 尽管岑与端也可谓当时难

---

① 胡思敬：《请罢新政折》（宣统二年五月二十日），《退庐疏稿》卷 2，第 37 页。

② 详细统计参见本书第二章。

③ 冯煦：《蒿庵随笔》卷 4，民国十六年（1917）刊本，第 17 页。

④ 详情参见本书附表一《清末新政时期地方督抚履历》。

得的干才，但因过于频繁调动还是难有作为，也不可能在某处扎下固定的根基，其他平庸之辈更可想而知。任期长者如袁世凯、张之洞，其实也没有形成地方势力。清廷始终紧握对地方督抚的任免权。袁世凯虽久任北洋，并与庆亲王奕劻勾结，曾一度权倾朝野，但很快引起清廷警觉，其权力不断被削弱，终归被罢黜回籍。张之洞虽在湖北经营近 18 年，但一朝离开湖北后，湖北立刻大变，其继任者赵尔巽全改其制度。张之洞曾对袁世凯抱怨：“君言我所办湖北新政，后任决不敢改作。试观今日鄂督所陈奏各节，其意何居？且其奏调各员，均非其选，不恤将我廿余年苦心经营缔造诸政策，一力推翻。”[①] 可见湖北并不是张之洞永久的势力范围。宣统元年（1909）十月，直隶总督端方被黜，许宝蘅日记称：“匋帅在近日满汉大臣中最为明白事理，器局亦颇开张，虽所为不足满意，然亦不易得，今又被黜，益增无人之叹。”[②] 其时，张之洞已去世，袁世凯、岑春煊都被迫在野，端方又遭罢黜，环顾宇内，确实已没有强势督抚。到武昌起义前夕，如直督陈夔龙、江督张人骏、鄂督瑞澂等，都是与袁世凯、张之洞等人不可同日而语的平庸之辈，地方督抚并没有形成尾大不掉的地方势力。在某种程度上可以说，这大概就是中央集权的效力。

二是各省督抚不能有效地控制地方军权与财权，使地方军心涣散，财力竭蹶。这也可以武昌起义后各省软弱无力应对为证。清廷为实现中央集权，把各省新军的指挥权、调遣权统归军谘府、陆军部，削去地方督抚的兵权，是最为致命的。武昌起义之后不久，御史陈善同一针见血地指出：“各省督抚，膺千余里土地之重寄，为数千万人民之所托命，万不可无调遣兵队之权，以资震摄。苟既命以如此重大

① 陈夔龙：《梦蕉亭杂记》，第 117～118 页。

② 许恪儒整理《许宝蘅日记》第 1 册，第 270 页。

之任，而复靳兵权而不予，是不啻缚其手足而使临民上，欲求无事不可得也。疑其人而罢其督抚之任可也，任之而复疑之，缚其手足不可也。今各省会城之变，大抵皆坐此弊，则兵权集于中央之说误之也。……今则各省陆军皆一律归部直接管辖矣，各该督抚均不能直接调遣矣，若不速为变计，乱未已也。”① 各省新军名义上归地方督抚节制，但实际上督抚很难调动新军。如湖广总督瑞澂，在武昌起义之后极力剖白，事变由“新军应匪”而起，并特别申明“陆军为统制专责”，统制张彪无法控驭，而巡防队又迭次裁撤，所剩无多，且分防各府州县，以致武汉兵力奇缺，“瑞澂以孤身处于其上，无从措手”。② 又如湖南巡抚余诚格，得知新军谋变，遂与司道及巡防队统领密谋，“将新军分调各府州县驻扎，以散其势”，但新军并不想动。“余诚格迭催新军开赴各属，各新军乃藉口子弹不充，请加发三倍，方能应调。余诚格不允，遂相持不下”。随后新军便在长沙起义。③ 武昌起义由新军发动，各省响应者亦多为新军，地方督抚遂对新军避而远之。如两江总督张人骏所谓：“陆军名誉被鄂事牵累，不能用而反应防。各省情形，如出一辙，此间尤甚。”“糜无数金钱，久经训练之陆军，几等养虎自卫，可胜浩叹！”④ 因新军不可靠，而巡防队又不敷调用，“宁省巡防止三十余营，分防至千余里之遥，零星散扎，均难仓卒抽动。浦口防军虽系长江游击之师，惟因事先后调往皖、苏各省及徐州等处已居多数，亦难一时调集。至赣、皖、苏各省兵力，更形单薄。下游地段绵长，非现有防营足敷防守”。张人骏奏请参照

① 《宣统三年九月初七日御史陈善同奏折附片一》，故宫档案馆编《武昌起义清方档案》，中国史学会主编《辛亥革命》（五），第473页。

② 《瑞澂致清内阁请代奏电》（八月二十日），卞孝萱辑《闵尔昌旧存有关武昌起义的函电》，《近代史资料》第1期（创刊号），科学出版社，1954，第55~56页。

③ 郭孝成：《湖南光复纪事》，中国史学会主编《辛亥革命》（六），第135、136页。

④ 《张人骏致内阁请代奏电》（宣统三年九月初三日酉刻发）、《张人骏复程德全电》（宣统三年八月二十二日申发），中国第一历史档案馆编《两江总督张人骏辛亥电档选辑》，《历史档案》1981年第3期，第44~55、33页。

从前湘军营制，添募十营，名为“巡防新军”。军谘府、陆军部指示宜照章参用陆军教育，并“希勿用巡防新军名目”。张人骏只得遵照改称“江南巡防选锋队”。[①] 军谘府、陆军部竟然忌讳“新军”之名，颇可玩味。清政府在推行新政的过程中，在编练新军的同时，正逐步裁减绿营、巡防队等旧式军队。此时，为应对危局，陆军部奏请各省绿营、巡防队一律暂缓裁减，以辅陆军、巡警所不及。清廷允准：“所有宣统三年预算案内，各省奏明碍难裁减之绿营、巡防队，均著免其裁减；并四年预算，除直隶、江、赣等省仍照奏准各案办理外，余著一律暂免裁减。”[②] 然而遗憾的是，在新军一片倒戈的形势下，依靠旧式军队绿营与巡防队，并不能阻挡住各省纷纷独立的势头。

至于地方财政，其捉襟见肘程度与中央财政相比，可谓有过之无不及。两江总督张人骏所在江南地区，本是财赋裕足之地，但亦“库帑如洗”。张人骏不停地诉苦，有谓：“鄂乱事起仓卒，江南地处下游，向多伏莽，窃发堪虞。皖、赣逼近鄂疆，兵备均甚空虚，非缓急有备，实难肆应。即军队抢［枪］械，亦当预筹添购，米粟并须储峙，在在需款。……欲济眉急，舍息借别无办法。”于是拟借洋款五百万两，后又拟加借二百万两。又谓：“江南财政困难，至今已极，实无可移之款，息借之外债经分别抵还，已所余无几。即人骏所招之十营，亦尚在筹措前项勇饷。”于是又恳请度支部筹拨的款一百三十万两。事实上，不但部拨的款难有指望，息借洋债更无着落。张人骏几近绝望，“欲支危局，先求足用，帑项告竭，瓦解即在

① 《张人骏致内阁请代奏电》（宣统三年八月二十三日亥刻发）、《军谘府致张人骏电》（宣统三年八月二十五日亥到）、《张人骏致军谘府等电》（宣统三年八月二十六日申刻发），中国第一历史档案馆编《两江总督张人骏辛亥电档选辑》，《历史档案》1981 年第 3 期，第 34、36、37 页。

② 《宣统政纪》卷 61，《清实录》第 60 册，第 1117～1118 页。

目前”。[①] 江南如此，其他各省更是竭蹶不堪。各省督抚纷纷向清政府请拨的款，或奏请息借外债，使清政府应接不暇。陕甘总督长庚等致电内阁、度支部称：“宁夏失陷，土匪四起，藩库存饷仅支一月，有支无收，危急万状。惟有泣求钧阁部，速济的饷百万，由归绥、迪化分起汇解，以救倒悬。”又电内阁称：“比款既难划出，所有原议借三百五十万，即全归甘省担任。……乞速照会比使订借汇解，以济急需。”[②] 山西巡抚张锡銮电称：“晋省乱后，库空如洗。除不急之务暂停办外，目前紧要军警兵饷及善后急需，至少非有百万不办。日前请领二十万，望饬速发，以济眉急。”[③] 直隶总督陈夔龙电奏：“津市危迫，饷需万急，饬交涉使与各洋行商借银二百万两，一年归还，以本省各实业官股及烟酒税作为虚抵。”清廷允准其向各洋行商借，以济要需。[④] 当清廷以部库空虚，要求各省筹饷接济时，东三省总督赵尔巽称：“奉库久罄，两月以来，全赖维持纸币，赖以支住，断无现款拨供汇解。”吉林巡抚陈昭常称：“吉省库储支绌，现币无多，全赖官帖周转。两月以来，添兵购械，所需至巨，均系勉力支持。如饷项稍亏，亦虞哗变，危险即在眉睫。现在全省绅民，对于财政监察甚力，即有现款外运，势必全力抵抗。加之人心浮动，讹言孔多，倘因而生

---

① 《张人骏致内阁请代奏电》（宣统三年八月二十一日戌刻发）、《张人骏致内阁请代奏电》（宣统三年九月初二日亥发）、《张人骏致内阁电》（宣统三年九月初四日巳刻发），中国第一历史档案馆编《两江总督张人骏辛亥电档选辑》，《历史档案》1981 年第 3 期，第 32、44、45 页。按：张人骏所请度支部拨款，清廷十月初八日谕令“度支部无论如何为难，著即尽力设法筹拨”（《宣统政纪》卷 65，《清实录》第 60 册，第 1211 页），但十月十二日南京城破，张人骏被迫逃往上海。张人骏向上海洋商借款 700 万两，因局势危急，事实上并未成交。参见徐义生编《中国近代外债史统计资料（1853 ~ 1927）》，中华书局，1962，第 56 ~ 57 页。

② 《收陕甘总督等致内阁、度支部电》（十月十八日）、《收陕甘总督致内阁电》（十一月初八日），分见中国第一历史档案馆编《清代军机处电报档汇编》第 24 册，第 366、452 页。

③ 《收山西巡抚电》（十一月二十六日），中国第一历史档案馆编《清代军机处电报档汇编》第 24 册，第 505 页。

④ 《宣统政纪》卷 63，《清实录》第 60 册，第 1175 页。

事，祸患之迫，何可胜言。再四思维，实无他法。”[①] 据统计，宣统三年（1911），各省预算案内本来就有很大的财政赤字：不敷在一百万两以内者，有吉林、黑龙江、山东、山西、河南、甘肃、热河等省区；在一百万两以上者，有贵州 105 万，江苏 108 万，安徽、福建各 115 万，广西 137 万，湖南 157 万，云南 193 万，江西 254 万，湖北 539 万，四川 774 万。[②] 战乱突发，旧式军队绿营、巡防队暂缓裁减，还得招募新兵，军费急剧增加，使各省督抚焦头烂额。地方财政已到崩溃的边缘，面对革命风暴，地方督抚无力应对也就不足为怪了。

可见，正是地方督抚权力明显削弱，而清廷中央集权尚未强固之时，即在此权力转换临界的关键时刻，武昌起义爆发，这无疑是对清王朝的致命一击。清末“内外皆轻”权力格局的表征在武昌起义之后非常明显：一方面，清廷没有建立强有力的中央政府，也未能真正控制军权和财权。陆军部大臣荫昌不能指挥武昌前线的北洋新军，而不得不重新起用旧臣袁世凯。同时国库空虚，而度支部又无法筹集军饷。另一方面，在地方已没有强势督抚，其军权与财权均大为削弱。独立各省督抚既无法控制新军，也不能筹集军饷，大都成为无兵无钱的光杆司令，只能消极应对革命形势。因此，清王朝便无可挽救地迅速走向土崩瓦解。

值得进一步说明的一点是，当清廷中央与地方督抚的权威一并衰落之时，军人势力崛起，从而出现军人干政局面。[③] 后来，袁世凯正是依靠新军的力量，进入清廷权力核心，从中央而不是从地方控制清政府，从而攫取清朝政权和辛亥革命的胜利果实。这是军人干政发挥

---

① 《收东三省总督致内阁电》（十一月十一日）、《收吉林巡抚致内阁、度支部电》（十一月十二日），分见中国第一历史档案馆编《清代军机处电报档汇编》第 24 册，第 463、469 页。

② 参见彭雨新《辛亥革命前夕清王朝财政的崩溃》，载《纪念辛亥革命七十周年学术讨论会论文集》中册，第 1323 页。

③ 详情参见本书第十三章。

到极致的典型事例，而不是地方势力膨胀的结果。民初北洋军阀并非清末地方督抚，而多为清末新军将领。例如，冯国璋、段祺瑞起初并没有地方根基，只是因掌握大量军队而控制相应的地盘而已。即便是阎锡山、张作霖，也是以军人身份乘乱而起，以武力称雄，割据一方。北洋军阀的起源并非地方势力的兴起，而是军人以武力控制地方的结果。那种认为由清末地方势力直接蜕变为民初北洋军阀的观点，纯粹是与历史本真不相符合的逻辑推演。事实上，在清末武昌起义之前，并没有强大的地方势力，也没有地方主义抬头，所谓地方势力或地方主义，毋宁说是民初军阀政治的表征。职是之故，从军人势力的崛起与军人干政的角度，探究民初北洋军阀的起源与军阀政治，或许是一条更理想的路径。

第十三章

辛亥鼎革之际地方督抚的出处抉择：兼论“内外皆轻”权力格局的影响

清王朝在宣统三年（1911）覆灭，固然因革命的冲击所致。需要进一步追问的是，清王朝何以在武昌起义后迅速土崩瓦解？如张謇所慨叹的：“自古迄今，丧国未有若是之易者也。”[①] 时人将太平军攻破武昌时官绅效忠清廷的情形与武昌起义之后各自“奔逃”的现象对照说：“咸丰壬子武昌之失，抚臣而下司道府县全城殉难，绅民之死者更不可数计。此无他，将吏知死官之义，士民报作育之隆。由死节之多，即可决恢复之易。今武昌之陷，奔逃迭报，殉节罕闻。此我国之大耻也。”[②] 清朝遗老纂修的《清史稿》则直接归罪于地方督抚，有谓：“鄂变猝起，瑞澂遽弃城走，当国优柔，不能明正以法。各省督抚遂先后皆不顾，走者走，变者变，大势乃不可问矣。”[③] 长期以来，

---

① 《（张謇）致铁将军书》，国家图书馆善本部编《赵凤昌藏札》第10册，第469页。

② 《宣统三年八月二十七日内阁法制院参议吴廷燮奏折》，中国史学会主编《辛亥革命》（五），第428页。

③ 赵尔巽等：《清史稿》卷471，列传258，论，第4册，第3283页。

学界有关辛亥革命史研究的论著，也多判断各省督抚与清廷离心离德而少有效忠清王朝者，笔者也不例外。在清代，总督与巡抚号称封疆大吏，对于维护地方统治至为关键。武昌起义以后，各省督抚究竟如何反应？湖广总督瑞澂逃跑，署四川总督赵尔丰被杀，江苏巡抚程德全反正，是人所熟知的典型事例。然而，他们是否可以代表数十位督抚的群体面相，各省督抚的个性差异又如何体现，辛亥鼎革之际地方督抚的出处进退与清末新政以来中央与地方权力格局的演变又有怎样的关系，这些均是值得进一步深入探讨的问题。

第一节　武昌起义以后各省督抚任职概观

宣统三年八月十九日（1911 年 10 月 10 日），武昌起义爆发，是一个重要的时间节点。这里通过对武昌起义以后地方督抚群体构成的几项基本因素进行数字统计，包括各省督抚的总体人数及其出身背景、旗汉比例等方面，以期分析该时期地方督抚群体结构的一般情形。

清代政区经过不断调整，除了蒙古、西藏等边疆地区以外，最终形成二十二行省计九总督十四巡抚的格局。在这二十二行省中，江苏有两个行政中心——两江总督驻南京、江苏巡抚驻苏州，其余省份均各驻一总督或巡抚，完全避免了督抚同城的局面。清代督抚任职方式大致有实授、署理与护理三种情形。虽然性质不一，但都是实际主政者，故本书拟一并统计。武昌起义以后任职地方督抚者到底有多少人？具体统计如表 13－1。

表 13－1 所列 43 位督抚大致可以分为两类。一为武昌起义爆发时在职的督抚，有直隶总督陈夔龙、两江总督张人骏、陕甘总督长庚、闽浙总督松寿、湖广总督瑞澂、两广总督张鸣岐、署四川总督赵尔丰、云贵总督李经羲、东三省总督赵尔巽、江苏巡抚程德全、安徽巡抚朱家宝、山东巡抚孙宝琦、山西巡抚陆钟琦、河南巡抚宝棻、陕

表 13－1　武昌起义以后地方督抚总体人数统计

单位：人

类别	省别及人数														合计
总督	直隶	两江	陕甘	闽浙	湖广	两广	四川	云贵	东三省						18
	2	2	1	1	6	1	3	1	1						
巡抚	江苏	安徽	山东	山西	河南	陕西	新疆	浙江	江西	湖南	广西	贵州	吉林	黑龙江	25
	1	2	3	4	2	3	1	1	1	2	1	1	1	2	
合计	43														

说明：本表资料来源见附表一《清末新政时期地方督抚履历》，以下各表相同，不再一一说明。

西巡抚杨文鼎与护陕西巡抚钱能训、新疆巡抚袁大化、浙江巡抚增韫、江西巡抚冯汝骙、湖南巡抚余诚格、广西巡抚沈秉堃、贵州巡抚沈瑜庆、吉林巡抚陈昭常、黑龙江巡抚周树模，共计 24 人。二为武昌起义以后新任职的督抚，有署直隶总督张镇芳，护两江总督张勋，湖广总督袁世凯、魏光焘、王士珍（署）、段芝贵（护）、段祺瑞（署），四川总督岑春煊、端方（署），安徽巡抚张怀芝，山东巡抚胡建枢、张广建（署），山西巡抚吴禄贞（署）、张锡銮、李盛铎（署），河南巡抚齐耀琳，署陕西巡抚升允，署湖南巡抚朱益濬，署黑龙江巡抚宋小濂，共计 19 人。至于新任职的督抚，除常规任命以外，尚有两种特殊情况：一是起用旧臣，如袁世凯、魏光焘、岑春煊、端方、升允，均曾任总督重臣；二是重用新锐，如王士珍、段芝贵、段祺瑞、张怀芝、吴禄贞，都是北洋武备学堂或留日士官学校学生出身，并曾任新军统制。另外，行伍出身的张勋以江南提督护理两江总督，也是非常时期的非常举措。

清代仕宦论出身，一般有正途与异途之分，与科举制度密切相关。在清末，光绪三十一年（1905）废除科举制度，之后便有出身新式学堂学生或留学生者入仕，不在传统正途、异途之列，姑名之曰新途。武昌起义以后地方督抚出身背景统计如表 13－2。

表 13－2　武昌起义以后地方督抚出身背景统计

单位：人

项目＼类别	正途				异途			新途	合计
	进士	举人	贡生	荫生	监生	生员	行伍	新式学生	
起义时在职督抚	10	4	3	2	2	3	0	0	24
百分比	41.7	16.7	12.5	8.3	8.3	12.5	0	0	
合计	79.2				20.8			0	
起义后新任督抚	4	4	0	0	3	1	2	5	19
百分比	21.1	21.1	0	0	15.8	5.3	10.5	26.3	
合计	42.2				31.6			26.3	

说明：新式学生含北洋武备学堂学生和留日士官学校学生。

据表 13－2，武昌起义时在职督抚 24 人中，进士、举人、贡生、荫生等正途出身者有 19 人，占总数的 79.2%。据有人统计，19 世纪最后 40 年即 1860～1900 年，总督正途出身者占 78.3%，巡抚为 77.1%。[①] 显然，这时督抚正途出身者与此前大致相当。正途出身者，尤其是具有进士、举人等高级学衔者，深受儒家传统文化濡染，其忠孝节义观念颇值得注意。武昌起义以后新任督抚的出身背景则有显著的变化，正途骤减至 42.2%，异途增至 31.6%，尤其是另有新途出身者 26.3%，其中有北洋武备学堂毕业的段芝贵、王士珍、段祺瑞、张怀芝和留日士官学校毕业的吴禄贞。段芝贵等新途出身者都曾任新军统制，加上行伍出身的江南提督张勋，均被清政府任命为业已光复的省份的督抚，对于清政府来说多少有点不由自主的意味，但军人势力的崛起，则直接影响了清末民初政治变动，更是值得注意的问题。

清代督抚旗汉比例有一个变化过程，大致是清初多用旗人，从道光朝开始，督抚中汉人比例开始超过旗人，直至清末。武昌起义以后督抚旗汉比例统计如表 13－3。

① 参见刘广京《晚清督抚权力问题商榷》，《中国近代现代史论集》第 6 编，第 351～352 页。

表 13－3　武昌起义以后地方督抚旗汉比例统计

单位：人，%

项目＼类别	汉人	旗人			合计
		满洲	蒙古	汉军	
起义时在职督抚	17	3	2	2	24
比例	70.8	29.2			
起义后新任督抚	17	1	1	0	19
比例	89.5	10.5			

表 13－3 显示，武昌起义时在职督抚 24 人中，汉人 17 人，占 70.8%；旗人中满洲 3 人，蒙古、汉军各 2 人，共计 7 人，占 29.2%。武昌起义后新任督抚 19 人中，汉人 17 人，占 89.5%；旗人中满洲、蒙古各 1 人，共计 2 人，占 10.5%。据有关资料统计，1860～1900 年，督抚中汉人占 79.1%，旗人占 20.9%。① 可见，武昌起义时在职督抚中汉人的比例减少了 8.3%，而旗人比例则相应增加，这大概与清末新政尤其是预备立宪时期清廷集权满洲亲贵有关。此时 9 大总督中旗人占据 5 席：陕甘总督长庚（满）、闽浙总督松寿（满）、湖广总督瑞澂（满）、署四川总督赵尔丰（汉军）、东三省总督赵尔巽（汉军）。武昌起义以后新任督抚中汉人的比例则增加了 10.4%，旗人比例相对减少，新任 19 个督抚中仅两个旗人：署四川总督端方（满）和署陕西巡抚升允（蒙），均是起用旧臣。“排满”成为革命标志性口号，这使清廷在用人政策上不能不有所顾忌。

综上所述，从群体结构情形来看，武昌起义时在职的地方督抚仍然是一个在旧制度下主要由儒家传统孕育出来的旧式官僚群体；武昌起义以后新任的地方督抚群体则注入了新的因素，同时也暗伏了新的变数。

① 据刘广京《晚清督抚权力问题商榷》（《中国近代现代史论集》第 6 编，第 349 页）一文两表合并统计。

第二节　地方督抚对革命风潮的反应与应对策略

面对武昌起义后的革命风潮，各省督抚如何应对？这里主要考察武昌起义时各省在职督抚的态度，因为之后新任的督抚实际上多未到任或任职时间极为短暂，对大局无关紧要。当时在职督抚共计 24 人，其反应大致可以分为 6 种类型。

（一）弃城革职

湖广总督瑞澂与湖南巡抚余诚格是这方面的典型代表。

武昌起义爆发，湖广总督瑞澂首当其冲。瑞澂于宣统年间由江苏巡抚迁湖广总督，与立宪派领袖张謇等人相交甚欢，在清廷预备立宪尤其是国会请愿运动中表现颇为抢眼，又因与懿亲载泽有姻娅关系，内援强劲，“声势骎骎出南北洋上”，[①] 是满员中难得的封疆大吏。革命党人长期在武汉地区活动，瑞澂并非没有察觉，其随时都在伺机镇压。他上奏清廷称：“瑞澂于本月初旬即探闻有革命党匪多人潜匿武昌汉口地方，意图乘隙起事。当即严饬军警密为防缉。虽时传有扑攻督署之谣，瑞澂不动声色，一意以镇定处之。所辖地方则密派侦探，不敢一刻松懈。”宣统三年（1911）八月十八日夜，瑞澂突派军警在武昌城内捕获革命党三十二人，并将彭楚藩、刘复基、杨宏胜严讯正法。清廷嘉奖瑞澂“弭患初萌，定乱俄顷，办理尚属迅速”。就在瑞澂奏请邀功之际，武昌新军于十九日夜正式发动起义。起义军迅速攻占总督衙门，瑞澂毫无抵抗，便弃城逃往汉口江面之楚豫兵轮，省城武昌陷落。清廷严词申斥：“此次兵匪勾通，蓄谋已久，乃瑞澂毫无防范，预为布置，竟至祸机猝发，省城失陷。实属辜恩溺职，罪无可

① 赵尔巽等：《清史稿》卷 471，列传 258，瑞澂，第 4 册，第 3283 页。

逭。湖广总督瑞澂著即行革职，带罪图功。”[①] 汉口、汉阳相继失陷，瑞澂企图反攻不果，而楚豫兵轮油尽煤缺，遂开赴九江，亟图补给。“九江兵变，道署被抢，炮台被占，电局及招商码头均被踞扰，并有以二十万购瑞澂之语。楚豫兵轮子弹无多，兵心涣散，甚不愿瑞澂在其舰上，致为众射之的。其余各舰，亦因九江兵变，纷纷开轮上驶，不听瑞澂调遣。瑞澂无兵无将，委实无法可施，迫不得已，改坐商轮，驶至上海暂住”。[②] 清廷再次严旨申斥瑞澂：“该革督竟不遵旨带罪图功，乃敢潜逃出省，辜负朕恩，偷生丧耻，实堪痛恨，何能再予宽容？著张人骏迅即派员，将瑞澂拿解来京，交法部严讯治罪。”[③] 结果因瑞澂避居上海租界而不了了之。

对于瑞澂弃城逃跑，时人颇为不齿。内阁承宣厅行走许宝蘅日记称：“见瑞澂电奏新军之变，全诿罪于张彪，并涉及张文襄。身任封疆，遇变仓皇走出，不思尽忠报国，犹复诿过于人，真不知人间有羞耻事也。”[④] 翰林院侍读学士恽毓鼎日记称：“三百年来弃城逃走之速，瑞澂首屈一指矣。……瑞为宣宗朝已故两广总督大学士琦善之孙，英吉利之陷广州，琦善实启之，固失地辱国之世家也。真所谓谬种流传矣。”[⑤] 京中台谏各官交章弹奏，有谓：“自古庸臣误国，弃地丧师，或值艰虞，抑逢巨敌，未有恇怯无能、顽顿无耻、一夕之閒遽弃金汤如瑞澂、张彪二人者。都下士夫万口唾骂，谓非枭决不足蔽辜。”他们要求仿照咸同年间“湖北失而诛青麐，两江失而诛何桂清”

① 以上参见《宣统三年八月十九日湖广总督瑞澂致内阁军谘府陆军部请代奏电》《宣统三年八月二十日上谕》《宣统三年八月二十一日上谕》，中国史学会主编《辛亥革命》（五），第289～291页。

② 《革职湖广总督瑞澂致内阁等请代奏电》（光绪三年八月二十九日、九月初五日），中国第一历史档案馆：《清政府镇压武昌起义电文一组》，《历史档案》1981年第3期，第23、26页。

③ 中国第一历史档案馆编《光绪宣统两朝上谕档》第37册，第278页。

④ 许恪儒整理《许宝蘅日记》第1册，第368页。

⑤ 史晓风整理《恽毓鼎澄斋日记》第2册第552页。

的先例，将弃城而逃之瑞澂、张彪“明正典刑，以为大臣辜恩弃职者戒”，使各省官吏“闻之震悚，当共懔然于城亡与亡之义”。[①] 然而，清廷并没有严厉惩处瑞澂。其中原因，还是瑞澂背景深厚。恽毓鼎有言：“瑞为泽公（载泽——引者注）姊夫，袒甚力，恐国法不能及也。”甚至监国摄政王载沣也“力袒瑞澂”。恽氏禁不住感叹：“朝廷犹爱之而不忍加诛，奇极！行见逃官之接踵也。”[②] 瑞澂弃城逃跑而未受相应制裁，影响至为恶劣。陈夔龙日后回忆说：“某督仓皇出走，武汉重地突归党人之手。……武昌已失，沿江各督抚闻风而靡，不降即走。”[③] 甚至孙中山在总结革命经验时也认为：“武昌之成功，乃成于意外，其主因则在瑞澂一逃；倘瑞澂不逃，则张彪断不走，而彼之统驭必不失，秩序必不乱也。”[④]《清史稿》盖棺论定，称瑞澂为“罪首”，有谓：“鄂变猝起，瑞澂遽弃城走，当国优柔，不能明正以法。各省督抚遂先后皆不顾，走者走，变者变，大势乃不可问矣。呜呼！如瑞澂者，谥以罪首，尚何辞哉?”[⑤] 清廷没有把瑞澂正法，确实开了一个姑息养患的先例，终究只能自食恶果。

湖南巡抚余诚格于宣统三年（1911）七月十八日接任视事。[⑥] 一个月后，武昌起义爆发，湖南新军即谋响应。余诚格一面调拨军队增援湖北，一面筹谋防备本省事变。为分散新军势力，余诚格试图把新军分调各府州县驻扎，又将原驻各府州县之巡防队兵勇调回省城候

---

① 《宣统三年八月二十九日御史陈善同奏折》《宣统三年九月初五日翰林院侍讲程棫林奏折》，分见中国史学会主编《辛亥革命》（五），第 436～437、460～461 页。

② 史晓风整理《恽毓鼎澄斋日记》第 2 册，第 552、554 页。

③ 陈夔龙：《梦蕉亭杂记》，第 122 页。

④ 孙中山：《建国方略》（1917～1919 年），广东省社会科学院历史研究所、中国社会科学院近代史研究所中华民国史研究室、中山大学历史系孙中山研究室合编《孙中山全集》第 6 卷，中华书局，1985，第 243 页。

⑤ 赵尔巽等：《清史稿》卷 471，列传 258，论，第 4 册，第 3283 页。

⑥ 《湖南巡抚余诚格奏报到任接印日期事》（宣统三年七月十八日），一档藏，录副奏折，档号 03－7460－061，缩微号 554－2400。

命，还派员稽查新军兵士往来函电，防范极为严密。虽然余诚格迭催新军开赴各属，但新军借口子弹不充，请加发三倍，方能应调。余氏不允，双方相持不下。九月初一日，湖南新军起义，占领军械局，杀死巡防队统领黄忠浩，攻入巡抚衙门。起义军偕谘议局议员劝余诚格悬挂白旗，余不允，遂避登湘帆小轮，潜逃出省。余诚格通过安徽巡抚朱家宝电奏自请严惩，清廷谕令将余诚格革职：“余诚格虽系甫经到任，所调将领未到，添募未齐，究属措置乖方，以致仓卒生变，罪无可辞。湖南巡抚余诚格著即革职，戴罪图功，并著暂管湖南巡抚印信，责成该革抚迅调省外兵队，即将省城剋期克复，毋稍延玩。倘不奋力自效，定将该革抚从重治罪。”[①] 十一月二十一日，清廷以“革职湖南巡抚余诚格久无下落”，补授湖南辰沅永靖道朱益濬为湖南提法使，并署理湖南巡抚。[②] 其实，余诚格早已步瑞澂后尘，从湖南出省后便由江西逃往上海。

（二）光复后去职

在革命光复之后自动去职的督抚有五位：护理陕西巡抚钱能训、云贵总督李经羲、贵州巡抚沈瑜庆、浙江巡抚增韫、两广总督张鸣岐。

陕西是革命党人颇为活跃的省份。宣统三年（1911）七月，受四川保路风潮影响，陕西省城西安便突起谣传，有谓新军中的革命党人将要在八月十五日起事。护理巡抚钱能训与西安将军文瑞急谋防备之策：给旗兵增发枪支弹药，拨款修筑满城防御工事，调外地巡防队回省守城，将新军陆续调拨外地分防，并密查新军中的革命党人。九月初一日，陕西新军与湖南新军几乎同时起义，响应武昌革命。在全城惊恐之中，钱能训逃匿民家，被民军发现，当场以手枪自戕，连发两

① 郭孝成：《湖南光复纪事》，中国史学会主编《辛亥革命》（六），第 135～136 页；《宣统政纪》卷 62，《清实录》第 60 册，第 1153～1154 页。

② 中国第一历史档案馆编《光绪宣统两朝上谕档》第 37 册，第 378 页。

弹，伤及左胁，自杀未遂。有幕僚劝说："创甚已，太夫人在堂，公独弗念耶。"钱能训痛极晕厥，被民军俘获，强为治疗，甚欲强起治陕事。钱能训无奈地婉拒，有谓："吾不克尽吾职，乃至于此。今病甚，复何所裨于陕乎。"革命政府知其不可留，遂听其南归。[①] 此后钱能训出走潼关，并自动离职。

武昌起义后，云南新军中的革命党人也在密谋起事，风声日紧，消息外传。云贵总督李经羲与第十九镇统制钟麟同、总参议靳云鹏等人商议，拟调部分新军外出，以分散其势力。九月初九日夜，蔡锷、李根源等率部在省城昆明起义。经过一夜的激烈战斗，起义军攻下总督署，李经羲受伤仆而复起，扳枪自裁，被某巡捕夺去，即逃匿其家。随后李经羲致书蔡锷、李根源，以三事相约："一可杀不可辱，二保护其眷口回籍，三亦愿为之尽力办事。"蔡锷、李根源与谘议局议员力劝李经羲出任都督，遭到李经羲严词拒绝。李经羲被严密监禁于谘议局。数日后，李经羲请求离滇赴沪养病，蔡锷、李根源等以旧属之故，将其礼送出境。据说李经羲特地带走了云贵总督印，蔡锷向之索取，李云："我至香港，尚有奏折呈摄政王，以了我之责任。"果然，十月十六日，李经羲致电内阁请代奏，说明云南失守情形，表示："经羲力尽援绝，不能挽救，罪应万戮，恳从重治罪。"[②] 这一天，恰是摄政王载沣被迫退归藩邸之日。清廷已自身难保，李经羲之事自然不了了之。

当贵州革命党人密谋起事时，巡抚沈瑜庆采取了相应的对策：借事收回陆军学生的子弹，调常备军出防以分散其力量，调巡防队护卫

---

① 朱叙五、党自新：《陕西辛亥革命回忆》，中共陕西省委党史资料征集研究委员会编《辛亥革命在陕西》，陕西人民出版社，1986，第361～362、371页；曹秉章：《前国务总理干臣钱公行状》，卞孝萱、唐文权编《辛亥人物碑传集》，第329～330页。

② 孙种因：《重九战记》，中国史学会主编《辛亥革命》（六），第239～247页；《宣统三年十月十六日云贵总督李经羲致内阁请代奏电》，中国史学会主编《辛亥革命》（六），第263～264页。

省城贵阳。九月十三日，贵阳绅界欲避免流血，要求沈瑜庆宣布共和。沈瑜庆仅允设自保会，共用人行政之权于大众。立宪派表示满意，革命党人则大为激昂。其实沈瑜庆本无让步之意，只因所调巡防队尚未如期赶到，姑为缓兵之计而已。当天夜晚，新军与陆军学生发动起义，很快攻占军械局，围攻巡抚衙门。沈瑜庆犹闭门据守，派巡抚卫队出战，但卫队业已反正而抗不应命。沈瑜庆知事不可为，遂不得不承认宣布独立，并派劝业道王玉麟赴谘议局商议停战。双方议决条件如下：民军承认保护全省官吏；巡抚应宣布承认民军独立。议定，将推沈为都督，沈固辞不就。[①] 贵州独立之后，沈瑜庆离开贵州，流寓上海。

通过同盟会员陈其美等人的联络，浙江与上海革命党人决定联合举事。九月十三日，上海率先发难，杭州官场惊恐万状，谘议局副议长沈钧儒等力劝巡抚增韫宣告独立，增韫不允。十四日，杭州新军起义，敢死队直攻巡抚衙门，迅速将其炸毁，抚署卫队随之反正，增韫及其老母、妻儿被民军拘捕，监禁于福建会馆。十五日，杭州全城光复，谘议局议长汤寿潜被推举为都督。十七日，浙江临时参议会召开，汤寿潜、吕公望提议“浙江巡抚增韫及其眷属如何措置案”，主张资送五千元路费，派人押送到上海，监视其上船北返。决议通过。[②] 增韫由浙人拥送出境，航海北上，行至秦皇岛登岸，由临榆县电奏说明失守情形。时人批评：“既至山海关，而不来京请罪，亦畏死而

① 周素园《贵州辛亥光复的史实》、冯自由《贵州自治党首领张百麟》，分见贵州省社会科学院历史研究所编《贵州辛亥革命资料选编》，贵州人民出版社，1981，第333～334、437～438页；邹鲁《贵州光复》、冯自由《辛亥革命贵州光复纪实》，分见中国史学会主编《辛亥革命》（六），第397～398、402页。

② 郭孝成：《浙江光复记》，中国史学会主编《辛亥革命》（七），第135页；黄元秀：《辛亥浙江光复回忆录》，浙江省辛亥革命史研究会、浙江省图书馆编《辛亥革命在浙江史料选辑》，浙江人民出版社，1981，第516～521页；张效巡：《浙江辛亥革命光复记事》，《近代史资料》第1期（创刊号），第123页。

已。”①

两广总督张鸣岐从清末重臣岑春煊的幕僚起家，三十岁出头便升任封疆大吏，在论资排辈的清代官场并不多见，可谓年少得志。然而，张鸣岐的声名并不佳，时人有所谓“天下第一无信人”之说。②武昌起义后，张鸣岐也曾力图向清廷发出最后的忠告，电奏请改组亲贵内阁、停办新政、下罪己诏、铁路改归商办。时人评论：“此皆破釜沉舟之言，力量颇大，疆臣之矫矫者。”③ 奏上，未见批复，张鸣岐颇感失望。其时，广东绅商正筹议和平独立，张鸣岐起初虚与委蛇，随后转而表示赞同之意。九月十九日，广东全省各团体在谘议局召开大会，正式议决宣布共和独立，并拟推举张鸣岐为都督。当使者将公文印信送到督院时，张鸣岐力辞不受，当天便离省逃至香港。④ 据说张鸣岐的前幕主岑春煊也有劝说其效法程德全投降民军之意。⑤ 值得一提的是，孙中山在从美国归国途中也曾致电张鸣岐劝降，有谓：“民国已成，列强公认，请速率所部反正，免祸生灵，两粤幸甚。”对此，未见张鸣岐反应；不过，日后孙中山认为：“予以欲免流血计，乃致函［电］两广总督张鸣岐，劝之献城归降，而命同志全其性命。后此目的果达。”⑥ 无论如何，张鸣岐确实最终放弃了抵抗。

（三）反正独立

由清朝巡抚摇身一变为革命军都督者有三位：江苏巡抚程德全、

---

① 许恪儒整理《许宝蘅日记》第1册，第377页。

② 《心（庄蕴宽）致惜阴主人（赵凤昌）》，国家图书馆善本部编《赵凤昌藏札》第6册，第231页。

③ 《左绍佐日记摘录》，宣统三年九月十一日，中国科学院近代史研究所史料编译组编辑《辛亥革命资料》（《近代史资料》总25号），第513页。

④ 大汉热心人辑《广东独立记》，中国人民政治协商会议广东委员会文史资料研究委员会编《广东辛亥革命史料》，广东人民出版社，1981，第130～135页。

⑤ 劳祖德整理《郑孝胥日记》第3册，第1355页。

⑥ 孙中山：《致张鸣岐电》（1911年10月下旬至11月上旬间），《孙中山全集》第1卷，中华书局，1981，第544～545页；孙中山：《建国方略》（1917—1919年），《孙中山全集》第6卷，第245页。

广西巡抚沈秉堃、安徽巡抚朱家宝。

江苏巡抚程德全是地方督抚在革命风潮中宣布独立的第一人。据说，苏州光复时，没有丝毫变动，仅用竹竿挑落巡抚衙门屋檐上的瓦片数块，以示“革命”必须“破坏”之意。[①] 世人多以此为例，嘲笑旧官僚投机“革命”的丑态。其实，程德全走向“革命”之途并不容易。在清末预备立宪时期，程德全是表现比较活跃的督抚之一。宣统二年（1910）初，程德全从奉天巡抚调任江苏巡抚，又与江浙立宪派领袖张謇等人过从甚密，是督抚参与国会请愿运动中的要角。武昌起义后，程德全与江督张人骏电商严密防范，以为“下游伏莽颇多，现虽处以静镇，亦亟应预筹布置”，并致电陆军部表示“苏省水陆各营勉敷地方弹压之用”。[②] 面对危局，程德全亟思标本兼治之法，多次疏陈大计，向清廷“尽最后之忠告”。其时，适值张謇从武汉赴沪途经苏州，程德全嘱杨廷栋、雷奋邀张謇连夜起草请改组内阁宣布立宪疏稿，并通电各省将军、督抚联衔入告，得到热河都统溥颋、山东巡抚孙宝琦响应。因时局危迫，不及多待，遂以溥颋领衔，与孙宝琦三人联衔上奏清廷，恳请以实行宪政为治本之法，要求改组亲贵内阁，提前颁布宪法。奏上，不报。程德全“反复敷陈，卒不见听”，对清廷遂生绝望之心。宣统三年（1911）九月十四日，上海宣布独立。苏属士绅屡次会议，决定宣告独立，并推举代表劝说程德全。同时，有民军从沪赴苏，与苏州绅商群相推戴程德全。程德全颇为无奈地表示：“当此无可如何之际，此举未始不赞成，务必秋毫无犯，勿扰百姓。”十五日，程德全接受江苏都督印，宣告苏州独立。[③] 随后，程德

① 钱伟卿：《谈程德全二三事》，扬州师范学院历史系编《辛亥革命江苏地区史料》，江苏人民出版社，1961，第125页。

② 程德全：《宣统三年八月二十一日致两江总督》《宣统三年八月二十二日致陆军部》《抚吴文牍·电稿》，均见扬州师范学院历史系编《辛亥革命江苏地区史料》，第41页。

③ 黄炎培：《辛亥革命史中之一人——程德全》，钟碧容、孙彩霞编《民国人物碑传集》，第836~839页。

全通电各属，促令反正，使苏、松、常、镇、太五属相继光复；继而又掣合江浙联军，攻克南京。时人颇赞其和平光复苏州，于民国有“奠定之功”，远超同侪之上，“视张鸣岐、冯汝骙、朱家宝诸人，不啻天壤之别”。[①] 但对清廷则无异于釜底抽薪。

武昌起义及邻省相继响应独立的消息传到广西，革命党人闻风而动，梧州率先独立，省城桂林局势紧张。九月十六日，谘议局议决独立，并劝说巡抚沈秉堃宣布。沈氏不敢遽允，遂召布政使王芝祥到抚署计议，得王氏赞同。是夜，从藩司衙门发出独立黄旗数百面，大书“大汉广西全省国民军恭请沈都督宣布独立，广西前途万岁”字样，分竖城厢内外各街巷。十七日，广西宣布独立，巡抚沈秉堃任都督，布政使王芝祥、提督陆荣廷任副都督。沈秉堃于就职演说宣称：“至都督一席，鄙人只可暂时承认，仍望公举伟人，及早接替，不胜跂望。”十月初一日，沈秉堃辞都督职，由王芝祥继任，后又被陆荣廷取代。沈秉堃离桂回湘，被公推为湘桂北伐联军总司令。[②] 沈秉堃任广西都督总计约两个星期。

安徽是有“排满”革命传统的省份，革命党人在新军中尤为活跃。武昌起义后，省城安庆危急，巡抚朱家宝电请江督张人骏，调拨张勋所部江防营来皖，借资震慑，同时遣散新军。安徽革命党人与在籍皖绅联合谘议局议长窦以珏等，劝说朱家宝援苏抚程德全例，宣告独立。朱家宝慨然表示：“家宝食清之禄，死清之事，城存与存，城亡与亡，诸君无复多言。”于是，皖省绅商集议于谘议局，议决拟自行宣布独立。朱家宝本是袁世凯私党，其时袁世凯被清廷起用，正在清廷与革命势力之间徘徊观望。袁世凯密电朱家宝：“宜顺应时势，

---

① 郭孝成：《江苏光复纪事》，中国史学会主编《辛亥革命》（七），第8～9页。

② 蒙起鹏、李家诜《广西辛亥革命述略》、张国淦《广西响应武昌辛亥革命史料》，分见广西少数民族社会历史调查组编《广西辛亥革命资料》，内部发行本，1960，第12～15、236页；郭孝成：《广西光复记》，中国史学会主编《辛亥革命》（七），第221～223页。

静候变化，不可胶执书生成见，贻误大局。”朱家宝幡然改变态度，转而向皖绅示好，表示可以接受皖人意见。九月十八日，安徽宣布独立，朱家宝任都督，革命党人王天培副之。王天培以朱家宝非忠于革命者，思取而代之，不意反被朱氏逐走。革命党人吴旸谷知朱家宝“隐怀二心”，遂赴九江请兵援皖。九月二十四、五日，九江都督马毓宝所派黄焕章部围攻安徽都督府，洗劫安庆城。朱家宝缒城而出，夤夜逃逸。此后安徽一片混乱，直到十一月初孙毓筠出任皖军都督。[①]约计朱家宝任安徽都督仅一周时间。

（四）自杀与被杀

光复后自杀的督抚有江西巡抚冯汝骙和闽浙总督松寿，被革命军杀死的督抚有山西巡抚陆钟琦和署理四川总督赵尔丰。

江西是响应武昌起义较早的省份。九月初二日，九江新军起义，宣布独立。警电传至省城南昌，全城惊恐。巡抚冯汝骙为笼络新军，“召集各将领痛陈君国大义，馈羊酒入军营，冀结其欢心”。[②] 初八日，绅商学各界联合发起保安会，力保省城治安，得冯汝骙允准照行。冯汝骙甚至亲往各标营，向士兵演说共保治安之策。初九日，各界预备独立，因冯汝骙不肯承认为首，遂作罢论。初十日夜，南昌新军起事，烧毁巡抚衙门。冯汝骙只带亲信卫队，打通洋务局墙垣，避匿隔壁旺子巷民房。其后，南昌全城光复，各界大会，公举冯汝骙为大都督，冯固辞不就。十三日，冯汝骙携带家眷，登轮开赴九江。九江都督马毓宝等均为其部属，勉强挟持登岸，安置于洋房高楼，盛宴款待。冯汝骙犹是红顶花翎，戚戚然不愿就席，再三请而后可，颇为忧郁不欢。各部属军官苦劝反正，均不置可否。[③] 十九日，冯汝骙对

① 孙传瑗：《安徽革命纪略》，中国史学会主编《辛亥革命》（七），第183～186页。

② 胡思敬：《国闻备乘》，第95页。

③ 郭孝成《江西光复记》、龚士材《江西省会光复经过》，分见聂国柱主编《辛亥革命在江西》，江西人民出版社，1991，第119～120、124～127页。

儿子冯迈等交代后事，嘱咐护送江西巡抚关防上缴清廷，有谓：“此孤臣所受于吾皇者，不似城非一手所能夺，今不能赍缴待罪，尔等其谨护以进，勿为党人所得，辜我两旬死守之意。”随后吞金自尽。[①] 报闻，清廷予谥忠愍。[②]

闽浙总督松寿督闽近五年，碌碌无为。武昌起义后，福州将军朴寿为防范新军，刻意加强旗兵装备，甚至宣言将与全城汉民同归于尽，省城福州陷于恐慌之中。九月十八日，谘议局会议决定和平独立，建立新政府，并照会总督松寿，要求一切政务悉归新政府，同时督促将军朴寿放弃抵抗，将优待满人。松寿知势不可挽，已有意允其要求，朴寿则固执不听，反令所部旗兵备战。是夜，新军起事，与旗兵激战，奋勇击败旗兵。十九日，福州全城光复，朴寿被杀。松寿见大势已去，微服出署，至盐道前高开榜画像店里吞金自尽。福建都督孙道仁等以旧属之谊，为之处理后事，并将其灵柩与眷属送回旗籍。[③] 事闻，清廷予谥忠节，并准其入城治丧。[④]

陆钟琦就任山西巡抚不到一个月，西安光复消息传至太原。为了加强晋省防备，阻止陕西民军来袭，陆钟琦拟调派新军驻守潼关，遭到新军抗拒。九月初八日，山西新军起义，进攻巡抚衙门。陆钟琦出而厉叱：“尔辈将反邪?”语未毕，遂被击毙。其妻儿同被难。此前，陆钟琦已有预感，曾对其子曰：“大事不可为矣！省垣倘不测，吾誓死职。汝曹读书明大义，届期毋效妇仁害我!”事闻，清廷诏褒其忠孝节义萃于一门，予谥文烈。[⑤] 据说山西提法使李盛铎闻变而投河死

---

① 《宣统三年十月十五日冯迈等呈》，中国史学会主编《辛亥革命》（六），第395页。

② 中国第一历史档案馆编《光绪宣统两朝上谕档》第37册，第348页。

③ 郭孝成：《福建光复记》，中国史学会主编《辛亥革命》（七），第280～281页；郭公木：《辛亥福州光复几个问题的调查研究》，《福州文史资料选辑（辛亥革命专辑）》第1辑，1981，第90～91页。

④ 中国第一历史档案馆编《光绪宣统两朝上谕档》第37册，第348页。

⑤ 赵尔巽等：《清史稿》卷469，列传256，陆钟琦，第4册，第3277页。

（实有误），恽毓鼎禁不住感叹：“陆、李皆己丑同年，陆以道学称，李以气节称，咸不负素志。自武昌乱起，湘拳（秦——引者改）继之。疆臣余诚格、钱能训及司道各官，或逃或匿，无一死者（〔眉〕嗣闻钱公为乱兵所戕——引者注；亦有误）。幸有二公，足以增光战史矣。”①

四川情况非常复杂。因清廷铁路国有政策，川省保路风潮狂飙突起。署理四川总督赵尔丰处置乖方，逮捕群众请愿代表，制造“成都血案”，使保路运动迅速发展为保路同志军起义，川省局势危急。宣统三年（1911）七月，清廷派遣督办粤汉川汉铁路大臣端方，带领部分湖北新军入川查办路事。稍后，又起用前两广总督岑春煊，谕令其迅速赴川，会同赵尔丰办理剿抚事宜。八月初，岑春煊从上海起程，溯江西上，行抵武昌，与鄂督瑞澂讨论川事，意见不合，决计奉身而退，拟乞假回沪就医，获旨允准。其时武昌起义爆发，岑春煊返沪之日，即奉旨补授四川总督。各省纷纷起事，长江西上之路已断，岑春煊亟谋“取道豫陕，转战入蜀”，而上海、苏、杭相继光复，大势已去，前途无望。“独居租界，惟闻四方土崩瓦解，望风投顺。自来民心离散，疆宇丧失，殆从无如是之速者。盖祸机早伏，一触即发，民之离散久矣”。② 岑春煊终未赴川督之任。九月十六日，清廷谕令端方取代赵尔丰，暂署四川总督。十月初七日，端方在赴川途中被部下杀害于资州，③ 实际上亦未到川督之任。当天，成都宣告独立，谘议局议长蒲殿俊任都督、新军第十七镇统制朱庆澜任副都督。不久传出赵蒲密约——赵尔丰与蒲殿俊就独立之事有不可告人的幕后交易，川省群情激愤。十八日，省城成都防军兵变，蒲、朱逃匿，新军标统尹昌衡率部入城，自为都督，谘议局副议长罗纶副之，重建四川军政府。当时赵尔丰仍盘踞旧总督衙门，拥兵自固，甚至暗调边兵，伺机反

① 史晓风整理《恽毓鼎澄斋日记》第2册，第557页。

② 岑春煊：《乐斋漫笔》（1930年），《岑春煊文集》，何平、李露点注，第513页。

③ 吴自修：《辛亥殉难记》卷1，端总督传，民国年间刊本，第2页。

扑。“军民人等，皆谓尔丰一日不去，川人一日不安”。十一月初三日，军政府发兵捕获赵尔丰，即时正法，传首示众。[①] 两位署川督端方、赵尔丰先后被杀，清廷优恤端方，予谥忠敏，而于赵尔丰则置之不顾。

（五）托病解职

因见大势已去，托病奏请开缺，而被清廷允准解职的督抚有六位：陕西巡抚杨文鼎、河南巡抚宝棻、山东巡抚孙宝琦、两江总督张人骏、直隶总督陈夔龙、黑龙江巡抚周树模。

武昌起义时，杨文鼎是已被任命但尚未到任的陕西巡抚。宣统二年（1910）夏，时任湖北布政使的杨文鼎在长沙抢米风潮之后受命署理湖南巡抚，遭到湘中绅民反对。尽管如此，杨文鼎还是履新如故。后来，杨文鼎终因与湘绅叶德辉、王先谦等嫌隙难弥，不得不谋求与陕西巡抚余诚格互调，而离开湖南。[②] 宣统三年（1911）七月十八日，杨文鼎交卸湖南抚篆。其时，杨文鼎奏请赴陕抚任时取道汉口，拟请假二十日，搭轮赴沪，到松江府奉贤县给父亲修墓。二十九日，奉朱批允准。[③] 武昌起义爆发后，杨文鼎尚在上海逗留。陕西京官呈请都察院代奏称：“陕西巡抚杨文鼎前已补授，现闻该巡抚逡巡沪上，观望徘徊。拟请旨电饬杨文鼎迅速赴任，并酌拨军队即日前往，以期早为扫荡，拯陕民于水火，用以抒朝廷西顾之忧。”清廷上谕：“前已有旨饬杨文鼎迅速赴任矣。”[④] 其时陕西早已光复，杨文鼎终未赴陕抚

① 《成都四川军政府捕杀赵尔丰通告》（宣统三年十一月三日，1911 年 12 月 22 日），戴执礼编《四川保路运动史料》，科学出版社，1959，第 516 页。

② 叶德辉：《郎园六十自叙》，第 7 页。

③ 《调补陕西巡抚湖南巡抚杨文鼎奏报交卸湖南抚篆日期事》（宣统三年七月十八日），一档藏，录副奏折，档号 03 - 7459 - 173，缩微号 554 - 2280；《调补陕西巡抚湖南巡抚杨文鼎奏为回籍省亲修墓恳请赏假事》（宣统三年七月二十九日奉朱批），一档藏，录副奏片，档号 03 - 7459 - 176，缩微号 554 - 2285。

④ 《宣统三年九月十七日谕旨》《附陕省京官周湛元等呈》，中共陕西省委党史资料征集研究委员会编《辛亥革命在陕西》，第 806 ~ 807 页。

之任。十月初十日，杨文鼎奏陈衰病日增，吁请开缺，奉旨允准。[①]

河南地处京鄂枢纽，武昌事起，北军南下，战端在即，军事紧急，加上邻省陕西、安徽继起光复，革命党人亟谋运动新军及巡警，甚至抚署卫队，力图反正独立。巡抚宝棻急调陆军各营及本署卫队，分赴外县及鄂、皖、陕边境，又收缴巡警子弹，并调巡防营回省城开封，以资护卫。河南独立被扼杀在摇篮之中。[②] 不过，省城独立未成，革命党人转而在各府县运动，如宝棻所谓“激烈派有勾土匪在省外竖白旗起事之说”。[③] 宝棻穷于应付。十月十三日，宝棻因病开缺，布政使齐耀琳补授河南巡抚。[④] 后来，齐耀琳在以袁世凯势力为背景的地方绅士策划下，在河南演出了一幕“请愿共和不独立”的滑稽闹剧。[⑤]

山东在武昌起义以后一度寂然无闻，或有传闻政府拟向德国借款，而以山东土地作抵押，一时物议纷纭。九月十五日，济南绅商学界于谘议局集议，提出不借外债及停战等八条件，要求巡抚孙宝琦电奏清廷答复，否则宣布独立。孙宝琦权衡利弊，便拟顺应舆情，组织临时政府，“凡用人、行政、调兵、理财，暂用本省自行主决，不复拘守部章。与约力保本境秩序，不预战事，一俟大局定后，中央政府完全无缺，即行撤销”。显然，这是保境安民的权宜之计。九月二十三日，山东绅商学界联合会迫使孙宝琦宣布独立，推举孙宝琦为总统，新军第五镇代理统制贾宾卿为副总统。然而，在袁世凯的操纵下，第五镇标统吴鼎元等联衔具禀，请即取消独立。十月初七日，孙宝琦电奏取消独立，并请从严治罪。清廷以其宣布独立“自系被人迫

---

① 中国第一历史档案馆编《光绪宣统两朝上谕档》第37册，第321页。

② 郭孝成：《河南革命惨史》，中国史学会主编《辛亥革命》（七），第360页；《宣统三年十月初六日河南巡抚宝棻奏折》，中国史学会主编《辛亥革命》（七），第371页。

③ 《收河南巡抚宝棻为豫中独立未成通匪起事甚多请加派重兵防守事电》（宣统三年十月初十日），一档藏，电报档，档号2-02-13-003-0160，缩微号007-2380。

④ 中国第一历史档案馆编《光绪宣统两朝上谕档》第37册，第325页。

⑤ 王锡彤：《抑斋自述》，郑永福、吕美颐点注，第175~179页。

胁，并非出自本心”，予以宽容，仍着留任效力。孙宝琦以心力交瘁，病不能支，奏请赏假二十日，并请另简干员，署理巡抚。十月二十七日，清廷准予孙宝琦因病开缺，以提法使胡建枢补授山东巡抚。[①] 后人多斥责孙宝琦玩“假独立”，大致是从革命的角度立论，恰恰反证孙氏以权宜之计效忠清廷的真实意图。据称，孙宝琦“含垢茹痛，苦力搘拄，数月而须发皆白矣”。[②] 可见其良苦用心。

南京是长江下游重镇。武昌起义后，两江总督张人骏亟谋防守之策：一面抽调巡防队扼守险要；一面以防营不足为由，拟请照从前湘军营制，添募十营巡防新军。[③] 其时，张謇从武汉到南京，见江宁将军铁良，劝说其与张人骏“合力援鄂，奏速定宪法”。铁良属商张人骏。不意张人骏大诋立宪，尤不愿援鄂，有谓：“瑞能首祸，自能了，不须人援。”张謇又以江宁之危相劝，张人骏回答：“我自有兵能守，无恐。”张謇大失所望，私心怒斥：“其无心肝人哉！”转而到苏州游说程德全。[④] 张人骏向以守旧著称，不但痛诋新政与立宪，而且深恶新军。武昌起义由新军发难，更使张人骏认为新军不可恃。其电奏清廷称：“惟鄂事由于新军，以致风潮所及，谣言纷起，一夕数惊。以目下情形而论，防内尤甚于防外，而防内之难更甚于防外。稍一松动，窜扰之祸尚远，响应之事即成。”[⑤] 有鉴于此，新军第九镇便受到排挤，而不得不从南京移驻秣陵镇。九月中旬，上海、苏州、杭州光

---

① 孙宝琦编《孙宝琦罪言》，中国史学会济南分会编《山东近代史资料》第 2 分册，山东人民出版社，1958，第 72 ~ 77 页；《宣统政纪》卷 65，《清实录》第 60 册，第 1213 页；中国第一历史档案馆编《光绪宣统两朝上谕档》第 37 册，第 346 页。

② 沈卫：《前国务总理杭县孙公墓志铭》，卞孝萱、唐文权编《辛亥人物碑传集》，第 314 页。

③ 《张人骏致内阁请代奏电》（宣统三年八月二十三日亥刻发），中国第一历史档案馆编《两江总督张人骏辛亥电档选辑》，《历史档案》1981 年第 3 期，第 34 页。

④ 《日记》《啬翁自订年谱》，《张謇全集》第 6 卷，第 659、875 ~ 876 页。

⑤ 《张人骏致内阁请代奏电》（宣统三年九月初三日酉刻发），中国第一历史档案馆编《两江总督张人骏辛亥电档选辑》，《历史档案》1981 年第 3 期，第 45 页。

复后，南京士绅要求和平独立，遭到张人骏的拒绝。第九镇统制徐绍桢率新军起义，攻打南京，失利后退至镇江。随后，徐绍桢组织江浙联军。十月十二日，江浙联军攻下南京，张人骏、铁良避匿下关日本兵轮，逃往上海。[①] 张人骏后由海道北上，逗留天津，而不敢进京。十二月初五日，张人骏奏陈南京失守详情，并以年衰久病为由，请另简贤员，接替江督职任。得旨：“失守地方，本属咎有应得。惟念该督效力有年，此次与铁良、张勋坚守苦战，援绝城陷，情尚可原。既据奏称病难速痊，著开缺听候查办。”同时，以江南提督张勋护理江督。[②]

直隶为京畿重地，首善之区。武昌起义之后，总督陈夔龙防范甚严。十月中旬，新军第二十镇某部在滦州起义，陈夔龙派通永镇总兵王怀庆所部淮军，配合新军第三镇曹锟部，一举镇压。[③] 其时，各省纷纷独立，直隶士绅力劝陈夔龙俯顺潮流，从权独立。“一倡百和，情形激烈，有立待解决，迟则生变之势。”陈夔龙以“直隶情形与各省不同，岂能独立”为辞，断然拒绝。他宣称：“余忝任直督，当此人心不靖之秋，惟以保卫地方为宗旨。勿论新党旧党，或官或绅，遇有作乱犯上扰害地方者，杀无赦，他非所知。”甚至表示：“余责在守土，惟力是视，万一力有不继，何惜一死以报国。”陈夔龙日后回忆此事，仍在庆幸直隶于全国分崩离析之际，依然“得以完全疆宇还之朝廷”。[④] 十一月，陈夔龙还与东三省总督赵尔巽等联络，拟组织北方军队南征，开赴徐州，会合张勋部，“不达君宪目的不已”。[⑤] 十二月

---

① 茅乃登、茅乃封《江浙联军光复南京》、谌秉直《南京光复记事》，分见扬州师范学院历史系编《辛亥革命江苏地区史料》，第425、478页。

② 《宣统政纪》卷69，《清实录》第60册，第1261～1263页。

③ 《宣统三年十一月十七日直隶总督陈夔龙致内阁军谘府陆军部电》《宣统三年十一月十七日直隶总督陈夔龙致内阁邮传部电》《宣统三年十一月二十日内阁奏片》，均见中国史学会主编《辛亥革命》（六），第378页。

④ 陈夔龙：《梦蕉亭杂记》，第123～124页。

⑤ 《直隶总督陈夔龙等致赵尔巽等电》（宣统三年十一月十九日），中国第一历史档案馆编《清代档案史料丛编》第8辑，中华书局，1982，第291页。

十六日，陈夔龙电奏病势日深，万难任事，恳准开缺调治，并请简员接任。清廷赏假三个月，并以湖南提法使张镇芳署理直隶总督兼北洋大臣。十八日，陈夔龙交卸篆务，暂寓津门养疴。[①]

黑龙江为东北极边之地，辛亥事起，“外有俄、蒙之煽逼，内有满、汉之猜疑，讹言四至，一日数惊”。巡抚周树模极力维持，“秩序如常，商民安堵”。[②] 其维持之方，即仿照东三省总督赵尔巽在奉办法，设立保安会，标榜保境安民，维护地方秩序。周树模以巡抚身份兼任会长。对于学界发起、得官绅商军界部分人士赞同的国民联合会，要求宣告独立的主张，周树模坚决予以压制。同时，周树模还与东督赵尔巽联衔奏请添练巡防马队和兵备处亲兵，在省城加添巡警及设立侦探队，严密筹防，“以期消弭内患，保守治安”。[③] 十二月十一日，周树模以“病势增剧，难任艰危”为由，奏请开缺，并请简员接任。十八日，清廷赏假三个月，并以民政使宋小濂署理黑龙江巡抚。二十四日，周树模交卸抚篆，拟入关就医。[④] 这期间，黑龙江谘议局议长李品堂等致电内阁，极力挽留，有谓：“周抚去，恐立乱。病既无碍，仍恳电知在任调养，以系人心。”[⑤] 周树模去职，其时已在清帝退位前一天。

（六）清帝退位后去职

有四位督抚坚持到清帝退位之后去职：东三省总督赵尔巽、吉林

① 陈夔龙：《交卸直督暨北洋大臣篆务日期折》（宣统三年十二月十八日），《庸庵尚书奏议》卷16，第52～53页。

② 左绍佐：《清授光禄大夫建威将军黑龙江巡抚周公墓志》，卞孝萱、唐文权编《辛亥人物碑传集》，第415页。

③ 《东三省总督赵尔巽黑龙江巡抚周树模奏为江省添练防营并筹办保安事宜各情形事》（宣统三年十月二十二日），一档藏，录副奏折，档号03－7480－086，缩微号556－0426。

④ 周树模：《交卸抚篆日期谢恩折》（宣统三年十二月二十一日），《周中丞抚江奏稿》卷四（下），李兴盛、马秀娟主编《程德全守江奏稿（外十九种）》下册，黑龙江人民出版社，1999，第1452～1453页。

⑤ 《收黑龙江局为请电知抚臣周树模在任调养病体事电》（宣统三年十二月二十一日），一档藏，电报档，档号2－02－13－003－0993，缩微号008－0490；《收署理黑龙江巡抚宋小濂为前任周树模在任调养之电所发事电》（宣统三年十二月二十七日），一档藏，电报档，档号2－02－13－003－1050，缩微号008－0542。

巡抚陈昭常、陕甘总督长庚、新疆巡抚袁大化。

东三省总督赵尔巽驻奉天。武昌事变，奉天革命党人谋求响应。谘议局议长吴景濂与新军第二混成协统领蓝天蔚等人商议和平独立之法，所谓“革命办法，以和平为主旨”。因得知赵尔巽拟调巡防营进省，吴、蓝等人决定先期举义，宣布奉天独立。九月二十日，先于谘议局开筹备大会，不意蓝天蔚部属标统聂汝清、管带李际春坚决反对独立，认为“于独立外别想办法，尽有筹商余地”。于是议决将独立会改为保安会，举总督赵尔巽为会长，吴景濂与新军协统伍祥祯为副会长。二十一日，保安会召开正式成立大会，宣布进行办法，并通电全国，又致电吉、黑两省分署与谘议局，请其即日成立保安会，协同进行。[①] 保安会全称奉天保安公会，其章程明确规定：“本会为保卫地方公安起见，无论满、汉、回、蒙，凡在本省土著及现住之各省、各国人，其生命财产均在本会保安范围之内。”[②] 赵尔巽与驻奉新军不和，因此便以“奉省革党遍布，日有警报”为由，特调张作霖等部巡防营来省助防，“稍资镇慑”。[③] 有人评论：“赵以保境安民为名，设保安会，自为会长，召张作霖入省，以旧军监新军，严惩乱党，地方幸得苟安。”[④] 十一月，赵尔巽还组织东三省勤王之师，力图以武装达到“赞成君主立宪”之目的。“拟将所有军队除布置省防外，余皆联合成营，编成劲旅，定期南下，以期扫平南服，共保和平”。[⑤] 清帝退

---

① 吴叔班记录、张树勇整理《吴景濂自述年谱》（上），《近代史资料》总 106 号，中国社会科学出版社，2003，第 35～39 页。

② 《奉天保安公会草章》（宣统三年九月），中国第一历史档案馆编《清代档案史料丛编》第 8 辑，第 15 页。

③ 《收东三省总督赵尔巽为奉省革党遍布现调张作霖等来省助防等事电》（宣统三年十月初二日），一档藏，电报档，档号 2－02－13－003－0015，缩微号 007－2238。

④ 金梁：《光宣小记》，第 39～40 页。

⑤ 《东三省总督赵尔巽致内阁电稿》（宣统三年十一月十七日）、《东三省军队联合防守及组织勤王办法》（宣统三年十一月），中国第一历史档案馆编《清代档案史料丛编》第 8 辑，第 288～289 页。

位后，赵尔巽改任东三省都督。

吉林巡抚陈昭常基本保持与东三省总督赵尔巽相一致的步调。武昌起义的消息传到东北，赵尔巽与陈昭常当即密饬各属“随时严密侦防，免生事端，以顾大局，而弭隐患”。奉天保安公会成立后，赵尔巽立即致电陈昭常说明办法，并咨送章程，以便查照施行。十月初三日，陈昭常召集吉林各界人士集会，议定“永不宣布独立”，仿照奉天设立保安会，“用以辅助行政，保卫治安”。陈昭常任正会长，新军第二十三镇统制孟恩远、民政司使韩国钧、谘议局议长庆康为副会长。陈昭常还把保安会与庚子事变期间张之洞、刘坤一的东南互保相提并论，所谓“前贤典型，至可师资”。[①] 清帝退位后，陈昭常改任吉林都督。

陕甘总督长庚驻甘肃兰州。武昌事起，西安等处继之，长庚派兵援陕，并电保前陕甘总督升允署理陕西巡抚，督师东进，为之筹划后路，接济饷械。长庚又以省城空虚，兵少恐不足恃，调巡防队进城，登陴固守，同时选将募兵，劝绅捐饷，“布置城防，寝食俱废”。于是勉强维持数月。“逊位旨颁，兵心解体。共和诏下，府君（长庚——引者注）阅电，恸哭几绝，知势不可为，乃将总督印信委之藩司南丰赵公惟熙以去”。[②]

新疆巡抚袁大化虽远在西北边疆，但仍然密切关注内地局势。武昌变起，袁大化电奏应变之策：“宜派近畿可靠军队，水陆南下。顺火车直抵汉口，先顾北路；乘轮船直入长江，分布要害。”清廷以为

---

① 《总督赵尔巽、巡抚陈昭常密饬武昌失守所属随时严密侦防免生事端》（宣统三年八月二十四日）、《东三省总督赵尔巽电吉林巡抚陈昭常保安会事》（宣统三年九月二十五日）、《总督赵尔巽咨吉林行省公署奉省设立保安公会》（宣统三年九月二十八日）、《巡抚陈昭常咨各总督、巡抚、将军等吉省召集各界开会宣布永不独立设立保安公会情形》（宣统三年十一月十七日），分见吉林省档案馆、吉林省社会科学院历史所编《清代吉林档案史料选编·辛亥革命》，内部发行，1981，第192、195、195～196、198～200页。

② 张秀清整理《少白府君行述》，《近代史资料》总89号，中国社会科学出版社，1996，第269～270页。

“所筹甚是”，因为这正与其所派陆军大臣荫昌、海军提督萨镇冰与长江水师提督程允和赴援之举相合。[①] 与此同时，袁大化力谋加强新疆防务。十一月初九日，革命党人刘先俊联合协营、军警与会党，在省城迪化起义，攻击巡抚衙门。袁大化调拨新军围攻，旋即镇压。十九日，伊犁又发生起义。民军杀死将军志锐，推举前任将军广福为临时都督，宣布伊犁独立。袁大化致电广福，敦促取消独立都督名号，以期和平了局，未得广福响应。袁大化派新军协统王佩兰率军进攻伊犁，新疆遂成南北对峙局势。清帝退位后，袁世凯就任民国临时大总统，电令改巡抚为都督，袁大化“以病体难支，电请解职”，终未就都督之任。[②]

由上可见，各省督抚在武昌起义之后的反应，可谓情形不一、多种多样。那种认为督抚大都奔逃自保而少有效忠清廷者的说法，未免有简单化、片面化之嫌。其实，真正转向革命阵营或死命对抗革命的督抚只是极少数。大多数督抚还是有效忠清廷之心，虽然他们因无法控制新军以及当地绅商不肯与之合作，而不能有效地镇压革命，但他们还是采取了不同程度的防范应对措施，他们并不愿看到清王朝的覆灭。这与其切身利益有关，也与其思想观念有关。就独立省区而言，既有湖广总督瑞澂、湖南巡抚余诚格弃城逃跑，也有闽浙总督松寿、江西巡抚冯汝骙自杀殉难，还有山西巡抚陆钟琦全家被杀。面对独立光复，虽然江苏巡抚程德全、广西巡抚沈秉堃、安徽巡抚朱家宝摇身一变为都督，但护理陕西巡抚钱能训、云贵总督李经羲企图自杀而未遂，他们与贵州巡抚沈瑜庆、两广总督张鸣岐均拒不出任都督。两江总督张人骏坚守孤城，援绝城陷，出走上海，甚至获得清廷“情尚可原”的谅解。就未独立省区来说，如果

① 《宣统政纪》卷61，《清实录》第60册，第1104页。

② 张开枚：《辛亥新疆伊犁乱事本末》，中国史学会主编《辛亥革命》（七），第430～435页。

不是各督抚尚存效忠之心，要维持这半壁江山几乎不太可能。直隶总督陈夔龙、山东巡抚孙宝琦、河南巡抚宝棻虽然托病去职，却力保近畿三省没有独立。东三省总督赵尔巽、吉林巡抚陈昭常、黑龙江巡抚周树模以独创性的“保安会”模式，基本维持了清王朝“龙兴之地”的稳定。陕甘总督长庚、新疆巡抚袁大化则一直坚持到清帝退位，究竟是清朝的忠臣，还是民国的罪人，后人自可评说。① 如果继续追索各督抚在进入民国之后出处进退之抉择，或许会有更加进一步的理解。

第三节　地方督抚在民国与清朝之间的出处进退

清末督抚如何在民国立身处世，是一个饶有兴味的话题。自古以来，改朝易代之际，到底做忠臣还是贰臣，是对前朝官僚的严峻考验。辛亥鼎革，中国从传统君主专制国家跃进到民主共和国，与前此各期单纯的改朝易代稍有不同。因为其时政治体制从传统向近代转型，尚寓含不可逆转的进步因素。那么，忠于前清的遗老，气节固然可嘉，但不得不背负着抗拒进步的顽固保守恶谥；而热情拥抱民国的出仕者，或许可以获得顺应潮流、与时俱进的美名，但其人格气节均不无疑点。这就加重了督抚们抉择的压力，也为后人的历史评判增加了难度。

下面先将这个时期 43 位督抚在民国以后之出处分类列表统计（如表 13－4）。

① 王家俭先生研究袁大化的论文题目就是《是清朝的忠臣还是民国的罪人？——对于末任甘新巡抚袁大化的历史评价》，载《近代中国历史人物论文集》，中研院近代史研究所，1993，第 153～173 页。

表 13－4　武昌起义以后地方督抚在民国时期出处分类统计

类　别	逊清遗老	民国政要	仕隐之间者	已死者
姓　名	陈夔龙、张人骏、长庚、瑞澂、魏光焘、胡建枢、宝棻、杨文鼎、升允、袁大化、增韫、余诚格、朱益濬、沈瑜庆	袁世凯、段芝贵、段祺瑞、张怀芝、孙宝琦、张广建、张锡銮、齐耀琳、钱能训、沈秉堃、宋小濂	张镇芳、王士珍、张勋、张鸣岐、岑春煊、李经羲、赵尔巽、程德全、朱家宝、李盛铎、陈昭常、周树模	松寿、赵尔丰、端方、陆钟琦、吴禄贞、冯汝骙
起义时在职督抚(人)	10	3	7	4
起义后新任督抚(人)	4	8	5	2
合　计	14	11	12	6
比例(%)	32.6	25.6	28.0	14.0

说明：①表中加下画线者为武昌起义后新任督抚；②“民国政要”是指一直在民国任要职者，“仕隐之间者”包括先退隐后出仕与先出仕后隐退者两种情况。

表 13－4 显示，除了松寿、赵尔丰等 6 督抚在革命中自杀或被杀，有意或无意地向清王朝尽忠之外，进入民国的督抚就出处而论大致有三种类型：逊清遗老、民国政要、仕隐之间者。就其对清王朝的忠诚而言，应该包括逊清遗老、已死者（吴禄贞当属例外），另在仕隐之间者中取一半，则其比例大约为 60%。这个比例之高清楚地说明，辛亥鼎革之际效忠清王朝的督抚当在大多数而不是少数。具体而言，逊清遗老 14 人中，武昌起义时在职督抚有 10 人，起义后新任督抚仅 4 人，显然前者占绝大多数。民国政要 11 人中，武昌起义时在职督抚仅 3 人，起义后新任督抚有 8 人，显然后者占绝大多数。这正与逊清遗老情形相反。仕隐之间者 12 人中，武昌起义时在职督抚有 7 人，起义后新任督抚有 5 人，两者大致相当。究其原因，如前关于督抚群体结构分析显示，武昌起义时在职督抚旗人与出身进士、举人高级学衔者相对较多，旗人出于族群认同关系，或殉难或为遗老，进

士、举人出身者深受儒家传统忠君观念影响，也多为遗老；而武昌起义后新任督抚则有不少为袁世凯系的军人与政客，进入民国后自然追随袁世凯而决定其进止。

以下拟对各种类型的一些具体情况略做分析。

逊清遗老是指辛亥鼎革之后，不任民国官职，而仍忠于清朝的旧官僚。陈夔龙是一个典型，所谓“胜清之显宦，民国之遗老也”。[①] 武昌起义后，袁世凯企图诱劝陈夔龙趋向共和。陈不为所动，“始终惟知有国家，期不负三朝恩遇而已”。他甚至讥笑岑春煊赞成共和乃“臣节不终”。清帝逊位后，陈夔龙先在天津养病，随后寓居上海，筑花近楼，结逸社，“闭门却埽，万事不关”。民国十三年（1924），陈夔龙著《梦蕉亭杂记》，忆及遗老生活，感慨良多，有谓：“此十三年中，约计上至总统及阁员，外而督军、省长，非当年部曲，即旧日寅僚，从不愿以尺牍往还，借通情愫。一切目见耳闻，离奇怪异，几不知人间有羞耻事，不屑笔之记载，污我毫端。盖三纲五常之沦斁久矣。”[②] 张人骏在困守南京之时，就曾表示：“我但过得去，决不过于激烈，至多被发入山，不与闻世事耳。”进入民国，张人骏隐居青岛，“一切世人不欲与见，一切世事不愿与闻”。[③] 沈瑜庆流寓上海，“集故老纵饮联吟，荡激哀愤。遇孝定景皇后之丧，崇陵奉安，皆一再躬赴”。甚至“懃懃以吾皇典学为问”。去世后，遗疏上，清逊帝予谥敬裕。[④] 旗人长庚、升允还参与了宗社党活动，去世后均获清逊帝封谥，

---

① 徐一士：《一士类稿·谈陈夔龙》，荣孟源、章伯锋主编《近代稗海》第 2 辑，第 173 页。

② 以上参见陈夔龙《梦蕉亭杂记》，第 120、33、124～125 页。

③ 《致张允靖》（1911 年 11 月 10 日）《致张志潜》（1916 年），分见张守中编《张人骏家书日记》，第 140、146 页。

④ 陈三立：《诰授光禄大夫贵州巡抚沈敬裕公墓志铭》，《散原精舍诗文集》下册，李开军校点，上海古籍出版，2003，第 979～980 页；陈宝琛：《沈涛园中丞六十双寿序》（1917 年），《沧趣楼诗文集》上册，刘永翔、许全胜校点，上海古籍出版社，2006，第 334 页。

长庚谥恭厚，升允谥文忠。[①] 其他旗人旧督抚如宝棻、增韫等全都做了遗老。最具讽刺意味的是，曾因弃城逃跑而被清廷革职的瑞澂、余诚格也做了遗老，或许是自明心迹，亦未可知。

民国政要是指与清廷决裂，一直出任民国政府要职者。如袁世凯为民国总统，段祺瑞从内阁总长、国务总理，直至相当于总统的临时总执政，孙宝琦、钱能训官至国务总理，其他如段芝贵、张怀芝、张广建、张锡銮、齐耀琳、沈秉堃、宋小濂或为内阁总长，或为各省都督、督军。这些均是民国时期中央或地方政府炙手可热的人物，兹不赘述。

至于仕隐之间者，则情形较为复杂。有先退隐后出仕者。如王士珍，清帝逊位后，袁世凯任总统。“公乃拂衣归里，由是不问世事矣。袁公函电促，专使相望于道，卒不起”。民国三年（1914），袁世凯遣其子克定强邀入都，有谓：“王公不出，尔不得归。”王士珍不得已出，后任陆军部总长，转参谋总长，至国务总理。民国七年（1918），引疾告归。“自民国以来，睹国事难以常轨理，每想引退以避政争，讫弗如志，至是洒然如释重负”。[②] 又如赵尔巽，“共和诏下，浩然有去志，明年解组，隐于青岛。……项城属人招之，公徘徊久之乃至，清史馆开，属以总裁。公曰：是吾志也。”[③] 再如周树模，“至逊位诏下，乃引疾去职，蛰居沪上法界之宝昌路，闭门息影，栽花薙草”。总统袁世凯意在礼致，国务总理徐世昌必欲引重，“使命往复，不获辞”。民国三年（1914）进京，就平政院长。袁世凯称帝时，周树模

① 赵尔巽等：《清史稿》卷453，列传240，长庚，第4册，第3229页；溥儒：《清授光禄大夫前陕甘总督大学士多罗特文忠公神道碑》，卞孝萱、唐文权编《辛亥人物碑传集》，第657页。

② 贾恩绂：《德威上将军正定王公墓志铭》，卞孝萱、唐文权编《辛亥人物碑传集》，第301页；尚秉和：《德威上将军正定王公行状》，钟碧容、孙彩霞编《民国人物碑传集》，第41页。

③ 爽良：《清史馆馆长前东三省总督盛京将军赵公行状》，钟碧容、孙彩霞编《民国人物碑传集》，第611页。

主张正论，颇不谓然，乃避归沪上。嗣以黎元洪继任总统，礼请来京，仍为平政院长。“本非初志，旋即卸去”。计前后在京十年，与湖北同乡樊增祥、左绍佐三人，时常聚会，人称“楚中三老”。[①] 表面上看来，他们既隐而后仕，都是因为袁世凯、徐世昌等故旧的情面，但实际情况并不尽相同。如果说王士珍主要是报答故主袁世凯，那么赵尔巽与周树模则对清王朝尚不乏留恋之情。

有先出仕后隐退者。这有两种情况：其一是满怀对共和国的期望而出仕，然后又满怀对民国政治的失望而退隐。如岑春煊，于辛亥鼎革之际，转而赞成共和。其日后回忆仍对此大赞不止：“以数千年专制政体，一变而为共和之国，犹复优待清室，不失尊荣，以视前朝易姓诛夷之惨，相去何止天渊。昔日委质为臣者，今且与故君同为国之公民，而区区效忠一姓之狭义，皆当随潮流以俱去，抑世界大势之所趋耶。”不意袁氏当国，致兵连祸结。从“二次革命”，到护国、护法运动，岑春煊均亲与其事，疲于奔命。民国九年（1920），“整装回沪，不复更谈政治”。[②] 又如程德全，本是督抚中反正独立第一人，但在“二次革命”之后，遂退出政坛，闭门诵佛，受戒于常州天宁寺，法号寂照。民国五年（1916），程德全反思道：“国体改革以还，日相寻于哄争猜忌之域。吾时于两方谆切劝解，亦均不见听。岂天之诲祸！抑吾之诚不足以感人也。驯至今日，纲纪凌夷，道德灭绝，人民困于水深火热，几不可一朝居。呜呼！既无以对故君，复无以对国人，罪深孽重，夫复何言？”[③] 表明其对民国的失望和无奈心情。无独有偶，张鸣岐后来也寓居天津，吃斋念佛，惜乎晚年附逆日寇，堕落

① 左绍佐：《清授光禄大夫建威将军黑龙江巡抚周公墓志》，卞孝萱、唐文权编《辛亥人物碑传集》，第415页。

② 岑春煊：《乐斋漫笔》（1930年），《岑春煊文集》，何平、李露点注，第513～514、518页。

③ 黄炎培：《辛亥革命史中之一人——程德全》，钟碧容、孙彩霞编《民国人物碑传集》，第838页。

为汉奸。再如朱家宝，民初出而用事，官至直隶民政长，兼都督，改巡按使，加将军衔，领军务。“修饬庶政，治绩为行省冠”。张勋复辟，特授民政部尚书，“未行而变作，遂投劾不再出矣”。[①] 其二是出仕而不忘忠清。如张勋，行伍出身，本属袁世凯部下，“逊位诏下，世凯遣使劳问，勋答曰：袁公之知不可负，君臣之义不能忘。袁公不负朝廷，勋安敢负袁公?”“公依世凯，殊怏怏，顾念弃兵柄，安所藉手，规匡复，伸其志，遂隐忍就职。其后，凡总统所假陆军上将、定武上将军、江北镇抚使、长江巡阅使、江苏都督、安徽督军，受而不避，本此志也”。民国六年（1917），张勋拥清帝复辟，旋兵败，赴津隐居。去世后，清逊帝予谥忠武。[②] 又如张镇芳，河南项城人，进士出身。共和初建，受袁世凯之命，出任河南都督，“逾年乞休去官，还居津门”。后参与张勋复辟，事败，仍隐居津沽。“公自束发受书，其于在三之义闻之熟矣，惟以袁公故，感知己之私与为推移，然而耿耿之衷未尝忍而即安，故莅事期年，毅然求罢，此其隐曲明明予天下以共见，论者疑公之所处本末乖牾，如致身袁氏为是，即匡复旧君为非，此岂足知公之心者哉!”[③] 在时人看来，张镇芳仍不失为清朝的忠臣。

仕隐之间者的情形确实很复杂。就上述分析，可见赵尔巽、周树模、张勋、张镇芳情况也大不相同，似各有隐衷，但均不乏“遗老”情结。他们去世之后的“行状”“墓志铭”均署清朝官职或谥号，大概也可以说是对其“遗老”身份的认可。另外，朱家宝、陈昭常亦是

① 马其昶：《云南黎县朱公墓志铭》，卞孝萱、唐文权编《辛亥人物碑传集》，第468页。

② 赵尔巽等：《清史稿》卷473，列传260，张勋，第4册，第3287页；陈三立：《张忠武公墓志铭》，《碑传集补》卷末，《清代碑传全集》下册，上海古籍出版社，1987，第1624页。

③ 钟广生：《清故光禄大夫署直隶总督张公馨庵墓志铭》，钟碧容、孙彩霞编《民国人物碑传集》，第510页。

如此，[①] 上文统计忠于清王朝的督抚时，在仕隐之间者约取一半，大致够数。其实，仕隐之间者既已出仕，在某种意义上便是对民国的认同，但究竟是否就意味着对清朝的背叛，则恐怕不能一概而论。赵尔巽出任清史馆馆长，“志”在纂修清史，自不失其故国情怀。张勋接受袁世凯的任命，意在保存实力，以拥清逊帝复辟，走了一条“曲线救国”之路。周树模虽然认同民国，但仍不忘其“清室旧臣”身份，其反对袁世凯称帝，就因为顾念“旧君”情分。他说：“前清变民国，予等皆清室旧臣，民国无君，以人民为君，予等无二姓之嫌，皆可厕身作官。今袁氏称帝，予等事之，弃旧君而事叛臣，何以自解?”[②] 这个解释，大概可以为既仕民国而又不忘忠清者提供一个冠冕堂皇的说法。

需要说明的一点是，以上三种类型的划分并不是绝对的。有一份名单值得注意——民国六年（1917）张勋复辟时，其重要官职中旧督抚列名者如下：内阁议政大臣张勋、王士珍、袁大化、张镇芳，大学士升允，协办大学士张人骏，顾问大臣岑春煊、赵尔巽、陈夔龙、胡建枢，各部尚书、侍郎有度支部尚书张镇芳、参谋部尚书王士珍、民政部尚书朱家宝、农工商部尚书李盛铎、农工商部左侍郎钱能训，各省督抚有直隶总督北洋大臣张勋、江苏巡抚齐耀琳、山东巡抚张怀芝、甘肃巡抚张广建，盐务署督办张镇芳（兼），督办税务大臣孙宝琦。[③] 这里涉及旧督抚 17 人，包括上述所谓逊清遗老 5 人：袁大化、升允、张人骏、陈夔龙、胡建枢；民国政要 5 人：钱能训、齐耀琳、张怀芝、张广建、孙宝琦；仕隐之间者 7 人：张勋、王士珍、张镇芳、岑春煊、赵尔巽、朱家宝、李盛铎。虽然列名可能有主动与被动

① 朱家宝、陈昭常被划归“清遗民”之列。参见林志宏《清遗民基本资料表》，《民国乃敌国也：政治文化转型下的清遗民》，台北，联经出版事业有限公司，2009，第 441、469 页。

② 刘成禺、张伯驹：《洪宪纪事诗三种》，上海古籍出版社，1983，第 186 页。

③ 钱实甫编著，黄清根整理《北洋政府职官年表》，华东师范大学出版社，1991，第 230 ~ 233 页。

之分，因张勋复辟历时短暂，各人对清廷是否真心效忠已无法验证，但这个名单是经过逊清皇帝宣统以谕旨形式颁布任命的，至少可以说是清廷自以为是的期许吧。据近人对“清遗民”的最新统计，涉及辛亥之际旧督抚 14 人，其中有上述所谓逊清遗老 7 人：升允、朱益濬、余诚格、沈瑜庆、袁大化、张人骏、陈夔龙，民国政要 2 人：孙宝琦、钱能训，仕隐之间者 5 人：朱家宝、周树模、张勋、陈昭常、赵尔巽。[①] 可见，进入民国之后，前清督抚的身份确实不好认定，简单地贴上这样那样的标签，其实可能都不太合适。

以上力图证明辛亥鼎革之际，各省督抚效忠清王朝者还是占多数，而不是一般印象中的少数。但问题还没有完全解决，既如此，为什么清王朝在武昌起义之后会迅速土崩瓦解？这是以下需要进一步探讨的问题。

第四节　“内外皆轻”的权力格局与清王朝覆灭及民初政治走向

关于晚清中央与地方政治权力格局问题，自罗尔纲先生发表《清季兵为将有的起源》[②] 以后，学界大都信奉“内轻外重”说。其实，从咸同时期地方势力崛起，到庚子事变已经到达顶峰，东南互保是最显著的事例。如果仅就庚子事变以前四十年立论，罗先生“内轻外重”说大致可以适应。至于庚子以后的清末新政时期，地方督抚的权力及其与清政府的关系已经有了新的变化，而嬗变成另外一种新格局。这个时期，清廷实施新政及预备立宪，有意调整收束地方权力，

① 林志宏：《清遗民基本资料表》，《民国乃敌国也：政治文化转型下的清遗民》，第 431～492 页。

② 此文载《中国社会经济史集刊》第 5 卷第 2 期，国立中央研究院社会科学研究所，1937，第 235～250 页。

即所谓中央集权。至辛亥鼎革之际，中央与地方权力关系表面上演变为“内重外轻”之格局，实际上是一种“内外皆轻”的权力格局。一方面，中央收束地方权力，使地方督抚实际权力大为缩小；另一方面，清廷中央对地方缺乏实际控制力，其所谓中央集权只是有名无实。其总体表征是中央与地方权威一并流失，中央无法控制地方，地方无力效忠中央。①

“内外皆轻”权力格局的形成，其直接后果是清廷中央与地方均无法有效地应对革命，致使清王朝走向覆亡之路。

从中央与地方的关系来看，清末新政有一个明显的趋向，就是中央集权。当新政发展到政治体制改革的预备立宪阶段时，清廷便明确标榜“大权统于朝廷”。宣统年间，摄政王载沣更是极力集权于皇族亲贵，将中央集权推至极致。然而，与清廷主观意旨相悖的是，并没有建立一个强有力的中央政府。事实上，当革命起来时，清廷根本无力应对。武昌起义后，清廷无法驾驭北洋军，不得不起用旧臣袁世凯。其时，清廷的实际主政者摄政王载沣与隆裕太后都不是强有力的核心人物，反而被袁世凯玩弄于股掌之中。袁世凯被起用后，很快出任内阁总理大臣，并迫使摄政王载沣退归藩邸，攫取了清朝行政大权。庸弱的隆裕太后也不得不把清廷命运完全交付袁世凯，在召见袁世凯内阁时，她说：“顷见庆王等，他们都说没有主意，要问你们，我全交与你们办。你们办得好，我自然感激，即使办不好，我亦不怨你们。皇上现在年纪小，将来大了也必不怨你们，都是我的主意。”②在革命党炸死良弼后，隆裕太后闻讯颇感绝望，禁不住当朝掩面而泣曰：“梁士诒啊！赵秉钧啊！胡惟德啊！我母子二人性命，都在你三

① 关于清末新政时期中央与地方权力关系格局的演变，参见本书第十二章。

② 许恪儒整理《许宝蘅日记》第1册，第385～386页。按：绍英当天日记记载与此大致相同，有谓：“皇太后垂泪谕袁总理大臣云：你看看应如何办即如何办，无论大局如何，我断不怨你。即皇上长大，有我在，亦不能怨你。”（《绍英日记》第2册，第264～265页）

人手中，你们回去好好对袁世凯说，务要保全我们母子二人性命。”[①]这样软弱无力的中央政府，显然无法有效地控制地方。其实，早在武昌起义之后约一个月，据英国驻华公使朱尔典的观察：“清朝在各省的权力几乎已失去作用。”[②]清廷通过新政所企求的中央集权，并没有真正地强化中央政权，反而还失去了对地方的实际控制力。

在清廷中央集权的过程中，地方督抚权力相应地大为削弱。如时论所谓：“自中央集权之说中于中央政界之心理，而督抚之权日削，而外省之力日瘠，迄于今几无一款之可筹、一事之能办，疆臣愤不能平，则相率托词乞退。呜呼，其流毒之巨有如是也。”[③]清廷把各省新军的指挥权、调遣权统归军谘府、陆军部，削去地方督抚的兵权，是最为致命的。苏舆曾痛切地指出：“年来盛唱中央集权之说，督抚兵权渐撤。所有军官，多由军谘府、陆军部檄往，大半留学毕业生，不服从督抚调遣节制。故军队倡乱，督抚不能自卫，以致于败。”[④]恽毓鼎认为：“兵权一失，倒持刀柄以授人，虽有善者，亦无如之何已。中央集权，其祸如此！泽为首恶，洵、涛、朗次之，何面目以对九庙之灵乎？”[⑤]陈夔龙以自己切身经历说明疆臣失去兵权祸害极大，有谓：“余于宣统已酉腊月，履直督任，所辖北洋第二、第四两镇，兵力甚强，足以建威销萌。新党不便，怂恿京师权贵收归部中直辖，监国贸然允之。疆臣职司疆土，直隶尤屏蔽京师，一旦骤失兵柄，其何能淑。疏凡再上，以去就力争，卒未能收效果。”[⑥]像陈夔龙一样，地方督抚在面对革命时，除少数顺应世变潮流以外，多数督抚虽可能想效

① 凤冈及门弟子编《三水梁燕孙先生年谱》上册，1947，第111页。

② 《第51件：朱尔典爵士致格雷爵士电》（1911年11月12日发自北京），胡滨译《英国蓝皮书有关辛亥革命资料选译》上册，中华书局，1984，第54页。

③ 《时评·其一》，《申报》宣统二年八月九日，第1张第6版。

④ 苏舆：《辛亥溅泪集》卷1，胡如虹编《苏舆集》，第225页。

⑤ 史晓风整理《恽毓鼎澄斋日记》第2册，第557页。

⑥ 陈夔龙：《梦蕉亭杂记》，第122页。

忠清王朝，但大都有心无力而已。这样，清王朝的覆灭也就不可避免了。

“内外皆轻”权力格局的形成，其另一个严重的后果是掌握军队尤其是新军的军人势力的崛起，出现军人干政，导致民国初年的军阀政治。

当清廷中央与地方督抚权威一并衰落之时，军人势力乘势而起，成为左右清末民初政治走向的一股重要力量。在清末，张绍曾滦州兵谏立宪与段祺瑞电争共和，已启军人干政先河。宣统三年（1911）九月初八日，新军第二十镇统制张绍曾、第三镇协统卢永祥、第二混成协统领蓝天蔚、第三十九协统领伍祥祯、第四十协统领潘矩楹等人电奏清廷，代表各军将士请愿改革政治，提出政纲十二条，要求年内即开国会，改定宪法，组织责任内阁，总理大臣由国会公举，国务大臣由总理推任，皇族永远不得充内阁总理大臣及国务大臣，甚至明确要求军人有参与解决现时规定之宪法、国会组织法及国家一切重要问题之权。① 军人通电干政，使清廷惶恐不安，随即颁发宪法重大信条十九条。时人评论道：“然以朝廷遽发信条，为军士所轻，卒启军人干政之举，后且合词请退位矣。”② “朝廷之所以号召天下震慑群庶者，威信而已。今朝廷失信之事已更仆难数，此诏一出，更示天下以弱。现任兵官尚可迫胁，何人不可迫胁乎？威严尽失，何以立国？乱事之起，靡有涯已”。③ 甚至有谓：“帝位虽存，大权业已下移。”④ 十二月初八日，在袁世凯的授意下，段祺瑞联合北洋将领姜桂题、段芝贵、倪嗣冲、王占元、曹锟、李纯、潘矩楹、王怀庆、张怀芝等50人，致电内阁、军谘府、陆军部并王公大臣，请代奏清廷，建议清廷接受

① 张国淦：《辛亥革命史料》，第197～198页。
② 金梁：《光宣小记》，第38～39页。
③ 王锡彤：《抑斋自述》，郑永福、吕美颐点注，第174页。
④ 陈夔龙：《梦蕉亭杂记》，第122页。

优待条件，赞同共和，强烈要求清廷“明降谕旨，宣示中外，立定共和政体，以现内阁及国务大臣等，暂时代表政府”。[①] 其咄咄逼人之势，使清帝退位毫无回旋余地。有人认为，袁世凯登上临时大总统宝座，“其所以如此之速者，得力于段芝泉率前敌将士一电，请愿共和之最有力者也”。[②] 时人把段祺瑞之电与彭家珍炸良弼之弹相提并论，以为“足以夺禁卫军之魄，而褫宗社党之魂，实乃袪除共和障害之二大利器也”。[③] 袁世凯正是依靠其北洋系军人的支持，而顺利地逼清帝退位，并攫取民国大总统职位。

在民初，袁世凯仍然利用北洋军人与孙中山斗法。其时，孙中山坚持临时政府定都南京，并要求袁世凯南下就任临时大总统。当孙中山所派蔡元培等迎袁专使到达北京时，袁世凯授意亲信曹锟所属第三镇发动兵变，在京津地区大肆抢劫，造成北方动荡不安局面。同时，北军将领段祺瑞、姜桂题、冯国璋联合发布通电，断然主张：“兹就内情、外交、边部各方面观之，临时政府必应设于北京，大总统受任必暂难离京一步，统一政府必须旦夕组定。”[④] 结果孙中山与南方革命党人不得不妥协，以遂袁世凯之愿。对于曹锟兵变，时人感叹：“五代骄兵之祸，将见于共和世界矣。”[⑤] 真可谓先见之明。其后，军人干政更是愈演愈烈，直至演变为军阀政治。此是后话，兹不赘述。

值得注意的是，民初军阀主要是清末新军将领，而不是地方督抚。进入民国以后，前清督抚大都步入遗老行列，而新军将领则在政治舞台上纵横捭阖，异常活跃。从辛亥鼎革之际独立各省都督任职背景统计分析，便可略见其端倪。据附表二《辛亥独立各省都督任职背

① 张国淦：《辛亥革命史料》，第305～306页。

② 王锡彤：《抑斋自述》，郑永福、吕美颐点注，第179页。

③ 廖少游：《新中国武装解决和平记》，陆军编译局印刷所，1912，第72页。

④ 《附北京段姜冯三军统通电》，转引自黎元洪《黎副总统政书》卷8，湖北官纸印刷局，1914，第4页。

⑤ 史晓风整理《恽毓鼎澄斋日记》第2册，第580页。

景》统计，在各省光复后任职都督的27人中，有14人来自新军官员，包括新军统制、协统、标统、管带及教官等，占总数的一半以上。另有革命党人即职业革命者5人；旧官僚包括巡抚、布政使、提督5人；立宪派包括3位谘议局议长，均占少数。可见新军势力的强大。新军势力在清末新政中崛起，成为清朝中央与地方政府难以控制的政治力量，从军人干政演变为民国时期的军阀政治，也就顺理成章。有点匪夷所思的是，练新军本是清末新政的重要举措，但在辛亥革命中，新军是推动各省独立的主力军，终归成为清王朝的掘墓人。这是清廷新政之初所始料不及的。种豆得瓜，历史的奥秘确实耐人寻味。

余　论

改良与革命的历史选择

清政府在内忧外患的背景下启动新政，其目的本来是为了挽救清王朝垂危的命运，然而事与愿违，清王朝在推行新政十余年后却被辛亥革命推翻。这是事实。不幸的是，辛亥革命之后，中国并没有顺利走上和平发展道路，而是长期陷入军阀混战及内外战争之中。这也是事实。那么，究竟应该如何看待清末新政？又应该如何看待辛亥革命呢？这便涉及改良与革命的关系问题。这是中国近代史研究绕不过的话题，也是至今学界时有反响而颇有争议的一个问题。

改良与革命是近代中国历史发展的两条道路。清末新政属于改良的范畴，是清政府主导的试图挽救清王朝命运的和平发展道路，最后以失败告终。有人认为，如果没有辛亥革命，中国按照清政府新政的方向，可以更好地和平发展，从而提出“告别革命”论，完全否定辛亥革命的历史价值。这种论调的产生，有其特定的政治背景，并在学界有一定的影响。如何从学理上做出回应，需要对清末新政的经验教训进行认真反思。

清末新政留下了许多历史经验，也有不少历史教训值得总结。一方面，清末新政是中国向西方学习走现代化道路的重要阶段，其各方面变革的广度和深度均超过了此前的洋务运动与戊戌变法，积累了中国现代化建设所必需的经验。另一方面，清末新政的目标本是挽救清王朝，但结果却使清王朝走向覆亡之路，其失败的教训是深刻的，值得后人认真总结和吸取。

以下主要反思五个方面的问题。

其一，最高决策层的问题。清政府没有高瞻远瞩、坚强而智慧的改革领袖及决策群体。一方面，最高决策者慈禧太后与监国摄政王载沣都无力担此重任。慈禧太后有传统政客老辣的政治经验与高超的政治手腕，但缺乏近代政治家的政治智识。载沣则生性懦弱，才具平庸，既没有政治手腕，又缺乏决断的魄力，根本无法控制朝政，更是难有作为了。久历政坛的持重老臣王文韶晚年禁不住对人感叹："大家皆抱怨老太太（指孝钦后——原注，即指慈禧太后），汝须防老太太一旦升天，则大事更不可问。"[①] 痛切的肺腑之言，值得仔细玩味。另一方面，慈禧太后长期的专权造成一批平庸的政治家，内阁、军机处、政务处（会议政务处）、宪政编查馆大臣集体平庸。满族重臣荣禄在新政初期去世，庆亲王奕劻为首席军机大臣。奕劻贪婪成性，与那桐同流合污，以贪污受贿名传坊间，被叫作"庆那公司"。其他少壮亲贵如载泽、载洵、载涛、溥伦、毓朗等人，也只知争权夺利。汉族重臣李鸿章、刘坤一在新政初期去世，对新政未能有所作为。王文韶、孙家鼐、鹿传霖位高齿尊，老迈昏庸，亦相继谢世。张之洞晚年入阁拜相，多有掣肘，抑郁而终。瞿鸿禨、岑春煊、袁世凯又因故被开缺。无论满汉大臣，要么平庸无能，要么成为权力斗争的牺牲品，均不能在新政中大有作为。

---

① 何刚德：《话梦集·春明梦录》，北京古籍出版社，1995，第81页。

其二，中间执行层的问题。这就涉及本书的主体地方督抚。地方督抚是推行新政的中坚力量，其所作所为对于新政的进程乃至成败得失有着重要的影响。虽然李鸿章、刘坤一、张之洞、袁世凯、岑春煊等强势督抚可能在一定程度上参与和影响清廷的新政决策，但大部分督抚一般只是新政政策的执行与推动者。事实上，也正是依靠各省督抚的执行，新政才得以在全国开展并取得了一定的成就。然而地方督抚本身的弱点，也在一定程度上制约了新政的进程，而没有使新政最后取得圆满成功。比如说，清末新政时期的地方督抚仍然是一个在旧制度下主要由儒家传统文化孕育出来的旧式官僚群体。这个群体从整体上是较少革新精神而易于安于现状的，以旧人办新政，显然不利于新政的推行。再比如，清政府为了控制地方督抚，使督抚频繁调动，任职时间短，既不利于政策的稳定，又使督抚疲于奔命，终究难有作为。当时，地方督抚大臣中最有影响的有湖广总督张之洞、直隶总督袁世凯、两广总督岑春煊和两江总督端方。张与袁任职较长，收效较为显著；岑与端则恰恰相反。虽然岑与端也可谓难得的干才，但因过于频繁调动而难有作为，其他平庸之辈更可想而知。更重要的是，由于各省不同程度地陷入财政经费困境中，地方督抚巧妇难为无米之炊，大都有意无意地降低了推行新政的力度，从而延缓甚至阻碍了各项新政开展的进程。清末新政在各省进展不一，成效并不理想，其中原因固然颇为复杂，但作为中坚力量的地方督抚大都对新政推行不力则是至关重要的因素。

其三，改革的时机问题。在宏观决策方面，清政府不能掌握何时改革与如何改革的主动权，处处被动，甚至拖泥带水，终至错失时机。洋务运动、戊戌变法已失去两次良机，清末新政又在庚子事变中被迫启动，预备立宪更是被动。当清末新政发展到预备立宪阶段而走向政治体制变革时，慈禧太后游移持重，摄政王载沣迟疑不决，处处拖延敷衍，终于功败垂成。新政开始之初，各处对于变法便是阳奉阴违。光绪二十九年（1903）四月初五日，调任四川按察使冯煦被慈禧太后与光绪皇帝召见。慈禧太后说："现在所行新政必须认真举办。"冯对："时势至今日，变法自是第一要义。然臣谓变法必先变心。前年回銮前，皇太后明降谕旨，叫大小臣工公尔忘私，而瞻徇欺蒙者如故；叫实事求是，而因循敷衍者如故，总由自私自利之心，一成不变其弊，遂至于此。故臣谓变法必先变心。"① 预备立宪初期，官制改革之事闹得沸沸扬扬，不仅遭到地方督抚的反对，而且还引起了立宪派的不满，他们认为："政界事反动复反动，竭数月之改革，迄今仍是本来面目。""此度改革，不餍吾侪之望，固无待言。"② 在他们看来，清廷是在搞拖延战术，没有立宪的诚意。光绪三十三年（1907）春夏之交，岑春煊在被慈禧太后召对时，也曾提出过"今日中国政治是好是坏"及"改良是真的还是假的"的疑问。慈禧太后反问："改良还有假的，此是何说?!"在岑春煊看来，朝廷固然希望"真心改良政治"，但"奉行之人，实有欺蒙朝廷不能认真改良之据"，所以有"改良是假的"的说法。③ 宣统二年（1910）十月初二日，资政院议员汪荣宝在清廷宣布宣统五年召集国会前夕，致书议长溥伦贝子，力请设法再行提前一年，有谓："多一日预备，不过多一日敷衍。"④ 可见，新政一路走来，清政府上下是一味欺蒙敷衍。制度变革尤其是政治体制变革，是中国近代化的一个难以突破的瓶颈。清末新政时期，清王朝的专制皇权与近代中国的政治民主化趋向之间有一个内在的紧张关系。无论是慈禧太后还是摄政王载沣，其关注大清朝的皇位统治更胜于关注近代中国的前途与命运，因而始终无法突破其间内在的张力，也无法真正地迈出政治体制改革最关键的一步，预备立宪最终未

---

① 冯煦：《蒿庵随笔》卷4，第16页。

② 详见丁文江、赵丰田编《梁启超年谱长编》，第368页。

③ 岑春煊：《乐斋漫笔》（1930年），《岑春煊文集》，何平、李露点注，第508页。

④ 北京大学图书馆馆藏稿本丛书编委会编《汪荣宝日记》，天津古籍出版社，1987，第678页。

能完成政治体制的结构性转型。可以说，以预备立宪为中心的政治体制改革的失败，是清末新政失败的关键。

其四，各利益群体的关系问题。清末新政的目标是极力加强中央集权，甚至集权于皇族亲贵，高居权力顶端的皇族亲贵丝毫不肯放弃权力与利益，而是一味专权与集权，陷入权力争斗的怪圈，从而激发皇族亲贵内部的矛盾、满汉矛盾、清廷中央与地方督抚的矛盾，并使新兴政治势力立宪派绝望，结果是各利益群体均不满意。如胡思敬当时笔记所谓："新政之害，已情见势绌，督抚知之，政府知之，摄政王亦知之。京师官三五杂坐，莫不援手叱骂。其实骂新政〈府〉者无一非办新政之人，即无人不享新政之利。游东洋归者骂留学生，而钻营求差自若也；在学部当差者骂学部章程，而拟稿批呈自若也；在法部当差者骂新律，而援引听断仍自若也。举一国之人，如蜩如螗，如沸如羹，妖由人兴，事极可怪。"① 胡思敬虽守旧，每每敌视诋毁新政不遗余力，然其所言并非不符事实。比如，新兴立宪派的倒戈，实在事出有因，主要是因为其参政权力未得充分实现的缘故。现代西方政治学理论表明："每一个未被吸收到政治体系中的社会阶级都具有潜在的革命性。……挫败一个集团的要求并拒不给它参与政治体系的机会，有可能迫使它变成革命的集团。"② 可见，事实上是清政府把立宪派逼到了自己的对立面。如何处理各种既得利益集团与未得利益群体的矛盾，是新政过程中非常棘手而又无法回避的难题，是对改革领导者政治智慧的大考验。清政府从根本上缺乏这方面的智慧，因而不可避免地自食其恶果。

其五，民生问题。在清末新政的实施过程中，清政府高层各种政治势力争权夺利，根本无暇顾及中间社会及下层民众的民生问题，不

---

① 胡思敬：《国闻备乘》，第 86 页。按：引文中〈府〉似为衍字。

② ［美］塞缪尔·P. 亨廷顿：《变动社会的政治秩序》，张岱云等译，第 299 页。

但各种新兴社会势力如绅商、学生、军人等群体的利益得不到满足，而且广大民众生活也得不到保障，民变迭起，革命终于像火山大爆发一样不可避免。张謇于宣统三年（1911）五月在京接受摄政王载沣召见时奏对，提出所谓“内政重要计划”，其要点就是“须注重民生，以实行宪政”。有谓：“各种人民生计缺乏，即宪政无由进行。若因生计而一有乱象，则又可引起外患。朝廷一面须将农工商各实业已办者实心保护，未办者竭力提倡，以培元气。……若不能设法，即不亡国，也要穷死。”他进而认为：“重视民生，各国方信朝廷实意立宪。又谘议局为道达民隐之地，须得各督抚重视舆论，方足宣朝廷之德意；又须朝廷体察民隐，方能得舆论之真相。但得民心不失，则内政可修，外患犹可渐弭。”① 这是张謇对清政府最后的忠言。然而，民生凋敝，民心尽失，清廷已是无力回天。

以上有关清末新政的五个方面的教训是惨痛的，其实也是清政府终究无法解决的难题。因此，抽象地称赞或一厢情愿地假设清廷的改良是好的，是没有意义的，看看清廷新政的历史教训，就不会怀疑革命不可避免了。

关于改革与革命的关系，法国近代著名的历史学家托克维尔在其研究法国大革命的名著中有过精辟的论述，他说：“对于一个坏政府来说，最危险的时刻通常就是它开始改革的时刻。……人们耐心忍受着苦难，以为这是不可避免的，但一旦有人出主意想消除苦难时，它就变得无法忍受了。当时被消除的所有流弊似乎更容易使人觉察到尚有其他流弊存在，于是人们的情绪便更激烈：痛苦的确已经减轻，但是感觉却更加敏锐。”“改革不只是推倒了阻碍大革命的重重障碍，更重要的是向人民表明怎样才能动手进行革命，因而，改革为大革命作

① 《辛亥五月十七日召见拟对》（宣统三年），《张謇全集》第1卷，第164页。

了准备。”[①] 这被现代西方政治学理论引申为“改革能成为革命的催化剂”的命题。[②] 改革一方面充分暴露了旧制度的种种弊端，唤起了人们的觉醒；另一方面又造就了新兴的社会力量，并引发新旧势力之间的矛盾。如果旧制度不能有效地控制这些新的社会力量，并化解各种政治势力之间的矛盾，只能加速革命的进程，促使旧制度走向崩溃。清末新政与辛亥革命的关系为此提供了一个典型的例证。宣统三年（1911）十二月十七日，湖南布政使郑孝胥在清帝逊位前感叹：“有孝钦（慈禧太后——引者注）反对立宪于前，遂有庆王、摄政王伪饰立宪于后，乃成瓦解土崩之局。故革命党魁非他，即孝钦是也，庆、摄助而成之，亦其次耳。”[③] 正如辛亥鼎革之际的报刊评论所谓：“二三年来，立宪既经绝望，人人心中即有革命之意。今日武汉事起，全国和之，如铜山西崩，洛钟西应，人心所趋，有莫知其然而然者。或以瓜熟蒂落喻之，理义甚合。”[④] 革命的爆发，真如水到渠成。

可见，所谓“告别革命”论，其实只是假设。客观历史事实是，清末新政的道路没有走通，同时逼出了辛亥革命，以暴力推翻了清王朝。这不是革命出了问题，而是清政府的新政出了问题。对于清末新政的结局，时人即有颇为敏锐的观察。如御史胡思敬曾痛切陈言：“朝廷力行新政，原以图富图强图存，而不料转以速贫速乱速亡。”[⑤] 确实并非危言耸听。又如第二次出洋考察宪政大臣于式枚曾所预言：“行之而善，则为日本之维新；行之不善，则为法国之革命。”[⑥] 不幸而言中，这真成了清末新政结局的谶语。历史无比残酷，又是无比地

① ［法］托克维尔：《旧制度与大革命》，冯棠译，商务印书馆，1997，第210、221～222页。

② 参见［美］塞缪尔·P. 亨廷顿《变动社会的政治秩序》，张岱云等译，第392页。

③ 劳祖德整理《郑孝胥日记》第3册，第1390页。

④ 《时事评论稿》，国家图书馆善本部编《赵凤昌藏札》第10册，第506页。

⑤ 胡思敬：《请罢新政折》（宣统二年五月二十日），《退庐疏稿》卷2，第43页。

⑥ 《考察宪政大臣于式枚奏立宪必先正名不须求之外国折》（光绪三十四年三月十七日），《清末筹备立宪档案史料》上册，第337页。

鲜活，任何抽象地谈论改良与革命的好坏都没有意义。改良是温和的革命，革命是激进的改良。究竟应当是进行温和的改良还是激进的革命，是由具体的历史条件决定的，这并不以任何人的主观意志为转移。也许从政治稳定、社会和谐的角度看，告别未来的革命确实是善良的主观愿望，但要告别历史上已经发生过的革命，从逻辑与事实上都是不可能的。今天对辛亥时代的反思，与其老是纠缠于革命出了什么问题，还不如深入探究改良的道路为什么就走向了死胡同。清末新政的目标本有消弭革命的意图，但结果却不可避免地走向了革命，这才是最值得今人高度警惕与深刻反思的问题。

从历史哲学的角度观察，可以说，历史发展的方向是由多种力量冲突与交融的合力作用的结果。历史发生之前，一切皆有可能，完全有多种可能发展的方向；但历史发生以后，则一切均成定数，绝对只有唯一确定的路径。历史研究以求真为目的，就是力图探究这唯一确定的路径，以尽可能地逼近历史的真实。在此意义上而言，历史不容许假设。因此，今人研究历史，如果拘泥于哀惋历史没有向着自己理想的方向发展，实在是没有意义的。更重要的是，应该探究过去的历史为什么只有这唯一确定的路径，而事实上没有向其他方向发展的复杂原因，并总结经验，吸取教训，使人类在未来的征途上更有智慧抉择而少走弯路，所谓前事不忘，后事之师也。历史研究的价值或即在此，历史研究的魅力或亦因此而常新。

附 表

表 1 清末新政时期地方督抚履历

省别	姓名	生年	籍贯	出身	族籍	任职			离职		备注
						背景	时间	类别	时间	原因	
直隶总督	李鸿章	1823	安徽	进士	汉	两广总督	1900. 7. 8	调	1901. 11. 7	卒	
	袁世凯	1859	河南	监生	汉	山东巡抚	1901. 11. 7	署/任	1907. 9. 4	调外务部尚书	1902. 6. 9. 实授
	周馥	1837	安徽	监生	汉	直隶布政使	1901. 11. 7	暂护			袁未到任前
	吴重憙	1838	山东	举人	汉	直隶布政使	1902. 10. 18	护	1903. 2. 18		袁回籍葬亲
	杨士骧	1860	安徽	进士	汉	山东巡抚	1907. 9. 5	署/任	1909. 6. 28	卒	1908. 7. 23. 实授
	端方	1861	旗籍	举人	满	两江总督	1909. 6. 28	调	1909. 11. 20	革职	
	那桐	1857	旗籍	举人	满	大学士、军机大臣		署			端未到任前
	陈夔龙	1855	贵州	进士	汉	湖广总督	1909. 11. 23	调	1912. 2. 3	病假	遗老
	崔永安	1846	旗籍	进士	汉军	直隶布政使		暂护			陈未到任前
	张镇芳	1863	河南	进士	汉	湖南提法使	1912. 2. 3	署			河南都督

续表

省别	姓名	生年	籍贯	出身	族籍	任职			离职		备注
						背景	时间	类别	时间	原因	
	刘坤一	1830	湖南	廪生	汉	两江总督	1900. 5. 3	回任	1902. 10. 7	卒	晋京陛见回任
	张之洞	1837	直隶	进士	汉	湖广总督	1902. 10. 7	调署	1903. 3. 20	进京陛见、回本任	
	李有棻	1841	江西	拔贡	汉	江宁布政使	1902. 10. 7	暂护			张未到任前
	魏光焘	1837	湖南	监生	汉	云贵总督	1902. 12. 5	调	1904. 9. 1	调闽浙总督	1903. 3. 20. 到任
	李兴锐	1827	湖南	副贡	汉	署闽浙总督	1904. 9. 1	调署	1904. 10. 30	卒	
两江总督	周馥$_2$	1837	安徽	监生	汉	山东巡抚	1904. 10. 31	署	1906. 9. 2	调闽浙总督	
	端方$_2$	1861	旗籍	举人	满	署江苏巡抚	1904. 10. 31	暂署	1904. 12. 5		周未到任前
	端方$_3$	1861	旗籍	举人	满	闽浙总督	1906. 9. 2	调	1909. 6. 28	调直隶总督	
	张人骏	1846	直隶	进士	汉	两广总督	1909. 6. 28	调	1912. 1. 23	因病开缺	遗老
	樊增祥	1846	湖北	进士	汉	江宁布政使		暂护			张未到任前
	张勋	1854	江西	行伍	汉	江南提督	1912. 1. 23	护			安徽都督
	崧蕃	1836	旗籍	举人	满	云贵总督	1900. 12. 5	调	1905. 4. 8	调闽浙总督	
	李廷箫	1830	湖北	进士	汉	甘肃布政使	1900. 12. 6	护	1901. 2. 21	卒	崧未到任前
陕甘总督	何福堃	1846	山西	进士	汉	甘肃布政使	1901. 2. 21	暂护	1901. 4. 16		
	升允	1858	旗籍	举人	蒙	闽浙总督	1905. 4. 8	调	1909. 6. 23	开缺	
	长庚	1842	旗籍	监生	满	伊犁将军	1909. 6. 23	任	1912. 2. 12	清帝退位后去职	遗老
	毛庆蕃	1846	江西	进士	汉	甘肃布政使		暂护			长未到任前

续表

省别	姓名	生年	籍贯	出身	族籍	任职			离职		备注
						背景	时间	类别	时间	原因	
闽浙总督	许应骙	1830	广东	进士	汉	前礼部尚书	1898. 10. 25	任	1903. 4. 5	解职	
	增祺	1849	旗籍	行伍	满	福州将军		兼署			许未到任前
	锡良	1852	旗籍	进士	蒙	热河都统	1903. 4. 5	任	1903. 4. 18	署四川总督	未到任
	崇善	1832	旗籍	荫生	满	福州将军		暂署			锡未到任前
	李兴锐$_2$	1827	湖南	副贡	汉	署广东巡抚	1903. 4. 18	调署	1904. 9. 1	调两江总督	
	魏光焘$_2$	1837	湖南	监生	汉	两江总督	1904. 9. 1	调	1905. 2. 24	开缺另候简用	
	崇善$_2$	1832	旗籍	荫生	满	福州将军		兼署			魏未到任前
	升允$_2$	1858	旗籍	举人	蒙	察哈尔都统	1905. 2. 24	任	1905. 4. 8	调陕甘总督	未到任
	崇善$_3$	1832	旗籍	荫生	满	福州将军		兼署			
	崧蕃$_2$	1836	旗籍	举人	满	陕甘总督	1905. 4. 8	调	1906. 1. 1	卒	未到任
	端方$_4$	1861	旗籍	举人	满	湖南巡抚	1906. 1. 5	任	1906. 9. 2	调两江总督	
	崇善$_4$	1832	旗籍	荫生	满	福州将军		兼署			端未到任前
	周馥$_3$	1837	安徽	监生	汉	署两江总督	1906. 9. 2	调	1906. 9. 11	调两广总督	未到任
	丁振铎	1842	河南	进士	汉	云贵总督	1906. 9. 11	调	1907. 3. 4	开缺	
	松寿	1849	旗籍	荫生	满	察哈尔都统	1907. 3. 4	任	1911. 11. 9	福州光复自杀	—
湖广总督	张之洞$_2$	1837	直隶	进士	汉	两广总督	1889. 12. 18	调	1907. 8. 10	晋京陛见	留京任大学士、军机大臣
	端方$_5$	1861	旗籍	举人	满	湖北巡抚	1902. 10. 7	兼署	1904. 3. 30		张调署两江总督、晋京陛见
	李岷琛	1838	四川	进士	汉	湖北布政使	1907. 8. 10	暂护	1907. 9. 5		

续表

省别	姓名	生年	籍贯	出身	族籍	任职			离职		备注
						背景	时间	类别	时间	原因	
	赵尔巽	1844	旗籍	进士	汉军	未到任四川总督	1907.9.5	调	1908.3.6	调四川总督	
	陈夔龙2	1855	贵州	进士	汉	四川总督	1908.3.6	调	1909.11.23	调直隶总督	
	瑞澂	1864	旗籍	贡生	满	江苏巡抚	1909.11.23	署/任	1911.10.12	因弃城革职	遗老
	杨文鼎	1853	云南	举人	汉	湖北布政使	1909.11.24	暂护			瑞未到任前
	王乃征	1861	四川	进士	汉	湖北布政使	1910.8.19	暂护			瑞陛见
	袁世凯2	1859	河南	监生	汉	开缺军机大臣	1911.10.14	任	1911.11.1	未到任/奉旨进京组阁	总统
	魏光焘3	1837	湖南	监生	汉	前闽浙总督	1911.11.1	任		未到任	遗老
	王士珍	1861	直隶	北洋武备学堂	汉	前江北提督	1911.11.2	署	1911.11.14	未到任/因病解职	国务总理
	段芝贵	1869	安徽	北洋武备学堂	汉	直隶候补道	1911.11.14	暂护	1911.11.17		陆军总长
	段祺瑞	1865	安徽	北洋武备学堂	汉	清军第二军总统	1911.11.17	署			临时总执政
两广总督	陶模	1835	浙江	进士	汉	陕甘总督	1900.9.26	调	1902.7.3	因病解职	
	德寿	1837	旗籍	生员	汉军	广东巡抚	1902.7.3	署	1903.4.18	调漕运总督	
	岑春煊	1861	广西	举人	汉	署四川总督	1903.4.18	调署	1906.9.11	调云贵总督	
	周馥4	1837	安徽	监生	汉	闽浙总督	1906.9.11	调	1907.5.28	开缺另候简用	
	岑春煊2	1861	广西	举人	汉	邮传部尚书	1907.5.28	任	1907.8.12	因病开缺	未到任

续表

省别	姓名	生年	籍贯	出身	族籍	任职			离职		备注
						背景	时间	类别	时间	原因	
	胡湘林	1857	江西	进士	汉	广东布政使		护			
	张人骏$_2$	1846	直隶	进士	汉	河南巡抚	1907. 8. 12	任	1909. 6. 28	调两江总督	
	袁树勋	1847	湖南	文童	汉	山东巡抚	1909. 6. 28	署	1910. 10. 29	因病解职	
	胡湘林$_2$	1857	江西	进士	汉	广东布政使		护			袁未到任前
	张鸣岐	1875	山东	举人	汉	广西巡抚	1910. 10. 29	署/任	1911. 11. 8	广州光复去职	广东巡按使
	增祺$_2$	1849	旗籍	行伍	满	广州将军		兼署			张未到任前
四川总督	奎俊	1839	旗籍		满	江苏巡抚	1898. 7. 12	任	1902. 8. 5	开缺	
	岑春煊$_3$	1861	广西	举人	汉	广东巡抚	1902. 8. 5	署	1903. 4. 18	署两广总督	
	锡良$_2$	1852	旗籍	进士	蒙	闽浙总督	1903. 4. 18	署/任	1907. 3. 3	调云贵总督	1904. 12. 13. 实授
	陈璚	1827	广西	拔贡	汉	四川布政使		暂护			锡未到任前
	岑春煊$_4$	1861	广西	举人	汉	云贵总督	1907. 3. 3	调	1907. 5. 3	调邮传部尚书	未到任
	赵尔丰	1845	旗籍	举人	汉军	督办川滇边务大臣	1907. 3. 6	兼护			岑未到任前
	赵尔巽$_2$	1844	旗籍	进士	汉军	裁缺盛京将军	1907. 5. 3	任	1907. 9. 5	调湖广总督	未到任
	陈夔龙$_3$	1855	贵州	进士	汉	江苏巡抚	1907. 9. 5	任	1908. 3. 6	调湖广总督	
	赵尔巽$_3$	1844	旗籍	进士	汉军	湖广总督	1908. 3. 6	调	1911. 4. 20	调东三省总督	
	王人文	1863	云南	进士	汉	四川布政使	1911. 1. 12	暂护	1911. 4. 20	充督办川滇边务大臣	赵晋京陛见
	赵尔丰$_2$	1845	旗籍	举人	汉军	督办川滇边务大臣	1911. 4. 21	署	1911. 11. 6	12. 22 被民军杀死	—
	岑春煊$_5$	1861	广西	举人	汉	开缺两广总督	1911. 10. 14	任		未到任	护法军政府主席总裁
	端方$_6$	1861	旗籍	举人	满	督办川粤汉铁路大臣	1911. 11. 6	暂署	1911. 11. 27	入川途中被杀	—

续表

省别	姓名	生年	籍贯	出身	族籍	任职			离职		备注
						背景	时间	类别	时间	原因	
云贵总督	魏光焘$_4$	1837	湖南	监生	汉	陕甘总督	1900. 12. 5	调	1902. 12. 5	调两江总督	
	丁振铎$_2$	1841	河南	进士	汉	山西巡抚	1902. 12. 6	署/任	1906. 9. 11	调闽浙总督	1904. 12. 13. 实授
	林绍年	1849	福建	进士	汉	云南巡抚		暂兼署			丁未到任前
	岑春煊$_6$	1861	广西	举人	汉	署两广总督	1906. 9. 11	调	1907. 3. 3	调四川总督	
	锡良$_3$	1852	旗籍	进士	蒙	四川总督	1907. 3. 3	调	1909. 2. 9	调东三省总督	
	李经羲	1860	安徽	优贡	汉	前广西巡抚	1909. 2. 9	任	1911. 10. 31	民军据云南去职	国务总理
	沈秉堃	1862	湖南	监生	汉	云南布政使		暂护			李未到任前
东三省总督	徐世昌	1855	直隶	进士	汉	民政部尚书	1907. 4. 20	任	1909. 2. 9	调邮传部尚书	
	锡良$_4$	1852	旗籍	进士	蒙	云贵总督	1909. 2. 9	调	1911. 4. 20	因病开缺	
	赵尔巽$_4$	1844	旗籍	进士	汉军	四川总督	1911. 4. 20	调			清史馆总裁
江苏巡抚	松寿$_2$	1849	旗籍	荫生	满	江西巡抚	1900. 9. 12	调	1901. 3. 3	调河南巡抚	
	聂缉椝	1855	湖南	副贡	汉	湖北巡抚	1901. 3. 3	调	1901. 12. 3	调安徽巡抚	
	恩寿	1849	旗籍	进士	满	漕运总督	1901. 12. 3	任	1904. 5. 25	署漕运总督	
	端方$_7$	1861	旗籍	举人	满	湖北巡抚	1904. 5. 25	调署	1904. 10. 31	暂署两江总督	
	效曾	1848	旗籍	贡生	蒙	江苏布政使	1904. 10. 31	护	1904. 12. 5		
	端方$_8$	1861	旗籍	举人	满	暂署两江总督	1904. 12. 5	回任	1904. 12. 13	调湖南巡抚	
	陆元鼎	1839	浙江	进士	汉	漕督署湖南巡抚	1904. 12. 13	署/任	1906. 2. 17	开缺另候简用	1905. 1. 28. 实授
	效曾$_2$	1848	旗籍	贡生	蒙	江苏布政使	1904. 12. 14	暂护	1905. 4. 12		陆未到任前
	恩寿$_2$	1849	旗籍	进士	满	署漕运总督	1905. 1. 27	任	1905. 1. 28	调江淮巡抚	未到任
	陈夔龙$_4$	1855	贵州	进士	汉	河南巡抚	1906. 2. 18	调	1907. 9. 5	调四川总督	
	濮子潼	1848	浙江	进士	汉	江苏布政使	1906. 2. 19	暂护	1906. 3. 22		陈未到任前

续表

省别	姓名	生年	籍贯	出身	族籍	任职			离职		备注
						背景	时间	类别	时间	原因	
	张曾敭	1843	直隶	进士	汉	浙江巡抚	1907. 9. 5	调	1907. 10. 5	调山西巡抚	未到任
	陈启泰	1842	湖南	进士	汉	江苏布政使	1907. 10. 3	署/任	1909. 6. 22	卒	1908. 1. 12. 实授
	瑞澂$_2$	1864	旗籍	贡生	满	江苏布政使	1909. 6. 22	任	1909. 11. 23	署湖广总督	
	宝棻	1856	旗籍	贡生	蒙	山西巡抚	1909. 11. 23	调	1910. 4. 26	调河南巡抚	
	陆钟琦	1848	直隶	进士	汉	江苏布政使	1909. 11. 24	暂护			宝、程未到任前
	程德全	1860	四川	生员	汉	奉天巡抚	1910. 4. 26	调	1911. 11. 5	苏州光复任都督	江苏都督
安徽巡抚	王之春	1842	湖南	文童	汉	山西巡抚	1899. . 11. 3	调	1901. 10. 30	开缺另候简用	
	聂缉椝$_2$	1855	湖南	副贡	汉	江苏巡抚	1901. 12. 3	调	1902. 10. 6	调浙江巡抚	留任至1903. 4. 4. 省假
	饶应祺	1837	湖北	举人	汉	新疆巡抚	1902. 10. 6	调		卒	未到任
	诚勋	1848	旗籍	荫生	满	布政使护浙江巡抚	1903. 1. 22	任	1906. 3. 3	调江宁将军	1903. 9. 26. 抵任
	联魁	1848	旗籍	贡生	满	安徽布政使	1903. 4. 4	暂护	1903. 9. 26		诚未到任前
	恩铭	1846	旗籍	举人	满	江宁布政使	1906. 3. 3	任	1907. 7. 6	被革命党刺死	
	冯煦	1843	江苏	进士	汉	安徽布政使	1907. 7. 8	任	1908. 7. 23	解职	
	朱家宝	1860	云南	进士	汉	吉林巡抚	1908. 7. 23	调	1911. 11. 8	安庆光复任都督	直隶巡按使
	继昌	1853	旗籍	进士	汉军	江宁布政使改甘肃布政使		护	1908. 8. 29	解职	朱未到任前
	沈曾植	1850	浙江	进士	汉	安徽提学使兼署布政使	1908. 8. 29	暂护			朱未到任前
	张怀芝	1860	山东	北洋武备学堂	汉	督办边防大臣	1912. 1. 30	任			山东督军
	齐耀琳	1863	吉林	进士	汉	河南巡抚		兼辖			张未到任前

续表

省别	姓名	生年	籍贯	出身	族籍	任职			离职		备注
						背景	时间	类别	时间	原因	
山东巡抚	袁世凯$_3$	1859	河南	监生	汉	工部右侍郎	1899.12.6	署/任	1901.11.7	署直隶总督	1900.3.14. 实授
	胡廷干	1841	河南	进士	汉	山东布政使	1901.6.16	暂护			袁丁忧
	张人骏$_3$	1846	直隶	进士	汉	漕运总督	1901.11.7	任	1902.5.28	调河南巡抚	
	胡廷干$_2$	1841	河南	进士	汉	山东布政使		暂护			张未到任前
	周馥$_5$	1837	安徽	监生	汉	直隶布政使	1902.5.28	任	1904.10.31	署两江总督	
	胡廷干$_3$	1841	河南	进士	汉	江宁布政使	1904.10.31	署	1905.1.10	调江西巡抚	
	尚其亨	1866	旗籍	进士	汉军	山东布政使		暂护			
	杨士骧$_2$	1860	安徽	进士	汉	直隶布政使	1905.1.10	署/任	1907.9.5	署直隶总督	1906.9.2. 实授
	吴廷斌	1836	安徽	监生	汉	山东布政使	1907.9.5	署	1908.3.5	病免	
	袁大化	1851	安徽	廪生	汉	河南布政使	1908.3.5	署			
	袁树勋$_2$	1847	湖南	文童	汉	民政部左侍郎	1908.4.8	署/任	1909.6.28	署两广总督	1908.7.23. 实授
	孙宝琦	1867	浙江	荫生	汉	帮办津浦铁路大臣	1909.6.28	署/任	1911.12.17	因病解职	国务总理
	胡建枢		安徽	举人	汉	山东提法使	1911.12.17	任	1912.1.23	缘事解职	遗老
	张广建	1862	安徽	行伍	汉	山东布政使	1912.1.23	兼署			甘肃都督
山西巡抚	锡良$_5$	1952	旗籍	进士	蒙	湖南布政使	1900.9.26	任	1901.3.13	开缺候简	
	岑春煊$_7$	1861	广西	举人	汉	陕西巡抚	1901.3.13	调	1902.7.3	调广东巡抚	
	丁振铎$_3$	1842	河南	进士	汉	广西巡抚	1902.7.3	调	1902.12.6	署云贵总督	未到任
	赵尔巽$_5$	1844	旗籍	进士	汉军	山西布政使	1902.8.5	护	1903.1.22	调湖南巡抚	
	俞廉三	1842	浙江	监生	汉	湖南巡抚	1903.1.22	调	1903.2.15	因病乞休	未到任
	吴廷斌$_2$	1836	安徽	监生	汉	山西布政使	1903.1.24	护			

续表

省别	姓名	生年	籍贯	出身	族籍	任职			离职		备注
						背景	时间	类别	时间	原因	
	张曾敭$_2$	1843	直隶	进士	汉	四川布政使	1903. 2. 17	任	1905. 7. 19	署湖南巡抚	1905. 10. 11 改浙江巡抚
	张人骏$_4$	1846	直隶	进士	汉	广东巡抚	1905. 7. 19	署/任	1906. 2. 18	调河南巡抚	1905. 10. 11 实授
	恩寿$_3$	1949	旗籍	进士	满	裁缺江淮巡抚	1906. 2. 18	任	1907. 10. 5	调陕西巡抚	
	张曾敭$_3$	1843	直隶	进士	汉	江苏巡抚	1907. 10. 5	调	1908. 1. 24	因病解职	未到任
	宝棻$_2$	1856	旗籍	贡生	蒙	山西布政使	1907. 10. 6	护/任	1909. 11. 23	调江苏巡抚	1908. 1. 24. 任
	丁宝铨	1869	江苏	进士	汉	山西布政使	1909. 11. 23	任	1911. 6. 18	因病乞休	
	陈宝琛	1848	福建	进士	汉	内阁学士	1911. 6. 18	任	1911. 7. 10	开缺以侍郎候补	未到任
	王庆平	1852	江苏	进士	汉	山西布政使		暂护			
	陆钟琦$_2$	1848	直隶	进士	汉	江苏布政使	1911. 7. 11	任	1911. 10. 29	太原光复抗拒被杀	—
	吴禄贞	1880	湖北	留日学生	汉	陆军第六镇统制	1911. 11. 4	署	1911. 11. 7	被袁世凯派人暗杀	—
	张锡銮	1843	浙江	监生	汉	前奉天民政使	1911. 11. 15	任	1912. 2. 1	赴奉天会办防务	直隶都督
	李盛铎	1858	江西	进士	汉	山西布政使	1912. 2. 1	署			参议院议长
河南巡抚	于荫霖	1838	吉林	进士	汉	湖北巡抚	1900. 10. 10	调	1901. 3. 3	调湖北巡抚	
	任道镕	1824	江苏	拔贡	汉	河东河道总督	1900. 11. 28	兼署			
	松寿$_3$	1849	旗籍	荫生	满	江苏巡抚	1901. 3. 3	调	1902. 2. 26	署兵部左侍郎	1901. 12. 20 随扈进京
	锡良$_6$	1852	旗籍	进士	蒙	河东河道总督	1901. 12. 20	兼署/任	1902. 5. 28	调热河都统	1902. 3. 3. 实授
	张人骏$_5$	1846	直隶	进士	汉	山东巡抚	1902. 5. 28	调	1903. 4. 18	调广东巡抚	

续表

省别	姓名	生年	籍贯	出身	族籍	任职			离职		备注
						背景	时间	类别	时间	原因	
	陈夔龙$_5$	1855	贵州	进士	汉	漕运总督	1903. 4. 18	任	1906. 2. 18	调江苏巡抚	
	张人骏$_6$	1846	直隶	进士	汉	山西巡抚	1906. 2. 18	调	1907. 8. 12	调两广总督	
	瑞良	1863	旗籍	监生	满	河南布政使	1906. 3. 22	护			
	林绍年$_2$	1849	福建	进士	汉	度支部右侍郎	1907. 8. 12	任	1908. 8. 29	调仓场侍郎	
	袁大化$_2$	1851	安徽	廪生	汉	河南布政使		暂护			林未到任前
	吴重熹$_2$	1938	山东	举人	汉	邮传部左侍郎	1908. 8. 29	任	1910. 4. 26	到京另候简用	
	宝棻$_3$	1856	旗籍	贡生	蒙	江苏巡抚	1910. 4. 26	调	1911. 12. 3	因病解职	遗老
	齐耀琳$_2$	1863	吉林	进士	汉	河南布政使	1911. 12. 3	任			江苏巡按使
陕西巡抚	岑春煊$_8$	1861	广西	举人	汉	甘肃布政使	1900. 9. 26	任	1901. 3. 13	调山西巡抚	
	端方$_9$	1861	旗籍	举人	满	湖北布政使	1901. 3. 13	护	1901. 5. 3	调湖北巡抚	
	升允$_3$	1858	旗籍	举人	蒙	陕西布政使	1901. 5. 3	署/任	1904. 12. 13	调江西巡抚	1901. 6. 13. 实授
	李绍芬	1851	湖北	进士	汉	陕西布政使	1901. 9. 26	护	1902. 2. 26		升允专办前路粮台
	夏旹	1837	湖南	举人	汉	署江西巡抚	1904. 12. 13	任	1905. 2. 24	开缺另候简用	
	曹鸿勋	1848	山东	进士	汉	湖南布政使	1905. 2. 24	任	1907. 10. 5	开缺另候简用	
	恩寿$_4$	1849	旗籍	进士	满	山西巡抚	1907. 10. 5	调	1911. 7. 29	因病解职	
	余诚格	1856	安徽	进士	汉	湖北布政使	1911. 7. 29	任	1911. 8. 8	调湖南巡抚	未到任
	钱能训	1870	浙江	进士	汉	陕西布政使	1911. 7. 29	暂护	1911. 10. 22	西安光复弃职	国务总理
	杨文鼎$_2$	1853	云南	举人	汉	湖南巡抚	1911. 8. 8	调	1911. 11. 30	未到任/因病乞休	遗老
	升允$_4$	1858	旗籍	举人	蒙	前陕甘总督	1911. 11. 17	署			遗老

续表

省别	姓名	生年	籍贯	出身	族籍	任职			离职		备注
						背景	时间	类别	时间	原因	
新疆巡抚	饶应祺$_2$	1837	湖北	举人	汉	新疆布政使	1895. 11. 20	署/任	1902. 10. 6	调安徽巡抚	1896. 11. 9. 实授
	潘效苏	1839	湖南	文童	汉	新疆布政使	1902. 10. 6	任	1905. 9. 16	缘事革职	
	联魁$_2$	1848	旗籍	贡生	满	安徽布政使	1905. 9. 16	任	1910. 8. 25	到京另候简用	
	吴引孙	1853	江苏	举人	汉	甘肃布政使	1905. 9. 16	署			联未到任前
	何彦昇	1861	江苏	副贡	汉	甘肃布政使	1910. 8. 25	任	1910. 11. 13	卒	未到任
	袁大化$_3$	1851	安徽	廪生	汉	前署山东巡抚	1910. 11. 13	任			遗老
浙江巡抚	余联沅	1841	湖北	进士	汉	湖南布政使	1901. 1. 29	署	1901. 5. 23	回湖南布政使任	
	任道镕$_2$	1824	江苏	拔贡	汉	河东河道总督	1901. 5. 23	调	1902. 10. 6	因病解职	
	聂缉椝$_3$	1855	湖南	副贡	汉	安徽巡抚	1902. 10. 6	调	1905. 10. 10	缘事开缺	
	诚勋$_2$	1848	旗籍	荫生	满	浙江布政使	1902. 10. 30	护			聂未到任前
	翁曾桂	1839	江苏	监生	汉	浙江布政使		护	1903. 9. 26		聂未到任前
	张曾敭$_4$	1843	直隶	进士	汉	署湖南巡抚	1905. 10. 11	调	1907. 9. 5	调浙江巡抚	
	瑞兴	1840	旗籍	进士	满	杭州将军		暂署			张未到任前
	冯汝骙	1862	河南	进士	汉	陕西布政使	1907. 9. 5	任	1908. 4. 1	调江西巡抚	
	信勤	1870	旗籍	荫生	满	浙江布政使		暂署			冯未到任前
	柯逢时	1845	湖北	进士	汉	督办统税大臣	1908. 4. 1	任	1908. 5. 3	缘事开缺	未到任
	增韫	1861	旗籍	附生	蒙	直隶布政使	1908. 5. 3	任	1911. 11. 5	杭州光复被捕	遗老

续表

省别	姓名	生年	籍贯	出身	族籍	任职			离职		备注
						背景	时间	类别	时间	原因	
江西巡抚	李兴锐$_3$	1827	湖南	副贡	汉	广西布政使	1900.11.17	任	1902.8.5	署广东巡抚	
	柯逢时$_2$	1845	湖北	进士	汉	江西布政使	1902.8.5	护	1903.7.7	调广西巡抚	
	夏旹$_2$	1837	湖南	举人	汉	陕西布政使	1903.7.7	署	1904.12.13	调陕西巡抚	
	升允$_5$	1858	旗籍	举人	蒙	陕西巡抚	1904.12.13	调	1905.1.10	调察哈尔都统	未到任
	周浩	1845	安徽	生员	汉	江西布政使	1904.12.13	暂护			升未到任前
	胡廷幹$_4$	1841	河南	进士	汉	署山东巡抚	1905.1.10	调	1906.4.15	缘事解职	
	吴重熹$_3$	1838	山东	举人	汉	仓场侍郎	1906.4.15	署/任	1906.12.17	调邮传部右侍郎	1906.8.3. 实授
	瑞良$_2$	1863	旗籍	监生	满	河南布政使	1906.12.17	任	1908.3.31	省假留京当差	
	沈瑜庆	1858	福建	举人	汉	江西布政使	1908.1.21	暂护			瑞良赏假省亲
	冯汝骙$_2$	1862	河南	进士	汉	浙江巡抚	1908.4.1	调	1911.10.31	南昌光复自杀	—
湖北巡抚	景星	1849	旗籍	荫生	满	江西巡抚	1900.11.17	调	1901.2.2	调福州将军	
	聂缉椝$_4$	1855	湖南	副贡	汉	江苏布政使	1901.2.2	任	1901.3.3	调江苏巡抚	未到任
	张之洞$_3$	1837	直隶	进士	汉	湖广总督	1901.2.4	兼署			
	于荫霖$_2$	1838	吉林	进士	汉	河南巡抚	1901.3.3	调	1901.4.4	调广西巡抚	
	锡良$_7$	1852	旗籍	进士	蒙	前山西巡抚	1901.4.5	任	1901.5.3	开缺候简	
	端方$_{10}$	1861	旗籍	举人	满	护陕西巡抚	1901.5.3	任	1904.5.25	署江苏巡抚	
	张之洞$_4$	1837	直隶	进士	汉	湖广总督	1904.5.25	兼署	1904.12.12	裁缺	

续表

省别	姓名	生年	籍贯	出身	族籍	任职			离职		备注
						背景	时间	类别	时间	原因	
湖南巡抚	俞廉三$_2$	1842	浙江	监生	汉	湖南布政使	1898. 10. 7	任	1903. 1. 22	调山西巡抚	
	赵尔巽$_6$	1844	旗籍	进士	汉军	山西布政使	1903. 1. 22	任	1904. 12. 13	署户部尚书	
	陆元鼎$_2$	1839	浙江	进士	汉	漕运总督	1904. 5. 25	署	1904. 12. 13	调江苏巡抚	赵进京陛见
	张绍华	1831	江苏	进士	汉	湖南布政使	1904. 5. 29	暂护			陆未到任
	端方$_{11}$	1861	旗籍	举人	满	署江苏巡抚	1904. 12. 13	调	1906. 1. 5	调闽浙总督	1905. 7. 14. 进京陛见后出洋
	张曾敭$_5$	1843	直隶	进士	汉	山西巡抚	1905. 7. 19	调署	1905. 10. 11	调浙江巡抚	
	庞鸿书	1848	江苏	进士	汉	湖南布政使	1905. 7. 14	护/任	1906. 9. 3	调贵州巡抚	1906. 1. 5. 实授
	岑春蓂	1868	广西	荫生	汉	署贵州巡抚	1906. 9. 3	调	1910. 4. 17	缘事革职	
	杨文鼎$_3$	1853	云南	举人	汉	湖北布政使	1910. 4. 17	署/任	1911. 8. 8	调陕西巡抚	1910. 6. 12. 实授
	余诚格$_2$	1856	安徽	进士	汉	陕西巡抚	1911. 8. 8	调	1911. 10. 22	长沙光复弃职	遗老
	朱益濬	1851	江西	进士	汉	湖南提法使	1912. 1. 9	署			遗老
广东巡抚	德寿$_2$	1837	旗籍	生员	汉军	江苏巡抚	1899. 7. 11	调	1902. 7. 3	署两广总督	
	岑春煊$_9$	1861	广西	举人	汉	山西巡抚	1902. 7. 3	调	1902. 8. 5	署四川总督	未到任
	李兴锐$_4$	1827	湖南	副贡	汉	江西巡抚	1902. 8. 5	调署	1903. 4. 18	署闽浙总督	
	张人骏$_7$	1846	直隶	进士	汉	河南巡抚	1903. 4. 18	调	1905. 7. 19	调署山西巡抚	7. 23 粤抚裁缺

续表

省别	姓名	生年	籍贯	出身	族籍	任职			离职		备注
						背景	时间	类别	时间	原因	
广西巡抚	黄槐森	1848	广东	进士	汉	云南巡抚	1897.10.27	调	1901.4.4	开缺候简	
	于荫霖$_3$	1838	吉林	进士	汉	湖北巡抚	1901.4.4	调	1901.4.21	开缺候简	未到任
	李经羲$_2$	1860	安徽	优贡	汉	云南布政使	1901.4.21	任	1901.5.21	调云南巡抚	未到任
	丁振铎$_4$	1842	河南	进士	汉	云南巡抚	1901.5.21	调	1902.7.3	调山西巡抚	
	王之春$_2$	1842	湖南	文童	汉	前安徽巡抚	1902.7.3	任	1903.7.7	革职	
	柯逢时$_3$	1845	湖北	进士	汉	江西巡抚	1903.7.7	调	1904.5.30	调贵州巡抚	
	丁体常	1841	贵州	副贡	汉	广东布政使		暂护			柯未到任前
	李经羲$_3$	1860	安徽	优贡	汉	云南布政使	1904.5.30	调	1905.10.9	因病解职	
	林绍年$_3$	1849	福建	进士	汉	署贵州巡抚	1905.10.9	调	1906.11.6	开缺以侍郎用	
	柯逢时$_4$	1845	湖北	进士	汉	户部右侍郎	1906.11.7	任	1906.12.29	督办统税大臣	未到任
	张鸣岐$_2$	1875	山东	举人	汉	广西布政使	1906.12.29	署/任	1910.10.29	署两广总督	1907.6.2.实授
	沈秉堃$_2$	1862	湖南	监生	汉	云南布政使	1910.10.29	任	1911.11.7	广西光复任都督	广西都督
云南巡抚	丁振铎$_5$	1842	河南	进士	汉	新疆布政使	1898.11.1	任	1901.5.21	调广西巡抚	
	李经羲$_4$	1860	安徽	优贡	汉	广西巡抚	1901.5.21	调	1902.5.15	缘事革职	
	林绍年$_4$	1849	福建	进士	汉	山西布政使	1902.5.15	任	1904.12.12	裁缺，调署贵州巡抚	

续表

省别	姓名	生年	籍贯	出身	族籍	任职			离职		备注
						背景	时间	类别	时间	原因	
贵州巡抚	邓华熙	1828	广东	举人	汉	山西巡抚	1900.3.14	调	1903.4.11	因病解职	
	李经羲$_5$	1860	安徽	优贡	汉	革职云南巡抚	1903.4.11	署	1904.5.30	调广西巡抚	
	曹鸿勋$_2$	1848	山东	进士	汉	云南布政使	1903.4.11	暂护			李未到任前
	柯逢时$_5$	1845	湖北	进士	汉	广西巡抚	1904.5.30	调	1904.12.12	解职	
	林绍年$_5$	1849	福建	进士	汉	云南巡抚	1904.12.13	调署	1905.10.9	调广西巡抚	
	岑春蓂$_2$	1868	广西	荫生	汉	湖北按察使	1905.10.9	署	1906.9.3	调湖南巡抚	
	庞鸿书$_2$	1848	江苏	进士	汉	湖南巡抚	1906.9.3	调	1911.5.21	因病解职	
	沈瑜庆$_2$	1858	福建	举人	汉	河南布政使	1911.5.21	任	1911.11.4	贵州光复弃职	遗老
江淮巡抚	恩寿$_5$	1849	旗籍	进士	满	江苏巡抚署漕运总督	1905.1.28	调	1905.4.21	裁缺	
奉天巡抚	唐绍仪	1860	广东	留美幼童	汉	邮传部左侍郎	1907.4.20	任	1909.7.8	开缺以侍郎候补	1908.7.20. 专使赴美
	徐世昌$_2$	1855	直隶	进士	汉	东三省总督	1908.7.20	兼署	1909.2.9	调邮传部尚书	
	锡良$_8$	1852	旗籍	进士	蒙	东三省总督	1909.2.9	兼署	1909.5.23		
	程德全$_2$	1860	四川	生员	汉	前署黑龙江巡抚	1909.5.23（7.25 实授）	署/任	1910.4.26	调江苏巡抚	1910.4.28 奉抚裁缺
吉林巡抚	朱家宝$_2$	1860	云南	进士	汉	江苏按察使	1907.4.20	署/任	1908.7.23	调安徽巡抚	1908.3.19. 实授
	陈昭常	1868	广东	进士	汉	前邮传部右丞	1908.7.23	署/任			吉林都督

续表

省别	姓名	生年	籍贯	出身	族籍	任职			离职		备注
						背景	时间	类别	时间	原因	
黑龙江巡抚	段芝贵$_2$	1869	安徽	北洋武备学堂	汉	道员赏布政使衔	1907.4.20	署	1907.5.7	解职	
	程德全$_3$	1860	四川	生员	汉	前署黑龙江将军	1907.5.7	署	1908.3.19	因病解职	
	周树模	1860	湖北	进士	汉	奉天左参赞	1908.3.18	署/任	1912.2.5	病假	平政院院长
	宋小濂	1860	吉林	生员	汉	黑龙江民政使	1912.2.5	署			黑龙江都督

说明：（1）本表时间范围，自新政上谕颁布之光绪二十六年十二月初十日（1901 年 1 月 29 日），至清帝退位诏书颁布之宣统三年十二月二十五日（1912 年 2 月 12 日）；（2）漕运总督与河道总督不在统计之列；（3）因有些督抚任职变化较多，可能多次重复出现，表列人名第二次出现时在其右下角加“2”字，其余依此类推。（4）备注一栏，如果为武昌起义时在职及以后至清帝退位前新任督抚者，则注明其在民国的出处状况，未出仕者为“遗老”，出仕者仅取最高职位，“——”为清末已死者。

资料来源：（1）陈淑编《光绪建元以来督抚年表》，中国社会科学院近代史研究所图书馆藏铅印本；（2）赵尔巽等撰《清史稿》之《疆臣年表》及《列传》，中华书局，1976；（3）魏秀梅编《清季职官表附人物录》，台北，中研院近代史研究所史料丛刊（五），1977；（4）钱实甫编《清代职官年表》，中华书局，1980；（5）朱保炯、谢沛霖编《明清进士题名碑录索引》，上海古籍出版社，1980；（6）陈旭麓、方诗铭、魏建猷主编《中国近代史词典》，上海辞书出版社，1982；（7）蔡冠洛编著《清代七百名人传》，中国书店，1984；（8）萧一山著《清代通史》之《清代督抚表》，中华书局，1986；（9）王钟翰点校《清史列传》，中华书局，1987；（10）《清代碑传全集》，上海古籍出版社，1987；（11）〔美〕A. W. 恒慕义主编《清代名人传略》，青海人民出版社，1990；（12）孙文良主编《满族大辞典》，辽宁大学出版社，1990；（13）卞孝萱、唐文权编《辛亥人物碑传集》，团结出版社，1991；（14）卞孝萱、唐文权编《民国人物碑传集》，团结出版社，1995；（15）中国第一历史档案馆编《光绪宣统两朝上谕档》之《王大臣年岁生日单》，广西师范大学出版社，1996；（16）〔日〕田原天南编《清末民初中国官绅人名录》，沈云龙主编《近代中国史料丛刊三编》第八十辑（793），台北，文海出版社，1996；（17）钟碧容、孙彩霞编《民国人物碑传集》，四川人民出版社，1997；（18）秦国经主编《清代官员履历档案全编》，华东师范大学出版社，1997；（19）钱仲联主编《广清碑传集》，苏州大学出版社，1999；（20）周家珍编著《20 世纪中华人物名字号辞典》，法律出版社，2000；（21）朱彭寿编著《清代人物大事纪年》，朱鳌、宋苓珠整理，北京图书馆出版社，2005。

表2　辛亥独立各省都督任职背景

省份	都督名称	姓名	任职背景
湖北	鄂军都督	黎元洪	新军第21混成协统领
湖南	湖南都督	焦达峰	革命党人
		谭延闿	湖南谘议局议长
江西	九江都督	马毓宝	新军第27混成协第53标统带
	赣军都督（南昌）	吴介璋	新军第27混成协统领
		彭程万	陆军测绘学堂教官
陕西	陕西都督	张凤翙	陕西新军混成协第2标第1营管带
山西	山西都督	阎锡山	新军第43混成协第86标统带
云南	云南都督	蔡锷	新军第19镇第37协统领
安徽	安徽都督	朱家宝	安徽巡抚
		孙毓筠	革命党人
江苏	沪军都督	陈其美	革命党人
	江苏都督	程德全	江苏巡抚
	镇江都督	林述庆	新军第9镇第18协第36标第1营管带
	江北都督	蒋雁行	江北督练公所总参议
浙江	浙江都督	汤寿潜	浙江谘议局议长
		蒋尊簋	新军第25镇第49协统领
贵州	贵州都督	杨荩诚	贵州新军第1标教练官
广西	广西都督	沈秉堃	广西巡抚
		王芝祥	广西布政使
		陆荣廷	广西提督
广东	广东都督	胡汉民	革命党人
福建	福建都督	孙道仁	新军第10镇统制
四川	蜀军都督（重庆）	张培爵	革命党人
	四川都督（成都）	蒲殿俊	四川谘议局议长
		尹昌衡	四川新军教练处会办兼陆军小学堂总办
奉天	关东都督	蓝天蔚	新军第2混成协统领

资料来源：（1）刘寿林等编《民国职官表》，中华书局，1995；（2）钱实甫编著、黄清根整理《北洋政府职官年表》，华东师范大学出版社，1991；（3）章开沅主编《辛亥革命辞典》，武汉出版社，1991；（4）中国社会科学院近代史研究所中华民国史组编《清末新军编练沿革》（《中华民国史资料丛稿·专题资料选辑》第2辑），中华书局，1978；（5）中国史学会主编《辛亥革命》第6、7册，上海人民出版社，1957。

附　录

再论“内外皆轻”权力格局与清末民初政治走向

几年前，笔者在研究地方督抚与清末新政课题时，曾提出清末新政时期中央与地方权力格局演变为“内外皆轻”，在一定程度上补充或修正了自罗尔纲先生以来所谓“内轻外重”权力格局说。[①]“内外皆轻”说的提出，在学界引起了某些关注。孙燕京教授曾撰文鼓励并提出质疑，[②]促使笔者继续思考，深感有必要进一步阐释和深入论证。本文即因此而作，谨就教于孙教授及学界同仁。

一　“内外皆轻”含义再释

所谓清末“内外皆轻”权力格局的核心意涵，具体涉及清末新政

① 参见拙文《晚清地方督抚权力问题再研究——兼论清末“内外皆轻”权力格局的形成》，《清史研究》2012 年第 3 期，第 1～29 页；《辛亥鼎革之际地方督抚的出处抉择——兼论清末“内外皆轻”权力格局的影响》，《近代史研究》2012 年第 3 期，第 89～108 页。又见拙著《地方督抚与清末新政——晚清权力格局再研究》，社会科学文献出版社，2012，第 363～443 页。

② 孙燕京：《“内轻外重”抑或“内外皆轻”？——评李细珠〈地方督抚与清末新政〉兼论晚清政治史研究》，《近代史研究》2014 年第 2 期，第 140～149 页。

时期中央与地方权力关系问题。

首先必须明确什么是"权力"。"权力"作为社会学与政治学的重要概念，一般而言有广义和狭义之分：广义的权力是指对事物的影响力和支配力，大致可分为社会权力和国家权力两类；狭义的权力指国家权力，就是统治者为了维护其统治利益和建立某种统治秩序而具有的制度性支配力。这种制度性支配力，实际上就是制度设计的产物，是制度的规定性效力。"权力是一种某个职位的占有者可以使用而非必须使用的东西，它反映的是一种潜在能力而非实际现象。"① 可见，权力与制度规定的职位相关，其实际效力取决于对相关制度执行的程度。权力的大小关键在于对制度的掌握和利用的程度，也就是掌握和利用制度发挥影响力和支配力的程度。如果能有效地掌握和利用制度而发挥较大的影响力和支配力，就可谓权力大（或曰"重"），反之则可谓权力小（或曰"轻"）。本文正是从这个意义上，理解清末权力格局的"内外皆轻"。

关于晚清权力格局问题，一般都是在中央与地方权力关系的框架之内讨论，学界长期以来多持"内轻外重"说。这个说法最早源自太平天国史研究大家罗尔纲先生。罗先生从湘军的兴起，论证咸同以后"兵为将有"的起源，指出将帅各私其军而出任疆寄，造成"外重内轻以致于分崩割据的局面"，并在此基础上提出"督抚专政"说，认为地方督抚"既擅兵柄，又握有地方上的财政、民政等政权，于是他们便上分中央的权力，下专一方的大政，便造成了咸同以后总督巡抚专政的局面"②。罗先生的这个观点在学界有非常广泛的影响，但也不断受到挑战和修正。从王尔敏、刘广京到刘伟，基本赞同晚清权力格

① 〔美〕安东尼·奥罗姆：《政治社会学》，张华青等译，上海人民出版社，1989，第153页。

② 罗尔纲：《清季兵为将有的起源》，《中国社会经济史集刊》第5卷第2期，国立中央研究院社会科学研究所，1937，第235~250页；《湘军新志》，商务印书馆，1939，第232页。

局出现“外重内轻”局面，但还不至于到“督抚专政”地步。[①] 邱涛则全面修正罗先生的观点，认为在晚清既没有形成“内轻外重”的局面，也没有出现所谓“督抚专政”。[②] 值得指出的一点是，既往相关研究在时段上主要局限于太平天国兴起的咸同时期，至多延伸到庚子事变，而对庚子以后的清末新政时期则缺乏实证研究，笼统地谈论“晚清”只不过是逻辑推论而已。

笔者的研究重点正是清末新政时期地方督抚权力的变化与清廷中央集权的关系，在时段上正可弥补既往相关研究之不足。庚子事变时期的东南互保是地方督抚权力的最高峰。清廷在庚子事变之后开始实行新政，进行各项制度改革，其中一个重要目标是中央集权，尤其预备立宪，明确标榜“大权统于朝廷”。其时，清廷之要中央集权，就是要调整和收束自咸同军兴以来地方督抚增大的权力。通过对清末新政时期地方督抚权力变化的研究，笔者认为，辛亥鼎革之际，中央与地方权力关系实际上已演变为“内外皆轻”的权力格局。在清末庚子至辛亥期间，随着新政尤其是预备立宪的开展，清政府不断加强中央集权措施，地方督抚的权力被收束而日益变小，其干政的影响力也有一个逐渐减弱的趋势。但与此同时，清政府中央集权的实际效力却并不显著，反而随着统治集团内部矛盾的激化而有削弱之势。这便形成“内外皆轻”的权力格局。一方面，清廷并没有建立强有力的中央政府，也未能真正控制全国的军权与财权，中央集权有名无实；另一方面，各省督抚也不能有效地控制地方军权与财权，在地方已没有强势督抚，更没有形成强大的地方势力。清末新政从制度上使权力交接失控，武昌起义前夕，正是地方督抚权力明显削弱，而清廷中央集权尚

① 王尔敏：《淮军志》（成书于1967年），中华书局1987年据台北中研院近代史研究所专刊（22）1981年2月版影印本，第376～385页；刘广京：《晚清督抚权力问题商榷》，原载《清华学报》新10卷第2期，转见《中国近代现代史论集》第6编，第341～386页；刘伟：《晚清督抚政治——中央与地方关系研究》，第402～403页。

② 邱涛：《咸同年间清廷与湘淮集团权力格局之变迁》，第13～48页。

未强固之时，在此权力转换临界的关键时刻，革命爆发，清廷中央不能控制地方，地方无力效忠清廷，清王朝最终覆亡。

需要特别说明的是，“内外皆轻”权力格局的形成，是清末新政时期清廷中央集权对地方督抚收权的结果，适应时段在“清末新政时期”尤其是武昌起义前夕。职是之故，“内外皆轻”说的提出，不是对罗尔纲先生“内轻外重”说的颠覆，而只是一定程度的补充或修正。准确地说，要讨论咸同以来到宣统末年所谓“晚清时期”权力格局的演变，可以说有一个从“内轻外重”到“内外皆轻”的转变，发生此种转变的转折点就在庚子事变。

对于笔者所谓清末权力格局“内外皆轻”说，孙燕京教授在鼓励之余，进一步质疑地方督抚权力究竟是“重”还是“轻”。她认为：“在中央全力集权的过程中，地方督抚们是否乖乖就范，老老实实地交出了手中的权力？对朝廷特别是少壮派亲贵的虎视眈眈，督抚们是否束手无策？这是值得讨论的问题。”随后，她提出了五点疑问：“一、督抚是否乖乖就范？二、督抚的应对；三、‘忠与非忠’；四、为什么集权之后中央还‘无法控制地方’？五、权力的流向。”（第145页）所谓“权力的流向”问题留待下节讨论。前面四点疑问，按照孙教授的解答，基调是肯定督抚权力之“重”。她认为，在清末新政时期，中央与地方权力争斗异常激烈，面对清廷中央的收权，督抚们绝不肯乖乖就范，而是想方设法做了保留，以便继续在一些重大问题上“掣肘”中央，至少是不合作；督抚应对方式是联衔上奏，如果不以“要挟”理解的话，至少也是“聚众壮胆”；督抚并不是无力效忠，而是无心、无意，就是“离心离德”。在她看来，“清末的‘外重’不一定以‘权重’的形式出现，而是以‘离心离德’的形式呈现。”她进而认为：

关键性的解释漏洞出在“中央无法控制地方”这一句上。清

> 末新政设立了名目繁多的职能部门，收走了督抚手中的权力，应该说当即生效——有“法”控制。但结果却是“无法控制”，这就说明收回的权力没有生效（用李细珠的话是“实际效力并不显著”），那就是说有“法”而“不能”。这是一种什么局面？只能以督抚坐大了、尾大不掉、指挥不动解释。换一句话就是，表面上权已不在手，但“势”大、能量大，是另一种“重”。用一种或许欠妥的比喻，就像督抚身边存有巨大的“黑洞”或者“暗物质”。有了它，谁能说权已不重了呢？（第 146～147 页）

这一段的关键还是说的地方督抚权力之“重”。

对于孙燕京教授的质疑，笔者并不认同，下面拟作三方面的解释。

其一，清廷通过新政确实从制度上收回了地方督抚一些重要的权力。咸同军兴以后地方督抚权力增大的表征，主要是“兵为将有”和“就地筹饷”，就是军事权和财政权的扩大。庚子事变之后清廷实行新政，在调整和收束地方督抚的权力方面，首当其冲者也是军事权和财政权，另外还有司法权、外交权、人事权、行政权，等等。在新政与立宪的过程中，清廷中央集权的手法，主要是通过在中央设立军事、财政等各职能部门，相应地在各省设立下级机构，垂直掌控，直接剥夺了地方督抚在军事、财政、司法、外交、人事与行政等方面的权力，从制度设计上把地方督抚的相关权力收归中央，逐步加强了中央集权，而使地方督抚权力越来越缩小。在此过程中，无不遭到地方督抚的激烈抵抗，中央集权与地方分权的矛盾激化，但结果大都是督抚不得不退让。现实中，部臣不断侵夺疆吏之权，如时人所谓：“顷岁以来，学部保提学使，度支部设监理财政官，民政部保巡警道，农工商部保劝业道，法部保提法使，各安置私人，攘夺地方一部分之事，内外直达，守法之官骎骎干预行政，欲堕坏行省规制，而侵天子用人之权。……复见度支部尚书载泽奏定盐务章程三十余条，将盐运使以下各官归其任用。夫一省之大，至重要者只此数事，而皆画界分疆，一任部臣包揽而去，督抚孤居于上，已成赘疣。”① 从制度设计上看，清廷通过中央集权举措，由中央各职能部门分割了地方督抚的多种权力，使地方督抚权力逐渐缩小，是不争的事实。

其二，清廷中央集权并没多大实际效力，没有实际掌握从督抚手中收回的各种权力。清廷从制度上收回地方督抚不少重要权力，但因为亲贵专权，内部矛盾重重，政出多门，实际上破坏了中央集权的效力，未能真正掌握这些权力。一个显著的事例是，清廷通过中央集权，把新军的指挥权、调遣权收归军谘府、陆军部，但事实上，军谘府、陆军部并不能有效地指挥和调遣新军。新出监国摄政王载沣日记记事非常简略，但对收紧军权记载很详细，诸如载沣自代宣统皇帝为全国海陆军大元帅，载涛、毓朗为军谘处（府）大臣，载洵为海军大臣，荫昌为陆军大臣，载涛、毓朗、载搏为训练禁卫军大臣，② 等等，均认真抄录有关上谕，可见其用心之良苦。他还特别记录了把北洋新军六镇指挥权、调遣权收归陆军部的事实：宣统二年八月二十三日，“内阁奉上谕：‘第一、二、三、四、五、六镇均归陆军部直接管辖。’”二十九日，“直督奏二、四镇办法，代朱批：‘览悉。嗣后遇有调遣，准由该督一面再电奏请旨后，方可暂由该督节制。余著仍行懔遵前旨办理。’”③ 北洋新军六镇收归陆军部管辖，但事实上陆军部并不能有效指挥。武昌起义爆发后，清廷派陆军大臣荫昌督师进剿，但荫昌不能如意指挥前线军队，这些军队恰恰正是袁世凯的“北洋旧部”。在这种情况下，清廷才不得不召回荫昌，而被迫起用蛰伏多时的袁世凯，并授袁世凯为钦差大臣，谕令：“所有赴援之海陆各军，

---

① 胡思敬：《劾度支部尚书载泽把持盐政折》（宣统二年三月十一日），《退庐疏稿》卷2，南昌问影楼刻本，1913，第19～20页。

② 爱新觉罗·载沣：《醇亲王载沣日记》，群众出版社，2014，第330～331、374～376、393～394、410～411页。

③ 《醇亲王载沣日记》，第366页。

并长江水师，暨此次派出各项军队，均归该大臣节制调遣。……此次湖北军务，军谘府、陆军部不为遥制，以一事权”。[①] 此所谓“军谘府、陆军部不为遥制”之说，正说明在武汉前线，军谘府、陆军部已经被迫自动放弃了军权，清廷中央集权之效力可想而知。所谓“中央无法控制地方”，只是清廷实际上不能掌控收回来的权力，并不是督抚坐大而权“重”，不能简单地推论为：“只能以督抚坐大了、尾大不掉、指挥不动解释。换一句话就是，表面上权已不在手，但‘势’大、能量大，是另一种‘重’。”

其三，地方督抚在制度上失去许多重要权力，在实际上处于无能为力状态。清廷通过新政加强中央集权，相应地削弱了地方督抚权力，使督抚在地方办事艰难。如时论所谓：“自中央集权之说中于中央政界之心理，而督抚之权日削，而外省之力日瘠，迄于今几无一款之可筹、一事之能办，疆臣愤不能平，则相率托词乞退。呜呼，其流毒之巨有如是也。”[②] 仍可以军权为例。清廷收回各省新军的指挥权、调遣权统归军谘府、陆军部，使地方督抚虽有节制新军之名义，而没有指挥、调遣新军之实权。武昌起义爆发，各省督抚应对无方，正如御史陈善同所说：“各省督抚，膺千余里土地之重寄，为数千万人民之所托命，万不可无调遣兵队之权，以资镇摄。苟既命以如此重大之任，而复靳兵权而不予，是不啻缚其手足而使临民上，欲求无事不可得也。疑其人而罢其督抚之任可也，任之而复疑之，缚其手足不可也。今各省会城之变，大抵皆坐此弊，则兵权集于中央之说误之也。……今则各省陆军皆一律归部直接管辖矣，各该督抚均不能直接调遣矣，若不速为变计，乱未已也。”[③] 直隶总督陈夔龙感同身受，曾痛陈疆臣失去兵权之害，有谓：

① 《宣统政纪》卷62，宣统三年九月上，《清实录》第60册，第1132、1140页。

② 《时评·其一》，《申报》宣统二年八月九日，第1张第6版。

③ 《宣统三年九月初七日御史陈善同奏折附片一》，中国史学会主编《辛亥革命》（五），上海人民出版社，1957，第473页。

“余于宣统己酉腊月，履直督任，所辖北洋第二、第四两镇，兵力甚强，足以建威销萌。新党不便，怂恿京师权贵收归部中直辖，监国贸然允之。疆臣职司疆土，直隶尤屏蔽京师，一旦骤失兵柄，其何能淑。疏凡再上，以去就力争，卒未能收效果。”① 辛亥鼎革之际，地方督抚面对革命，除少数顺应世变潮流以外，尽管可能有多数督抚想效忠清王朝，但大都有心无力而已。独立各省督抚既无法控制新军，也不能筹集军饷，大都成为无兵无钱的光杆司令，只能消极应对革命形势。

概而言之，地方督抚之权“轻”，是清廷通过新政实行制度变革的结果。对此，时人有深刻的体察。资政院议员于邦华认为，清廷实行中央集权措施是地方督抚无权办事的症结，有谓：“现今各省谘议局与督抚冲突事件，不能说是民气嚣张，而归咎于各省谘议局，实缘议决之事各省督抚不去执行，所办之事又不能洽于民心，心之不平，其气益不可遏。然亦不能归咎于各省督抚，我国行政机关有种种牵掣，况近日民间搜括殆尽，财政无着，又有中央集权之说使督抚愈不能办事，是以对于议决之事往往不能执行，甘受人民唾骂，则督抚自有督抚难处。”② 御史胡思敬更是尖锐地指出，清廷中央集权直接导致各省“都成散局”的严重后果，有谓：“自中央集权之说兴，提学使为学部所保之员，巡警道为民政部所保之员，劝业道为商部所保之员，皆盘踞深稳，不敢轻言节制。而又司法独立，盐政独立，监理财政官气凌院司，亦骎骎有独立之势。一省之大，如满盘棋子，都成散局。将来天下有变，欲以疆事责之督抚，而督抚呼应不灵；责之学使以下各官，而各官亦不任咎。”③ 胡思敬不幸而言中，武昌起义之后地方督抚无力效忠朝廷的惨痛事实可为明证。调兵不动，筹款不成，办事不能，谁能说督抚还是权“重”？

---

① 陈夔龙：《梦蕉亭杂记》，中华书局，2007，第122页。

② 《资政院第一次常年会会议速记录》第9号，宣统二年九月二十日。

③ 胡思敬：《请罢新政折》（宣统二年五月二十日），《退庐疏稿》卷2，第37页。

二 所谓“权力流向”问题

所谓“权力流向”问题，涉及权力的转移或再生，与制度建设直接相关。

孙燕京教授认为：“从广泛意义上说，权力大致是常量，一个变轻，另一个（相对待的一方）自然趋重。那么，内外皆轻便于理不通。”（第145页）这只是简单的逻辑推论，与实际史实并不相符。关键在于权力不是物质的东西，也不是实际的能量，如前引安东尼·奥罗姆《政治社会学》所谓只是“一种潜在能力而非实际现象”，作为一种制度的规定性效力，这种效力只有在掌握和利用制度的情况下才能发挥出来，否则就是无效力。可见，权力不是“常量”，并不简单地遵循此消彼长的规律。所谓“权力流向”，既与制度的掌控和利用相关，也与制度变迁相关。

接下来的问题是，清末中央与地方权力关系形成“内外皆轻”格局之后，权力到哪里去了？这是孙教授与一般读者问得较多的问题。笔者有一个比较概括的说法：“当清廷中央与地方督抚的权威一并衰落之时，军人势力崛起，从而出现军人干政局面。”（拙著第410页）也就是说，权力从清廷中央和地方督抚转移到军人势力。话说简单，但要深入探讨还有较大空间。需要解决的问题是，权力具体究竟是如何转移的呢？

孙燕京教授也认为：“如果我们放大视野，观察一番清末中国的政治格局，那么，权力的流向就清楚了，那就是清王朝衰弱了，其他政治势力不断崛起，比如革命排满、拥护共和的革命党；比如反对流血、提倡立宪的立宪派；比如压抑已久支持改变的广大民众；当然最大的获益者还是心机特重、善于权术的袁世凯。”（第147页）这是对辛亥革命之后中国政局变动非常到位的观察。需要追问的是，最后的赢家为什么是袁世凯？要理解这个“权力流向”问题，关键还是要解剖革命之后的制度变迁与重建问题。

现代西方政治学理论表明：“政权崩溃之后出现的是权力真空。……如果在旧政权消失之后，余下的各种社会力量的强弱相差很大，那么最强大的社会力量或社会力量的联盟也许只需相对说来较少地扩大一下政治参与，便能够填补这一真空并重建权威。”① 武昌起义之后，清王朝政权土崩瓦解，革命党人、立宪派与旧官僚等多种势力纷起竞争，最后是作为“最强大的社会力量或社会力量的联盟”的袁世凯北洋集团收拾残局，并试图重建统治权威。这个逻辑思路很是清晰，清末民初历史演变事实也大体如此。

具体来说，辛亥革命之后制度变迁与重建的过程大致可分为两步：革命与和谈，正是这两步比较完整地完成了权力转移过程，用非常粗线条的图式表示，就是：清政府→孙中山南京临时政府→袁世凯北洋政府。

第一步：革命，就是通过武装起义，革命党人、立宪派与旧官僚联合势力在各独立省区建立革命政权，以此为基础成立南京临时政府，分享了部分国家统治权力，与北方清政府形成南北对峙局面。武昌起义后，湖北、湖南、陕西、江西、山西、云南、上海、贵州、浙江、江苏、广西、安徽、福建、广东、四川十五省区相继独立。为什么不能一鼓作气夺取全国政权，这既与此次革命没有统一领导与规划的分散性特点有关，也与各独立省区内部矛盾状况有关。从各独立省区革命的实际情况来看，各地革命党人发动起义大都各自为政，相互联系与支持的情况不多，尤其是各地革命政权的建立情况较复杂，多少都掺杂了革命党人、立宪派与旧官僚等多种势力的争斗，本来并不强大的革命力量却内耗很严重。如首义省份湖北，革命党人鼓动新军起义，以谘议局为代表的立宪派人士被迫附从，结果却推举新军协统

① 〔美〕塞缪尔·P. 亨廷顿：《变动社会的政治秩序》，张岱云等译，第290页。

黎元洪出任湖北军政府都督。再如首先响应的省份湖南，革命党人焦达峰等人建立革命政权，立宪派勾结旧军官发动政变，谘议局议长、立宪派首领谭延闿继任都督，湖南革命政权完全落入立宪派手中。即使在革命派内部，其实也不无分歧和矛盾，如上海，本是革命的重要策源地，同盟会中部总会与光复会的活动都颇为活跃，但在起义之后，同盟会派陈其美成立沪军都督府，光复会首领李燮和大为不满，转而另立吴淞军政分府，革命党内部的派系矛盾充分显露。不仅如此，各省区革命政权之间也有矛盾，以至于在南部中国地区形成武昌与上海两个政治中心：武昌为首义之区，革命力量集聚较多；上海为东南重镇，资产阶级与立宪派颇为活跃。正是以此两地为中心，各派政治势力为筹建统一中央政府而展开了激烈的争斗，甚至出现所谓“政府设鄂，议会设沪”[①] 的妥协议案。直到革命领袖孙中山回国，被各省代表会议选举为临时大总统，在南京成立中华民国临时政府，表面上暂时解决了独立省区内部各革命政权之间的权力争斗，但南北两个政权对峙，并没有达到革命的最终目的，孙中山领导的南京临时政府只是占有半壁江山，还不足以充分享有完全的国家权力。孙中山当选第一任临时大总统，南京临时政府成立，在某种意义上颇有无奈的意味。其中“临时”一词颇可玩味，实际上充分表明了这个革命政权的过渡性意义。孙中山当选临时大总统时，就曾致电袁世凯表示虚位以待之心，有谓：“文前日抵沪，诸同志皆以组织临时政府之责相属。问其理由，盖以东南诸省久缺统一之机关，行动非常困难，故以组织临时政府为生存之必要条件。文既审艰虞，义不容辞，只得暂时担任。公方以旋转乾坤自任，即知亿兆属望，而目前之地位尚不能不引嫌自避；故文虽暂时承乏，而虚位以待之心，终可大白于将来。望

① 《张謇等致庄蕴宽密函》，上海社会科学院历史研究所编《辛亥革命在上海史料选辑》，上海人民出版社，1981，第1070页。

早定大计，以慰四万万人之渴望。”① 孙中山在就职典礼上宣誓更是明确表示：“至专制政府既倒，国内无变乱，民国卓立于世界，为列邦公认，斯时文当解临时大总统之职。”② 虽然孙中山领导的南京临时政府通过革命的方式，从清政府手中取得了各独立省区的统治权力，但这只是暂时的，随时都在准备交给袁世凯，只要袁世凯达成推翻清朝建立民国的革命目的。

第二步：和谈，就是通过所谓“南北和谈”，袁世凯依靠北洋集团，借革命之力，迫使清帝退位，继任临时大总统，建立南北统一的中央政府，攫取了全部国家统治权力。南北和谈在革命之后不久就开始启动，甚至与革命交叉进行，只是因为南京临时政府的成立而一度出现波折，但南北双方事实上始终没有真正放弃议和，交易仍在秘密进行。“代表会形式上取消，而南北运用，未曾停止，仍由伍、唐在内幕沟通商洽。”③ 袁世凯在唐绍仪辞去代表职务后便与伍廷芳直接通过电报联系，唐绍仪也仍在上海与伍廷芳不断地进行秘密交涉。这个时期，双方交涉的主要内容集中在袁世凯迫使清帝退位的交换条件上，即孙中山在清帝退位后辞去临时大总统职务，并推举袁世凯为民国大总统。对此，南方各派政治势力基本赞同，孙中山也并不反对。在和谈期间，袁世凯对南京组织临时政府和孙中山当选临时大总统颇为不满。他致电伍廷芳诘问：“此次选举总统是何用意？设国会议决为君主立宪，该政府暨总统是否亦即取消？”④ 他还通过唐绍仪询问伍廷芳：“孙君肯让袁君，有何把握，乞速详示。”⑤ 迫切希望得到南方的切实保证。孙中山通过伍

---

① 《致袁世凯电》，广东省社会科学院历史研究室、中国社会科学院近代史研究所中华民国史研究室、中山大学历史系孙中山研究室合编《孙中山全集》第1卷，中华书局，1981，第576页。

② 孙中山：《临时大总统誓词》，《孙中山全集》第2卷，第1页。

③ 张国淦编《辛亥革命史料》，香港，大东图书公司，1980，第297页。

④ 《袁世凯电责南京组织政府电》，“中华民国开国五十年文献编纂委员会”编《开国规模》，台北，正中书局，1974，第536页。

⑤ 《致孙文黄兴电》，丁贤俊、喻作凤编《伍廷芳集》下册，中华书局，1993，第440页。

廷芳向袁世凯明确表示："如清帝实行退位，宣布共和，则临时政府决不食言，文即可正式宣布解职，以功以能，首推袁氏。"① 袁世凯得到孙中山的这个保证后，便开始加紧进行"逼宫"，迫使清廷退位。此后南北和谈的核心内容是清帝退位优待条件。1912 年 2 月 12 日，清帝接受优待条件，宣告退位。13 日，孙中山向南京临时参议院辞去临时大总统职务，并举袁世凯以自代。15 日，南京临时参议院选举袁世凯为新任临时大总统。3 月 10 日，袁世凯在北京正式宣誓就任临时大总统，随后组织临时统一政府，完全攫取全国统治权力。

需要特别解释两个问题。

一是袁世凯何以能成为最后的赢家，也就是说清政府的权力最后为什么会转移到袁世凯手中？孙燕京教授对于袁世凯是不是"军人发迹"或"军人起家"的问题多有辨析（第 147 页），不无道理，但有点偏离笔者讨论问题的重心。无论对"发迹"或"起家"如何理解，可以肯定的是，北洋新军是袁世凯在清末民初政坛崛起与纵横捭阖最大的政治资本。一个不可否认的事实是，武昌起义之后，被黜多年的袁世凯能够迅速东山再起，并实际控制清政府的军政大权，就是因为他手中掌握着一支强大的北洋新军。北洋新军是清末"中国陆军的核心"，与南方民军相比，虽然在数量上可能并不占优势，"可是作为一支战斗力量来说，他们统一的指挥、训练和划一的装备，都使他们优于民军"。② 当时，一些外国军事观察家通过对广州、上海、苏州、武昌和南京等地驻军的研究后，认为："革命军队显然不如忠于清皇朝的军队。……除了极少数例外，革命军队一般都是'军纪涣散的乌合之众'。如果北洋军队全力支撑清皇朝，革命军队将不是它的对手。"③ 南方民军的情况到底如

① 孙中山：《复伍廷芳电》，《孙中山全集》第 2 卷，第 23 页。

② 参见〔美〕拉尔夫·尔·鲍威尔《1895～1912 年中国军事力量的兴起》，陈霞飞等译，中国社会科学出版社，1979，第 125、298 页。

③ 参见〔澳〕冯兆基《军事近代化与中国革命》，郭太风译，上海人民出版社，1994，第 284 页。

何呢？据曾任广东军政府都督和南京临时政府总统府秘书长的胡汉民回忆说：“南京军队隶编于陆军部者，号称十七师，然惟粤、浙两军有战斗力。……其他各部，乃俱不啻乌合，不能应敌。盖当时党人对于军队，不知如法国革命及苏俄革命时所用之方法，能破坏之于敌人之手，而不能运用之于本党主义之下。由下级干部骤起为将，学问经验，非其所堪。又往往只求兵数增加，不讲实力，此为各省通病，而南京则尤甚也。”① 显然，南方民军要战胜北洋新军是相当困难的。正因为有强大的北洋新军的存在，才使南方革命势力对袁世凯不敢等闲视之。

其时，国内外多种政治势力都期待着袁世凯重新出山。据英国《大陆报》特派员观察认为：“其时只有一个人可以应付时局，只有一个人能在与南方军对垒时可以使北方军队服从，这个人就是被贬的袁世凯”。② 英国《泰晤士报》驻北京记者莫理循转述日本武官青木宣纯的话说：“袁世凯的权力时时刻刻在增长。他会拥有独裁权力。他能得到他所要求的任何条件。他是皇室的唯一希望，他在中国有信誉，在外国有好名声，是唯一可望从目前的动乱中恢复秩序的一个人。”③ 庆亲王奕劻向摄政王载沣提议起用袁世凯时认为：“此种非常局面，本人年老，绝对不能承当，袁有气魄，北洋军队都是他一手编练，若令其赴鄂剿办，必操胜算，否则畏葸迁延，不堪设想。且东交民巷（各国驻华使馆——引者注）亦盛传非袁不能收拾。”④ 当时形成“非袁不可”的局面，关键就是袁世凯拥有北洋新军。清政府无法驾驭北洋新军，不得不起用旧臣袁世凯。

---

① 《胡汉民自传》，《近代史资料》总45号，中国社会科学出版社，1981，第59页。

② 〔英〕埃德温·丁格尔：《辛亥革命目击记：〈大陆报〉特派员的现场报道》，陈红民等译校，中国青年出版社，2002，第156页。

③ 《致达·狄·布拉姆函》，〔澳〕骆惠敏编《清末民初政情内幕——〈泰晤士报〉驻北京记者袁世凯政治顾问乔·厄·莫理循书信集》上册，刘桂梁等译，上海知识出版社，1986，第767页。

④ 张国淦编《辛亥革命史料》，第108页。

袁世凯被起用后，很快出任内阁总理大臣，并迫使摄政王载沣退归藩邸，攫取了清朝行政大权。庸弱的隆裕太后也不得不把清廷命运完全交付袁世凯，在召见袁世凯内阁时，有谓："顷见庆王等，他们都说没有主意，要问你们，我全交与你们办。你们办得好，我自然感激，即使办不好，我亦不怨你们。皇上现在年纪小，将来大了也必不怨你们，都是我的主意。"① 在革命党炸死良弼后，隆裕太后闻讯颇感绝望，禁不住当朝掩面而泣曰："梁士诒啊！赵秉钧啊！胡惟德啊！我母子二人性命，都在你三人手中，你们回去好好对袁世凯说，务要保全我们母子二人性命。"② 其时，袁世凯正在暗中操纵南北和谈。为了攫取民国大总统权位，袁世凯不惜牺牲清廷，与南方革命政府磋商优待条件，迫使清帝退位。清廷无可奈何，发布上谕："著授袁［世凯］以全权，研究一切办法，先行迅速与民军商酌条件，奏明请旨。"③ 一纸上谕，使清廷完全把自己的命运交给了袁世凯。袁世凯毫不犹豫地以清廷为筹码向南方革命政府换取了民国大总统的权位。

二是袁世凯的统治权力来源问题，即袁世凯是直接继承了清政府的统治权力还是攫取了新生的中华民国政权的统治权力？也就是说清政府的权力是如何转移到袁世凯手中的呢？袁世凯在辛亥鼎革之际玩弄两面手法，一面挟清廷以对抗革命，一面借革命以逼迫清帝退位，从而登上民国大总统宝座，成为最后的赢家，"时人谓之新式曹操"④。乱世枭雄曹操，是篡位窃国的代名词。关于袁世凯的

① 许恪儒整理《许宝蘅日记》第1册，宣统三年十一月初九日，第385～386页。按：绍英当天日记记载与此大致相同，有谓："皇太后垂泪谕袁总理大臣云：你看看应如何办即如何办，无论大局如何，我断不怨你。即皇上长大，有我在，亦不能怨你。"参见《绍英日记》第2册，宣统三年十一月初九日，第264～265页。

② 凤冈及门弟子编《三水梁燕孙先生年谱》上册，1947，第111页。

③ 中国第一历史档案馆编《光绪宣统两朝上谕档》第37册，第415页。按：上谕中"［世凯］"括号里两字原空缺，为引者所加。

④ 《胡汉民自传》，《近代史资料》总45号，第58页。

“窃国”，也即其统治权力来源问题，历来有两种说法：逊清遗民认为袁世凯所窃之“国”，是“大清”朝①；与清朝遗民不同，后世论者则从革命史的角度立论，认为袁世凯篡夺了辛亥革命的果实，所窃之“国”是新生的“中华民国”②。一个值得注意的现象是，在辛亥百年之际，学界有人翻出尘封久远的《清帝逊位诏书》，把清帝退位描述为中国版的“光荣革命”，认为清政府的统治权力是通过《清帝逊位诏书》转移到袁世凯手中，意即袁世凯直接继承了清朝的统治权力。此似是而非之新说，实不脱逊清遗民立论之窠臼，甚至还不如某些殉清遗民如胡思敬之流看得明白。胡思敬所著《大盗窃国记》，认为袁世凯“篡窃之志蕴蓄十余年之久”，其之所以利用南北和谈的方式迫使清帝退位，“其意盖以大清之亡，非亡于袁氏，而亡于革党；袁氏之取，取于革党，非取于大清也。”③ 胡思敬指破袁世凯的狡猾之处，其本意是要揭露袁世凯窃取了“大清”朝，但确实也指明了清朝被革命党推翻及袁世凯从革命党手中攫取国家政权的史实，也就是说袁世凯不是直接继承了清朝的统治权力。

事实上，在《清帝逊位诏书》中有谓：“由袁世凯以全权组织临时共和政府，与民军协商统一办法。”④ 据新出《袁世凯全集》收录

---

① 如胡思敬著《大盗窃国记》（《退庐全集》本），南昌，退庐，1923 年刊本。

② 陈伯达著《介绍窃国大盗袁世凯》，认为袁世凯是“近代中国的第一个窃国大盗”。“人民经过革命推翻了满清朝廷，但革命的果实却没有落在人民的手里，而被大地主大买办反动派代表人物袁世凯所篡窃而去。”（华北新华书店，1946，第 4、9 页，该书后来再版名为《窃国大盗袁世凯》，笔者见有新华书店 1949 年版）黎澍著《辛亥革命与袁世凯》，专列一章论述“袁世凯的窃取权力”（三联书店，1948，该书后来更名《辛亥革命前后的中国政治》，人民出版社 1954 年版）。胡绳著《帝国主义与中国政治》，力图揭破袁世凯在清朝与革命之间大要两面派“阴谋”，最后依靠“帝国主义者的支持”而取得“胜利”（人民出版社，1979，第 6 版，第 120、127 页，该书写于 1947 年）。李宗一的《袁世凯传》则着力描述袁世凯“攫取民国总统职位的阴谋活动”，其结论是：“在‘南北统一’的欢庆声中，革命果实被袁世凯篡夺。”（中华书局，1980，第 181、208 页）

③ 胡思敬：《大盗窃国记》（《退庐全集》本），第 13 页。

④ 中国第一历史档案馆编《光绪宣统两朝上谕档》第 37 册，第 432 页。

一份袁世凯《手批清帝逊位诏书稿》可知，袁世凯确实做了手脚。此处文字原稿是“由袁世凯以全权与民军组织临时共和政府，协商统一办法”①，袁世凯把“与民军”三字后移，意思大变。《清帝逊位诏书》颁布后，对此说辞，时人与后人多有误解，往往担心甚或认定清廷把统治权直接交给了袁世凯。胡汉民回忆与张謇之子张孝若的记载较有代表性，他们认为：胡汉民请张謇起草清帝退位诏书，并由唐绍仪转电袁世凯。袁擅自在后面加入“授袁世凯全权”一语，狡猾地自以为乃是从清政府取得政权。孙中山发现后，大怒责其不当，但袁与唐推诿于清廷，“且以其为遗言之性质，无再起死回生而使之更正之理”。② 孙中山也曾致电袁世凯严正指出：“至共和政府不能由清帝委任组织，若果行之，恐生莫大枝节。执事明于理势，当必知此。”③ 袁世凯先是委托心腹梁士诒等人通过唐绍仪致电孙中山做了如下解释：“清谕有‘全权组织’字样，南方多反对者。实则此层系满洲王公疑惧，以为优待条件，此后无人保障，非有此语，几于旨不能降，并非项城意。故奉旨后，亦未遵照组织政府。清谕现在已归无效。若欲设法补救，除非清谕重降，自行取消不可。又万万无此办法。南方若坚持此意，实为无结果之风潮。”④ 在此，梁士诒等人清楚地说明所谓“清谕有‘全权组织’字样”，并非袁世凯之意（“非项城意”），袁世凯“奉旨后，亦未遵照组织政府”。稍后，袁世凯又亲自致电孙中山、黎元洪、各部总长、参议院、各省都督、各军队长，直接说明：“孙大总统来电所论，共和政府不能由清帝委任组织，极为正确。现

① 《手批清帝逊位诏书稿》，骆宝善、刘路生主编《袁世凯全集》第19卷，河南大学出版社，2013，第545页。

② 张孝若：《南通张季直先生传记》，上海，中华书局，1930，第155页；《胡汉民自传》，《近代史资料》总45号，第56-57页。

③ 《孙中山致北京袁慰庭先生电》，《南京临时政府公报》第18号，中国科学院近代史研究所史料编译组编辑《辛亥革命资料》（《近代史资料》总25号），第144页。

④ 《唐绍仪致南京孙大总统电》，《南京临时政府公报》第20号，《辛亥革命资料》（《近代史资料》总25号），第163页。

在北方各省军队暨全蒙代表皆以函电推举为临时大总统，清帝委任一层无足再论。然总未遽组织者，特虑南北意见因此而生，统一愈难，实非国家之福。”[①] 袁世凯也不以“清帝委任”为然，而“总未遽组织”临时共和政府。后人也许会认为这些均不无狡辩之意，但实际上梁士诒等人与袁世凯所说大致还是实情，最关键的一点是当时袁世凯确实还没有组织临时共和政府。尽管他也曾以“全权组织临时共和政府袁”的名义发布布告，但很快就改为“新举临时大总统袁”的新身份发布命令。[②] 他对后者的认同更甚于前者，是显而易见的。

至于袁世凯的统治权力到底来源于何处？可从两个方面进一步具体分析：一方面，袁世凯的统治权力并不是来自清政府。如梁士诒等人所谓袁世凯实际上并没有遵照《清帝逊位诏书》组织临时共和政府，袁世凯自己也认为如此，是以袁世凯是否擅自加入“全权组织”字样，已没有实际意义；而且《清帝逊位诏书》还明确地说“将统治权公诸全国，定为共和立宪国体”[③]，也没有说要直接交予袁世凯。可见，袁世凯并没有直接继承清政府的统治权力。另一方面，袁世凯的统治权力实际上来自南京临时参议院，是对南京临时政府的直接继承。孙中山在清帝退位之后第一天便向南京临时参议院提出辞职，并推荐袁世凯自代。就在清帝退位之后第三天（1912 年 2 月 15 日），南京临时参议院选举袁世凯为新任临时大总统。参议院致电袁世凯称：“查世界历史，选举大总统，满场一致者，只华盛顿一人。公为再见。同人深幸公为世界之第二华盛顿，我中华民国之第一华盛顿。”次日，

---

① 《致临时大总统孙文等电》，《袁世凯全集》第 19 卷，第 577 页。

② 中国第一历史档案馆编《光绪宣统两朝上谕档》第 37 册，第 435～436 页。

③ 中国第一历史档案馆编《光绪宣统两朝上谕档》第 37 册，第 432 页。按：据袁世凯《手批清帝逊位诏书稿》，此处原文是“将统治权暨完全领土悉行付畀国民，定为共和立宪国体”，袁世凯先是把“暨完全领土悉行付畀国民”改为“完全公诸全国”，随后又把“完全”两字圈掉，显得更加模糊。参见《袁世凯全集》第 19 卷，第 544 页。

袁世凯回电参议院，欣然表示接受，电称："承贵院全体一致正式选举，凯之私愿，始终以国利民福为归。当此危急存亡之际，国民既以公义相责难，凯何敢以一己之意见辜全国之厚期。"① 3月8日，袁世凯将受职誓词电告南京临时参议院，得到参议院的认可，并由原任临时大总统孙中山通电布告全国。3月10日，袁世凯在北京正式宣誓就任临时大总统。誓词称："民国建设造端，百凡待治，世凯深愿竭其能力，发扬共和之精神，涤荡专制之瑕秽，谨守宪法，依国民之愿望，蕲达国家于安全强固之域，俾五大民族同臻乐利。凡兹志愿，率履勿踰。俟召集国会，选定第一期大总统，世凯即行解职。"② 袁世凯登上了中华民国临时大总统的宝座。随后，袁世凯根据孙中山颁布的《中华民国临时约法》，经南京临时参议院议决，任命唐绍仪为国务总理，组织了新的南北统一的中央政府。可见，袁世凯继孙中山之后为中华民国第二任临时大总统，其统治权力直接继承了南京临时政府，与其说是来自清政府的"委任"，不如说是来自南京临时参议院的授权。③

综上所述，关于清末民初的"权力流向"问题，实际上是从君主专制走向民主共和的制度变迁与重建的结果。清政府的权力并没有直接转移到袁世凯，尚有一个不容忽视的中间环节，那就是南京临时政府与南京临时参议院。一方面，南京临时政府通过革命的方式在各独

---

① 《致南京临时参议院电》、《附录临时参议院来电》，《袁世凯全集》第19卷，第578~579页。

② 《孙文关于袁世凯受职誓词电》，中国第二历史档案馆编《中华民国史档案资料汇编》第2辑，第105页。

③ 学界早已见及于此。王世杰、钱端升所著《比较宪法》在征引清帝退位诏书之后评论道："据此论文，则未来中华民国的政府，将不独为清廷的延续，抑且出自清廷的创造；民主立宪之政制，亦为清廷所给予。但这只是清廷方面的见解。实则清帝退位以前，民军的共和政府已经成立于南京；清帝退位以后，袁世凯之继孙中山先生任总统，亦系出自南京参议院的选举。"参见王世杰、钱端升《比较宪法》，商务印书馆，1999，第403页。按：该书出版于1927年，以后多次增订重版；本文所引版本系根据商务印书馆1937年3月增订第5版重排本。

立省区建立政权，分割了清政府的部分统治权力；另一方面，南京临时政府通过南北和谈的方式，与袁世凯合力迫使清帝退位，使清政府交出了另一部分统治权力，这一部分统治权力是清政府在接受优待条件的同时交给了南方革命政权，实际上还是暂时归于南京临时政府。由于清帝退位之后孙中山辞职，袁世凯继任，最后这两部分统治权力都由南京临时参议院授予新任中华民国临时大总统袁世凯。可见，清政府的统治权力经由南京临时政府与南京临时参议院，最终转移到袁世凯北洋集团。

三　“内外皆轻”与民初政治走向

清末“内外皆轻”权力格局对民初政治走向的重要影响，是辛亥革命在清廷中央与地方督抚权威一并衰落之际爆发，掌握军队尤其是新军的军人势力崛起，以袁世凯为首的北洋集团乘势而动，从军人干政到军人主政，试图重建统治权威而未能奏效，政局分崩离析，导致民国初年的军阀政治。

这期间值得注意的有三个重要环节。

第一，军人干政使清政府乖乖就范。武昌起义爆发后，新军势力成为清朝中央与地方政府难以控制的力量，以至于出现军人干政局面。其时军人干政有两个显著的事例：一是张绍曾滦州兵谏立宪。清政府推行预备立宪本有抑制革命的目的，但一再拖延敷衍反而加速了革命的进程。就在清政府忙着调兵遣将应对前线紧急军情之际，立宪派在资政院内也要求加快推行立宪步伐，张绍曾滦州兵谏更是火上浇油。宣统三年（1911）九月初八日，新军第二十镇统制张绍曾联合第三镇协统卢永祥、第二混成协统领蓝天蔚、第三十九协统领伍祥祯、第四十协统领潘矩楹等人电奏清廷，以各军将士名义请愿改革政治，提出最后通牒式的十二条政纲，强烈要求年内即开国会，由国会改定宪法，组织责任内阁，内阁总理大臣由国会公举，国务大臣由总理推任，皇族永远不得充任总理大臣及国务大臣，还明确提出军人有参与解决现时规定之宪法、国会组织法及国家一切重要问题之权。[①] 在军人通电干政等多方面的压力下，清廷不得不下诏罪己，取消皇族内阁，并颁布宪法重大信条十九条。清廷妥协退让，是颓势尽显的标志，如陈夔龙所谓“帝位虽存，大权业已下移”[②]。滦州兵谏开启军人干政之先河，后果不堪设想。如王锡彤有谓：“朝廷之所以号召天下震慑群庶者，威信而已。今朝廷失信之事已更仆难数，此诏一出，更示天下以弱。现任兵官尚可迫胁，何人不可迫胁乎？威严尽失，何以立国？乱事之起，靡有涯已。”[③] 金梁有云：“然以朝廷遽发信条，为军士所轻，卒启军人干政之举，后且合词请退位矣。”[④] 王锡彤、金梁之言，果然不幸而言中。二是段祺瑞电奏请愿共和。就在滦州兵谏三个月之后，十二月初八日，袁世凯为了迫使清帝退位，加紧“逼宫”步伐，指使北洋将领段祺瑞、姜桂题、倪嗣冲、段芝贵、曹锟、王占元、王怀庆、李纯、张怀芝、潘矩楹等 50 人电奏清廷，强烈要求清廷接受优待条件，赞同共和，并请“明降谕旨，宣示中外，立定共和政体，以现内阁及国务大臣等，暂时代表政府”。[⑤] 此奏气势凌人，明显是要逼迫清帝退位。有人把北洋将领段祺瑞等人请愿之电与革命党人彭家珍炸良弼之弹相提并论，以为“实乃祛除共和障害之二大利器也”[⑥]。的确，袁世凯之所以能如此迅速逼迫清帝退位，并攫取民国大总统权位，“得力于段芝泉率前敌将士一电，请愿共和之最有力者也。”[⑦] 无论是张绍曾滦州兵谏立宪，还是段祺瑞电奏请愿

① 张国淦编《辛亥革命史料》，第 197 ~ 198 页。
② 陈夔龙：《梦蕉亭杂记》，第 122 页。
③ 王锡彤：《抑斋自述》，郑永福、吕美颐点注，河南大学出版社，2001，第 174 页。
④ 金梁：《光宣小记》，第 38 ~ 39 页。
⑤ 张国淦编《辛亥革命史料》，第 305 ~ 306 页。
⑥ 廖少游：《新中国武装解决和平记》，北京，陆军编译局印刷所，1912，第 72 页。
⑦ 王锡彤：《抑斋自述》，郑永福、吕美颐点注，第 179 页。

共和，都是军人干政的典型事例，软弱的清政府无可奈何，只能顺从地满足其政治意愿而不敢有丝毫的违背。

第二，袁世凯重建统治权威企望落空。袁世凯在北洋军人的支持下顺利地接掌了新生的民国政权，以袁世凯为首的北洋政府实际上是一个军人集团——北洋集团操控的中央政府。为了加强北洋政府的统治权威，袁世凯不断地采取措施笼络立宪派、旧官僚，打击革命党人，企图建立一个强有力的政府，结果却走了一条从临时大总统到正式大总统、独裁大总统、终身大总统乃至于洪宪皇帝的不归路。袁世凯通过镇压“二次革命”打败革命党势力以后，政治野心进一步膨胀，希望去掉“临时”性质，做正式大总统。1913 年 10 月 6 日，在北洋军警的威逼之下，国会通过三次投票勉强选举袁世凯为正式大总统。随后，袁世凯便以“乱党”为名宣布解散国民党，并撤销国民党党员之国会议员资格，继而又以“几酿成暴民专制之局”为名，宣布解散国会。[①] 与此同时，袁世凯策动增修《中华民国临时约法》，为此特设造法机关——约法会议，并提出增修约法大纲案，咨交约法会议讨论。其增修约法之理由是：“临时约法适应于临时大总统，已觉有种种困难，若再适应于正式大总统，则其困难将益甚。”其主旨是改内阁制为总统制，尽可能扩大总统权限。约法会议遵照此意，制定新的《中华民国临时约法》，其要义在建立以总统集权为核心的“强有力之政府”。约法会议咨复文宣称：

> 方今共和成立，国体变更，而细察政权之转移，实出于因而不出于创。故虽易帝制为民国，然一般人民心理，仍责望于政府者独重，而责望于议会者尚轻。使为国之元首而无权，即有权而

① 《解散国民党令》（1913 年 11 月 4 日）、《布告解散国会原因文》（1914 年 1 月 10 日），章伯锋、李宗一主编《北洋军阀（1912—1928）》第 2 卷，武汉出版社，1990，第 500～501、512 页。

不能完全无缺，则政权无由集中，群情因之涣散，恐为大乱所由生。此以历史证之，而知应含有特性者也。世界各共和国，其幅员皆不及我国之广大。盖地狭则治之也易，地广则治之也难。中国横亘东亚，方二万万里，而且五族各异其性，南北各异其宜。苟无一强有力之政府提挈全局，各自为政，不相统一，势必以内部之破坏，妨及国际之和平。此以地理证之，而知其应含有特性者也。且共和成立，开自古未有之创局。建设未遑，飘摇风雨，纲解纽绝，无可遵循。当此千钧一发之时，即遇事过为审顾，已有稍纵即逝之虞，若设法牵掣多方，将不免立见危亡之祸。乃临时约法于立法权极力扩张，行政权极力缩减，束缚驰骤，使政策不得遂行。卒之筑室道谋，徒滋纷扰，贻害全国，坐失事机。夫国家处开创之时，当多难之际，与其以挽救之责委之于人民，委之于议会，其收效缓而难，不如得一强有力之政府以挽回之，其收效速而易。所谓易则易知，简则易从也。况人民政治知识尚在幼稚时代，欲其运用议院政治，窃恐转致乱亡。此以现在时势及风俗习惯证之，而知其应含有特性者也。本会议基此理论，勒为成文。以统治权之不可分割也，于是设总揽机关。以议会政治之万不宜于今日之中国也，于是以总揽统治权属之于国家元首。以重大总统之权而又不能无所限制也，于是有对于全体国民负责之规定。以国势至今，非由大总统以行政职权急起直追，无以救危亡也，于是凡可以掣行政之肘，如官制、官规之须经院议，任命国务员、外交官以及普通缔结条约之须得同意等项，皆与删除；凡可以为行政之助者，如紧急命令、紧急财政处分等，悉与增加。以国权脆弱亟宜注重军防也，于是特定陆、海军之统率及编制权，以扬国威而崇兵备。以共和建设来日方长，非策励殊勋不克宏济艰难也，于是设各项特别荣典，以符优待而劝有功。以大总统之职责既重，必须有审议政务机关以备咨询也，于是有参政

> 院之设，以维持共和立宪之精神。……此次增修约法之结果，名以降大总统之权，即实以重大总统之责。[①]

经过约法会议修订而成的《中华民国临时约法》（又称“袁记约法”），规定大总统作为国家元首“总揽统治权”，事实上赋予了大总统独裁统治的权力。但是，袁世凯对于做这样一个独裁大总统仍不满意，又指使约法会议修正《大总统选举法》，改变原有大总统任期五年、可连任一次的规定，确定大总统任期十年，得连任（无限期），以及每届大总统选举时，由现任大总统推荐三个候选人，先期亲书其姓名于嘉禾金简，密储金匮，藏于大总统府特设之石室。[②] 这便实现了大总统终身制，并可能传给子孙后代，大总统选举法已无限接近皇位继承法。袁世凯如此肆意妄为，并没有多少阻力，于是一不做二不休，以致演出一幕洪宪帝制的丑剧。帝制终归逆潮流而动，袁世凯重建统治权威的迷梦随之灰飞烟灭。

第三，北洋集团分裂与军阀割据。袁世凯在护国战争的炮火声中忧郁去世，北洋集团迅速面临树倒猢狲散的境地。尽管袁世凯一世枭雄，在清末民初政坛上纵横捭阖，甚至倒行逆施，但时人对袁世凯的惨淡结局不无哀婉之意。恽毓鼎从逊清遗民的视角评论袁氏，有谓：“（袁氏）固一世之雄也，一误于辛亥之推倒清朝，再误于乙卯之欲登帝位，结果如斯：众叛亲离，赍恨长往。若使辛亥之冬力主君主立宪，奉宣统皇帝于上，而己以王爵筦内阁，揽大权，削平东南巨乱，何惭千古第一流人物。即不然，始终以总统制治世，为民国第一任开先，亦不失为英杰。初衷忽变，为德不卒，忠信两失，实左右群小误

① 《公布中华民国约法之布告》（1914 年 5 月 1 日），《袁世凯全集》第 26 卷，第 209 ~ 212 页。按：标点多有调整。

② 《公布修正大总统选举法令》（1914 年 12 月 29 日），《袁世凯全集》第 29 卷，第 636 ~ 637 页。

之也。”① 许宝蘅从民国仕宦的角度品评袁氏，有云：“项城生平怀抱极阔，大欲建功立名，果敢坚强，乘时际会，当国五年，訾毁者虽多，要非群材所能比拟也。星命家多言其今年不利，其果然耶？国事如何，黝冥莫测，不独为逝者哀，实可为斯民痛也。”② 与恽毓鼎哀婉袁世凯个人声名上晚节不保的情形不同，许宝蘅更担忧国家与人民的前途命运。毋庸讳言，袁世凯在辛亥鼎革之际之所以能攫取民国大总统的权位，确实是“非袁莫属”的结果，有如许宝蘅所谓“非群材所能比拟”的过人之处。袁世凯在世时，虽然北洋集团内部各派系不免矛盾重重，但因为有这个主心骨而不能不说尚有较高的凝聚力；同时，正是由于袁世凯的存在，而使其他非北洋势力不敢轻举妄动，从而暂时维系了全国表面上的统一性。袁世凯突然去世，谁能继承他的衣钵就成了极大的政治问题？黎元洪虽然以副总统名义直接上位大总统，但并非北洋系的黎氏完全没有统摄北洋集团的名望与实力。段祺瑞与冯国璋则大致势均力敌，结果不但不能恢复北洋集团的最高统治权力，反而只能分裂为相互对立的派系而争斗不已。据曹汝霖日后回忆，对于段祺瑞与冯国璋争斗致使北洋集团分裂颇感惋惜，有谓：“所惜者，合肥自讨复辟以后，中外称颂，人心拥护，又得日本借款为助，而南方局面，亦适值混乱之时，若使北方团结一致，一鼓作气，确有南北统一之可能。合肥谋国家统一，而冯河间挟其一得之见，又不能控制全局，从中阻挠，破坏合肥政策，使统一终成虚愿，北洋团体，从此分裂，谁实为之，孰令致之，冯国璋应尸其咎！”“合肥自武力统一失败后，深感北洋军队，已成个人军队，不听中央指挥，纲纪荡然。”③ 段祺瑞没有完成统一大业，曹汝霖归罪于冯国璋的阻挠破坏，是非对错姑且不论，其所谓北洋集团出此走向分裂则是毋

① 史晓风整理《恽毓鼎澄斋日记》第2册，浙江古籍出版社，2004，第771页。
② 许恪儒整理《许宝蘅日记》第2册，第582页。
③ 《曹汝霖一生之回忆》，中国大百科全书出版社，2009，第186、187页。

庸置疑的事实。北洋集团分裂为段祺瑞的皖系、冯国璋的直系，张作霖的奉系后来加入，以及西南军阀等各地方派系纷起，整体构成了北洋时期的军阀割据局面。

最后需要着重说明的是，民初军阀不是清末地方督抚势力自然增长的延伸，而是掌握军队尤其是新军的新生势力的崛起。如孙中山在总结革命的经验教训时曾非常痛心地反省说：“排满成功以后，各省同志——由革命所发生的新军人，或者满清投降革命党的旧军人，都是各据一方，成了一个军阀，做了一个地方的小皇帝，想用那处地盘做根本，再行扩充。”① 事实上，不仅有不少参加革命的新旧军人成了军阀，参与镇压革命的北洋新军将领及各地新旧军事首领，在进入民国以后也大都成了军阀。美籍华人教授齐锡生认为：“各省督军很少能完全控制自己的管辖领地。有许多小军阀、师长、地区驻军司令，甚至旅长，都急于争夺地盘。这些势力较小的军人不管有没有正式宣布，实际上都是独立于中央政府和省政府的。”② 加拿大籍华人教授陈志让认为：“如果以旅长以上这一个时期的军人为军阀，我们应该考虑的有一千三百个军阀。”③ 显然，民国时期的军阀主要是军人出身者。

关于近代军阀的起源问题，罗尔纲先生早年讨论咸同时期“兵为将有”与“督抚专政”时曾认为，由于曾国藩的湘军与李鸿章的淮军、袁世凯的北洋新军一脉相承，晚清“督抚专政”的直接后果，便是在民国初年袁世凯死后“北洋军阀遂演分崩割据之局”。④ 后世学者关于曾国藩、李鸿章与湘淮军史研究，及其对于晚清民初政局的认识，大都秉承了罗先生由“督抚专政”而“军阀割据”的基本论断，并不同程度地予以较深入的阐述。他们立论的基本逻辑是，清末“督

① 孙中山：《三民主义·民生主义》，《孙中山全集》第9卷，第385页。

② 〔美〕齐锡生：《中国的军阀政治（1916—1928）》，杨云若、萧延中译，中国人民大学出版社，2010，第17页。

③ 〔加〕陈志让：《军绅政权——近代中国的军阀时期》，三联书店，1980，第6页。

④ 罗尔纲：《湘军新志》，商务印书馆，1939，第244页。

抚专政”，地方主义抬头，地方势力增大，在民初便直接蜕变为近代军阀，甚至把曾国藩、李鸿章看作近代军阀的鼻祖。这个逻辑推论似是而非，并不符合历史实际。

其实，民初军阀主要是清末军人尤其新军将领，而不是地方督抚。进入民国以后，前清督抚大都步入遗老行列，而新旧军事将领则在政治舞台上纵横捭阖，异常活跃。从袁世凯统治时期（1912 年 3 月 10 日至 1916 年 6 月 6 日）各省军政长官出身背景统计分析（见下表），便可略见其端倪。

袁世凯统治时期各省军政长官出身背景表

省份	姓名	出身背景	备注
直隶	张锡銮	山西巡抚	改署直督
	冯国璋	北洋将领	
	赵秉钧	民政部大臣	
	朱家宝	安徽巡抚	
奉天	赵尔巽	东三省总督	改都督
	张锡銮$_2$	山西巡抚	
	段芝贵	北洋将领	与鄂督互调
	张作霖	清末巡防营统领	
吉林	陈昭常	吉林巡抚	改都督
	张锡銮$_3$	山西巡抚	奉天都督兼署
	孟恩远	新军第 23 镇统制	
黑龙江	宋小濂	署黑龙江巡抚	改都督
	毕桂芳	北洋洋务局总办、科布多大臣	
	朱庆澜	新军第 33 协统领	
江苏	程德全	江苏巡抚	
	张　勋	江南提督	
	冯国璋$_2$	北洋将领	
安徽	孙毓筠	革命党人	
	柏文蔚	革命党人	
	孙多森	直隶劝业道	任期 21 天
	倪嗣冲	北洋将领	
	张　勋$_2$	江南提督	

续表

省份	姓名	出身背景	备注
江西	李烈钧	革命党人	
	黎元洪	新军第21混成协统领	副总统兼领
	李　纯	北洋将领	
浙江	蒋尊簋	新军第25镇第49协统领	
	朱　瑞	浙江新军标统	
	屈映光	安徽陆军测绘学堂教习	短期兼署
	吕公望	浙江新军82标督队官	
福建	孙道仁	新军第10镇统制	
	李厚基	北洋将领	
湖北	黎元洪$_2$	新军第21混成协统领	副总统兼任
	段祺瑞	北洋将领	陆军总长兼领
	段芝贵$_2$	北洋将领	
	王占元	北洋将领	暂署
	张锡銮$_4$	山西巡抚	与奉督互调
湖南	谭延闿	湖南谘议局议长	
	汤芗铭	革命党人	
山东	胡　瑛	革命党人	
	张广建	署山东巡抚	改都督，任期14天
	周自齐	度支部副大臣	
	靳云鹏	云南新军第19镇总参议	
	张怀芝	北洋将领	
河南	齐耀琳	河南巡抚	改都督，任期8天
	张镇芳	署直隶总督	
	田文烈	陆军部副大臣	
	赵　倜	北洋将领	
山西	阎锡山	新军第43混成协第86标统带	
陕西	张凤翙	陕西新军混成协第2标第1营管带	
	陆建章	北洋将领	
甘肃	赵惟熙	甘肃布政使	
	张广建$_2$	署山东巡抚	
新疆	袁大化	新疆巡抚	改都督，病免，未就任
	杨增新	甘肃振武军步队统领	后兼任民政总长
四川	尹昌衡	四川新军教练处会办兼陆军小学堂总办	
	胡景伊	广西新军混成协统领	
	陈　宧	新军第20镇统制	
	周　骏	新军第17镇标统	暂署

续表

省份	姓名	出身背景	备注
广东	胡汉民	革命党人	
	陈炯明	革命党人	
	龙济光	新军第25镇统制	
广西	陆荣廷	广西提督	
	陈炳焜	广西新军第2标标统	短暂兼护
云南	蔡　锷	新军第19镇第37协统领	
	唐继尧	新军第19镇第37协管带	贵州都督兼署
贵州	杨荩诚	贵州新军第1标教练官	
	唐继尧$_2$	新军第19镇第37协管带	
	刘显世	贵州巡防营管带	

说明：（1）袁世凯统治时期为1912年3月10日袁世凯就任临时大总统到1916年6月6日去世；（2）各省军政长官初名都督，后改称某某将军督理某省军务；（3）任职变化而重复出现者，第二次出现时在其右下角加“2”字，其余依此类推；（4）出身背景选择其任职前最重要的身份，典型“革命党人”与著名“北洋将领”不列其具体职位。

资料来源：（1）钱实甫编著、黄清根整理《北洋政府职官年表》，华东师范大学出版社，1991，第69～81、237～278页；（2）孙宝铭编《北洋军政人物简志》，章伯锋主编《北洋军阀（1912～1928）》第6卷，武汉出版社，1990，第352～565页；（3）徐景星等编《北洋军阀人物小志》，来新夏主编《北洋军阀》第5册，上海人民出版社，1993，第291～389页。

据上表资料统计分析，可得出两点重要认识。一是新旧军事将领占绝大多数。在袁世凯统治四年多时间里，各省军政长官59人，有36人来自新旧军事将领，包括新军统制、协统、标统、管带、督队官、教官与清朝提督、巡防营统领、管带等，占总数的61%；另有革命党人即职业革命者7人，占12%；旧官僚与立宪派包括督抚、部院大臣、布政使、劝业道及谘议局议长16人，占27%。可见军人势力之强大，段祺瑞、冯国璋、张作霖、张勋、段芝贵、倪嗣冲、张怀芝、靳云鹏、王占元、陈宧、李纯、赵倜、阎锡山、陆荣廷、唐继尧、汤芗铭、陈炯明、龙济光、刘显世、杨增新等著名的北洋时期军阀头目均赫然在列。二是地方督抚势力甚微。旧官僚包括督抚10人，其中未独立省份东三省总督赵尔巽、吉林巡抚陈昭常、署黑龙江巡抚宋小濂、署山东巡抚张广建、河南巡抚齐耀琳、新疆巡抚袁大化，均由袁世凯于1912年3月15日电令改称都督，同时山西巡抚张锡銮改署直隶都督。他们大都任职较为短暂，如赵尔巽年底即请辞退隐，陈昭常、宋小濂在次年“二次革命”前后辞免，张广建改称都督仅14天便调任，齐耀琳改称都督仅8天便请假后辞职，袁大化更是托病请免而并未就职。另外，江苏巡抚程德全是武昌起义后第一个改称都督的巡抚，但在“二次革命”之后，遂退出政坛，闭门诵佛，不问政事。署直隶总督张镇芳出任河南都督，安徽巡抚朱家宝出任直隶都督，都是因为与袁世凯亲近的关系。这些督抚在民国时期大都少有作为，与上述军人势力几乎不可同日而语。

总之，从民初军阀并非清末地方督抚而多为新旧军事将领的事实可知，近代军阀的起源并非地方势力的兴起，而是军人以武力控制地方的结果。在清末“内外皆轻”权力格局之下，中央与地方权威一并衰落，军人势力乘间而起，以致出现军人干政局面。袁世凯正是依靠北洋新军的力量，进入清廷权力核心，从中央而不是从地方控制清政府，借革命之力，迫使清帝退位，并攫取新生的中华民国政权。本来，袁世凯企图建立强有力的政府，重建统治权威，扭转清末以来“内外皆轻”的局面，却逆潮流而动，走上了帝制自为的不归路。袁世凯去世后，没有强有力的核心人物能够牢固地控制最高统治权力，北洋集团四分五裂，各自为政，全国演变为军阀割据局面，涌现无数大大小小的军阀。这些军阀，并不是先来就有地方根基，实际上只是因掌握一定的军队而控制相应的地盘而已。全国性军阀如皖系段祺瑞、直系冯国璋为北洋重要将领从中央控制地方，地方军阀多为军事将领掌握军队后控制地盘，如东北张作霖（后来走向中央成为全国性军阀）、山西阎锡山、广西陆荣廷、云南唐继尧、广东陈炯明等，都是如此。他们各自盘踞一方，为争夺地盘和统治权力而互相厮杀。早在曹锟发动北京兵变时，有人感叹：“五代骄兵之祸，将见于共和世界矣。”[①] 历史无情地重演了，近代中国政治在袁世凯之后不可避免地走向了军阀混战之局。

---

① 史晓风整理《恽毓鼎澄斋日记》第2册，第580页。

参考文献

一 未刊档案文献

中国第一历史档案馆藏（简称“一档藏”）：录副奏折、朱批奏折、电报档、军机处随手登记档，据国家清史编委会网上工程：中华文史网（http：//www. qinghistory. cn）。

中国社会科学院近代史研究所图书馆藏档案（简称“所藏档”）和未刊稿本。

《樊增祥致鹿传霖函札》，甲 243。

《李经羲张之洞岑春煊等致郑孝胥电》，甲 64。

《钱恂日记函稿》，甲 248。

《沈瑜庆观察函稿》，甲 590。

《时务汇录》，乙 F99。

《唐烜日记》，甲 143。

《议复外省官制电稿》，乙 F69。

《易顺鼎等函札》，甲111。

《奏折丛钞》(光绪三十二年—宣统二年)，乙F39。

瞿鸿禨档案，甲375：0－4，共5函。

李鸿藻档案，甲70：0－13，共14函。

梁鼎芬（节庵）档案，甲134：0－1、甲135：0－2，共5函。

鹿传霖档案，甲170：0－5，共6函。

许同莘存《广雅遗事及赵凤昌来函等件》，甲622－4。

张曾敭档案，甲192：0－28，共29函。

张之洞档案，甲182：0－490，共491函。

二　报纸杂志

《大公报》《东方杂志》《国风报》《国闻周报》《汉口中西报》《近代史资料》《京华报》《警钟日报》《历史档案》《民报》《民立报》《南方报》《人文月刊》《申报》《时报》《时事采新汇选》《政治官报》《知新报》《中外日报》。

三　一般文献资料

〔澳〕骆惠敏编《清末民初政情内幕——〈泰晤士报〉驻北京记者袁世凯政治顾问乔·厄·莫理循书信集》，刘桂梁等译，知识出版社，1986。

〔美〕萨拉·康格：《北京信札——特别是关于慈禧太后和中国妇女》，沈春蕾等译，南京出版社，2006。

〔英〕埃德温·丁格尔：《辛亥革命目击记：〈大陆报〉特派员的现场报道》，陈红民等译校，中国青年出版社，2002。

〔英〕赫德：《这些从秦国来——中国问题论集》，叶凤美译，天津古籍出版社，2005。

《福建谘议局第二次会议速记录》，福建谘议局，宣统二年

（1910）刊本。

《福建谘议局第四次会议（临时会）速记录》，宣统二年（1910）刊本。

《福建谘议局第一次会议速记录》，福建谘议局，宣统元年（1909）刊本。

《国会请愿代表第二次呈都察院代奏书汇录》，中国社会科学院近代史研究所图书馆藏铅印本。

《湖南谘议局第一届报告书》，湖南谘议局，宣统元年（1909）刊本。

《湖南谘议局议事录》，湖南谘议局，宣统元年（1909）刊本。

《江苏谘议局第二年度报告》，江苏谘议局，宣统三年（1911）刊本。

《江苏谘议局第一年度报告》，江苏谘议局，宣统二年（1910）刊本。

《钦定吏部铨选则例》，中国社会科学院近代史研究所图书馆藏刻本。

《清代碑传全集》，上海古籍出版社，1987。

《清实录》（光绪朝），中华书局，1987年影印本。

《宪政初纲》，《东方杂志》临时增刊，上海商务印书馆，光绪三十二年（1906）十二月。

《湘鄂米案电存》，中国社会科学院近代史研究所图书馆藏铅印本。

《宣统政纪》（《清实录》第60册），中华书局，1987年影印本。

《资政院第一次常年会会议速记录》，清末铅印本。

爱新觉罗·载沣：《醇亲王载沣日记》，群众出版社，2014。

北京大学图书馆馆藏稿本丛书编委会编《汪荣宝日记》，天津古籍出版社，1987。

北京市档案馆编《那桐日记》，新华出版社，2006。

卞孝萱、唐文权编《民国人物碑传集》，团结出版社，1995。

卞孝萱、唐文权编《辛亥人物碑传集》，团结出版社，1991。

蔡冠洛编著《清代七百名人传》，中国书店，1984。

曹汝霖：《一生之回忆》，香港，春秋杂志社，1966。

陈宝琛：《沧趣楼诗文集》，刘永翔、许全胜校点，上海古籍出版社，2006。

陈夔龙：《梦蕉亭杂记》，中华书局，2007。

陈夔龙：《庸庵尚书奏议》，1913年刊本。

陈三立：《散原精舍诗文集》，李开军校点，上海古籍出版社，2003。

陈淑编《光绪建元以来督抚年表》，中国社会科学院近代史研究所图书馆藏铅印本。

陈霞飞主编《中国海关密档——赫德、金登干函电汇编》，中华书局，1990~1996。

陈旭麓、顾廷龙、汪熙主编《辛亥革命前后——盛宣怀档案资料选辑之一》，上海人民出版社，1979。

陈旭麓、顾廷龙、汪熙主编《义和团运动——盛宣怀档案资料选辑之七》，上海人民出版社，2001。

陈衍编辑《石遗室师友诗录》，集成图书公司印本。

谌东飚校点《瞿鸿禨集》，湖南人民出版社，2010。

戴鸿慈：《出使九国日记》，岳麓书社，1986。

戴执礼编《四川保路运动史料》，科学出版社，1959。

丁文江、赵丰田编《梁启超年谱长编》，上海人民出版社，1983。

丁贤俊、喻作凤编《伍廷芳集》下册，中华书局，1993。

窦坤等译著《〈泰晤士报〉驻华首席记者莫理循直击辛亥革命》，福建教育出版社，2011。

杜春和、耿来金、张秀清编《荣禄存札》，齐鲁书社，1986。

杜春和、林斌生、丘权政编《北洋军阀史料选辑》，中国社会科学出版社，1981。

端方：《端忠敏公奏稿》，1918年刊本。

冯桂芬：《校邠庐抗议》，上海书店出版社，2002。

冯煦：《蒿庵随笔》，1927年刊本。

凤冈及门弟子编《三水梁燕孙先生年谱》，1947年印本。

傅嵩炑：《西康建省记》，成都公记印刷公司，1912。

甘韩辑《皇朝经世文新编续集》，商绛雪斋书局，光绪二十八年（1902）。

甘厚慈辑《北洋公牍类纂》，北京，益森印刷有限公司，光绪三十三年（1907）。

故宫博物院明清档案部编《清末筹备立宪档案史料》，中华书局，1979。

故宫博物院明清档案部编《义和团档案史料》，中华书局，1979。

顾廷龙、戴逸主编《李鸿章全集》，安徽教育出版社，2008。

广东省立中山图书馆、中山大学图书馆编《清代稿钞本》，广东人民出版社，2007。

广东省社会科学院历史研究室、中国社会科学院近代史研究所中华民国史研究室、中山大学历史系孙中山研究室合编《孙中山全集》，中华书局，1981～1985。

广西少数民族社会历史调查组编《广西辛亥革命资料》，内部发行本，1960年5月。

贵州省社会科学院历史研究所编《贵州辛亥革命资料选编》，贵州人民出版社，1981。

国家图书馆善本部编《赵凤昌藏札》，国家图书馆出版社，2009。

何刚德：《话梦集·春明梦录》，北京古籍出版社，1995。

何平、李露点注《岑春煊文集》，广西人民出版社，1998。

河北省博物馆：《鹿传霖日记》，《文物春秋》1992 年第 2、3 期，1993 年第 1、3 期，1994 年第 3 期。

胡滨译《英国蓝皮书有关辛亥革命资料选译》，中华书局，1984。

胡钧：《张文襄公年谱》，沈云龙主编《近代中国史料丛刊》第 5 辑（47），台北，文海出版社。

胡如虹编《苏舆集》，湖南人民出版社，2008。

胡思敬：《丙午厘定官制刍论》，南昌退庐，1920。

胡思敬：《国闻备乘》，上海书店出版社，1997。

胡思敬：《退庐疏稿》，南昌问影楼，1913。

湖南省博物馆编《余肇康日记》，湖南人民出版社，2009。

黄濬：《花随人圣庵摭忆》，上海书店出版社，1998。

吉林省档案馆、吉林省社会科学院历史所：《清代吉林档案史料选编·辛亥革命》，内部发行，1981 年 9 月。

江春霖：《梅阳江侍御奏议》，民国年间刊本。

金梁：《光宣小记》，上海书店出版社，1998。

瞿鸿禨：《圣德纪略·儤直纪略·恩遇纪略·旧闻纪略》，沈云龙主编《近代中国史料丛刊》第 52 辑（520），台北，文海出版社。

康继祖编《预备立宪意见书》，教育品物公司，光绪三十二年（1906）校印本。

崑冈等编《钦定大清会典》，上海商务印书馆，宣统元年（1909）再版。

崑冈等编《钦定大清会典事例》，上海商务印书馆，宣统元年（1909）再版。

劳乃宣：《韧庵老人自订年谱》，沈云龙主编《近代中国史料丛刊》第 7 辑（65），台北，文海出版社。

劳祖德整理《郑孝胥日记》，中华书局，1993。

黎元洪：《黎副总统政书》，武昌，湖北官纸印刷局，1914。

李兴盛、马秀娟主编《程德全守江奏稿（外十九种）》，黑龙江人民出版社，1999。

梁启超：《饮冰室合集》，中华书局，1996。

廖少游：《新中国武装解决和平记》，北京，陆军编译局印刷所，1912。

廖一中、罗真容整理《袁世凯奏议》，天津古籍出版社，1987。

林葆恒：《皇清诰授光禄大夫头品顶戴经筵讲官弼德院顾问大臣林文直公行述》，中国社会科学院近代史研究所图书馆藏刊本。

林绍年：《林文直公奏稿》，京师，1927年刊本。

刘成禺、张伯驹：《洪宪纪事诗三种》，上海古籍出版社，1983。

刘厚生：《张謇传记》，上海书店，1985年影印本。

刘锦藻：《清朝续文献通考》，《十通》第十种，上海商务印书馆，1937。

刘体仁：《异辞录》，上海书店，1984年影印本。

骆宝善、刘路生主编《袁世凯全集》，河南大学出版社，2013。

毛佩之辑《变法自强奏议汇编》，上海书局，光绪二十七年（1901）。

民族问题五种丛书辽宁省编辑委员会编《满族社会历史调查》，辽宁人民出版社，1985。

缪荃孙：《艺风堂友朋书札》，上海古籍出版社，1980～1981。

聂国柱主编《辛亥革命在江西》，江西人民出版社，1991。

宁海县政协教文卫体和文史资料委员会编《童保喧日记》，宁波出版社，2006。

钱仲联辑注《沈曾植未刊文稿》，载王元化主编《学术集林》卷3，上海远东出版社，1995。

钱仲联主编《广清碑传集》，苏州大学出版社，1999。

秦国经主编《清代官员履历档案全编》，华东师范大学出版社，1997。

秋瑾：《秋瑾集》，上海古籍出版社，1979。

饶怀民、藤谷浩悦编《长沙抢米风潮资料汇编》，岳麓书社，2001。

荣孟源、章伯锋主编《近代稗海》第1、2、12辑，四川人民出版社，1985、1988。

商务印书馆编译所：《大清光绪新法令》，商务印书馆，宣统元年（1909）。

商务印书馆编译所：《大清宣统新法令》，商务印书馆，宣统元年（1909）。

上海社会科学院历史研究所编《辛亥革命在上海史料选辑》，上海人民出版社，1981。

上海图书馆编《汪康年师友书札》，上海古籍出版社，1986。

绍英：《绍英日记》，国家图书馆出版社，2009。

沈桐生辑《光绪政要》，江苏广陵古籍刻印社，1991。

盛宣怀：《愚斋存稿》，沈云龙主编《近代中国史料丛刊续编》第13辑（122～125），台北，文海出版社。

史晓风整理《恽毓鼎澄斋日记》，浙江古籍出版社，2004。

爽良：《野棠轩全集》，吉林爽氏刊本。

舒新城编《近代中国教育史料》，《民国丛书》第二编（46），上海书店，1990。

四川省民族研究所编《清末川滇边务档案史料》，中华书局，1989。

孙宝瑄：《忘山庐日记》，上海古籍出版社，1983。

谭承耕、李龙如校点《张百熙集》，岳麓书社，2008。

汤志钧编《康有为政论集》，中华书局，1998。

陶成章：《浙案纪略》，1916 年铅印本。

陶模：《陶勤肃公奏议遗稿》，1924 年刊本。

王尔敏、陈善伟编《近代名人手札真迹——盛宣怀珍藏书牍初编》，香港中文大学出版社，1987。

王闿运：《湘绮楼日记》，岳麓书社，1997。

王蘧常编著《沈寐叟年谱》，《民国丛书》第二编（76），上海书店，1991。

王铁崖编《中外旧约章汇编》，三联书店，1982。

王锡彤：《抑斋自述》，郑永福、吕美颐点注，河南大学出版社，2001。

王先谦：《葵园四种》，1921 年重刊本。

王彦威纂辑，王亮编《清季外交史料》，书目文献出版社，1987。

王钟翰点校《清史列传》，中华书局，1987。

魏绍昌编《孽海花资料》，上海古籍出版社，1982。

吴丰培编《赵尔丰川边奏牍》，四川民族出版社，1984。

吴剑杰编著《张之洞年谱长编》，上海交通大学出版社，2009。

吴永口述，刘治襄记《庚子西狩丛谈》，岳麓书社，1985。

吴自修：《辛亥殉难记》，民国年间刊本。

夏东元编著《盛宣怀年谱长编》，上海交通大学出版社，2004。

谢兴尧整理《荣庆日记》，西北大学出版社，1986。

徐珂编撰《清稗类钞》，中华书局，1984 ~ 1986。

徐世昌：《退耕堂政书》，1914 年刻本。

徐世昌：《徐世昌日记》，天津社会科学院图书馆藏。

徐义生编《中国近代外债史统计资料（1853 ~ 1927）》，中华书局，1962。

许恪儒整理《许宝蘅日记》第 1 ~ 2 册，中华书局，2010。

许同莘：《张文襄公年谱》，上海商务印书馆，1947。

扬州师范学院历史系编《辛亥革命江苏地区史料》，江苏人民出版社，1961。

杨琥编《夏曾佑集》，上海古籍出版社，2011。

杨寿枏：《苓泉居士自订年谱》，1943年刊本。

杨寿枏：《云在山房类稿》，1930年刊本。

杨仲华：《西康纪要》，上海商务印书馆，1937。

姚锡光：《筹蒙刍议》，京师寓斋，光绪三十四年（1908）刊本。

叶德辉：《郎园六十自叙》，中国社会科学院近代史研究所图书馆藏民国铅印本。

贻谷：《蒙垦奏议》，京华印书局刷印本。

于宝轩辑《皇朝蓄艾文编》，上海官书局，光绪二十九年（1903）。

俞天舒编《黄体芳集》，上海社会科学院出版社，2004。

袁克文：《辛丙秘苑》（与《洹上私乘》等合刊），上海书店出版社，2000。

袁英光、胡逢祥整理《王文韶日记》，中华书局，1989。

苑书义等主编《张之洞全集》，河北人民出版社，1998。

载泽：《考察政治日记》，岳麓书社，1986。

张超宗：《蒙边新制或问》，弇山堂辛亥类稿，宣统三年（1911）。

张国淦：《辛亥革命史料》，香港，大东图书公司，1980。

张集馨：《道咸宦海见闻录》，中华书局，1981。

张继煦：《张文襄公治鄂记》，湖北通志馆，1947。

张謇研究中心、南通市图书馆编《张謇全集》，江苏古籍出版社，1994。

张守中编《张人骏家书日记》，中国文史出版社，1993。

张一麐：《心太平室集》，《民国丛书》第三编（82），上海书店，1991。

张枏、王忍之编《辛亥革命前十年间时论选集》，三联书店，1977～1978。

章伯锋、李宗一主编《北洋军阀（1912～1928）》，武汉出版社，1990。

赵炳麟：《赵柏岩集》，全州赵氏1924年铅印本。

赵春晨、曾主陶、岑生平校点《王之春集》，岳麓书社，2010。

赵尔巽等：《清史稿》，中华书局，1998年缩印版。

赵启霖：《澥园集》，武昌，益善书局，1931。

浙江省辛亥革命史研究会、浙江省图书馆编《辛亥革命在浙江史料选辑》，浙江人民出版社，1981。

郑曦原编《帝国的回忆——〈纽约时报〉晚清观察记》，李方惠等译，三联书店，2001。

郑曦原编《共和十年——〈纽约时报〉民初观察记（1911～1921）》，蒋书婉等译，当代中国出版社，2011。

政协浙江省萧山市委员会文史工作委员会编《汤寿潜史料专辑》，《萧山文史资料选辑》（四），1993。

中共陕西省委党史资料征集研究委员会：《辛亥革命在陕西》，陕西人民出版社，1986。

中国第二历史档案馆编《中华民国史档案资料汇编》第1辑，江苏古籍出版社，1991。

中国第一历史档案馆编《庚子事变清宫档案汇编》，中国人民大学出版社，2003。

中国第一历史档案馆编《光绪朝朱批奏折》，中华书局，1995～1996。

中国第一历史档案馆编《光绪宣统两朝上谕档》，广西师范大学出版社，1996。

中国第一历史档案馆编《清代档案史料丛编》，中华书局，1984。

中国第一历史档案馆编《清代军机处电报档汇编》，中国人民大学出版社，2005。

中国第一历史档案馆编《清末筹备立宪档案史料补遗》，《历史档案》1993年第3期。

中国第一历史档案馆编辑部编《义和团档案史料续编》，中华书局，1990。

中国近代经济史资料丛刊编辑委员会主编《辛丑和约订立以后的商约谈判》，中华书局，1994。

中国近代经济史资料丛刊编辑委员会主编《中国海关与辛亥革命》，中华书局，1964。

中国近代经济史资料丛刊编辑委员会主编《中国海关与义和团运动》，中华书局，1983。

中国科学院历史研究所第三所主编《刘坤一遗集》，中华书局，1959。

中国科学院历史研究所第三所主编《锡良遗稿·奏稿》，中华书局，1959。

中国历史研究社编《庚子国变记》，上海书店，1982。

中国人民政治协商会议广东委员会文史资料研究委员会编《广东辛亥革命史料》，广东人民出版社，1981。

中国人民政治协商会议全国委员会文史资料委员会编《晚清宫廷生活见闻》，中国文史出版社，2000。

中国社会科学院近代史研究所中华民国史组编《清末新军编练沿革》（《中华民国史资料丛稿·专题资料选辑》第2辑），中华书局，1978。

中国史学会济南分会编《山东近代史资料》，山东人民出版社，1958。

中国史学会主编《辛亥革命》，上海人民出版社，1957。

中研院近代史研究所编《匋斋（端方）存牍》，台北，中研院近代史研究所，1996。

钟碧容、孙彩霞编《民国人物碑传集》，四川人民出版社，1997。

周芾棠等辑《秋瑾史料》，湖南人民出版社，1986。

周馥：《周慤慎公全集》，秋浦周氏校刻本，1922。

周秋光编《熊希龄集》，湖南出版社，1996。

朱保炯、谢沛霖编《明清进士题名碑录索引》，上海古籍出版社，1980。

朱彭寿编著《清代人物大事纪年》，朱鳌、宋苓珠整理，北京图书馆出版社，2005。

朱寿朋编《光绪朝东华录》，中华书局，1984。

邹念之编译《日本外交文书选译——关于辛亥革命》，中国社会科学出版社，1980。

四　研究论著

（一）著作

〔澳〕冯兆基：《军事近代化与中国革命》，郭太风译，上海人民出版社，1994。

〔韩〕金衡鍾：《清末新政时期研究——江苏省的新政与绅士层》，首尔大学出版部，2002。

〔加〕陈志让：《军绅政权——近代中国的军阀时期》，三联书店，1980。

〔美〕A. W. 恒慕义主编《清代名人传略》，青海人民出版社，1990。

〔美〕安东尼·奥罗姆：《政治社会学》，张华青等译，上海人民出版社，1989。

〔美〕拉尔夫·尔·鲍威尔：《1895～1912 年中国军事力量的兴

起》，陈霞飞等译，中国社会科学出版社，1979。

〔美〕路康乐：《满与汉：清末民初的族群关系与政治权力（1861～1928）》，王琴、刘润堂译，中国人民大学出版社，2010。

〔美〕齐锡生：《中国的军阀政治（1916～1928）》，杨云若、萧延中译，中国人民大学出版社，2010。

〔美〕任达：《新政革命与日本——中国，1898～1912》，中译本，江苏人民出版社，1998。

〔美〕塞缪尔·P. 亨廷顿：《变动社会的政治秩序》，上海译文出版社，1989。

〔美〕周锡瑞：《改良与革命——辛亥革命在两湖》，杨慎之译，中华书局，1982。

白文刚：《应变与困境：清末新政时期的意识形态控制》，中国传媒大学出版社，2008。

卞修全：《立宪思潮与清末法制改革》，中国社会科学出版社，2003。

柴松霞：《出洋考察与清末立宪》，法律出版社，2011。

陈丹：《清末考察政治大臣出洋研究》，社会科学文献出版社，2011。

陈煜：《清末新政中的修订法律馆——中国近代化的一段往事》，中国政法大学出版社，2009。

崔运武：《中国早期现代化中的地方督抚——刘坤一个案研究》，中国社会科学出版社，1998。

刁振娇：《清末地方议会制度研究——以江苏谘议局为视角的考察》，上海人民出版社，2008。

董丛林、徐建平等：《清季北洋势力崛起与直隶社会变动》，科学出版社，2011。

董丛林、张淑霞主编《晚清直隶总督与辖区经济开发》，当代中国出版社，2002。

董丛林等：《清末直隶新政研究》，河北人民出版社，2002。

樊百川：《淮军史》，四川人民出版社，1994。

费孝通：《中国绅士》，惠海鸣译，中国社会科学出版社，2006。

冯天瑜、何晓明：《张之洞评传》，南京大学出版社，1991。

傅宗懋：《清代督抚制度》，台北，《台湾政治大学政治研究丛刊》第四种，1963。

傅宗懋：《清制论文集》，台湾，商务印书馆，1977。

高汉成：《签注视野下的大清刑律草案研究》，中国社会科学出版社，2007。

高旺：《晚清中国的政治转型——以清末宪政改革为中心》，中国社会科学出版社，2003。

耿云志等：《西方民主在近代中国》，中国青年出版社，2003。

关晓红：《晚清学部研究》，广东教育出版社，2000。

侯杨方：《中国人口史》第6卷，复旦大学出版社，2001。

侯宜杰：《二十世纪初中国政治改革风潮——清末立宪运动史》，人民出版社，1993。

侯宜杰：《袁世凯传》，百化文艺出版社，2004。

胡绳武、金冲及：《论清末的立宪运动》，上海人民出版社，1959。

胡绳武：《清末民初历史与社会》，上海人民出版社，2002。

贾小叶：《晚清大变局中督抚的历史角色——以中东部若干督抚为中心的研究》，上海书店出版社，2008。

姜涛：《人口与历史——中国传统人口结构研究》，人民出版社，1998。

靳润成：《明朝总督巡抚辖区研究》，天津古籍出版社，1996。

瞿同祖：《清代地方政府》，范忠信、晏锋译，何鹏校，法律出版社，2003。

李国祁：《中国现代化的区域研究・闽浙台地区（1860～1916）》，台北，中研院近代史研究所专刊（44），1982。

李启成：《晚清各级审判厅研究》，北京大学出版社，2004。

李文海、夏明方主编《天有凶年：清代灾荒与中国社会》，三联书店，2007。

李文治、江太新：《清代漕运》，中华书局，1995。

李细珠：《张之洞与清末新政研究》，上海书店出版社，2003。

李新主编《中华民国史》第一编，中华书局，1981～1982。

李宗一：《袁世凯传》，中华书局，1980。

林志宏：《民国乃敌国也：政治文化转型下的清遗民》，台北，联经，2009。

刘寿林等编《民国职官表》，中华书局，1995。

刘伟：《晚清督抚政治——中央与地方关系研究》，湖北教育出版社，2003。

刘增合：《鸦片税收与清末新政》，三联书店，2005。

刘子扬：《清代地方官制考》，紫禁城出版社，1994。

龙盛运：《湘军史稿》，四川人民出版社，1990。

罗尔纲：《绿营兵志》，中华书局，1984。

罗尔纲：《晚清兵志》，中华书局，1997～1999。

罗尔纲：《湘军兵志》，中华书局，1984。

罗尔纲：《湘军新志》，商务印书馆，1939。

马平安：《北洋集团与晚清政局》，辽海出版社，2011。

马汝珩、马大正主编《清代边疆开发研究》，中国社会科学出版社，1990。

彭剑：《清季宪政编查馆研究》，北京大学出版社，2011。

钱实甫编：《清代职官年表》，中华书局，1980。

钱实甫编著，黄清根整理《北洋政府职官年表》，华东师范大学出版社，1991。

邱涛：《咸同年间清廷与湘淮集团权力格局之变迁》，北京师范大学出版社，2010。

桑兵：《庚子勤王与晚清政局》，北京大学出版社，2004。

桑兵：《清末新知识界的社团与活动》，三联书店，1995。

桑兵：《晚清学堂学生与社会变迁》，学林出版社，1995。

商衍鎏：《清代科举考试述录及有关著作》，百花文艺出版社，2004。

尚小明：《留日学生与清末新政》，江西教育出版社，2002。

申学锋：《晚清财政支出政策研究》，中国人民大学出版社，2006。

沈晓敏：《处常与求变：清末民初的浙江谘议局和省议会》，三联书店，2005。

舒新城：《近代中国留学史》，中华书局，1933。

苏全有：《清末邮传部研究》，中华书局，2005。

苏云峰：《中国现代化的区域研究·湖北省（1860～1916）》，台北，中研院近代史研究所专刊（41），1981。

王德昭：《清代科举制度研究》，中华书局，1984。

王尔敏：《淮军志》，中华书局，1987。

王健：《沟通两个世界的法律意义——晚清西方法的输入与法律新词初探》，中国政法大学出版社，2001。

王奎：《清末商部研究》，人民出版社，2008。

王树槐：《中国现代化的区域研究·江苏省（1860～1916）》，台北，中研院近代史研究所专刊（48），1984。

王先明：《近代绅士——一个封建阶层的历史命运》，天津人民出版社，1997。

王晓秋、尚小明主编《戊戌维新与清末新政——晚清改革史研究》，北京大学出版社，1998。

王亚南：《中国官僚政治研究》，中国社会科学出版社，1981。

王玉棠：《刘坤一评传》，暨南大学出版社，1990。

韦庆远、高放、刘文源：《清末宪政史》，中国人民大学出版社，1993。

魏光奇：《官治与自治——20世纪上半期的中国县制》，商务印书馆，2004。

魏秀梅：《清季职官表附人物录》，台北，中研院近代史研究所史料丛刊（5），1977。

吴春梅：《一次失控的近代化改革——关于清末新政的理性思考》，安徽大学出版社，1998。

萧功秦：《危机中的变革——清末现代化进程中的激进与保守》，上海三联书店，1999。

萧一山：《清代通史》，中华书局，1986。

谢放：《张之洞传》，广东高等教育出版社，2004。

谢国兴：《中国现代化的区域研究·安徽省（1860～1937）》，台北，中研院近代史研究所专刊（64），1991。

谢如程：《清末检察制度及其实践》，上海人民出版社，2008。

谢世诚：《李鸿章评传》，南京大学出版社，2006。

熊志勇：《从边缘走向中心——晚清社会变迁中的军人集团》，天津人民出版社，1998。

徐建平：《清末直隶宪政改革研究》，中国社会科学出版社，2008。

许大龄：《清代捐纳制度》，燕京大学哈佛燕京学社，1950。

杨世骥：《辛亥革命前后湖南史事》，湖南人民出版社，1982。

尤志安：《清末刑事司法改革研究——以中国刑事诉讼制度近代

化为视角》，中国人民公安大学出版社，2004。

苑书义：《李鸿章传》，人民出版社，1994。

张从容：《部院之争：晚清司法改革的交叉路口》，北京大学出版社，2007。

张德美：《探索与抉择——晚清法律移植研究》，清华大学出版社，2003。

张德泽：《清代国家机关考略》，学苑出版社，2001。

张海林：《端方与清末新政》，南京大学出版社，2007。

张海鹏：《东厂论史录：中国近代史研究的评论与思考》，广东人民出版社，2005。

张海鹏：《追求集：近代中国历史进程的探索》，社会科学文献出版社，1998。

张华腾、苏全有：《袁世凯与中国近代化》，青海人民出版社，1999。

张华腾：《北洋集团崛起研究（1895～1911）》，中华书局，2009。

张连起：《清末新政史》，黑龙江人民出版社，1994。

张朋园：《立宪派与辛亥革命》，台北，中国学术著作奖助委员会，1969。

张朋园：《中国现代化的区域研究・湖南省（1860～1916）》，台北，中研院近代史研究所专刊（46），1983。

张小莉：《清末“新政”时期文化政策》，人民出版社，2010。

张玉法：《清季的立宪团体》，台北，中研院近代史研究所专刊（28），1971。

张玉法：《中国现代化的区域研究・山东省（1860～1916）》，台北，中研院近代史研究所专刊（43），1982。

张仲礼：《中国绅士的收入——〈中国绅士〉续编》，费成康、王寅通译，上海社会科学院出版社，2001。

张仲礼：《中国绅士——关于其在19世纪中国社会中作用的研究》，李荣昌译，上海社会科学院出版社，1991。

章开沅、马敏、朱英主编《中国近代史上的官绅商学》，湖北人民出版社，2000。

赵军：《折断了的杠杆——清末新政与明治维新比较研究》，湖南出版社，1992。

赵世瑜：《吏与中国传统社会》，浙江人民出版社，1994。

赵云田：《清末新政研究——20世纪初的中国边疆》，黑龙江教育出版社，2004。

周荣德：《中国社会的阶层与流动——一个社区中士绅身份的研究》，学林出版社，2000。

周育民：《晚清财政与社会变迁》，上海人民出版社，2000。

周志初：《晚清财政经济研究》，齐鲁书社，2002。

朱东安：《曾国藩传》，四川人民出版社，1985。

朱东安：《曾国藩集团与晚清政局》，华文出版社，2003。

朱沛莲：《清代之总督与巡抚》，台湾文行出版社，1979。

朱英：《晚清经济政策与改革措施》，华中师范大学出版社，1996。

（二）论文

〔日〕石川桢浩：《长沙大抢米的“镇压”与电信》，载《辛亥革命与近代中国——纪念辛亥革命八十周年国际学术讨论会文集》上册，中华书局，1994。

〔日〕中村义：《日本和湖南省——自长沙开港起至抢米事件》，载《纪念辛亥革命七十周年学术讨论会论文集》下册，中华书局，1983。

白景石：《清前期督抚“满人为多”质疑》，《社会科学辑刊》1984年第1期。

迟云飞：《端方与清末宪政》，《辛亥革命史丛刊》第9辑，中华书局，1997。

迟云飞：《清代最后的保守主义——1906至1911年政府官员中的反立宪思想》，《北京档案史料》2001年第2期。

迟云飞：《清季主张立宪的官员对宪政的体认》，《清史研究》2000年第1期。

迟云飞：《清末预备立宪研究》，中国人民大学清史研究所博士学位论文，1999。

迟云飞：《清末最后十年的平满汉畛域问题》，《近代史研究》2001年第5期。

崔志海：《摄政王载沣驱袁事件再研究》，《近代史研究》2011年第6期。

丁原英：《辛亥革命前的几处群众反压迫斗争之二：一九一〇年长沙群众的“抢米”风潮》，载《中国科学院历史研究所第三所集刊》第一集，1954年7月。

杜涛：《清末民变研究初论》，中国社会科学院研究生院硕士学位论文，2005。

傅宗懋：《清代督抚甄补实象之分析》，《清制论文集》下册，台湾，商务印书馆，1977。

耿云志：《论清末立宪派的国会请愿运动》，《中国社会科学》1980年第5期。

耿云志：《张謇与江苏谘议局》，《近代史研究》2001年第1期。

宫玉振：《铁良南下与清末中央集权》，《江海学刊》1994年第1期。

关晓红：《从幕府到职官：清季外官制改革中的幕职分科治事》，《历史研究》2006年第5期。

关晓红：《独断与合议：清末直省会议厅的设置及运作》，《历史研究》2007年第6期。

关晓红：《科举停废与清末政情》，《中国社会科学》2004 年第 3 期。

关晓红：《清季督抚文案与文案处考略》，《近代史研究》2006 年第 3 期。

关晓红：《清季外官改制的“地方”困扰》，《近代史研究》2010 年第 5 期。

关晓红：《清季外官改制的试办与成效》，《史学月刊》2011 年第 11 期。

关晓红：《清末官制改革与行政经费》，《学术研究》2009 年 11 期。

关晓红：《陶模与清末新政》，《历史研究》2003 年第 6 期。

关晓红：《晚清督抚衙门房科结构管窥》，《中山大学学报》（社会科学版）2006 年第 3 期。

关晓红：《晚清局所与清末政体变革》，《近代史研究》2011 年第 5 期。

关晓红：《晚清直省“公费”与吏治整顿》，《历史研究》2010 年第 2 期。

关晓红：《辛亥革命时期的省制纠结》，《近代史研究》2012 年第 1 期。

关晓红：《种瓜得豆：清季外官改制的舆论及方案选择》，《近代史研究》2007 年第 6 期。

郭卫东：《论岑春煊》，《近代史研究》1988 年第 2 期。

郭卫东：《论丁未政潮》，《近代史研究》1989 年第 5 期。

郭卫东：《戊己庚辛年间东南督抚对清室帝位的干预活动》，《江海学刊》1991 年第 3 期。

何瑜：《试论清代中央集权体制的结构特点》，《清史研究通讯》1987 年第 4 期。

何瑜：《晚清中央集权体制变化原因再析》，《清史研究》1992 年第 1 期。

简婷：《灾荒·长沙抢米风潮·辛亥革命》，《湖南工程学院学报》2001 年第 1 期。

李绮：《地方督抚势力与晚清科举制度的改革》，《扬州教育学院学报》1999 年第 2 期。

李绮：《论地方督抚与清末新政》，《淮阴师范学院学报》2000 年第 6 期。

李绮：《晚清督抚势力与中国早期现代化进程》，《扬州教育学院学报》2000 年第 4 期。

李细珠：《论清末预备立宪时期的责任内阁制——侧重清廷高层政治权力运作的探讨》，《明清论丛》第 8 辑，紫禁城出版社，2008。

李细珠：《清末民变与清政府社会控制机制的效能——以长沙抢米风潮中的官绅矛盾为视点》，《历史研究》2009 年第 4 期。

李细珠：《清末民间舆论与官府作为之互动关系——以张曾敭与秋瑾案为例》，《近代史研究》2004 年第 2 期。

李细珠：《清末预备立宪时期的平满汉畛域思想与满汉政策的新变化——以光绪三十三年之满汉问题奏议为中心的探讨》，《民族研究》2011 年第 3 期。

李细珠：《日韩合并与清末宪政改革》，《近代史研究》2011 年第 4 期。

李细珠：《试论清末新政时期政区变革的几个问题》，《近代史研究》2003 年第 2 期。

李细珠：《试论新政、立宪与革命的互动关系》，《社会科学战线》2003 年第 3 期。

李细珠：《试论宣统政局与清王朝的覆灭》，《北方论丛》1995 年第 5 期。

李细珠：《晚清地方督抚权力问题再研究——兼论清末“内外皆轻”权力格局的形成》，《清史研究》2012 年第 3 期。

李细珠:《辛亥鼎革之际地方督抚的出处抉择——兼论清末“内外皆轻”权力格局的影响》,《近代史研究》2012 年第 3 期。

李细珠:《新世纪以来中国大陆学界晚清政治史研究的新趋向》,(韩)《东亚文化》第 46 辑,2008 年 12 月。

李霞:《清前期督抚制度研究》,中央民族大学历史系博士学位论文,2006。

李学智:《清末政治改革中的满汉民族因素》,《天津师范大学学报》(社会科学版)2007 年第 5 期。

李振武:《督抚与清末预备立宪研究》,中山大学历史系博士学位论文,2007。

李振武:《督抚与请愿速开国会运动》,中国史学会编《辛亥革命与 20 世纪的中国》上册,中央文献出版社,2002。

李振武:《李经羲与国会请愿运动》,《学术研究》2003 年第 3 期。

李振武:《袁、张、周有无联衔奏请立宪》,《广东社会科学》2007 年第 4 期。

刘凤翰:《晚清新军编练及指挥机构的组织与变迁》,《中央研究院近代史研究所集刊》第 9 期,台北,1980。

刘凤云:《清代督抚与地方官的选用》,《清史研究》1996 年第 3 期。

刘高葆:《端方与清季预备立宪》,《学术研究》1996 年第 6 期。

刘广京:《晚清督抚权力问题商榷》,《中国近代现代史论集》第 6 编,台湾,商务印书馆,1985。

刘硕:《地方督抚与清末预备立宪》,《河北学刊》1996 年第 5 期。

刘伟:《甲午前四十年间督抚权力的演变》,《近代史研究》1998 年第 2 期。

刘增合:《清季中央对外省的财政清查》,《近代史研究》2011 年第 6 期。

刘增合：《西方预算制度与清季财政改制》，《历史研究》2009年第2期。

刘增合：《由脱序到整合：清末外省财政机构的变动》，《近代史研究》2008年第5期。

鲁克亮：《贫困与权利——重新解读“1910年长沙抢米风潮”》，《社会科学家》2005年第2期。

罗尔纲：《清季兵为将有的起源》，《中国社会经济史集刊》第5卷第2期，南京，国立中央研究院社会科学研究所，1937年6月；又名《中国近代兵为将有的起源》，《困学集》，中华书局，1986。

彭雨新：《清末中央与各省财政关系》，《中国近代史论丛》第2辑第5册，台北，正中书局，1979。

彭雨新：《辛亥革命前夕清王朝财政的崩溃》，载《纪念辛亥革命七十周年学术讨论会论文集》中册，中华书局，1983。

彭祖珍：《一九一〇年长沙“抢米”风潮》，载湖南史学会编《辛亥革命在湖南》（论文集），湖南人民出版社，1984。

邱远猷：《太平天国与晚清“就地正法之制”》，《近代史研究》1998年第2期。

沈鉴：《辛亥革命前夕我国之陆军及其军费》，《社会科学》第2卷第2期，国立清华大学，1937年1月。

沈乃正：《清末之督抚集权、中央集权与同署办公》，《社会科学》第2卷第2期，国立清华大学，1937年1月。

沈晓敏：《清末浙江谘议局与行政官厅的关系——以谘议局议案为中心》，《近代史研究》1998年第2期。

苏钦：《清末预备立宪活动中“化除满汉畛域”初探》，《法律文化研究》第2辑，2006。

苏云峰：《张之洞的中国官僚系统民主化构思——对张之洞的再认识》，《近代中国史研究通讯》第8期，台北，1989年9月。

孙燕京:《“内轻外重”抑或“内外皆轻”?——评李细珠〈地方督抚与清末新政〉兼论晚清政治史研究》,《近代史研究》2014年第2期。

滕新才:《良弼、铁良与清末政局》,《文史杂志》1994年第3期。

王家俭:《是清朝的忠臣还是民国的罪人?——对于末任甘新巡抚袁大化的历史评价》,《近代中国历史人物论文集》,台北,中研院近代史研究所,1993。

王家俭:《晚清地方行政现代化的探讨》,《中国近代现代史论集》第16编,台湾,商务印书馆,1986。

王霞:《地方督抚与清末法制改革》,《人文杂志》2001年第4期。

王先明:《士绅阶层与晚清“民变”——绅民冲突的历史趋向与时代成因》,《近代史研究》2008年第1期。

王学珍:《清末报律的实施》,《近代史研究》1995年第3期。

王雪华:《督抚与清代政治》,《武汉大学学报》1992年第1期。

王雪华:《关于清代督抚甄选的考察》,《武汉大学学报》1989年第6期。

王跃生:《清代督抚体制特征探析》,《社会科学辑刊》1993年第4期。

王钟翰:《清代八旗中的满汉民族成分问题》,《清史续考》,台北,华世出版社,1993。

魏光奇:《清代后期中央集权财政体制的瓦解》,《近代史研究》1986年第1期。

魏秀梅:《从量的观察探讨清季督抚的人事嬗递》,《中央研究院近代史研究所集刊》第4期上册,台北,1973。

吴春梅:《张之洞调和满汉思想述论》,《安徽史学》2001年第4期。

吴志铿:《晚清有关消除满汉畛域的讨论——以光绪三十三年七月谕令建言为中心》,载李国祁教授八秩寿庆论文集编辑小组编《近代国家的应变与图新》，台北，唐山出版社，2006。

席萍安：《锡良与二十世纪初年的四川》，《成都大学学报》2002年第2期。

夏晓虹：《晚清人眼中的秋瑾之死》，《晚清社会与文化》，湖北教育出版社，2001。

谢霞飞：《清末督抚与官制改革》，《湖北大学学报》1996年第3期。

谢霞飞：《清末督抚与预备立宪的宣示》，《中山大学学报》1996年第1期。

谢霞飞等：《宣统朝督抚奏请阁会评议》，《河北师院学报》1997年第4期。

徐洪波：《对晚清中央与地方之间权力消长的再认识》，《襄樊学院学报》2003年第1期。

徐建平：《锡良东北经济改革方略述论》，《河北师范大学学报》2000年第3期。

徐建平：《总督锡良与东北边疆的开发》，《北方论丛》2001年第6期。

许顺富：《湖南绅士与清末民变风潮》，《求索》2005年第9期。

薛学共：《刘坤一与晚清政局述论》，《西南交通大学学报》2000年第4期。

阳信生：《长沙抢米风潮中的官绅斗争新探》，《长沙理工大学学报》（社会科学版）2004年第4期。

杨鹏程：《20世纪初湖南的自然灾害与米荒》，《船山学刊》2003年第2期。

杨鹏程：《长沙抢米风潮中的官、绅、民》，《近代史研究》2002年第3期。

杨鹏程：《湖南谘议局的荒政“谘议”》，载李文海、夏明方主编《天有凶年：清代灾荒与中国社会》，三联书店，2007。

杨鹏程:《湖南谘议局与长沙抢米风潮》,《社会科学战线》2008年第5期。

杨鹏程:《清季湖南灾荒与民变》,《株洲工学院学报》2004年第4期。

翟海涛、王建华:《端方与清末的满汉政策》,《江南社会学院学报》2003年第1期。

张继格、刘大武:《试析清末化除满汉畛域原因》,《江苏科技大学学报》(社会科学版)2007年第2期。

张践:《丁未政潮与预备立宪》,《四川师范大学学报》1994年第2期。

张守真:《清季东三省的改制及其建设》,《中国近代现代史论集》第16编,台湾,商务印书馆,1986。

赵可:《张之洞调停满汉畛域的努力与晚清政局的演变》,《四川师范大学学报》(社会科学版)2004年第1期。

赵希鼎:《清代各省的政治制度》,《历史研究》1980年第3期。

赵云田:《清末边疆地区新政举要》,《中国边疆史地研究》1996年第4期。

赵云田:《清末新政期间东北边疆的政治改革》,《中国边疆史地研究》2002年第3期。

赵中孚:《清末东三省改制的背景》,《中央研究院近代史研究所集刊》第5期,台北,1976。

朱东安:《太平天国与咸同政局》,《近代史研究》1999年第2期。

庄吉发:《于式枚与德国宪政考察》,《近代中国历史人物论文集》,台北,中研院近代史研究所,1993。

五　英文论著

Daniel H. Bays, *China Enters the Twentieth Century: Chang Chih-tung and the Issues of a New Age, 1895 - 1909*, Ann Arbor: University of Michigan Press, 1978.

Mary B. Rankin, *Early Chinese Revolutionaries: Radical Intellectuals in Shanghai and Chekiang, 1902 - 1911*, Combridge: Harvard University Press, 1971.

Meribeth E. Cameron, *The Reform Movement in China, 1898 - 1912*, Stanford University Press, 1931.

Min Tu-ki, *National Polity and Local Power: The Transformation of Late Imperial China*, Combridge: Harvard University Press, 1989.

Norbert Meienberger, *The Emergence of Constitutional Government in China, 1905 - 1908: The Concept Sanctioned by the Empress Dowager Tz'u-hsi*, Bern: Peter Lang, 1980.

Roger R. Thompson, *China's Local Councils in the Age of Constitutional Reform, 1898 - 1911*, Combridge: Harvard University Press, 1995.

Roger V. Des Forges, *Hsi-Liang and the Chinese National Revolution*, New Haven: Yale University Press, 1973.

Seungioo Yoon, *The Formation, Reformation, and Transformation of Zhang Zhidong's Document Commissioners, 1885 - 1909*, Combridge: Harvard University Press, 1999.

Sheng-hsiung Liao, *The Quest for Constitutionalism in Late Ch'ing China: The Pioneering Phase*, The Florida State University, PH. D. , 1978.

Stephen R. MacKinnon, *Power and Politics in late Imperial China: Yuan Shi-kai in Beijing and Tianjin, 1901 - 1908*, Berkeley: University of California Press, 1980.

William Ayers, *Chang Chih-tung and Educational Reform in China*, Combridge: Harvard University Press, 1971.

人名索引

初版后记*

再诡谲喧嚣的历史总会悄无声息地消逝，而艰难寂寞的历史研究却似有永远画不完的句号。终于到了写这个后记的时候，几多感触，聊以发抒。有些话不便于在正文中说，但也并非多余的话，于是便记在这里。

回想十二年前，刚刚完成《张之洞与清末新政研究》，接下来做什么，便自然地想到做督抚群体研究。之所以会有这个想法，当初可能是不假思索，现在反思，大概有这样两方面的因缘：一方面可谓是学术研究内在理路的自然延伸。学术研究的选题很重要，尤其对于初学者而言，好的选题不仅在于具有可操作性，更重要的是应有可持续发展的空间。从一个历史人物延伸到群体研究，以某个人物或事件为中心画出不同半径的同心圆，或者说，由点及线及面及体不断地对外扩张，或蚕食，或鲸吞，均可成就大小不等的专家之学。这也可以说是初学者入门的捷径。最忌讳的是四面出击，东一榔头，西一斧子，

---

* 初版后记，保留原貌，不做修订。

处处浅尝辄止，而没有立足之地。至于专家之学，需要警惕的是，如果只是拘守这一亩三分地，那也必然器局狭促，终究难显其大。另一方面则是适应现行学术体制——课题制的客观需要。地球人都知道，现代学人不做课题恐怕只是异类，而申请课题则需要摆弄前期研究成果，一般不能乱编，于是只好在原有研究的基础上挖空心思，想方设法。然而，这本身就是束缚手脚、限制思维的事，就像笼罩在一张无形的网中，实际上也就难以开拓创新。不过，作为学者个人，既无法挣脱体制，也就只能适应规则。无论如何，还算幸运，笔者于2002年、2004年，以此主题，先后申请中国社会科学院重大（B类）课题和国家社会科学基金项目，均获批准立项。不过，坦率地说，时下流行的课题制真是一把双刃剑，对于初学者来说，既可能是名利双收的利器，也可能是扼杀原创性智慧的恶魔；对于成名学者而言，则未免有如鸡肋，想必是食之无味，弃之可惜。可怜天下学者尽入彀中，大概各有各的无奈而已。

时光飞逝，岁月如歌，不觉一晃过去了十二年。呈现在读者诸君面前的这本小书，是断断续续完成的，因此笔者实在不敢自诩“十年磨一剑”。实话说，如果真是十年只磨了这么一把剑，在如今讲究数量化的大环境下，即使本单位非常宽松的考核条件，也恐怕难以勉强合格。其实，这十多年来，笔者的主要精力，都花在一些集体课题上。承蒙多位学界前辈师长的厚爱与信任，使笔者在初入门时就有机会参与多项大型集体课题的工作。现在想来，笔者确实非常幸运。正因如此，对于集体课题，只要笔者应承下来，则从来不敢懈怠，总希望对诸位师长有一个完美的交代。当然不敢说都达到了这个目标，但每每以此鞭策自己尽心尽力去做就是。另外，自己独立工作以后，对于学术研究，总以为是一辈子的事业，反而不急不慌而有所松懈，确实没有在学校写毕业论文那样的紧迫与压力，自然也就一晃而过了。这样，实际上花在自己课题上的时间与精力都非常有限。起先，好在所里每年有青年学术论坛，作为青年学者必须提交一篇学术论文，自己也就尽可能地贴近这个主题作业，以勉强完成所里的硬性任务；遗憾的是，有一天突然发现自己居然不是青年了，从此这个压力也被解除，既释然而又伤感。人都是有惰性的，没有压力未必是好事。去年，院里开始清查课题，回想自己这十多年来，竟然只有这唯一一个个人课题，还拖沓达十年之久，不觉汗颜无地。快马加鞭，总算勉强结了项。更幸运的是，还获得中国社会科学院哲学社会科学创新工程学术出版资助，并列入中国社会科学院文库，由社会科学文献出版社出版。拉杂絮叨如上可知，这本小书甚至可以说是在“业余”时间完成的副产品。尽管如此，现在反思检讨，倘若这些年来自己或许还有些微的进步，而不总是在原地打转，亦可稍感欣慰了。

需要说明的是，这项研究最终把主题归结为“晚清权力格局再研究”，并提出对于既往相关研究看似具有颠覆性其实只是有所补益的“内外皆轻”权力格局说，并非开始时所预想，而是在行将结束时的感悟。这确实是经过一个较长时期的痛苦研究过程之后而自然形成的结论。虽然未必会被学界接受，但希望能引起进一步的讨论与探究。学术研究是一个不断修正前人及自我修正的过程。笔者在做这项研究时，一方面试图努力修正前人的某些成说，同时也随时准备接受后人的挑战；另一方面随着研究的深入，笔者也在自觉地调整自己的认识。这项研究持续达十年以上，各章节内容在不同时期完成，而不同时期可能有各种不同的认识，这是学术研究中的正常现象。当然，在一个学者的思想体系中，尤其是在一本学术著作中，必须尽可能地避免各种互相抵牾的观点。因此，笔者在最后统稿时努力做了一些尽量接近主题的调整，尽管如此，但终归难免留有不同时期不同认识的各种痕迹。如果这样，那是令人非常遗憾的。这不是推卸责任的遁词，毋宁说是一个学者无奈的宿命。还必须声明一点，如果笔者此前发表的学术论著在某些观点上与本书有不尽一致之处，则当以本书为准。

本来，这本小书可算是笔者较长时期研究晚清政治史的一个小结，而下一步的研究，自然应该是进入北洋。北洋是中国由专制王朝转向共和民国的过渡时期，历史传统在此有断裂，有延续，有转化，可谓新旧杂糅，危机与生机共存，军阀混战的乱象中充满着文化复兴的希望，同时在多种政治势力竞争的过程中，孕育着新的政治生命与多元政治取向。只是由于学科壁垒，而成为晚清史与民国史两不顾地带，因而是近代史研究最为薄弱的环节。现在的民国史研究，几乎是国民党与国民政府史研究，很有必要回到北洋。从晚清史研究进入北洋，更是顺理成章。但是，造化弄人，正在笔者为进入北洋开始厉兵秣马之际，非常意外地又接受了一个新的挑战，并开始几乎是全新的学术转向。于是，进入北洋的计划只得暂停，或许将来还有机会杀个回马枪。

这项研究自始至终得到许多良师益友无私的关心、指导和帮助，为避拉大旗做虎皮的嫌疑，并为免俗之计，不拟一一列举诸位的尊姓大名，敬祈谅解是幸。诸位之隆德高谊，唯有内心铭感，何敢或忘！

当然，必须感谢妻子和女儿在我痛苦和欢乐时的温情陪伴，这是无论如何不能免的。

最后，谨以此书纪念四年前去世的父亲，不需要说太多悲情的理由。自从母亲与父亲相继去世后，脑中就像是断了一根弦，每每怅望南天，一边是不尽的思念，一边又似乎没了念想。人到中年，大概生命之源已然枯竭，那就让它彻底尘封，唯愿生命之流奔腾不息，庶几合乎人群进化之轨则，是所祷也。

李细珠

2012 年 8 月 27 日

增订版后记

有人说，电影是一门遗憾的艺术，因为拍完之后就难以修改了，即使有不完美之处，也不好补救，只能呈现遗憾的美。其实，著作又何尝不是如此，尤其是小众的学术著作更是如此，白纸印上黑字，呈现的也可能是遗憾的美。因此，一本学术著作如果还有再版的机会，应该是对作者最高的奖赏。于是，写这个增订版后记的目的，便主要是对各方面的善意聊表内心的感动和感谢。

本书初版面世后，受到学界多方面的关注，这对我是莫大的鼓励与鞭策。首先需要特别感谢的是北京师范大学历史学院孙燕京教授在《近代史研究》（2014 年第 2 期）发表长篇书评予以推介，并提出商榷意见。笔者特撰《再论“内外皆轻”权力格局与清末民初政治走向》（《清史研究》2017 年第 2 期）一文，做了简要答复和进一步的申论。增订版特以此文为附录，供读者参考。

尤其令人感动的是，河南省长垣县一中历史教师鲍牧松先生曾亲笔来信，指出“宗社党炸死良弼”（初版第 440 页）的失误，还特别说明第六章有一个注释转引袁世凯家书（初版第183页注释①）的问题，因为世传《袁世凯家书》曾经刘路生教授考证系伪造（《〈袁世凯家书〉考伪》，《广东社会科学》1998年第5期）。据此，增订版特予更正为“革命党炸死良弼”，并删除那个注释中的画蛇添足部分。谨此对鲍牧松先生表示诚挚的感谢。

除此而外，这次增订再版，主要是做了一些必要的文字修改，校正若干明显错误，基本观点保持不变，以存历史真实。当然，这肯定还是不完美的，但也只能这样呈现了。恳请读者诸君鉴谅。

本书增订版入选“社科文献学术文库”，非常感谢社会科学文献出版社人文分社社长宋月华女士和文史编辑室主任吴超先生的大力支持；吴超先生还亲自任责编，付出了大量心血，谨此深表谢忱。

李细珠

2018年1月29日

图书在版编目（CIP）数据

地方督抚与清末新政：晚清权力格局再研究 / 李细珠著. --增订本. --北京：社会科学文献出版社，2018.5（2024.1 重印）
（社科文献学术文库. 文史哲研究系列）
ISBN 978-7-5201-2899-5

Ⅰ. ①地… Ⅱ. ①李… Ⅲ. ①政治制度史-研究-中国-清后期 Ⅳ. ①D691.2

中国版本图书馆 CIP 数据核字（2018）第 132294 号

社科文献学术文库 · 文史哲研究系列
地方督抚与清末新政（增订版）
——晚清权力格局再研究

著　　者 / 李细珠

出 版 人 / 冀祥德
项目统筹 / 宋月华　吴　超
责任编辑 / 吴　超
责任印制 / 王京美

出　　版 / 社会科学文献出版社 · 人文分社（010）59367215
地址：北京市北三环中路甲 29 号院华龙大厦　邮编：100029
网址：www.ssap.com.cn
发　　行 / 社会科学文献出版社（010）59367028
印　　装 / 三河市东方印刷有限公司

规　　格 / 开　本：787mm × 1092mm　1/16
印　张：41.75　字　数：556 千字
版　　次 / 2018 年 5 月第 1 版　2024 年 1 月第 4 次印刷
书　　号 / ISBN 978-7-5201-2899-5
定　　价 / 248.00 元

读者服务电话：4008918866